História da minha vida

FUNDAÇÃO EDITORA DA UNESP

Presidente do Conselho Curador
Mário Sérgio Vasconcelos

Diretor-Presidente
Jézio Hernani Bomfim Gutierre

Superintendente Administrativo e Financeiro
William de Souza Agostinho

Conselho Editorial Acadêmico
Carlos Magno Castelo Branco Fortaleza
Henrique Nunes de Oliveira
João Francisco Galera Monico
João Luís Cardoso Tápias Ceccantini
José Leonardo do Nascimento
Lourenço Chacon Jurado Filho
Paula da Cruz Landim
Rogério Rosenfeld
Rosa Maria Feiteiro Cavalari

Editores-Adjuntos
Anderson Nobara
Leandro Rodrigues

GEORGE SAND

História da minha vida

Seleção e organização
Magali Oliveira Fernandes

Tradução
Marcio Honorio de Godoy

© 2017 Editora Unesp

Título original: *Histoire de ma vie*

Cet ouvrage, publié dans le cadre du Programme d'Aide à la Publication 2015, a bénéficié du soutien de l'Institut Français du Brésil.

Este livro, publicado no âmbito do Programa de Apoio à Publicação 2015, contou com o apoio do Instituto Francês do Brasil.

Direitos de publicação reservados à:
Fundação Editora da Unesp (FEU)
Praça da Sé, 108
01001-900 – São Paulo – SP
Tel.: (0xx11) 3242-7171
Fax: (0xx11) 3242-7172
www.editoraunesp.com.br
www.livrariaunesp.com.br
feu@editora.unesp.br

Dados Internacionais de Catalogação na Publicação (CIP)
Vagner Rodolfo CRB-8/9410

S213h

Sand, George, 1804-1876
    História da minha vida / George Sand; organizado por Magali Oliveira Fernandes; traduzido por Marcio Honorio de Godoy. – São Paulo: Editora Unesp, 2017.

    Tradução de: *Histoire de ma vie*
    Inclui bibliografia.
    ISBN: 978-85-393-0668-8

    1. Literatura francesa – Século XIX.   2. George Sand.   3. Autobiografia.   I. Fernandes, Magali Oliveira.   II. Godoy, Marcio Honorio de.   III. Título.

2017-130   CDD 840.9007
                                                      CDU 821.133.1

Editora afiliada:

Sumário

Apresentação — George Sand: uma autobiografia . 7
  Magali Oliveira Fernandes

História da minha vida

  Primeira parte . 21

  Segunda parte . 75

  Terceira parte . 193

  Quarta parte . 269

  Quinta parte . 457

Louvor Fúnebre de Victor Hugo a George Sand . 647

Indicações bibliográficas . 649

Apresentação
George Sand: uma autobiografia

"(...) que ela era mulher e que aí já residia o escândalo,
uma mulher que escreve".[1]

Béatrice Didier, 1998[2]

George Sand é o pseudônimo de Amandine Aurore Lucile Dupin, mulher nascida em Paris, em 1804, que integrou o grupo dos escritores romancistas na França do século XIX. Ela escreveu noventa romances, muitos contos, artigos em jornais e também peças para o teatro; sem dizer ainda das correspondências trocadas com uma quantidade enorme de amigos escritores, intelectuais, personalidades do cenário social e político de seu tempo, tanto na França como em outros países: um total de 26 volumes compreende essa documentação manuscrita.[3] Afora isso, muitos de seus textos – nesses vários formatos – foram traduzidos para diferentes idio-

---

1 *"(...) qu'elle était femme et que là déjà résidait le scandale, une femme que écrit".*

2 Ver Béatrice Didier. *George Sand écrivain: Un grand fleuve d'Amérique.* Paris: Presses Universitaires de France (PUF), 1998. Didier analisa os principais textos de George Sand e contextualiza o significado de "ser" uma escritora naquele período do século XIX.

3 Georges Lubin realizou um trabalho fundamental sobre os manuscritos de George Sand, na década de 1970, pela "Bibliothèque de la Pléiade" (Paris, Gallimard). Foi um divisor de águas nos estudos mais recentes sobre Sand, sobretudo na França.

mas, e são inúmeras as biografias a seu respeito que têm, até os dias de hoje, sucesso internacional.

História da minha vida é uma das obras mais importantes de George Sand, cuja edição inaugural se deu em 1856, por intermédio de Michel Lévy Frères, Libraires-Editeurs, Paris, em dez volumes (no formato 11,5 x 17,5 cm).

Foi com base na edição de Michel Lévy que organizamos a presente tradução, valendo comentar que esta obra teve muito a ver com a amizade da autora com o editor e agente literário Pierre-Jules Hetzel,[4] um dos principais responsáveis pelo incentivo e pelo desenvolvimento do texto desde o seu início, oferecendo sugestões a George Sand e, também, intermediando a negociação dos direitos da escritora com o livreiro-editor Delatouche, financiador da publicação.

George Sand escreveu *História da minha vida* de 15 de abril de 1847 a 14 de junho de 1855, com alguns intervalos na redação dos originais.

Sabe-se que, em 1854, a autobiografia começou a ser levada a público pelo jornal *La Presse*.[5] Na ocasião, a obra causou surpresa tanto pela originalidade do fazer autobiográfico pouco confessional quanto pela história contada, a qual não se referia a seus amores em particular, mas sim delineava entre o mundo real e o ficcional as suas lembranças pessoais, calcadas no *leitmotiv* de que "tudo é história".[6]

A autobiografia também surpreendeu os leitores pela forma como a eles se dirigia, afirmando que se interessava apenas pelos que queriam compartilhar com ela os sofrimentos da alma e do coração. Numa atitude sensível e crítica de pensar as coisas, as pessoas e os acontecimentos, prevalecia-lhe a vida sob o prisma da fraternidade. E ela desejava contar somente a sua vida

---

4 Hetzel foi editor de Balzac, Victor Hugo, Lamartine, Alfred de Musset, Jules Verne, Émile Zola, Ivan Turgueniev. Depois da Revolução de 1848, teve de se refugiar em Bruxelas, por causa de suas ideias republicanas e antibonapartistas. Além de editor, foi muito amigo de George Sand.

5 O jornal *La Presse* já havia levado a público (de outubro de 1848 a julho de 1850) a autobiografia de Chateaubriand, intitulada: *Mémoires d'outre-tombe*.

6 Primeira parte, cap. IV, Pléiade, tomo I, p.78, apud Didier, 1998, p.451. Segundo Didier, "este era o *leitmotiv* de seu texto", valendo lembrar que a autora era contemporânea do historiador e escritor Jules Michelet (1798-1874).

História da minha vida

interior. Nesse impactante empreendimento, George Sand defendeu uma espécie de teoria da simplicidade, deixando-se levar pelos mecanismos da memória, para depois então editar o seu resultado.

Aliás, no decorrer desta tradução, um traço que permeou todo o ato do tradutor – instigando o seu denso diálogo interno e externo com o original – foi justamente o pulso da memória da autora. Mencionamos, a seguir, algumas palavras do próprio tradutor Marcio Honorio de Godoy a esse respeito:

> Na corda bamba da tradução, a trilha entrevista para uma tentativa de manipular a alquimia das energias latentes no texto original – talvez em busca de cuidados para que o ato tradutório pudesse ser mais que tudo um divertimento – foi descobrir, aceitar, abraçar, mergulhar nas profundezas dessa memória em funcionamento vigoroso, tanto em leveza quanto nos delírios e depressões abismais. George Sand, intensa e extrema, eis nesta autobiografia, pelejando para eternizar vidas, paisagens, acontecimentos em sopro de *anima* e vigor imaginário, ultrapassando meros fatos.
>
> Os tempos e espaços confluem e se aglomeram em *História da minha vida*. Por exemplo, ao narrar uma simples viagem a passeio em um bosque com os filhos, ao recordar esse momento de alegria e regozijo em paz extrema em todo seu esplendor de cores e cheiros, sons e até mesmo texturas, de súbito, no ato da escritura, George Sand percebe na cena três gerações na mesma situação: a sua filha correndo e colhendo flores no campo ao seu lado, no passado que está sendo narrado; ela mesma, quando pequena, no lugar de sua filha, num passado ainda mais remoto, também se divertindo, ao colher flores ao lado da mãe; e, por fim, o relato se torna a confissão de uma dor atualíssima, quando ela flagra, também nessa mesma cena, a sua neta, do mesmo modo colhendo flores ao lado da própria avó. Esse bloco narrativo culmina em experiência visceral do tempo presente da vida de George Sand dentro do processo imediato de relatar o seu passado. O pequeno átimo de segundo da dor lancinante que invade e atualiza o ato memorialístico é um exemplo máximo da memória em sua faceta tradutória, como nervo vital do relato, não se tratando de registro apenas, mas da totalidade de movimento: a alegria e o sentimento de plenitude percorrem todas as meninas que visitam a sua memória, e escorrem nos traços

esculpidos por sua pena. Porém, no arremate dessa imagem tripla, ao mesmo tempo sucessiva e cumulativa, que garante a ligação de sangue, George Sand interrompe a narrativa não suportando a dor devastadora, quando a memória lhe faz perceber, talvez sem que se dê conta, que a última imagem dessa sucessão geracional não pode se completar, pois não fazia muito tempo que sua mais que querida neta falecera, de modo inesperado, em pleno frescor da infância. Captar esse momento na tradução significou apenas ter a consciência da presença da autora, debruçada sobre a mesa, traduzindo, com sua memória, passado e futuro no presente, atualização e concretude de virtualidades, de possibilidades que se tornam acontecimentos entregues ao universo nas páginas do livro, e silêncios, em espaços em branco de uma obra em edição.

Ao traduzir memórias tão vivas, o esforço passa pela recorrência a um exercício constante, a uma ginástica do imaginário, da imaginação do próprio tradutor, pois o convite da autora ao leitor é de que ele participe do universo que ela propõe trazer à tona. Por isso há, o tempo inteiro, por parte de Sand, um apelo às sensações, muito mais que ao intelecto. Aqui também o tradutor sentiu a necessidade de acompanhar o movimento da autora, e permitiu-se, mais que seguir questões intelectuais acerca da tradução, dar força às sensações e aos sentimentos causados pelas potentes imagens oferecidas no texto original. O tradutor torna-se um intermediário entre o escritor a ser traduzido e os possíveis leitores da tradução, buscando acionar e ajustar forças da oralidade, frequências, sintonias, ritmos, com o propósito de captar, transpor e fazer fluir energia vital da obra original a um público de outros espaços-tempos. Nunca se sabe, no ato de traduzir, se o intento foi atingido, mas o singular esforço tradutório de memórias foi experimentado de fato, e essa intenção esteve sempre presente nesta versão de *História da minha vida* pois, pelo menos, uma coisa fica evidente desde o início desta obra: George Sand, em sua vida, ou melhor, em sua vida narrada a partir de memórias e esquecimentos, é puro movimento, em que tempos e espaços se visitam o tempo todo, configurando aqui e ali acontecimentos em idas e vindas, em torneios, em voltas, em retornos, em avanços repentinos, pois também o esquecimento é movimento e disparador de memória.

Retomamos, na sequência, uma parte em que a autora fala da descoberta de si própria como poeta, quando cavalgava na região do Berry, aos dezes-

História da minha vida

sete anos de idade; era um período muito tenso em que passava a assumir uma série de responsabilidades por causa da enfermidade de sua avó. Uma situação em que mesclava, na intimidade do seu espírito, o desespero pela morte e a vontade de uma saída vital: "Então tornei-me completamente poeta, e poeta exclusivamente pelos sentidos e por inclinação natural, sem me aperceber e sem saber. Onde buscava apenas descanso físico, encontrei uma fonte inesgotável de fruições morais bem complicadas de serem definidas, mas que reanimavam e renovavam cada dia mais minhas forças".

George Sand, que participou ativamente da Revolução de 1848,[7] viveu numa época de grande efervescência social e política na França. Depois do golpe de Estado, sua percepção sobre as transformações sociais efetivas se alterou bastante: do entusiasmo anterior a 1848, passou a conceber a resolução dos problemas da sociedade não mais por meio de revoluções. Estas traziam respostas sempre sanguinárias. E a sua desolação quanto a isso estava baseada em fatos reais e bem próximos a ela: as prisões e as mortes de muitos amigos. A caridade lhe aparecia como um caminho possível em sua escrita. Ela acreditava no poder da arte como fonte transformadora do ser pelo coração.

A escritora transitou em diferentes grupos sociais, convivendo com camponeses, estudantes, comediantes do teatro, pintores, músicos populares e clássicos, artesãos etc. Circulou nas mais diversas esferas da sociedade, do campo à cidade, do ambiente aristocrático à burguesia. De um lado, estava a família do pai, formada por uma aristocracia esclarecida inspirada nos preceitos filosóficos do século XVIII; de outro, a família de sua mãe, formada por comerciantes de passarinhos e artistas.

Ao adotar seu pseudônimo, Sand havia decidido se tornar uma escritora profissional. Acompanhada de seus dois filhos, a partir de 1831, quando saiu de casa para conquistar sua independência pelo próprio trabalho, é que detectamos o princípio de uma verdadeira saga.

Trazê-la de volta ao público brasileiro, neste momento, tem como objetivo central a recuperação do lado escritora e personagem de George Sand. Também, expor a sua relação direta com os principais editores franceses da-

---

7 Ver Michelle Perrot, *Des femmes rebelles.* Paris: Éditions Elyzad, 2014, p.155-96.

quele período ímpar: François Buloz, Michel Lévy, Pierre-Jules Hetzel e Delatouche, considerando várias situações curiosas e determinantes ocorridas nos bastidores do universo livreiro francês.

Outra motivação para publicar George Sand foram alguns estudos importantes, por parte da crítica literária francesa e internacional, a respeito de sua obra, reconhecendo-a atualmente em grandeza e representatividade.

Nesse sentido, os trabalhos de Béatrice Didier são essenciais para o estudo da obra completa de George Sand. Segundo Didier, a autora escreveu sem interrupções de 1830 até 1876: da juventude à maturidade. Isto é, deixou um trabalho monumental para ser explorado ainda pela crítica literária. Contudo, ela ficou muito tempo esquecida na França, sobretudo depois de sua morte – entre o final do século XIX e a primeira metade do século XX. Somente nos anos 1970, com a organização de seus manuscritos, por George Lubin, é que muitos estudiosos começaram a ver o quanto George Sand tinha sido uma das figuras mais relevantes do romantismo francês, e não apenas isso, o quanto ela teria influenciado o movimento romântico europeu com o seu legado. "Receptiva a todas as grandes influências que atravessaram a Europa literária, ela soube desenvolver em sua obra aspectos fundamentais da temática romântica, e por sua influência contribuiu para oferecer ao romantismo europeu uma fisionomia que ele não teria tido sem ela" (Didier, 1998, p.832).

No Brasil, temos registro da tradução de George Sand, pela primeira vez, em 1841, com: *O pirata*, do título original *L'Uscoque*.[8] Após esse lançamento, vimos nas décadas de 1930 a 1960 muitas editoras publicarem seus livros com sucesso considerável de público.[9] *História da minha vida*, especialmente, foi lançada aqui pela Livraria José Olympio Editora, a partir dos anos 1940

---

8 Ver artigo que compara esse livro publicado no Brasil com um romance de Alexandre Dumas: *O pirata* e o *Capitão Paulo*. Disponível em: <http://revistas.pucsp. br/index.php/bordas/article/view/20763/15302>. Acesso em: 25 jul. 2016.

9 Citamos dois artigos de nossa autoria a respeito das edições de George Sand no Brasil: O processo criativo no universo da edição. George Sand no Brasil. Disponível em: <http://revistas.pucsp.br/index.php/tessituras/article/view/11406/8313>; e Éditions de George Sand au Brésil. Disponível em: <http://www.raco.cat/index. php/UllCritic/article/view/267241/354816>.

História da minha vida

e com reedição na década de 1950. Trara-se de uma edição primorosa do texto integral da autora, com tradução de Gulnara Lobato de Morais Pereira.

A presente versão de *História da minha vida*, traduzida por Marcio Honorio de Godoy, desde o princípio foi organizada como um grande desafio, porque o intuito era trazer George Sand para os nossos dias visando a um público mais amplo. Optamos por uma síntese dos dez volumes da autobiografia, apresentando-a em um único volume. Todavia, essa síntese foi feita pelo recurso da nossa edição, sem nenhuma interferência direta no texto original, procurando escolher os principais trechos que, a nosso ver, traduziam a alma da escritora, evocando na sua história de vida a história do livro e, mais que tudo, um projeto autoral tão marcado pela ousadia de seu tempo e por uma docilidade extrema que ainda parece transcender aos tempos atuais.[10]

Magali Oliveira Fernandes
São Paulo, 12 de agosto de 2016

---

10 Os trechos que selecionamos estão indicados em negrito nos sumários que acompanham os capítulos desta autobiografia.

História da minha vida

George Sand

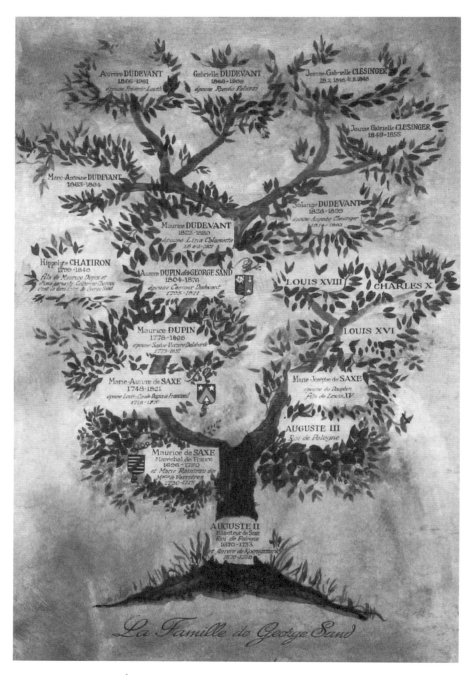

Figura 1. Anônimo, s.d. Árvore genealógica da família de George Sand. Neste registro não consta a família da mãe da escritora.

Caridade para com os outros;
Dignidade para consigo mesmo;
Sinceridade perante Deus.

Esta é a epígrafe do livro que inicio.
15 de abril de 1847

Figura 2. Anônimo, s.d. Lançamento de *História da minha vida* (1855), cartaz de livraria.

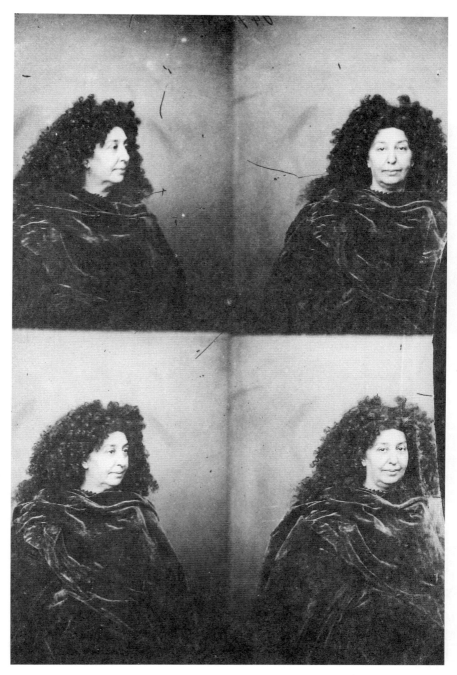

Figura 3. Félix Nadar, s.d. *George Sand como Molière*. Quatro poses em *cliché-verre* ao colódio.

Figura 4. Félix Nadar, s.d. Testes de retrato para cartão de visita.

Primeira parte

Capítulo I [1]

Por que este livro? – É um dever levar os outros
a aproveitarem de sua própria experiência. – *Lettres d'un
voyageur* (Cartas de um viajante). – *Confissões*, de J.-J.
Rousseau. – Meu nome e minha idade. – Reprovações aos
meus biógrafos. – Antoine Delaborde, o dono de bilhar
e vendedor de passarinhos. – Afinidades misteriosas.
– Elogio aos pássaros. – História de *Agathe* e de *Jonquille*.
– O passarinheiro de Veneza.

Não acho que haja orgulho e impertinência ao se escrever a história
de sua própria vida, ainda menos ao se escolher, nas lembranças que essa
vida deixou em nós, aquelas que nos parecem valer a pena serem con-
servadas. De minha parte, acredito cumprir um dever, muito penoso, de
fato, pois não conheço nada mais árduo que definir-se e compendiar-se
pessoalmente.

O estudo do âmago humano é de tal natureza que, quanto mais nele nos
absorvemos, menos o enxergamos com clareza; e para certos espíritos ati-

---

1 Esta primeira parte da obra foi escrita em 1847. (N.A.)

vos, conhecer-se é um estudo fastidioso e sempre incompleto. Entretanto, cumprirei esse dever; sempre o tive diante dos olhos; sempre prometi a mim mesma não morrer sem antes ter feito o que a todo instante venho aconselhando aos outros fazerem para si mesmos: um estudo sincero da minha própria natureza e um exame atento de minha própria existência.

Uma insuperável preguiça (mal dos espíritos muito ocupados e, consequentemente, da juventude) me fez adiar até hoje a realização desta tarefa e, talvez sentindo-me culpada comigo mesma, deixei publicar, acerca de mim, um número enorme de biografias cheias de equívocos, tanto em panegíricos como em injúrias. Nem mesmo meu nome deixa de ser adulterado em algumas dessas biografias, publicadas primeiro no estrangeiro e reproduzidas na França com modificações fantasiosas. Consultada pelos autores desses relatos, requisitada a dar informações que tive prazer em fornecer, afastei a apatia até recusar às pessoas benevolentes o mais simples índice. Provei, confesso, um desgosto mortal ao ocupar o público com minha personalidade, que não tinha nada de notável, quando senti meu coração e minha cabeça preenchidos de personalidades mais fortes, mais lógicas, mais perfeitas, mais ideais, de tipos superiores a mim mesma, de personagens de romance, em suma. Senti que é necessário falar de si ao público pelo menos uma vez na vida, com muita seriedade, e nunca mais retornar a isso.

Quando alguém se habitua a falar de si próprio, acaba se vangloriando com facilidade, e isso, muito involuntariamente sem dúvida, por uma lei natural do espírito humano, que não consegue abster-se de embelezar e elevar o objeto de sua contemplação. Há de fato essas ingênuas presunções que não se deve temer no momento em que são revestidas das formas do lirismo, como aquelas dos poetas, que são, nesse ponto, um privilégio especial e consagrado. Mas o entusiasmo por si próprio, que inspira esses audaciosos elãs em direção aos céus, não é o ambiente no qual a alma possa pousar para falar durante bastante tempo dela mesma aos homens. Nessa excitação, o sentimento de suas próprias fraquezas lhe escapa. Ela se identifica com a Divindade, com o ideal que ela abraça; se se encontra nela alguma conversão à culpa e ao arrependimento, ela a exagera até a poesia do desespero e do remorso; ela torna-se Werther, ou Manfred, ou Fausto, ou Hamlet,[2] tipos sublimes do ponto de vista da arte, mas que, sem o auxílio da inteligência filosófica, transformam-se, por vezes, em funestos exemplos ou modelos inalcançáveis.

Essas grandes pinturas das mais potentes emoções da alma dos poetas permanecem contudo para sempre veneradas, e digamos bem depressa que se deve perdoar aos grandes artistas por estarem envoltos assim em nuvens de relâmpagos ou de raios da glória. É seu direito, e, ao nos entregarem o resultado de suas mais sublimes emoções, eles cumprem sua missão soberana. Mas digamos também que, nas condições mais humildes, e sob as formas mais vulgares, pode-se cumprir um grave dever, mais imediatamente útil aos seus semelhantes, ao se comunicar com eles sem símbolos, sem auréolas e sem pedestais.

Certamente é impossível acreditar que tal faculdade dos poetas, que consiste em idealizar sua própria existência e em fabricar coisas abstratas e impalpáveis, seja uma lição completa. Sem dúvida é útil e estimulante; pois todo e qualquer espírito se eleva com inspirados sonhadores, todo sentimento se depura ou se exalta ao segui-los através dessas regiões do êxtase; mas falta a esse bálsamo sutil, derramado por eles sobre nossas fraquezas, algo muito importante, a realidade.

Pois bem, custa a um artista tocar nessa realidade, e aqueles que nisso se comprazem são realmente bem generosos! De minha parte, confesso que não consigo levar tão longe o amor ao dever, e não é sem um grande esforço que me precipitarei à prosa do meu tema.

Sempre achei de mau gosto não apenas falar muito de si, mas também se manter durante longo tempo consigo mesmo. Na vida de pessoas comuns há poucos dias, poucos momentos em que elas são interessantes ou úteis para se contemplar. No entanto, nesses dias e nessas horas às vezes me sinto

---

2 São nomes de personagens. Werther, da obra *Os sofrimentos do jovem Werther*, de Johann W. Goethe; Manfred, do poema "Manfredo, poema dramático", de Lord Byron (George G. Byron); Fausto, da obra *Fausto, uma tragédia*, de Goethe; e Hamlet, da peça homônima de William Shakespeare. (N.T.)

como todo mundo, e então tomo a pena para extravasar algum sofrimento agudo que me transborda, ou alguma ansiedade violenta que se agita em mim. A maioria desses fragmentos nunca foi publicada, e me servirá de baliza para o exame que farei da minha vida. Só alguns tomaram uma forma meio confidencial, meio literária, nas cartas publicadas em certos intervalos e datadas de vários lugares. Elas foram reunidas sob o título *Lettres d'un voyageur* (Cartas de um viajante).[3] Na época em que escrevi tais cartas, não me sentia tão amedrontada por falar de mim mesma, porque não era aberta nem literariamente de mim mesma que eu falava naquele tempo. O *viajante* era um tipo de ficção, um personagem convencional, masculino como meu pseudônimo, velho embora eu ainda fosse jovem; e na boca desse triste peregrino, que em suma era uma espécie de herói de romances, eu colocava impressões e reflexões as mais pessoais que não teria arriscado em um romance, no qual as condições da arte são mais severas.

Tinha necessidade então de exprimir certas agitações, mas não a de ocupar meus leitores com a minha pessoa.

Hoje talvez tenha muito menos essa necessidade pueril no homem e totalmente perigosa, ao menos no artista. Direi por que não a tenho, e também por que quero, no entanto, escrever minha própria vida como se tivesse essa necessidade, assim como comemos por causa da razão, sem experimentar nenhum apetite.

Não a tenho porque cheguei a uma idade de calma, em que uma personalidade não tem nada a ganhar ao se exibir, e em que, se eu seguisse apenas meu instinto e consultasse apenas minha vontade, aspiraria ao esquecimento, ao esquecimento completo de mim mesma. Não procuro mais a palavra dos enigmas que atormentaram minha juventude; resolvi, em mim, muitos problemas que me impediam de dormir. Fui ajudada nisso, porque sozinha não teria conseguido esclarecer nada.

Meu século fez surgir as centelhas da verdade que ele mantém latente; eu as vi, e sei onde estão seus principais focos, e isso me basta. Outrora procurei a luz nos feitos da psicologia. Foi absurdo. Quando compreendi que a luz estava nos princípios, e que os princípios estavam em mim sem de-

---

3 Obra de George Sand lançada em 1837. (N.T.)

rivar de mim, pude, sem muito esforço nem mérito, entrar no repouso do espírito. No repouso do coração não se chega nem se chegará jamais. Para aqueles que nasceram compassivos, haverá sempre o amor na Terra, por consequência o lamentar, o servir, o sofrer. Não há necessidade então de buscar a ausência de dor, de fadiga, de pavor, em qualquer época que seja da vida, pois isso representaria insensibilidade, impotência, morte antecipada. Ao aceitarmos um mal incurável, nós o suportamos melhor.

Nessa calma do pensamento e nessa resignação do sentimento, não saberei o que é ter amargura contra o gênero humano que se ilude, nem o que é ter entusiasmo por mim mesma com o qual estava enganada durante tanto tempo. Não tenho, portanto, nenhuma inclinação para a luta, nenhuma necessidade de expansão que me leve a falar do meu presente ou do meu passado.

Tenho dito, porém, que vejo como um dever fazê-lo, e eis o porquê:

Muitos seres humanos vivem sem se dar conta da gravidade da sua existência, sem compreender e quase sem examinar quais são as intenções de Deus a seu respeito, em relação à sua individualidade tanto quanto em relação à sociedade da qual fazem parte. Passam entre nós sem se revelar, porque vegetam sem se conhecer, e, apesar do seu destino, por mal desenvolvido que seja, por mais que tenha sempre seu gênero de utilidade ou de necessidade conforme os projetos da Providência, é fatalmente garantido que a manifestação da sua vida permaneça incompleta e moralmente infecunda para os demais homens.

A fonte mais viva e mais religiosa do progresso do espírito humano é, para falar a língua do meu tempo, a noção de *solidariedade*.[4] Os homens de todos os tempos sentiram-na instintiva ou distintamente, e todas as vezes que um indivíduo se encontra investido do dom mais ou menos desenvolvido de manifestar sua própria vida, ele tem sido arrastado a essa manifestação pelo desejo dos seus próximos ou por uma voz interior não menos poderosa. Pareceu-lhe, nesse caso, cumprir uma obrigação, e era uma, com efeito, seja de que tinha de relatar os eventos históricos dos quais foi tes-

---

4 Diríamos *sensibilidade* no século passado, *caridade* anteriormente, *fraternidade* há cinquenta anos. (N.A.)

temunha, seja do que presenciou de importantes personalidades, seja, enfim, do que explorou e apreciou dos homens e das coisas exteriores de um ponto de vista qualquer.

Existe ainda um tipo de trabalho pessoal que tem sido mais raramente realizado, e que, creio, tem uma utilidade igualmente grande, aquele que consiste em relatar a vida interior, a vida da alma, isto é, a história do seu próprio espírito e do seu próprio coração, com o propósito de oferecer um ensinamento fraternal. Tais impressões pessoais, tais viagens ou ensaios de viagens no mundo abstrato da inteligência ou do sentimento, narradas por um espírito sincero e sério, podem ser um estimulante, um encorajamento e até mesmo um conselho e guia para outros espíritos engajados no labirinto da vida. É como uma troca de confiança e de simpatia que eleva o pensamento daquele que narra e daquele que escuta. Na vida íntima, um movimento natural nos leva a essas espécies de expansões ao mesmo tempo humildes e dignas. Quando um amigo, um irmão vem nos confessar as tormentas e as perplexidades de sua situação, não possuímos melhor argumento para fortalecê-lo e para convencê-lo do que aqueles tirados de nossa própria experiência, de tanto que sentimos quando a vida de um amigo é a nossa, como a vida de cada um é a de todos. "Sofri os mesmos males, atravessei os mesmos obstáculos, e deles saí; então você pode se recuperar e vencer." Eis o que um amigo diz ao amigo, o que o homem ensina ao homem. E qual de nós, nesses momentos de desespero e de acabrunhamento em que o afeto e o socorro de outra pessoa são indispensáveis, não recebeu uma forte impressão de desabafo dessa alma na qual ia desabafar a sua?

Então, certamente é a alma mais experimentada que tem mais poder sobre a outra. Na emoção, dificilmente acharemos o apoio do cético sarcástico ou do soberbo. É na direção de um infeliz de nossa espécie, mesmo com frequência na direção de alguém mais desafortunado que nós, que voltamos nosso olhar e estendemos nossas mãos. Se o surpreendemos em um instante de aflição, ele reconhecerá a piedade e chorará conosco. Se o invocamos quando ele está no exercício de sua força e de sua razão, ele nos instruirá e talvez nos salvará; mas infalivelmente ele só terá ação sobre nós tão logo

História da minha vida

nos compreenda, e para que ele nos compreenda é preciso que nos faça uma confidência em troca da nossa.

A narrativa de sofrimentos e de batalhas da vida de cada homem é, desse modo, a lição de todos; ela será a salvação de todos se cada um souber julgar aquilo que o tenha feito sofrer e reconhecer o que o salvou. Foi nessa percepção sublime e sob o império de uma fé ardente que Santo Agostinho escreveu suas *Confissões*, aquelas do seu século, e o socorro eficaz de inúmeras gerações de cristãos.

Um abismo separa as *Confissões* de Jean-Jacques Rousseau daquelas do Fundador da Igreja. O objetivo do filósofo do século XVIII parece mais pessoal, portanto menos sério e menos útil. Ele se acusa a fim de ter a ocasião de se justificar, ele revela faltas ignoradas com a finalidade de ter o direito de rechaçar calúnias públicas. Da mesma forma é um monumento confuso de orgulho e de humildade que às vezes nos revolta por causa de sua afetação, e frequentemente nos seduz e nos penetra por sua sinceridade. Por mais que essa ilustre escrita seja imperfeita e por vezes condenável, ela carrega consigo graves ensinamentos, e, quanto mais o mártir se afunda e se perde ao perseguir seu ideal, mais esse mesmo ideal nos toca e nos atrai.

Há bastante tempo, porém, julgam-se as *Confissões* de Jean-Jacques do ponto de vista de uma apologia puramente individual. Ele tornou-se cúmplice desse péssimo resultado nele provocado pelas preocupações pessoais mescladas à sua obra. Hoje que seus amigos e inimigos pessoais não existem mais, julgamos a obra mais elevada. Para nós não se trata mais de saber até que ponto o autor das *Confissões* foi injusto ou esteve doente, até que ponto seus detratores foram ímpios ou cruéis. O que nos interessa, o que nos esclarece e nos influencia, é o espetáculo dessa alma inspirada nas lutas com erros do seu tempo e com obstáculos do seu destino filosófico, é o combate desse gênio apaixonado por austeridade, por independência e dignidade, com o ambiente frívolo, incrédulo ou corrompido que ele percorria, e que, repercutindo nele a todo instante, ora pela sedução, ora pela tirania, ora arrastava-o ao abismo do desespero, ora o impelia a protestos sublimes.

Se o pensamento das *Confissões* era bom, se ali existia dedicação em se buscar falhas pueris e em relatar faltas inevitáveis, não sou daqueles que se encolheriam diante de tal penitência pública. Creio que meus leitores me conhecem muito bem, na qualidade de escritora, para não me taxar de covarde. Na minha opinião, porém, essa maneira de se acusar não é respeitosa, e o sentimento público não se enganou com isso. Não é proveitoso nem edificante saber que Jean-Jacques roubou três libras e dez *sous* do meu avô, ainda mais quando o fato não tem confirmação precisa.[5] De minha parte, lembro ter pegado, na minha infância, dez *sous* na bolsa de minha avó para dar a um pobre, e fiz isso às escondidas e até mesmo com prazer. Não acho que haja nisso nenhum motivo para se vangloriar nem para se acusar. Simplesmente foi uma bobagem, porque para conseguir o dinheiro tinha apenas que pedi-lo.

Ora, a maioria de nossas faltas, as nossas, que somos pessoas honestas, não passa de besteiras, e seria muito bom para nós revelá-las diante de pessoas desonestas que fazem o mal com arte e premeditação. O público é composto de uns e de outros. Seria fazer-lhe um pouco em demasia a corte, mostrando-nos a ele piores do que somos, para comovê-lo ou para agradá-lo.

Sofro mortalmente quando vejo o grande Rousseau se humilhar dessa maneira e ao imaginá-lo exagerando, talvez inventando, aqueles pecados; ele se desculpa dos vícios de caráter que seus inimigos lhe atribuem. Ele não os desarma, certamente, por suas *Confissões*; e não basta, para achá-lo puro e bom, ler as partes de sua vida em que ele se esquece de se acusar? É só aí que ele é espontâneo, que nós o percebemos efetivamente.

Sejamos puros ou impuros, pequenos ou grandes, há sempre vaidade, vaidade pueril e deplorável, a empreender sua própria justificativa. Jamais

---

5 Eis o fato como o encontrei nas notas da minha avó: "Francueil, meu marido, disse um dia a Jean-Jacques: 'Iremos ao Francês, o senhor quer ir?'; 'Vamos', disse Rousseau, *isso sempre nos fará bocejar uma hora ou duas*. Talvez seja a única resposta que deu em sua vida; mais uma vez, nada muito espiritual. Talvez tenha sido nessa tarde que Rousseau surrupiou 3 libras e 10 *sous* do meu marido. Sempre nos pareceu que ele apresentava uma afetação ao se vangloriar dessa escroqueria. Francueil não guardou nenhuma lembrança disso, ele até mesmo pensava que Rousseau tivesse inventado tudo isso para mostrar as suscetibilidades de sua consciência e para impedir que crescessem as culpas que ele não confessa. E, aliás, em outro lugar, quando isso seria, querido Jean-Jacques! O senhor precisa hoje fazer estalar vosso chicote um pouco mais forte para nos fazer ao menos escutar atentamente". (N.A.)

História da minha vida

entendi que um acusado pudesse responder a qualquer coisa no banco dos réus. Se é culpado, irá se voltar ainda mais para a mentira, e sua mentira revelada acrescenta humilhação e vergonha ao rigor da punição. Se é inocente, como pode rebaixar-se até querer prová-lo?

Também se trata aí da honra e da vida. No curso ordinário da existência, é preciso amar a si próprio ternamente ou ter algum projeto sério para obter êxito, para dedicar-se apaixonadamente a repelir a calúnia que atinge todos os homens, mesmo os melhores, e para desejar absolutamente provar a própria excelência. Por vezes essa é uma necessidade da vida pública; mas na vida privada não se prova sua lealdade por discurso; e, como ninguém pode provar que chegou à perfeição, é necessário deixar àqueles que nos conhecem o cuidado de nos absolver de nossos defeitos e de apreciar nossas qualidades.

Enfim, como somos solidários uns com os outros, não há falta isolada. Não existe erro em que ninguém seja a causa ou o cúmplice, e é impossível acusar-se sem acusar o próximo, nem somente o inimigo que nos ataca, mas ainda por vezes o amigo que nos defende. Isso foi o que aconteceu a Rousseau, e é ruim. Quem pode perdoá-lo por ter denunciado Madame de Warens[6] ao denunciar-se?

Perdoe-me, Jean-Jacques, por censurá-lo ao fechar seu admirável livro de *Confissões*! Eu o critico, e isso também é render-lhe homenagem, pois essa crítica não destrói meu respeito e meu entusiasmo pelo conjunto de sua obra.

Eu não pretendo fazer aqui uma obra de arte, eu até mesmo me defendo disso, pois essas coisas valem apenas pela espontaneidade e abandono, e não desejo narrar minha vida como um romance. A forma dominaria a substância.

Poderei então falar sem ordem e sem sequência, e até mesmo cair em muitas contradições. A natureza humana não é senão uma trama de incon-

---

6 Louise Éléonore de la Tour du Pil (1699-1762), baronesa de Warens. Amante e protetora de Jean-Jacques Rousseau. Ele não tinha 16 anos completos quando a conheceu. Foi um sacerdote católico que o encaminhou até madame de Warens, uma vez que ela, na época, em Saboia-França, se ocupava da instrução de protestantes que queriam se converter ao catolicismo. Tal aproximação deve ter proporcionado ao jovem rapaz um convívio maior com os amigos intelectuais dela. (N.T.)

sequências, e não acredito de modo algum (mas de modo algum, mesmo) naqueles que pretendem achar-se de acordo com o *eu* da véspera.

Assim, minha obra se ressentirá pela forma do deixar-se levar pelo espírito, e, para começar, deixarei aqui exposta minha convicção sobre a utilidade dessas *Memórias*, e a complementarei pelo exemplo do fato, à proporção e à medida da narrativa que vou iniciar.

Que nenhum daqueles que me têm feito mal se espante, não me lembro deles; que nenhum amante de escândalos se regozije, não escrevo para eles.

Nasci no ano da coroação de Napoleão, o 12º ano da República Francesa (1804). Meu nome não é Maria-Aurore da Saxônia, marquesa de Dudevant, como muitos dos meus biógrafos têm divulgado, mas Amantine-Lucile-Aurore Dupin, e a meu marido, M. François Dudevant, não se atribui nenhum título. Ele nunca foi subtenente de infantaria, e não tinha 27 anos quando nos casamos. Ao fazerem dele um velho coronel do Império, confundem-no com M. Delmare, personagem de um dos meus romances. É realmente bem fácil fazer a biografia de um romancista transportando as ficções das suas narrativas para a realidade da sua existência. As contribuições da imaginação são enormes.

Confundiram-nos também, a mim e a ele, com nossos parentes. Marie-Aurore da Saxônia era minha avó, o pai do meu marido foi coronel da cavalaria durante o Império. Porém, ele não era nem rude nem rabugento; era o melhor e mais doce dos homens.

A esse propósito, e peço efetivamente perdão aos meus biógrafos, mas, com o risco de me aborrecer com eles e de retribuir sua benevolência com ingratidão, eu o farei: não acho nem delicado, nem conveniente, nem honesto, que, para me desculpar de não ter perseverado em viver sob o teto conjugal, e de ter pleiteado minha separação, acusem meu marido de erros dos quais absolutamente parei de me lamentar desde que reconquistei minha independência. Que o público, nas horas vagas, entretenha-se com lembranças de um processo desse gênero, e que dele guarde uma impressão mais ou menos favorável a um ou a outro, isso não se pode impedir; e não há de fazer caso disso nem uma parte nem outra, quando se tem acreditado dever enfrentar e suportar a publicidade de semelhantes debates. Mas os escritores que se dedicam a contar a vida de um outro escritor, sobre

História da minha vida

tudo aqueles que são prudentes em sua consideração e almejam o crescimento ou a reabilitação diante da opinião pública, esses não deveriam agir contra o sentimento e o pensamento do outro, golpeando com estocadas e talhos próximos a ele. A tarefa de um escritor em casos similares é a de um amigo, e os amigos nunca devem falsear assuntos que, antes de tudo, são de moral pública. Meu marido está vivo e não lê nem meus escritos nem aqueles que são produzidos a meu respeito. Essa é mais uma razão para repudiar os ataques dos quais ele é objeto por minha causa. Não consegui viver com ele, nossos caracteres e ideias são essencialmente diferentes. Ele teve motivos para não consentir uma separação legal, cuja necessidade, porém, ele reconhecia, já que aconteceu de fato. Conselhos imprudentes o levaram a provocar debates públicos que nos forçaram a nos acusar um ao outro. Triste resultado de uma legislação imperfeita que o futuro corrigirá. Desde o momento em que a separação foi anunciada e mantida, apressei-me em esquecer minhas queixas, de modo que toda recriminação pública contra ele me parece de mau gosto, e faz crer em uma persistência de ressentimentos dos quais não sou cúmplice.

Isso posto, supõe-se que não transcreverei nada em minhas memórias das peças do meu processo. Tal coisa faria minha tarefa muito penosa ao dar lugar a rancores pueris e a lembranças amargas. Sofri muito com tudo isso; mas não escrevo para me lamentar e para me consolar. As dores que tenho a relatar a propósito de um fato puramente pessoal não apresentam nenhuma utilidade geral. Narrarei apenas aquilo que pode chegar a todos os homens. Ainda mais uma vez, amantes do escândalo, fechem meu livro desde a primeira página; ele não é feito para vocês.

Provavelmente isso é tudo o que eu teria a concluir do meu casamento, e o disse logo para obedecer a um decreto da minha consciência. Não é prudente, eu sei, desaprovar biógrafos que apresentam boa disposição a seu favor, e que podem ameaçá-lo em uma edição revista e corrigida; mas jamais fui prudente no que quer que seja, e não vi nenhum daqueles que se deram ao trabalho de sê-lo serem mais poupados que eu. Em tais oportunidades, é preciso agir conforme o impulso do seu verdadeiro caráter.

Deixo o capítulo do casamento até segunda ordem, e retomo o do meu nascimento.

Esse nascimento que me foi censurado com tanta frequência e tão singularmente pelos dois lados da minha família é, com efeito, um fato bastante curioso, e que às vezes me tem feito pensar a respeito da questão das raças.

Suspeito que meus biógrafos estrangeiros, em particular, sejam sólidos aristocratas, pois todos eles têm me recompensado com uma origem ilustre, sem querer levar em conta, eles que deviam estar tão bem informados, uma mancha bastante visível no meu brasão.

Não se é apenas o filho do seu pai, somos também um pouco, acredito, de nossa mãe. Até mesmo me parece que o somos mais, e que queremos nos manter nas entranhas que nos carregaram da maneira mais imediata, mais potente, mais sagrada. Ora, se meu pai foi bisneto de Augusto II, rei da Polônia, e se, dessa linha de parentesco, me encontro de uma maneira ilegítima, mas muito real, parente próxima de Carlos V e de Luís XVIII, não há nisso menos verdade que trago essas pessoas no sangue, de um modo significativamente íntimo e direto; além do mais, não há nada de bastardia nessa linha de parentesco.

Minha mãe foi uma criança pobre do velho calçamento de Paris; seu pai, Antoine Delaborde, era *maître paulmier*[7] e *maître oiselier*, quer dizer, vendia canários e pintassilgos no *Quais aux Oiseaux*, depois de ter sido proprietário de um salão de bilhar, não sei em que canto da cidade; de resto, não fez fortuna. O padrinho da minha mãe tinha, é verdade, um nome ilustre no ramo dos pássaros; ele se chamava Barra, e esse nome se lê ainda hoje no *Boulevard du Temple*, em cima de uma loja de gaiolas de todos os tamanhos, onde assobia sempre alegremente uma multidão de aves que vejo como muitos padrinhos e madrinhas, misteriosos patronos com os quais sempre tive afinidades particulares.

Quem quiser explicará essas afinidades entre o homem e certos seres secundários na criação. Elas são tão reais como as antipatias e os terrores insuperáveis que nos inspiram alguns animais inofensivos. Quanto a mim, adquiri a simpatia dos pássaros a tal ponto que meus amigos frequente-

---

7 Vale dizer que *le paulmier* (ou *paumier*), em francês, significa normalmente vendedor (ou fabricante) de acessórios para o jogo de bilhar; no contexto do livro, parece que Antoine Delaborde manteve um salão de café onde se jogava bilhar. (N.T.)

História da minha vida

mente ficam impressionados como se isso fosse um fato prodigioso. Tenho tirado ensinamentos maravilhosos disso; mas os pássaros são os únicos seres da criação sobre os quais logrei exercer um poder de fascínio, e se há fatuidade ao me gabar disso, é a eles que peço perdão.

Herdei esse *dom* de minha mãe, que o tinha ainda mais que eu, e caminhava sempre em nosso jardim acompanhada de pardais atrevidos, de ágeis felosas e de tentilhões tagarelas, que viviam nas árvores em plena liberdade e desciam para bicar, com confiança, algo das mãos que os alimentavam. Garanto que ela trazia essa influência do seu pai, e que ele não se tornou passarinheiro por um simples acaso, mas por uma tendência natural em se aproximar de seres com os quais o instinto o colocou em contato. Ninguém nega a Henri Martin, Carter e Van Amburg[8] um poder particular sobre os instintos de animais ferozes. Espero que não contestem muito meu *savoir- -faire* e meu *savoir-vivre* com os bípedes emplumados que desempenharam, talvez, um papel fatal em minhas existências anteriores.

Brincadeiras à parte, certamente cada um de nós tem uma prevenção acentuada, às vezes até mesmo violenta, para com ou contra determinados animais. O cachorro desempenha um papel exorbitante na vida do homem, e há nisso algo de mistério que ainda não sondamos totalmente. Tive uma criada que tinha paixão por porcos e desmaiava de desespero quando os via passar às mãos do açougueiro; enquanto eu, crescida no campo, até mesmo de modo rústico, e antes de tudo habituada a ver esses animais, que criamos conosco em grande quantidade, sempre tive por eles um terror pueril, insuperável, até o ponto de perder a cabeça se me vejo cercada por essa raça imunda: prefiro cem vezes mais me ver no meio de leões e tigres.

Pode ser que todos os tipos, distribuídos cada um especialmente a cada raça de animal, sejam encontrados no homem. Os fisionomistas constataram semelhanças físicas; quem pode negar as semelhanças morais? Não existem entre nós raposas, lobos, leões, águias, besouros, moscas? A grosseria humana é amiúde baixa e feroz como o apetite do suíno, e é isso o que me causa mais horror e repugnância no homem. Adoro os cães, mas não todos

---

8 Famosos domadores de animais ferozes da Europa e dos Estados Unidos no século XIX. (N.T.)

os cães. Tenho até mesmo acentuada antipatia contra certas características dos indivíduos dessa raça. Gosto daqueles um pouco rebeldes, audaciosos, rosnadores e independentes. Sua gulodice por tudo me incomoda. São seres excelentes, admiravelmente talentosos, contudo incorrigíveis quanto a certos pontos em que a grosseria do bruto reclama em demasia seus direitos. O homem-cão não é um tipo agradável.

O pássaro, porém, eu o sustento, é o ser superior na criação. Sua organização é admirável. Seu voo o coloca materialmente acima do homem, e gera nele um poder vital que ainda não adquirimos com nosso engenho. Seu bico e suas patas possuem uma habilidade espantosa. Ele tem instintos de amor conjugal, de previsão e de aptidão doméstica; seu ninho é uma obra-prima de habilidade, de solicitude e de delicado luxo. É a principal espécie em que o macho auxilia a fêmea nos deveres da família, em que o pai se ocupa, como o homem, de construir a casa, além de preservar e alimentar os filhos. O pássaro canta, é belo, tem graça, flexibilidade, vivacidade, apego, moral, e é um engano fazermos dele com frequência o tipo da inconstância. Considerando que o instinto de fidelidade faz parte de toda besta, o pássaro é o mais fiel dos animais. Na tão exaltada raça canina, só a fêmea recebe o amor da prole, o que a torna superior ao macho; entre os pássaros, os dois sexos, devido às iguais virtudes que possuem, oferecem o exemplo do ideal no himeneu. Que não se fale, portanto, levianamente dos pássaros. É preciso muito pouco para que eles não nos deem valor; e como músicos e poetas, são naturalmente mais bem dotados que nós. O homem-pássaro, esse é o artista.

Uma vez que estou no capítulo dos pássaros (e por que não esgotá-lo, já que me permito de uma vez por todas as intermináveis digressões?), citarei um traço do qual sou testemunha e que gostaria de ter contado a George-Louis Leclerc Buffon,[9] o doce poeta da natureza. Criei duas felosas de diferentes ninhos e variedades: uma de peito amarelo e a outra toda cinza. A de peito amarelo, que se chamava *Jonquille*, era quinze dias mais velha que a de peito cinza, chamada *Agathe*. Quinze dias para uma felosa (que é o mais

---

9 Também conhecido como Conde de Buffon (1707-1788). Naturalista, filósofo e matemático francês. (N.T.)

História da minha vida

inteligente e precoce entre nossos passarinhos) equivalem a dez anos para uma menina. Jonquille era, na ocasião, um filhote muito adorável, ainda magrinha e com poucas penas; não sabia voar mais que de um galho a outro, e nem mesmo era capaz de se alimentar sozinha, pois os pássaros criados pelo homem se desenvolvem muito mais lentamente que o criado na natureza. As mães felosas são muito mais severas que nós, e Jonquille teria se alimentado sozinha quinze dias mais cedo se eu tivesse tido a sabedoria de forçá-la, abandonando-a aos seus próprios cuidados e não cedendo às suas importunações.

Agathe era uma menininha insuportável. Ela não fazia nada além de se agitar, gritar, sacudir suas penas incipientes e atormentar Jonquille, que começava a meditar e a se colocar problemas, recolhendo uma de suas patas sob a penugem de suas penas, enfiando a cabeça entre os ombros, mantendo os olhos semicerrados.

Contudo, Agathe ainda era muito pequenininha, muito gulosa, e se esforçava para voar até mim para comer até ficar satisfeita, de modo que eu cometia a imprudência de espiá-la.

Um dia eu escrevia não sei qual romance que me tomava de alguma paixão; havia me colocado a uma certa distância do galho viçoso no qual se empoleiravam e viviam em perfeito entendimento minhas duas criações. Fazia um pouco de frio. Agathe, ainda seminua, estava encolhida e acomodada no ventre de Jonquille, que se prestava ao papel de mãe com uma generosa complacência. As duas felosas mantiveram-se tranquilas durante meia hora, que aproveitei para escrever, pois era raro elas me permitirem tanto descanso ao longo do dia.

Finalmente, porém, o apetite despertou, e Jonquille, saltando em uma cadeira, depois sobre minha mesa, colocou-se bem ao lado da última palavra escrita por minha pena, enquanto Agathe, não ousando deixar o galho, batia as asas e esticava em minha direção seu bico entreaberto com grasnos desesperados.

Estava no meio do desenlace do meu escrito, e pela primeira vez fiquei brava com Jonquille. Eu a fiz perceber que ela tinha idade suficiente para se alimentar sozinha, que tinha sob seu bico uma papinha excelente em um lindo pires, e que eu estava resolvida a não fechar mais os olhos diante da sua preguiça. Jonquille, um tanto quanto ofendida e teimosa, ficou amuada e retornou ao seu galho. Mas Agathe não se resignou da mesma forma, e, voltando-se para Jonquille, pediu comida a ela com uma incrível insistência. Sem dúvida, Agathe falava com Jonquille com uma grande eloquência, ou, se ainda não sabia se exprimir direito, colocava na voz acentos que rasgavam um coração sensível. Eu, bárbara, olhava e escutava sem me mover, perscrutando a emoção bastante visível de Jonquille, que parecia hesitar e se entregar a um combate interior intensamente extraordinário.

Finalmente Jonquille se armou de resolução, voou num impulso único até o pires, grasnou um instante, esperando que o alimento fosse entregue ao seu bico; depois decidiu-se e apanhou um pouco da papinha. Mas ela (ó pródiga sensibilidade!), não se preocupando em apaziguar apenas sua própria fome, encheu seu bico, retornou ao galho e deu de comer a Agathe com tanta habilidade e propriedade como se fosse mãe desde sempre.

A partir desse momento, Agathe e Jonquille não me importunaram mais, e a pequena foi alimentada pela mais velha, que se saiu bem melhor que eu, pois Jonquille mantinha Agathe asseada, reluzente, bem nutrida e sabia se servir muito mais rápido que eu quando antes dava comida a elas. Dessa forma, essa pobrezinha fez de sua companhia uma filha adotiva, ela que ainda era apenas uma criança, que aprendeu a se alimentar por si mesma ao ser incitada e vencida por um sentimento de caridade maternal para com sua companhia.[10]

Um mês depois, Jonquille e Agathe, sempre inseparáveis, embora do mesmo sexo e de variedades diferentes, viviam em plena liberdade nas enormes árvores do meu jardim. Elas não se afastavam muito da casa, e elegeram seu domicílio preferido no topo do grande abeto. Elas ficaram compridinhas, lisas e saudáveis. Todos os dias, como estávamos no fim da primavera e comíamos ao ar livre, desciam planando sobre nossa mesa e ficavam entre nós como amáveis convivas, ora em um galho próximo, ora em nossos ombros,

---

10 Parece que essa prodigiosa história é a coisa mais comum do mundo, pois, desde quando comecei a escrever este volume, temos visto outros exemplos. Uma ninhada de rouxinóis no muro, criada por nós, começando a aprender a comer a duras penas, alimentava com ternura todos os passarinhos de sua espécie que foram colocados na mesma gaiola. (N.A.)

ora voando diante do criado que trazia as frutas, para prová-las na bandeja antes de nós.

Apesar de confiarem em todos nós, não se deixavam pegar e segurar a não ser por mim e, a qualquer hora do dia, elas desciam do alto de sua árvore para me chamar, elas que me conheciam tão bem, e nunca me confundiam com outra pessoa. Foi uma grande surpresa para um dos meus amigos que chegou de Paris quando me ouviu chamar os pássaros perdidos entre os galhos altos das árvores, e vê-los atender ao chamado imediatamente. Tinha apostado com ele que faria os pássaros me obedecerem, e, como não havia assistido à educação deles, meu amigo achou por um instante que havia algo de diabólico naquilo.

Tive também um pintarroxo que, pela inteligência e memória, era um ser prodigioso; um milhafre-real, que era um animal feroz para todo mundo, e vivia comigo em tal relação de intimidade que se empoleirava na borda do berço do meu filho, e, com seu grande bico, afiado como uma navalha, expulsava delicadamente e com um piado suave e elegante as moscas que pousavam no rosto da criança. Ele colocava tanta destreza e precaução nisso que jamais despertou o bebê. No entanto, esse senhor era de tal força e de tal vontade que um dia voou, depois de ter revirado e quebrado uma enorme gaiola onde o colocávamos, pois ele havia se tornado perigoso para as pessoas que não lhe agradavam. Não existia nenhuma corrente cujos elos ele não cortasse com enorme agilidade, e os maiores cães tinham por ele um terror insuperável.

Ainda não terminei, porém, a história dos pássaros que tenho como amigos e companheiros. Em Veneza, convivi *tête-à-tête* com um estorninho cheio de charme, que se afogou em um canalete, para meu grande desespero; em seguida, com um sabiá que deixei por lá e do qual não pude me separar sem dor. Os venezianos possuem um grande talento para criar pássaros, e havia, em uma esquina, um jovem que fazia maravilhas desse gênero. Um dia ele jogou na loteria e ganhou não sei quantos cequins. Ele gastou tudo em um grande banquete que deu a todos os seus amigos andrajosos. Depois, no dia seguinte, voltou a se sentar em sua esquina em busca de uma abordagem para fazer negócios, com suas gaiolas cheias de pegas e estorninhos ensinados que vendia aos passantes e com os quais se entretinha com amor o dia inteiro. Ele não tinha nenhuma mágoa, nenhum arrependimento de ter gasto todo seu dinheiro no banquete que ofereceu aos seus amigos. Ele conviveu muito com os pássaros, e por isso era um artista. Naquele dia ele me vendeu por cinco centavos meu amável sabiá. Ter por cinco centavos uma linda companhia, gentil, alegre, ensinada, e que pedia apenas um dia de convívio para você amá-la por toda a sua vida, é realmente muito barato! Ah, os pássaros, quem não os considera os aprecia muito mal!

Passei a me imaginar escrevendo um romance em que os pássaros desempenham um papel assaz importante e no qual procuro dizer algo a respeito das afinidades e influências ocultas. Ele se chama *Teverino*,[11] o qual adio ao meu leitor, assim como farei frequentemente quando não quiser repetir o que terei desenvolvido melhor em outra parte. Sei bem que não escrevo para o gênero humano. O ser humano tem outras ocupações na cabeça muito além da de mergulhar na correnteza de uma coleção de romances e ler a história de um indivíduo estranho ao mundo oficial. Aqueles do meu *métier* nunca escrevem para um certo número de pessoas colocadas em situações ou perdidas em devaneios análogos àqueles que os ocupam. Portanto, não terei receio de ser presunçosa ao convidar aqueles que não têm nada de melhor a fazer a reler algumas páginas minhas para completar aquelas que eles têm sob os olhos.

Dessa maneira, em *Teverino*, inventei uma menina que tem poder, como a primeira Eva, sobre os pássaros da criação, e quero dizer aqui que não se trata de pura fantasia; não mais que as maravilhas narradas no gênero do poético e admirável *impostor* Apollonius de Tyane,[12] nem são fábulas contrárias ao espírito do cristianismo. Vivemos em um tempo em que ainda não explicamos bem as causas naturais que se passam até o momento por milagres, mas desde já podemos constatar que nada é milagre neste mundo, e que as leis do universo, embora não estejam todas sondadas e definidas, não são menos conformes à ordem eterna.

Contudo, é tempo de fechar este capítulo dos pássaros e retornar ao de meu nascimento.

---

11 *Teverino* foi publicado em 1845. (N.T.)
12 Apolônio de Tiana (15-100 d.C.), filósofo neopitagórico grego. (N.T.)

História da minha vida

Capítulo 2
Do nascimento e do livre-arbítrio. – Frederico Augusto. – Aurore de Koenigsmark. – Maurice da Saxônia. – Aurore da Saxônia. – O conde de Horn. – Mesdemoiselles Verrières e os belos espíritos do século XVIII. – M. Dupin de Francueil. – Madame Dupin de Chenonceaux. – O abade de Saint-Pierre.

Então, o sangue dos reis se encontra mesclado, em minhas veias, ao sangue dos pobres e dos pequenos; e como o que chamam de fatalidade é o caráter do indivíduo; como o caráter do indivíduo é a sua estrutura; como a estrutura de cada um de nós é o resultado de uma mistura ou de uma paridade de raças, e a continuação, sempre modificada, de uma sequência de tipos se encadeando uns aos outros; disso sempre concluí que a hereditariedade natural, aquela do corpo e da alma, estabeleceu uma solidariedade muito importante entre cada um de nós e com nossos ancestrais.

Porque todos temos ancestrais, grandes e pequenos, plebeus e aristocratas; ancestrais significa *patres*, isto é, uma sequência de pais, pois tal palavra não existe no singular. É ridículo que a nobreza tenha açambarcado essa palavra em seu proveito, como se o artesão e o camponês fossem despossuídos de uma linhagem de pais por trás deles, como se não fosse possível portar o título sagrado de pai a menos que se tenha um brasão, como se, enfim, os pais legítimos fossem menos raros em uma classe que em outra.

O que penso da nobreza de raça escrevi em *Piccinino*,[13] e talvez tenha escrito esse romance para compor apenas os três capítulos em que desenvolvo meu sentimento a respeito da nobreza. Tal como a entendo até aqui, a nobreza é um preconceito monstruoso, tanto quanto monopolizar em proveito de uma classe de ricos e de poderosos a religião da família, princípio que deveria ser caro e sagrado a todos os homens. Por si mesmo, tal princípio é inalienável, e não acho que esteja completa a seguinte sentença espanhola: *Cada uno es hijo de sus obras* (Cada um é filho de suas obras). É uma ideia generosa e extraordinária ser o filho de suas obras e ter valor por suas vir-

---

13 *Le Piccinino* foi publicado em 1847. (N.T.)

tudes tanto quanto o patrício por seus títulos. Essa ideia é que fez a nossa grande revolução; mas é uma ideia de reação, e as reações não visam a nada além de um lado da questão, o lado que mais temos menosprezado e sacrificado. Dessa forma, é verdade que cada um é o filho de suas obras; mas é igualmente verdade que cada um é filho dos seus pais, dos seus ancestrais, *patres* e *matres*. Ao nascer, trazemos os instintos que são apenas resultado do sangue que nos é transmitido, e que nos governarão como uma fatalidade terrível, se não tivermos certa soma de vontade que é um dom todo pessoal concedido a cada um de nós pela justiça divina.

A esse propósito (isso seria ainda uma digressão), eu diria que, na minha opinião, não somos absolutamente livres, e que aqueles que admitem o dogma detestável da predestinação deveriam, para serem lógicos e não ultrajarem a bondade de Deus, suprimir a atroz ficção do inferno, como eu a suprimi, eu, em minha alma e em minha consciência. Contudo, tampouco somos escravos da fatalidade dos nossos instintos. Deus entregou a todos nós um determinado instinto muito poderoso para combatê-los, dando-nos o raciocínio, a comparação, a faculdade de nos beneficiarmos com a experiência, para, enfim, nos *salvar*, seja por amor a si próprio, evidentemente, ou pelo amor à verdade absoluta.

Objetariam em vão os idiotas, os loucos e certa variedade de homicidas que estão sob o império de uma monomania furiosa e que se encaixam, consequentemente, na categoria de loucos e de idiotas. Toda regra tem sua exceção que a confirma, toda combinação, por mais perfeita que seja, tem seus acidentes. Estou convencida de que, com o progresso das sociedades e com a educação melhorada do gênero humano, esses funestos acidentes desaparecerão, da mesma forma que a soma da fatalidade que trazemos conosco ao nascermos, tornada o resultado de uma melhor combinação dos instintos transmitidos, será nossa força e o apoio natural de nossa lógica adquirida, em vez de criar lutas incessantes entre nossas inclinações e princípios.

Talvez seja resolver de pronto, um pouco de modo audacioso, questões que têm ocupado durante séculos a filosofia e a teologia ao admitir, como ouso fazer, uma soma de escravidão e uma soma de liberdade. As religiões acreditavam que não podiam se estabelecer sem admitir ou sem entregar-se ao livre-arbítrio de uma maneira absoluta. A Igreja do futuro compreende-

História da minha vida

rá, creio eu, que é necessário levar em conta a fatalidade, isto é, a violência dos instintos, do arrebatamento das paixões. A Igreja do passado já pressentia isso, pois ela admitia um purgatório, um meio-termo entre a eterna danação e a eterna beatitude. A teologia do gênero humano aperfeiçoada aceitará os dois princípios: fatalidade e liberdade. Mas como exterminaremos, espero, o maniqueísmo, ela admitirá um terceiro princípio que será a solução da antítese, a *graça*.

Esse princípio, ela não o inventará, ela só irá conservá-lo; pois ele é, em sua antiga herança, o que ela terá de melhor e de mais belo a exumar. A graça é a ação divina, sempre fecundante e sempre pronta para ir em socorro do homem que implora por ela. Creio nisso, e não saberia acreditar em Deus sem isso.

[...]

Aqui estou eu mais uma vez bem longe do meu tema, e minha breve história corre o risco de parecer-se com aquela dos sete castelos do rei da Boêmia.[14] Pois bem! Que importa isso a vocês, meus queridos leitores? Minha história por si mesma é muito pouco interessante. Os fatos nela desempenham um papel menor, as reflexões a preenchem. Ninguém sonhou mais e agiu menos que eu em sua vida; vocês esperavam outra coisa da parte de uma romancista?

Ouçam: minha vida, ela é a de vocês; pois, vocês que me leem, vocês não são lançados nos fragores dos interesses deste mundo, caso contrário vocês me rechaçariam com tédio. Vocês são sonhadores como eu. Consequentemente, tudo isso que me prende em meu caminho, tem prendido vocês também. Vocês têm buscado, como eu, restituir razão à sua existência, e chegaram a algumas conclusões. Comparem as minhas às de vocês. Pesem e declarem. A verdade é apenas um tipo de exame.

Nós nos reteremos então a cada passo, e examinaremos cada ponto de vista. Aqui, uma verdade tornou-se clara para mim; que o culto idolátrico da família é falso e perigoso, mas que o respeito e a solidariedade na família são necessários. Na Antiguidade, a família desempenhava um grande pa-

---

14 A autora refere-se à obra *Histoire du roi de Bohême et de ses sept châteaux* (1830), de Charles Nodier (1780-1844). (N.T.)

pel. Depois exagerou-se na importância desse papel, a nobreza passou a ser transmitida como um privilégio, e os barões da Idade Média tomaram para sua linhagem tal ideia quando desprezavam augustas famílias de patriarcas se a religião não tivesse consagrado e santificado a memória delas. Os filósofos do século XVIII abalaram o culto da nobreza, a revolução inverteu-o; mas o ideal religioso da família foi arrasado nessa destruição, e o povo que havia sofrido a opressão hereditária, o povo que ria dos brasões, habituou-se a crer-se unicamente filhos de suas obras; o povo equivocou-se, ele tem seus ancestrais tanto quanto os reis. Cada família tem sua nobreza, sua glória, seus títulos; o trabalho, a coragem, a virtude ou a inteligência. Cada homem dotado de alguma distinção natural deve-a a algum homem que o precedeu, ou a alguma mulher que o gerou. Cada descendente de qualquer linhagem terá então exemplos a seguir se conseguir olhar para trás de si, para sua história de família. Da mesma forma, há de encontrar exemplos a evitar. As linhagens ilustres são cheias desses exemplos; e isso não será uma lição ruim para a criança que souber da boca de sua nutriz as velhas tradições da origem que fazem o ensinamento do jovem nobre no recôndito do seu castelo.

Artesãos, que comecem a compreender tudo; camponeses, que comecem a saber escrever, então nunca mais esquecerão seus mortos. Transmitam a vida dos seus pais aos seus filhos, estabeleçam títulos e criem armoriais, se quiserem, mas os realizem em vocês! A trolha, a picareta ou a foice são tão belos atributos como a trompa, a torre ou o sino. Podem dar a si mesmos esses divertimentos se parecem bons a vocês. Os industriais e os financistas combinam bem com isso!

Contudo, vocês são mais sérios que essa gente. Pois bem, que cada um de vocês busque tirar e salvar do esquecimento as boas ações e os trabalhos úteis dos seus antepassados, e ajam de maneira que seus descendentes lhes rendam a mesma honra. O esquecimento é um monstro estúpido que vem devorando muitas gerações. Quantos heróis em algum tempo tornaram-se ignorados porque não deixaram, de algum modo, se fazer erigir um sepulcro! Quantas luzes se apagaram na história porque a nobreza queria ser o único archote e a única história dos séculos passados! Escapem do esquecimento, vocês todos que trazem outra coisa no espírito além da noção

História da minha vida

limitada do presente isolado. Escrevam sua história, vocês que têm compreendido sua vida e sondado seu coração. Não é com outra finalidade que escrevo a minha, e que vou narrar a dos meus ancestrais.

Frederico Augusto, eleitor da Saxônia e rei da Polônia, foi o mais assombroso libertino do seu tempo. Não é uma honra muito notável ter um pouco do seu sangue nas veias, pois ele teve, dizem, várias centenas de bastardos.

[*Daqui até o final deste segundo capítulo, a autora, George Sand, fala principalmente a respeito de Aurore da Saxônia, sua avó, então filha do marechal da Saxônia. Este, por sua vez, filho de Augusto II, rei da Polônia. Incluem-se nessa história dois casamentos de Aurore da Saxônia; primeiramente, com M. Horn, e, depois da viuvez, com M. Dupin de Francueil, 30 anos mais velho do que ela. Um casamento feliz que durou uma década.*]

Capítulo 3
Uma anedota sobre J.-J. Rousseau. — **Maurice Dupin, meu pai.** — Deschartres, meu preceptor. — A cabeça do cura. — O *liberalismo* anterior à revolução. — A visita domiciliar. — **Encarceramento. — Dedicação de Deschartres e de meu pai.** — *Nérina.*

[*No começo deste terceiro capítulo, a autora conta uma anedota encontrada num dos documentos da avó que trazia o seu registro manuscrito. Tratava-se de um texto a respeito de J.-J. Rousseau, quando a avó era ainda casada com* monsieur *Francueil. Na época, madame Aurore Dupin de Francueil terminava de ler a* Nova Heloísa, *chegando a se emocionar muito com as últimas páginas. Com isso, o marido quis agradá-la proporcionando-lhe um encontro com o próprio autor em sua casa. Porém, quando Rousseau chegou para conhecê-la, depois de muitas horas de espera por conta da surpresa que ela nem imaginava, ele tomou e apertou a sua mão, e ela logo se pôs a chorar. Rousseau, sem pronunciar uma só palavra, desajeitado, tímido e meio carrancudo, ao vê-la chorar daquele modo, também caiu em prantos. Depois o marido, que tentou distraí-los, igualmente entregou-se à choradeira. No final da história, ao longo do jantar, ninguém conseguiu falar nada, e o convidado Rousseau retirou-se em silêncio.*

A autora também evoca o nascimento, em 17 de janeiro de 1778, do pai, Maurice-François-Elisabeth Dupin Francueil; Maurice, portanto, em memória do Marechal da Saxônia, isto é, Maurice da Saxônia.

Depois, a autora comenta que, com o falecimento do segundo marido, monsieur Dupin, a avó enfrentou vários problemas com seus negócios, entre eles, o da revolução que viria a restringir seus recursos financeiros, por causa de atos de confisco, sobretudo. E, ao deixar Châteauroux, a avó foi morar num apartamento em Paris, na rua du Roi de Sicile, providenciando, na mesma ocasião, para cuidar da educação de seu único filho, Maurice, um preceptor chamado François Deschartres. Este ocupou um lugar de grande relevo na família, e especialmente nas recordações de George Sand. Era um professor do colégio do Cardeal Lemoine que se apresentou para a avó sob o título e a batina de abade passou, com a revolução, de abade para cidadão Deschartres; o império tornou-o monsieur, *porém na vida da família todos o conheciam como "grande homem".*]

Meu pai demonstrou bem cedo inclinação pela guerra, e até mesmo paixão pelas batalhas. Jamais se sentiu tão à vontade, tão tranquilo e tão docemente comovido quanto em um posto de cavalaria.

Esse futuro herói, porém, foi antes de tudo um garoto franzino e terrivelmente mimado. Criaram-no, ao pé da letra, na maior moleza, e, como ele tinha uma doença de crescimento, permitiram que ele chegasse a tal estado de indolência que ele chamava seu criado para pegar seu lápis ou sua pena do chão. Ele se restabeleceu bem, graças a Deus, e o elã da França, quando ele correu para defender suas fronteiras, tomou-o como um dos primeiros e fez de sua súbita transformação um milagre entre mil.

Quando a revolução estava prestes a explodir, minha avó, como os aristocratas esclarecidos do seu tempo, viu-a se aproximar sem terror. Ela tinha bebido muito de Voltaire e de Jean-Jacques Rousseau, e assim não podia deixar de odiar os abusos da corte. Ela era mesmo das mais inflamadas contra o círculo social da rainha, e encontrei caixas repletas de quadrilhas, madrigais e sátiras violentas contra Maria Antonieta e seus favoritos. As pessoas, como convém, copiavam e divulgavam esses libelos. Os mais razoáveis que achei são copiados pelas mãos da minha avó, talvez alguns deles sejam de sua criação; pois era do melhor estilo compor epigramas referentes a escândalos triunfantes, e era a oposição filosófica do momento que se utilizava dessa forma totalmente francesa. Na verdade havia alguns deles bem ousados e estranhos. Colocavam-nos na boca do povo e rimavam no jargão dos mercados centrais canções inauditas sobre o nascimento do delfim, sobre as dilapida-

História da minha vida

ções e galanteios da *Allemande*;[15] ameaçavam a mãe e o filho do chicote e do pelourinho. E que não se pense que essas canções brotavam do povo. Elas desciam do salão à rua. Queimei-as de tão obscenas, não ousei lê-las até o fim, e aquelas escritas pelas mãos dos abades que conheci em minha infância, e saídas da cabeça de marquês de boa estirpe, não me deixaram nenhuma dúvida a respeito do profundo ódio e da indignação delirante da aristocracia daquela época. Creio que o povo não conseguiu se juntar a essa aristocracia, e, como não se uniu a ela, a família de Luís XVI conseguiu ter a mesma sorte em se colocar no nível dos mártires.

De resto, lamento muito o acesso de pudor que me fez queimar, há vinte anos, a maioria daqueles manuscritos. Vindos de uma pessoa tão casta e santa como minha avó, eles me queimaram os olhos; devia no entanto ter dito a mim mesma que eram apenas documentos históricos que podiam ter um profundo valor. Vários deles talvez fossem únicos, ou pelo menos bastante raros. Os que me restaram são conhecidos, e são citados em diversas obras.

Acredito que minha avó teve grande admiração por Jacques Necker,[16] e depois por Mirabeau. Porém, perco a pista de suas ideias políticas à época em que a revolução tornou-se para ela um fato avassalador e um desastre pessoal.

Entre todos os de sua classe, ela foi talvez a pessoa que menos esperava ser atingida nessa grande catástrofe; e, de fato, em que sua consciência poderia preveni-la de que ela teria merecido coletivamente sofrer um castigo social? Ela adotou a crença na igualdade tanto quanto foi possível em sua situação. Ela estava à altura de todas as ideias avançadas do seu tempo. Aceitava o contrato social seguindo o pensamento de Rousseau; execrava a superstição da mesma forma que Voltaire; realmente amava as utopias generosas; a palavra república não a afligia. Por natureza, era magnetizante, caridosa, acolhedora, e via de bom grado seu igual em todo homem obscuro e infeliz. Se a revolução pudesse ter sido feita sem violência e sem de-

---

15 *Allemande*: apelido para Maria Antonieta, ou Maria Antonia Josepha Johanna von Habsburg-Lothringen, nascida em Viena (Áustria) e filha do imperador Francisco I. (N.T.)

16 Jacques Necker (1732-1804), economista e político suíço. Pai da escritora francesa Anne-Louise Germaine Necker (1766-1817), baronesa de Staël-Holstein, conhecida como Madame de Staël. (N.T.)

sordem, ela a teria seguido até o fim sem arrependimento e sem medo, pois tinha uma alma enorme e, por toda sua vida, venerou e buscou a verdade.

[...]

Nessa epopeia sangrenta, em que cada parte reivindica para si mesma as honras e o mérito do mártir, é preciso reconhecer bem que houve, com efeito, mártires nos dois lados. Uns sofreram pela causa do passado, outros, pelas causas do porvir; outros, ainda, localizados no limite desses dois princípios, sofreram sem compreender o que os punia. Quando a reação do passado tornou-se um fato, eles foram perseguidos pelos homens do passado, como o foram pelos homens do futuro.

É nessa posição estranha que se encontrava a nobre e sincera mulher cuja história aqui narro. Ela não pensou em emigrar, continuou a criar seu filho e a se absorver nessa sagrada tarefa.

Ela aceitou até mesmo a considerável redução em seus recursos quando chegou a crise pública. Com o restante daquilo que chamou de restos de sua primeira fortuna, ela investiu cerca de 300 mil libras em terras de Nohant, não muito longe de Châteauroux; suas relações e hábitos de vida ligaram-na a Berry.

Ela aspirava a retirar-se para essa tranquila província, onde as paixões do momento ainda não se faziam sentir com intensidade, até que um evento imprevisto a atingiu.

Ela morava então na casa de um senhor chamado Amonin, cuja residência, igual a quase todas aquelas ocupadas na época por pessoas abastadas, estava repleta de esconderijos. *Monsieur* Amonin propôs a ela esconder, em um dos painéis do forro de madeira da parede, uma grande quantidade de dinheiro e de joias pertencentes tanto a ele quanto a ela. Além disso, um tal *monsieur* de Villiers também escondeu ali seus títulos de nobreza.

Porém, tais esconderijos, habilmente arranjados nas paredes espessas, não conseguiam resistir às investigações feitas muitas vezes pelos trabalhadores que os haviam construído, e que eram os primeiros delatores. Aos 5 de frimário do ano II[17] (26 de novembro de 1793), em virtude de um de-

---

17 Essas datas mencionadas pela autora têm como referencial o calendário revolucionário francês, também conhecido como calendário republicano, adotado em 1793 pela Convenção Nacional, que estabeleceu o início da nova era republicana em 22 de setembro de 1792. (N.T.)

História da minha vida

creto que proibia a fuga dessas riquezas retiradas de circulação,[18] ocorreu uma batida na casa do senhor Amonin. Um marceneiro experiente sondou os lambris e, consequentemente, tudo foi descoberto; minha avó foi detida e encarcerada no Convento dos Ingleses, na rua dos Fossés-Saint-Victor, que havia sido convertido em casa de detenção.[19] Os selos foram afixados em sua casa, e os objetos confiscados foram confiados, assim como seu aposento, à guarda do cidadão Leblanc, um caporal. Permitiram ao jovem Maurice (meu pai) morar em seu aposento, que era, como se diz, uma outra prisão, e Deschartres ocupava-o também.

Maurice Dupin, então com quinze anos apenas, foi atingido por essa separação com um golpe brutal. Ele não esperava nada semelhante àquilo, tinha também se alimentado das ideias de Voltaire e de J.-J. Rousseau. Ocultaram-lhe a gravidade das circunstâncias, e o corajoso Deschartres dissimulava suas inquietudes: porém, Deschartres sentia que madame Dupin estaria perdida se ele não fosse até o fim em um empreendimento que ele concebeu sem hesitar e que executou com tanta sorte quanto coragem.

Ele sabia muito bem que os objetos mais comprometedores entre todos aqueles escondidos no forro de madeira das paredes de sua casa tinham

---

18 Eis os termos desse decreto, que teve por objetivo restaurar a confiança por meio do terror:
"Art. 1º. Todo objeto de ouro e prata, moeda ou não, diamantes, joias, galão de ouro e de prata, e qualquer mobília ou bens preciosos que foram ou que serão *descobertos* enterrados na terra ou escondidos em porões, no interior das paredes, cumeeiras, assoalhos ou pavimentos, em lareiras ou dutos de chaminés e em outros lugares secretos serão tomados e confiscados em benefício da República.
Art. 2º. Todo denunciante que conseguir a descoberta de semelhantes objetos receberá a vigésima parte do seu valor em *assignats* [moeda instituída sob a Revolução Francesa]. [...]
Art. 6º. O ouro e a prata, louça, joias e outros bens quaisquer serão enviados imediatamente, com os inventários, ao comitê dos inspetores da cidade, que passarão sem demora a conversão em moeda à Tesouraria Nacional, e a prataria, à Casa da Moeda.
Art. 7º. No que diz respeito às joias, móveis e outros bens, serão vendidos em leilão, sob a diligência do mesmo comitê, que passará o produto à tesouraria, e prestará conta à Convenção Nacional." [23 de brumário ano II]. (N.A.)
19 Ela havia passado, nesse mesmo convento, uma grande parte do se retiro voluntário antes de se casar com seu segundo marido. (N.A.)

escapado das primeiras buscas. Nesses objetos, que eram papéis, títulos e letras, constava que minha avó havia contribuído com um empréstimo voluntário secretamente efetuado em favor do conde d'Artois, então exilado e mais tarde rei da França, sob o nome de Carlos X. Quais motivos ou quais influências a levaram a essa ação, eu ignoro; talvez um começo de reação contra as ideias revolucionárias que ela havia seguido energicamente até a Tomada da Bastilha. Talvez tenha se deixado levar por conselhos exaltados, ou por um sentimento secreto de orgulho do sangue. Pois, enfim, apesar do traço de bastardia, ela era prima de Luís XVI e dos seus irmãos, e acreditava dever a esmola a esses príncipes que tinham-na, no entanto, deixado na miséria depois da morte do delfim. Em seu pensamento, creio que aquilo não significava outra coisa, e a soma de 75 mil libras que, em sua situação, tinha sido para ela um sério sacrifício, não representava nada para ela, como para tantos outros, além de um fundo investido em favores e recompensas do futuro. Desde aquela época, por outro lado, ela via a causa dos príncipes como perdida; ela não tinha simpatia ou estima nem pelo caráter patife de *Monsieur* (Luís XVIII), nem pela vida vergonhosa e pervertida do futuro Carlos X. Ela me falou dessa triste família no momento da queda de Napoleão, e me lembro perfeitamente do que ela me disse: mas não antecipemos os acontecimentos. Direi somente que nunca pensou nem veio a se beneficiar da restauração para reclamar aos Bourbons seu dinheiro para ser indenizada por um serviço que quase a havia conduzido à guilhotina.

Seja porque esses papéis estivessem escondidos em uma cavidade especial que não foi sondada, seja porque, misturados aos do *monsieur* de Villiers, escaparam a um primeiro exame dos comissários, Deschartres estava certo de que não deveria mencioná-los na averbação, e tratou de subtraí-los em um novo exame que iria ocorrer no levantamento das propriedades seladas.

Essa iniciativa punha em risco sua liberdade e sua vida. Deschartres não hesitou em executá-la.

Mas, para explicar melhor a gravidade dessa resolução em tais circunstâncias, é bom citar aqui a averbação da descoberta dos objetos suspeitos. É um detalhe que tem sua cor e do qual transcreverei fielmente o estilo e a ortografia.

História da minha vida

Comitês revolucionários reunidos das seções de Bon Conseil e de Bondy.

No dia de hoje, cinco de frimário do ano II da república una e indivisível e imperecível, nós, Jean-François Posset e François Mary, comissários do comitê revolucionário da seção de Bon Conseil, fomos transportados ao comitê revolucionário da seção de Bondy, na intenção de requerer aos membros do dito comitê seu deslocamento conosco ao domicílio do cidadão Amonin, residente à rua Nicolas, n. 12, e para isso vieram conosco os cidadãos Christophe e Gérôme, membros do comitê da seção de Bondy, e Filoy, idem, *aonde* somos transportados ao domicílio acima citado *aonde* entramos, e subimos ao segundo andar e entramos em um aposento, e de lá em um toucador *aonde* há três degraus para descer acompanhados da cidadã Amonin, seu marido não estava, *aonde* a interpelamos para nos declarar se não havia nada escondido *em casa dela ela* nos declarou não saber de nada. E além disso a dita Amonin encontrava-se mal e fora de si. Em seguida continuamos nossa perquirição e intimamos o cidadão Villiers, que se encontrava na dita casa, residente na rua Montmartre, n. 21, seção de Brutus, para ser testemunha de nossas perquirições que realizamos assim que o cidadão Gondois idem na dita casa, e daí procedemos à abertura por meio das habilidades do cidadão Tartey, residente na rua do subúrbio Saint-Martin, n. 90, e ainda em presença do cidadão Froc, porteiro da dita casa, todos assistindo à abertura do lambri que dá em um armário em frente à porta à *direitta*. E em seguida realizamos uma abertura no intuito de descobrir o que existia no dito lambri, e depois de realizada a abertura, sempre assistida como acima, descobrimos uma quantidade de prataria e muitos cofres e diferentes papéis, e em seguida fizemos o inventário na presença de todos os denominados mais acima. — 1º uma espada montada em aço talhado, 2º uma escopeta, 3º uma caixa em marroquim contendo colheres, colherinhas de açúcar e de mostarda em prata dourada com armoriais etc.

....

Segue o inventário detalhado, portando sempre a designação das peças e joias *armoriadas*, pois aí estava um dos principais traços de incriminação, como todos sabem.

....

E em seguida o cidadão Amonin chegou e o intimamos a permanecer conosco para estar presente na sequência da averbação.

E, em seguida, intimamos o dito Amonin a nos declarar o conteúdo de um pacote de papéis embrulhados em lençol branco e sobre o qual havia um sinete.

E, em seguida, fizemos a leitura de diversas cartas endereçadas ao cidadão de Villiers dedicadas à Assembleia Nacional Constituinte, ao que o cidadão de Villiers, denominado como presente na averbação, na ausência do cidadão Amonin, nos declarou lhe pertencerem assim como a correspondência que encontramos embrulhada no lençol branco e o dito cidadão Amonin nos declarou não saber que estavam ali, e não ter conhecimento do que o cidadão de Villiers confessou. Depois interpelamos o cidadão Amonin para nos declarar quando a dita prataria e as joias foram ocultadas, ao que respondeu que isso ocorreu na época da fuga do rei, durante a revolução, para Varennes.

Perguntamos a ele se a dita prataria e joias lhe pertenciam, ao que respondeu que uma parte lhe pertencia e outra parte era da cidadã Dupin, residente no andar logo abaixo dele.

Depois fizemos comparecer a cidadã Dupin com a intenção de nos entregar a nota da prataria que se encontrava escondida na casa do senhor Amonin, o que a cidadã fez no mesmo instante... E depois passamos à verificação das cartas e do seu conteúdo, sempre na presença do cidadão de Villiers, *asquais* cartas verificadas encontramos cópias de cartas da nobreza e armoriais que colocamos sob as seladas por um sinete em copas cruzadas, e um sinete formando um símbolo contido na chave de um dito comissário, tudo fechado em uma folha de papel branco, para as ditas cartas serem examinadas pelo comitê de segurança geral para por eles ser ordenado o que caberá ser feito. E em sequência apreendemos como consta pela presente averbação todas as ditas pratarias e joias, pelos termos da lei a ser ordenado o que caberá e fechamos a presente averbação em seis frimário às duas horas.[20]

---

20 Como George Sand comentará na sequência, o documento original descrito acima contém vários erros gramaticais e ortográficos em francês. Na tradução, procurou-se dar a alguns deles uma similitude de equívoco na língua portuguesa. Esses casos foram deixados em itálico para evidenciar o erro proposital cometido pelo tradutor para simular o equívoco na língua de partida. (N.T.)

História da minha vida

De onde resulta que essas perquirições eram operadas particularmente à noite e ocorriam de surpresa, pois essa averbação começou dia 5 e terminou dia 6, às duas horas da madrugada. Imediatamente os comissários decretam a prisão do *monsieur* de Villiers, cujo delito lhes parecia, aparentemente, o mais considerável, e não estatuem nada sobre a madame Dupin nem sobre o *monsieur* Amonin, seu cúmplice, senão que os selos são afixados em malas, cofres e caixas de joias e prataria, "para serem, no dia, transportados à Convenção Nacional, e deixados em espera sob a guarda e responsabilidade do cidadão Leblanc, caporal, para serem por ele reapresentados completos e intactos à primeira requisição, e declarou não saber assinar".

Em primeiro lugar, parece que não se impressionaram muito com o acontecimento na casa, ou acreditaram que o perigo havia passado; para dizer a verdade, feito o confisco, com esperança de restituição (pois zelavam pela anotação de objetos apreendidos, e uma boa parte foi restituída intacta, assim como aparecia nas anotações feitas por Deschartres nas margens do inventário contido na averbação), o delito de ocultação não foi bem constatado com relação à madame Dupin. Ela havia confiado ou emprestado os objetos apreendidos a *monsieur* Amoni, que foi julgado por tê-los escondido. Esse foi seu sistema de defesa, e ainda não acreditavam nele quando as coisas chegaram ao ponto em que não havia defesa possível. O fato é que eles tiveram a imprudência de deixar os perigosos papéis dos quais falei mais acima em um móvel do segundo entressolho, o que será discutido daqui a pouco.

Em 13 de frimário, isto é, sete dias depois da primeira perquirição na casa de Amonin, houve uma segunda batida na mesma casa, e, dessa vez, no aposento da minha avó, foi decretada a prisão. Nova averbação foi realizada de modo mais lacônico e com menos floreios que a primeira.

Em 13 de frimário, ano segundo da república francesa una e indivisível, nós, membros do comitê de fiscalização da seção de Bondy, em virtude da lei e de um decreto do dito comitê, datado de 11 de frimário, sustentamos que os selos serão afixados na casa de Marie Orrore, viúva Dupin; e a dita cidadã será colocada em detenção. Para esse fim, nós nos deslocamos ao seu domicílio, na rua Saint-Nicolas, n. 12. Subimos ao primeiro andar, na porta à esquerda, a dita fazendo parte de nossa missão, e afixamos os selos nas janelas e na porta do dito aposento, assim como na porta de entrada dando *nodegrau* de número dez da escada: tais selos haviam sido deixados sob a guarda de Charles Froc, porteiro da dita casa, que os reconheceu depois da leitura feita a ele.

E, em seguida, nos deslocamos para a porta de frente, no dito (*"paillée occupée"*) ocupado pelo cidadão Maurice François Dupin, filho da dita viúva Dupin, e pelo cidadão Deschartre, preceptor. Após verificações feitas nos papéis dos ditos cidadãos, não encontramos nada contrário aos interesses da República etc.

Eis então minha avó detida e Deschartres responsável por sua salvação; pois, no momento em que foi levada ao Convento dos Ingleses, ela teve tempo de lhe dizer onde estavam os malditos papéis que, por negligência, não havia eliminado. Ela possuía, por outro lado, um monte de cartas que atestavam suas relações com emigrados, relações muito inocentes, certamente, de sua parte, mas que poderiam ser-lhes imputadas como crime de Estado e de traição contra a República.

Da última averbação que citei, e Deus sabe com que menosprezo e indignação o purista Deschartres tratou em sua alma as atas redigidas em tão péssimo francês naquela averbação, na qual cada erro de ortografia lhe causava pavor, não consta a existência de um pequeno entressolho situado embaixo do primeiro e que fazia parte do aposento da minha avó. Nele subia-se por uma escada secreta que saía de um toucador.

Os selos foram afixados nas portas e janelas daquele entressolho, e é por ali que se deveria passar em busca dos papéis. Então, era necessário romper três selos antes de entrar: o da porta do primeiro, dando na escada da casa; o da porta do toucador, abrindo para a escada secreta; e o da porta do entressolho no topo daquela mesma escada. O cubículo do cidadão porteiro, republicano bastante arisco, estava situado exatamente abaixo do aposento de minha avó, e o caporal Leblanc, cidadão incorruptível, responsável pela guarda dos selos do segundo andar, dormia em uma rede em um quarto vizinho ao aposento de *monsieur* Amonin, isto é, exatamente abaixo do entressolho. Ele estava lá, armado até os dentes, com ordem de atirar em qualquer um que entrasse em um ou outro aposento. E o cidadão Froc que, apesar de porteiro, tinha o sono bem leve, dispunha de uma sineta colocada *ad hoc* na janela do caporal, assim precisava apenas puxar a corda para despertá-lo em caso de alarme.

A empreitada era então insensata da parte de um homem que não tivesse na arte de abrir a fechadura das portas e se introduzir sem barulho os altos conhecimentos que, à força de estudos sérios e especiais, adquirem muitos ladrões. Mas a abnegação faz milagres. Deschartres muniu-se de tudo o que era necessário e esperou todo mundo dormir. Já eram duas horas da madrugada quando a casa ficou em silêncio. Então ele se levanta, veste-se sem fazer barulho, enche seus bolsos de todos os instrumentos que encontrou, não sem perigo. Tira o primeiro selo, depois o segundo, em seguida o terceiro. Ei-lo no entressolho, trata de abrir um móvel em marchetaria, que serve de escaninho, e surrupia 29 pastas repletas de papéis. Minha avó não havia dito a ele onde estavam os papéis que iriam comprometê-la.

Ele não esmorece; ei-lo examinando, separando, queimando. Dão três horas, nada se move... mas sim! Passos ligeiros fazem ranger levemente o assoalho na sala de visitas do primeiro andar; talvez seja Nérina, a cadela favorita da prisioneira madame Dupin, que dorme próximo da cama de Deschartres e o seguiu, visto que ele tinha sido forçado, durante todo o evento, a deixar as portas abertas atrás dele; é o porteiro que tem as chaves, e Deschartres introduziu-se com a ajuda de uma gazua.

Quando se escuta atentamente com o coração que salta no peito e o sangue que deixa as orelhas pegando fogo, há um momento em que se perde totalmente o raciocínio. O pobre Deschartres ficou petrificado, imóvel; pois ou alguém sobe a escada do entressolho, ou ele está tendo um pesadelo; e não é Nérina, são passos humanos. Aproxima-se com precaução; Deschartres está munido de uma pistola, ele a engatilha, vai em direção à porta da escadinha... mas deixa cair seu braço que já estava erguido na altura de um homem, porque aquele que vai ao seu encontro é meu pai, é Maurice, seu aluno querido.

O garoto de quem em vão ele havia escondido o projeto tinha adivinhado, espiado; ele foi ajudá-lo. Deschartres, espantado de vê-lo tomar parte de um perigo terrível, quer falar, quer mandá-lo voltar. Maurice lhe põe a mão na boca. Deschartres compreende que o menor ruído, uma palavra trocada pode pôr tudo a perder, tanto para um como para o outro, e a atitude do menino lhe prova bem, aliás, que ele não cederá.

Então os dois, no mais completo silêncio, se põem a trabalhar. O exame dos papéis continua e avança rapidamente; queimam pouco a pouco; mas o quê! dão quatro horas! É preciso mais de uma hora para fechar novamente as portas e recolocar os selos no lugar. A metade da tarefa não foi realizada, e às cinco horas o cidadão Leblanc está invariavelmente de pé.

Não há como hesitar. Maurice faz seu amigo compreender, por meio de sinais, que será necessário voltar na noite seguinte. Além do mais, a pobrezinha Nérina, que ele teve o cuidado de trancar em seu aposento e que se aborrece ao ficar sozinha, começa a gemer e a uivar. Fecha-se tudo novamente, deixam-se os selos rompidos no interior do entressolho, e contentam-se em reparar os da entrada principal que dá na escada grande. Meu pai tem a vela e oferece a cera. Deschartres, que pegou a marca dos sinetes, se atira à operação com a presteza e a habilidade de um homem capaz de operações cirúrgicas altamente delicadas. Eles voltam para o quarto deles e deitam-se novamente tranquilos por estarem são e salvos, contudo não sossegados com relação ao sucesso de sua empreitada, visto que alguém pode vir durante o dia para tirar os selos inesperadamente, e ficou tudo em desordem no aposento. Além disso, as principais peças de culpabilidade ainda não foram encontradas e aniquiladas.

Felizmente esse dia terrível de espera passa sem catástrofe. Meu pai leva Nérina à casa de um amigo, Deschartres compra para o meu pai pantufas de lã, lubrifica as portas do seu aposento, põe seus instrumentos em ordem, e não tenta mudar a heroica resolução do seu pupilo. Quando ele me conta essa história, 25 anos mais tarde: "Eu sabia bem que", dizia ele, "se fôssemos surpreendidos, madame Dupin nunca me perdoaria por ter deixado seu filho se precipitar em um semelhante perigo; mas teria eu o direito de impedir um bom filho de expor sua vida para salvar a de sua mãe? Isso seria contrário a qualquer princípio de educação saudável, e eu era, antes de mais nada, o mentor".

Na noite seguinte eles tiveram mais tempo. Os guardas se deitaram em um horário excelente; eles puderam começar suas operações uma hora mais cedo. Os papéis foram reencontrados e reduzidos a cinzas; depois juntaram essas cinzas rapidamente em uma caixa que fecharam com cuidado, e a levaram para fazê-la desaparecer no dia seguinte. De todas as pastas examinadas

História da minha vida

e esvaziadas, quebraram várias joias e sinetes armoriais; tiraram até mesmo escudos da capa de livros de luxo. Enfim, terminada a tarefa, recolocaram todos os selos, e as impressões foram restituídas com perfeição; as fitas de papel ressurgiram intactas, as portas foram cerradas sem ruído, e os dois cúmplices, depois de terem cumprido uma ação generosa com todo o mistério e toda a emoção que acompanham a preparação de crimes, retornaram ao seu aposento à hora desejada. Ali, eles se jogaram nos braços um do outro, e, sem dizer nada, misturaram lágrimas de alegria. Eles acreditavam terem salvo minha avó; mas ainda viveriam bastante tempo sob a influência do terror. Sua detenção se prolongou até depois da catástrofe do 9 de termidor, e, até lá, os tribunais revolucionários tornaram-se cada dia mais desconfiados e terríveis.

Em 16 de nivoso, aproximadamente um mês depois, madame Dupin foi retirada da casa de detenção e conduzida ao seu aposento sob a guarda do cidadão Philidor, comissário muito humano que se mostrou cada vez mais inclinado a seu favor. A averbação, redigida na sua frente e assinada por ele, atesta que os selos foram encontrados intactos. O cidadão porteiro não fora complacente até aquele momento, então acreditava que não havia nenhuma evidência nem vestígio de arrombamento.

Como já disse *en passant*, pois não quero me esquecer disso, o bravo Deschartres jamais contou essa história a não ser quando pressionado por minhas questões; ainda por cima a contava muito mal, e eu soube dos detalhes apenas por intermédio da minha avó. No entanto, jamais conheci narrador mais prolixo, mais minucioso, mais vaidoso do seu papel nas pequenas coisas, e mais condescendente para se fazer ouvir que esse bom homem. Ele não deixava de repetir a cada noite uma série de anedotas e de traços de sua vida que eu conhecia tão bem, que eu corrigia quando ele se enganava com alguma palavra. Porém, ele era como aqueles de sua têmpera, que não sabem até que ponto ser grandiosos; quando tratava de mostrar o lado heroico do seu caráter, ele, que tinha pelas puerilidades pretensões realmente burlescas, era tão ingênuo quanto uma criança, tão humilde quanto um verdadeiro cristão.

Minha avó foi retirada da prisão para assistir à remoção dos selos e ao exame dos seus papéis. Não se encontrou, é claro, nada contrário aos *interes-*

ses da República, apesar de o exame ter durado nove horas. Aquele foi um dia de felicidade para ela e para seu filho, porque puderam passá-lo juntos. A demonstração de mútua ternura entre os dois tocou muito os comissários, sobretudo Philidor, que era, se bem me lembro, um ex-peruqueiro, grande patriota e bom homem. Sobretudo ele fez grande amizade com meu pai e não cessou de tomar providências para que minha avó fosse levada a julgamento, com a esperança de que ela seria absolvida. Mas suas providências tiveram sucesso apenas na época da reação.

Na tarde de 16 nivoso, ele reconduziu sua prisioneira ao Convento dos Ingleses, onde ela permaneceu até o 4 frutidor (22 de agosto de 1794). Durante algum tempo, meu pai pôde ver sua mãe todos os dias no Convento dos Ingleses para conversar com ela por alguns instantes. Ele aguardava esse bendito instante no claustro, em um frio glacial, e Deus sabe quanto faz frio naquele claustro, que percorri em todos os sentidos durante três anos de minha vida, pois fui educada nesse mesmo convento. Rotineiramente esperava muitas horas, visto que, sobretudo no começo, as ordens mudavam cada dia segundo o capricho dos zeladores, e talvez seguindo o desejo do governo revolucionário, que tinha receio das comunicações muito frequentes e demasiado fáceis entre os detentos e seus parentes. Em outras circunstâncias, a criança frágil e débil sairia dali com pneumonia. Mas as vivas emoções nos fazem experimentar outra saúde, outra estrutura. Ele nem sequer pegava um resfriado, e logo aprendeu a não mais *dar ouvidos* a si mesmo, a não se queixar mais com sua mãe dos seus pequenos sofrimentos e de seus aborrecimentos menores, como antes tinha o costume de fazer. Tornou-se, de repente, o que ele sempre deveria ter sido, e o garoto mimado desapareceu para nunca mais retornar. No momento em que via chegar às grades sua pobre mãe completamente pálida, totalmente assustada pelo tempo que ele havia passado a esperando, toda pronta para se derreter em lágrimas ao tocar suas mãos frias, implorando a ele para que não se expusesse mais àqueles sofrimentos, ele tinha vergonha da moleza pela qual havia se deixado impregnar, reprovava-se por ter consentido se desenvolver em extrema solicitude e, ao conhecer finalmente por si mesmo o que é temer e sofrer por quem se ama, negava que havia esperado, assegurava não sentir frio e, por força de vontade, de fato chegava a não sentir mais frio.

História da minha vida

Seus estudos foram efetivamente interrompidos; ele não fazia mais questão de mestres de música, de dança e de esgrima. Até mesmo o bom Deschartres, que amava ensinar, tinha menos vontade de dar suas lições do que o aluno de recebê-las; mas aquela educação tinha tanto valor quanto qualquer outra, e o tempo que formava o caráter e a consciência do homem não foi perdido pelo menino.

Capítulo 4
Sophie-Victoire-Antoinette Delaborde. – A mãe Cloquart e suas filhas no hotel da cidade. – O Convento dos Ingleses. – Sobre a adolescência – Fora da história oficial existe uma história íntima das nações – Coletânea de cartas sob o terror.

Suspenderei aqui, por um instante, a história da minha linhagem paterna para introduzir uma nova personagem que uma estranha aproximação instala na mesma prisão à mesma época.

Já falei de Antoine Delaborde, o dono de bilhar e vendedor de passarinhos; disse que, depois de ter sido proprietário de um salão de bilhar, meu avô por parte de mãe passou a vender pássaros. Se não contei mais a respeito dos seus afazeres, é porque não sei muita coisa. Minha mãe não falava quase nada dos seus pais, porque ela os conheceu pouco por tê-los perdido quando ainda era criança. Quem foi seu avô por parte de pai? Ela não sabia nada sobre ele, nem eu tampouco. E sua avó? Menos ainda. Eis um ponto em que as genealogias plebeias não conseguem rivalizar com as dos ricos e poderosos desse mundo. Se elas têm produzido os melhores ou os mais perversos seres, há impunidade para com estes, ingratidão para com aqueles. Nenhum título, nenhum emblema, nenhuma pintura conserva a lembrança dessas gerações obscuras que passam sobre a Terra e não deixam um traço sequer. O pobre morre por completo, o desprezo do rico sela sua tumba e passa por cima dela sem nem querer saber dos restos mortais que seus pés pisoteiam com desdém.

Minha mãe e minha tia me falaram de uma avó materna que as criou e que era boa e piedosa. Não penso que a revolução levou-as à ruína. Elas não tinham nada a perder, mas sofreram, como o povo inteiro, com a carestia e com a falta do pão. Essa avó era monarquista, Deus sabe lá por quê e mantinha suas duas netas com horror da revolução. O fato é que elas não compreendiam absolutamente nada, e numa bela manhã foram buscar a mais velha, que tinha então quinze ou dezesseis anos e se chamava Sophie-Victoire (e Antoinette, como a rainha da França), para vesti-la toda de branco, empoá-la, coroá-la de rosas e levá-la ao hotel da cidade. Ela própria não fazia ideia do que significava aquilo; porém, os notáveis plebeus do bairro, todos recém-chegados da Bastilha e de Versalhes, disseram-lhe: "Pequena cidadã, você é a menina mais bonita do distrito, vamos torná-la honrada, aqui está o cidadão Collot-d'Herbois,[21] ator do Théâtre-Français, que irá lhe ensinar uma saudação em versos com gestos; eis uma coroa de flores; nós a conduziremos ao palácio municipal, você oferecerá essas flores e dirá essa saudação aos cidadãos Bailly[22] e La Fayette, e receberá muitos méritos da pátria". Victoire foi alegremente cumprir seu papel no meio de um coro de outras belas jovens, aparentemente menos graciosas do que ela, pois não tinham nada a dizer nem a oferecer aos heróis do dia; elas estavam ali apenas para dar uma espiadela.

A mãe Cloquart (a avozinha de Victoire) seguiu sua neta com Lucie, a irmã caçula, e as duas, bem alegres e orgulhosas, introduziram-se em uma multidão imensa, conseguindo entrar no palácio e ver com qual graça a pérola do distrito recitaria sua saudação e presentearia sua coroa. O marquês de la Fayette[23] ficou todo comovido e, pegando a coroa, colocou-a galante e paternalmente na cabeça de Victoire, dizendo-lhe: "Amável criança, essas flores convêm mais à vossa imagem que à minha". Entre aplausos, tomaram assento em um banquete oferecido a La Fayette e a Bailly. Danças se formaram em torno das mesas, e as belas jovens garotas dos distritos para ali foram conduzidas; a multidão tornou-se tão compacta e tão ruidosa que a vovozinha Cloquart e a pequena Lucie, perdendo de vista a triunfante Victoire, não esperando mais encontrá-la e temendo serem sufocadas, saíram

---

21 Jean-Marie Collot (1749-1796), comediante e autor teatral. (N.T.)

22 Nicolas Bailly (1749-1832), advogado. (N.T.)

23 Marie-Joseph Paul Yves Roch Gilbert du Motier (1757-1834) participou da Guerra de Independência dos EUA como general e líder da Guarda Nacional durante a Revolução Francesa. (N.T.)

História da minha vida

daquele lugar para aguardá-la, mas a multidão impeliu-as de volta para lá. Os gritos de entusiasmo fizeram que elas tivessem medo. Vovó Cloquart não era corajosa; ela achava que Paris desabaria sobre ela, e se protegia com Lucie, chorando e gritando que Victoire seria sufocada ou massacrada naquela gigantesca farândola.

Foi apenas à noite que Victoire voltou a encontrá-las em sua modesta casinha, escoltada por um bando de patriotas dos dois sexos, que protegeram-na e respeitaram-na tão bem que seu vestido branco não estava sequer amarrotado.

A qual acontecimento político se ligava aquela festa dada no hotel da cidade? Disso eu nada sei. Nem minha mãe nem minha tia nunca conseguiram me dizer; provavelmente não o sabiam, embora tivessem dela participado. Tanto quanto pude presumir, aquilo ocorreu quando La Fayette veio anunciar à comuna que o rei havia decidido retornar à sua querida Paris.

É provável que naquela época as pequenas cidadãs Delaborde tenham achado encantadora a revolução. Porém, mais tarde, elas viram passar uma bela cabeça ornada de longos cabelos louros na ponta de uma lança, e era da desafortunada princesa de Lamballe.[24] Aquele espetáculo causou nelas uma impressão assustadora, e começaram a julgar a revolução somente por meio daquela horrível aparição.

Elas eram tão pobres naquela época que Lucie trabalhava com costura, e Victoire era figurante em um pequeno teatro. Minha tia negava a ocupação de Victoire, e, como ela era a própria franqueza, certamente negava de boa-fé. É possível que ela de fato ignorasse aquilo; pois, naquela tormenta para a qual elas foram arrastadas como duas pobres folhinhas que rodopiam sem saber onde estão, naquela confusão de desgraças, de pavores e de emoções incompreendidas, tão violentas por vezes, elas destruíram totalmente o sentido de algumas épocas da memória sobre minha mãe, e é possível que as duas irmãs tenham se perdido de vista durante certo tempo. É possível que Victoire, depois, temendo as reprovações da avó, que era devota, e o pavor de Lucie, que era prudente e trabalhadora, não tenha ousado confessar a quais

---

24 Marie-Hélène-Louise de Savoie (1749-1792), esposa de Louis-Alexandre de Bourbon (1747-1768). (N.T.)

extremos a miséria ou a imprevidência de sua idade a tenham reduzido. Mas o fato é verdadeiro, porque Victoire, minha mãe, me contou, e em circunstâncias que não esquecerei jamais: narrarei essas lembranças em seu devido lugar, mas devo rogar ao leitor que não prejulgue nada antes da minha conclusão.

Não sei em que momento aconteceu à minha mãe, sob o terror, de entoar uma canção sediciosa contra a república. No dia seguinte, realizaram uma perquirição em sua casa. Ali encontraram a tal canção manuscrita, que tinha sido dada a ela por certo abade Borel. De fato, a canção era sediciosa; mas ela havia cantado somente um verso dos mais leves. Ela foi arrastada imediatamente com sua irmã Lucie (Deus sabe por quê!) e encarcerada na prisão de La Bourbe, depois em uma outra, e a seguir, finalmente, foi transferida para o Convento dos Ingleses, onde permaneceu provavelmente na mesma época em que minha avó estava lá.

Dessa maneira, duas pobres meninas do povo ficaram ali, nem mais nem menos que as damas mais qualificadas da corte e da cidade. Mademoiselle Contat[25] também estava naquele convento tornado prisão, e a madre superiora das religiosas inglesas, madame Canning, era intimamente ligada a ela. Essa célebre atriz teve acessos de piedade sensível e exaltada. Ela jamais encontrava madame Canning nos claustros sem se pôr de joelhos diante dela e pedir sua bênção. A boa religiosa, que era plena de espírito e de bons costumes, a consolava e a fortalecia contra os terrores da morte, conduzindo-a à sua cela e pregando a ela sem apavorá-la, encontrando nela uma alma boa e bela que não a escandalizava em nada. Ela mesma contou isso à minha avó diante de mim, quando eu estava no convento, e na sala de visitas elas repassavam, em conjunto, as lembranças daquela estranha época.

No meio de tão grande número de detentos, frequentemente renovado pelo *départ*[26] de uns e pela prisão de outros, se Maria-Aurore da Saxônia e Victoire Delaborde não tivessem se conhecido ou reparado uma na outra, não haveria nada de extraordinário nisso. O fato é que suas mútuas lembranças não datavam daquela época. Mas deixem-me fazer aqui o resumo da

---

25 Louise-Jeanne-François Contat (1760-1813), atriz da Comédia Francesa a partir de 1776. (N.T.)

26 *Départ* significava, então, a guilhotina. (N.T.)

novela. Suponho que Maurice passeava pelo claustro, totalmente enregelado e batendo a sola do pé contra a parede ao aguardar a hora de abraçar e beijar sua mãe; também suponho que Victoire caminhava no claustro e reparava naquele bonito menino; ela, que já estava com dezenove anos, teria dito, tão logo soube que se tratava do neto do Marechal da Saxônia: "É um lindo rapaz; quanto ao Marechal da Saxônia, não o conheço". E suponho ainda que disseram a Maurice: "Vê aquela pobre garota linda, que jamais ouviu falar dos teus ancestrais, e cujo pai vendia pássaros na gaiola, aquela é tua futura mulher...". Não sei o que ele teria respondido, mas eis o romance decidido.

No entanto, não creio que isso tenha ocorrido. É possível que eles jamais tenham se encontrado no claustro, e, contudo, não é impossível que tenham se olhado e se cumprimentado *en passant*, ao menos uma vez. A moça não teria prestado tanta atenção a um estudante; o rapaz, todo preocupado com suas aflições pessoais, talvez a tenha visto, mas a esqueceu no instante seguinte. O fato é que nenhum dos dois guardava sequer uma lembrança desse encontro quando se conheceram na Itália, em outra tormenta, muitos anos depois.

Aqui a existência de minha mãe desaparece inteiramente para mim, assim como ela dissipou-se para si mesma em suas recordações. Ela sabia apenas que saiu da prisão assim como havia entrado, sem compreender como nem por quê. A avó Cloquart não ouvira mais falar de suas netas já fazia mais de um ano, e achava que elas estavam mortas. Ela estava bem debilitada quando as viu reaparecer diante dela; em vez de se lançar logo em seus braços, teve medo, tomando-as por dois espectros.

Retomarei sua história no momento em que me será possível reencontrá-la. Retorno àquela história do meu pai que, graças às suas cartas, raramente perco de vista.

Os rápidos encontros que serviam de consolação à mãe e ao filho foram bruscamente interrompidos. O governo revolucionário tomou uma medida rigorosa contra os parentes próximos dos detidos, exilando-os fora dos limites de Paris e impedindo-os de colocar os pés ali até nova ordem. Meu pai se estabeleceu em Passy com Deschartres, e lá passou vários meses.

Aquela segunda separação foi ainda mais dilacerante que a primeira. Ela foi mais absoluta, destruindo o pouco de esperanças que tinham conseguido conservar. Minha avó ficou desconsolada, mas escondeu do seu filho, com sucesso, a angústia que experimentava ao abraçá-lo com o pensamento de que fazia aquilo pela última vez.

Quanto a ele, não possuía pressentimentos tão sombrios, mas estava abatido. O pobre menino jamais tinha se separado da mãe, nunca soubera ou imaginara o que era a dor. Era belo como uma flor, puro e doce como uma moça. Tinha dezesseis anos, sua saúde ainda era delicada, sua alma, refinada. Nessa idade, um rapaz educado por uma mãe afetuosa é um ser à parte na criação. Ele não parece, por assim dizer, ser de nenhum sexo; seus pensamentos são puros como os de um anjo; ele não apresenta vaidade pueril, curiosidade inquieta, personalidade suscetível que com frequência atormentam o primeiro desenvolvimento da mulher. Ele ama sua mãe como nunca uma jovem conseguiria amar a sua. Mergulhado na felicidade de ser querido sem restrições e paparicado com adoração, a mãe é para ele uma espécie de objeto de culto. Tal é esse amor, sem as tormentas e falhas para as quais mais tarde o arrastará o amor de outra mulher. [...]

[*Ainda neste quarto capítulo, há uma mostra de várias cartas escritas pelo pai Maurice que foram endereçadas à sua mãe Aurore no momento em que ela se encontrava em prisão: 26/11/1793 a 22/8/1794.*]

Capítulo 5
Depois do Terror. — Fim da prisão e do exílio. — Ideia malfadada de Deschartres. — Nohant. — Os burgueses terroristas. — Estado moral das classes abastadas. — Paixão musical. — Paris sob o Diretório.

Finalmente, em 4 frutidor (agosto de 1794), madame Dupin reuniu-se com seu filho. O terrível drama da revolução dissipou-se, por um instante, aos seus olhos. Plenos de felicidade por se reencontrarem, a afetuosa mãe e o notável filho, esquecendo-se de tudo que tinham sofrido, de tudo que perderam, de tudo que viram, de tudo que poderia acontecer ainda, viram esse dia como o mais lindo de suas vidas.

Em seu entusiasmo de ir abraçar seu filho em Passy, madame Dupin ainda não possuía os certificados que lhe permitiriam passar a barreira de Paris,

História da minha vida

e temendo ser denunciada no portão Maillot, ela se vestiu de camponesa e tomou uma embarcação para o *Quai des Invalides* a fim de atravessar o Sena e chegar a Passy a pé. Para ela, esse era um percurso prodigioso, pois em toda sua vida nunca soube o que era caminhar. Seja por hábito de inação, seja por fraqueza orgânica das pernas, ela nunca foi até o fim de uma aleia de jardim sem ficar esgotada pela fadiga: e, contudo, tinha uma boa compleição, era desembaraçada, de uma saúde excelente e de uma beleza fresca e tranquila que oferecia todas as aparências da força.

Ela andou, no entanto, sem pensar em nada, e tão rápido que Deschartres, cujo costume correspondia aos dela, seguiu-a a duras penas. Mas, na passagem da embarcação, uma circunstância fútil ameaçou atirar-lhe em novos infortúnios. A embarcação se encontrava cheia de pessoas do povo que notaram a brancura da tez e das mãos da minha avó. Um bravo voluntário da República fez a seguinte observação em voz alta. "Eis", disse ele, "uma mamãezinha de boa aparência que não tem trabalhado com muita frequência." Deschartres, suscetível e inábil para se conter, respondeu-lhe com um "O que é que você tem a ver com isso?", que foi mal recebido. Ao mesmo tempo, uma das mulheres da embarcação meteu a mão em um pacote de queijo *bleu* que saía do bolso de Deschartres e o ergueu bem alto: "Eis aqui!", ela disse, "esses são aristocratas que se escondem; se fossem como nós, não esbanjariam com isso". E uma outra, agilmente continuando o inventário dos bolsos do pobre professor, tirou dali um frasco de água-de-colônia, que acarretou aos dois fugitivos uma temerosa saraivada de vaias.

O bom Deschartres, que, apesar da sua rudeza, era repleto de cuidados delicados, demasiadamente delicados naquela circunstância, pensou ter feito maravilhas ao se precaver por minha avó, e sem que ela soubesse, com aqueles pequenos requintes da civilização que ela não teria encontrado naquele tempo em Passy, ou que ela não conseguiria procurar sem chamar a atenção dos vizinhos.

Ele amaldiçoou sua inspiração ao ver que ela havia se tornado funesta ao objeto de seus cuidados; mas, incapaz de temporizar, ele se levantou no meio da embarcação, engrossou sua voz, mostrando os punhos e ameaçando lançar ao rio qualquer um que insultasse *sua comadre*. Os homens não fizeram mais que rir de suas bravatas, porém o barqueiro disse-lhe em um tom dogmático: "Esclareceremos essa questão no desembarque". E as mulheres gritaram *bravo* e ameaçaram com energia os aristocratas disfarçados.

Naqueles dias o governo revolucionário já relaxara abertamente o rigoroso sistema da vigilância, mas o povo ainda não abjurara seus direitos e estava pronto para fazer justiça com as próprias mãos.

Então minha avó, por uma de suas inspirações do coração que são tão poderosas nas mulheres, foi sentar-se entre duas verdadeiras comadres que a injuriavam vivamente, e lhes tomando as mãos: "Aristocrata ou não", ela disse, "sou uma mãe que não vê seu filho há seis meses, que acredita que não o verá nunca mais, e que vai abraçá-lo arriscando a vida. Vocês querem me destruir? Pois bem, me denunciem, me matem na volta se quiserem; mas não me impeçam de ver meu filho hoje; coloco meu destino em suas mãos".

— Vá, vá, cidadã — responderam imediatamente as boas mulheres —, não lhe queremos mal. Você tem razão de se confiar a nós; também temos filhos e nós os amamos.

Aportaram. O barqueiro e os outros homens da embarcação, que não conseguiam digerir a atitude de Deschartres, quiseram criar dificuldades para impedi-lo de prosseguir, mas as mulheres tinham tomado minha avó sob sua proteção. "Não queremos nada disso", elas disseram aos homens, "respeito ao sexo! Não perturbem essa cidadã. Quanto ao seu *valet de chambre* (foi assim que elas qualificaram o pobre Deschartres), que ele a acompanhe. Ele se mostrou muito pretensioso, mas não é mais nobre que vocês."

Madame Dupin abraçou essas comadres em lágrimas, Deschartres resignou-se a rir de sua aventura, e chegaram sem empecilhos à pequena casa de Passy, onde Maurice, que ainda não os esperava, quase morreu de alegria ao abraçar sua mãe. Não sei mais em qual dia foi revogado o decreto contra os exilados, mas isso ocorreu quase que imediatamente depois; minha avó regularizou sua situação, e já possuía seus certificados de residência e de civismo, esse último motivado principalmente por aquilo que seus criados e Antoine, seu lacaio, à sua frente, vinham, conforme testemunho de toda a categoria, suportando com bravura a queda da Bastilha. Ali estavam as grandes lições para o orgulho dos *nobres*.

[...]

[*Ainda no quinto capítulo, a autora apresenta mais algumas cartas do pai Maurice à sua mãe Aurore, todas elas datadas de 1796. Um conjunto de textos extremamente afe-*

tivos, mostrando um filho com enorme dedicação à sua mãe, informando-lhe, ao máximo, das suas conquistas e frustações no seu dia a dia, longe do aconchego familiar.]

Capítulo 6
O Marechal da Saxônia

Meus amigos, à medida que leem essas páginas impressas, colocam-me questões e observações mais ou menos fundamentadas. Eis aqui uma delas que acredito ter a necessidade de me deter um instante antes de ir adiante.

"Por que", disseram-me, "você falou tão pouco do Marechal da Saxônia? Ele não era a figura mais notável e impressionante, desse passado que você evoca, para ser base da sua narrativa? Você não sabe, a respeito desse herói, algum fato particular que tenha escapado à história? Sua avó não teria alguma tradição familiar que lance luz sobre essa personalidade desconhecida e ainda tão misteriosa para a posteridade?"

Não, na verdade minha avó não sabia nada de especial que ela quisesse ou pudesse dizer a respeito do seu pai. Ela tinha apenas dois anos quando o perdeu, e, em suas vagas lembranças, ou nos relatos de sua mãe, ela recuou diante do seu abraço no meio de um jantar, porque ele exalava um odor de manteiga rançosa que repugnava a precoce delicadeza do seu olfato. Sua mãe explicou-lhe que o marechal amava de paixão a manteiga encorpada, e que para satisfazê-lo nunca se deixou ficar muito nauseenta. Em matéria de cozinha, todos os seus gostos recaíam sobre o que era extravagante. Ele adorava pão duro e os legumes quase crus. Isso era um estado de graça para um homem que passou três quartos de sua vida na guerra.

Minha avó também supunha recordar-se de que ele lhe teria levado um enorme carneiro bordado a ouro; e mais tarde teria mostrado a ela esse carneiro, dizendo-lhe que era um presente do célebre conde de Lowendahl,[27] e que o marechal levou a ela a pedido do conde. Aquilo custou 2 mil ou 3 mil francos e o *parfilé*[28] (bordado) valia 500 ou 600 francos. Estranha

---

27 Ulrich Frédéric Woldemar, conde de Lowendal (1700-1755), general dinamarquês que serviu ao exército francês. (N.T.)

28 Isto é, *effiloché*, "desfiado". O trabalho das mulheres consistia em separar o ouro da seda para vendê-lo. (N.A.)

fantasia de prodigalidade, que consistia em dar às mulheres ou às crianças uma soma qualquer, pagando três ou quatro vezes seu valor, para mostrar que se teria dinheiro para gastar à vontade com a finalidade de lhes agradar.

Eis tudo o que minha avó viu do seu pai, e isso não é lá de grande interesse.

Maurice da Saxônia pertence doravante à história. Esta o exaltou e o lisonjeou tanto durante sua vida, que hoje ela tem o direito de ser severa; mas tal severidade seria de bom gosto de minha parte? Tenho eu o direito, mesmo a essa distância que o tempo coloca entre nós (já faz cem anos desde sua morte), de julgá-lo em toda liberdade de atitude? Fui criada em um respeito cego por essa glória. Depois que li e estudei sobre essa grandiosa existência, confesso que o respeito foi consumido por uma espécie de pavor, e que minha consciência se recusava absolutamente a mitigar os atrativos de semelhante época.

Vejo três grandes qualidades pessoais no Marechal da Saxônia; mas, se me prendo em ressaltá-las sem mostrar as manchas ao lado dos brilhos, não estarei fazendo o que critico nos que apresentam preconceito de casta? Esses preconceitos consistem, já o disse, no orgulho da classe e do êxito, no culto cego às coisas brilhantes, enquanto o verdadeiro respeito, aquele que deveria substituir todos os outros, estaria ligado sobretudo às humildes virtudes e aos méritos que o mundo não conheceu ou que não os compreendeu.

Observaram-me que meus escrúpulos não são fundados em uma descendência legítima: ela não é menos direta e real. Concordo que falta nela a consagração da fidelidade exclusiva que faz as adoções sérias e familiais, com ou sem notários.

Não tendo, porém, noção particular sobre o Marechal da Saxônia, não teria mais nada a contar sobre ele a não ser aquilo que todo mundo sabe de sobra: que ele se chamava Arminius-Maurice, nascido em Dresden, em 1696; que foi educado com seu irmão, o príncipe eleitoral, depois Augusto III, rei da Polônia; que aos doze anos fugiu da casa de sua mãe; atravessou a Alemanha a pé, e reuniu-se à armada dos aliados que, sob as ordens de Eugène de Savoie e de Marlborough, sitiaram Lille. Talvez o *enfant terrible*, ao marchar, cantasse: *Malbrough s'en va-t-en guerre*. Sabe-se que ele escalava diversas vezes a trincheira com audácia e recebeu dos franceses, que então ele combatia, seu primeiro batismo de fogo. Aos treze anos, no cerco de Tournay, teve seu cavalo morto sob ele e seu chapéu foi atravessado por balas. No cerco de

Mons, no ano seguinte, ele foi um dos primeiros a saltar no rio, carregando um soldado de infantaria na garupa, abatendo com um tiro de pistolete um dos inimigos que acreditava fazê-lo prisioneiro com facilidade; e, expondo-se a todos os perigos com um tipo de raiva, foi admoestado pelo príncipe Eugène em pessoa sobre os excessos de sua bravura.

Sabe-se que em 1711 ele marchou contra Carlos XII; que, em 1712, aos dezesseis anos, comandou um regimento de cavalaria, que teve ainda um cavalo morto sob ele, e que reconduziu três vezes ao ataque seu regimento quase completamente destruído.

Casado aos dezessete anos com a condessa Lobën,[29] pai aos vinte anos de um filho que não viveu muito tempo, guerreando sempre com paixão, ora contra Carlos XII, que admirava com tanta ingenuidade que se expôs dez vezes à morte ou ocupou-se para chegar a vê-lo de perto, ora contra os turcos, na qualidade de voluntário e por amor à arte; retornava à sua mulher apenas para remover a sujeira das justas censuras sobre suas infidelidades. Ele havia declarado uma enorme aversão pelo casamento, e sua mãe, ao subjugá-lo ao fim da infância, não havia levado isso em conta. Ele era tão verdadeiramente infantil naquela época que, após ter resistido obstinadamente ao desejo de sua mãe, tornou-se bastante decidido de repente sobre levar em consideração que a jovem Löben se chamava Victoire.

Ele a deixa em 1720 para vir à França, onde o regente o torna marechal de campo. Maurice rompe com seu casamento um ano depois. Sua mulher chorou muito e casou-se de novo quase que imediatamente. Tudo o que cercou esse jovem rapaz, os costumes da regência, a facilidade de destruir as uniões contraídas sem crença e sem amor, seu próprio nascimento, os terríveis exemplos de libertino do seu pai e de todas as cortes onde sua educação foi edificada: eis de fato as causas da desordem e da precoce desmoralização. Eleito duque da Curlândia e Semigália pelos curlandeses, adorado e protegido pela duquesa Anne Iwanowna,[30] que em seguida foi czarina da Rússia, lutou com energia para conservar esse principado contra as pretensões vizinhas. Foi mantido ali por sua ambição e vontade tanto quanto pela proteção da duquesa Anne, porém essa última fortuna lhe faltou rapidamente

---

29 Johanna-Victoria de Löben (1699-1747). (N.T.)

30 Anna Ivanovna (1693-1740), Anna I da Rússia. (N.T.)

por sua culpa. Incapaz de fidelidade, em uma noite em que atravessava a corte do palácio da duquesa carregando uma mulher em seus ombros, ele encontrou uma velha portando uma lanterna, que ficou apavorada e gritou. Ele deu um chute na lanterna, escorregou e rolou na neve com a velha e a jovem. Uma sentinela acudiu, e o caso se espalhou. A futura czarina não o perdoou e se vingou mais tarde, dizendo dele: "Ele poderia ter sido imperador da Rússia. Essa moça custou-lhe caro!"

Mas me apercebo fazendo uma nota histórica, e não gostaria de completá-la em meu livro com escritos inúteis. As campanhas de Maurice da Saxônia pela França são tão conhecidas que nem há necessidade de falar delas aqui.

[...]

[*A autora, neste sexto capítulo, afirma ainda serem bem conhecidas dos leitores as campanhas de Maurice da Saxônia em favor da França e, assim, passa a citar Henri Martin em sua obra intitulada* Histoire de France *para tratar desse assunto.*]

Capítulo 7
Continuação da história do meu pai. — Persistência de ideias filosóficas. — Descrição de La Châtre. — *Robert, líder de salteadores.* — *Os Salteadores*, de Schiller. — O teatro burguês de La Châtre em 1798. — A conscrição. — La Tour d'Avergne, primeiro granadeiro de França.

Aviso

Certas reflexões surgem inevitavelmente ao correr da pena quando falamos do passado: nós as comparamos com o presente, e o presente, o momento em que se escreve, já é o passado para isto que vocês lerão daqui a alguns anos. O escritor também tem em vista, algumas vezes, o porvir. Suas predições já se encontram realizadas ou desmentidas quando sua obra é publicada. Eu não gostaria de mudar nada das reflexões e previsões que me chegaram durante esses últimos tempos. Creio que elas já fazem parte da minha história e da de todos. Limito-me a colocar sua data em nota.

História da minha vida

Continuarei a história do meu pai, porque ele é, sem jogo de palavras, o verdadeiro autor da história da minha vida. O pai que mal conheci, e que permaneceu em minha memória como uma aparição brilhante, esse jovem rapaz artista e guerreiro, manteve-se totalmente vivo como uma força intensa em minha alma, nas fatalidades da minha estrutura, nos traços do meu rosto. Meu ser é um reflexo, enfraquecido sem dúvida, mas nem por isso menos completo, do seu. O meio em que vivi tem conduzido as modificações. Meus defeitos não são, portanto, sua obra em absoluto, e minhas qualidades são um benefício dos instintos que ele me transmitiu. Minha vida exterior diferiu tanto da dele quanto da época em que ela se desenvolveu; mas se eu fosse rapaz e tivesse vivido 25 anos mais cedo, eu sei e sinto que agiria e sentiria todas as coisas como meu pai.

Quais eram, em 1797 e em 1798, os projetos da minha avó para o futuro do seu filho? Creio que ela não os atingiu e era assim com todas as pessoas jovens de uma determinada classe. Todas as carreiras abertas, favoráveis na época de Luís XVI, levaram, na época de Barras,[31] à intriga. Nada havia mudado nisso a não ser as pessoas, e meu pai tinha realmente apenas que escolher seu lugar entre os campos e a lareira. Sua escolha, a dele, não foi duvidosa; mas desde 1793 fez-se de fato em minha avó uma reação assaz concebível contra os atos e pessoas da revolução. Coisa bastante extraordinária, no entanto, sua fé nas ideias filosóficas que tinham produzido a revolução não havia sido abalada, e em 1797 ela escreveu ao *monsieur* Heckel uma excelente carta que encontrei. Ei-la:

DE MADAME DUPIN A M. HECKEL

O senhor detesta Voltaire e os filósofos, o senhor acredita que eles são a causa dos males que nos abatem. Mas todas as revoluções que desolaram o mundo foram suscitadas pelas ideias ousadas? A ambição, a vingança, o furor das conquistas, o dogma da intolerância transtornaram os impérios bem mais frequentemente que o amor pela liberdade e o culto da razão. Sob um rei

---

31 Paul François Jean Nicolas, visconde de Barras (1755-1829), nobre e político da Revolução Francesa, responsável por haver derrubado o Diretório e pela ascensão de Napoleão Bonaparte, por quem foi derrubado mais tarde. (N.T.)

como Luís XIV, todas essas ideias puderam viver e nada puderam perturbar. Sob um rei como Henrique IV, a fermentação de nossa revolução não conduziu aos excessos e delírios que temos visto, e que imputo sobretudo à fraqueza, à incapacidade, à falta de retidão de Luís XVI. Esse rei devoto ofereceu a Deus seus sofrimentos, e sua estreita resignação não salvou nem seus partidários, nem a França, nem ele mesmo. Frederico e Catarina mantiveram seu poder, e o senhor os admira, *monsieur*; mas o que diz de sua religião? Eles foram os pro-tetores e pregadores da filosofia, e não há nada neles de revolução. Logo não atribuímos às novas ideias a desgraça de nosso tempo e a queda da monarquia na França, pois poder-se-ia dizer: 'O soberano que as rejeitou caiu, e aqueles que as sustentaram permaneceram de pé'. Não confundamos a irreligião com a filosofia. Tira-se proveito do ateísmo para excitar os furores do povo, como no tempo da Aliança fizeram ele cometer os mesmos horrores para defender o dogma. Tudo serve de pretexto ao desencadeamento de más paixões. O São Bartolomeu assemelha-se muito aos massacres de setembro. Os filósofos são igualmente inocentes desses dois crimes contra a humanidade.

Meu pai sempre sonhou com a carreira das armas. Vimo-lo, durante seu exílio, estudar a batalha Malplaquet em sua casinha de Passy, na solidão dos seus dias tão longos e tão deprimentes para uma criança de dezesseis anos; porém sua mãe desejava, para secundar suas inclinações, o retorno de uma monarquia ou o abrandamento de uma república moderada. Quando ele a encontrou contrária aos seus desejos secretos, como ele não concebia então o assentimento de agir sem sua completa adesão, ele falava em ser artista, em compor música, atuar em óperas ou executar sinfonias. Reencontraremos esse desejo caminhando em companhia com seu ardor militar, do mesmo modo que o seu violino fez muitas vezes companhia ao seu sabre.

[...]

[*Neste sétimo capítulo, a autora fala em detalhe do grupo de amigos do pai, em La Châtre, especialmente quando esse grupo cuidou da montagem de uma peça de teatro, com a participação de Maurice, para encenar:* Robert, líder de salteadores (1792). *Segundo ela, era um "drama detestável", que se pretendia revolucionário, com uma visão bastante radical, evocando o sistema jacobino na sua essência. O personagem Robert seria o chefe montanhês dessa narrativa.*

Ainda neste capítulo, a autora anuncia a amostra de uma série de cartas nos capítulos seguintes — do oitavo ao décimo quarto —; em sua maioria, do pai Maurice à sua mãe Aurore. Os assuntos principais dessas cartas estão indicados nos títulos referentes a cada um dos capítulos dessa sequência.]

Capítulo 8

Sequência de cartas. — Alistamento voluntário. — Entusiasmo militar da juventude de 1798. — Carta de Tour-d'Auvergne. — A gamela. — Cologne. — O general d'Harville. — Caulaincourt. — O capitão Fleury. — Amor à pátria. — Durosnel.

Capítulo 9

Sequência de cartas. — Os primeiros dias do ano em Cologne. — Corridas em trenós. — As baronesas alemãs. — A cônega. — A revista. — As águas congeladas do Reno. — O carnaval. — Um duelo burlesco. — O hussardo vermelho. — Retrato do meu pai. — Apetite das damas alemãs. — O entrincheiramento. — Sérias ocupações de rapazes do estado-maior.

Capítulo 10

Sequência de cartas. — Maulnoir. — Saint-Jean. — Vida de guarnição. — Excursão. — A campanha do Egito. — Aventura. — A casinha. — Saída de Cologne.

Capítulo 11

Sequência de cartas. — A condução. — Ehrenbreitstein. — As margens do Reno. — Thionville. — A chegada ao depósito. — A benevolência dos oficiais. — O furriel professor de boas maneiras. — A manobra. — O primeiro grau. — Costume singular em Thionville. — Uma mentira piedosa.

Capítulo 12

Sequência de cartas. — Entrada em campanha. — O tiro de canhão. — Passagem pelo rio Linth. — O campo de batalha.

— Uma boa ação. — Glaris. — Encontro com monsieur de La Tour d'Auvergne no lago de Constança. — Ordener. — Carta de minha avó ao seu filho. — Vale do Reno.

Capítulo 13

Sequência de cartas. — O general Brunet. — Desapontamento. — O comandante Lochet. — O juramento das tropas à constituição do ano VIII. — Carta de minha avó depois do 18 brumário. — Carta de Tour d'Auvergne. — Retorno a Paris. — Apresentação a Bonaparte. — Campanha da Itália. — Passagem do Saint-Bernard. — O forte Bard.

Capítulo 14

Breve resumo. — Batalha de Marengo. — Turim, Milão, em 1800. — Salteadores nas estradas. — Missão.

Figura 5. J. L. F. Deschartres, s.d. Retrato desenhado de Aurore Dupin quando criança, antes de se tornar George Sand.

Figura 6. Paul Gavarni, s.d. Litografia de George Sand em trajes escolares.

Figura 7. Joséphine Calamatta *d'après* Delacroix, s.d. Gravura encartada na edição de julho de 1836 da *Revue des Deux Mondes* e na abertura da edição original de *Mauprat* (1837).

Figura 8. Alexandre Manceau *d'après* Couture, s.d. Retrato de George Sand.

Figura 9. Anônimo, s.d. Gravura de George Sand e Ledru-Rollin.

Figura 10. Marie F. Bocourt *d'après* Richeboug, 1861. Gravura de perfil de George Sand.

Figura 11. Alfred de Musset, *George Sand à distância*, 1833. Desenho a lápis e aquarela.

Segunda parte

Capítulo 1
Missão. — Tour-d'Auvergne. — Parma. — Bolonha.
— Ocupação de Florença. — Georges la Fayette.

[*Neste capítulo, são apresentadas cartas de Maurice endereçadas à mãe Aurore, em Nohant de 1800. Também, uma carta dirigida ao sobrinho René Villeneuve, em Chenonceaux. O conjunto delas retrata sua passagem por algumas cidades da Itália em missão militar, e ainda os contatos que foi tendo, em meio à guerra, entre eles, além de seu encontro com Georges la Fayette, com quem Maurice teve bastante afinidade.*]

Capítulo 2
Roma. — Encontro com o Papa. — Tentativa simulada
de assassinato. — Monsenhor Consalvi. — Asola.
— **Primeira Paixão.** — A véspera da batalha. — Passagem do
Mincio. — Maurice prisioneiro. — Libertação. — Carta de amor.
— Rivalidades e ressentimentos entre Brune e Dupont.
— Partida para Nohant.

[*A autora mostra também neste capítulo correspondências do pai endereçadas à mãe Aurore, e uma delas à Sophie-Victoire, sua futura mulher, e mãe de George Sand. Todas escritas quando estava em campo de batalha ou mesmo nas pausas entre elas. Cartas envia-*

das de Roma, Pádua, Bolonha e Isola. Inclui-se nesse conjunto uma que informa à mãe Aurore seu aprisionamento pelos austríacos, na travessia do Mincio, no dia 29 de frimário. Também, em 1801, Maurice dá notícia à mãe de sua libertação.]

[...]

Há em certas existências um momento em que a felicidade, a confiança e o entusiasmo de que somos capazes atingem seu apogeu. Depois, como se nossa alma não pudesse mais suportar isso tudo, a dúvida e a tristeza estendem sobre nós uma nuvem que nos envolve para sempre; ou será o destino que se obscurece com efeito, e somos condenados a descer lentamente a ladeira que escalamos com a audácia da alegria?

Pela primeira vez o jovem rapaz, meu pai, viria a sentir os acessos de uma paixão duradoura. Aquela mulher da qual ele falava com uma mistura de entusiasmo e de leviandade, aquele gracioso namorico que ele acreditava, talvez, conseguir esquecer, como havia esquecido muitos outros, iria apoderar-se de toda a sua vida e arrastá-lo a uma luta contra ele mesmo, que fez o tormento, a felicidade, o desespero e a grandeza dos seus oito últimos anos de vida. Desde aquele instante, esse coração singelo e bom, aberto até então a todas as impressões exteriores, a uma imensa benevolência, a uma fé cega no porvir, a uma ambição que não tinha nada de pessoal e que se identificava com a glória da pátria; esse coração ao qual um único afeto quase apaixonado, o do amor filial, preencheu e conservou a preciosa unidade, foi dividido, isto é, rasgado por dois amores quase inconciliáveis. A mãe feliz e orgulhosa, que vivia só daquele amor, foi atormentada e destruída por um ciúme natural ao coração da mulher, que se tornou ainda mais inquieto e pungente quando o amor maternal transformara-se na única paixão de sua vida. A essa angústia interior que ela jamais confessou, mas que foi extremamente real, e que qualquer outra mulher teria produzido em si, juntou-se a amargura dos preconceitos ofendidos, preconceitos respeitáveis que desejo esclarecer antes de ir mais longe.

No entanto, primeiro é preciso dizer que a mulher encantadora com a qual o jovem rapaz sonhara em Milão e conquistara em Asola, essa francesa que havia estado presa no Convento dos Ingleses na mesma época que minha avó, não era outra senão minha mãe, Sophie-Victoire-Antoinette Delaborde; dou-lhe esses três nomes de batismo porque, no curso agitado de sua vida, ela carregou-os sucessivamente; e esses três nomes são, eles mesmos, como que um símbolo do espírito do tempo. Em sua infância, provavelmente preferiam chamá-la pelo nome de Antoinette, o nome da rainha da França. Durante as conquistas do império, o nome Victoire prevaleceu naturalmente. Depois de se casar com ela, meu pai sempre a chamou de Sophie. Tudo é significativo e emblemático (e o mais natural do mundo) nos detalhes aparentemente mais fortuitos da vida humana.

Sem dúvida minha avó preferia para o meu pai uma esposa da sua classe; mas ela própria disse e escreveu que não ficara seriamente aflita com o que chamavam, em seu tempo e em seu meio, de *mésalliance*. Ela não dava mais importância ao berço do que o necessário e, quanto à fortuna, ela sabia passar sem ela e encontrar em sua economia e em suas privações pessoais aquilo com que remediar as despesas exigidas pelos postos mais brilhantes que lucrativos ocupados por seu filho. Porém, apenas com grande esforço ela conseguiria aceitar uma nora cuja juventude teria sido abandonada à dureza dos acontecimentos e aos acasos assustadores. Era aí que jazia o ponto delicado a ser resolvido; e o amor, que é a suprema sabedoria e a suprema grandeza da alma quando esta é sincera e profunda, decidiu-se resolutamente na alma do meu pai. Chegou um tal dia em que minha avó se rendeu; mas ainda não estamos nesse ponto, e tenho que relatar muitas dores antes de chegar a essa época da minha narrativa.

Apenas de modo muito impreciso conheço a história de minha mãe antes do seu casamento. Direi mais tarde como certas pessoas acreditaram agir prudentemente e em meu interesse contando-me coisas que seria melhor ignorar, e das quais nada me provaram de sua autenticidade. Porém, fossem elas todas verdadeiras, um fato subsiste perante Deus; ela foi amada por meu pai, e ela aparentemente o merecia, porque seu luto por ele terminou somente quando a vida dela chegou ao fim.

Mas o princípio da aristocracia penetrou de tal modo no fundo do coração humano que, apesar de nossas revoluções, ainda existe sob todas as formas. É necessário mais tempo para que o ideal cristão de igualdade moral e social domine as leis e o espírito das sociedades. O dogma da redenção é, no entanto, o símbolo do princípio da expiação e da reparação. Nossas sociedades reconhecem tal princípio na teoria religiosa, e não de fato; ele é muito grande, extremamente belo para elas. E, entretanto, esse algo de divino que existe no fundo de nossas almas nos leva, na prática da vida individual, a violar o árido preceito da aristocracia moral; e nosso coração, mais fraternal, mais igualitário, mais misericordioso, portanto mais justo e mais cristão que nossa mente, nos faz amar com frequência seres que a sociedade reputa indignos e degradados.

[...]

Capítulo 3
Incidentes romanescos. — Expediente infeliz de Deschartres. — A estalagem de *Tête-Noire*. — Desgosto de família. — Cursos em Blanc, Argento, Courcelles, Paris. — Sequência do romance. — O general***. — O tio de Beaumont. — Resumo do ano IX.

Permitam-me, a fim de esboçar alguns eventos romanescos, designar meus pais pelos seus nomes de batismo. Isso daria, com efeito, um capítulo de romance. Só que é real em todos os sentidos.

Maurice chegou a Nohant nos primeiros dias de maio de 1801. Depois das primeiras efusões da alegria, sua mãe examinou-o com alguma surpresa. Aquela campanha da Itália mudou-o mais que a campanha da Suíça. Estava mais alto, mais magro, mais forte, mais pálido. Ele cresceu três centímetros após o seu recrutamento, fato muito raro na idade de 21 anos, mas ocasionado provavelmente pelas marchas extraordinárias às quais foi forçado pelos austríacos. Apesar do arrebatamento de prazer e alegria que preencheu os primeiros dias de reaproximação com sua mãe, não tardaram a perceber que ele se encontrava, por vezes, num estado sonhador e possuído por uma melancolia secreta. Depois, num dia em que foi fazer visitas a La Châtre, permaneceu por lá mais tempo que o normal. Voltou para lá no dia seguinte sob um pretexto, dois dias depois sob outro pretexto e, no dia seguinte, confessou à sua mãe, inquieto e pesaroso, que Victoire estava chegando para reencontrá-lo. Victoire havia abandonado tudo, sacrificou tudo por um amor livre e desinteressado; ela dava a Maurice a prova mais irrecusável desse amor. Ele estava ébrio de reconhecimento e de ternura; mas encontrou sua mãe tão hostil a esse encontro que reprimiu todos os seus pensamen-

História da minha vida

tos dentro de si mesmo e dissimulou a força do seu afeto. Vendo-a gravemente alarmada com o escândalo que semelhante aventura iria provocar e já provocava na pequena cidade, ele prometeu persuadir Victoire a retornar bem rápido a Paris. Mas ele não poderia persuadi-la, não conseguiria persuadir-se a si próprio, sem prometer acompanhá-la ou encontrá-la em breve; e aí residia a dificuldade. Ele precisava escolher entre sua mãe e sua amada, trair ou afligir uma ou outra. A pobre mãe esperava tomar conta do seu querido filho até o momento em que ele fosse chamado novamente ao serviço, e esse momento podia estar bem longe, porque a Europa inteira ocupava-se com a paz e esse era o único pensamento de Bonaparte naquela época. Victoire sacrificou tudo, e não pensava em voltar atrás, não concebia nenhuma outra ventura, nenhuma outra felicidade a não ser a de viver sem previsão do amanhã, sem regresso ao dia anterior, sem obstáculo no presente, com o seu amor. Mas será que aquele filho excelente, ao retornar de uma campanha durante a qual sua mãe padeceu tanto, chorou tanto e sofreu tanto, poderia deixar a própria mãe ao fim de alguns dias? E poderia ele, naquele momento em que Victoire lhe mostrou uma devoção tão apaixonada, comentar com ela do pesar de sua mãe, da indignação dos esnobes da província, e mandá-la embora como uma amante vulgar que havia tido um impulso impertinente? Havia nisso mais que a luta entre dois amores, havia a luta entre duas obrigações.

Primeiro ele tentou, para tranquilizar sua mãe, transformar a questão em brincadeira. Talvez com isso tenha dado um mau passo. Estava comovido, senão persuadido, por sérias razões. Mas ele temia as ansiedades às quais ela estava sujeita a criar para si e aquela espécie de ciúme, que era extremamente evidente, e que encontraria pela primeira vez um alimento real.

Tal situação era, por assim dizer, insolúvel. Foi o amigo Deschartres quem extirpou a dificuldade por meio de um enorme deslize, e que libertou o rapaz dos escrúpulos que o assediavam.

Em sua devoção a madame Dupin, em seu desprezo pelo amor, que jamais conhecera, em seu respeito pelo decoro, o pobre preceptor teve a infeliz ideia de desferir um grande golpe, imaginando colocar fim, por meio de um escândalo, em uma situação que ameaçava se prolongar. Numa bela manhã, parte de Nohant antes de o seu aluno abrir os olhos e se dirige a La

Châtre, à estalagem de *Tête-Noire*, onde a jovem viajante ainda estava entregue às doçuras do sono. Ele se apresenta como um amigo de Maurice Dupin. Fazem-no aguardar por alguns instantes, Victoire veste-se às pressas e recebe-o. Um pouco perturbado pela graça e beleza de Victoire, ele a saúda com aquela brusca falta de tato que o caracteriza, e dá início a um interrogatório conforme as convenções. À moça, que a figura de Deschartres diverte e que não sabe com quem está tratando, primeiro responde com doçura, depois por divertimento, e, tomando-o por um louco, termina explodindo em gargalhadas. Então Deschartres, que até aquele momento havia conservado um tom magistral, entra em cólera e torna-se rude, grosseiro, insolente. Das censuras ele passa às ameaças. Seu espírito não é muito delicado, seu coração não é sensível o bastante para advertir sua consciência da baixeza que cometia ao insultar uma mulher cujo defensor está ausente. Ele a insulta, se enraivece, ordena-lhe que retome o caminho para Paris naquele mesmo dia, e a ameaça de fazer intervir as *autoridades constituídas* se ela não empacotar suas coisas o mais rápido possível.

Victoire não se mostrou receosa nem tolerante. Por sua vez, ela ridicularizou e ofendeu o preceptor. Mais rápida que prudente na réplica, devido a uma vivacidade de elocução que contrasta com a gagueira que se apoderou de Deschartres quando estava colérico, afiada e mordaz como uma verdadeira filha de Paris, ela empurrou-o bravamente até a porta, fechou-a em seu nariz, lançando-lhe, através da fechadura, a promessa de que partiria naquele mesmo dia, mas com Maurice; e Deschartres, furioso, perplexo com tanta audácia, interrogou-se por um instante e tomou uma decisão que levou-o ao cúmulo da loucura do seu procedimento. Foi procurar a autoridade máxima da administração municipal e um dos amigos da família que ocupava não sei que outra função municipal. Não sei se ele não avisou a gendarmaria. A estalagem de *Tête-Noire* foi prontamente invadida por esses respeitáveis representantes da autoridade. A cidade acreditou, por um instante, estar ocorrendo uma nova revolução, ou que efetuavam a prisão de uma pessoa importante pelo menos.

Aqueles senhores, alarmados pelo relato de Deschartres, marcharam bravamente ao ataque, imaginando ter contas a ajustar com uma armada furiosa. Pelo caminho, consultaram-se a respeito dos meios legais a serem

História da minha vida

empregados para forçar o inimigo a evacuar a cidade. Primeiro precisavam pedir ao inimigo seus documentos, e se ele não os tivesse, seria necessário exigir sua partida e ameaçá-lo de prisão. Se o sujeito tivesse os documentos, teriam de perceber que não estavam em boa posição e deveriam então inventar uma intriga qualquer. Deschartres, completamente inflado de cólera, estimulava o zelo daquelas pessoas. Ele clamava pela intervenção da força armada. Entretanto, julgaram o aparato do poder militar dispensável; os magistrados penetraram na estalagem, e, apesar das representações do estalajadeiro, que se interessava vivamente por sua bela hóspede, subiram a escada com tanta coragem quanto com sangue-frio.

Ignoro se fizeram à porta as três intimações legais em caso de rebelião, mas certamente não tiveram que passar por cima de qualquer espécie de barricada, e que apenas encontraram no antro da megera descrita por Deschartres uma pequena mulher, linda como um anjo, que chorava, sentada à beira do seu leito, com os braços desnudos e os cabelos espalhados.

Diante daquele espetáculo, os magistrados, menos ferozes que o preceptor, primeiro se tranquilizaram, abrandaram-se em seguida e, por fim, se enterneceram. Creio que um deles caiu muito apaixonado diante da terrível moça, e que o outro compreendeu muito bem que o jovem Maurice era dela de todo coração. Eles procederam com a maior polidez e até mesmo com cortesia ao seu interrogatório. Ela recusou orgulhosamente responder a eles, mas quando os viu tomarem seu partido contra as invectivas de Deschartres, impondo-lhes silêncio, e demonstrando em relação a ela paternal benevolência, acalmou-se, falou-lhes com doçura, coragem e confiança. Não escondeu nada, contou que conheceu Maurice na Itália, que ela o amava, que por ele abandonou uma rica proteção, e que não conhecia nenhuma lei capaz de lhe incriminar por sacrificar um general em troca de um lugar-tenente e sua fortuna em troca do seu amor. Os magistrados a consolaram, e advertindo Deschartres de que ele não tinha nenhum direito de perseguir aquela moça, convidaram-no a se retirar, prometendo empregar a linguagem da doçura e da persuasão para levá-la a deixar a cidade por sua plena vontade.

Com efeito, Deschartres se retirou, talvez escutando o galope do cavalo que reconduzia Maurice para junto de sua bem-amada. Tudo se arranjou em seguida amigavelmente e de comum acordo com Maurice, a quem tiveram, em primeiro lugar, com algum custo, que acalmar, pois estava indignado com seu preceptor grosseiro, e Deus sabe se, no primeiro movimento de sua cólera, ele não teria ido atrás dele e tomado uma péssima decisão. Esse era, no entanto, o fiel amigo que salvou sua mãe em seus dias de perigo, esse era o amigo de toda a sua vida, e a falta que ele veio a cometer foi ainda por amor à sua mãe e a ele, por quem tinha tido a fatal inspiração. Mas ele havia insultado e ultrajado a mulher que Maurice amava. O suor lhe vinha à fronte, uma vertigem passava diante dos seus olhos. "Amor, você levou Troia à perdição!" Felizmente Deschartres já estava longe. Rude e desajeitado como ele sempre se mostrou, foi aumentar as aflições da mãe de Maurice, fazendo-lhe um retrato horrível da *aventureira* e entregando-se ao futuro do jovem rapaz, dominado e cego por aquela perigosa mulher, com sinistras previsões.

Enquanto Deschartres dava a última demão em sua obra de cólera e aberração, Maurice e Victoire deixavam-se acalmar pouco a pouco pelos magistrados que se tornaram seus amigos comuns. Interessavam-se entusiasticamente pelo jovem casal, mas não podiam esquecer a boa e respeitável mãe, da qual tinham a missão de fazer respeitar o repouso e poupar a sensibilidade. Maurice não tinha necessidade das representações afetuosas dos magistrados para compreender o que deveria fazer. Explicou isso à sua querida, e ela prometeu partir naquela mesma noite. Mas o que ficou combinado entre eles, depois que os magistrados se retiraram, é que ele iria encontrá-la em Paris dentro de poucos dias. Cabia-lhe esse direito, que agora era também um dever.

Esse direito e esse dever tornavam-se mais fortes em Maurice quando, voltando para junto de sua mãe, encontrou-a enfurecida com ele e recusando-se a condenar Deschartres. O primeiro ímpeto do rapaz foi de partir para evitar uma cena violenta com seu amigo, e madame Dupin, temendo a exasperação dos dois, não tentou se opor àquela decisão. Unicamente para não tomar uma atitude de desobediência e de bravata contra aquela mãe tão terna e amável, Maurice anunciou-lhe, até mesmo parecendo consultá-la a respeito da oportunidade daquela *démarche*, uma pequena viagem a Blanc, à casa do sobrinho dela, Auguste de Villeneuve, e depois a Courcelles, onde

História da minha vida

estava seu outro sobrinho, René, alegando a necessidade de se distrair de penosas emoções e de evitar uma ruptura dolorosa e violenta com Deschartres. "Em alguns dias", ele disse, "retornarei mais calmo, Deschartres também se encontrará dessa forma, sua aflição será dissipada e você não experimentará mais inquietudes, pois Victoire já está de partida." Acrescentou ainda, ao vê-la chorar com amargura, que provavelmente Victoire seria consolada pelos seus, e que, quanto a ele, trataria de esquecê-la. O pobre filho mentira, e aquela não era a primeira vez que o carinho um tanto pusilânime de sua mãe forçava-o a mentir. Essa tampouco foi a última vez, e a necessidade de enganá-la foi um dos grandes sofrimentos de sua vida; pois jamais houve caráter mais leal, sincero e confiante que o dele. Para dissimular, ele era forçado a impor tal violência ao seu instinto, que sempre se saía mal e não obtinha pleno sucesso ao iludir a perspicácia de sua mãe. Por isso, quando ela o viu montar em seu cavalo, na manhã seguinte, disse-lhe tristemente que sabia muito bem aonde ele estava indo... Ele deu sua palavra de honra que iria a Blanc e a Courcelles. Ela não ousou lhe fazer dar sua palavra de honra de que não iria de lá a Paris. Ela sentiu que ele não a daria, ou faltaria com ela. Deve ter sentido também que salvo as aparências diante dela, ele lhe daria todas as provas de respeito e deferência que podia lhe dar em tal situação.

Minha pobre avó se desfez de uma dor e de uma inquietude mortal apenas para cair em novas angústias e em outras apreensões. Deschartres tinha fofocado à minha avó da sua tempestuosa conversa com minha mãe, em que esta teria dito: "Depende apenas de mim esposar Maurice, e se fosse ambiciosa como o senhor acredita, eu desmentiria isso diante dos seus insultos. Sei a que ponto ele me ama, e o senhor, o senhor não sabe de nada!" A partir daquele momento, o receio daquele casamento apoderou-se de madame Dupin, e naquela época aquele era um medo pueril e quimérico. Nem Maurice nem Victoire haviam pensado em casamento. Mas, como sempre acontece de os perigos com os quais nos preocupamos em excesso vingarem de modo infalível, a ameaça da minha mãe tornou-se profecia, e minha avó, e Deschartres sobretudo, precipitaram a execução da profecia por causa do cuidado que tomaram para evitá-la.

Como havia anunciado e prometido, Maurice foi a Blanc, e de lá escreveu à sua mãe uma carta que pinta bem a situação da sua alma.

[...]

Capítulo 4

1802. – Fragmentos de cartas. – As belezas da alta sociedade. – Projetos de casamento. – Estudos musicais. – Os ingleses em Paris. – Retorno do luxo. – Festa da concordata. – A cerimônia em Notre-Dame. – Atitude dos generais. – Deschartres em Paris. – Partida para Charleville. – Os animais ferozes. – Provas maçônicas e recepção. – Volta de preconceitos nobiliários em alguns espíritos. – Resposta a Deschartres. – Consulado à vida. – Dissabores da função de auxiliar de acampamento em tempo de paz. – Desgraça e descontentamento dos estados-maiores.

[Neste capítulo, são apresentadas cartas de Maurice à sua mãe Aurore, no ano de 1802; todas elas enviadas de Paris. A autora faz um pequeno preâmbulo comentando a mudança do filho em relação à mãe, por conta de sua nova paixão, Sophie-Victoire. Maurice passava a ter uma postura mais distanciada de Aurore. Nas cartas relata acontecimentos oficiais e cotidianos no campo de guerra. A caça, a poesia e a música incorporam-se em sua fala, trazendo impressões bem singulares dessa experiência, como quando diz que estava instigado pela força das circunstâncias a ter vontade de caçar como fazia em Nohant ou, então, que estava preparando um calhamaço de versos ou que fizera o general morrer de rir com o seu plano de compor uma ópera. Também, Maurice dizia em missiva que preparara arranjo de contradança para orquestra. Lembrou-se especialmente de um episódio triste com um companheiro de nome Gustavo de Knoring, ajudante de campo de Oudinot. Este, ao se desentender com um oficial, bateu-se em duelo com ele, tendo como resultado a própria morte, e um enterro com as honrarias militares. Maurice contou ainda sobre os aborrecimentos enfrentados em Paris quando precisava encarar as vaidades e ambições que eram reveladas a todo tempo nos eventos entre autoridades militares. De Charleville, igualmente comentou com sua mãe o impacto positivo causado ao general Dupont ao saber que ele era neto do Marechal da Saxônia (Maurice da Saxônia). Na ocasião, Sophie-Victoire muda-

História da minha vida

va-se para a Charleville, a fim de se estabelecer definitivamente com ele como sua companheira e amante.]

Capítulo 5

Resumo do ano X. — A concordata e *monsieur* Thiers. — Espírito
religioso sob a república. — Ceticismo de Napoleão. — O culto
ao Ser supremo. — A concordata e a restauração. — Voto sobre o
consulado à vida. — Meu pai. — A religião do amor.

[*Neste capítulo, a autora trata da concordata e do consulado vitalício no governo de
Napoleão Bonaparte. Segundo a autora, o que poderia ter sido usado de maneira inteligente a serviço da sociedade, como uma reforma religiosa autêntica, passou a ser um ato
protocolar, com razões de interesse meramente político. Àquela altura, a Igreja Católica já
havia perdido seu rumo para assumir qualquer papel de representação de um cristianismo
verdadeiro e convincente para o povo francês. Também, a autora apontou que, no período
sob o domínio de Napoleão, os homens se julgavam ateus ou mesmo deístas, ou adeptos da
religião da natureza, portanto, eles iam ao encontro das ideias que se assemelhavam às dos
cristãos primitivos e somente isso. Todavia, Bonaparte não compreendeu o contexto, querendo a todo custo ressuscitar o poder espiritual ao poder temporal: um grande erro seu.
Nesse sentido, a autora lembrou seu pai Maurice que se mostrava indiferente a qualquer
religião ou doutrina na época, como os demais homens de sua idade, de sua geração, mas ele
tinha no fundo da alma — ela dizia — uma fé imensa nas ideias do cristianismo por meio
das conquistas morais de uma filosofia que buscava amor e harmonia. Era assim que ele
podia amar uma pobre mulher, Sophia-Victoire, enfrentando tantos preconceitos familiares
e também sociais. Conduta que se alicerçava diretamente, segundo a autora, aos princípios
do evangelho, muito mais do que ele podia imaginar.*]

Capítulo 6

Sequência de amores. — Encontro com os turcos. — Aventura
de *monsieur****. — Separação dolorosa. — Excentricidades do
general. — Retorno a Paris. — Caulaincourt, Ordener, d'Harville.
— *Essas damas.* — A alta sociedade. — O favor. — *Messieurs* De
Vitrolles, Cambacérès, Lebrun. — *Monsieur* Heckel. — Eugène

Beauharnais e *lady* Georgina. — Mentira de primeiro de abril.
— Minha tia por parte de pai.

[*Neste capítulo, a autora seleciona algumas cartas e fragmentos de cartas do pai Maurice, de Charleville, Sillery e Paris. Todas dirigidas à mãe Aurore. Um composto de observações suas a respeito do desapontamento da mãe em relação à sua nova paixão Sophia- -Victoire. Também, são retomados aí nessas cartas alguns comentários críticos de Maurice contra o general Dupont ao qual estava vinculado como auxiliar de campo. A autora registra ainda o momento em que seu pai alimenta o desejo de ser promovido para voltar ao regimento ou de se integrar à guarda de Bonaparte. Em meio a outros comentários, ressaltou a autora a grande desolação do pai sobre os resultados efetivos da Revolução de 1789, ficando evidente para ele que nada havia mudado: o luxo da antiga corte se mantinha entre as novas autoridades.*]

Capítulo 7

Estadia em Nohant, retorno a Paris e partida para Charleville.
— Bonaparte em Sedan. — Atitude do general Dupont diante de
Bonaparte. — O acampamento de Bolonha. — Rajada de vento
no mar. — Canhonada com os ingleses. — O general Bertrand.
— Festa oferecida a madame Soult no acampamento de
Ostrohow. — O general Bisson. — Caprichos de Deschartres.
— Clamor da armada a Bonaparte que implora a ele que aceite a
coroa imperial. — Minha mãe no acampamento de Montreuil.
— Retorno a Paris. — Casamento do meu pai.
— Meu nascimento.

[*Neste capítulo, a autora conta que, depois de ficar em Nohant durante três meses com a mãe Aurore, Maurice volta a Paris por causa da expedição da Inglaterra, de que participaria com o general Dupont. Nessa altura, ele já estava bastante apaixonado por Sophie- -Victoire e não via a hora de ficar com ela. De Fayel, Maurice diz numa de suas cartas à mãe Aurore que, em se tratando de ação bélica, estava na mais completa inércia. Na ocasião, Sophie-Victoire foi encontrá-lo em Fayel para, em seguida, partirem juntos rumo a Paris, às vésperas de ela dar à luz. O casamento ocorreu secretamente na municipalidade do segundo distrito, exatamente um mês antes do nascimento da filha, que viria a ser, mais tarde, a escritora George Sand.*]

[…]

Enquanto Maurice escrevia à sua mãe, Victoire, doravante Sophie (o hábito lhe fez atender por esse nome porque passaram a chamá-la assim), foi reunir-se a ele em Fayel. Ela estava a ponto de dar à luz, então eu já estava na região de Bolonha, mas sem me dar conta disso, é claro; da mesma forma, dentro de poucos dias viria ao mundo sem perceber. O acidente de deixar o ventre de minha mãe aconteceu-me em Paris, em 16 de messidor do ano 12, um mês exato depois do dia em que meus pais se comprometeram irrevogavelmente um com o outro. Minha mãe, encontrando-se perto do parto, quis voltar a Paris, e meu pai seguiu para lá no dia 12 de prairial. No dia 16, eles se casaram em segredo na municipalidade do segundo distrito.

[…]

Meu pobre pai trazia, ao mesmo tempo, a vida e a morte na alma naquele dia. Tinha acabado de cumprir seu dever para com uma mulher que o amava sinceramente e que iria torná-lo pai mais uma vez. Contei que ela já havia colocado no mundo e perdido muitos filhos dessa união, e que, no momento de ver nascer mais um, desejou santificar seu amor por meio de uma união indissolúvel. Mas, se ele estava feliz e orgulhoso de ter obedecido ao amor que havia se tornado sua própria consciência, por outro lado trazia consigo a dor de enganar sua mãe e de desobedecê-la às escondidas, como fazem as crianças a quem oprimem e maltratam. Eis toda sua culpa; pois, longe de ser oprimido ou maltratado, poderia ter obtido tudo da ternura inesgotável daquela boa mãe se, de forma contundente, tivesse dito a ela toda a verdade.

Ele não teve coragem, e não foi certamente por falta de franqueza; mas precisaria sustentar uma daquelas lutas em que sabia que seria vencido. Ele teria de ouvir as queixas dilacerantes e ver correr essas lágrimas das quais uma única lembrança bastava para perturbar sua tranquilidade. Ele se sentia um fraco em relação àquilo, e quem ousaria censurá-lo severamente por esse motivo? Já havia dois anos que tinha decidido esposar minha mãe e que a fazia jurar todos os dias que ela aceitava em permanecer ao seu lado. Havia dois anos que, no momento de manter em Deus a promessa que ele tinha feito, recuou apavorado pelo ardente afeto e desespero um pouco ciumento que encontrou no coração materno. Ele não pôde tranquilizar sua mãe durante esses dois anos – em que contínuas ausências levaram a ela contínuas mágoas – ao esconder-lhe a força do seu amor e o futuro de fidelidade que ele havia criado. Quanto ele deve ter sofrido no dia em que, sem nada confessar aos seus parentes, aos seus melhores amigos, deu o sobrenome de sua mãe a uma mulher digna de carregá-lo por seu amor, mas que sua mãe devia ter muita dificuldade em vê-lo compartilhado! No entanto, ele o fez, ficou triste, ficou apavorado, e não hesitou! No último momento, Sophie Delaborde usava um vestidinho de fustão e no dedo apenas um insignificante fiozinho de ouro, pois suas finanças não lhes permitiam comprar um verdadeiro anel de seis francos que, depois de alguns dias, Sophie, feliz e trêmula, interessada em sua gravidez, e indiferente com seu próprio futuro, ofereceu-se a renunciar de tal consagração do matrimônio que não somaria em nada, não mudaria em nada, diria ela ao seu amor. Ele insistiu com vigor, e quando voltou com ela da sede da administração municipal, colocou a cabeça entre as mãos e passou uma hora de dor por ter desobedecido a melhor de todas as mães.

[...]

Minha querida tia Lucie estava às vésperas de se casar com um oficial amigo de meu pai, e eles reuniam-se com alguns amigos para pequenas festas familiares. Em uma dessas festas em que formaram algumas quadrilhas, minha mãe, nesse mesmo dia, usava um vestido cor de rosa, e meu pai tocava em seu fiel violino de cremona (eu ainda o possuo, esse velho instrumento ao som do qual fui dada à luz) uma contradança criada por ele; minha mãe, um pouco indisposta, deixou a dança e foi para o seu quarto. Como sua aparência não estava alterada em nada, e por ela ter saído muito tranquilamente, a contradança continuou. No último *chassez-huit*,[1] minha tia Lucie entrou no quarto de minha mãe, e de imediato bradou: "Venha, venha, Maurice, você tem uma filha"; "Ela se chamará Aurore, como minha pobre

---

1 Movimento que finaliza a última contradança de uma quadrilha. (N.T.)

mãe que não está aqui para abençoá-la, mas que a abençoará um dia", disse meu pai ao receber-me em seus braços.

Era 5 de julho de 1804, o último ano da república, o primeiro do império.

— Ela nasceu *com música* e sob os auspícios *da cor rosa*; ela terá boa sorte — disse minha tia.

Capítulo 8
Data desta obra. – Descrição de minha pessoa. – Opinião ingênua de minha mãe sobre o matrimônio civil e religioso. – O espartilho de madame Murat. – Desgraça absoluta dos estados-maiores. – Tormentas do coração. – Diplomacia materna.

Todos os capítulos precedentes foram escritos sob a monarquia de Luís Filipe. Retomo este trabalho em 1º de junho de 1848, reservando para outra fase da minha narrativa o que vi e senti durante essa lacuna.

Aprendi muito, vivi muito, envelheci muito durante esse curto intervalo, e minha apreciação atual de todas as ideias que preencheram o curso de minha vida se ressentirá, talvez, dessa tardia e rápida experiência da vida em geral. Não serei menos sincera para comigo mesma; mas Deus sabe se terei a mesma fé ingênua, o mesmo ardor confiante que me sustentavam internamente!

Se tivesse finalizado meu livro antes dessa revolução, teríamos outro livro, o livro de um solitário, de uma criança generosa, ouso dizer, pois estudei a humanidade apenas por meio de indivíduos muitas vezes excepcionais e sempre examinados por mim à vontade. Desde o momento em que fiz uma incursão visual pelo mundo dos fatos, não retornei dele tal como nele havia entrado. Perdi as ilusões da juventude que, por um privilégio devido à minha vida de retiro e contemplação, conservei até mais tarde do que convém.

Meu livro será portanto triste se eu permanecer sob a impressão que tive nesses últimos tempos. Mas quem sabe? O tempo marcha rapidamente, e, afinal de contas, a humanidade não é diferente de mim, isto é, ela esmorece e se reanima com grande facilidade. Deus me livre de achar, como Jean-Jacques Rousseau, que valho mais que meus contemporâneos e que adquiri o direito de maldizê-los. Jean-Jacques estava doente quando quis separar sua causa da causa da humanidade. Neste século, temos todos sofrido mais ou menos da doença de Rousseau. Tratemos de curá-la com a ajuda de Deus!

Em 5 de julho de 1804 vim então ao mundo, meu pai tocando violino e minha mãe vestindo um lindo vestido rosa. Esse foi o assunto do momento. Tive pelo menos essa porção de boa sorte que me predisse minha tia Lucie, a de não fazer minha mãe sofrer por um longo tempo. Vim ao mundo filha legítima, o que poderia muito bem não ter ocorrido se meu pai não tivesse resolutamente pisado nos preconceitos de sua família, e isso foi também um bom destino, pois sem isso minha avó talvez não teria se ocupado de mim com tanto amor que ela demonstrou mais tarde, e eu teria sido privada de um pequeno acervo de ideias e de conhecimentos que tem consolado os desgostos de minha vida.

Tive uma constituição vigorosa, e durante toda minha infância anunciava que deveria ser muito bela, promessa não realizada por mim. Isso talvez por minha culpa, pois na idade em que a beleza floresce, já passava as noites a ler e a escrever. Sendo filha de dois seres de uma beleza perfeita, não devia degenerar, e minha pobre mãe, que estimava a beleza mais que tudo, a respeito disso me fazia sempre ingênuas reprovações. Para mim, eu jamais poderia sujeitar-me a cuidar da minha pessoa. Amo tanto o extremo asseio quanto sempre me pareceram insuportáveis as afetações da languidez.

Privar-se de trabalho para ter os olhos saudáveis, não correr sob o sol quando esse agradável sol de Deus nos atrai irresistivelmente, não caminhar nesses bons tamancos grosseiros por medo de deformar o peito do pé, vestir luvas, isto é, renunciar ao tato e à força de suas mãos, condenar-se a uma eterna falta de jeito, a uma eterna debilidade, nunca se fatigar quando tudo nos ordena a não nos pouparmos, viver enfim em uma redoma para não ficar nem bronzeado, nem ressecado, nem murcho perante a idade, eis o que sempre foi para mim impossível de observar. Minha avó ia ainda mais longe nas reprimendas de minha mãe, e o capítulo dos chapéus e das luvas fizeram o desespero da minha infância; porém, embora eu não fosse voluntariamente rebelde, o constrangimento não conseguiu me atingir. Tive apenas um instante de frescor e jamais de beleza. Meus traços eram, no entanto, muito bem formados, mas nunca pensei em lhes dar a menor expressão. O hábito contraído, quase desde o berço, de um ideal que me seria impossível de levar em consideração para mim mesma, deu-me bem cedo um *ar bestial*. Digo a palavra francamente, porque toda minha vida, na infância, no convento, na intimidade da família, diziam-me o mesmo, e isso de fato deve ser verdade. Em suma, cabelos, olhos, dentes e sem deformidade alguma, não fui nem feia nem bonita em minha juventude, vantagem que considero séria, pois a feiura inspira prevenções em um sentido, a beleza em outro. Espera-se muito de um físico atraente, desconfia-se em demasia de um exterior repulsivo. É melhor ter uma boa figura que não ofusque nem assuste ninguém, e quanto a isso sou bem aceita entre meus amigos de ambos os sexos.

Falei da minha aparência com a finalidade de não ter mais que falar nada a respeito dela. No relato da vida de uma mulher, esse capítulo, com a ameaça de se prolongar indefinidamente, poderia assustar o leitor; estou de acordo com o costume de fazer a descrição exterior da personagem que é colocada em cena, e tenho feito isso desde as primeiras palavras que dizem respeito a mim a fim de me desembaraçar completamente dessa puerilidade em todo o curso da minha narrativa; quem sabe eu não tenha sido capaz de me ocupar de tudo; consultei o costume, e reparei que homens bastante sérios, ao narrarem suas vidas, acreditaram não ter que se subtrair dos seus relatos. Haveria talvez, portanto, uma aparência de pretensão ao não pagar essa pequena dívida à curiosidade amiúde um pouco simplória do leitor.

[...]

Meu pai publicou seus proclamas em Boulogne-sur-Mer e contraiu matrimônio em Paris sem o conhecimento de sua mãe; o que não seria possível hoje em dia, ele o fez naquela época, graças à desordem e à incerteza que a revolução causou nas relações. O novo código permitia alguns meios de escamotear os atos respeitosos, e o caso de *ausência* era frequente e facilmente presumido pela imigração. Era um momento de transição entre a antiga sociedade e a nova, e os mecanismos das leis civis não funcionavam com regularidade. Não relatarei os detalhes para não aborrecer o leitor em questões legais muito áridas, embora eu tenha todas as peças diante dos olhos. Certamente houve ausência ou insuficiência de algumas formalidades que seriam indispensáveis hoje, e que aparentemente não foram julgadas, naquele momento, de importância absoluta.

Minha mãe foi, no que toca à moral, um exemplo dessa situação transitória. Tudo o que ela compreendia do ato civil do seu casamento é que ele assegurava a legitimidade do meu nascimento. Ela era religiosa e sempre o foi, sem chegar a ser beata; mas naquilo em que havia acreditado em sua infância, acreditou por toda a sua vida, sem se preocupar com as leis civis e sem pensar que um ato perante o cidadão municipal pudesse substituir um sacramento. Ela não teve, portanto, escrúpulos diante das irregularidades que facilitaram seu casamento civil, mas os teve bastante quando se tratou do casamento religioso; tanto que minha avó, apesar de sua relutância, foi obrigada a assisti-lo. Isso ocorreu mais tarde, como já direi.

Até aquele instante minha mãe não se achava de forma alguma cúmplice de um ato de rebeldia dirigido à mãe do seu marido; e quando lhe diziam que madame Dupin estava extremamente irritada com ela, tinha o costume de responder: "Na verdade, isso é uma injustiça, e ela não me conhece quase nada; diga-lhe então que nunca me casarei com seu filho na igreja sem o seu consentimento".

[...]

Capítulo 9

Série de cartas. — A cerimônia da coroação. — Cartas de
minha avó e de um oficial civil. — O abade de Andrezel. —
Sequência das cartas. — O marquês de S***. — Uma passagem
das *Memórias* de Marmontel. — **Meu primeiro encontro com
minha avó. — Caráter da minha mãe. — Seu casamento
na igreja. — Minha tia Lucile e minha prima Clotilde.
— Minha primeira estada em Chaillot.**

[...]

Minha avó foi a Paris em meados de ventoso com a intenção de desmanchar o casamento do seu filho, esperando mesmo que ele o consentiria, pois jamais ela o tinha visto resistir às suas lágrimas. Primeiro chegou à cidade sem ele saber; não lhe informou o dia de sua partida nem o avisou quando chegaria, como tinha o hábito de fazer. A primeira coisa que providenciou

História da minha vida

ao chegar foi se encontrar com *monsieur* Desèze,[2] a quem consultou a respeito da validade do casamento. *Monsieur* Desèze achou o caso tão *novo* como a legislação que o tornara possível. Chamou outros dois advogados célebres, e o resultado da conferência foi que havia matéria para processo, porque sempre há matéria para processo em todos os casos desse mundo, mas que o matrimônio possuía nove chances contra dez de ser validado pelos tribunais, que meu registro de nascimento me constituía filha legítima, e que, na hipótese de anulação do casamento, tanto a intenção como o dever do meu pai seriam infalivelmente de cumprir as formalidades exigidas e contrair um novo casamento com a mãe da criança que ele desejava legitimar.

Minha avó não tinha, quem sabe, o propósito formal de advogar contra seu filho. Ao ter concebido o plano, ela não teve, por certo, coragem de levá-lo até o fim. É provável que ela tenha sido consolada de sua dor ao renunciar as suas veleidades hostis, pois duplicamos nosso próprio sofrimento ao nos mantermos rigorosos com quem amamos. Ela quis, todavia, passar ainda alguns dias sem ver o filho, sem dúvida a fim de esgotar as resistências do seu próprio espírito e de conseguir novas informações sobre sua nora. Porém, meu pai descobriu que sua mãe estava em Paris; ele compreendeu que ela sabia de tudo e me encarregou de defender sua causa. Ele me tomou em seus braços, subiu em um fiacre, parou na porta da casa onde minha avó estava hospedada, conquistou com poucas palavras as boas graças da porteira e me confiou àquela mulher que cumpriu a missão como segue:

Subiu ao aposento de minha vovozinha e, sob qualquer pretexto, pediu para falar com ela. Levada à presença de minha avó, pôs-se a falar sobre qualquer assunto e, no meio da conversa, interrompeu-se para lhe dizer: "Veja então, madame, minha linda netinha! Sua ama hoje a trouxe até mim, e estou tão feliz que não posso mais me separar dela nem por um instante."; "Sim, ela é muito fresquinha e bem robusta", disse minha avó procurando sua *bonbonnière*. E imediatamente a boa mulher, que desempenhava tão bem seu papel, colocou-me no colo da vovó, que me ofereceu guloseimas e começou a me olhar com uma espécie de estranheza e emoção. De repente

---

2 Raymond, conde de Sèze, também conhecido como Romain Desèze (1748-1828), magistrado e político. (N.T.)

ela me repeliu bradando: "A senhora está me enganando, essa criança não é da senhora; ela não se parece com a senhora!... Eu sei, eu sei quem ela é!..."

Assustada com o movimento brusco que me expulsava do seio materno, parece que não só me pus aos gritos, mas a derramar verdadeiras lágrimas, que foram de grande efeito. "Venha comigo, minha pobre queridinha", disse a porteira ao me pegar de volta, "não querem saber de você, então vamos embora."

Minha pobre vovó sentiu-se vencida. "Deixe-a comigo", ela disse. "Pobre criança, tudo isso não é sua culpa! E quem trouxe essa pequena?"; "O senhor seu filho, ele mesmo, madame; ele aguarda lá embaixo, vou levar-lhe a menina de volta. Perdoe-me se ofendi a senhora; eu não sabia de nada, eu não sei de nada, eu! Pensei que agradaria a senhora, que lhe faria uma bela surpresa..."; "Vai, vai, minha querida, você não tem culpa de nada", disse minha avó; "vá chamar meu filho e deixe a menina comigo."

Meu pai subiu as escadas de quatro em quatro degraus. Ele me encontrou aconchegada no colo de minha vovozinha, que estava banhada em lágrimas esforçando-se para me fazer rir. Não me contaram o que se passou entre eles, e como eu tinha apenas oito ou nove meses, não é possível que tenha registrado aquele momento. Também é provável que tenham chorado juntos e que tenham passado a se amar muito mais. Minha mãe, que me contou essa primeira aventura da minha vida, me disse que enquanto meu pai me levava de volta para ela, eu tinha nas mãos um lindo anel com um enorme rubi, que minha vovó retirara do seu próprio dedo e me incumbira de colocar no dedo da minha mãe, o que meu pai me fez observar religiosamente.[3]

Ainda passou-se algum tempo, no entanto, antes que minha avó consentisse em ver sua nora; mas o boato de que seu filho havia realizado um casamento *desigual* já se espalhara, e a recusa dela em recebê-la deve necessariamente ter conduzido a deduções desagradáveis contra minha mãe e, em consequência, contra o meu pai. Minha vovó ficou espantada com a injustiça que sua oposição àquele matrimônio poderia fazer ao seu filho. Ela recebeu a trêmula Sophie, que desarmou-a com sua submissão ingênua e suas delicadas lisonjas. O matrimônio religioso foi celebrado com a pre-

---

3 Trago sempre comigo esse anel. (N.A.)

História da minha vida

sença de minha avó, e depois um banquete de família selou oficialmente o reconhecimento de minha mãe e o meu.

Falarei mais tarde, ao consultar minhas próprias lembranças, que não podem me enganar, sobre as impressões que essas duas mulheres tão diferentes de hábitos e de opiniões produziram uma na outra. É suficiente dizer, por ora, que, de uma parte e de outra, a conduta foi excelente, que os doces sobrenomes de mãe e de filha foram trocados, e que se o casamento do meu pai provocou um pequeno escândalo entre as pessoas de um círculo íntimo bem restrito, o meio social que meu pai frequentava não deu importância ao caso, e acolheu minha mãe sem lhe pedir para prestar contas dos seus antepassados ou de sua fortuna. Porém, ela nunca gostou daquele meio e só foi apresentada à corte de Murat ao ser constrangida e forçada, por assim dizer, pelas funções que meu pai exerceu mais tarde junto a esse príncipe.

Minha mãe nunca se sentiu humilhada nem honrada ao se encontrar com pessoas que poderiam se acreditar superiores a ela. Zombava com refinamento do orgulho dos tolos, da vaidade dos novos-ricos, e, sentindo-se do povo da cabeça aos pés, ela se achava mais nobre que todos os patrícios e aristocratas da Terra. Tinha o costume de dizer que aqueles de sua raça possuíam o sangue mais rubro e as veias mais pulsantes que os outros, no que dou a maior fé, pois se a energia moral e física constitui na realidade a excelência das raças, não se pode negar que essa energia diminui a cada dia naqueles que perdem o hábito do trabalho e a coragem do sofrimento. Tal aforismo tem certamente exceções, e podemos somar a ele que o excesso de trabalho e de sofrimento enervam a estrutura tanto quanto o excesso de moleza e de ociosidade. Mas é certo, em geral, que a vida parte do baixo da sociedade e se perde na medida em que ela sobe ao topo, como a seiva nas plantas.

Mamãe não era dessas pessoas intrigantes audaciosas, cuja paixão secreta é lutar contra os preconceitos do seu tempo, e que creem se dignificar ao se agarrar, com o risco de mil afrontas, à falsa grandiosidade do mundo. Ela era mil vezes mais altiva para se expor mesmo às frialdades. Sua atitude era tão reservada que ela parecia tímida; mas se tentavam encorajá-la por meio de ares protetores, ela se tornava mais que reservada, ela se mostrava fria e taciturna. Sua postura era excelente com as pessoas que lhe inspiravam respeito fundamentado; porém sua verdadeira natureza era divertida, traquinas, ativa, e sobretudo completamente inimiga do constrangimento. Os grandes banquetes, as longas *soirées*, as visitas banais, até mesmo os bailes lhe eram odiosos. Era uma mulher caseira ou do passeio rápido e divertido; contudo, no seu lar, como em suas caminhadas, necessitava da intimidade, da confiança, das relações de uma sinceridade total, da liberdade absoluta dos seus hábitos e do emprego do seu tempo. Ela sempre viveu retirada, e mais cuidadosa em se abster de conhecimentos incômodos do que desejosa de fazer desses conhecimentos algo de vantajoso. Estava bem aí igualmente a essência do caráter do meu pai e, nessa relação, jamais cônjuges experimentaram maior harmonia. Estavam sempre felizes em sua casinha. Em qualquer outro lugar sufocavam em melancólicos bocejos, e ambos me deixaram o legado dessa secreta selvageria que sempre me tornou o mundo insuportável e o *home* necessário.

Todos os esforços feitos pelo meu pai, com muito de tibieza, é necessário confessá-lo, não resultaram em nada. Tinha mil vezes razão ao dizer que não fora feito para ganhar promoções em tempo de paz, e não se saía bem nas lutas travadas na antecâmara das autoridades. Só a guerra conseguia fazê-lo sair do impasse do estado-maior.

Ele retornou ao acampamento de Montreuil com Dupont. Minha mãe foi atrás dele na primavera de 1805, e ali passou dois ou três meses ao menos, durante os quais minha tia Lucie tomou conta de minha irmã e de mim. Essa irmã, da qual falarei mais tarde e cuja existência já indiquei, não era filha do meu pai. Ela tinha cinco ou seis anos a mais que eu e se chamava Caroline. Minha queridíssima tia Lucie tinha, como já disse, esposado o marechal, oficial reformado, na mesma época em que minha mãe esposou meu pai. Uma filha havia nascido de sua união cinco ou seis meses após o meu nascimento. É a minha cara prima Clotilde, talvez a minha melhor amiga de todos os tempos. Minha tia morava então em Chaillot, onde meu tio havia comprado uma pequena casa situada em pleno campo, mas que hoje estaria localizada exatamente na cidade. Ela alugava, para nos levar para passear, um asno de propriedade de um jardineiro da vizinhança. Punham-nos sobre o feno nos cestos destinados a levar frutas e legumes ao mercado: Caroline em um, Clotilde e eu em outro. Parece que apreciávamos muito "esse tipo de passeio".

História da minha vida

Naquele tempo, o imperador Napoleão, ocupado com outras preocupações e se distraindo em outras cavalgadas, foi à Itália para receber sua coroa de ferro. *Guai a chi la tocca!* (Ai de quem tocar nela!), teria dito o grande homem. A Inglaterra, a Áustria e a Rússia resolveram tocá-la, e o imperador manteve a palavra.

No momento em que a armada reunida na costa da Mancha aguardava impaciente o sinal para invadir a Inglaterra, o imperador, vendo sua sorte traída nos mares, mudou todos os seus planos em uma noite: uma dessas noites de inspiração em que a febre se arrefecia em suas veias, e o esmorecimento de um empreendimento todo-poderoso tornava-se um empreendimento completamente novo em seu espírito.

Capítulo 10
Campanha de 1805. — Cartas do meu pai à minha mãe. — Caso d'Haslach. — Carta de Nuremberg. — Belas ações da divisão Gazan e da divisão Dupont às margens do Danúbio. — Bela conduta de Mortier. — Carta de Viena. — O general Dupont. — Meu pai em linha de combate é promovido com a patente de capitão e a cruz de guerra. — Campanha de 1806 e 1807. — Cartas de Varsóvia e Rosemberg. — Sequência da campanha de 1807. — Jangada de Tilsitt. — Retorno à França. — Viagem à Itália. — Cartas de Veneza e de Milão. — Fim da correspondência com minha mãe e início da minha própria história.

[*Neste capítulo, a autora diz se inspirar nas correspondências do pai para contar, enfim, os episódios de sua história. Explica também a importância da figura paterna para seu espírito. Memória forte e presente, revelada pelas cartas. Conta ainda que Maurice, em grande parte de sua carreira, pertenceu à divisão do general Dupont, sob as ordens do marechal Ney. Depois, quando Murat chegou a tomar a frente da divisão Dupont, obteve do imperador, a pedido do próprio Murat, a cruz de guerra junto a outros três oficiais. Maurice chegou também a acompanhar Murat diretamente na guerra; e este, por sua vez, acompanhou Napoleão Bonaparte. Foi promovido, em combate, de auxiliar de campo de guerra para a patente de capitão. Maurice escreve à mulher sobre o seu desapontamen-*

to ao verificar que, depois de se bater como bom soldado e de arriscar a vida pela vitória, vendo perecerem tantos amigos seus queridos, restava-lhe o desgosto de constatar, cada vez mais, que as brilhantes realizações eram, com regularidade, esquecidas diante de tantos favoritismos.]

Capítulo 11
Primeiras lembranças. – Primeiras preces. – O ovo de prata das crianças. – O papai Noel. – O sistema de J.-J. Rousseau. – O bosque dos loureiros. – Polichinelo e o lampião de rua. – Os romances entre quatro cadeiras. – Jogos militares. – Chaillot. – Clotilde. – O imperador. – As borboletas e os fios da Virgem. – O rei de Roma. – O flajolé.

É preciso crer que a vida é uma coisa muito boa em si mesma, já que o seu início é tão doce, e a infância, uma idade tão feliz. Não há um entre nós que não se recorde dessa idade de ouro como um sonho evanescido, ao qual nada pode ser comparado depois. Digo um sonho, pensando nesses primeiros anos em que nossas lembranças pairam incertas e apenas retomam algumas impressões isoladas em um vago conjunto. Não saberíamos dizer por que um encanto poderoso se prende em cada um de nós nesses clarões da lembrança que são insignificantes para os outros.

A memória é uma faculdade que varia conforme cada indivíduo, e que, não se dando em total completude em ninguém, oferece mil inconsequências. Em mim, como em muitas outras pessoas, ela é extraordinariamente desenvolvida em certos pontos, extraordinariamente fraca em outros. Só me recordo, com esforço, de pequenos acontecimentos da véspera, e a maioria dos detalhes até mesmo me escapam para sempre. Mas, quando olho um pouco mais longe para o meu passado, minhas lembranças remontam a uma idade em que a maior parte dos outros indivíduos não consegue chegar. Isso tem a ver essencialmente com a natureza dessa faculdade em mim, ou com certa precocidade relacionada ao sentimento da vida?

Será que quase todos nós somos dotados igualmente nesse aspecto, e será que temos a noção clara ou confusa das coisas passadas em razão da

História da minha vida

maior ou menor emoção que elas nos causaram? Algumas preocupações interiores nos tornam quase indiferentes aos fatos que abalam o mundo em torno de nós. Acontece também que mal recordamos o que compreendemos pouco. O esquecimento talvez seja apenas fruto da ausência de inteligência ou da falta de atenção.

Seja como for, eis a primeira lembrança de minha vida, e ela data de longe. Eu tinha dois anos: uma babá me deixou cair dos seus braços na quina de uma lareira. Tive medo e fui ferida na fronte. Essa comoção, esse abalo do sistema nervoso, abriu meu espírito ao sentimento da vida, e vi nitidamente, vejo ainda, o mármore avermelhado da lareira, meu sangue que corria, a figura da minha babá completamente perdida. Lembro também distintamente da visita do médico, das sanguessugas que me colocaram atrás da orelha, da inquietude de minha mãe, e da babá sendo despedida por causa da embriaguez. Fomos embora daquela casa, e não sei mais onde ficava; nunca mais retornei a ela desde aquela época; mas, se continua a existir, tenho a impressão de que ainda a reconheceria.

Não é surpreendente, portanto, que eu me recorde perfeitamente do apartamento que ocupamos na rua Grange-Batelière um ano mais tarde. Dali datam minhas lembranças precisas e quase sem interrupção. Contudo, desde o acidente da lareira até a idade de três anos, retraço apenas uma sequência indeterminada de horas passadas em meu pequeno leito sem dormir, sequência preenchida pela contemplação de alguma prega da cortina ou de alguma flor no papel de parede dos quartos; lembro também que o voo das moscas e seu zumbido me ocupavam bastante, e que eu via, com frequência, os objetos duplicados, circunstância que me é impossível de explicar, e que várias pessoas me disseram ter experienciado na primeira infância. Sobretudo a chama das velas é que tomava esse aspecto diante dos meus olhos, e me dava conta da ilusão sem conseguir dela me subtrair. Até mesmo me parece que essa ilusão era uma das pálidas distrações do meu cativeiro no berço, e essa vida do berço afigura-se para mim extraordinariamente longa e mergulhada em um tédio indolente.

Minha mãe ocupou-se bem cedo com meu desenvolvimento, e meu cérebro não ofereceu nenhuma resistência, mas também não foi além do esperado; talvez teria sido muito tarde se o tivessem deixado quieto. Aos dez meses caminhava; passei a falar bem tarde, porém, uma vez que comecei a dizer algumas palavras, aprendi todas elas rapidamente, e aos quatro anos sabia ler muito bem, tanto quanto minha prima Clotilde, que foi ensinada alternadamente, como eu, por nossas mães. Aprendíamos também as preces, e me lembro de dizê-las sem hesitar, de ponta a ponta, mas sem compreender nada, exceto as palavras que nos faziam dizer quando tínhamos a cabeça no mesmo travesseiro: *"Meu Deus, eu vos dou meu coração"*. Não sei por que conseguia entender mais esse trecho do que o resto, pois há um bocado de metafísica nessas poucas palavras, mas, enfim, eu as compreendia, e era o único trecho da minha prece em que eu tinha uma ideia de Deus e de mim mesma.

Quanto ao *Pater* (padre-nosso), ao *Credo* e à *Ave-Maria*, que eu sabia muito bem em francês — exceto o *pão nosso de cada dia nos dai hoje*, conseguia enunciar todas essas preces em latim tão bem quanto um papagaio —, não eram mais incompreensíveis para mim.

Também nos davam exercícios para aprender de cor as fábulas de La Fontaine, e eu sabia quase todas, que ainda eram indecifráveis para mim. Estava tão cansada de recitá-las que fiz, creio eu, todo o possível para compreendê-las só bem mais tarde, e foi apenas com a idade de quinze ou dezesseis anos que percebi sua beleza.

Antigamente tinham o hábito de encher a memória das crianças com uma enorme quantidade de preciosidades acima do seu alcance. Não é esse pequeno trabalho imposto a elas que critico. Rousseau, em *Emílio ou da Educação*, ao cercear completamente esse tipo de prática, arrisca deixar o cérebro do seu aluno tornar-se tão obtuso a ponto de não ser mais capaz de aprender o que lhe é reservado para uma idade mais avançada. É bom habituar as crianças, o mais cedo possível, a exercícios moderados, mas cotidianos, relacionados a diversas faculdades do espírito. Contudo, se apressam demais ao entregar-lhes coisas refinadas. Não existe literatura dedicada às criancinhas. Todos os lindos versos produzidos em atenção a elas são amaneirados e recheados de palavras que não fazem parte do seu vocabulário. Só as canções de ninar falam realmente à sua imaginação. Os primeiros versos que escutei foram aqueles que sem dúvida todo mundo conhece, e que minha mãe cantava com a voz mais fresca e suave que se possa imaginar:

História da minha vida

Vamos até a granja
Ver a galinha *pintada*
botar um belo ovo de prata
Pra essa criança adorada.

A rima não é rica, mas não dava nenhuma importância a isso, e ficava vivamente impressionada com aquela galinha pintada e por causa do ovo de prata que me prometiam todas as noites e que nunca pensava em pedir no dia seguinte de manhã. A promessa era sempre renovada, e a ingênua esperança renascia com ela. Amigo leitor, lembra-se disso? Pois a você também, durante anos, prometeram esse ovo maravilhoso que não excitava sua cobiça, mas que parecia, da parte da boa galinha, o presente mais poético e gracioso. E o que faria com o ovo de prata se ele tivesse sido dado a você? Suas mãos débeis não teriam conseguido segurá-lo, e o seu humor inquieto e inconstante logo se cansaria desse insípido brinquedo. O que é um ovo, o que é um brinquedo que não pode ser quebrado de jeito nenhum? Mas a imaginação faz do nada alguma coisa, é a sua natureza, e a história desse ovo de prata é talvez a de todos os bens materiais que despertam nossa cobiça. O desejo é enorme, a posse, pouca coisa.

Minha mãe também cantava para mim uma canção desse gênero na véspera do Natal; porém, como o Natal só acontece uma vez por ano, não me lembro mais dela. O que não esqueci é da crença absoluta que tinha na descida, pelo tubo da chaminé, do pequeno papai Noel, o bom velhinho de barba branca que, à meia-noite, deveria vir para depositar, em meu sapatinho, um presente que eu encontraria ao despertar. Meia-noite! Hora fantástica que as crianças não conhecem, e que dizem a elas ser o limite impossível da sua vigília! Quantos esforços incríveis eu fazia para não dormir antes da aparição do velhinho! Eu tinha, ao mesmo tempo, grande desejo e enorme pavor de vê-lo; mas nunca conseguia me manter acordada até sua visita e, no dia seguinte, a primeira coisa que fazia era olhar meu sapato, na beirada da lareira. Que emoção me causava o pacote de papel branco, pois o papai Noel era de extrema elegância, e nunca deixava de embrulhar cuidadosamente seu presente. Eu corria descalça para tomar posse do meu tesouro. Nunca ganhava um presente magnífico, pois não éramos ricos. Ganhava um bolinho, uma laranja ou, simplesmente, uma linda maçã vermelha. Mas esses presentes me pareciam tão preciosos que quase não ousava comê-los. A imaginação ainda desempenhava seu papel, e assim ocorre durante toda a vida da criança.

Não aprovo em absoluto Rousseau por querer suprimir o maravilhoso, sob o pretexto de que se trata de mentiras. O bom senso e a incredulidade chegam bem depressa e por si mesmos. Lembro muito bem do primeiro ano em que a dúvida tomou conta de mim a respeito da real existência do papai Noel. Tinha cinco ou seis anos, e desconfiei que minha mãe é quem havia colocado o bolo em meu sapato. Também me pareceu menos bonito e menos gostoso que das outras vezes, e experimentei uma espécie de remorso ao não conseguir mais acreditar no pequeno senhor de barbas brancas. Vi meu filho acreditar nele por muito mais tempo; os meninos são mais simples que as meninas. Como eu, ele se esforçava bastante para ficar acordado até meia-noite. Como eu, ele não resistia e, como eu, encontrava, de dia, o maravilhoso bolo sovado nas cozinhas do paraíso; contudo, para ele também, no primeiro ano em que teve dúvidas foi a derradeira visita do bom velhinho. É preciso servir às crianças as iguarias que convêm à sua idade, e nunca antecipar nada. Tudo o que necessitam do maravilhoso, é preciso dar a elas. Quando começam a enfastiar-se disso, temos que ter cuidado para não prolongar a ilusão e estorvar o progresso natural do seu bom senso.

Suprimir o maravilhoso da vida da criança é proceder contra as próprias leis da natureza. A infância não é para o homem um estado misterioso e pleno de prodígios inexplicáveis? De onde vem a criança? Antes de se formar no seio de sua mãe, não teria ela uma existência qualquer no seio impenetrável da Divindade? A parcela de vida que a anima não vem do mundo desconhecido ao qual ela deve retornar? Esse desenvolvimento tão rápido da alma humana em nossos primeiros anos, essa estranha passagem de um estado que se assemelha ao caos a um estado de compreensão e sociabilidade, essas primeiras noções da linguagem, esse trabalho incompreensível do espírito que aprende a nomear não somente objetos exteriores, mas a ação, o pensamento, o sentimento, tudo isso resulta no milagre da vida, e não sei quem poderia explicá-lo. Sempre fico maravilhada com o primeiro verbo que ouço as criancinhas pronunciarem. Compreendo que o substan-

História da minha vida

tivo seja ensinado a elas, mas os verbos, e sobretudo aqueles que exprimem os afetos! A primeira vez que uma criança consegue dizer à sua mãe que a ama, por exemplo, não é como uma revelação superior que ela recebe e exprime? O mundo externo onde paira esse espírito em atividade não pode ainda ter-lhe dado nenhuma noção distinta das funções da alma. Até então a criança viveu apenas pelas necessidades, e a eclosão da sua inteligência não ocorre senão pelos sentidos. Ela vê, quer tocar, provar, e todos os objetos exteriores, cuja utilidade normalmente ignora, não lhes pode compreender nem a causa nem o efeito, devem passar diante dela como uma visão enigmática. Aí começa o trabalho interior. A imaginação se preenche desses objetos; a criança sonha durante o sono, e sem dúvida sonha também quando acordada. Pelo menos não sabe, durante bastante tempo, a diferença entre o estado de vigília e o estado de sono.

[...]

As fábulas de La Fontaine são bem intensas e extremamente profundas para a primeira idade. Elas são repletas de excelentes lições de moral, mas não há necessidade de fórmulas morais na infância; isso seria conduzi-la em um labirinto de ideias no qual se perderia, porque toda moral implica uma ideia de sociedade, e a criança não consegue fazer ideia alguma da sociedade. Acho melhor, para elas, as noções religiosas sob a forma de poesia e sentimento. Quando minha mãe me dizia que ao desobedecê-la eu provocava o choro da santa Virgem e dos anjos no céu, minha imaginação era vivamente atingida. Esses seres maravilhosos e todas essas lágrimas provocavam em mim um terror e uma ternura infinitos. A ideia de sua existência me amedrontava, e imediatamente a ideia de sua dor me atravessava de arrependimento e de afeto.

Em suma, vejo que ao oferecermos o maravilhoso à criança enquanto ela o aprecia e busca, e enquanto a deixamos tomá-lo por si mesma sem prolongar sistematicamente sua ilusão, a partir do momento em que o maravilhoso passa a não ser mais seu alimento natural, ela se enfastiará dele e será prevenida, por suas próprias questões e dúvidas, de que deseja entrar no mundo da realidade.

Nem Clotilde nem eu guardamos nenhuma lembrança do mais ou menos penoso que foi para nós aprender a ler. Nossas mães depois disseram que não demos muito trabalho para nos ensinar; somente destacaram um fato de uma teimosia bastante ingênua de minha parte. Num dia em que não estava disposta a ter lições do alfabeto, respondi a minha mãe: "Sei muito bem dizer *A*, mas não sei dizer *B*". Tenho impressão que minha resistência durou por muito tempo; citava todas as letras exceto a segunda e, quando me perguntavam por que eu passava por ela em silêncio, respondia, imperturbável: "É que não conheço o *B*".

[...]

Também me recordo da linda ciranda *Giroflê Giroflá*, conhecida por todas as crianças na época, e na qual aparece mais uma vez o tema de um bosque misterioso aonde se vai *sozinho*, e onde se encontra o *rei*, a *rainha*, o *diabo* e o *amor*, seres igualmente fantásticos para as crianças. Não me lembro de ter medo do diabo, acho que não acreditava nele e também não me deixavam acreditar, pois eu tinha a imaginação demasiadamente impressionável e me amedrontava com facilidade.

Uma vez me presentearam com um magnífico polichinelo, todo reluzente de ouro e escarlate. Tive medo dele no começo, sobretudo por causa da minha boneca, pela qual tinha enorme carinho e que me parecia em grande perigo perto daquele pequeno monstro. Guardei-a no armário, e consenti brincar com o polichinelo; seus olhos esmaltados, que mexiam em suas órbitas por meio de uma mola, situavam-no para mim numa espécie de meio-termo entre a ficção e a realidade. Na hora de ir para a cama, queriam guardá-lo no meu armário com a boneca, mas jamais quis aceitar isso, e cediam à minha fantasia, que era deixá-lo dormir sobre a estufa; pois havia uma pequena estufa em nosso quarto, que era mais que modesta, cuja pintura barata e cuja forma retangular ainda vejo. Outro detalhe de que me lembro, embora desde os meus quatro anos nunca tenha retornado àquela residência, é que a alcova era um gabinete fechado por portas engradadas de latão forradas de pano verde. Salvo uma antecâmara que servia de sala de jantar e uma pequena cozinha, não havia outros cômodos além desse quarto de dormir, que servia como sala de estar durante o dia. De noite minha caminha era colocada fora da alcova, e, quando minha irmã, que estava então em um pensionato, dormia em casa, arranjavam-lhe um canapé ao meu lado. Era um canapé verde em veludo de Utrecht. Tudo isso ainda está presente em mim, ainda que nada tenha me ocorrido de marcante nessa residência: contudo é preciso acreditar que meu espírito ali se abriu a uma atividade conservada sobre si mesmo, pois me parece que todos esses objetos ficaram impregnados dos meus devaneios, e que utilizei-os à força de contemplá-los. Eu tinha uma distração particular antes de dormir, que era passear meus dedos sobre a grade de latão da porta da alcova, que se encontrava ao lado da minha cama. O sonzinho que tirava dele soava para mim como uma música celestial, e escutava minha mãe dizer: "Eis Aurore fazendo música na grade".

Volto ao meu polichinelo que repousava no fogão, deitado de costas e espiando o teto com seus olhos vítreos e seu sorriso perverso. Eu não o via mais, porém, em minha imaginação, continuava a vê-lo, e dormia muito preocupada com o gênero de existência daquele ser desagradável que não parava de rir e conseguia me seguir com seus olhos por todos os cantos do quarto. De noite tive um sonho pavoroso: o polichinelo levantara-se, sua corcova do peito, vestida por um colete de lantejoulas vermelhas, pegara fogo na estufa, e ele corria por todos os lados, perseguindo ora a mim ora a minha boneca que fugia desvairada, enquanto ele nos atingia com longos jatos de chama. Acordei minha mãe com meus gritos. Minha irmã, que dormia perto de mim, notou o que me atormentava, e levou o polichinelo para a cozinha, dizendo que era um boneco feio para uma criança da minha idade. Nunca mais o vi. Mas a impressão imaginária que recebi da queimadura permaneceu durante algum tempo, e, no lugar de brincar com fogo, que era uma das minhas paixões até aquele dia, um único olhar para ele já me deixava aterrorizada.

Íamos então a Chaillot ver minha tia Lucie, que tinha ali uma casinha e um jardim. Eu era preguiçosa para andar e sempre queria ser carregada pelo nosso amigo Pierret,[4] para quem, de Chaillot ao bulevar, eu era um peso bastante incômodo. Para me convencer a caminhar à tarde na volta, minha mãe pensou num estratagema que consistia em me dizer que me deixaria sozi-

---

4 Pierret é uma figura bastante presente na infância da autora, um amigo da família de sua mãe. George Sand vai lhe dedicar algumas palavras no próximo capítulo. (N.T.)

nha no meio da rua. Estávamos na esquina da rua Chaillot com a Champs-Élysées, e havia uma velhinha que naquele momento acendia o lampião de rua. Estava tão persuadida de que não iriam me abandonar, que fiquei parada, decidida a não andar, e minha mãe deu alguns passos com Pierret para ver como eu consideraria a ideia de ficar só. No entanto, como a rua estava um tanto deserta, a acendedora do lampião de rua ouviu nossa discussão e, voltando-se para mim, ela me disse, com uma voz arrastada: "Tome cuidado comigo, sou eu que pego as menininhas travessas e as tranco em meu lampião à noite inteirinha".

Parecia que o diabo tinha soprado àquela boa senhora a ideia que mais poderia ter me deixado apavorada. Não me lembro de ter provado um terror semelhante ao que ela me inspirou. O lampião de rua, com seu refletor cintilante, tomou logo, aos meus olhos, proporções fantásticas, e já me via trancafiada naquela prisão de cristal, consumida pela chama que o polichinelo de saias fazia jorrar à vontade. Corri até minha mãe soltando gritos agudos. Ouvia a velha rir, e o rangido do lampião de rua que ela subia causou-me um calafrio nervoso, como se me sentisse sendo erguida da terra e pendurada com a lanterna infernal.

Às vezes tomávamos a margem do rio para ir a Chaillot. A fumaça e o barulho da bomba a vapor me causavam um pavor cuja impressão guardo até hoje.

O medo é, creio eu, o maior sofrimento moral das crianças: forçá-las a ver de perto ou obrigá-las a tocar o objeto dos seus temores é um método de cura que não aprovo. Antes é preciso afastá-las e distraí-las dele; pois o sistema nervoso domina seu organismo e, quando reconhecem seus erros, experimentam uma angústia tão violenta ao se verem constrangidas a isso, que não há mais como vencerem a sensação do medo. Este se torna um mal físico para elas que sua razão é incapaz de combater. Ocorre o mesmo com mulheres nervosas e pusilânimes. Encorajá-las em sua fraqueza é um grande erro; mas tratá-las de modo demasiadamente brusco nesse sentido é pior, e a pressão com frequência provoca nelas verdadeiros ataques de nervos, embora os nervos não estivessem gravemente em jogo no começo da provação.

Minha mãe não trazia consigo essa crueldade: quando passávamos diante da bomba a vapor, vendo que eu empalidecia e não conseguia mais ficar em

História da minha vida

pé, colocava-me nos braços do bondoso Pierret. Ele escondia minha cabeça em seu peito, e eu ficava tranquila pela confiança que ele me inspirava. Mais vale encontrar um remédio moral para o mal moral do que forçar a natureza e tentar levar ao mal físico uma provação física mais penosa ainda.

Foi na rua Grange-Batellère que caiu em minhas mãos um velho compêndio de mitologia que ainda conservo e que é acompanhado por grandes lâminas de gravura, as mais cômicas que se pode imaginar. Quando me recordo do interesse e da admiração com que contemplava aquelas imagens grotescas, ainda parece que as vejo tal como as via naquela época. Sem ler o texto, logo aprendi, graças às imagens, os principais temas da fabulação antiga, e isso me interessava prodigiosamente. Às vezes me levavam às sombras chinesas do eterno Serafim e às peças feéricas do bulevar. Por fim, minha mãe e minha irmã me narravam os contos de Perrault e, quando estes se esgotavam, elas não se incomodavam em inventar novos contos que me pareciam tão atraentes quanto os de Perrault. Com isso me falavam do paraíso e me regalavam com o que havia de mais puro e de mais lindo na alegoria católica; se bem que os anjos e os amores, a Virgem bondosa e a fada do bem, os polichinelos e os mágicos, os diabretes do teatro e os santos da Igreja se confundiam em minha mente, produzindo a mais estranha bagunça poética que se possa imaginar.

Minha mãe tinha ideias religiosas que a dúvida nunca tocou nem de leve, visto que ela jamais as colocou em exame. Para ela não havia nenhum esforço em me apresentar como verdades ou como emblemáticas as noções do maravilhoso que ela me vertia a mancheias, artista e poeta que era, ela mesma, sem o saber, acreditando em sua religião no que diz respeito a tudo o que era bom e belo, rejeitando tudo o que era sombrio e ameaçador, e me falando das três Graças ou das nove Musas com tanta seriedade quanto das virtudes teologais[5] ou das virgens sábias.

Quer seja por causa da educação, dos estímulos ou por predisposição, é certo que o gosto pelo romance tomou conta de mim apaixonadamente antes que eu tivesse terminado de aprender a ler. Eis como:

---

5 As virtudes teologais são: a Fé, a Esperança e a Caridade. (N.T.)

Ainda não compreendia a leitura dos contos de fadas; as palavras impressas, mesmo no estilo mais elementar, nem me ofereciam grande sentido, e foi pela narrativa que cheguei a compreender o que me faziam ler. Por iniciativa própria, eu não lia, era preguiçosa por natureza e só conseguia vencer a mim mesma com grandes esforços. Nos livros, examinava apenas as imagens; porém tudo o que aprendia pelos olhos e pelos ouvidos entrava em ebulição em minha cabecinha, e sonhava com tudo isso a ponto de perder a noção da realidade e do ambiente em que me encontrava. Como tive durante muito tempo a mania de brincar com o fogo da estufa, minha mãe, que não tinha empregados e que eu sempre via ocupada a coser, ou a cuidar da panela no fogo, não podia se desembaraçar de mim a não ser me detendo muitas vezes na prisão que ela havia inventado, a saber, quatro cadeiras com um pequeno aquecedor apagado no centro, para me sentar quando estivesse cansada, pois não tínhamos o luxo de uma almofada. A estrutura das cadeiras era forrada de palha entrelaçada, e eu me aplicava em desfiá-la com as unhas; é de se crer que as tinha sacrificado ao meu livre usufruto. Lembro que ainda era tão pequenininha que, para entregar-me a essa distração, era obrigada a subir no pequeno aquecedor; então conseguia apoiar meus cotovelos nas cadeiras, e usava as unhas com uma paciência incrível; contudo, ao ceder assim à necessidade de ocupar minhas mãos, necessidade que permanece em mim até hoje, não pensava nem um pouco na palha das cadeiras; compunha, em voz alta, intermináveis contos que minha mãe chamava de meus romances. Não possuo nenhuma lembrança dessas composições divertidas, minha mãe falou delas milhares de vezes, e bem antes de eu pensar em escrever. Ela declarava que eram excessivamente enfadonhas, por serem longas e por causa do desdobramento que eu dava às digressões. Esse é um defeito, dizem, que tenho conservado; pois, para mim, confesso que pouco me dou conta do que faço, e sofro, ainda hoje, como aos quatro anos, de uma negligência invencível nesse gênero de criação.

Parece que minhas histórias eram um tipo de pastiche de todo material que obsedava meu pequeno cérebro. Havia sempre um fundo característico dos contos de fadas e, entre os personagens principais, uma fada boa, um príncipe bondoso e uma bela princesa. Alguns poucos seres do mal habitavam as narrativas, mas nunca ocorriam grandes desgraças. Tudo se arran-

História da minha vida

java sob a influência de uma crença ridente e otimista como a da infância. O que havia de mais curioso era a duração dessas histórias e uma espécie de sequência, pois retomava o fio da narrativa bem onde havia sido interrompida na véspera. Talvez minha mãe, escutando mecanicamente e contra sua vontade essas longas divagações, me ajudasse, sem saber, a encontrar o fio da narrativa. Minha tia também se lembra dessas histórias e se diverte ao recordar. Ela se lembra de ter me dito muitas vezes: "E então, Aurore, será que o seu príncipe ainda não saiu da floresta? Será que sua princesa já terminou de colocar seu vestido de cauda e sua coroa de ouro?"; "Deixe-a tranquila", dizia minha mãe, "só posso trabalhar sossegada quando ela começa seus romances entre quatro cadeiras".

Recordo, de uma maneira mais nítida, o ardor que sentia pelos jogos que simulavam uma ação real. Eu era uma chata, para começar. Quando minha irmã ou a filha mais velha do vidraceiro iam me chamar para brincar com jogos clássicos como o *pied de boeuf* ou o *main chaude*,[6] não achava neles nenhuma graça, ou logo cansava de brincar. Mas com minha prima Clotilde ou com outras crianças da minha idade, entrava imediatamente nos jogos que deleitavam minha fantasia. Simulávamos batalhas, fugas através de bosques que desempenhavam um enorme papel em minha imaginação. E quando uma de nós se perdia, as outras a procuravam e chamavam. Aquela que se perdia estava adormecida embaixo de uma árvore, isto é, sob algum canapé que havia na casa. Íamos em seu socorro; uma de nós era a mãe das outras ou o seu general, pois os traços militares de fora inevitavelmente penetravam em nosso ninho, e por mais de uma vez fui o imperador e comandei no campo de batalha. Deixávamos as bonecas, os bonecos de chumbo e a casa em frangalhos, e parece que meu pai tinha a imaginação tão infantil quanto a nossa, pois não suportava aquela representação microscópica das cenas de horror que vira na guerra. Ele dizia à minha mãe: "Eu lhe imploro, dê uma varrida no campo de batalha dessas crianças; sei que é ridículo, uma besteira minha, mas me faz mal ver no chão esses braços, essas pernas e todos esses farrapos vermelhos".

---

6 Jogos infantis típicos da França. (N.T.)

George Sand

Não nos dávamos conta de nossa ferocidade, enquanto as bonecas e os bonecos de chumbo sofriam pacientemente a carnificina. Mas ao galopar em nossos corcéis imaginários e atingindo, com nossos sabres invisíveis, os móveis e os brinquedos, nós nos deixávamos levar por um entusiasmo que nos punha febris. Reprovavam-nos por causa dos nossos jogos de meninos, e é claro que minha prima e eu tínhamos o espírito ávido por emoções viris. Recordo, em particular, de um dia de outono em que o jantar estava sendo servido e a penumbra da noite invadia o quarto. Isso não ocorreu em nossa casa, mas em Chaillot, na casa da minha tia, creio, pois lá havia dosséis nos leitos, e em nossa casa não. Nós nos perseguíamos por entre as árvores, isto é, sob as dobras da cortina, Clotilde e eu; o aposento desaparecia dos nossos olhos, e nos encontrávamos realmente em uma paisagem sombria ao cair da noite. Chamavam-nos para jantar, mas não ouvíamos mais nada. Minha mãe foi me pegar em seus braços para me levar à mesa, e nunca me esquecerei do meu espanto ao ver as luzes, a mesa e os objetos reais que me cercavam. Eu acabara de sair positivamente de uma completa alucinação e custava-me a sair dela tão bruscamente. Algumas vezes, quando estava em Chaillot, eu pensava estar em nossa casa em Paris, e vice-versa. Precisava fazer, com frequência, um grande esforço para me assegurar do lugar em que estava, e vi minha filha, quando pequena, sofrer dessa ilusão de uma maneira bastante pronunciada.

Creio não ter visto nunca mais a casa de Chaillot desde 1808, porque, após a viagem à Espanha, não saí mais de Nohant até a época em que meu tio vendeu ao Estado sua pequena propriedade, que se encontrava no local destinado ao palácio do rei de Roma. Apesar dos enganos que possa vir a cometer, deixarei registrado aqui o que tenho a dizer daquela casa, que era então uma verdadeira casa de campo; Chaillot não tinha tantos edifícios como hoje em dia.

Era a habitação mais modesta do mundo, hoje percebo isso, quando os objetos que permanecem na minha memória se revelam agora com seu real valor. Mas na idade em que estava naquela época, aquilo era um paraíso. Seria capaz de desenhar a planta do local e do jardim, de tanto que me continuam presentes na lembrança. O jardim era, sobretudo para mim, um lugar de delícias, visto ser o único que conhecia. Minha mãe que, apesar

História da minha vida

do que diziam dela à minha avó, vivia na penúria beirando à pobreza, num regime de economia e de trabalhos domésticos digno de uma mulher do povo, não me levava às Tulherias para exibir toaletes que não tínhamos, ou para me tornar uma menina afetada brincando de rodar o arco ou de pular corda sob os olhares dos basbaques. Saíamos de nosso triste reduto apenas para ir, de vez em quando, ao teatro, pelo qual minha mãe apresentava um gosto acentuado, assim como eu, já naquela época, e com mais frequência visitávamos Chaillot, onde todas as vezes éramos recebidas com grandes demonstrações de alegria. A viagem a pé e a passagem pela bomba a vapor me deixavam, de início, bem contrariada, mas era apenas eu pôr os pés no jardim que me transportava para a ilha encantada dos meus contos. Clotilde, que tinha o privilégio de poder se divertir ali todos os dias naquele sol glorioso, era bem mais disposta e jovial que eu. Ela me fazia as honras do seu Éden com o bom coração e a alegria franca que jamais a abandonaram. Com certeza ela era a melhor de nós duas, dona de porte mais elegante e a menos caprichosa; assim eu a adorava a despeito de algumas brigas sempre provocadas por mim, às quais ela respondia por meio de zombarias que me mortificavam bastante. Dessa maneira, quando ficava aborrecida comigo, ela fazia um trocadilho com meu nome Aurore, chamando-me de *horreur* (horrorosa),[7] insulto que me exasperava. No entanto, conseguia eu ficar amuada por muito tempo diante de um bosque verde de carpas e de um terraço todo bordejado por vasos de flores? Foi aí que vi as primeiras teias de aranhas do campo, chamadas de *fios da Virgem*, totalmente brancas e cintilantes sob o sol do outono; minha irmã estava lá naquele dia, pois foi ela quem me explicou, com erudição, como a Virgem Santa fiava, ela própria, aqueles lindos fios em sua roca de marfim. Eu não ousava arrebentá-los e me abaixava bastante para passar por baixo deles.

O jardim era retangular, bem pequeno, na realidade, mas me parecia imenso, embora eu o contornasse umas duzentas vezes ao dia. Ele era re-

---

7 O trocadilho em francês é entre o nome próprio Aurore e o adjetivo *horreur*. Com a pronúncia francesa, é possível um jogo de palavras evidenciado pela aproximação sonora entre os dois termos. Em português há uma dificuldade clara em reproduzir totalmente esse jogo de palavras. (N.T.)

gularmente desenhado à moda de antigamente; havia flores e legumes; não possuía nenhuma vista, pois era todo cercado de muros; mas no fundo havia um terraço coberto de areia ao qual subíamos por uma escada de pedra, com um grande vaso de terracota classicamente rústico de cada lado, e era sobre esse terraço, lugar ideal para mim, que se passavam nossos extraordinários jogos de guerra, com batalhas, fugas e perseguições.

Também foi ali que vi borboletas pela primeira vez e enormes girassóis que a mim pareciam ter cem pés de altura. Um dia fomos interrompidas em nossas brincadeiras por um grande rumor do lado de fora. Pessoas gritavam "Viva o imperador", caminhavam apressadamente, afastando-se, e os gritos continuavam o tempo inteiro. De fato, o imperador passava a alguma distância, e ouvíamos o trote dos cavalos e a emoção da multidão. Não conseguíamos ver através do muro, mas aquilo era muito bonito em nossa imaginação, lembro-me muito bem, e gritávamos com todas as nossas forças: *Viva o imperador!*, tomadas por um envolvente entusiasmo.

Sabíamos o que significava um imperador? Não me lembro, mas é provável que ouvíssemos falar dele a todo instante. Consegui obter clara ideia dele pouco tempo depois, não saberia dizer precisamente em que época, mas deve ter sido no final de 1807.

O imperador passava a tropa em revista no bulevar, e não estava longe da igreja de Madeleine quando minha mãe e Pierret conseguiram penetrar na multidão até bem próximo aos soldados; Pierret me ergueu em seus braços acima das barretinas dos soldados para que eu pudesse vê-lo. Meu vulto, um ponto que se destacava e dominava a linha das cabeças, atingia maquinalmente os olhos do imperador, e minha mãe bradava: "Ele olhou para você, nunca se esqueça disso; isso lhe trará boa sorte!". Creio que o imperador Napoleão ouviu as ingênuas palavras, pois me olhou de modo penetrante, e acredito ver ainda uma espécie de sorriso aflorar em seu rosto pálido, cuja fria severidade tinha me assustado no início. Portanto, nunca esquecerei sua figura e sobretudo a expressão do seu olhar que nenhum retrato conseguiu fixar. Naquela época estava gordo e pálido. Vestia uma sobrecasaca por cima do uniforme, mas eu não saberia dizer se era cinza; levava seu chapéu na mão no momento em que o vi, e fui como que magnetizada na hora por aquele olhar iluminado, tão duro no primeiro momento, e de repente tão

História da minha vida

benevolente e tão doce. Eu o revi em outras oportunidades, porém de modo confuso, porque estava menos próxima e ele passara mais rápido.

Vi também o rei de Roma nos braços de sua ama. Ele estava em uma janela das Tulherias e sorria aos passantes; ao me ver, pôs-se a sorrir ainda mais, por causa do efeito simpático que as crianças produzem umas nas outras. Tinha nas mãozinhas um enorme bombom, e jogou-o para mim. Minha mãe quis apanhá-lo para me dar, mas o sentinela que vigiava a janela não quis permitir que ela desse um passo além da linha que ele guardava. Em vão, a governanta lhe fazia sinais procurando demonstrar que o bombom era para mim e que deveria me entregá-lo. Provavelmente aqueles sinais não faziam parte das instruções daquele militar, pois ele não deu a menor atenção à governanta. Fiquei muito magoada com o ocorrido e perguntei à minha mãe por que o soldado era tão grosseiro. Ela me explicou que o seu dever era guardar aquela preciosa criança e impedir que se aproximassem muito dela, porque pessoas mal intencionadas poderiam lhe fazer mal. Aquela ideia de que alguém poderia querer fazer mal a uma criança me pareceu absurda; contudo, naquela época eu tinha nove ou dez anos, e visto que o pequeno rei *in partibus* teria dois, no máximo, essa anedota não é mais que uma digressão antecipada.

Uma lembrança que data dos meus quatro anos é a da minha primeira emoção musical. Minha mãe fora visitar alguém em um vilarejo próximo a Paris, não sei dizer qual. O apartamento era bem no alto, e da janela, sendo eu muito pequena para ver a rua, distinguia apenas o telhado das casas vizinhas e grande pedaço do céu. Passamos ali boa parte do dia, mas não prestei atenção em mais nada, de tanto que estava imersa no som de um flajolé que tocava o tempo todo grande quantidade de árias que me pareciam admiráveis. O som partia de uma das mansardas mais altas, e poderia mesmo dizer que era das mais distantes, pois minha mãe, quando perguntei que som era aquele, o escutava com dificuldade. Quanto a mim, cujo ouvido era provavelmente mais aguçado e mais sensível naquela época, não perdia uma só modulação daquele pequeno instrumento, tão agudo de perto, tão doce a distância, e fiquei completamente encantada. Parecia ouvi-lo em um sonho. O céu estava claro e de um azul cintilante, e aquelas delicadas melodias davam a impressão de pairar sobre os telhados e se perder no próprio céu.

Quem sabe não era um artista de inspiração superior, que não tinha naquele momento outro ouvinte atento a não ser eu? Bem podia ser também um jovem ajudante de cozinha que estudava a ária da *Monaco* ou das *Folies d'Espagne*. Seja lá o que tenha sido, provei indizíveis gozos musicais e entrei de fato em êxtase diante daquela janela, onde, pela primeira vez, compreendi vagamente a harmonia das coisas exteriores; minha alma, da mesma forma, foi arrebatada pela música e pela beleza do céu.

Capítulo 12
Intimidade dos meus pais. — Meu amigo Pierret. — Partida para a Espanha. — As bonecas. — As Astúrias. — As corriolas e os ursos. — A mancha de sangue. — Os pombos. — A pega falante.

Todas as minhas lembranças de infância são bem pueris, como se vê, mas, se cada um dos meus leitores permitir-se reminiscências sobre si mesmo ao ler-me, se puder recordar com prazer as primeiras emoções de sua vida, se conseguir sentir-se novamente criança por alguns instantes, nem ele nem eu teremos perdido nosso tempo; pois a infância é boa, cândida, e as melhores criaturas são aquelas que guardam mais ou perdem menos dessa candura e dessa sensibilidade primitivas.

Não conservo muitas recordações do meu pai antes da campanha da Espanha. Ele ficava amiúde tão ausente que devo tê-lo perdido de vista durante longos intervalos de tempo. No entanto, passou o inverno de 1807 a 1808 conosco, porque me lembro vagamente de tranquilos jantares à luz de vela e de um prato de guloseimas, das mais modestas, pois consistia em aletria cozida no leite adocicado, que meu pai fingia querer comer o prato inteiro para se divertir às custas da minha gulodice desapontada. Lembro-me ainda de que ele fazia com seu guardanapo, atado e enrolado de diversas maneiras, figuras de monges, de coelhos e de fantoches que me faziam rir à beça. Acho que teria me estragado com mimos, porque minha mãe foi forçada a se interpor entre nós para que ele não encorajasse todos os meus caprichos no lugar de reprimi-los. Disseram-me que, durante o pouco tempo que meu pai conseguia passar com sua família, encontrava-se tão feliz que não queria perder sua mulher e seus filhos de vista, que brincava comigo o dia inteiro, e que, de uniforme de gala, não tinha nenhuma vergonha de me carregar em seus braços, no meio da rua e nos bulevares.

Certamente eu era muito feliz, pois fui muito amada; éramos pobres, e nunca percebi isso. Contudo, naquela época meu pai recebia soldos capazes de nos fornecer conforto, isso se as despesas que implicavam suas funções de auxiliar de campo de Murat não ultrapassassem suas receitas. Minha avó se sacrificava privando-se para mantê-lo no luxo insensato que exigiam dele, e ainda assim deixou dívidas do cavalo, dos uniformes e dos equipamentos. Minha mãe foi acusada, com frequência, de ter ajudado, por sua suposta falta de organização domiciliar, a aumentar essas dificuldades de família. Tenho uma lembrança tão clara de nossa vida familiar daquela época, que posso afirmar que minha mãe não merecia nem um pouco essas críticas. Ela mesmo arrumava sua cama, varria o apartamento, remendava suas roupas e cozinhava. Era uma mulher de uma atividade e coragem extraordinárias. Por toda sua vida levantou-se com o raiar do dia e deitava-se à uma da manhã, e não me recordo de tê-la visto ociosa em um só instante. Não recebíamos ninguém de fora de nossa família a não ser o excelente amigo Pierret, que tinha para comigo a ternura de um pai e os cuidados de uma mãe.

Eis o momento de traçar a história e o retrato desse homem inestimável, cuja perda lamentarei por toda minha vida. Pierret era filho de um pequeno proprietário champanhês, e desde os dezoito anos de idade era funcionário do Tesouro, onde sempre ocupou um posto modesto. Era o mais feio dentre os homens, mas essa feiura era tão amável que atraía a confiança e a amizade. Tinha um narigão chato, lábios grossos e olhos bem pequenos; seus cabelos loiros eram crespos e rebeldes, e sua pele era tão branca e tão rosada que parecia sempre jovem. Aos quarenta anos, ficou furioso porque um escriturário da administração municipal, onde ele serviu de testemunha para o casamento de minha irmã, perguntou-lhe, com total boa-fé, se ele tinha atingido a maioridade. No entanto, era bem alto e bastante gordo, e seu rosto era todo enrugado, por causa de um tique nervoso que lhe obrigava a fazer perpetuamente caretas medonhas. Talvez fosse o próprio tique que impedia qualquer um de ter uma ideia exata do aspecto do seu semblante. Mas acredito que era sobretudo a expressão cândida e singela de sua fisionomia, em seus raros instantes de repouso, que era responsável por essa ilusão. Ele não possuía a menor parcela daquilo que chamam de inteligência; porém, como julgava tudo com seu coração e sua consciência, era possível pedir-lhe conselhos sobre os problemas mais delicados da vida. Não creio que algum dia tenha existido um homem mais puro, mais leal, mais devotado, mais generoso e justo, e sua alma era tanto mais bela pelo fato de ele desconhecer sua beleza e raridade. Botando fé na bondade dos outros, ele nunca desconfiou que fosse uma exceção.

Pierret era dono de gostos bastante prosaicos. Adorava vinho, cerveja, cachimbo, bilhar e dominó. O tempo que não passava conosco, era assíduo em uma taberna da rua Faubourg-Poissoniére chamada *Cheval blanc* (Cavalo branco). Ali sentia-se como se estivesse em casa, pois frequentou o estabelecimento durante trinta anos, e para lá levou, até seu último dia, sua inesgotável alegria e sua incomparável bondade. Portanto, sua vida escoou-se em um círculo bem obscuro e muito pouco variado. Sentia-se feliz na taberna entre companheiros, e como não teria se sentido assim? Qualquer um o conhecia, o adorava, e jamais a ideia do mal roçou sua alma simples e honesta.

Ele era, porém, extremamente nervoso e, por conta disso, colérico e suscetível; mas é preciso dizer que possuía uma benevolência extrema, pois jamais chegou a ferir alguém. Não fazem ideia das grosserias e insultos que tive de aguentar dele. Batia o pé, girava os olhinhos, ficava vermelho e se entregava às mais fantásticas caretas, despejando, em quem quer que fosse, em uma linguagem pouco diplomática, as mais veementes reprovações. Minha mãe tinha o costume de não prestar a menor atenção a essas cenas. Ela se contentava em dizer: "Ah! Eis Pierret furioso, veremos belas caretas!", e imediatamente Pierret, esquecendo o tom trágico, caía na risada. Ela o amolava bastante, e não é de surpreender que ele frequentemente perdesse a paciência. Em seus últimos anos, tornou-se mais irascível ainda, e não se passava nenhum dia sem que pegasse seu chapéu e saísse da casa de minha mãe declarando-lhe que nunca mais poria os pés ali; porém voltava de noite sem se lembrar da solenidade das despedidas da manhã.

Quanto a mim, ele se arrolava um direito de paternidade que chegaria à tirania se lhe fosse possível concretizar suas ameaças. Pierret me viu nascer e foi ele quem me desmamou. Esse papel que exerceu em minha vida é assaz

História da minha vida

marcante para dar uma ideia do seu caráter. Minha mãe, vencida pela fadiga, mas não podendo decidir-se a enfrentar meus gritos e choros, e além do mais temendo que uma babá não tivesse os devidos cuidados à noite em relação a mim, chegou a não dormir mais, justamente num momento em que ela tinha grande necessidade disso. Vendo aquilo, uma tarde, investido de sua própria autoridade, Pierret pegou-me em meu berço e me levou à casa dele, onde cuidou de mim por quinze ou vinte noites, dormindo com dificuldade de tanto que receava por mim, e me fazia beber leite e água com açúcar com tanta solicitude, cuidado e asseio quanto era capaz uma governanta. Ele me devolvia à minha mãe todas as manhãs para dirigir-se ao seu escritório, depois seguia ao *Cheval blanc*; e todas as noites me apanhava novamente, carregando-me no colo, a pé, diante de todo o bairro, ele, um rapagão de 22 ou 23 anos, sem se preocupar nem um pouco de ser notado. Quando minha mãe se dispunha a resistir e demonstrava estar aflita, ficava todo vermelho de indignação, lhe censurava sua fraqueza imbecil, como ele mesmo dizia, não escolhendo palavras, demonstrando extrema satisfação com sua maneira de agir: e quando me levava de volta para casa, minha mãe era obrigada a admirar e admitir o quanto eu estava limpa, saudável e bem-humorada. É tão pouco do gosto e das aptidões de um homem — sobretudo de um homem frequentador de taberna como Pierret — cuidar de uma criança de dez meses, que é maravilhoso não que ele o tenha feito, mas que a ideia tenha partido dele. Enfim fui desmamada por ele, e conseguiu tal façanha com méritos, assim como o havia prometido.

Não é de se admirar que ele sempre tenha me encarado como uma garotinha, e mesmo quando eu já tinha cerca de quarenta anos, dirigia-se a mim como se eu fosse um bebezinho. Ele era exigentíssimo no que diz respeito à falta de gratidão, mas jamais sonhou em se fazer valer de sua generosidade, a não ser quando se tratava da amizade. E, quando o colocávamos à prova ao lhe perguntar por que desejava tanto ser amado, ele só sabia dar a seguinte resposta: "É porque amo vocês". E dizia essa doce frase num tom de furor e com uma contração nervosa que lhe fazia ranger os dentes. Se, ao escrever três palavras à minha mãe, eu esquecesse uma só vez de mandar lembranças a Pierret, e viesse a reencontrá-lo nesse ínterim, ele virava as costas para mim e se recusava a desejar-me bom-dia. As explicações e as desculpas não serviam de nada. Chamava-me de coração ingrato, de criança malvada, e me jurava rancor e ódio eternos. Pierret dizia tudo isso de uma maneira tão cômica que poderíamos acreditar que estava interpretando algum tipo de cena burlesca se não víssemos grossas lágrimas rolarem dos seus olhos. Minha mãe, que conhecia esse estado nervoso, lhe dizia: "Cale-se agora mesmo, Pierret, você está delirando"; e ela mesma lhe aplicava um beliscão bem forte para que voltasse rapidamente ao seu estado normal. Então ele voltava a si e dignava-se a escutar minha justificativa. Só era preciso uma palavra saída do coração e um carinho para apaziguá-lo e tornar a deixá-lo feliz assim que conseguíssemos fazê-lo ouvir.

Ele conheceu meus pais desde os primeiros dias de minha existência, e de uma maneira que os uniu de súbito. Uma parente dele morava na rua Meslay, no mesmo quarteirão que minha mãe. Essa mulher tinha um filho da minha idade que vivia sem os devidos cuidados por parte dela; além disso, privada do seu leite, a criança chorava todos os dias. Minha mãe entrou no quarto onde o pobrezinho morria de fome, deu-lhe o peito e continuou a amamentá-lo dessa forma, sem dizer nada. Porém, Pierret, ao visitar sua parente, surpreendeu minha mãe nessa situação e, ficando comovido com a atitude de minha mãe, dedicou-se a ela e a todos nós para sempre.

Mal viu meu pai e, do mesmo modo, sentiu por ele uma afeição imensa. Encarregou-se de todos os seus negócios, pôs tudo em ordem, desembaraçou-o dos credores de má-fé, ajudou-o, com sua previdência, a pagar pouco a pouco os outros; enfim, livrou-o de todos os seus problemas materiais dos quais era pouco capaz de dar conta sem o socorro de um espírito acostumado aos negócios minuciosos e sempre ocupado com o bem-estar do outro. Era Pierret quem escolhia os criados do meu pai, que liquidava suas contas, que recebia seus vencimentos e lhe fazia chegar o dinheiro infalivelmente, em qualquer lugar aonde o imprevisto da guerra o levava. Meu pai nunca partia para uma campanha sem lhe dizer: "Pierret, cuide da minha mulher e dos meus filhos, e se eu não voltar, lembre-se que estarão aos seus cuidados por toda a sua vida". Pierret levou essa recomendação a sério, visto que dedicou toda a sua vida a nós depois da morte do meu pai. Houve quem quisesse incriminar a intimidade dessas relações; afinal, que coisas sagradas há nesse mundo e qual alma pode ser julgada pura por

História da minha vida

quem está completamente corrompido? Mas, para quem quer que tenha sido digno de compreender Pierret, semelhante suposição sempre parecerá um ultraje à sua memória. Ele não era lá muito sedutor para tornar minha mãe infiel, mesmo em pensamento. Era bastante consciencioso e probo o suficiente para manter certa distância dela se sentisse em si mesmo o perigo de trair, ainda que mentalmente, a confiança, da qual era tão orgulhoso e tão zeloso. Mais tarde esposou a filha de um general sem fortuna, e se deram muito bem juntos. A esposa de Pierret era digna de apreço e bondosa; isso foi sempre o que escutei minha mãe dizer, a qual vi em relações de grande amizade com ela.

Quando nossa viagem à Espanha foi decidida, Pierret encarregou-se de todos os nossos preparativos. Essa viagem não foi um empreendimento muito prudente da minha mãe, pois ela estava grávida de sete ou oito meses. Ela queria me levar, e eu ainda era uma pessoa muito incômoda. Mas meu pai anunciara uma estadia de algum tempo em Madri, e minha mãe alimentou, creio eu, certa suspeita motivada pelo ciúme. Seja qual fosse o motivo, ela estava obstinada a ir ao seu encontro, e se deixou seduzir, acredito, pela ocasião. A mulher de um fornecedor da armada, que ela conhecia, partia em diligência e lhe ofereceu um lugar em sua caleche para conduzi-la até Madri.

Para a viagem, essa dama estava completamente à mercê da proteção de um rapazinho de doze anos que, na ocasião, servia como cocheiro. Eis-nos então em marcha, duas mulheres, uma delas grávida, e duas crianças, das quais eu não era a mais desajuizada e a mais insubmissa.

Não creio ter ficado triste ao me separar de minha irmã, que ficou no pensionato, e de minha prima Clotilde; como não as via todos os dias, não fazia ideia da duração maior ou menor de uma separação que eu percebia renovar-se a cada semana. Tampouco lamentei deixar o apartamento, embora tivesse algo de próximo do meu universo, e ainda não houvesse vivido nada em outros lugares, mesmo que em pensamento. O que me causou real aperto no coração durante os primeiros momentos de viagem foi a necessidade de abandonar minha boneca naquele apartamento vazio, onde ela deve ter ficado profundamente entediada.

[...]

Também tive meus brinquedos prediletos, em especial um de que jamais me esquecerei e que, para meu grande pesar, se perdeu, pois não o quebrei, e é possível que tenha sido efetivamente tão lindo quanto me aparece em meus sonhos.

Era uma peça muito antiga de centro de mesa, e tinha servido como brinquedo ao meu pai em sua infância; aparentemente, a peça já estava incompleta naquela época. Ele a reencontrou na casa de minha avó ao remexer em um armário e, recordando o quanto aquele brinquedo tinha lhe dado prazer, levou-o para mim. Era uma pequena Vênus em *biscuit* de Sèvres segurando duas pombas em suas mãos. Ela ficava sobre um pedestal preso a um pequeno prato oval forrado de espelho guarnecido por um cercadinho de recortes de lâminas de cobre dourado. Nesse adorno do cercadinho encontravam-se tulipas que serviam de castiçais, e quando ali se acendiam velinhas, o espelho, que representava um lago, refletia as luzes, a estátua, e os lindos ornamentos dourados do cercadinho de cobre. Esse era para mim um mundo inteiro encantado de brinquedo, e quando minha mãe me contava pela décima vez o maravilhoso conto *Graciosa e Percinet*,[8] eu me punha a compor, na imaginação, paisagens e jardins mágicos, que acreditava perceber refletidos em um lago. Onde as crianças encontram a visão de coisas que nunca viram?

Quando acabamos de arrumar a bagagem para a viagem à Espanha, eu trazia comigo uma querida boneca que, por certo, me deixaram levar. Mas, de imediato, não tivera essa ideia de levá-la. Pensei que ela se faria em pedaços ou que a tomariam de mim se eu não a deixasse no meu quarto; e depois de despi-la e de ter-lhe vestido uma camisola de dormir bem elegante, deitei-a em minha caminha e ajeitei os cobertores com bastante cuidado. No momento de partir, corri para lhe dar uma última olhada, e como Pierret me prometeu levar sopa a ela todas as manhãs, comecei a cair em um estado de dúvida em que ficam as crianças sobre a realidade desses tipos de criaturas. Estado realmente singular em que a razão nascente, por um lado, e a necessidade de ilusão, por outro, enfrentam-se no coração das meninas ávidas de

---

8 Obra de madame d'Aulnoy, Marie-Catherine Le Jumel de Barneville, baronesa d'Aulnoy (1651-1705). (N.T.)

História da minha vida

amor materno. Tomei as duas mãos da minha boneca e coloquei-as juntas em seu peito. Pierret advertiu-me de que essa era a postura de uma morta. Então ergui suas mãos juntas acima da cabeça em uma posição de desespero ou de invocação, à qual atribuí muito seriamente uma ideia supersticiosa. Pensei que era um chamado à boa fada, e que ela seria protegida ao permanecer nessa postura por todo o tempo de minha ausência. Ainda por cima, fiz Pierret prometer não deixar que nada acontecesse com ela. Não há nada mais verdadeiro no mundo que a louca e poética história de Hoffmann intitulada *O quebra-nozes*. É a vida intelectual da criança capturada em flagrante. Gosto até mesmo do seu final emaranhado, que se perde no mundo das quimeras. A imaginação das crianças é tão rica e confusa quanto os sonhos brilhantes do contista alemão.

Salvo o pensamento de minha boneca que me perseguiu durante algum tempo, não me recordo de nada da viagem até as montanhas das Astúrias. Mas ainda sinto o espanto e o terror que me causaram essas montanhas imensas. As curvas bruscas da rota no meio daquele anfiteatro cujos cumes tampavam o horizonte me ocasionavam a cada instante uma surpresa plena de angústias. Parecia que estávamos trancafiados naquelas montanhas, que não havia mais rota e que não poderíamos prosseguir nem retornar. Ali vi, pela primeira vez, nas margens do caminho, a gavinha em flor. As corriolas róseas delicadamente rajadas de branco me impressionaram bastante. Minha mãe me abria instintivamente e de modo singelo o mundo do belo associando-me, desde a idade mais tenra, a todas essas impressões. Assim, quando havia uma bela nuvem, um amplo efeito do sol, uma água clara e corrente, ela me fazia prestar atenção dizendo-me: "Veja que lindo, olhe". E imediatamente esses elementos, que talvez eu não notasse por mim mesma, revelavam-me sua beleza, como se minha mãe tivesse empregado uma chave mágica para abrir meu espírito ao sentimento inculto mais profundo que ela própria possuía em relação àquilo tudo. Lembro que nossa companheira de viagem não compreendia nada daquela pura admiração que minha mãe compartilhava comigo e, amiúde, ela dizia: "Oh, meu Deus, madame Dupin, como a senhora tem conversas engraçadas com sua menina!" E contudo não me recordo que minha mãe tivesse construído sequer *uma frase de efeito*. Acho que ela não se permitia tal coisa, pois se ela sabia escrever naquela época era com muito esforço, e para ela a ortografia era uma coisa tola e inútil. Ela falava simplesmente, como os pássaros cantam sem nunca terem aprendido a cantar. Era dona de uma voz doce e de pronúncia clara. Poucas palavras suas eram suficientes para me encantar ou me persuadir.

Como ela tinha sérios problemas de memória e nunca conseguiu encadear dois fatos em sua mente, fazia de tudo para que esse mal não se manifestasse em mim, que, em muitos aspectos, era hereditário. Tanto que me dizia a cada instante: "É preciso que você se lembre de tudo o que vê por aqui", e, cada vez que ela tomava essa precaução, de fato causava um efeito positivo em minha prática de recordar. Dessa forma, ao ver as corriolas em flor, ela me dizia: "Sinta o seu aroma, como exalam o perfume do bom mel; e não deixe de se lembrar desse perfume!". Essa é, portanto, a primeira revelação do olfato de que me recordo, e por um encadeamento de lembranças e de sensações que todo mundo conhece, sem conseguir explicá-lo, sempre que aspiro as flores de corriolas vejo aquela paisagem das montanhas espanholas e a margem do caminho onde colhi essas flores pela primeira vez.

Mas onde fica esse lugar? Deus o sabe! Eu o reconheceria ao vê-lo. Creio que era para os lados de Pancorbo.

Outra circunstância da qual nunca me esquecerei, e que teria impressionado qualquer outra criança, é a seguinte: estávamos em um lugar bem plano, não muito longe das casas da região. A noite estava clara, porém árvores enormes bordejavam a rota e ali nos envolviam, de vez em quando, em uma tremenda escuridão. Eu estava no banco dianteiro da carruagem com o cocheirinho. O cocheiro ralentou a marcha dos seus cavalos, virou-se e gritou: "Diga a essas damas para não terem medo; meus cavalos são muito bons". Minha mãe nem precisava que aquelas palavras lhe chegassem aos ouvidos; mas ouviu nitidamente, e, inclinada na portinhola, viu três figuras tão bem quanto as vi, duas em um lado da rota, e outra bem à nossa frente, a cerca de dez passos de nós. Pareciam personagens pequenas e mantinham-se imóveis. "São ladrões", gritou minha mãe, "cocheiro, não avance, volte, volte! Vejo seus fuzis."

O cocheiro, que era francês, pôs-se a rir, pois aquela visão dos fuzis lhe provava bem que minha mãe não fazia a menor ideia de quem eram os inimigos com os quais tínhamos que tratar. Ele julgou mais prudente não

História da minha vida

revelar a ela qual a real natureza de sua visão, chicoteou seus cavalos e passou decidido a trotes largos diante das três fleumáticas personagens, que não se incomodaram nem um pouco com nossa passagem e que vi distintamente, mas sem conseguir dizer quem eram de fato. Minha mãe, que os enxergou pelas lentes do seu pavor, pensou distinguir chapéus pontudos, e julgou que fossem de alguma categoria de militares. Mas quando os cavalos, por sua vez excitados e assustadíssimos, já haviam percorrido em velocidade um bom trecho, o cocheiro colocou-os a passo, e desceu para falar com suas passageiras. "Pois então, madames", disse-lhes, sem parar de rir da situação, "Viram seus fuzis? De fato eles tinham alguma má intenção, pois ficaram de pé e atentos quando nos viram. Mas eu tinha certeza de que meus cavalos não fariam nenhuma besteira. Se eles tivessem tombado nossa caleche naquele ponto, não teria sido um bom negócio para nós"; "Mas, afinal", perguntou minha mãe, "quem eram aquelas figuras então?"; "Eram três enormes ursos da montanha, com o devido respeito, minha cara dama".

Minha mãe teve mais medo que nunca, suplicou ao postilhão que montasse novamente e nos conduzisse a rédeas soltas até a pousada mais próxima; mas aquele homem aparentemente era habituado a tais encontros, que hoje em dia seriam, sem dúvida, bem raros em plena primavera em vias de tráfego intenso. Ele nos disse que aqueles animais só eram perigosos caso o carro virasse, e nos conduziu à posta sem novos incidentes.

Quanto a mim, não tive receio algum, conhecia muitos ursos de brinquedo que guardava em minha caixa de Nuremberg. Eu lhes havia feito devorar certas personagens maléficas em meus romances improvisados, mas em meio às aventuras eles jamais ousaram atacar minha querida princesa, com a qual certamente me identificava sem me dar conta.

Ninguém esperava, sem dúvida, que eu colocasse ordem nas lembranças que datam de tempo tão distante. Elas se apresentam aos pedaços, de maneira descontínua, em minha memória, e por certo não seria minha mãe quem poderia me ajudar a encadeá-las, porque suas lembranças eram mais esparsas que as minhas. Contarei apenas, na ordem em que elas chegarem a mim, as principais circunstâncias que me marcaram.

Minha mãe teve outro susto bem mais infundado em uma estalagem que apresentava, no entanto, um excelente aspecto. Recordo-me dessa pousada porque ali notei, pela primeira vez, lindas esteiras de palha com nuances de diversas cores, que substituem os tapetes dos povos meridionais. Estava exausta, viajáramos em um calor sufocante, e minha primeira atitude foi desabar na esteira ao entrar no quarto oferecido a nós. Provavelmente já havíamos dormido em pousadas menos confortáveis naquelas terras de Espanha arruinada pela insurreição, pois minha mãe exclamou: "Até que enfim! Eis quartos mais apropriados, e espero que consigamos dormir". Mas ao cabo de alguns instantes, ao sair para o corredor, deu um berro enorme e retornou ao quarto precipitadamente. Ela tinha visto uma extensa mancha de sangue no chão, e isso foi o bastante para fazer-lhe crer que se encontrava em um covil de criminosos.

Madame Fontanier (eis que me volta à mente o nome de nossa companheira de viagem) divertiu-se às suas custas, mas nada pôde fazê-la deitar-se sem antes examinar furtivamente a casa. Minha mãe era de uma covardia muito peculiar. Sua imaginação bastante intensa infundia-lhe, a todo momento, a ideia de perigos extremos; mas, ao mesmo tempo, sua natureza ativa e sua notável presença de espírito inspiravam-lhe a coragem de reagir, de examinar, de ver de perto qualquer coisa que lhe havia causado pavor, a fim de enfrentar o perigo, o que ela fazia com muita agilidade, não tenho dúvida disso. Enfim, ela era dessas mulheres que, tendo sempre medo de algo porque temem a morte, jamais perdem a cabeça em desespero, pois possuem, por assim dizer, o instinto de conservação.

Ei-la então munida de um archote, e convida madame Fontanier à investigação; esta, que não era tão medrosa, mas também não tão corajosa, não demonstrou nenhum interesse pela empreitada. Senti-me tomada por um enorme instinto de coragem que, na verdade, não significava muito, já que não compreendia qual o motivo do medo de minha mãe; mas enfim, vendo-a lançar-se completamente sozinha em uma expedição que fora recusada por sua companheira, agarrei-me resolutamente à sua anágua, e o cocheiro, um rapazinho travesso bem esperto, que não temia nada, caçoando de tudo e de todos, seguiu-nos com outro archote. Desse modo, nos lançamos à investigação na ponta dos pés, para não despertar desconfiança no dono da estalagem, o qual podíamos ouvir entre risos e conversas na cozinha. Minha mãe nos mostrou, com efeito, a mancha de sangue perto de uma porta

História da minha vida

na qual ela encostou seu ouvido, e sua imaginação estava tão excitada, que acreditou ouvir gemidos. "Tenho certeza", cochichou ao cocheiro, "de que há aqui algum infeliz soldado francês degolado por esses perversos espanhóis". E, com a mão trêmula mas decidida, abriu a porta e encontrou-se na presença de três cadáveres enormes... de porcos assassinados havia pouco tempo para a provisão da casa e consumo dos viajantes.

Minha mãe se pôs a rir e retornou da investigação, encontrando-se com madame Fontanier no quarto, com quem não deixou de ridicularizar e zombar do seu próprio pavor exagerado. Quanto a mim, fiquei completamente chocada e cheia de medo ao ter visto aqueles porcos sangrando com seus corpos abertos, tão sordidamente pendurados por ganchos presos à parede, com seus focinhos quase roçando o chão; aquela cena era mais assustadora do que tudo que eu podia imaginar.

Contudo, tal visão não me legou uma ideia muito nítida da morte, e foi necessário outro espetáculo para que eu pudesse compreendê-la. Já havia matado muitas pessoas em meus romances entre quatro cadeiras e em meus jogos militares com Clotilde. Tinha ciência da palavra, mas não do objeto que ela representava em toda sua concretude; havia me feito de morta no campo de batalha com minhas companheiras amazonas em nossas brincadeiras, e não sentira nenhum desprazer ao deitar no chão e fechar os olhos durante alguns instantes. Mas finalmente conheci com todas as cores o que era a morte em uma outra hospedaria, onde me deram de presente um pombo vivo, que foi escolhido entre quatro ou cinco que estavam destinados à nossa refeição; pois, na Espanha, o pombo era, da mesma forma que o porco, a base da alimentação dos viajantes, e, naquele tempo de guerra e miséria, era um verdadeiro luxo encontrar tais víveres à vontade. Aquele pombo me causou arrebatamentos de alegria e de ternura; nunca havia ganhado brinquedo tão lindo, ainda mais um brinquedo vivo, que tesouro! Porém, ele logo me provou que um ser vivo é um brinquedinho bastante incômodo, pois queria fugir toda hora, e tão logo lhe deixava em liberdade por alguns instantes, escapava e tinha que persegui-lo por todo o quarto. Ele era insensível aos meus beijos e, por mais que eu o chamasse pelos nomes mais carinhosos que conhecia, nem dava bola para mim. Enjoei daquele brinquedinho e perguntei onde colocavam os outros pombos. O cocheiro me informou que logo iriam matá-los. "Tudo bem", disse, resolvida, "quero que matem o meu também." Minha mãe quis me dissuadir daquela ideia cruel, mas estava tão obstinada em meu propósito que insisti até chegar aos prantos e berros, o que lhe deixou extremamente impressionada. "É claro", comentou à madame Fontanier, "que essa menina não faz nenhuma ideia do que está pedindo. Ela pensa que morrer é a mesma coisa que dormir". Então minha mãe me pegou pela mão e me levou à cozinha junto com meu pombo; lá degolavam seus irmãos. Não me recordo como os prendiam ali, mas vi toda a agitação dos pássaros que morriam violentamente até a convulsão final. Soltei gritos lancinantes, e, achando que meu pássaro, pelo qual agora tinha profundo carinho, sofrera o mesmo destino, verti torrentes de lágrimas. Minha mãe, que o trazia escondido em seus braços, me mostrou que estava vivo, e isso foi para mim uma extrema alegria. Mas quando no jantar nos serviram os cadáveres dos outros pombos, e me disseram que eram as mesmas criaturas que havia visto tão belas em suas plumas reluzentes e com seus olhares tão meigos, tive horror daquela comida e não quis nem tocar na refeição.

À medida que avançávamos em nosso trajeto, mais o espetáculo da guerra se mostrava em seu aspecto terrível. Passamos a noite em um vilarejo que fora queimado na véspera, e na hospedaria não restava nada além de uma sala com um banco e uma mesa. Para comer, havia apenas cebolas cruas, com o que me contentei, mas nem minha mãe nem sua companheira conseguiram decidir-se a tocá-las. As duas não ousavam viajar de noite. Passaram a noite toda sem fechar os olhos, e eu dormi sobre a mesa, na qual prepararam uma cama realmente muito agradável com as almofadas da caleche.

Para mim é impossível dizer com exatidão em qual momento da guerra da Espanha nos encontrávamos. Nunca procurei sabê-lo na época em que meus pais tinham condições de colocar ordem em minhas lembranças, e não tive mais ninguém nesse mundo que pudesse me ajudar nisso. Acho que partimos de Paris em abril de 1808, e o terrível acontecimento de 2 de maio[9] eclodiu em Madri enquanto atravessávamos a Espanha para che-

---

9 Oprimido pela presença das tropas francesas em território espanhol, indignado com a perda da sua autonomia e da sua dignidade, o povo de Madri insurgiu-se contra Napoleão no dia 2 de maio de 1808, munido de facas, punhais, tesouras, paus etc. contra um exército francês. Tal revolta espalhou-se por toda a Espanha

História da minha vida

garmos até aquela capital. Meu pai chegara a Bayonne em 27 de fevereiro. Em 18 de março escrevera algumas linhas à minha mãe nas proximidades de Madri; isso foi por volta daquela época em que vi o imperador em Paris, quando retornou de Veneza e antes de sua partida para Bayonne; pois quando o vi, o sol baixava e batia em cheio em meus olhos, e voltamos para nossa casa para o jantar. Quando deixamos Paris, não fazia calor; porém mal chegamos à Espanha e o calor quase nos matou. Se estivesse em Madri durante o acontecimento do 2 de maio, semelhante catástrofe sem dúvida teria me impressionado bastante, já que me lembro de circunstâncias bem menores e menos tensas.

Uma delas, que se fixou com quase total exatidão em minha memória, foi o encontro que tivemos em Burgos, ou em Vitória, com uma rainha que não poderia ser outra a não ser Maria Luísa, a rainha de Etrúria. Ora, sabe--se que a partida dessa princesa foi a primeira causa do movimento de 2 de maio em Madri. É provável que a tenhamos encontrado poucos dias depois do evento, quando ela se dirigia a Bayonne, onde o rei Carlos IV chamou-a com a finalidade de reunir toda sua família sob a guarda da águia imperial.

Como esse encontro me impressionou bastante, posso contá-lo com alguns detalhes. Não saberia dizer em que lugar ocorreu, senão que foi em um tipo de vilarejo em que tínhamos parado para fazer nossa refeição. Havia na estalagem uma estação de muda de cavalos e, no fundo do pátio, um jardim extremamente grande onde vi girassóis que me recordavam aqueles de Chaillot. Pela primeira vez, vi colherem as sementes dessa planta, e me disseram que eram boas para se comer. Havia em um canto desse mesmo pátio um pássaro, uma pega presa na gaiola, e essa pega falava, o que foi para mim outra surpresa. Ela dizia em espanhol alguma coisa que provavelmente significava *morte aos franceses*, ou talvez *morte a Godoy*.[10] Só entendia com clareza a primeira palavra, que ela repetia com afetação e com um acento realmente

---

e, em seguida, por Portugal, dando início à Guerra de Independência Espanhola ou Guerra Peninsular. (N.T.)

10 Primeiro-ministro espanhol que, em manobra política malsucedida, foi um dos principais responsáveis pela dominação francesa em região espanhola. Foram os abusos dessa dominação que provocaram o levante popular de 2 de maio de 1808, em Madri, já exposto em nota anterior. (N.T.)

diabólico, *Muera, muera* (Morra, morra)... E o cocheiro de madame Fontanier me explicou que ela estava com raiva de mim e desejava minha morte. Estava tão admirada por ouvir um pássaro falar, que meus contos de fadas me pareceram mais reais do que talvez eu acreditasse até então que fossem. Não fazia a menor ideia de como se dava aquela fala mecânica cujo sentido o pobre pássaro não sabia: já que a pega falava, devia pensar e raciocinar, segundo minhas conjecturas, e tive muito medo daquela espécie de gênio maléfico que bicava as grades de sua gaiola, repetindo sempre: *Muera, muera!*

Capítulo 13
A rainha da Etrúria. — Madri. — O palácio de Godoy.
— O coelho branco. — Os joguetes dos Infantes.
— O príncipe Fanfarinet. — Passo a ser ajudante do
acampamento de Murat. — Sua doença. — A cria da corça.
— Weber. — Primeira solidão. — Os mamelucos. — *As orblutes.*
— O eco. — Nascimento do meu irmão. — Percebem que ele
é cego. — Vamos embora de Madri.

[*Neste capítulo, a autora dedica-se à sua estada na Espanha, quando tinha apenas quatro anos de idade. Sua mãe, Sophie, estava grávida novamente. Suas observações de criança ante os acontecimentos de guerra ao redor são interessantes. Ela começa contando uma cena em que a rainha da Etrúria em fuga, sob a proteção de Napoleão, foi identificada por habitantes da aldeia, antes de partir para Bayonne, no sudoeste da França. A criança vê a rainha muito assustada sair de uma carruagem e se encanta com o fato, sem compreender direito o que ocorria. Reis e rainhas faziam parte, até então, apenas de seu repertório de romances encantados. Essa rainha era Maria-Luísa de Bourbon, 1782-1824. Filha de Carlos IV, rei da Espanha, e de Maria Luísa de Parma, princesa de Parma; depois, rainha da Espanha. Tratava-se, portanto, do período em que Bonaparte dissolvia o reino da Etrúria para torná-lo anexado ao Império Francês (1807), fazendo Maria Luísa refugiar-se em Madri para seguir rumo à França, mesmo contra a resistência do povo espanhol que se via abandonado por seus soberanos. Maurice integrava esse exército do general Murat, quando Madri foi ocupada pelas tropas, em 23 de março. Sophie e a filha (Sand) estavam com ele ocupando um dos andares do palácio junto ao general Murat. As instalações eram "tal como nos contos de fadas". Havia animais que circulavam no palácio sem que ninguém*]

História da minha vida

os notasse, entre eles um esperto coelho branco. Havia também brinquedos para manusear. Essa estadia em Madri durou dois meses, tempo suficiente para o nascimento de mais um filho do casal Sophie e Maurice nos aposentos do palácio espanhol. Duas semanas depois, quando a mãe ainda amamentava o bebê, tiveram de retornar à França, atravessando a Espanha conflagrada.]

Capítulo 14

Última carta do meu pai. – Lembranças de um bombardeio
e de um campo de batalha. – Miséria e doença. – A sopa à luz de
vela. – Embarque e naufrágio. – *Leopardo*. – Chegada
a Nohant. – Minha avó. – Hippolyte. – Deschartres. – Morte
do meu irmão. – A velha pereira. – Morte do meu pai.
– O fantasma. – Ursula. – Uma questão de honra.
– Primeira noção da riqueza e da pobreza. – Retrato
de minha mãe.

CARTA DO MEU PAI À SUA MÃE

Madri, 12 de junho de 1808

Depois de longos sofrimentos, Sophie deu à luz, essa manhã, um menino robusto que assobia como um papagaio. A mãe e a criança comportam-se às mil maravilhas. Antes do fim do mês o príncipe parte para a França; o médico do imperador, que tem cuidado de Sophie, diz que ela estará em condições de viajar com seu filho daqui a doze dias. Aurore se comporta muito bem. Porei todos numa caleche que acabei de adquirir para esse fim, e pegaremos a estrada para Nohant, onde calculo chegar por volta de 20 de julho, e permanecer o maior tempo possível. Só essa ideia, querida mãe, já me enche de alegria. Eu me alimento da esperança certa de nosso reencontro, do encanto de nosso lar, sem problemas, sem inquietações, sem penosas distrações! Faz tanto tempo que desejo essa felicidade completa!

O príncipe me disse ontem que iria passar algum tempo em Barèges antes de tomar seu destino. De minha parte, seguirei a rédeas soltas até as águas de Nohant, as quais faremos experimentar antecipadamente o milagre das bodas de Caná. Acho que Deschartres se encarregará voluntariamente desse prodígio.

George Sand

Reservo o batismo do meu recém-nascido para as festas de Nohant. Bela ocasião para soar os sinos e fazer a cidade dançar! O administrador municipal registrará meu filho como francês, pois não quero que mais tarde ele tenha problemas com os notários e com os padres castelhanos.

Não posso conceber que minhas duas últimas cartas tenham sido interceptadas. Elas tinham bobagens que causariam benevolência nos mais rígidos censores. Nelas eu fazia a você a descrição de um sabre africano que comprei. Continha duas páginas de explicações e citações. Você verá essa maravilha, assim como o indomável *Leopardo da Andaluzia*, que implorarei a Deschartres para cavalgá-lo um pouco, mas só depois de solicitar todos os colchões de sua comuna para guarnecer o picadeiro que ele escolher. Adeus, minha querida mãe, informarei a você o dia de minha partida e o de minha chegada. Espero que seja ainda antes do que suponho. Sophie está tão ansiosa quanto eu para abraçá-la. Aurore quer partir agora mesmo, e assim que for possível já estaremos a caminho.

———

Essa carta tão jovial, tão plena de contentamento e de esperança, é a última que minha avó recebeu de seu filho. Ver-se-á logo a qual terrível catástrofe chegariam todos esses planos de felicidade, e quão poucos dias restavam ao meu pobre pai para saborear aquela reunião tão sonhada com seus entes queridos que lhe custou tão caro. Compreender-se-á, pela natureza dessa catástrofe, o que há de fatal e de espantoso nos comentários divertidos dessa carta a propósito do *indomável Leopardo da Andaluzia*. Fernando VII, o príncipe das Astúrias, então cheio de prevenções contra Murat e seus oficiais, foi quem deu esse terrível cavalo ao meu pai, depois de uma missão que este havia cumprido com ele, eu acho, em Aranjuez. Esse foi um presente funesto por causa do qual minha mãe, por uma espécie de fatalismo ou de pressentimento, ficou desconfiada e apavorada sem poder convencer meu pai a desfazer-se dele o mais rápido possível; se bem que meu pai confessou que aquele era o único cavalo que ele não podia montar sem experimentar certa emoção. Isso era para ele uma razão a mais para querer domá-lo, e tinha prazer em dominá-lo. No entanto, um dia desabafou: "Não tenho medo dele, mas eu o monto mal, porque desconfio dele, e ele sente isso".

História da minha vida

Minha mãe estava convencida de que Fernando dera aquele cavalo ao meu pai com a esperança de que o animal o matasse. Ela sustentava também que, por ódio contra os franceses, o cirurgião de Madri, que fez seu parto, havia furado os olhos do seu filho. Ela imaginava ter visto, durante o esgotamento que se seguiu logo após o clímax do seu sofrimento, o cirurgião pressionar seus dois polegares nos dois olhos do recém-nascido, e que ele teria dito entre os dentes: *Esse não verá o sol de Espanha.*

É possível que tenha sido uma alucinação de minha pobre mãe, e, contudo, no ponto em que as coisas estavam naquela época, é igualmente possível que o fato tenha ocorrido, como ela acreditou ter visto, em um momento rápido em que o cirurgião encontrava-se sozinho com ela no aposento e estava convicto de que ela permanecia inconsciente e incapaz de conseguir vê-lo e ouvi-lo; mas reparem bem que não tomo sob minha responsabilidade essa terrível acusação.

Vimos na carta do meu pai que ele não se apercebeu de imediato da cegueira do seu filho, e lembro-me de ter ouvido Deschartres constatá-la em Nohant sem a presença dele e de minha mãe. Temiam ainda naquele momento tirar-lhes uma fraca e última esperança de cura.

Foi na primeira quinzena de julho que partimos. Murat tomaria posse do trono de Nápoles. Meu pai havia conseguido uma licença. Ignoro se ele acompanhou Murat até a fronteira e se viajamos com ele. Recordo-me de que estávamos na caleche e acho que seguíamos as equipagens de Murat, mas não tenho nenhuma lembrança do meu pai até Bayonne.

Do que me recordo bem é do estado de sofrimento, de sede, de calor abrasador e da febre que experimentei ao longo de toda essa viagem. Avançávamos muito lentamente através das colunas da armada. Acho que agora me lembro que meu pai devia estar conosco, porque, como seguíamos um caminho estreitíssimo por entre as montanhas, vimos uma enorme serpente que o atravessava quase de um lado a outro, formando uma linha negra. Meu pai fez nossa caleche parar, correu até ela e cortou-a em dois pedaços com seu sabre. Minha mãe tentara, em vão, detê-lo; era medrosa, como de costume.

No entanto, outra circunstância me leva a pensar que ele estava conosco apenas de vez em quando, e que se juntava a Murat de tempos em tempos. Essa circunstância é muito marcante para estar gravada em minha memória;

mas, como a febre me levava a um entorpecimento quase contínuo, tal recordação está isolada de tudo o que poderia me fazer dar precisão ao acontecimento do qual fui testemunha. Estando em um fim de tarde à janela com minha mãe, vimos o céu, ainda iluminado pelo pôr do sol, ser atravessado por um fogo cruzado, e minha mãe me disse: "Olhe, veja, é uma batalha, e o seu pai talvez esteja ali".

Eu não fazia a mínima ideia do que era uma batalha de verdade. O que eu via me representava um imenso fogo de artifício, algo alegre e triunfal, uma festa ou um torneio. O estrondo do canhão e os enormes arcos de fogo me causavam regozijo. Assistia àquilo como a um espetáculo, saboreando uma maçã verde. Não entendi o que minha mãe disse naquele momento: "As crianças são felizes por não compreenderem nada!" Como não lembro qual caminho fomos obrigados a seguir por causa daquelas operações de guerra, não saberia dizer se aquela batalha foi a de Medina del Rio-Seco ou um episódio menos importante da bela campanha do marechal Jean-Baptiste Bessières. Meu pai, grudado à pessoa de Murat, não era obrigado a entrar em combate no campo de batalha, e provavelmente não estava lá. Mas minha mãe imaginava, sem dúvida, que ele poderia ter sido enviado em missão.

Quer tenha sido o combate de Rio-Seco, ou a tomada de Torquemada, o que é incontestável é que nossa condução foi requisitada para carregar feridos ou pessoas com mais necessidades que nós, e continuamos uma parte do caminho em uma charrete cheia de bagagens, vivandeiros e soldados bastante feridos. Tenho certeza também de que viajamos rente ao campo de batalha no dia seguinte ou dois dias depois, e vi uma vasta planície coberta de destroços informes muito semelhantes, em grande escala, à carnificina de bonecas, de cavalos e de carroças que Clotilde e eu produzíamos em Chaillot e na casa da rua Grange-Batelière. Minha mãe cobria o rosto e o ar estava infectado. Não passamos muito perto daqueles escombros sinistros para que eu pudesse me dar conta do que era aquilo tudo, e perguntei por que haviam espalhado por ali tantos farrapos. Finalmente a roda chocou-se com alguma coisa que se quebrou com um estranho estalo. Minha mãe me segurou no fundo da charrete para me impedir de olhar; era um cadáver. Em seguida vi muitos outros espalhados pelo caminho, mas eu estava tão doente que não me lembro de ter ficado fortemente impressionada por esses horríveis espetáculos.

História da minha vida

[...]

Em alguns dias, nossa sorte havia mudado bastante. Não estávamos mais no palácio de Madri, em camas douradas, com tapetes do Oriente e cortinas de seda; agora nos encontrávamos em charretes imundas, aldeias incendiadas, cidades bombardeadas, trajetos cobertos de mortos, fossos onde procurávamos uma gota de água para estancar uma sede violenta e onde víamos, de repente, boiar coágulos de sangue. Havia sobretudo a fome horrível e uma escassez cada vez mais ameaçadora. Minha mãe suportava tudo aquilo com uma coragem incrível, mas não conseguia vencer o asco que lhe inspiravam as cebolas cruas, os limões verdes e as sementes de girassol, com os quais me contentava sem repugnância: aliás, que alimentos para uma mulher que amamentava seu recém-nascido!

Atravessamos um acampamento francês, não sei onde, e, na entrada de uma tenda, vimos um grupo de soldados que tomavam sopa com enorme apetite; minha mãe me pôs no meio deles implorando para que deixassem me alimentar de sua gamela. Aqueles corajosos soldados me olharam e prontamente me deram de comer à vontade, em meio a sorrisos e com um ar enternecido. A sopa me parecia excelente, e quando já a havia saboreado pela metade, um soldado dirigiu-se à minha mãe com alguma hesitação: "Nós a convidaríamos a comer também, mas talvez a senhora não consiga, porque o gosto é um pouco forte". Minha mãe se aproximou e olhou a gamela. Havia pão e um caldo bastante gorduroso, e alguns pavios enegrecidos boiavam; era uma sopa feita com pedaços de vela.

Lembro-me de Burgos e de um município (esse ou outro) onde as aventuras de *Cid* estavam pintadas em afresco nos muros. Lembro-me também de uma magnífica catedral onde os homens do povo apoiavam um dos joelhos no chão para rezar, tinham o chapéu no outro joelho, e sob eles, no chão, um pequeno capacho redondo. Finalmente, lembro-me de Victorie e de uma criada cujos longos cabelos negros inundados de piolhos ondulavam sobre suas costas. Tive um ou dois dias de conforto e bem-estar na fronteira da Espanha, o tempo havia refrescado, a febre e a miséria tinham passado. Meu pai decididamente estava conosco. Havíamos retomado posse de nossa caleche para continuar o resto da viagem, e agora encontrávamos estalagens limpas providas de camas e de todos os tipos de alimentos dos quais evidentemente fomos privados por muito tempo, pois me pareceram absolutas novidades, especialmente os bolos e queijos. Minha mãe me deu banho em Fontarabie, e experimentei uma satisfação extrema depois desse banho. Ela me cuidava ao seu modo, e, depois do banho, me besuntava de enxofre da cabeça aos pés, em seguida me fazia engolir bolinhas de enxofre passadas na manteiga e no açúcar. Fiquei impregnada desse gosto e desse odor durante dois meses, o que me provocou uma imensa repugnância por tudo o que me fazia lembrar dessa substância.

Ao que parece, encontramos pessoas conhecidas na fronteira, pois me recordo de um grande banquete e da polidez que me aborreciam muito; eu havia recobrado minhas faculdades e minha capacidade de apreciar objetos exteriores. Não sei que ideia passou pela cabeça de minha mãe para querer regressar a Bordeaux pelo mar. Quem sabe estivesse destruída pelo cansaço provocado pelos solavancos das carroças, talvez imaginasse, dando atenção ao seu instinto médico que ela sempre levava em consideração, que o ar marinho poderia livrar seus filhos e ela própria do veneno da pobre Espanha. Aparentemente o tempo estava bom e o oceano tranquilo, pois seria uma nova imprudência arriscar-se em uma chalupa pela costa da Gasconha, através do golfo de Biscaia, de águas sempre tão agitadas. Seja qual tenha sido o motivo, uma chalupa coberta foi alugada, embarcaram a caleche, e partimos como que para desfrutar de um passeio delicioso. Não sei onde embarcamos nem quem eram as pessoas que nos acompanharam até a costa, tratando-nos muito bem. Deram-me um exuberante buquê de rosas, que guardei comigo durante todo o tempo de travessia para me preservar do fedor de enxofre.

Não sei quanto tempo levamos para contornar a costa; caí novamente em meu sono letárgico, e a travessia não me deixou outras lembranças a não ser a da partida e a da chegada. No momento em que nos aproximávamos de nosso destino, uma ventania nos afastou da praia, e vi o piloto e seus dois ajudantes tomados de grande ansiedade. Minha mãe voltou a ter medo, meu pai se pôs a fazer manobras com a embarcação; mas, como tínhamos por fim entrado no estuário de Gironda, batemos em algum recife, e a água começou a invadir o porão. Nós nos dirigíamos precipitadamente para a costa, no entanto, o porão continuava a encher de água e a chalupa afundava visivelmente. Minha mãe, levando seus filhos com ela, entrou na

História da minha vida

caleche; meu pai a tranquilizava dizendo-lhe que tínhamos tempo de aportar antes de naufragarmos. Contudo, a cobertura da chalupa começava a ficar encharcada, e ele tirou seu casaco e preparou um xale para proteger seus dois filhos que agora carregava amarrados em suas costas: "Fique tranquila", ele disse à minha mãe, "levo você em um dos meus braços e nado com o outro, e salvarei vocês três, fique tranquila".

Finalmente tocamos em terra firme, ou antes em uma imensa muralha de pedras secas situada acima de um hangar. Atrás desse hangar havia algumas casas, e no mesmo instante vários homens correram em nosso socorro. Àquela altura, a caleche já havia submerso com a chalupa, e uma escada foi jogada para nós muito oportunamente. Não tenho a mínima ideia do que fizeram para salvar a embarcação, mas com certeza levaram isso a cabo. Demorou algumas horas, durante as quais minha mãe não quis deixar o local; porque meu pai, depois de nos pôr em segurança, tornou a descer na chalupa primeiro para salvar nossas bagagens, em seguida a caleche e, por fim, a própria chalupa. Fiquei impressionada com sua coragem, com sua prontidão e força. Por mais experimentados que fossem os marinheiros e as pessoas do lugar, todos admiraram a destreza e a resolução do jovem oficial que, depois de salvar sua família, não quis abandonar seu chefe de embarcação antes de ter salvo seu barco; além de tudo, coordenava o pequeno salvamento com mais determinação que eles próprios. É verdade que havia feito seu aprendizado no acampamento de Bolonha; mas em tudo agia com sangue-frio e rara presença de espírito. Ele usava seu sabre como um machado ou como uma navalha para cortar e talhar, e tinha por esse sabre (provavelmente era o sabre africano do qual falou em sua última carta) uma adoração extraordinária; pois, no primeiro momento de incerteza em que nos encontrávamos, ao aportar, sem saber se a chalupa e a caleche afundariam de imediato ou se tínhamos tempo de salvar alguma coisa, minha mãe quis impedi-lo de descer e voltar para bordo dizendo-lhe: "Ei, deixe afundar tudo o que temos; é melhor que se arriscar a morrer afogado"; e ele respondeu: "Prefiro correr esse risco que abandonar meu sabre". Esse foi, de fato, o primeiro objeto retirado por ele. Minha mãe se dava por satisfeita por ter sua filha e seu filho em seus braços. De minha parte, salvei meu buquê de rosas com o mesmo amor que meu pai demonstrou ao salvar todos nós. Prestei muita atenção para não deixá-lo cair ao deixar a caleche ainda meio submersa e, ao subir a escada de salvamento; essa foi minha primeira ideia como foi a do meu pai em relação ao seu sabre.

Não me lembro de ter experimentado o menor medo em todos esses imprevistos. Há dois tipos de medo. Existe aquele que tem a ver com o temperamento, e outro que se manifesta pela imaginação. Jamais conheci o primeiro, minha natureza me proporcionou um sangue-frio semelhante ao do meu pai. O termo "sangue-frio" exprime positivamente a tranquilidade que nos mantém com uma disposição física da qual, por conseguinte, não podemos nos vangloriar. Quanto ao medo que resulta de uma excitação doentia da imaginação, e que se alimenta apenas de fantasmas, por esse fui molestada durante toda minha infância. Mas, quando a idade e o discernimento dissiparam essas quimeras, encontrei o equilíbrio de minhas faculdades e nunca mais conheci nenhuma espécie de medo.

Chegamos a Nohant nos últimos dias de agosto. Recaí em minha febre, e perdi a fome. A sarna fazia progressos, e a babá espanhola que tomáramos no caminho, e que se chamava Cecília, também começou a sentir os efeitos do contágio, e não me tocava sem expressar sua repugnância. Minha mãe já estava quase curada, porém meu pobre irmãozinho, cujas pústulas não apareciam mais, estava ainda mais doente e abatido que eu. Éramos duas massas inertes, ardendo em febre, e eu, tanto quanto ele, não tinha mais consciência do que se passara à minha volta desde o naufrágio de Gironda.

Retomei meus sentidos ao entrar no pátio de Nohant. Não era tão belo, certamente, quanto o palácio de Madri, mas me produziu o mesmo efeito, tanto quanto uma mansão é imponente para as crianças que cresceram em pequenos aposentos.

Não era a primeira vez que eu via minha avó, mas não me lembro dela antes desse dia. Ela me pareceu muito alta, embora sua estatura não medisse mais que cinco pés, e sua face branca e rosada, seu ar imponente, seu invariável traje composto de um vestido de seda parda de corte longo e mangas lisas, que ela não quis modificar conforme as exigências da moda do império, sua peruca loira e frisada em tufo sobre a fronte, sua toquinha redonda com uma roseta de renda no meio, faziam dela, para mim, um ser à parte, que não parecia com nada que eu já vira antes.

História da minha vida

Era a primeira vez que éramos recebidas em Nohant, minha mãe e eu. Depois que minha avó abraçou meu pai, quis abraçar também minha mãe; mas esta impediu-a dizendo-lhe: "Ah, minha querida mamãezinha, não toque nem em mim nem nessas pobres crianças. A senhora não sabe quais misérias suportamos, estamos todos doentes".

Meu pai, sempre otimista, pôs-se a rir e me colocou nos braços de minha avó: "Imagine", disse-lhe, "que essas crianças trazem uma pequena erupção de pústulas, e que Sophie, que tem uma imaginação muito impressionável, acha que elas têm sarna".

— Sarna ou não — disse minha avó, apertando-me contra o seu peito —, encarrego-me dessa aqui. Vejo bem que essas crianças estão doentes; as duas estão com muita febre. Minha filha, vá repousar agora mesmo com seu filho, pois você tem feito um esforço sobre-humano; eu, eu cuidarei da pequenina. É demais duas crianças nos braços no estado em que você se encontra.

Ela me levou ao seu quarto e, sem nenhuma aversão ao estado horrível em que me encontrava, essa mulher excelente, contudo tão delicada e tão requintada, deitou-me em sua cama. A cama e o quarto, ainda novos naquela época, tiveram sobre mim o efeito de um paraíso. As paredes eram forradas de telas persas com grandes ramagens; todos os móveis eram do tempo de Luís XV. A cama, em forma de coche fúnebre com enormes penachos nos quatro lados, tinha cortinas duplas e uma quantidade de lambrequins, travesseiros e enfeites cujo luxo e bom gosto me deixaram admirada. Não ousava me instalar em lugar tão belo, pois me dava conta do asco que devia inspirar, pois já lhe sentira a humilhação. Mas fizeram-me esquecê-la rapidamente pelos cuidados e afagos dos quais fui alvo. A primeira figura que vi, depois da minha avó, foi um garoto robusto de nove anos que entrou com um enorme buquê de flores e colocou-o próximo ao meu rosto com um ar amigável e divertido. Minha avó apresentou-nos: "Este é Hippolyte, abracem-se, minhas crianças". Nós nos abraçamos sem que nos pedissem duas vezes, e passei anos com ele sem saber que era meu irmão.

Meu pai tomou-o nos braços e levou-o até minha mãe, que o beijou, achando-o um garoto muito bonito, e disse-lhe: "Pois bem, ele é tão meu quanto Caroline é sua". E fomos criados juntos, ora sob seus cuidados, ora sob os cuidados da minha avó.

George Sand

Naquele mesmo dia também me apresentaram Deschartres pela primeira vez. Ele vestia calções curtos, meias brancas, polainas de nanquim, uma casaca cor de avelã, bem comprida e quadrada, e um boné. Veio examinar-me com ar bastante sério e, como era um extraordinário médico, não havia como não acreditar totalmente em seu diagnóstico quando declarou que eu estava com sarna. Porém, a doença havia perdido sua intensidade, e a febre voltara apenas por causa do excesso de fadiga. Recomendou a meus pais que escondessem que estávamos com sarna, a fim de não espalhar medo e consternação pela casa. Declarou, perante os empregados, que era uma pequena erupção cutânea sem importância, e que havia sido transmitida só a duas outras crianças, que, observadas e cuidadas a tempo, foram prontamente curadas sem nem saber que doença tinham.

Quanto a mim, ao fim de duas horas de repouso na cama da minha avó, naquele quarto fresco e arejado onde não escutava mais o irritante zumbido dos mosquitos da Espanha, me sentia tão bem que fui correr com Hippolyte no jardim. Recordo-me de que ele me levava pela mão com uma solicitude extrema, achando que a cada passo eu iria cair; senti-me um tanto quanto humilhada por ele achar que eu era tão menininha, e logo lhe mostrei que eu era uma moça bem decidida. Isso o deixou mais à vontade, e então me ensinou várias brincadeiras muito divertidas, entre outras, aquela de fazer o que ele chamava de torta de barro. Pegávamos areia fina ou terra, molhávamos com água, preparávamos aquela mistura e depois amassávamos em grandes placas de ardósia, dando a essa massa o formato de bolos. Escondido, ele levava tudo ao forno e, como já era bastante traquinas, deliciava-se com a raiva dos empregados que, ao vê-lo retirar os pães e folhados, lançavam injúrias de todos os tipos e jogavam fora nossos estranhos quitutes assados ao ponto.

Jamais fui maliciosa, pois, de minha natureza, não sou grande conhecedora de artimanhas. Mesmo sendo cheia de caprichos e arrogante, porque fora extremamente mimada por meu pai, não me dava conta de quando havia premeditação ou dissimulação nas ações dos outros. Hippolyte logo percebeu meu ponto fraco e, para castigar meus caprichos e meus acessos de ira, pôs-se a me atazanar com crueldade. Roubava minhas bonecas e as enterrava no jardim, depois colocava uma pequena cruz no local do enterro

História da minha vida

e me obrigava a desenterrá-las. Ele as pendurava nos galhos de cabeça para baixo e lhes fazia suportar mil suplícios que eu, ingenuamente, levava a sério e derramava copiosas lágrimas. Confesso que em muitas ocasiões eu o detestava; porém jamais fui capaz de guardar rancor, e quando ele me procurava para brincar, não sabia como resistir.

O imenso jardim e o ar excelente de Nohant logo me fizeram recuperar a saúde. Minha mãe continuava a me empanturrar de enxofre, e eu me submetia a esse tratamento porque acreditava nele piamente. O enxofre, porém, era odioso para mim, e pedia a ela para fechar meus olhos e apertar meu nariz para me fazer engoli-lo. Em seguida, para enganar o gosto que ficava na boca, procurava os alimentos mais ácidos possíveis, e minha mãe, dona de toda uma medicina instintiva ou presa a várias superstições, acreditava que as crianças descobrem sozinhas o que lhes convém. Vendo que eu vivia mordiscando frutas verdes, ela deixava limões à minha disposição, e eu era tão ávida por eles que os devorava com a casca e as sementes, como se fossem morangos. Minha fome imensa havia passado, e, durante cinco ou seis dias, alimentei-me exclusivamente de limões. Minha avó ficou espantada com esse estranho regime, mas dessa vez Deschartres, observando-me com atenção e vendo que eu estava cada vez melhor, imaginou que a natureza tinha me feito pressentir efetivamente o que deveria me salvar.

É certo que fiquei curada prontamente e nunca mais contraí qualquer outra doença. Não sei se a sarna é, com efeito, como nos diziam nossos soldados, uma garantia de saúde, mas é certo que em toda minha vida tratei tranquilamente de moléstias reputadas contagiosas e dos pobres sarnentos de quem ninguém ousava se aproximar sem que eu contraísse sequer uma pústula. Tenho a impressão de que poderia tratar impunemente de pestilentos, e acho que há males que vêm para o bem, moralmente pelo menos, pois jamais estive diante de misérias físicas sem que conseguisse superar em mim mesma a repugnância que em geral causam na maioria das pessoas. Contudo, a repugnância manifesta-se de forma violenta, e estive muitas vezes bem próximo de desmaiar ao ver feridas e operações repulsivas, mas nessas ocasiões sempre pensei em minha sarna e no primeiro beijo de minha avó, e certamente a vontade e a fé podem dominar os sentidos, por mais afetados que estejam.

Entretanto, enquanto eu me recuperava a olhos nus, meu pobre irmão-zinho Luís definhava rapidamente. A sarna havia desaparecido, mas a febre o corroía. Estava lívido, e seus olhinhos traziam uma expressão de tristeza indizível. Passei a amá-lo ao vê-lo sofrer. Até então não ligara muito para ele, mas quando estava no colo de minha mãe, tão lânguido e tão fraco que ela mal ousava tocá-lo, também fui tomada por enorme tristeza e compreendi vagamente suas aflições, coisa não muito comum de se ver em uma criança.

Minha mãe acusava-se do mau estado em que se encontrava seu bebê. Ela achava que seu leite estava envenenando seu filhinho, e se esforçava para recobrar sua própria saúde para dar-lhe de mamar. Passava o dia inteiro ao ar livre, com seu filho deitado à sombra junto com ela em almofadas e xales bem acomodados. Deschartres lhe aconselhara a fazer bastante exercício com a finalidade de abrir-lhe o apetite e pediu a ela que ingerisse bons alimentos para melhorar a qualidade do seu leite. Imediatamente ela começou a cultivar um pequeno jardim em um cantinho do imenso terreno de Nohant, ao pé de uma pereira robusta que existe ainda hoje. Essa árvore tem uma história tão esquisita que até parece um romance, e só vim a saber dela bem mais tarde.

Em 8 de setembro, uma sexta-feira, o pobre bebezinho cego, depois de ter gemido durante muito tempo no colo de minha mãe, ficou frio, e nada pôde reaquecê-lo. Ele não se mexia mais. Deschartres foi até minha mãe e tirou-o dos braços dela; estava morto. Triste e curta existência, da qual, graças a Deus, ele nem se deu conta.

No dia seguinte enterraram-no; minha mãe escondeu de mim suas lágrimas. Hippolyte ficou encarregado de me levar ao jardim e de permanecer comigo por lá o dia inteiro. Não sabia direito o que estava acontecendo e só de leve e de maneira incerta percebia o que se passava na casa. Tive a impressão de que meu pai ficara completamente arrasado; aquele filho, apesar da sua enfermidade, era tão querido a ele quanto os outros. Depois da meia--noite, minha mãe e meu pai se retiraram para o quarto, choraram juntos, e então passou-se entre eles uma cena estranhíssima que minha mãe contou--me em detalhes só vinte anos mais tarde. Eu testemunhara tudo, dormindo.

Em sua dor e com o espírito em frangalhos pelas considerações de minha avó, meu pai disse à minha mãe:

História da minha vida

— Essa viagem à Espanha foi bem funesta para nós, minha pobre Sophie. Enquanto você me escrevia para dizer que queria juntar-se a mim, e eu lhe suplicava para não fazer isso, você achou que havia nessa minha resposta uma prova de infidelidade ou de frieza de minha parte; e eu, eu estava com um forte pressentimento de alguma desgraça. O que poderia haver de mais temerário e de mais insensato que viajar assim, no último período da gravidez, passando por tantos perigos, privações, sofrimentos, horrores a todo instante? É um milagre que você tenha resistido; é um milagre que Aurore esteja viva. Nosso pobre menino talvez não ficasse cego se tivesse nascido em Paris. O médico que fez o parto em Madri me explicou que, pela posição da criança no ventre da mãe, com os dois punhos fechados e apoiados nos olhos, com uma demorada pressão que ele deve ter sofrido por sua própria posição na carroça, com sua filha frequentemente sentada em seu colo, necessariamente impediu o desenvolvimento do órgão da visão.

— Agora já é tarde para censurar-me — disse minha mãe. — Estou desesperada. Quanto ao cirurgião, é um mentiroso e um celerado. Estou convencida de que eu não sonhava quando o vi esmagar os olhos do meu filho.

Falaram por um bom tempo da infelicidade que se abatera sobre os dois e, pouco a pouco, levada pela insônia e pelas lágrimas, foi ficando cada vez mais exaltada. Ela não queria acreditar que seu filho estava morto vítima do depauperamento e da fadiga; ela julgava que ainda na véspera seu bebê estava em vias de restabelecer-se, e que fora surpreendido por uma convulsão nervosa. "E agora", disse ela aos soluços, "está embaixo da terra, a pobre criança! Que coisa terrível sepultar assim a quem amamos, e nos separarmos para sempre do corpo de um filho do qual instantes antes cuidávamos e acariciávamos com tanto amor, e que retiram de você, encerram-no em um caixão, jogam-no em um buraco, cobrem-no com terra, como se temessem que ele saísse dali! Ai, que horrível, eu não devia ter deixado que arrancassem meu filho de mim dessa forma; eu devia tê-lo guardado, devia tê-lo embalsamado!".

— E quando pensamos — disse meu pai — que muitas vezes enterram pessoas que não estão mortas! Ah, não há dúvidas de que essa maneira cristã de sepultar os cadáveres é o que há de mais selvagem no mundo.

— Os selvagens — disse minha mãe — são menos selvagens que nós. Você não me contou que deitam seus mortos em jiraus e os suspendem dessecados nos galhos das árvores? Gostaria muito mais de ver o berço do meu filhinho morto suspenso em uma árvore do jardim do que pensar que ele vai apodrecer embaixo da terra! Além disso — acrescentou ela, surpreendendo o pensamento que estava chegando ao meu pai —, e se ele não estava morto de fato? E se tomamos uma convulsão no lugar da agonia, e se o senhor Deschartres estava enganado, pois, enfim, ele tirou-o de mim, impediu-me de friccioná-lo e de reanimá-lo, dizendo que eu adiantaria a sua morte? Ele é tão rude, esse seu Deschartres! Ele me dá medo e não ouso opor resistência a ele! Mas talvez seja um ignorante que não sabe distinguir entre uma letargia e a morte. Estou tão atormentada que estou ficando louca, e daria tudo para rever meu filho morto ou vivo.

A princípio meu pai combateu essa ideia, mas pouco a pouco ela também apoderou-se dele e, olhando para o seu relógio, disse: "Não há tempo a perder, é preciso que eu vá buscar o menino; não faça barulho nem acorde ninguém, lhe garanto que em uma hora você o terá novamente".

Ele se levanta, veste-se, abre a porta com todo cuidado, pega uma enxada e corre para o cemitério, que fica encostado à nossa casa, separado dela apenas pelo muro do jardim; aproxima-se da terra recentemente remexida e começa a cavar. Estava escuro, e meu pai não tinha pego a lanterna. Não conseguia ver com muita clareza para distinguir o esquife que desenterrara, e foi só quando ele o descobriu completamente, admirado com a extensão do seu trabalho, que percebeu que era muito grande para ser o esquife do seu filho. Aquele caixão era de um homem da nossa aldeia que havia morrido poucos dias antes. Meu pai precisou então cavar ao lado, e ali, com efeito, encontrou o pequeno ataúde. Porém, ao trabalhar para retirá-lo, apoiou o pé com muita força no caixão do pobre camponês, e esse caixão, levado pelo oco mais profundo que meu pai tinha feito ao lado, ergueu-se diante dele, atingindo-lhe no ombro e fazendo-o cair na fossa. Depois ele contou à minha mãe que havia provado um instante de terror e de angústia inexprimíveis ao achar-se empurrado pelo morto, e por ter caído na terra sobre os restos mortais do seu filho. Ele era corajoso, de resto, e sabiam disso, e não cultivava nenhum tipo de superstição. Contudo, teve um impulso de

História da minha vida

terror, e um suor frio lhe veio à fronte. Oito dias depois viria a ser sepultado ao lado do camponês, na mesma terra que havia revolvido com tanto esforço para conseguir de volta o corpo do seu filho.

De pronto, recobrou seu sangue-frio, e consertou tão bem a desordem que ninguém jamais percebeu o que ele havia feito. Levou o pequeno ataúde à minha mãe e abriu-o com todo o cuidado. A pobre criança estava realmente morta, mas minha mãe prontificou-se, ela mesma, a dar-lhe um último banho. Tinham se aproveitado do seu abatimento imediato para impedi-la desse último gesto. Agora, exaltada e como que reanimada pelas suas lágrimas, ela ungiu de perfumes o pequeno cadáver, envolveu-o em seu mais belo linho e o colocou de novo em seu berço para dar a si mesma a dolorosa ilusão de observá-lo ainda dormindo.

Ela o manteve assim escondido e trancado em seu quarto durante todo o dia seguinte, mas à noite, ao ser dissipada toda vã esperança, meu pai escreveu com esmero o nome do filho e a data do seu nascimento e de sua morte em um papel que ele pôs entre dois vidros que fechou com lacres de cera.

Estranhas precauções tomadas com um aparente sangue-frio, sob o império de uma dor exaltada. Com a inscrição colocada no ataúde, minha mãe cobriu o filho de pétalas de rosas, e o esquife foi fechado novamente, levado ao jardim ao lugar que minha própria mãe cultivara, e enterrado ao pé da velha pereira.

No dia seguinte, minha mãe dedicou-se com ardor à jardinagem, e meu pai se pôs a ajudá-la. Espantaram-se ao vê-los empenhados nessa distração pueril, a despeito de sua tristeza. Só eles sabiam o segredo do amor que tinham por aquele pedaço de terra. Recordo-me de ter visto aquele chão sendo cultivado por eles durante os poucos dias antes do estranho incidente da morte do meu pai. Ali plantaram soberbas rainhas-margaridas, que floriram durante mais de um mês. Ao pé da pereira cresceu um montículo coberto de grama com um pequeno caminho em espiral para que eu pudesse subir e me sentar. Quantas vezes subi no morrinho para brincar e estudar sem me dar conta de que ali existia um túmulo! À sua volta havia belas alamedas sinuosas, bordejadas por grama, por canteiros de flores e bancos; era um jardim infantil, mas completo, e estava sendo criado ali, como que por magia, por meu pai, por minha mãe, por Hippolyte e por mim, que trabalhamos sem descanso durante cinco ou seis dias, os últimos da vida do meu pai, talvez os mais tranquilos e os mais sensíveis em sua melancolia. Recordo que ele transportava, sem parar, terra e grama em carrinhos de mão, e que, ao buscar essa carga, nos punha, Hippolyte e eu, no carrinho de mão, transbordando de satisfação ao olhar para nós e ao fingir que o carrinho iria tombar a qualquer momento, só para nos fazer gritar ou rir, conforme nosso humor do momento.

Quinze anos mais tarde meu marido fez uma reforma geral em nosso jardim. A essa altura, o jardinzinho de minha mãe já havia desaparecido há bastante tempo. Ele fora abandonado durante minha estada no convento, e ali plantaram figueiras. A pereira havia crescido demais, e, como avançara um pouco em uma alameda cujo alinhamento não era possível mudar, resolveram derrubá-la. Pedi que a poupassem. Abriram mais a alameda, e um canteiro de flores formou-se sobre a sepultura do meu irmãozinho. Quando a alameda foi terminada depois de um longo tempo, com ar misterioso o jardineiro disse um dia, ao meu marido e a mim, que tínhamos feito bem ao respeitar aquela pereira. Estava louco para falar e não se fez de rogado para nos contar o segredo que havia descoberto. Alguns anos antes, ao plantar suas figueiras, sua enxada bateu em um pequeno ataúde. Ele cavou mais, tirou-o da terra, examinou-o e abriu-o. Ali encontrou a ossada de um bebê. De início achou que algum infanticida escondera sua vítima naquele lugar, porém encontrou o cartão escrito pelo meu pai intacto entre os dois vidros, e havia nele o nome do pobrezinho Luís e as datas tão próximas de nascimento e morte. Ele, devoto e supersticioso que era, não entendeu que tipo de ideia extravagante teria levado alguém a retirar da terra sagrada o corpo do bebezinho que ele vira ser levado ao cemitério, mas, por fim, respeitou o segredo; limitou-se a contar à minha avó, e agora contava a nós para que disséssemos a ele o que deveria ser feito. Julgamos que não havia nada a fazer. Levar os ossos de volta ao cemitério, isso seria propalar um fato que nem todo mundo conseguiria compreender, e que, sob a restauração francesa, poderia ser explorado pelos padres contra minha família. Minha mãe estava viva, e seu segredo devia ser guardado e respeitado. Ela me contou o fato mais tarde, e ficou muito satisfeita quando soube que ninguém havia mexido na ossada.

História da minha vida

Meu irmãozinho continuou sob a pereira, e a árvore existe até hoje. É de uma beleza extraordinária, e na primavera abre um guarda-sol de flores rosadas sobre essa sepultura ignorada. Não vejo o menor inconveniente em falar disso hoje. As flores primaveris lhe proporcionam uma sombra menos sinistra que os ciprestes de túmulos. A relva e as flores são o verdadeiro mausoléu das crianças, e, quanto a mim, detesto os monumentos e inscrições: puxei isso de minha avó, que não quis saber de nada disso para o seu filho querido, dizendo, com toda a razão, que as grandes dores não podem ser expressas de modo algum, e que as árvores e as flores são os únicos ornamentos que não irritam o pensamento.

A mim resta agora contar coisas bem tristes, e algumas delas não me afetaram além da compreensão bastante limitada que uma criança pode ter com relação à dor; eu as vejo sempre tão presentes nas lembranças e nos pensamentos de minha família, que tenho sentido a repercussão disso por toda minha vida.

Quando o jardinzinho mortuário estava bem próximo de ser finalizado, meu pai, na antevéspera de sua morte, convenceu minha avó a derrubar os muros que cercavam o grande jardim, e desde quando ela consentiu nisso, ele se empenhou na obra à frente dos pedreiros. Eu ainda o vi no meio da poeira, com uma picareta de ferro nas mãos, derrubando os velhos muros que caíam quase por si sós com um estrondo que me deixava assustada.

Contudo, os pedreiros terminaram a obra sem ele. Na sexta-feira, 17 de setembro, ele montou seu terrível cavalo para fazer uma visita a nossos amigos de La Châtre. Jantou e passou a noite lá. Notaram algum esforço nele para mostrar-se alegre como de costume, e em alguns momentos, perceberam seu semblante sombrio e preocupado. A morte recente do seu filho permanecia em sua alma, e generosamente ele fazia o possível para não transmitir sua tristeza aos amigos. Estava na companhia dos mesmos amigos com os quais representara, sob o diretório, *Robert chef de brigands* (Roberto, líder de salteadores). Ele jantou com *monsieur* e madame Duvernet.

Minha mãe continuava sempre com ciúmes, sobretudo das pessoas que não conhecia, como é comum a esse estado doentio. Impaciente ao ver que meu pai não regressara no horário combinado como ele havia prometido, demonstrou ingenuamente sua aflição à minha avó. Ela já havia confessado essa fraqueza à minha avó e já haviam discutido sobre isso. Minha avó não conhecera as paixões, e as suspeitas de minha mãe lhe pareciam totalmente fora de propósito. No entanto, minha avó deve ter se mostrado um pouco indulgente com a situação, já que sustentara os ciúmes do amor materno; porém ela se dirigia à sua impetuosa nora em tom tão grave, que esta muitas vezes ficava apavorada. Minha avó chegava a ralhar com ela, sempre de maneira doce e comedida, mas com uma certa frieza que a humilhava e a diminuía sem curá-la.

Naquela noite ela conseguiu controlá-la completamente, advertindo-lhe que se ela atormentasse Maurice daquela maneira, ele se enjoaria dela, e então talvez buscasse fora do lar a felicidade que ela insistia em destruir. Minha mãe chorou e, depois de alguma revolta, submeteu-se aos conselhos de minha avó, prometendo ir deitar-se tranquilamente em vez de esperar seu marido no caminho; por fim, ainda prometeu não se render aos ciúmes, cônscia de que recentemente experimentara tremenda fadiga e tristeza. Ela ainda tinha bastante leite, e poderia, em meio a essas agitações morais, adoecer, sofrer acidentes que lhe privariam, de uma hora para a outra, da beleza e da aparência da juventude. Essa última consideração tocou-a mais que toda a filosofia despejada por minha avó, e cedeu, por fim, a esse argumento. Queria estar bonita para agradar ao marido. Deitou-se e dormiu como uma pessoa sensata. Pobre mulher, que pesadelos a aguardavam!

Todavia, perto da meia-noite, minha avó começou a ficar inquieta sem dizer nada a Deschartres, com quem prolongava sua partida de baralho a fim de abraçar seu filho antes de ir para a cama. Finalmente deu meia-noite, e ela já havia se retirado para o seu quarto, quando pareceu-lhe ouvir na casa uma agitação inusitada. No entanto, agiam com precaução, e Deschartres, chamado por Saint-Jean, saiu no maior silêncio possível; mas algumas portas abertas, um certo embaraço da camareira, que vira chamarem Deschartres sem saber do que se tratava, mas que, pela fisionomia de Saint-Jean, pressentira alguma coisa grave, e, mais que tudo isso, a inquietação que já tomava conta de minha avó, precipitaram seus temores. A noite estava sombria e chuvosa, e, como já disse, minha avó — embora dona de uma bela e vigorosa compleição física — nunca conseguiu andar depressa, seja por fraqueza natural das pernas, seja pelo sedentarismo excessivo adquirido no começo de sua

História da minha vida

educação. Quando passeava lentamente no seu jardim, ficava acabada pelo resto do dia. Apenas uma vez em sua vida ela pôs-se a caminhar com determinação para fazer uma surpresa ao seu filho em Passy, quando este sairia da prisão. Ela empreendeu uma caminhada decidida pela segunda vez em 17 de setembro de 1808. E foi para buscar esse mesmo filho morto a uma légua de sua casa, na entrada de La Châtre. Partiu sozinha, em chinelinhos de pelica, sem xale, do jeito que se encontrava naquele momento. Como havia passado algum tempo antes que ela percebesse a agitação na casa que lhe chamara atenção, Deschartres chegou antes dela. Ele já estava ao lado do corpo do meu pobre pai, e já havia constatado sua morte.

Eis como ocorreu o fatídico acidente:

Ao sair da cidade, cem passos depois da ponte que lhe assinala a entrada, a estrada forma uma esquina. Nesse local, junto ao 13º choupo, deixaram naquele dia uma pilha de pedras e entulhos. Meu pai começara a galopar logo depois de passar pela ponte. Ele montava o fatal *Leopardo*. Weber, seu cavalariço, o seguia dez passos atrás, também a cavalo. Na curva da estrada, o cavalo do meu pai chocou-se com a pilha de pedras na escuridão. Ele não caiu, mas, assustado e acirrado com certeza pela espora, empinou de modo tão violento, que o cavaleiro foi jogado para cima e caiu a dez pés (três metros) de distância. Weber ouviu apenas as seguintes palavras: *"Socorro, Weber!... vou morrer!"*. Weber encontrou seu patrão estendido de costas. Aparentemente não tinha nenhum ferimento; porém rompeu as vértebras cervicais, e não resistiu. Creio que levaram-no até a hospedaria mais próxima e que o socorro chegou prontamente da cidade enquanto Weber, tomado por um pânico inexprimível, disparou a galope para buscar Deschartres. Não havia mais tempo, meu pai não teve tempo de sofrer. Apenas deram conta da morte súbita e implacável que o levou no momento em que sua carreira militar finalmente se abria diante dele em esplendor e sem obstáculos, em que, depois de uma luta de oito anos, sua mãe, sua mulher e seus filhos enfim aceitavam-se uns aos outros e estavam todos reunidos sob o mesmo teto, e o embate terrível e doloroso de suas afeições cessaria, o que lhe permitiria ser feliz.

No lugar fatal, termo do seu galope desesperado, minha pobre avó caiu, como que sufocada, sobre o corpo do seu filho. Saint-Jean apressou-se em atrelar os cavalos à berlinda, e voltou para buscar Deschartres, o cadáver e minha avó, que não queria se separar do meu pai. Foi Deschartres quem me descreveu mais tarde essa noite de desespero, da qual minha avó nunca conseguiu falar. Disse a mim que tudo o que a alma humana pode sofrer sem se arrebentar, ele sofreu durante o trajeto em que a pobre mãe, desfalecida sobre o corpo do seu filho, emitia apenas um estertor semelhante ao da agonia.

Não sei quase nada do que se passou até o momento em que minha mãe ficou sabendo daquela terrível notícia. Eram seis horas da manhã e eu já estava de pé; minha mãe se vestira, estava com uma saia e uma camisola branca, e se penteava. Ainda posso vê-la no momento em que Deschartres entrou sem bater e trazendo um semblante tão pálido e tão transtornado que minha mãe compreendeu tudo imediatamente. "Maurice!", ela gritou, "Onde está Maurice?" Deschartres não chorava. Tinha os dentes cerrados e só conseguia pronunciar palavras entrecortadas: "Ele caiu... Não, não vá, fique aqui, pense em sua filha... Sim, é grave, muito grave...". E, por fim, fazendo um esforço que poderia parecer de uma crueldade brutal, mas que de fato nada tinha a ver com uma atitude planejada, ele disse a ela com um acento que jamais esquecerei em toda minha vida: *Ele está morto!*. Logo em seguida, tomado por uma espécie de riso convulsivo, sentou-se, e fundiu-se em lágrimas.

Vejo até agora cada lugar ocupado por nós no quarto quando recebemos a notícia. É o mesmo quarto que ainda ocupo e no qual escrevo a narrativa dessa história terrível. Minha mãe desabou sobre uma cadeira atrás da cama. Vejo sua figura lívida, seus cabelos negros compridos esparramados em seus seios, seus braços desnudos que cobri de beijos; ouço seus gritos dilacerantes. Ela estava surda aos meus e não sentia minhas carícias. Deschartres disse a ela: "Olhe agora essa criança e viva para ela".

Não sei mais o que se passou. Sem dúvida os gritos e as lágrimas dissiparam-se logo em mim. A infância não tem a força de perpetuar o sofrimento. O excesso da dor e do pavor me aniquilou e extirpou de mim a emoção do que se passava ao meu redor. Só recupero a lembrança de muitos dias depois, quando me vestiram de luto. Aquelas roupas negras me causaram uma impressão muito forte. Chorei muito até concordar em me submeter àquilo, contudo usei o vestido e o véu negros dos espanhóis. Mas com

História da minha vida

certeza não vesti as meias pretas, pois tais meias me causaram um imenso terror. Aleguei que me vestiam como as pernas de defunto, e foi necessário que minha mãe me mostrasse que ela também as usava. No mesmo dia, vi minha avó, Deschartres, Hippolyte e toda a casa vestindo luto. Foi preciso que me explicassem qual fora a causa da morte do meu pai, e então eu disse à minha mãe uma coisa que lhe fez muito mal. "Meu papai", falei, "ainda está morto hoje?".

Eu tinha, porém, o discernimento do que era a morte, ainda que aparentemente não achasse que ela fosse eterna. Não conseguia imaginar uma separação absoluta, e pouco a pouco retornava aos meus jogos e à minha alegria com a indiferença própria da minha idade. De tempos em tempos, vendo minha mãe chorar às escondidas, parava tudo o que estava fazendo só para lhe dizer uma das ingenuidades que lhe destruíam: "Mas quando meu papai vai deixar de estar morto e vai voltar para te ver?". A pobre mulher não queria me desenganar de imediato. Ela apenas me dizia que permaneceríamos um longo tempo aguardando-o, e proibia os empregados de me explicar qualquer coisa a respeito. Ela tinha o máximo de respeito pela infância, que há muito colocamos de lado nas educações mais completas e mais competentes.

Contudo, a casa estava mergulhada em uma tristeza melancólica e a aldeia também, pois ninguém conhecera meu pai sem ter por ele profunda simpatia. Sua morte difundira uma verdadeira consternação no país, e mesmo as pessoas que o conheciam só de vista foram intensamente afetadas por aquela catástrofe. Hippolyte ficou bastante abalado com um espetáculo que não tinham escondido dele com tanto cuidado como esconderam de mim. Ele já tinha nove anos, e ainda não sabia que meu pai era o pai dele também. Estava bastante aflito, mas em sua aflição a imagem da morte estava envolta em um tipo de terror, e ele não fazia mais nada além de chorar e gritar de noite. Os empregados, confundindo suas superstições e pesares, afirmavam terem visto meu pai passeando na casa depois de sua morte. A senhora esposa de Saint-Jean afirmava, jurando de pés juntos, tê-lo visto à meia-noite atravessar o corredor e descer as escadas. Trajava seu uniforme de gala, dizia ela, e marchava lentamente sem parecer ver ninguém. Ele passou perto dela sem olhá-la e sem falar com ela. Outra o teria visto na antecâmara do aposento de minha mãe. Era uma enorme sala vazia, destinada a um bilhar, onde havia apenas uma mesa e algumas cadeiras. Ao atravessar essa peça no fim do dia, uma criada também o viu, os cotovelos apoiados na mesa e a cabeça entre as mãos. Com certeza algum criado ladrão se aproveitou ou tentou se aproveitar dos temores de todos nós, pois um fantasma branco errou no pátio durante várias noites. Hippolyte viu-o e ficou doente de medo. Deschartres também o viu, e ameaçou-o com um tiro de fuzil: ele não voltou mais.

Felizmente para mim, fui muito bem vigiada para não ouvir essas tolices, e até agora a morte não se apresentou a mim sob o aspecto hediondo que as imaginações supersticiosas lhe têm dado. Minha avó me separou de Hippolyte durante alguns dias, pois ele estava alucinado e seria um companheiro um pouco impetuoso demais para mim. Mas logo ela ficou preocupada ao me ver muito sozinha e demonstrando uma espécie de satisfação passiva com a qual eu me mantinha tranquila sob seus olhos e mergulhada em devaneios que eram, no entanto, uma necessidade da minha disposição, e que ela não conseguia explicar a si mesma. Parece que eu permanecia várias horas sentada em um tamborete aos pés da minha mãe ou aos seus, sem dizer uma palavra, de braços caídos, os olhos fixos, a boca entreaberta, em alguns momentos parecendo uma idiota. "Sempre a vejo assim", dizia minha mãe, "é de sua natureza; não é loucura. Fique certa de que ela rumina sempre alguma coisa. Em outros tempos ela ficava falando alto quando entrava em devaneios, agora ela não fala mais nada, mas, como dizia seu pobre pai, ela não pensa menos com isso."; "É provável", respondia minha avó, "mas não é bom para as crianças sonhar tanto. Também vi o pai dela quando era criança cair nessas espécies de êxtases, e depois disso ficava doente. É preciso que essa pequena tenha alguma distração, e devemos sacudi-la mesmo que ela não queira. Se não tomarmos cuidado, nossas dores irão matá-la; ela sente, apesar de não compreendê-las. Minha jovem, é preciso que você se distraia também, nem que seja apenas fisicamente. Você é naturalmente robusta, o exercício é necessário para você. Precisa retomar seu trabalho de jardinagem, e a menina recuperará o gosto com você".

Minha mãe obedeceu, mas sem dúvida ela não podia, no início, voltar àquela atividade com tanta assiduidade. De tanto chorar, desde então pas-

História da minha vida

sou a sentir terríveis dores de cabeça, que conservou por mais de vinte anos, e que, quase todas as semanas, forçavam-na a se deitar durante 24 horas.

É preciso mencionar aqui algo que de repente me veio à cabeça agora e que faço questão de contar antes que me esqueça novamente, pois submeteram minha mãe a uma acusação que persiste até hoje no espírito de várias pessoas. Parece que no dia da morte do meu pai, minha mãe bradava: *"E eu que era ciumenta! Agora não serei mais"*. Essas palavras eram profundas em sua dor; ela exprimia um arrependimento amargo do tempo em que se entregava a desgostos imaginários, e uma comparação com a desgraça real que de um modo tão horrível lhe fizera cair em si. Seja Deschartres, que jamais conseguiu reconciliar-se francamente com ela, seja algum empregado mal intencionado, tais palavras foram repetidas e desvirtuadas. Minha mãe teria dito com um acento de satisfação monstruoso: *"Finalmente! Não serei mais ciumenta!"* Isso é tão absurdo, tomado nesse sentido e em um dia de desespero tão violento, que não compreendo como pessoas de espírito tenham dado crédito a tal falácia. No entanto, não faz muito tempo,[11] *monsieur* de Vitrolles, velho amigo do meu pai, e o homem mais *homem* do antigo partido legitimista, contou novamente essa falsidade a um dos meus amigos. Peço perdão, *monsieur* Vitrolles, mas o senhor tem sido indignamente enganado, e a consciência humana se revolta contra semelhantes interpretações. Vi o desespero de minha mãe, e tais cenas não se esquecem de forma alguma.

Volto à minha história depois dessa digressão. Minha avó, sempre inquieta por causa do meu isolamento, procurou para mim uma companhia da minha idade. *Mademoiselle* Júlia, sua camareira, lhe propôs me apresentar sua sobrinha, que tinha apenas seis meses a mais que eu, e logo a pequena Ursula foi vestida de luto e levada a Nohant. Ela passou muitos anos ali comigo, e mais tarde foi para um colégio. Durante algum tempo, ela trabalhou em minha casa depois do meu casamento, e em seguida ela própria se casou, e sempre morou em La Châtre. Nunca nos perdemos de vista, e nossa amizade, cada vez mais forte com a idade, já dura quarenta anos: isso é alguma coisa.

---

11 1848. (N.A.)

Tenho que falar mais vezes da querida Ursula, e começo por dizer que ela foi para mim um grande socorro para a disposição moral e física em que me encontrava por causa da nossa tragédia familiar. O bom Deus quis me conceder essa graça de que a criança pobre que associaram às minhas diversões não fosse em nada uma alma servil. A criança rica (e comparada à Ursula eu era uma princesinha) abusa instintivamente das vantagens de sua posição, e quando seu pobre colega não impõe limites, o pequeno déspota lhe fará com prazer tomar o castigo em seu lugar; é isso o que se vê entre senhores e vassalos. Eu era muito mimada. Minha irmã, cinco anos mais velha que eu, sempre cedeu aos meus caprichos com a complacência que a razão inspira às irmãs mais velhas pelos caçulas. Só Clotilde me fazia frente; mas já há alguns meses não tinha mais ocasião de tornar-me sociável com as outras crianças. Ficava sozinha com minha mãe, que, no entanto, não me enchia de mimos, pois tinha a palavra firme e a mão rápida, e colocava em prática a máxima que diz que quem quer bem castiga bem. Mas, naqueles dias de luto, resistir aos caprichos de uma criança, uma batalha de todas as horas, estava inevitavelmente acima de suas forças. Minha avó e ela tinham necessidade de me amar e de me mimar para consolar suas penas; eu abusava disso, naturalmente. E depois, a viagem à Espanha, as doenças e as dores às quais assisti me legaram uma excitação nervosa que durou por muito tempo. Portanto, vivia irritada ao extremo e fora do meu estado normal. Experimentava mil fantasias, e não saía de minhas contemplações misteriosas a não ser para desejar o impossível. Queria que me dessem os pássaros que voavam no jardim, e rolava no chão de raiva quando zombavam de mim; queria que Weber me colocasse em seu cavalo; este já não era mais o Leopardo, tinham-no vendido bem depressa, mas é preciso que se compreenda que não queriam deixar nem que eu chegasse perto de nenhum cavalo. Enfim, meus desejos contrariados faziam meu suplício. Minha avó dizia que tal intensidade de fantasias era uma prova de imaginação, e ela queria me desviar dessa imaginação doentia; porém isso levou tempo e foi difícil.

Quando Ursula chegou, depois da alegria do primeiro instante — visto que ela me agradou de imediato e senti, sem me dar conta, que era uma menina muito inteligente e bastante corajosa —, o espírito de dominação retornou, e eu quis sujeitá-la a todas as minhas vontades. Toda vez, bem no meio

História da minha vida

das nossas brincadeiras, era preciso deixar de lado as que lhe agradavam pelas que me deixavam mais satisfeita, e sempre me enjoava logo quando ela começava a gostar destas também. Ou então era necessário permanecer tranquila e ficar calada, *meditar* comigo; e se eu pudesse fazer com que ela ficasse com dor de cabeça, o que me ocorria sempre, eu exigia que ela me fizesse companhia naquelas meditações. Enfim, eu era a criança mais desagradável, mais rabugenta, mais irascível que é possível se imaginar.

Graças a Deus, Ursula não se deixou escravizar de forma alguma. Ela era brincalhona, ativa, e tão tagarela que lhe deram o apelido de *linguaruda*, o qual a acompanhou durante bastante tempo. Ela sempre foi espirituosa, e seus longos discursos muitas vezes faziam minha avó chorar de tanto rir. No início temiam que ela se deixasse tiranizar; mas ela era de uma teimosia que não havia nenhuma necessidade de ensiná-la a se defender. Ela me aguentava melhor que ninguém, e quando eu exibia mãos e unhas, ela respondia com pés e dentes. Ela nunca se esqueceu de uma batalha formidável em que nos desafiamos um dia. Parece que tínhamos uma séria querela para resolver, e como nenhuma das duas queria ceder, concordamos em lutar da melhor forma que nos fosse possível. O combate fora muito acalorado e deixara marcas em ambas as partes; não sei quem foi a vencedora, porém o jantar estava sendo servido nesse ínterim, precisávamos comparecer e nós duas temíamos ser repreendidas. Estávamos sozinhas no quarto da minha mãe; nos apressamos em lavar o rosto para esconder algumas gotinhas de sangue; arrumamos os cabelos uma da outra, e até mesmo demonstramos mútua gentileza diante do comum perigo. Finalmente, descemos as escadas nos perguntando se não havia mais nenhum vestígio da nossa contenda. O rancor havia sumido, e Ursula propôs que nos reconciliássemos e nos abraçássemos, o que fizemos de bom grado, como dois velhos soldados depois de uma questão de honra. Não sei se essa foi a última briga entre nós, mas é certo que, seja na paz, seja na guerra, vivemos desde então em pé de igualdade, e nos amávamos tanto que não podíamos viver um único instante separadas. Ursula comia em nossa mesa, e a partir daquele momento sempre fez as refeições conosco. Ela dormia em nosso quarto e muitas vezes compartilhou a cama grande comigo. Minha mãe gostava muito dela e, quando tinha enxaqueca, era aliviada pelas mãozinhas frescas que Ursula passava em sua fronte demoradamente e com bastante suavidade. Eu ficava um pouco enciumada com esses cuidados prestados à minha mãe, mas fosse por animação das brincadeiras, fosse por um resto de disposição febril, sempre tinha as mãos ardendo e agravava a enxaqueca.

Permanecemos dois ou três anos em Nohant sem que minha avó pensasse em retornar a Paris, e sem que minha mãe conseguisse se convencer do que desejavam dela. Minha avó queria que minha educação fosse inteiramente confiada a ela e que eu não saísse mais do seu lado. Minha mãe não podia abandonar Caroline, que estava no pensionato, é verdade, mas logo precisaria dos seus cuidados de uma maneira regular; minha mãe não conseguia tomar uma decisão quanto ao fato de se separar em definitivo de uma de suas filhas. Meu tio de Beaumont foi passar um verão em Nohant para ajudar minha mãe a tomar essa resolução que ele julgava necessária à felicidade de minha avó e à minha; pois, feitas todas as contas, mesmo que minha avó ajudasse o máximo possível na sobrevivência de minha mãe, não restava a esta mais que 2.500 libras de renda, e isso não era suficiente para dar uma educação brilhante às suas filhas. Cada vez mais minha avó se apegava a mim, sem dúvida não por causa do meu caráter infantil, que ainda era um tanto quanto cheio de caprichos naquela época, mas por causa da impressionante semelhança que eu tinha com meu pai. Minha voz, meus traços, minhas maneiras, meus gostos, tudo em mim lhe recordava seu filho quando criança, a tal ponto que ela tinha, às vezes, ao me ver brincar, um tipo de ilusão, e frequentemente me chamava de Maurice, e dizia *meu filho* ao falar de mim.

Ela estava muito interessada em desenvolver minha inteligência, a qual tinha em alto conceito. Não sei por quê, eu compreendia tudo o que ela me dizia e me ensinava, porém ela falava tudo tão claramente e tão bem, que não havia nada de magnífico nisso. Eu indicava também disposições musicais que nunca foram suficientemente desenvolvidas, mas que a deixavam maravilhada porque lembravam a infância do meu pai, e, com isso, ela retornava à juventude de sua maternidade ao me dar lições.

Várias vezes ouvi minha mãe levantar o seguinte problema diante de mim: "Como posso ter certeza de que minha filha será mais feliz aqui do que comigo? Não sei nada de nada, é verdade, e não teria meios de lhe dar

História da minha vida

uma instrução contínua. Os dotes que herdou do pai podem ser reduzidos se sua avó perder o afeto por ela ao não vê-la com tanta frequência, mas será que o dinheiro e os talentos fazem a felicidade?".

Eu já compreendia essas considerações, e quando ela falava do meu futuro com meu tio de Beaumont, que a pressionava energicamente para que cedesse, eu escutava com toda atenção fingindo que estava alheia à conversa. Tais cogitações resultaram em mim um grande desprezo pelo dinheiro, antes que eu soubesse o que ele significava, e uma espécie de vago horror pela riqueza com a qual me sentia ameaçada.

Tal fortuna não era grande coisa; pois, ao todo, mais tarde iria me garantir em torno de 12 mil francos de renda. Porém, de modo relativo, isso era muito, e me causava um medo enorme por estar ligado à ideia de me separar da minha mãe. Tanto era assim que, quando nos encontrávamos a sós, eu a cobria de carícias suplicando-lhe para que não me *desse à minha avó pelo dinheiro*; no entanto eu amava aquela querida vovó tão doce que só se dirigia a mim para dizer coisas afetuosas. Mesmo assim, esse afeto de minha avó não podia ser comparado à paixão que eu começava a sentir pela minha mãe, e que dominou minha vida até uma época em que circunstâncias mais fortes que eu me fizeram hesitar entre essas duas mães, que tinham ciúmes uma da outra por minha causa, como tiveram a propósito do meu pai.

Sim, devo confessar, veio um tempo em que, colocada em uma situação anormal entre essas duas afeições que, por sua natureza, não se pode combater, fui sucessivamente vítima da sensibilidade dessas duas mulheres e da minha própria, muito pouco poupada por elas. Narrarei essas coisas como elas se passaram, mas em sua devida ordem, e quero tentar começar pelo início. Até a idade de quatro anos, isto é, até a viagem à Espanha, tinha cultivado um imenso carinho pela minha mãe sem perceber. Como já disse, não havia me dado conta de nenhuma afeição, e vivia como vivem as crianças ainda pequeninas, e como vivem os povos primitivos, pela imaginação. A vida do sentimento afetivo despertou-se em mim com o nascimento do meu irmãozinho cego, vendo minha mãe sofrer com isso. Seu desespero pela morte do meu pai fez com que eu me desenvolvesse mais nesse sentido, e começava a sentir-me subjugada por essa afeição quando a ideia de separar-me dela veio surpreender-me no momento em que gozava de minha idade dourada.

155

Disse idade dourada porque naquela época esse era o termo favorito de Ursula. Não sei onde ela ouvira essa expressão, mas a repetia para mim quando argumentava comigo, pois já tomava parte dos meus pesares; e mais pelo seu caráter que pelos cinco ou seis meses a mais que tinha em relação a mim, ela tinha melhor compreensão do mundo real. Ao me ver chorar diante da ideia de ficar com minha avozinha sem minha mãe, ela me dizia: "Mas até que, pensando bem, é uma beleza ter uma casa enorme e um jardim imenso como esse para passear, e carruagens, e vestidos, e coisas boas para comer todos os dias. O que é que permite ter tudo isso? É a *bastança*. Portanto, não precisa chorar, pois você vai viver sempre, com sua vovozinha, a *idade dourada* e a *bastança*. Veja, quando visito minha mãe em La Châtre, ela diz que tornei-me exigente em Nohant e que me faço de menina rica. E eu, eu lhe digo, estou em minha *idade dourada* e me aproveito da *bastança* enquanto a tenho".

Os argumentos de Ursula não me consolavam. Um dia sua tia, *mademoiselle* Julie, camareira da minha avó, que me queria bem e tinha lá seu ponto de vista, me disse: "*Então você quer voltar para sua pequena água-furtada e comer feijões?*" Essa conversa me revoltou, e os feijões e a água furtada me pareceram o ideal da felicidade e da dignidade. Porém, estou me antecipando um pouco aos fatos; talvez eu já estivesse com sete ou oito anos quando essa questão da riqueza foi posta a mim dessa forma. Antes de dizer o resultado do combate íntimo que minha mãe mantinha consigo mesma por minha causa, devo esboçar os dois ou três anos que passamos em Nohant depois da morte do meu pai. Não conseguiria levar isso a cabo de modo ordenado, dessa forma ofereço um quadro geral e um pouco confuso, como me vem à lembrança.

Primeiro devo dizer como viviam juntas minha mãe e minha avó, essas duas mulheres tão diferentes em sua estrutura assim como em sua educação e hábitos. Eram realmente os dois tipos extremos do nosso sexo: uma era branca, loira, grave, calma e digna em suas maneiras, uma verdadeira saxã de raça nobre, com ares elevados plenos de elegância e de bondade protetora; a outra, morena, pálida, ardente, retraída e tímida diante das pessoas da alta sociedade, mas sempre pronta a explodir quando a tempestade estronda com extrema força no íntimo, uma natureza espanhola, ciumenta, geniosa, colérica e fraca, má e boa ao mesmo tempo. Não era sem uma mortal repugnância que essas duas criaturas tão opostas por natureza e por situação se aceita-

História da minha vida

vam uma à outra e, quando meu pai ainda era vivo, entravam em enérgicas disputas pelo seu coração não sem demonstrarem um pouco de ódio entre elas. Após a morte do meu pai, a dor aproximou-as, e o esforço que fizeram para se gostar rendeu seus frutos. Minha avó não conseguia compreender as paixões vivas e os instintos violentos, porém era sensível à graça, à inteligência e aos impulsos sinceros do coração. Minha mãe comportava todas essas qualidades, e minha avó muitas vezes olhava para ela com uma espécie de curiosidade, perguntando-se por que meu pai a amara tanto. Em Nohant, ela descobrira logo o que havia de poderoso e de atrativo naquela natureza inculta. Minha mãe era uma grande artista frustrada pela falta de desenvolvimento. Não sei o que propriamente ela tinha de especial, mas ela possuía, por todas as artes e por todos os ofícios, uma aptidão maravilhosa. Não havia aprendido nada, não sabia nada; minha avó criticava sua bárbara ortografia e lhe dizia que cabia apenas a ela corrigir-se. Ela se pôs, não a aprender gramática, não havia mais tempo para isso, mas a ler com atenção, e pouco depois passou a escrever quase corretamente e em um estilo tão singelo e tão bonito, que minha avó, conhecedora do assunto, admirava suas cartas. Ela não conhecia nenhuma das notas musicais, porém era dona de uma voz deslumbrante, de uma leveza e frescor incomparáveis, e minha avó, grande musicista que era, deleitava-se ao ouvi-la cantar. Minha avó achava notável o gosto e o método natural do seu canto. Além disso, em Nohant, não sabendo como preencher seus longos dias, minha mãe se meteu a desenhar, ela que nunca havia tocado em um *crayon*. Começou por instinto, como tudo o que fazia, e, após ter copiado de modo extremamente habilidoso diversas gravuras, pôs-se a fazer retratos a pena e guache, que eram fiéis e cuja simplicidade oferecia sempre charme e graça. Ela bordava de maneira um tanto grosseira, porém com uma agilidade tão incrível que fez para minha avó, em poucos dias, um vestido de percal bordado de cima a baixo, como se usava naquela época. Ela confeccionava todos os nossos vestidos e todos os nossos chapéus, o que não tinha nada de excepcional, porque por muito tempo fora modista; mas criava e executava com uma prontidão, gosto e graça incomparáveis. O que começava a executar pela manhã, precisava que ficasse pronto no dia seguinte, nem que tivesse de passar a noite naquela tarefa, e ela dedicava nas menores coisas um ardor e um poder de concentração que pareciam extraordinários aos olhos de minha avó, um pouco indolente de espírito e sem habilidade com as mãos, como eram as grandes damas. Minha mãe ensaboava, passava, cosia todas as nossas roupas ela mesma com mais presteza e habilidade que a melhor das profissionais do ramo. Jamais a vi fazer trabalhos inúteis e dispendiosos como os que fazem as damas ricas. Ela não fazia bolsinhas, nem cortininhas, nem nenhuma dessas bugigangas que custam mais caro quando feitas pela própria pessoa do que quando compradas das mãos de um comerciante; para uma casa que tinha necessidade de economizar, ela sozinha valia por dez empregados. E depois, estava sempre pronta a aprender qualquer coisa. Se minha avó quebrasse sua caixa de costura, minha mãe trancava-se um dia inteiro em seu quarto e, na hora do jantar, entregava-lhe uma caixa em cartonagem, cortada, colada, dobrada e confeccionada por ela de ponta a ponta. E acontece que era uma pequena obra-prima de muito bom gosto. Tudo que fazia era assim. Se o cravo estava quebrado, sem conhecer o mecanismo nem a tablatura, ela trocava as cordas, recolocava as teclas e o afinava. Ousava em tudo e em tudo obtinha sucesso. Se houvesse necessidade, ela fazia sapatos, móveis, fechaduras. Minha avó dizia que existia um toque de fada em tudo aquilo, e havia mesmo algo desse tipo. Nenhum trabalho, nenhuma empreitada lhe parecia nem tão poética, nem muito vulgar, nem demasiadamente penosa, nem tão fastidiosa; ela só tinha horror a coisas que não serviam para nada e dizia baixinho que eram distrações de *velhas condessas*.

Possuía, portanto, um conjunto de talentos magnífico. Ela era tão naturalmente espirituosa que, quando não ficava paralisada por sua timidez, que era extrema diante de certas pessoas, isso aflorava de modo brilhante. Jamais vi alguém zombar ou criticar como ela sabia fazer, e ai daquele que a desagradasse. Quando se sentia bem à vontade, empregava a linguagem incisiva, cômica e pitoresca dos *filhos de Paris*, linguagem que não pode ser comparada à de nenhum outro povo do mundo, e, em meio a tudo isso, havia lampejos de poesia, de coisas sentidas e ditas de uma maneira como já não ouvimos mais. Ela não tinha nenhuma vaidade de sua inteligência e nem mesmo suspeitava dela. Era segura de sua beleza sem ser arrogante, e dizia ingenuamente que nunca tivera inveja da beleza dos outros, pois achava-se muito bem favorecida a esse respeito. Porém, o que a atormentava, em relação ao

História da minha vida

meu pai, era a superioridade de inteligência e de educação que ela supunha nas mulheres da alta sociedade. Isso prova o quanto ela era naturalmente modesta; pois 19 de 20 mulheres que conheci em todas as posições sociais eram verdadeiras idiotas perto dela. Eu percebia que a olhavam por cima dos ombros e que, ao vê-la reservada e intimidada, imaginavam que ela tinha vergonha de sua ignorância e de sua nulidade; mas quando tentavam cutucar a fera com vara curta, o vulcão entrava em erupção e as lançava bem longe.

Com tudo isso, é preciso dizer, era a pessoa mais difícil de se tratar que havia no mundo. Aprendi a torná-la mais branda em seus últimos anos, porém não sem uma dose de esforço e sofrimento. Ela era irascível até o extremo, e para acalmá-la era necessário fingir-se de irritado. A doçura e a paciência a exasperavam, o silêncio a deixava louca, e é por tê-la respeitado tanto que durante muito tempo foi injusta comigo. Nunca consegui enfurecer-me com ela, seus acessos de cólera me afligiam sem me ofender muito; via nela uma *enfant terrible* que se consumia, e eu sofria demais com o mal que fazia a si mesma para me ocupar com as ofensas que ela acreditava estar me fazendo. Porém, decidi falar-lhe com certa severidade, e sua alma, tão terna comigo em minha infância, deixava-se finalmente vencer e persuadir. De fato sofri para chegar até esse ponto; porém ainda não é o momento de falar sobre isso.

É necessário, porém, descrevê-la por completo, essa mulher que ninguém conheceu, e mal a compreenderam em sua mescla de simpatia e de repulsa, de confiança e de pavor que sempre inspirou em minha avó (e em mim durante muito tempo), se eu não falar de todas as virtudes e fraquezas de sua alma. Era cheia de contrastes, e por isso foi muito amada e muito odiada; e por isso amou muito e odiou muito. De certa forma, tenho bastante dela, mas em menor grau, seja em bondade seja em rudeza: sou um retrato muito apagado pela natureza, ou bastante modificada pela educação. Não sou capaz nem dos seus rancores nem das suas explosões; mas quando do mau impulso retorno ao bom, não possuo o mesmo mérito, porque meu despeito nunca foi da fúria e minha aversão jamais se deu pelo ódio. Para passar assim de uma paixão extrema a outra, para venerar a quem se maldisse e afagar aquele que foi destruído, é necessária uma rara força. Vi centenas de vezes minha mãe ultrajar até a crueldade, e depois, de repente, reconhecer ter ido longe demais, dissolver-se em lágrimas e elevar até a adoração a quem havia injustamente pisoteado.

Avara consigo mesma, era pródiga com os outros. Era mesquinha com ninharias e, em seguida, de repente, temia ter agido mal e doava em demasia. Era de admiráveis ingenuidades. Quando estava ocupada em criticar seus inimigos, se Pierret, para acabar rápido com sua raiva, ou simplesmente porque concordava com ela, fosse mais longe em suas maledicências, de repente ela mudava de opinião. Ela dizia: "De modo algum, Pierret, você está falando bobagens. Você não vê que estou com muita raiva, que digo coisas que não são justas e que daqui a pouco ficarei desolada por tê-las dito?".

Isso acontecia com bastante frequência em relação a mim; se ela achava que tinha de se queixar de alguma coisa, explodia em reprovações terríveis e, ouso dizer, havia nisso muito pouco merecimento. Se Pierret ou qualquer outro queriam dar-lhe razão, ela bradava: "O senhor está enganado, minha filha é excelente, não conheço ninguém melhor que ela, e por mais que o senhor goste dela, sempre a amarei mais do que o senhor".

Era esperta como uma raposa e, de uma hora para outra, ingênua como uma criança. Mentia sem o saber com a maior boa-fé do mundo. Sua imaginação e o ardor do seu sangue sempre a arrebatavam, e ela poderia acusar qualquer um dos mais incríveis delitos, e em seguida, de súbito, detinha-se e dizia: "Mas isso não é verdade, isso que acabei de dizer; não, não há uma palavra de verdade, é tudo imaginação minha!".

Capítulo 15
Minha mãe. – Um rio em um quarto. – Minha avó. – Deschartres. – A medicina de Deschartres. – Escritura hieroglífica. – Primeiras leituras. – Contos de fadas, mitologia. – A *ninfa* e a *bacante*. – Meu tio-avô. – O cônego de *Consuelo*. – Diferença entre *verdade* e *realidade* nas artes. – A festa da minha avó. – Primeiros estudos e impressões musicais.

Tracei com sinceridade, creio, o caráter de minha mãe, e não poderia ir adiante na narrativa de minha vida sem que me desse conta, visto estar presente em mim, da influência que esse caráter exerceu sobre o meu.

História da minha vida

Considerem bem que me foi necessário tempo para apreciar uma natureza tão singular e tão cheia de contradições, ainda mais que, ao sair da minha infância, tivemos bem pouca convivência. No primeiro período da minha vida, não experimentei mais nada vindo dela além do seu amor dedicado a mim, amor imenso, que mais tarde confessou ter combatido dentro de si para resignar-se com nossa separação; porém esse amor não era da mesma natureza que o meu. Em mim, ele se manifestava com mais ternura, nela, dava-se como paixão arrebatadora, e já então me aplicava corretivos vigorosos por causa de pequenas peraltices malfeitas que suas preocupações e pesares deixaram passar impunes por muito tempo, e eu, por conseguinte, de minha parte, não me sentia culpada por aquelas bobagens. Sempre tive uma deferência extrema para com ela, e muitas vezes ela dizia que não havia no mundo pessoa mais doce e mais amável que eu; essa consideração para comigo era verdade só para ela. Não sou melhor que ninguém, mas de fato era boazinha com ela, e a obedecia sem no entanto temê-la, por mais rude que ela fosse. Criança insuportável com os outros, eu era submissa a ela porque tinha gosto em sê-lo. Ela era então um verdadeiro oráculo para mim; foi ela quem me deu as primeiras noções da vida, e deu-as conforme as necessidades intelectuais geradas pela minha natureza. Porém, por distração e por esquecimento, as crianças fazem com frequência o que lhes é proibido e o que ainda não estão preparadas para fazer. Nessas ocasiões, ela ficava louca da vida comigo e me batia como se eu a tivesse desobedecido por querer, e eu a amava tanto que entrava em real desespero por tê-la desagradado. Nunca passara pela minha cabeça, àquela altura, que ela pudesse cometer alguma injustiça comigo. Jamais guardei rancor nem mágoas por ela. Quando percebia ter ido longe demais, ela me tomava em seus braços, chorava, e me cobria de carícias. Chegava a reconhecer ter sido injusta comigo, temia ter me feito mal, e eu, eu ficava tão feliz de receber seus carinhos novamente, que até mesmo lhe pedia perdão pelos tapas que ela me havia dado.

Afinal, como entender a nós mesmos? Se minha avó empregasse em mim a centésima parte daquela rudeza impulsiva, ficaria plenamente revoltada. Contudo, tinha mais medo dela do que de minha mãe, e uma só palavra de minha avó já me fazia empalidecer; mas eu não lhe perdoava a menor injustiça, enquanto todas as da minha mãe passavam despercebidas e aumentavam meu amor por ela.

Um dia, Ursula, Hippolyte e eu brincávamos na cama de minha mãe enquanto ela desenhava. Estava tão absorta pelo seu trabalho, que não ouvira nossa algazarra de costume. Acabávamos de descobrir uma brincadeira que excitara nossa imaginação. Tratava-se de atravessar um rio que era desenhado com giz no piso de ladrilho, e era formado por mil contornos naquele quarto enorme. Combinávamos que em alguns lugares o rio seria bem fundo, e então era preciso examinar onde ele era mais raso para não sermos pegos de surpresa pela sua profundidade. Hippolyte já se afogara várias vezes; nós o ajudáramos a sair de grandes buracos onde sempre caía, visto que representava o papel do estabanado ou do bêbado, e tentava se salvar nadando no seco, no ladrilho, debatendo-se e lastimando sua sorte. Para as crianças, essas brincadeiras configuram-se verdadeiros dramas, um teatro, por vezes um romance, um poema, uma viagem, que elas desempenham por mímicas, dando asas à imaginação durante horas a fio, e cuja ilusão as envolve e as toma completamente. No que me diz respeito, não precisava nem de cinco minutos para mergulhar nelas com tanta sinceridade que perdia a noção da realidade, e acreditava ver as árvores, as águas, as rochas, uma vasta campina, e o céu ora claro, ora carregado de nuvens prestes a rebentar e aumentar os perigos da travessia do rio. Em que vastidões as crianças acreditam atuar quando percorrem, por exemplo, o espaço entre uma mesa e uma cama entre a lareira e a porta!

Paramos, Ursula e eu, às margens do nosso rio, em um local onde a grama era delicada e ralinha, e a areia, macia. Ursula imediatamente foi examinar a profundidade do rio naquela área, e em seguida me chamou, comunicando-me: "A senhora pode se arriscar a atravessar o rio bem aqui; a água não passa dos joelhos". As crianças se designam por *senhora/senhor* nesses tipos de mimodramas. Elas não levam a sério a cena que estão interpretando se conversarem de maneira comum, tratando-se uma a outra pelo pronome "você". Sempre interpretam personagens que exprimem tipos característicos das pessoas em geral, e seguem muito bem o papel determinado a cada um antes de começar a brincadeira. Travam entre si diálogos extremamente reais que atores profissionais teriam sérias dificuldades de improvisar em cena com tanta propriedade e criatividade.

História da minha vida

Levando em consideração o que Ursula descrevera sobre a região onde deveríamos transpor o rio, observei que, já que a água era rasa, podíamos atravessar tranquilamente sem nos molhar muito; só precisávamos erguer um pouco nossas saias e tirar nossos calçados. "Mas", ela disse, "se encontrarmos caranguejos, eles vão devorar nossos pés"; "Pode ser, mas, de todo jeito", disse a ela, "não devemos molhar nossos sapatos, temos que poupá-los, pois temos ainda muito caminho pela frente".

Mal fiquei descalça, o frio do ladrilho me representou ser água de verdade, e eis-nos, Ursula e eu, patinhando no riacho. Para reforçar a ilusão geral, Hippolyte inventou de pegar uma vasilha de água e derramar tudo no chão, imitando, dessa forma, uma torrente e uma cascata. Essa invenção nos colocou em total delírio. Ríamos e gritávamos a plenos pulmões, finalmente chamando a atenção de minha mãe. Ela olhou em nossa direção e viu os três, pés descalços e pernas desnudas, chafurdando numa pocinha de lama, pois o ladrilho de barro começou a dissolver e o curso do nosso rio ficou todo emporcalhado. Então ela perdeu completamente a paciência, ficou furiosa sobretudo comigo, que já andava bem resfriada; pegou-me pelos braços e me aplicou umas belas palmadas, e, sem parar de ralhar comigo, rispidamente enfiou-me os sapatos, depois expulsou Hippolyte do seu quarto, e nos colocou de castigo, Ursula e eu, cada uma em um canto. Tal foi o desenlace imprevisto e dramático de nossa encenação, e a cortina caiu, sem efusivos aplausos, mas repleto de lágrimas e berreiros bem reais.

Pois é, sempre lembro desse desfecho como uma das mais duras comoções que senti em minha vida. Minha mãe me surpreendera no auge da minha alucinação, em que soltava as rédeas de minhas fantasias, e esse tipo de despertar repentino sempre me causava um abalo moral extremamente doloroso. Para os tapas eu nem ligava; eu apanhava com frequência, e sabia perfeitamente que os tapas da minha mãe não doíam muito. De modo que ela podia me sacudir à vontade, fazer de mim uma trouxa qualquer que levam para todo canto e jogam na cama ou em uma poltrona, que mesmo assim suas mãos finas e macias não me machucavam; além de tudo era esperta e safadinha como toda criança que sabe que a raiva dos pais é acompanhada de muita cautela, pois têm mais medo de ferir gravemente seus filhos que estes têm de serem castigados. Dessa vez, como em todas as outras, minha mãe, ao perceber meu completo desespero por causa da sua fúria, encheu-me de carícias para me consolar. Talvez mostrar esse arrependimento depois de uma bronca seguida por umas palmadas seja um erro quando se trata de crianças orgulhosas e vingativas; mas ela estava certa em agir assim comigo, que jamais conheci o rancor e ainda hoje acredito que punem-se a si mesmos aqueles que não perdoam aos que amam.

Para retomar o assunto sobre as relações estabelecidas entre minha mãe e minha avó depois da morte do meu pai, devo dizer que a espécie de antipatia espontânea experimentada entre elas nunca foi completamente vencida, ou melhor, conseguiam superar as diferenças durante alguns intervalos de tempo seguidos de reações vivíssimas. De longe, continuavam se odiando e não conseguiam impedir-se de falar mal uma da outra. De perto, não deixavam de agradar-se mutuamente, pois cada uma apresentava um forte encanto próprio, mesmo que tão diferentes entre si. Isso vinha do princípio de justiça e de retidão presente nas duas, e da extraordinária inteligência que possuíam, inteligência que impedia que cada uma menosprezasse o que a outra trazia de melhor em sua índole e vivência. Os preconceitos de minha avó não eram de sua índole original, mas emanavam de seu *entourage*. Ela era presa fácil de uma enorme fraqueza moral diante de certas pessoas e concordava com algumas opiniões com as quais, no fundo de sua alma, não compartilhava. Assim, diante dos seus velhos amigos, entregava minha mãe ausente a seus anátemas e parecia querer se justificar de tê-la acolhido na intimidade de sua casa e de tratá-la como sua filha. E mais tarde, quando se reencontrava com minha mãe, esquecia que falara mal, demonstrando-lhe uma confiança e uma simpatia das quais mil vezes fui testemunha, e que não eram fingimento de modo algum, pois minha avó foi a pessoa mais sincera e leal que conheci. Porém, apesar de parecer tão grave e fria, era por demais impressionável; tinha verdadeira necessidade de ser querida, e as menores atenções dirigidas a ela deixavam-na sensibilizada e extremamente grata.

Quantas vezes a ouvi dizer de minha mãe: "Ela tem um grande caráter. É encantadora. Apresenta uma bela postura diante do mundo. É tão generosa que é capaz de tirar sua própria camisa para dar a algum pobre na rua. Ela é liberal como uma grande dama e simples como uma criança". Porém, em outras ocasiões, lembrava-se de todos os seus ciúmes maternos, e os

História da minha vida

sentindo sobreviver à causa que os motivara, expressava tudo o que há ano estava engasgado: "É um demônio, uma louca varrida. Jamais amou meu filho, ela o dominava, tornou-o infeliz. Na verdade, nunca lamentou sua perda". E mil outras recriminações sem fundamento, mas que aplacavam uma secreta e incurável amargura.

Minha mãe agia absolutamente da mesma forma. Quando tudo andava bem entre elas, dizia: "É uma mulher superior. Além de tudo, é bela como um anjo e tem um grande conhecimento de todas as coisas. Ela é tão meiga e tão bem educada que não há como nos zangarmos com ela; e se, em momentos em que é levada pela raiva, ela diz alguma palavra mais ríspida, logo em seguida diz outra que nos dá vontade de abraçá-la. Se fosse possível livrá-la de suas *velhas condessas*, suas amigas, ela seria adorável".

Mas, quando a tempestade troava na alma impetuosa de minha mãe, a coisa mudava de figura. A velha sogra era uma fingida e hipócrita. Era seca e impiedosa. Estava presa a ideias do Antigo Regime etc. E então, infeliz das velhas amigas, que haviam causado qualquer altercação doméstica por meio de opiniões infundadas ou boatos maledicentes! As velhas condessas eram as próprias bestas do Apocalipse para minha mãe, e ela as desmoralizava da cabeça aos pés com uma verve e com uma causticidade que até minha avó era levada às gargalhadas, mesmo sendo uma delas.

Deschartres, é preciso deixar isso bem claro, era o principal obstáculo à completa reconciliação entre as duas. Nunca conseguiu se conformar com o casamento dos meus pais, e não deixava passar a menor ocasião para reabrir antigas feridas. Era seu destino. Sempre foi rude e descortês com criaturas que queria bem, como não o haveria de ser com aqueles que odiava? Não perdoava minha mãe por ela ter triunfado sobre ele em termos de influência que ele pretendia ter sobre o espírito e coração do seu querido Maurice. Ele a contradizia em tudo e procurava a todo instante uma oportunidade para ofendê-la; depois arrependia-se e se esforçava para reparar suas grosserias com as mais desajeitadas e ridículas bajulações. Por vezes parecia estar apaixonado por ela. E quem sabe não estava mesmo? O coração humano é tão esquisito e os homens austeros tão inflamados! Porém, ele comeria vivo qualquer um que lhe falasse nisso. Tinha a pretensão de ser superior a todas as fraquezas humanas. Aliás, minha mãe recebia tão mal seus assanhamentos e punia suas injustiças por meio de tão cruéis zombarias, que seu antigo ódio sempre retornava, acrescido de todo o rancor acumulado em novas rixas.

Quando a paz parecia finalmente restabelecer-se na casa, Deschartres empenhava-se bastante para tornar-se menos desagradável, tentava mostrar-se brincalhão e gentil, e Deus sabe como ele se esforçava, o pobre homem! Então minha mãe caçoava dele com tanta malícia e espirituosidade que ele perdia a cabeça; tornava-se tão brutal, tão ofensivo, que minha avó era obrigada a intervir para censurá-lo e fazê-lo calar-se.

Os três jogavam cartas de noite, e Deschartres, que pretendia ser superior em todos os jogos e ia muito mal em todos eles, perdia sempre. Lembro-me de que uma noite, exasperado por perder continuamente de minha mãe, que não calculava nenhuma de suas jogadas, mas que, por instinto e inspiração, acertava todas as vezes, ele entrou em um furor espantoso, e lhe disse, lançando suas cartas na mesa: "Deveríamos jogá-las no seu nariz para a senhora ensinar como se ganha jogando tão mal!". Minha mãe se levantou enfurecida e ia responder, quando vovó falou com sua calma absoluta e voz doce: "Deschartres, se você fizesse uma coisa dessas, eu lhe daria uma bofetada daquelas".

Essa ameaça de uma bofetada, ainda mais tratando-se de uma *bofetada daquelas*, ameaça feita em um tom tão tranquilo e vinda daquela bela mão quase entrevada, tão fraca que mal podia segurar suas cartas, era a coisa mais cômica que se possa imaginar. Tanto que minha mãe disparou numa gargalhada que não parava mais e acalmou-se completamente, incapaz de acrescentar qualquer coisa diante da estupefação e mortificação do pobre preceptor.

Mas essa anedota ocorreu bem depois da morte do meu pai. Muitos anos se passaram sem que se ouvisse naquela casa em luto outros rirem além das crianças.

Durante esses anos, uma vida calma e regulada, um bem-estar físico que nunca conhecera, um ar puro que raramente respirara a plenos pulmões, pouco a pouco contribuíram para que eu adquirisse uma saúde robusta; as excitações nervosas cessaram, meu humor já não era tão inconstante e tornei-me uma garota bastante alegre. Perceberam que eu não era uma criança pior que as outras; na maioria das vezes, as crianças só são intratáveis e cheias de caprichos porque sofrem sem poder ou sem querer dizer.

História da minha vida

Eu, por exemplo, tomei tanto asco pelos remédios, e, naquela época, faziam uso tão abusivo deles, que passei a ter o hábito de nunca me queixar de minhas pequenas indisposições. Lembro-me de muitas vezes estar perto de desmaiar no meio das brincadeiras, e de lutar com um estoicismo de que talvez não fosse capaz hoje em dia. É que quando estava sob os cuidados da medicina de Deschartres, tornava-me realmente vítima do seu sistema de tratamento, que consistia em aplicar o emético a todo instante. Ele era um hábil cirurgião, porém não entendia nada de medicina, e receitava seu maldito emético para todo tipo de doença. Era sua panaceia universal. Eu era e sempre fui de um temperamento extremamente bilioso, mas se eu tivesse toda a bile da qual Deschartres pretendia me livrar, jamais teria conseguido sobreviver. Se estivesse pálida, com dor de cabeça, a culpa era certamente da bile, e sem demora vinha o emético, que produzia em mim convulsões medonhas sem causar vômito algum, deixando-me acabada por vários dias. Minha mãe, por sua vez, achava que todos os males tinham relação com os vermes, ainda grande preocupação da medicina naquele tempo. Todas as crianças tinham vermes e empanturravam-nas de vermífugos, horríveis remédios pretos que causavam náuseas e acabavam com todo e qualquer apetite. Então, para recuperar a fome, administrava-se o ruibarbo. Além disso, ao ser picada por um mosquito, minha mãe já pensava ver o retorno da sarna, e o enxofre era novamente misturado em todas as minhas refeições. Enfim era uma drogaria sem fim, e a geração à qual pertenço deve ter sido muito bem constituída para conseguir resistir a todos os cuidados que tomaram para conservá-la.

Mais ou menos com cinco anos aprendi a escrever. Minha mãe me obrigava a preencher páginas e mais páginas com exercícios de *traços* e *perninhas* caligráficas. Porém, como sua própria escrita era um garrancho, eu teria preenchido muitas páginas com garranchos antes de aprender a assinar meu nome se não tivesse tomado a iniciativa de procurar um meio de exprimir meu pensamento por meio de signos quaisquer. Sentia-me muito entediada por copiar todos os dias um alfabeto e praticar os traços grossos e finos das letras de forma. Estava louca para poder escrever frases e, em minhas horas de folga, extensas como podem imaginar, praticava escrevendo cartas a Ursula, a Hippolyte e à minha mãe. Mas não as mostrava, com medo de que alguém me proibisse de *viciar a mão* com tal exercício. Logo busquei criar uma ortografia para meu próprio uso. Era bastante simplificada e carregada de hieróglifos. Minha avó surpreendeu uma dessas cartas e a achou muito engraçada. Ficou maravilhada de ver como eu conseguia exprimir minhas pequenas ideias por meio daquele bárbaro processo, e aconselhou minha mãe a me deixar garatujar sozinha à vontade. Dizia com toda razão que se perdia muito tempo ao se querer ensinar caligrafia às crianças, e que nesse meio-tempo elas nem imaginam para que serve a escrita. Então fui liberada para empreender minhas próprias pesquisas, e quando as páginas *de lição* chegavam ao fim, eu retornava ao meu peculiar sistema. Durante muito tempo escrevi em letra de forma, como as que via nos livros, e não me recordo como cheguei a empregar o tipo de caligrafia comum a todo mundo, porém lembro que segui os mesmos passos de minha mãe, que aprendeu ortografia prestando atenção na maneira como as palavras impressas eram compostas. Eu contava as letras, e não sei por qual instinto aprendi por mim mesma as regras principais. Quando mais tarde Deschartres ensinou-me gramática, não levei mais que dois ou três meses nesse aprendizado, pois cada lição apenas confirmava o que eu já havia observado e aplicado.

Aos sete ou oito anos, já sabia ortografia, não perfeitamente, esse é um ponto que jamais alcancei, mas tão bem quanto a maioria dos franceses que a estudaram.

Foi aprendendo a escrever sozinha que passei a compreender o que lia. Esse trabalho me forçou a entender minhas leituras, visto que aprendera a ler antes de conseguir compreender a maioria das palavras e pegar o sentido das frases. Cada dia essa revelação me permitia ir além dos limites de minha compreensão, até conseguir ler sozinha um conto de fadas inteiro.

Que prazer foi esse para mim que tanto adorava os contos de fadas já não lidos pela minha pobre mãe desde quando a tristeza a fez sucumbir! Em Nohant, encontrei os contos de madame d'Aulnoy e de Perrault em uma velha edição que fizeram minhas delícias durante cinco ou seis anos. Ah, que horas me fizeram passar o *Pássaro azul*, o *Pequeno Polegar*, *Pele de asno*, *Bela-bela* ou o *Cavaleiro afortunado*, *Serpentina verde*, *Babiole* e o *Rato benfazejo*! Nunca mais voltei a lê-los, mas conseguiria narrá-los de cabo a rabo, e creio que, na continuidade de nossa vida intelectual, nada pode ser comparado a essas primeiras fruições da imaginação.

História da minha vida

Também comecei a ler por conta própria meu *Compêndio de mitologia grega*, e fui tomada por um enorme prazer, visto que alguns mitos pareciam com os contos de fadas em certos aspectos. Mas havia outros que me deleitavam menos; em todos esses mitos, os símbolos são sangrentos em meio à sua poesia, e eu preferia os desfechos felizes dos meus contos de fadas. No entanto, as ninfas, os zéfiros, o eco, todas essas personificações dos penetrantes mistérios da natureza levaram meu interesse à poesia, e eu ainda era desprovida de uma mente madura para não me impressionar, por vezes, com as napeias e as dríades dos bosques e das pradarias.

Havia em nosso quarto um papel de parede que me interessava bastante. O fundo era verde-escuro liso, muito espesso, envernizado, esticado sobre pano. Essa maneira de isolar os papéis da parede assegurava aos camundongos um livre percurso, e se passavam, de noite, por trás desse papel, cenas do outro mundo, corridas desenfreadas, furtivas arranhadinhas e gritinhos bem misteriosos. Mas isso não era o que mais me chamava a atenção, e sim a bordadura e os ornamentos que contornavam os painéis. Essa bordadura tinha a largura de uns trinta centímetros e representava uma guirlanda de folhas de videira se abrindo em intervalos de espaço para emoldurar uma sequência de medalhões onde víamos rir, beber e dançar silenes e bacantes. Em cima de cada porta havia um medalhão maior que os outros, representando uma figurinha, e essas figuras me pareciam incomparáveis. Eram diferentes umas das outras. A que eu via pela manhã ao me levantar era uma ninfa ou uma flora dançante. Estava vestida de azul-claro, coroada de rosas, e agitava em suas mãos uma guirlanda de flores. Essa me agradava bastante. Meu primeiro olhar, de manhã, era para ela. Parecia sorrir para mim convidando-me a me levantar para ir correr e brincar em sua companhia.

A que estava defronte a ela, e que eu via, de dia, da minha mesa de estudo, e, de noite, ao fazer minhas preces antes de ir me deitar, era de uma expressão totalmente diferente; ela não ria nem dançava. Era uma bacante séria. Sua túnica era verde, sua coroa era de pâmpanos, e seu braço estendido apoiava-se em um tirso. As duas figuras talvez representassem a primavera e o outono. Quem quer que fossem, as duas personagens, de aproximadamente trinta centímetros de altura, causavam-me viva impressão. Quem sabe eram tão pacíficas como insignificantes tanto uma quanto a outra; mas, em minha mente, ofereciam o contraste bem claro da alegria e da tristeza, da benevolência e da severidade. Eu observava a bacante com espanto; havia lido a história de Orfeu despedaçado, e, ao cair da noite, quando a luz vacilante iluminava o braço estendido e o tirso, eu acreditava ver a cabeça do divino poeta espetada na ponta de um dardo.

Minha caminha ficava encostada na parede, de maneira que não via aquela figura que me atormentava. Como, no entanto, ninguém suspeitasse da minha prevenção contra ela, o inverno estava chegando e minha mãe mudou minha cama de lugar para aproximá-la da lareira, e então fiquei de costas para minha ninfa bem-amada para dar de cara apenas com a temível bacante. Não fazia alarde de minha fraqueza e começava a ter vergonha dela; mas como tinha impressão de que aquela mulher diabólica me observava obstinadamente e me ameaçava com seu braço imóvel, metia minha cabeça debaixo das cobertas para não vê-la ao adormecer. Foi inútil, no meio da noite ela se desprendeu do medalhão, deslizou ao longo da porta, tornando-se tão grande quanto uma *pessoa de verdade*, como dizem as crianças, e, andando até a porta da frente, tentou arrancar a linda ninfa do seu medalhão. Esta soltava gritos lancinantes; porém a bacante não dava a mínima àquele escândalo. Continuou a infligir seus tormentos e rasgou o papel até que a ninfa se soltou e fugiu para o centro do quarto. A outra a perseguiu, e a pobre ninfa desgrenhada precipitou-se em minha cama para se esconder sob o cortinado; a bacante furiosa foi em minha direção e transpassou nós duas com seu tirso, que havia se tornado uma lança afiada. Cada golpe dessa lança era para mim um ferimento cuja dor eu sentia.

Eu gritava, me debatia, e minha mãe foi em meu socorro; mas enquanto ela se levantava, embora eu estivesse muito desperta para constatar seus movimentos, ainda estava adormecida o suficiente para continuar vendo a bacante. O real e a fantasia agiam simultaneamente diante dos meus olhos, e vi com bastante nitidez a bacante se extinguindo, afastando-se, na medida em que minha mãe se aproximava dela. A terrível figura tornou-se tão pequena como quando estava em seu medalhão, e pôs-se a subir ao longo da porta, como se fosse um camundongo, acomodou-se novamente em sua moldura de folhas de videira, onde retomou sua pose costumeira e seu ar sério.

História da minha vida

Voltei a dormir e vi novamente aquela louca, que ainda aprontava das suas. Corria ao longo da bordadura, chamando todas as silenes e todas as outras bacantes que banqueteavam ou estavam ocupadas em se divertir nos medalhões, e forçava-as a dançar com ela e a quebrar todos os móveis do quarto.

Pouco a pouco o sonho foi ficando cada vez mais confuso, e tive uma espécie de prazer. Pela manhã, ao despertar, vi a bacante no lugar da ninfa de frente para mim, e como não tivesse mais noção do lugar ocupado pela minha cama no quarto, achei por um instante que ao retornar aos seus medalhões as duas pequenas personagens haviam se atrapalhado e trocado de porta; mas tal alucinação se dissipou com os primeiros raios de sol, e não pensei mais naquilo o dia todo.

Ao anoitecer minhas preocupações retornavam, e foi assim durante muito tempo. De dia era impossível para mim levar a sério aquelas duas figurinhas coloridas no papel, porém, às primeiras sombras da noite, perturbavam minha mente, e eu não ousava permanecer sozinha no quarto. Não falava nada sobre isso, pois minha avó fazia pouco caso e costumava zombar dessas poltronices, e eu temia que lhe contassem a respeito da minha bobagem; contudo, tinha quase oito anos e ainda não conseguia olhar tranquilamente para a bacante antes de dormir. Não imaginam tudo o que as crianças carregam de esquisitices reprimidas e de emoções ocultas em suas cabecinhas.

A estadia em Nohant do meu tio-avô, o abade de Beaumont, foi para minhas duas mães um grande consolo, uma espécie de retorno à vida. Ele era uma pessoa divertida, um pouco desleixado, como são os velhos solteiros, um espírito marcante, pleno de recursos e de criatividade, uma índole ao mesmo tempo egoísta e generosa; a natureza o fez sensível e ardente, o celibato tornou-o individualista; porém sua personalidade era tão amável, tão graciosa e tão sedutora que, diante de sua incapacidade de partilhar de nossas aflições sem conseguir deixar de tentar distraí-las, só um sentimento nos dominava, o da gratidão. Foi o velho mais bonito que vi na minha vida. Tinha a pele branca e delicada, o olhar doce e os traços regulares e nobres de minha avó; mas havia ainda mais pureza em suas linhas, e sua fisionomia era mais cheia de entusiasmo. Naquela época ainda usava uma peruca em bandó bem empoada e um rabo de cavalo *à la* prussiana. Estava sempre de calções de cetim preto, sapatos de fivela e, quando jogava por cima de sua casaca seu enorme sobretudo de seda roxa acolchoada, ganhava o ar solene de um retrato de família.

Adorava suas comodidades, e seu lar apresentava um luxo antigo confortável; sua mesa era refinada como seu paladar. Era déspota e imperioso em palavras; doce, liberal e manso de fato. Com frequência eu pensava nele ao esboçar o retrato de certo cônego muito apreciado em meu romance *Consuelo*. Como ele, filho bastardo de uma grande personagem, era guloso, impaciente, trocista, amante das belas-artes, magnânimo, cândido e malicioso ao mesmo tempo, irascível e bonachão. Carreguei muito na semelhança pelas necessidades do romance, e é o caso de dizer que os retratos traçados desse modo deixam de ser retratos; eis por que, quando eles parecem ofensivos aos que creem neles se reconhecer, é uma injustiça cometida contra o autor e contra si mesmo. Um retrato de romance, para ter algum valor, tem que ser sempre uma figura imaginária. O homem é tão pouco lógico, tão cheio de contrastes e de disparates na realidade, que a pintura de um homem real seria impossível e totalmente insustentável em uma obra de arte. O romance inteiro seria obrigado a se curvar às exigências desse caráter, e então não se trataria mais de um romance. Não teria apresentação, nem intriga, nem trama, nem desenlace; tudo se passaria de modo confuso, sem nenhuma ordem, como na vida, e não interessaria a ninguém, porque cada um almeja encontrar em um romance um tipo de ideal da vida.

Portanto, é besteira achar que um autor quis fazer com que amassem ou odiassem tal ou tal pessoa dando a suas personagens alguns traços tomados da natureza; a menor diferença faz delas um ser fictício, e sustento que em literatura não se pode fazer de uma figura *real* uma pintura *verossímil* sem se arrojar em enormes deturpações, e sem exagerar extremamente, para o bem ou para o mal, os defeitos e as qualidades do ser humano que poderá servir como primeiro modelo à imaginação. Trata-se de algo idêntico à atuação dos atores, que só são convincentes em cena com a condição de ultrapassar ou de atenuar em muito a realidade. Caricatura ou idealização, já não é mais uma cópia, e o modelo que lhe serviu de base apresenta pouco discernimento se acredita reconhecer-se nesses casos, se for tomado pelo despeito ou pela vaidade ao ver o que a arte ou a fantasia conseguiram

História da minha vida

fazer dele. Lavater[12] dizia (estas não são expressões suas, mas o seu pensamento): "Opõe-se ao meu sistema um argumento que contesto. Dizem que um celerado assemelha-se por vezes a um homem de bem, e reciprocamente. Respondo que se se enganam com essa semelhança, é porque não sabem observar, é porque não sabem ver. Certamente pode existir entre o homem de bem e o celerado uma semelhança vulgar, aparente; há mesmo nisso talvez apenas uma pequena linha, uma ligeira ruga, um *nada*, que constitui a dessemelhança. *Mas esse nada é tudo!*"

O que Lavater dizia a propósito das diferenças na realidade física é ainda mais verdadeiro quando se aplica à verdade relativa nas artes. A música não é harmonia imitativa, pelo menos a harmonia imitativa não é música. A cor na pintura é só uma interpretação, e a reprodução exata de tons reais não é a cor. As personagens de romance não são, portanto, figuras que têm um modelo existente. É preciso ter conhecido milhares de pessoas para delas criar uma só. Se estudassem apenas uma única pessoa e quisessem fazer dela um tipo exato, ela não se assemelharia a ninguém e não pareceria possível.

Fiz essa digressão para não retornar a isso mais tarde; ela não é realmente necessária à comparação que poderiam fazer entre meu tio de Beaumont e meu cônego de *Consuelo*, visto que pinto um cônego casto, e meu tio-avô gabava-se justamente do contrário. Ele teve aventuras belíssimas, e teria ficado bem aborrecido por não tê-las. Havia mil outras diferenças que não tenho necessidade de indicar, a não ser a da governanta do meu romance, que não tem o menor traço da governanta do meu tio-avô. Esta aqui era devotada, sincera, excelente pessoa. Fechou-lhe os olhos e tornou-se sua herdeira, o que mereceu, e, no entanto, meu tio lhe falava algumas vezes como o cônego fala à *dama Brigitte* em meu romance. Portanto, não há nada de menos real no que pareceria ser o mais verídico em uma obra de arte.

Meu tio-avô não tinha nenhuma espécie de *preconceito* com relação às mulheres. Contanto que fossem belas e amáveis, não procurava saber nem do seu berço nem do seu passado. Por isso aceitou minha mãe plenamente, e lhe

---

12 Johann Kaspar Lavater (1741-1801). Além de pastor foi filósofo, poeta e teólogo na Suíça. É considerado o fundador da fisiognomonia, a arte de conhecer a personalidade das pessoas através dos traços fisionômicos. (N.T.)

manifestou em toda a sua vida uma afeição de pai. Sabia julgá-la, e a tratava como uma criança de bom coração e sem juízo, repreendendo-a, consolando-a, defendendo-a com energia quando eram injustos com ela, reprimindo-a com severidade quando ela era injusta com os outros. Ele sempre foi um mediador imparcial, um conciliador convincente entre ela e minha avó. Ele a protegia dos arroubos de Deschartres, censurando-o por isso sem que este jamais conseguisse se zangar nem se revoltar contra o protetorado firme e bem-humorado do tio-avô.

A leveza desse amável ancião era então uma bênção em meio às nossas amarguras domésticas, e passei a notar, amiúde, que tudo é bom nas pessoas que são boas, mesmo seus aparentes defeitos. Imaginamos antecipadamente que sofreremos com essas pessoas, e em seguida elas chegam pouco a pouco em nosso benefício, e o que essas pessoas têm de mais ou de menos em certo sentido corrige o que temos de mais ou de menos no sentido contrário. Elas restituem o equilíbrio à nossa vida, e nos apercebemos que as tendências que lhes reprovamos eram extremamente necessárias para combater o abuso ou o excesso das nossas.

A serenidade e a alegria do tio-avô pareciam, desse modo, um pouco chocantes nos primeiros dias. Ele lamentava, no entanto, com muita sinceridade, a perda do seu querido Maurice; porém desejava distrair aquelas duas mulheres desoladas, e conseguiu.

Logo recuperamos um pouco de vida com ele. Era tão espirituoso, tão ativo em suas ideias, apresentava tanta graça ao relatar alguma anedota, ao zombar de alguém, ao distrair os outros distraindo-se a si mesmo, que era impossível resistir à sua pessoa. Ele pensou em nos fazer representar uma comédia para o aniversário de minha avó, e essa surpresa lhe foi preparada com muito trabalho e esmero. O salão que servia de antessala ao quarto da minha mãe, e no qual minha avó, que quase nunca subia escadas, não iria surpreender nossos preparativos, foi convertido em sala de espetáculo. Montamos o palco sobre tonéis; os atores, Hippolyte, Ursula e eu, não tínhamos altura suficiente para tocar no teto, apesar dessa elevação do solo. Tratava-se de uma espécie de teatro de marionetes, mas nem por isso menos encantador. Meu tio-avô recortou, colou e pintou ele mesmo os cenários. Escreveu a peça e nos ensaiou em nossos papéis, nossos versos e nossos gestos. Encarregou-se de ser o ponto para soprar nossas falas; Deschartres, com seu flajolé, fez a função da orquestra. Asseguraram-se de que eu não havia esquecido o *bolero* espanhol, ainda que desde aproximadamente os três anos me fizessem dançá-lo. Portanto, era a única designada para desempenhar a parte do balé, e tudo correu às mil maravilhas. A peça não era longa nem complicada. Era aliás das mais ingênuas, e o desfecho era a entrega de um enorme buquê a *Marie*. Hippolyte, como o mais velho e o mais sabido, tinha as falas mais longas. Porém, quando o autor percebeu que quem tinha a melhor memória entre nós três era Ursula e que ela demonstrava um prazer singular em declamar seu papel com aprumo, esticou suas réplicas e mostrou nossa tagarelice engraçada em seu verdadeiro aspecto. Era o que havia de melhor na peça. Ursula conservara seu apelido de Linguaruda, e dirigiu a vovó um cumprimento de grande fôlego e versos que não acabavam mais.

Não dancei meu bolero com menos segurança. A timidez e o acanhamento ainda não haviam chegado a mim, e lembro que Deschartres me fazia perder a paciência, porque, fosse por emoção, fosse por incompetência mesmo, desafinava o tempo todo e saía do ritmo, mas terminei o balé com uma improvisação de *entrechats* e piruetas que provocou gargalhadas em minha avó. Era tudo o que queríamos, pois havia aproximadamente três anos que a pobre mulher não dava um sorriso. Mas de repente, como que espantada com sua própria reação, fundiu-se em lágrimas, e apressaram-se em me agarrar pelas pernas no meio do meu delírio coreográfico, fizeram-me passar por cima da ribalta e me jogar no seu colo para receber mil beijos regados a lágrimas.

Mais ou menos na mesma época, minha avó começou a me ensinar música. Apesar dos seus dedos meio entrevados e de sua voz enfraquecida, ela ainda cantava admiravelmente bem, e os dois ou três acordes que conseguia fazer para se acompanhar eram de uma harmonia tão rara e tão perfeita, que quando se trancava em seu quarto para reler alguma antiga ópera às escondidas, e me permitia ficar perto dela, eu entrava em verdadeiro êxtase. Eu me sentava no chão, ao lado do velho cravo, onde Brilhante, seu cão favorito, permitia-me dividir um canto do tapete, e ali poderia passar minha vida inteira, maravilhando-me tanto com aquela voz trêmula quanto com o som penetrante daquela espineta. É que, a despeito das deficiências daquela voz e daquele instrumento, havia a bela música executada com admirável compreensão e sensibilidade. Ouvi muitas cantoras depois, com recursos magníficos; porém se ouvi algumas coisas diferentes em seus cantos, posso dizer que nunca escutei nada melhor que o canto de minha avó. Ela estudara muito a música dos mestres, e conhecera os compositores Gluck e Piccinni, diante dos quais permanecia imparcial, dizendo que cada um tinha seu mérito e que não havia necessidade de comparar, mas de apreciar as individualidades. Também sabia de cor fragmentos de Leo, de Hasse e de Durante que jamais ouvi sendo cantados a não ser por ela, e que eu não saberia sequer qualificá-los, mas reconheceria se os escutasse de novo. Eram temas simples e grandiosos, formas clássicas e serenas. Mesmo nas coisas que haviam estado na moda em sua juventude, ela distinguia perfeitamente o ponto fraco e não gostava do que chamamos hoje em dia de rococó. Seu gosto era apurado, severo e grave.

Ela me ensinou as primeiras noções de música, e de modo tão claro, que não me pareceram um bicho de sete cabeças. Mais tarde, quando tive meus mestres, não compreendia mais nada, fui me desgostando daquele estudo, pelo qual achei que não tinha aptidão. Mas depois percebi que a culpa era dos mestres mais que minha, e se minha avó tivesse continuado a me ensinar com exclusividade, sem a intromissão de ninguém, eu teria sido musicista, pois levava jeito para sê-lo, e compreendo a beleza que, nessa arte, me impressiona e me transporta mais que em todas as outras.

Capítulo 16
Madame de Genlis. – Os *Batuecas*. – Os reis e as rainhas dos contos de fadas. – O biombo verde. – A gruta e a cascata. – O velho castelo. – Primeira separação entre mim e minha mãe. – Catarina. – Pavor que me inspiravam a idade e o ar imponente da minha avó.

Minha cabecinha sempre foi plena de poesia, e era o que mais me prendia a atenção em minhas leituras. Berquin,[13] o velho amigo das crianças que,

---

13 Arnaud Berquin (1747-1791). Pedagogo e escritor francês muito conhecido até os dias de hoje na França e reverenciado pela publicação de várias obras dedicadas à infância e juventude. (N.T.)

creio, enalteceram de modo exagerado, nunca me empolgou. Às vezes minha mãe lia para nós em voz alta fragmentos de romances de madame de Genlis,[14] esta gentil senhora por demais esquecida, dona de real talento. Que importam hoje seus preconceitos, sua moral capenga e muitas vezes falsa, e sua personalidade que parece não ter se decidido entre o velho e o novo mundo? Com relação às limitações que pesavam sobre ela, foi tão longe em sua obra o quanto lhe foi possível. Sua verdadeira natureza deve ter sido excelente, e há certo romance dela que abre perspectivas vastíssimas para o futuro. Sua imaginação permaneceu fresca sob as neves da idade avançada, e nos detalhes que imprime é realmente artista e poeta.

Dela existe um romance publicado durante a restauração, penso ser um dos últimos que escreveu, do qual nunca mais ouvi falar. Tinha 16 ou 17 anos quando o li, e não saberia dizer se fez sucesso ou não. Não me recordo muito bem dele, mas me impressionou vivamente e produziu efeitos sobre toda minha vida. O romance é intitulado *Batuecas*, e é eminentemente socialista. Os *batuecas* seriam membros de uma pequena tribo que, na realidade ou na imaginação, existiu em um vale espanhol cercado de montanhas inacessíveis. Depois de não sei qual acontecimento, essa tribo se isolou voluntariamente em um lugar onde a natureza lhe oferecia todos os recursos imagináveis, e onde, por muitos séculos, perpetuou-se sem ter nenhum contato com a civilização exterior. Tratava-se de uma pequena república campestre, governada pelas leis de um ideal primitivo. Ali todos eram forçosamente virtuosos. Era a idade de ouro com toda sua felicidade e poesia. Um rapaz, cujo nome já não lembro, que vivia ali em toda candura dos costumes primitivos, descobre um dia, por acaso, o caminho perdido que leva ao mundo moderno. Ele se aventura, deixa seu doce retiro, e ei-lo lançado em nossa civilização, com a simplicidade e a retidão da lógica da natureza. Vê palácios, exércitos, teatros, obras de arte, uma corte, mulheres mundanas, sábios, homens célebres; e seu espanto, sua admiração levam-no ao delírio. Mas vê também mendigos, órfãos abandonados, chagas expostas na porta das igrejas, homens que morrem de fome na porta dos ricos. Ele se espanta

---

14 Caroline-Stéphanie-Félicité du Crest de Saint-Aubin, condessa de Genlis (1746-1830). Escritora, harpista e educadora francesa. (N.T.)

ainda mais. Um dia pega um pão na vitrine de um padeiro para dá-lo a uma pobre mulher que chora com seu filho pálido que está morrendo em seus braços. Tratam-no como ladrão, ameaçam-no; seus amigos o repreendem e tentam explicar-lhe o que significa a propriedade. Ele não compreende. Uma linda dama o seduz, mas ela tem flores artificiais nos cabelos, flores que ele acreditou serem verdadeiras e que o surpreendem porque elas não exalam nenhum perfume. Quando lhe explicam que aquelas não são flores reais, ele se assusta, tem medo daquela mulher que lhe parecia tão bela, e passa a achar que ela também é artificial.

Não sei mais quantas decepções lhe sucedem quando ele se depara com a mentira, com o charlatanismo, com a convenção, com a injustiça por toda parte. É o Cândido e o Huron de Voltaire, porém é concebido com mais ingenuidade. É uma obra casta, sincera, sem amargura, e cujos detalhes são de uma poesia infinita. Acho que o jovem batueca retorna ao seu vale e re-cobra sua virtude sem no entanto recuperar sua felicidade, pois bebeu do copo envenenado do século. Não gostaria de reler esse livro, temendo não achá-lo mais tão encantador quanto me pareceu.

Pelo que me lembro, a conclusão de madame (de) Genlis não é arrojada, ela não almeja censurar a sociedade, e em vários sentidos tem razão de acei-tar a humanidade tal como ela se tornou pelas próprias leis do progresso. Mas me parece que, em geral, os argumentos que ela põe na boca da espé-cie de mentor que acompanha o herói do seu romance, através do exame do mundo moderno, são bastante fracos. Eu os li sem prazer e sem convicção, e pensem bem, no entanto, que aos dezesseis anos, saindo do claustro e ain-da submissa à lei católica, não tinha opinião preconcebida contra a socie-dade oficial. Os raciocínios ingênuos do *batueca*, muito pelo contrário, me encantaram e, coisa estranha, talvez seja a madame de Genlis, a professora e amiga de Luís Filipe,[15] a quem devo meus primeiros instintos socialistas e democráticos.

Mas estou enganada, eu os devo à singularidade da minha posição, ao meu nascimento *encavalado*, por assim dizer, em duas classes, ao meu amor por minha mãe, amor contrariado e destruído pelos preconceitos que me

---

15 Luís Filipe I de França (1773-1850), reinou de 1830 a 1848. (N.T.)

História da minha vida

fizeram sofrer antes que eu pudesse compreendê-los. Eu os devo também à minha educação, que foi alternadamente filosófica e religiosa, e a todos os contrastes que minha própria vida me apresentou desde a idade mais tenra. Portanto, tenho sido democrata não somente pelo sangue que minha mãe depositou em minhas veias, mas ainda pelas lutas que o sangue do povo exaltou em meu coração e em minha existência, e se os livros tiveram algum efeito sobre mim, é porque suas tendências apenas confirmaram e consagraram as minhas.

Contudo, as princesas e reis dos contos de fadas fizeram por muito tempo minhas delícias. É que, em meus sonhos de infância, essas personagens eram o modelo da delicadeza, da benevolência e da beleza. Adorava seu luxo e seus adornos, mas tudo isso era dado pelas fadas, e os reis dessas narrativas não têm nada em comum com os reis verdadeiros. Aliás, são tratados cavalheirescamente pelos gênios, quando conduzem-se mal, e desse ponto de vista são submetidos a uma justiça mais severa que a do povo.

As fadas e os gênios! Onde estão eles, esses seres que podem tudo, e que, com um golpe de vara de condão, faziam-nos entrar em um mundo de maravilhas? Minha mãe nunca quis me dizer que eles não existiam, e por isso agora devoto-lhe uma gratidão infinita. Minha avó teria agido de outra maneira se eu ousasse lhe colocar as mesmas questões. Impregnada de Jean-Jacques e de Voltaire, demolia sem remorsos e sem piedade todo o edifício encantado de minha imaginação. Minha mãe procedia de outra forma. Ela não me afirmava nada, nem tampouco negava. A razão chegaria bem rápido conforme sua vontade, e eu já tinha bastante consciência por mim mesma de que minhas quimeras não se realizariam; mas se a porta da esperança não estava mais escancarada como nos meus primeiros tempos, ela ainda não se apresentava completamente trancada a sete chaves, permitindo-me bisbilhotar em seu arredor tentando encontrar uma pequena fresta para observar através dela. Enfim, eu ainda podia sonhar acordada, e não sentia a menor culpa nisso.

Lembro que, nas noites de inverno, minha mãe lia para nós ora Berquin, ora *Veillées du chatêau* (Serões do castelo), de madame de Genlis, e ora outros fragmentos de livros levados por nós, dos quais já não me recordo. A princípio escutava atentamente. Ficava sentada aos pés da minha mãe,

179

diante do fogo da lareira, e entre o fogo e eu havia um velho biombo de tafetá verde. Eu conseguia ver um pouco das chamas através do tafetá gasto, e elas produziam estrelinhas de cujas cintilações eu aumentava o brilho ao piscar os olhos. Então, pouco a pouco, perdia o fio das frases lidas por minha mãe; sua voz me lançava em um tipo de torpor mental, no qual me era impossível seguir uma ideia. Imagens se desenhavam diante de mim e fixavam-se na tela verde do biombo. Eram de bosques, prados, rios, cidades de uma arquitetura estranha e gigantesca, como vejo ainda com frequência em meus sonhos; palácios encantados com jardins como não há, com milhares de pássaros azuis-celestes, dourados e púrpuras, que adejavam sobre as flores e que se deixavam pegar como as rosas se deixam colher. Havia rosas verdes, negras, violetas, rosas azuis, sobretudo. Parece que a rosa azul foi, durante muito tempo, o sonho de Balzac. Foi meu também em minha infância, pois as crianças, como os poetas, são apaixonadas pelo que não existe. Via ainda bosquezinhos iluminados, repuxos, profundezas misteriosas, pontes chinesas, árvores carregadas de frutas douradas e de pedrarias. Enfim, todo o mundo fantástico dos meus contos tornava-se sensível, visível, e me perdia em delícias. Fechava os olhos, e ainda continuava vendo aquele mundo; mas quando os abria novamente, só na tela conseguia reencontrá-lo. Não sei qual arte do meu cérebro havia fixado ali essa visão e não em outro lugar qualquer; porém com certeza contemplei naquela tela verde maravilhas inauditas. Um dia essas aparições tornaram-se tão nítidas, que fiquei um tanto quanto assustada e perguntei à minha mãe se ela não as via. Eu assegurava haver imensas montanhas azuis na tela, e ela me tomou em seu colo cantando para me fazer voltar à realidade. Não sei se foi para alimentar minha imaginação extremamente excitada, quando um dia ela mesma teve uma ideia pueril mas deslumbrante para mim e que fez por muito tempo minhas delícias. Eis do que se trata.

Em nosso terreno existe um pequeno bosque cultivado de carpinos, freixos, tílias e lilases. Minha mãe escolheu um lugar onde uma alameda sinuosa conduzia a uma espécie de beco sem saída. Ela abriu, com a ajuda de Hippolyte, de minha babá, de Ursula e minha, uma pequena vereda na vegetação, que era então bastante densa. Às margens da vereda plantamos violetas, primaveras e pervincas que desde aquela época se desenvolveram tanto que

História da minha vida

hoje invadem quase todo o bosque. O beco sem saída tornou-se então um ninho onde um banco foi colocado embaixo das lilases e espinheiros, e lá íamos estudar e repassar nossas lições quando o tempo estava bom. Minha mãe levava para lá seu bordado, e nós levávamos nossos brinquedos, sobretudo pedras e tijolos para construir casas, e dávamos nomes a esses edifícios, Ursula e eu, nomes pomposos. Havia o castelo da fada, o palácio da *Bela adormecida* etc. Vendo que não conseguíamos realizar nossos sonhos com aquelas construções grosseiras, minha mãe um dia deixou seu bordado e pôs-se a participar do passatempo. Foi logo dizendo: "Tirem da minha frente seus calcários horrorosos e seus tijolos quebrados. Vamos procurar comigo pedrinhas cobertas de musgo, seixos rosas, verdes, conchinhas, mas que sejam bem bonitos, caso contrário não vou juntar-me a vocês".

Eis nossa imaginação iluminada. Tratava-se de não trazer nada que não fosse bem bonito, e nos pusemos a procurar os tesouros nos quais até então tínhamos pisado sem reconhecê-los. Quantas discussões com Ursula para saber se tal musgo era aveludado o bastante, se as pedras apresentavam uma forma interessante, se os seixos brilhavam a contento! No começo tudo nos parecia bom, porém logo a comparação se estabelecia, as diferenças saltaram-nos à vista, e pouco a pouco nada nos parecia muito digno de nossa nova construção. Foi preciso que a babá nos levasse ao rio para ali encontrarmos os belos seixos esmeralda, lápis-lazúli e coral que brilhavam sob as águas rasas e correntezas. Mas à medida que secavam fora do seu leito, eles perdiam suas cores vivas, e era uma nova decepção. Mergulhávamos os seixos cem vezes na água para reavivar seu brilho. Há em nossas terras quartzos soberbos, e uma quantidade de amonites e de fósseis antediluvianos de uma extraordinária beleza e de uma grande variedade. Jamais havíamos prestado atenção naquilo tudo, e o menor achado nos trazia uma surpresa, uma descoberta e uma conquista.

Havia, em nossa casa, um asno, o melhor burro que jamais conheci; não sei se fora manhoso em sua juventude como todos os seus semelhantes; mas era velho, velhíssimo; já não tinha mais rancores nem caprichos. Caminhava com um passo grave e cadenciado; respeitado pela sua idade avançada e por seus bons serviços prestados, nunca recebia corretivos nem era alvo de censuras, e, sendo o mais irrepreensível dos asnos, podemos dizer também que

181

era o mais feliz e estimado. Ursula e eu entrávamos nos cestos que carregava para transportar todo tipo de coisas, e passeávamos assim, uma em cada um dos seus flancos, sem que ele se importasse ou sequer pensasse em livrar--se de nosso peso. No retorno do passeio, o asno entregava-se novamente à sua liberdade habitual; não conhecia cordas nem cocho. Sempre andando a esmo pelo pátio, na aldeia ou no prado do jardim, era absolutamente livre, jamais causando prejuízo a ninguém, e usufruindo com discrição de tudo que achava em seu caminho. Várias vezes dava-lhe na veneta entrar na casa, na sala de jantar e mesmo no aposento da minha avó, que um dia encontrou-o em seu toucador, com o focinho enfiado em uma caixa de pó de íris que aspirava com um ar sério e meditabundo. Ele aprendera a abrir as portas que eram trancadas apenas com taramela, conforme o antigo sistema e costume do país, e como conhecia perfeitamente todo o andar térreo da casa, sempre procurava por minha avó, da qual tinha certeza de que receberia pelo menos uma guloseima qualquer. Era indiferente quando riam dele; superior aos sarcasmos, tinha ares de filósofo que eram só seus. Sua única fraqueza era a falta do que fazer e, por consequência, o tédio da solidão. Uma noite, ao encontrar a porta da lavanderia aberta, subiu uma escada de sete ou oito degraus, atravessou a cozinha, o vestíbulo, levantou a taramela de dois ou três cômodos e parou à porta do quarto em que minha avó dormia; porém ali encontrou um ferrolho que não conseguiu transpor, e pôs-se a arranhar a porta com a pata para chamar a atenção sobre sua presença. Sem saber do que se tratava aquele barulho, e achando que um ladrão tentava arrombar sua porta, minha avó tocou a sineta para chamar sua camareira, que, em meio à escuridão, foi atendê-la e, ao chegar à porta, caiu por cima do asno aos berros.

Mas esta é apenas uma digressão; retorno agora aos nossos passeios. O asno foi colocado à nossa disposição, e todos os dias carregava em seus cestos uma provisão de pedras para a construção do nosso edifício. Minha mãe escolhia as mais belas ou as mais singulares, e quando todo o material finalmente foi reunido, com suas mãozinhas fortes e hábeis começou a construir, bem na nossa frente, não uma casa, não um castelo, mas uma gruta em rocalha.

Uma gruta! Não fazíamos a menor ideia do que era isso. A nossa não tinha mais que quatro ou cinco pés de altura e dois ou três de profundidade;

História da minha vida

mas as dimensões não significam nada para as crianças, elas têm a faculdade de enxergar tudo em tamanho grande, e como a obra já durava alguns dias, começamos a achar que nossa rocalha chegaria até as nuvens. Quando estava pronta, havia adquirido em nossa mente as proporções que sonháramos. Para lembrar-me agora no presente que, ao subir as primeiras fiadas conseguia alcançar rapidamente o cume da gruta, precisei conferir o pequeno local que ela ocupava — e que ainda hoje existe — para me convencer de que não era uma caverna de montanha.

Pelo menos era muito bonita, nunca poderei convencer-me do contrário. Tratava-se apenas de seixos escolhidos e combinados em suas cores vivas, de pedras cobertas de musgos ralinhos e sedosos, de conchas soberbas, guirlandas de hera cobrindo o edifício e relva em todo seu entorno. Mas toda essa cuidadosa composição não era suficiente; precisávamos ainda de uma fonte e de uma cascata, já que uma gruta sem água de verdade é um corpo sem alma. Ora, não havia o menor filete de água em nosso bosquezinho. Minha mãe não desistiu de completar a obra por tão pouco. Uma grande bacia esmaltada de verde que servia para ensaboar roupas foi enterrada até a borda no interior da gruta; a cercamos de plantas e de flores para ocultar a louça, e todos os dias tínhamos o cuidado de enchê-la novamente com água límpida. Mas e a cascata? Perguntamos entre nós exaltados. "Amanhã vocês terão a cascata", disse minha mãe, "mas não cheguem perto da gruta antes que eu mande chamar vocês; pois é preciso que a fada nos ajude com isso, e a curiosidade de vocês poderia espantá-la.".

Observamos religiosamente essa prescrição, e na hora combinada minha mãe foi nos buscar. Ela nos conduziu pela vereda até a frente da gruta, impedindo-nos de ir olhar a parte de trás, e ao colocar uma varinha na minha mão, bateu palmas três vezes, recomendando-me que, ao mesmo tempo em que ela batesse palmas eu batesse minha varinha no centro da gruta, onde havia agora um orifício do qual saía um cano feito de galho de sabugueiro. Na terceira batida da varinha, a água jorrou do cano com tanta força que Ursula e eu ficamos encharcadas, e em nossa imensa satisfação pulávamos e gritávamos em delírio de alegria. A cascata, caindo de dois pés de altura no pequeno lago formado pela bacia, ofereceu um jorro de água cristalina que durou dois ou três minutos e parou... no momento em que esgotara-se toda a água da vasilha que minha babá, escondida atrás da gruta, vertia no cano de sabugueiro. A água, transbordando da bacia em *ondas puras*, copiosamente regou as flores plantadas às suas margens. A ilusão teve curta duração, portanto, mas foi perfeita, deliciosa, e não creio ter experimentado maior surpresa e admiração quando depois visitei as grandes cataratas dos Alpes e dos Pirineus.

Quando a gruta atingiu seu mais alto grau de perfeição, como minha avó ainda não a tinha visto, fomos solenemente rogar a ela que nos desse a honra de sua visita ao bosquezinho, e todos estávamos lá preparados para lhe fazer a surpresa da cascata. Pensávamos que ela ficaria maravilhada; porém, seja porque achara a coisa toda muito pueril, seja porque se indispusera com minha mãe naquele dia, em vez de admirar nossa obra-prima, caçoou de nós, e a bacia que servia de laguinho (tínhamos até colocado peixinhos dentro para lhe fazer festa) nos acarretou mais zombaria que elogios. Fiquei completamente consternada; pois nada no mundo me parecia mais lindo que nossa gruta encantada, e sofria de verdade quando empenhavam-se para destruir minhas ilusões.

Os passeios de asno sempre nos deixavam bem animadas; íamos à missa todos os domingos montadas nesse patriarca dos rocins, e levávamos nosso almoço, para comê-lo depois da missa no antigo castelo de Saint-Chartier, que ficava encostado à igreja. Uma senhora tomava conta do castelo e nos recebia nas amplas salas abandonadas do velho solar, e minha mãe tinha verdadeira satisfação em passar ali uma parte do dia. O que me impressionava mais era a aparência fantástica da senhora, que era, no entanto, uma legítima camponesa, que não descansava nem aos domingos, e fiava em sua roca nesse dia com tanta presteza quanto durante a semana, embora a observação do repouso aos domingos seja um dos hábitos mais rigorosos entre os camponeses do vale Noir. Aquela idosa servira algum senhor feudal voltairiano e filósofo da aldeia? Não sei.

Esqueci seu nome, mas não o aspecto imponente do castelo tal como ainda se conservara muitos anos depois daquela época. Era um solar formidável, intacto e bastante habitável, ainda que desguarnecido de mobiliários. Havia salas imensas, lareiras colossais e masmorras das quais me lembro perfeitamente. Esse castelo é célebre na história do país. Fora o mais pode-

História da minha vida

roso da província, e por muito tempo servira de residência aos príncipes do baixo Berry.[16] Foi sitiado por Filipe Augusto em pessoa, e ainda mais tarde seria ocupado pelos ingleses, e retomado destes à época de Carlos VII. Tratava-se de um grande quadrilátero flanqueado por quatro torres enormes. O proprietário, cansado de mantê-lo, quis demoli-lo para vender os materiais. Obtiveram sucesso em arrancar o madeiramento e derrubaram todas as divisórias e paredes internas. Mas não puderam abalar as torres, construídas com cimento romano, e não foi possível remover-lhe as lareiras. Estas continuam de pé, ostentando suas chaminés de quarenta pés de altura, sem que jamais, em trinta anos, tempestade ou geada tenham soltado um tijolo sequer. Em suma, é uma ruína magnífica que ainda desafiará o tempo e os homens durante muitos séculos. O alicerce é de construção romana, o corpo do edifício é dos primeiros tempos do feudalismo.

Ir a Saint-Chartier era uma viagem naquela época. Os caminhos ficavam impraticáveis durante nove meses no ano. Era preciso passar pelas veredas dos prados, ou se arriscar com o pobre asno, que ficava mais de uma vez atolado na lama com sua carga. Hoje uma rota maravilhosa, margeada por belas árvores, nos conduz em um quarto de hora. Mas o castelo me dava uma impressão muito mais viva quando era necessário um esforço bem maior para chegar até ele.

Enfim, terminado o inventário da família, minha mãe assinou o compromisso de me deixar à minha avó, que fazia questão absoluta de encarregar-se de minha educação. Demonstrara uma repugnância tão viva por aquele acordo, que não me falaram mais dele a partir do momento em que se consumou. Tinham intenção de me separar gradativamente de minha mãe, sem que eu percebesse; e, para começar, ela partiu sozinha para Paris, impaciente que estava em rever Caroline.

---

16 Berry foi uma província da Idade Média histórica da França no Antigo Regime. Sua estrutura administrativa desapareceu definitivamente com a Revolução Francesa. Constiui-se em um dos maiores territórios agrícolas da França e deve sua unidade mais à história que à geografia. Até hoje é reconhecida por alguns elementos culturais próprios da região, que são exprimidos notadamente em suas especialidades gastronômicas. (N.T.)

Como eu deveria ir a Paris quinze dias depois com minha avó, e de fato constatei que preparavam a carruagem e as bagagens, não fiquei muito receosa nem aflita. Diziam a mim que em Paris eu permaneceria bem próximo da minha mamãezinha e a veria todos os dias. No entanto, experimentei uma espécie de temor quando me encontrei sem ela naquela casa, que começava a me parecer enorme como nos primeiros dias que passei ali. Também foi necessário me separar de minha babá que eu amava ternamente e que estava prestes a se casar. Era uma camponesa que minha mãe tinha conseguido para substituir a espanhola Cecília depois da morte do meu pai. Essa mulher excelente ainda está viva e vem me visitar com frequência para me trazer frutas de sua sorveira, árvore extremamente rara em nosso país, e que, no entanto, aqui atinge enormes proporções. A sorveira de Catherine é seu orgulho e sua glória, e fala dela como faria o guarda de um esplêndido monumento. Ela fazia parte de uma família numerosa e, por consequência, desafortunada. Muitas vezes tive oportunidade de lhe prestar auxílio. É uma felicidade poder assistir a velhice da criatura que cuidou de nossa infância. Não havia ninguém mais doce e mais paciente no mundo que Catherine. Ela tolerava, e até mesmo admirava com ingenuidade todas as bobagens que eu aprontava. Ela me mimou terrivelmente, e não me queixo disso, pois viria a ser tratada de modo completamente diferente durante muito tempo por minhas babás, e logo expiei a tolerância e a ternura que não chegara a apreciar o bastante.

Catherine despediu-se de mim em prantos, se bem que me deixava para viver com um marido excelente, muito bonito, muito íntegro, inteligente e, ainda por cima, rico, companhia bem preferível àquela de uma criança chorona e cheia de caprichos; mas o bom coração daquela moça não fazia cálculos, e suas lágrimas me deram a primeira noção do que representava a ausência. "Por que você está chorando?", indaguei, "Logo nos veremos de novo!"; "Sim", ela respondeu, "mas vou estar a mais de uma légua e meia daqui, e não vou poder vê-la todos os dias".

Isso me botou para pensar, e comecei a ficar atormentada com a ausência da minha mãe. Havia apenas quinze dias que estava separada dela, mas esses quinze dias são mais nítidos em minha memória que os três anos que os precederam, e talvez até mesmo que os três anos que se seguiram e que

História da minha vida

ela ainda passou comigo. Está provado que só a dor marca na infância o sentimento da vida.

Entretanto, não se passou nada de relevante durante aqueles quinze dias. Minha avó, percebendo que eu andava num estado melancólico, empenhava--se em me distrair com várias atividades. Ela me passava minhas lições e se mostrava muito mais indulgente que minha mãe com relação à minha escrita e recitação de minhas fábulas. Nada mais de reprimendas, nem de punições. Mostrava-se bastante sóbria com meus estudos e, querendo conquistar meu afeto, me enchia de elogios, encorajando-me em tudo e me presenteava com mais bombons que de costume. Tudo isso deve ter me parecido uma de-monstração de enorme carinho, pois minha mãe era rígida e não tinha mi-sericórdia da minha preguiça e das minhas distrações. Pois bem, o coração da criança é um mundinho tão esquisito e tão inconsequente quanto o de um adulto. Achava minha avó mais severa e mais assustadora em sua doçura que minha mãe em seus momentos mais exaltados. Até ali eu gostara dela e me mostrava confiante e meiga para com ela. Daquele momento em diante, e isso perdurou por muito tempo, senti-me fria e reservada em sua presen-ça. Suas carícias me incomodavam ou me davam vontade de chorar, porque me faziam lembrar dos abraços mais apaixonados de minha mãe. E depois, eu não tinha com minha avó uma convivência de todo instante, uma fami-liaridade, uma expansão contínua. Era preciso ter respeito, e isso me parecia glacial. O terror que minha mãe me causava por vezes era apenas um momen-to doloroso passageiro. No instante seguinte estava em seu colo, abraçan-do-a, conversando com intimidade, enquanto com vovó as carícias tinham de ser cerimoniosas, por assim dizer. Ela me abraçava solenemente e como que para recompensar minha boa conduta; não me tratava como criança, de tanto que almejava tornar-me responsável e pretendia me fazer perder o in-vencível pendor para o desleixo, que minha mãe jamais reprimiu com muita persistência. Não convinha mais rolar pelo chão, rir ruidosamente, falar no dialeto da província de Berry. Era preciso manter a postura, usar luvas, fazer silêncio ou cochichar bem baixinho em um canto com Ursula. A cada elã do meu temperamento, opunham uma pequena repressão bem suave, mas assí-dua. Não me repreendiam, mas me tratavam por *vós*, e metiam *vós* em tudo. *"Minha filha, vós vos mantendes com a postura de um corcunda; minha filha, vós andais como uma camponesa; minha filha, vós perdestes novamente vossas luvas! Minha filha, vós sois muito crescida para fazer semelhantes coisas."* Muito crescida! Eu tinha sete anos, e nunca haviam dito a mim que eu era muito crescida. Causava-me um pouco de horror, isso de ter me tornado tão adulta de repente desde quando minha mãe partiu. E depois, era preciso aprender toda espécie de hábitos e costumes que me pareciam ridículos. Era necessário fazer reverência às pessoas que chegavam para nos visitar. Não era mais conveniente pôr os pés na cozinha e nem tratar os criados por *você*, para que eles perdessem o hábito de tratar-me por *você*. Já não devia nem mesmo tratar vovó por *você*. Nem mesmo era aceitável chamá-la por *vós*. Era preciso falar com ela na terceira pessoa: *"Minha querida vovó, será que ela me permite ir ao jardim?".*

Certamente ela tinha razão, a excelente mulher, em querer criar em mim um grande respeito moral por sua pessoa e pelo código dos hábitos de boas maneiras da civilização que ela desejava impor-me. Ela tinha minha guarda; precisava cuidar e educar uma criança teimosa e difícil de conduzir. Vira minha mãe atuar energicamente para tentar educar-me e pensava que, em vez de acalmar aqueles acessos de irritação doentia, minha mãe, excitando por demais minha sensibilidade, tinha-me em seu domínio sem me corrigir. É bem provável. A criança, abalada em demasia em seu sistema nervoso, retorna muito mais rápido ao seu extravasamento de impetuosidade quanto maior e mais brusco for esse abalo. Minha avó sabia muito bem que, ao me subjugar por meio de uma série de observações tranquilas, faria com que me dobrasse a uma obediência instintiva, sem brigas, sem lágrimas, e até mesmo eliminaria do meu caráter a ideia de resistência. Isso ocorreu, de fato, em questão de alguns dias. Nunca mais pensei em me revoltar contra ela, mas não me impedia de me rebelar contra os outros em sua presença. Desde quanto ela passou a tomar conta de mim, percebi que, ao fazer em sua presença minhas tolices, eu estava sujeita às suas reprimendas, e essa reprimenda manifesta tão polidamente, mas de modo tão frio, me causava calafrios até na medula dos ossos. Eu violentava tanto meus instintos que experimentava tremores convulsivos com os quais ela ficava bastante preocupada, sem poder compreendê-los.

Ela atingiu seu propósito, que era, antes de tudo, me tornar disciplinada, e ficava admirada por ter chegado a isso tão rápido. "Vejam agora", dizia ela,

História da minha vida

"como ela é doce e gentil!", e aplaudia a si própria por ter se esforçado tão pouco para me transformar, com um sistema completamente oposto ao da minha pobre mãe, ao mesmo tempo em escrava e tirana.

Porém, minha cara vovó logo se surpreendeu ainda mais. Ela almejava ser respeitada religiosamente, e ao mesmo tempo ser amada com devoção. Recordava-se da infância do seu filho e tinha a ilusão de revivê-la comigo. Que triste! Isso não dependia nem dela nem de mim. Ela não tinha se dado conta o suficiente do intervalo de geração que nos separava e da distância enorme de nossas idades. A natureza não se engana; apesar das atenções infinitas, dos benefícios sem limites de minha avó em minha educação, não hesito em dizê-lo, uma avó idosa e enferma não pode ser uma mãe, e o domínio absoluto de uma criança ainda pequenina por uma velha mulher é algo que contraria a natureza a cada instante. Deus sabe o que faz ao suspender em uma certa idade a potência da maternidade. A pequena criatura que começa a vida tem necessidade dos cuidados de outra criatura ainda jovem e na plenitude da vida. A solenidade das maneiras de minha avó contristava-me a alma. Seu quarto sombrio e perfumado me dava enxaqueca e bocejos espasmódicos. Ela era sensível ao calor, ao frio, a uma corrente de ar qualquer, aos raios de sol. A mim parecia que ela se trancava comigo em seu quarto, tinha a impressão de estar guardada em uma enorme caixa quando me dizia: *"Divirta-se bem quietinha."*. Entregava-me gravuras para apreciar, e eu não conseguia nem olhar para elas, pois tinha vertigens. Um cão que latisse fora, um pássaro que cantasse no jardim faziam-me estremecer. Eu queria ser aquele cão ou aquele pássaro. E quando ia com ela ao jardim, embora não exercesse sobre mim nenhum constrangimento, mantinha-me acorrentada ao seu lado pelo sentimento de respeito que ela sabia inspirar em mim. Ela caminhava com dificuldade, e eu permanecia bem próxima a ela para apanhar sua caixa de rapé ou sua luva que ela deixava cair com frequência e não conseguia se abaixar para pegar, visto que nunca vi corpo mais lânguido e mais débil; e como fosse, todavia, gorda, conservada e muito sadia, essa incapacidade de movimento intimamente me tirava do sério. Vi cem vezes minha mãe acabada por causa das violentas enxaquecas, estendida sobre sua cama como uma morta, com o rosto pálido e os dentes serrados; isso me punha em desespero; mas a apatia paralítica de minha avó era algo que eu não conseguia explicar a mim mesma e que, por vezes, me parecia voluntária. A princípio, de fato havia algo nesse sentido, por culpa da educação que lhe deram no começo de sua vida. Ela também vivera trancada em uma caixa, entre quatro paredes, e seu sangue perdeu a energia necessária à circulação; quando quiseram sangrá-la, não conseguiam extrair-lhe uma gota, de tanto que o sangue permanecera inerte em suas veias. Tinha um pouco de receio de tornar-me como ela, e, quando me ordenava que ficasse quieta ao seu lado, parecia que estava me condenando à morte.

Por fim, todos os meus instintos se rebelaram contra essa diferença de compleição, e só vim a gostar realmente de minha avó quando aprendi a raciocinar. Até então, confesso, tinha por ela um tipo de veneração moral unido a uma aversão física invencível. Ela percebia bem minha frieza, a pobre mulher, e queria vencê-la com reprimendas que só serviam para aumentá-la, ao constatar em meus próprios olhos um sentimento do qual não me dava conta. Ela sofria muito com isso e eu talvez mais ainda, sem poder me defender daquela situação. Mais tarde uma grande reação se deu em mim, enquanto meu espírito estava em pleno desenvolvimento, e ela reconheceu que se enganara ao me julgar teimosa e ingrata.

Figura 12. Anônimo, 1870. Gravura da casa de George Sand, em Nohant, publicada na revista *L'Illustration*.

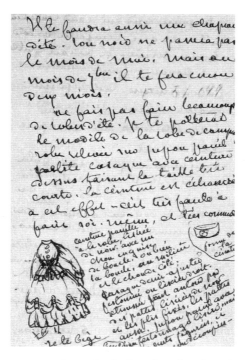

Figura 13. George Sand, 1866. Conselhos de moda para Lina, com esboços.

Figura 14. Félix Nadar, 1857(?). Retrato de Maurice Sand.
Figura 15. André E. A. Disdéri, 1860(?). Retrato de Solange Clésinger.
Figura 16. Félix Nadar, s.d. Retrato de Lina Sand reproduzido a partir de um *cliché-verre*.

Terceira parte

Capítulo I
Viagem a Paris. – O grande coche. – A Sologne. – A floresta de Orleans e os enforcados. – O apartamento de minha avó em Paris. – Meus passeios com minha mãe. – O penteado *à la* chinesa. – Minha irmã. – Primeira mágoa violenta. – A boneca negra. – Doença e visão no delírio.

Partimos rumo a Paris no começo, creio eu, do inverno de 1810 para 1811, pois Napoleão entrara vitorioso em Viena, e casara-se com Maria Luísa durante minha primeira estada em Nohant. Recordo-me dos dois lugares do jardim onde ouvi essas duas notícias ocuparem as conversas de minha família. Despedi-me de Ursula; a pobre menina ficou desolada, mas eu deveria reencontrá-la no meu retorno e, aliás, eu estava tão feliz por ir ver minha mãe que encontrava-me quase insensível a todo o resto. Tivera a primeira experiência de uma separação, e começava a ter noção do tempo. Contei os dias e as horas que tinham se escoado para mim longe do único interesse do meu amor. Também amava Hippolyte apesar das suas provocações. Ele também chorava por permanecer só pela primeira vez naquela casa enorme. Eu o lamentava, queria que o levassem conosco; porém, em suma, eu não tinha lágrimas para ninguém, tinha apenas minha mãe na cabeça; e minha avó, que passava sua vida a estudar meus atos e comportamentos, dizia bem baixo a Deschartres (as crianças ouvem tudo): "Essa pequena não é tão sensível quanto acredito".

Naquele tempo consumiam-se três longos dias para ir a Paris, algumas vezes quatro. E, no entanto, minha avó viajava com cavalos de posta. Mas ela não podia passar a noite na carruagem, e quando percorria em seu grande coche 25 léguas por dia, ficava extenuada. Essa carruagem de viagem era uma verdadeira casa ambulante. Sabe-se com quantos pacotes, detalhes e comodidades de todos os gêneros as pessoas idosas, e sobretudo as pessoas refinadas, se sobrecarregam e se incomodam ao viajar. As incontáveis algibeiras desse veículo eram lotadas de provisões, de guloseimas, de perfumes, de cartas de baralho, de livros, de itinerários, de dinheiro, de sabe-se lá o que mais, que diriam que nos preparamos para uma viagem de um mês até nosso destino. Minha avó e sua camareira, empacotadas em colchas e travesseiros, ficavam deitadas no fundo da carruagem; eu ocupava o banco da frente e, embora ali tivesse todas as comodidades ao meu alcance, precisava conter, a duras penas, minha agitação em um espaço tão pequeno e não dar pontapés na pessoa à minha frente. Tornara-me muito turbulenta na vida de Nohant, assim como também comecei a gozar de uma saúde perfeita; mas não tardaria a sentir-me menos viva e mais doentia no ar de Paris, que sempre foi nocivo para mim.

Contudo, a viagem não me deixou enfastiada. Era a primeira vez que não sucumbia ao sono provocado na primeira infância pelo ranger das rodas da carruagem, e a sucessão de paisagens e de coisas novas mantinham meus olhos abertos e meu espírito atento.

[...]

Chegamos a Paris, na rua Neuve-des-Mathurins, em um lindo apartamento que dava para os vastos jardins situados do outro lado da rua, e que de nossas janelas conseguíamos ver por inteiro. O apartamento da minha avó estava mobiliado como antes da Revolução. Os móveis eram os que ela havia salvado do naufrágio, e tudo ainda se apresentava em muito bom estado e bastante confortável. Seu quarto era atapetado e mobiliado em damasco azul-celeste; havia tapetes por todo lado, e um fogo dos infernos em todas as lareiras.

História da minha vida

Jamais havia ficado tão bem alojada, e tudo me parecia motivo de admiração naquelas sofisticações voltadas a um bem-estar que era muito menor em Nohant. Mas eu não precisava de tudo aquilo, eu, criada no modesto quarto assoalhado e ladrilhado da rua Grange-Batelière, e absolutamente não era seduzida por aqueles confortos da vida aos quais minha avó teria adorado que eu fosse mais sensível. Eu só vivia, só sorria quando minha mãe estava perto de mim. Ela ia nos visitar todos os dias, e minha paixão aumentava a cada novo encontro. Eu a cobria de carícias, e a pobre mulher, percebendo que isso fazia minha avó sofrer, era forçada a me conter e se abster, ela mesma, de demonstrar suas mais vivas expansões para comigo. Permitiram-nos sair juntas para passear, e não havia como ser de outra maneira, embora isso não cumprisse o objetivo ao qual haviam se proposto de me afastar dela. Minha avó nunca saía para passear a pé; ela não tinha condições de privar-se da companhia da senhorita Julie, que, por sua vez, era desastrada, distraída e míope, e conseguia perder-me com a maior facilidade nas ruas ou se deixava atropelar pelos veículos. Portanto, eu jamais teria saído para passear a pé se minha mãe não tivesse me levado todos os dias para longas caminhadas com ela e, embora fosse dona de perninhas bem curtinhas, eu teria ido ao fim do mundo só pelo prazer de segurar sua mão, roçar seu vestido e olhar tudo aquilo que ela me sugeria observar com atenção. Tudo me parecia belo através dos seus olhos. Os bulevares tornavam-se lugares encantadores; os *banhos chineses*, com sua rocalha horrorosa e suas estúpidas estatuetas chinesas, transformavam-se em um palácio de contos de fadas; os cães amestrados que dançavam no bulevar, as lojas de brinquedos, os vendedores de gravuras e os comerciantes de pássaros, era isso que me deixava maluquinha, e minha mãe, detendo-se diante de tudo o que atiçava minha curiosidade, sentindo prazer comigo, de tão criança que ela mesma era, duplicava minhas alegrias ao compartilhar aquelas coisas todas.

Minha avó era dona de um espírito de discernimento mais esclarecido e dotado de uma grande elevação natural. Ela almejava formar meu gosto, e levava sua crítica judiciosa a todos os objetos pelos quais me via atraída. Dizia-me: "Veja só que figura mal desenhada, uma combinação de cores que nos choca a vista, uma composição, ou uma linguagem, ou uma música, ou

195

uma toalete de mau gosto". Só consegui compreender isso com o tempo. Minha mãe, menos difícil e mais simples, em nossas conversas era mais direta em suas impressões a respeito das coisas. Quase todos os produtos da arte ou da indústria lhe apraziam, mesmo que oferecessem bem pouco em formas risonhas e em cores vivas, e até o que não lhe agradava a distraía. Tinha paixão pelo novo, e não havia novidade da moda que não lhe parecesse a mais bela que já vira. Tudo lhe caía bem; nada conseguia deixá-la feia ou tirar sua graça, apesar das críticas da minha avó, fiel, com razão, aos seus cortes longos e às suas amplas saias do Diretório.

Minha mãe, entusiasmada com a última moda, desolava-se ao ver vovó vestir-me como uma *velhinha*. Faziam para mim sobretudos de outros sobretudos ainda novos e pouco usados pela minha avó, de modo que quase sempre eu estava vestida com cores sombrias, e meus vestidos folgados na cintura desciam-me até os quadris. Eles pareciam medonhos, posto que, seguindo a moda, deviam ter a cintura sob as axilas. Eram, contudo, muito mais elegantes. Eu começava a ter cabelos castanho-escuros bem compridos que se agitavam em meus ombros e encaracolavam naturalmente mesmo quando molhavam um pouco minha cabeça. Minha mãe atormentou tanto vovó que foi preciso deixá-la apoderar-se da minha pobre cabeça para me pentear *à chinesa*.

Trata-se do penteado mais horroroso que se possa imaginar, e certamente fora inventado para pessoas de testa muito estreita. Eriçam-nos os cabelos ao penteá-los em sentido contrário ao natural até que tomam uma disposição perpendicular, e então torcem-nos e prendem-nos em forma de um coque bem apertado no topo do crânio, de modo a fazer com que a cabeça pareça uma bola grande encimada por uma bolinha formada pelo tufo de cabelos bem amarrados. Assim, fica-se semelhante a um brioche ou a uma botija de peregrino. Soma-se a essa fealdade o suplício de ter os cabelos fixados a contrapelo; são necessários oito dias de dores atrozes e de insônia antes que eles tomem a forma forçada do penteado, e apertam-nos tão bem com um barbante que a pele do rosto fica toda esticada e o canto dos olhos erguidos como as figuras de leques chineses.

Eu me submeti cegamente a esse suplício, embora me fosse então absolutamente indiferente ser feia ou bela, seguir a moda ou protestar contra

História da minha vida

suas aberrações. Minha mãe o desejava, eu lhe deixava satisfeita assim, sofrendo com uma coragem estoica. Vovó, achando-me horrível, entrava em desespero. Mas ela não julgava ser prudente brigar por tão pouca coisa, visto que minha mãe a ajudava, tanto quanto lhe era possível, acalmando-me em minha exaltação filial.

Isso foi aparentemente fácil no começo. Com minha mãe me levando a passeios todos os dias e jantando ou passando a noite com bastante frequência comigo, nunca me separava dela a não ser quando ia dormir; mas bastou uma circunstância em que vovó mostrou-se realmente injusta aos meus olhos, logo foi reanimada em mim a preferência que tinha por minha mãe.

[...]

Caroline nunca mais me vira desde minha partida para a Espanha, e parece que minha avó tinha imposto uma condição essencial à minha mãe de acabar para sempre com toda relação entre minha irmã e eu. Por que essa aversão por uma menina plena de candura, educada rigidamente e que tinha sido, em toda sua vida, um modelo de austeridade? Ignoro, e não consigo compreender ainda hoje. A partir do momento em que a mãe era admitida e aceita, por que a filha era odiada e rechaçada? Havia nisso um preconceito, uma injustiça inexplicável da parte de uma pessoa que sabia, contudo, se elevar acima dos preconceitos do seu mundo quando escapava das influências indignas do seu espírito e do seu coração. Caroline nascera bem antes de o meu pai ter conhecido minha mãe; meu pai a tratara e amara como se fosse sua filha, e ela foi a companhia sensata e complacente das minhas primeiras diversões da infância. Era uma linda e doce criança, e nunca teve outro defeito além de ser bastante rigorosa em suas ideias de ordem e devoção religiosa. Não vejo em que poderiam recear seu contato comigo, e o que poderia me dar vergonha diante da sociedade ao reconhecerem-na como minha irmã, a menos que isso fosse uma mancha por ela não ser de origem nobre, por ter saído provavelmente da classe do povo, visto que eu nunca soube que posição o pai de Caroline ocupava na sociedade, e é de se presumir que ele era da mesma condição humilde e simples da minha mãe. Mas não era, eu também, filha de Sophie Delaborde, a neta do vendedor de pássaros, a bisneta da avó Cloquard? Como podiam estar convictos de que me fariam esquecer que vim do povo e de me persuadir que a criança carrega-

197

da no mesmo seio que eu era de uma natureza inferior à minha, pelo único fato de essa criança não ter a honra de contar entre seus ancestrais paternos o rei da Polônia e o Marechal da Saxônia? Que maluquice, ou melhor, que inconcebível infantilidade! E quando uma pessoa de idade madura e de espírito elevado comete uma infantilidade diante de uma criança, quanto tempo, esforços e virtudes são necessários para apagar nela essa impressão?

Minha avó conseguiu realizar esse prodígio, visto que essa impressão, embora jamais tenha sido apagada em mim, nem por isso opôs resistência aos tesouros de ternura que sua alma me prodigalizou. Além do mais, se não houvesse nisso alguma razão profunda para justificar o esforço que ela despendeu para fazer-se amada por mim, eu seria um monstro. Sou, portanto, forçada a dizer em que ela pecou no início, e, agora que conheço a obstinação das classes nobiliárias, não me parece que a culpa foi sua, mas adveio totalmente do meio em que ela sempre viveu, e do qual, apesar do seu nobre coração e elevada razão, jamais conseguiu se libertar plenamente.

Vovó exigira, pois, que minha irmã se tornasse uma estranha para mim, e, como eu havia me separado dela com a idade de quatro anos, talvez me fosse fácil esquecê-la. Creio mesmo que isso teria ocorrido se minha mãe não tivesse me falado dela com frequência depois de nossa separação; e, quanto à afeição, ainda não tendo podido desenvolver-se com vigor em mim antes da viagem à Espanha, talvez não iria revelar-se tanto se não fossem os esforços que fizeram para destruí-la violentamente, e se não fosse a ceninha de família que me causou uma impressão terrível.

Caroline tinha cerca de doze anos. Ela estava em um pensionato e, toda vez que ia visitar nossa mãe, suplicava a ela para que a levasse à casa de minha avó para que pudesse me ver, ou para que me levasse até ela. Minha mãe escapava de suas súplicas dando-lhe não sei quais razões, pois não podia e não queria fazê-la compreender a incompreensível exclusão que pesava sobre ela. A pobre menina, não compreendendo nada de fato, não conseguindo mais conter sua vontade de me abraçar e só dando ouvidos ao seu coração, aproveitou uma noite em que nossa mamãezinha jantava com meu tio de Beaumont, persuadiu o porteiro da minha mãe para acompanhá-la, e chegou em nosso apartamento toda contente e ansiosa. No entanto, ela tinha um pouco de medo daquela avó que jamais vira; mas, talvez, acreditava que ela também jantava na casa do meu tio, ou, quem sabe, estava decidida a enfrentar tudo para me ver.

História da minha vida

Eram sete ou oito horas da noite, eu brincava melancolicamente em total solidão no tapete do salão, quando ouvi algum movimento no cômodo vizinho, e minha babá entreabriu a porta e me chamou delicadamente. Minha avó cochilava em sua poltrona; mas ela tinha o sono leve. No momento em que cheguei à porta na ponta dos pés, sem saber o que queriam de mim, vovó virou-se e me disse em um tom severo: "Onde a senhora vai tão misteriosamente, minha filha?"; "Não sei de nada, vovó, é minha babá quem está me chamando."; "Entre, Rose, o que você deseja? Por que chama minha filha como às escondidas de mim?" A babá se atrapalhou, hesitou e, por fim, disse: "Pois bem, madame, é a senhorita Caroline quem está aqui".

Esse nome tão puro e tão doce causou um efeito extraordinário em minha avó. Ela achou ser uma resistência aberta por parte de minha mãe, ou uma resolução para enganá-la que a garota, ou a babá, traiu de modo estabanado. Falou de modo duro e ríspido, o que com certeza lhe acontecia bem raramente em sua vida. "Que essa pequena vá embora agora mesmo", disse ela, "e que nunca mais apareça aqui! Ela sabe muito bem que não deve, de forma alguma, ver minha neta. Minha menina não a conhece mais, e eu tampouco a conheço. E quanto a você, Rose, se algum dia introduzi-la em minha casa, eu lhe despeço!"

Rose, apavorada, desapareceu. Fiquei perturbada e com medo, quase aflita e arrependida por ter sido a causa da ira de minha avó, pois sentia que essa emoção não lhe era natural e devia fazê-la sofrer muito. Meu espanto ao vê-la assim me impedia de pensar em Caroline, de quem eu tinha uma vaga lembrança. Mas de repente, após cochichos trocados atrás da porta, ouço um soluço abafado, mas dilacerante, um grito saído do fundo da alma, que penetra no fundo da minha, e desperta a voz do sangue. É Caroline que chora e vai-se embora consternada, magoada, humilhada, ferida em seu justo orgulho próprio e em seu singelo amor por mim.

Imediatamente a imagem da minha irmã se reaviva em minha memória, creio vê-la tal como a vira na rua Grange-Batelière e em Chaillot, já crescidinha, miúda, doce, modesta e obsequiosa, fazendo-se de escrava dos meus caprichos, cantando canções para eu dormir, ou me contando belas histórias de fadas. Fundo-me em lágrimas e lanço-me à porta; mas é tarde demais, ela partiu; minha babá também chora e me recebe em seus braços,

George Sand

implorando-me a esconder de minha avó, que já estava tão irritada com ela, a tristeza compartilhada comigo. Minha avó me chama e quer me pegar no colo para me acalmar e conversar comigo; resisto, recuso seus carinhos e me jogo no chão em um canto, aos gritos: "Quero voltar com minha mãe, não quero mais ficar aqui!"

A senhorita Julie chega, por sua vez, e quer me dar conselhos. Ela me fala de minha avó a quem deixo doente – o que vovó confirma –, e diz que me recuso a enxergar isso. "Você causa sofrimento a vossa avó que vos ama, que vos quer bem, que vive só para vós." Porém, não escuto nada, e torno a pedir, com gritos de desespero, que me levem à minha mãe e à minha irmã. Estava tão abalada e tão sufocada que não convinha nem pensar em me fazer dar boa-noite à minha avozinha. Levaram-me para a cama, e a noite inteira só o que fiz foi gemer e suspirar durante o meu sono.

Sem dúvida minha avó também passou uma péssima noite. Depois compreendi tão bem o quanto era amável e terna, que agora tenho certeza da dor que ela sentia quando se via forçada a fazer os outros sofrerem; mas sua dignidade a proibia de transparecer essa dor, e era por meio de cuidados e de mimos dissimulados que ela tentava fazer esquecer suas culpas.

Ao acordar, encontrei em minha cama uma boneca que desejara no dia anterior, quando a vi em uma loja de brinquedos que fora com minha mãe, e da qual eu tinha feito uma descrição pomposa a vovó ao voltar para o jantar. Era uma negrinha que trazia no semblante uma enorme gargalhada e mostrava seus dentes brancos e seus olhinhos brilhantes em contraste ao seu rosto negro. Ela era roliça e bem-feitinha, e tinha um vestido de crepe rosa bordado com uma franja prateada. Aquilo me pareceu esplêndido, fantástico, admirável, e, de manhã, antes que eu acordasse, a pobre vovozinha mandara buscar a boneca pretinha para satisfazer meu capricho e distrair meu pesar. De fato, a primeira reação que tive foi de um vivo prazer; tomei a pequena criatura em meus braços, seu lindo sorriso provocou o meu, e abracei-a como uma jovem mãe abraça seu filho recém-nascido. Mas, ao contemplá-la e ao embalá-la encostada em meu peito, minhas lembranças do dia anterior se reavivaram. Pensei em minha mãe, em minha irmã, na rudeza de minha avó, e joguei a boneca para longe de mim. Mas, como a pobre negrinha permanecia com aquele sorriso estampado no rosto, apanhei-a, voltei a

História da minha vida

acariciá-la e encharquei-a com minhas lágrimas, abandonando-me à ilusão de um amor materno que excitava mais vivamente em mim o sentimento mortificado do amor filial. Em seguida, de repente tive uma vertigem, deixei a boneca cair no chão e tive horríveis ataques de vômitos biliosos que deixaram minhas babás bastante apavoradas.

Não sei mais o que se passou durante vários dias, pois contraí sarampo com uma febre violenta. Provavelmente eu teria contraído essa doença mais dia menos dia, mas o ânimo abalado e a mágoa ressentida adiantaram sua manifestação ou tornaram-na mais intensa. Fiquei perigosamente muito mal, e numa noite tive uma visão que me atormentou bastante. Haviam deixado uma lâmpada acesa no quarto em que eu estava; minhas duas babás dormiam, eu não conseguia pregar os olhos e a cabeça ardia em febre. Parece-me, no entanto, que minhas ideias eram bastante lúcidas, e que, ao olhar fixamente para a lâmpada, eu me dava bem conta do que via. Formara-se um grande cogumelo sobre a mecha, e a fumaça preta que exalava dela desenhava sua sombra tremeluzente no teto. De repente a mecha tomou uma forma distinta, a de um homenzinho que dançava no meio da chama. Pouco a pouco ele se destacou e pôs-se a girar com rapidez, e à medida que girava crescia cada vez mais, atingia o tamanho de um homem de verdade, até que finalmente tornou-se um gigante cujos passos impetuosos batiam no chão com estrondo fenomenal, enquanto sua louca cabeleira varria circularmente o teto com a agilidade de um morcego.

Dei gritos apavorantes, e foram até mim para tranquilizar-me; porém, aquela aparição retornou três ou quatro vezes seguidas e durou até o amanhecer. Essa é a única vez que lembro de ter tido delírios. Se os tive depois, não notei, ou não me recordo deles.

Capítulo 2

Rose e Julie. — Diplomacia maternal de minha avó.
— Reencontro minha casa. — O lar do meu tio-avô. — *Ver é ter.*
— Os refinados jantares do meu tio-avô; suas tabaqueiras.
— Madame de la Marlière. — Madame de Pardaillan. — Madame de Béranger e sua peruca. — Madame de Ferrière e seus lindos braços. — Madame de Maleteste e o seu cão. — Os abades.

— Primeiros sintomas de uma tendência à observação.
— As cinco gerações da rua de Grammont. — O baile das
crianças. — A falsa graça. — *Os saltos vermelhos* literários
de nossos dias.

[*Neste capítulo, a autora procura relembrar, após a morte do pai, algumas situações e sensações vivenciadas na infância e que se ligavam tanto às pessoas de seu convívio quanto aos lugares por onde passou, de forma nem um pouco displicente ou desatenta.*

De um lado, era a avó, "a casa da avó", lugar luxuoso cujo mobiliário seguia o estilo Luís XIV, abrigando a pajem Rose (que havia sido igualmente pajem do pai, Maurice), a criada Julie, além de outros empregados, o amigo e preceptor Deschartres, o seu irmão (por parte de pai) Hippolyte, os parentes da avó e, ainda, os amigos que iam jantar e jogar cartas.

De outro lado, era o que ela chamava de chez nous, *o lugar onde se encontrava a "sua verdadeira família": a casa da mãe, muito pequena, simples e limpa, onde podia rever a sua querida irmã (por parte de mãe) Caroline, a tia Lucie, seu marido, a prima Clotilde e a figura especialmente próxima que se chamava Pierret.*]

Capítulo 3
Ideia de uma lei regulamentar das afeições. — Retorno a
Nohant. — La Brande. — Bivaque em um patacho.
— A casa de refúgio. — Ano de felicidade. — Apogeu do poder
imperial. — Começo de traição. — Boatos e calúnias nos salões.
— Primeira comunhão do meu irmão. — Nosso velho cura; sua
governanta; seus sermões. — Seu valor; sua égua; sua morte.
— As travessuras da infância. — O falso Deschartres.
— A dedicação de minha mãe. — Aprendo francês e latim.

[*Neste capítulo, a autora dedica-se ao tema da afeição, comentando que havia muitas formas de amor: o amor filial, o fraterno, o conjugal, o paterno e o materno, além da amizade, da benevolência, da caridade e da filantropia. Segundo ela, o amor escaparia das determinações das leis, dos aconselhamentos e exemplos. Nesse sentido, menciona o seu sofrimento diante do amor excessivo tanto da mãe quanto da avó, que na ânsia de a possuírem despedaçaram o seu coração desde a infância. Ainda, a autora se recorda do bondoso jardineiro de La Brande, quando estava com sua mãe e Rose numa viagem de Paris a Nohant.*]

História da minha vida

Um período que lhe pareceu singular pela felicidade que também pôde conhecer. E fala de uma felicidade completa vivenciada sobretudo no ano de 1811, quando esteve ao mesmo tempo no convívio da mãe e da avó, sem brigas e disputas aparentes. Também um ano que passara ao lado de sua amiga Ursula.

A autora fala, ainda, de Napoleão Bonaparte — da sua plenitude no poder à queda —, tratando principalmente o lado afetivo do povo francês em relação a ele. A sua avó nunca teria sido tão entusiasta de Bonaparte. O seu pai tampouco, mas pessoalmente confessava que o olhar dele lhe inspirava uma grande emoção. Quanto à sua mãe, Victoire, esta o admirava muito e compartilhava esse mesmo sentimento com o povo francês, em sua grande maioria.

Neste mesmo capítulo, a escritora trata da religiosidade da mãe e da avó. A primeira tomava o catolicismo como sua verdadeira religião, fazendo algumas adaptações na sua forma de devoção pessoal, porque detestava padres. Tinha no catolicismo o amor a Deus, bem como o consolo e o alívio diante das tristezas. E rezava sempre para encontrar o seu marido, Maurice, no outro mundo. A avó, que não se tomava por ateia, apresentava-se como uma deísta, admiradora de Jesus Cristo e da filosofia do Evangelho, porém era devota com maior afinco a uma espécie de religião natural, preconizada pelos filósofos do século XVIII.

Por sua vez, a autora inclinava-se à poesia que podia observar na fé de sua mãe e, em paralelo, na fé do povo francês, ao contrário do racionalismo crítico e distanciado da avó.]

Capítulo 4
Tirania e fraqueza de Deschartres. — O minueto
de Fischer. — O livro mágico. — Evocamos o diabo.
— A busca pela ternura. — Os primeiros amores do meu irmão.
— Pauline. — *Monsieur* Gogault e *monsieur* Lubin. — Os talentos
de *aprovação*. — O marechal Maison. — O apartamento da
rua Thiroux. — Grande tristeza aos sete anos na previsão do
casamento. — Partida da armada para a campanha da Rússia.
— Nohant. — Ursula e suas irmãs. — Efeito das brincadeiras
em mim. — Meus velhos amigos. — Sistema de guerra do czar
Alexandre. — Moscou.

[Neste capítulo, a autora retoma um pouco os momentos em que o preceptor Deschartres passava as lições para ela e para o seu irmão Hippolyte. Um período marcado pelo distanciamento da mãe que começa a ocorrer com maior frequência em sua vida. Há, tam-

bém, o registro da partida provisória de Hippolyte para estudar num colégio semi-interno em Paris, quando é iniciada a amizade de Sand com Pauline; e o da fase em que passa a ter maior convívio com seus familiares Villeneuve (por parte de pai), começando a perceber que a ideia de casamento poderia ser o indício muito forte de ruptura com a sua mãe, uma vez que os aristocratas não permitiriam a sua relação com uma filha de comerciante de passarinhos.

Igualmente, a autora lembra os preparativos para a campanha da Rússia na França, quando presenciou aos oito anos tantos oficiais na partida para o exército. Oficiais que, segundo ela, não mostravam nenhuma dúvida quanto à vitória, porque estavam habituados a vencer naquele período; e a noção de derrota de Napoleão Bonaparte (nada prevista) veio no ano de 1812 como uma grande catástrofe para todos os franceses.]

Capítulo 5
A armada e o imperador perdidos durante quinze dias.
— Visão. — Uma palavra do imperador a respeito do meu pai.
— Os prisioneiros alemães. — As canções tirolesas.
— Separação de Ursula. — Proibição de tratarem-me por *você*.
— A grande cama amarela. — O túmulo do meu pai. — As lindas palavras de *monsieur* de Talleyrand. — A política das velhas condessas. — Uma criança patriota. — Outra visão. — Madame de Béranger e minha mãe. — Os soldados famintos em Sologne. — O estalajadeiro *jacobino*. — Doença de minha avó.
— Madame de Béranger devasta nosso jardim. — O espartilho.
— *Lorette* de Béranger. — Entrada dos aliados em Paris.
— Opinião de minha avó sobre os Bourbons.
— A bala de canhão. — As belas damas e os cossacos.

As crianças se impressionam à sua maneira com fatos em geral e desgraças públicas. Não se falava de outra coisa entre nós além da campanha da Rússia, e para nós isso era algo de imenso e fabuloso como as expedições de Alexandre na Índia.

O que nos impressionava de modo extremo é que, durante quinze dias, se não me engano, não davam notícias do imperador e da armada. Que uma massa de 300 mil homens, que Napoleão, o homem que inundava o universo com seu nome e a Europa com sua presença, estivessem desapareci-dos assim como um peregrino que a neve tivesse engolido, e do qual não encontravam nem mesmo o cadáver, era para mim um fato incompreensí-vel. Eu tinha sonhos estranhos, elãs de imaginação que me causavam fe-bre e enchiam meu sono de fantasmas. Isso ocorreu quando uma singular fantasia, que me acompanhou por muito tempo, começou a tomar minha cabeça excitada pelos relatos e comentários que chegavam aos meus ouvi-dos. Eu imaginava, em um certo momento do meu devaneio, que eu tinha asas, que transpunha o espaço, e que, com minha visão mergulhando nos abismos do horizonte, descobria as vastidões de neve, as estepes sem fim da Rússia branca; eu planava, me orientava pelos ares, avistava, enfim, as colunas errantes de nossas malfadadas legiões; eu as guiava para a França, lhes mostrava o caminho, pois o que me atormentava mais era pensar que elas não sabiam onde se encontravam e que estavam indo em direção à Ásia, enfiando-se cada vez mais nos desertos, dando as costas para o Ocidente. Quando voltava a mim, sentia-me fatigada e debilitada pelo longo voo que tinha realizado, meus olhos ficavam ofuscados pela neve que eu havia mi-rado; tinha frio, fome, mas experimentava uma grande alegria por ter salvo a armada francesa e seu imperador.

Finalmente, em 25 de dezembro, ficamos sabendo que Napoleão esta-va em Paris. Porém, sua armada permaneceu em sua retaguarda, ainda en-gajada por dois meses em uma retirada horrível, desastrosa. Só soubemos oficialmente dos sofrimentos e misérias daquela retirada muito tempo de-pois. Com o imperador em Paris, achávamos que tudo estava a salvo, resta-belecido. Os boletins da grande armada e os jornais contavam apenas uma parte da verdade. Foi por meio das cartas particulares, pelos relatos dos que escaparam do desastre, que se pôde fazer uma ideia do que se passara.

Entre as famílias que minha avó conhecia, encontrava-se um jovem ofi-cial que fazia seis anos havia partido para aquela campanha. Crescera em altura em meio às marchas forçadas e às fadigas inauditas. Sua mãe, não ouvindo mais falar dele, chorava sua morte. Um dia, uma espécie de saltea-dor de estatura colossal e vestido de modo esquisito precipitou-se em seu quarto, caiu de joelhos e apertou-a em seus braços. Primeiro ela gritou de pavor, em seguida, de alegria. Seu filho estava com aproximadamente 1,82 m de altura.[1] Era dono de uma extensa barba negra, e, no lugar de calças compridas, usava uma anágua de mulher, o vestido de uma pobre vivandeira que tombou morta congelada no meio do caminho.

Acho que foi esse mesmo rapaz que pouco tempo depois teve um destino parecido com o do meu pai. Saído são e salvo de extremos perigos da guerra, acabou morrendo quando dava um passeio despreocupado; seu cavalo enfurecido arrebentou-se com ele contra o timão de uma charrete. O imperador, ao ficar sabendo desse acidente, disse em um tom brusco: "As mães de família pretendem que levo à morte todos os seus filhos na guerra, eis um, no entanto, por cuja morte não me podem culpar. É um caso como o de *monsieur* Dupin! É minha culpa se foi morto por um cavalo perigoso?".

Essa associação entre *monsieur* de *** e meu pai mostra a esplêndida memória do imperador. Mas com que propósito se queixava dessa forma do rancor das mães de família? Isso não consegui saber. Não me lembro da época precisa da catástrofe de *monsieur* de ***. Deve ter sido em um momento em que a França aristocrática abandonava a causa do imperador, e em que este fazia amargas reflexões sobre o seu destino.

Não consigo me lembrar de forma alguma se íamos a Paris no inverno de 1812-1813. Essa parte da minha existência fugiu, de fato, completamente da minha memória. Não saberia nem mais dizer se minha mãe viera me visitar em Nohant no verão de 1813. É provável que sim, pois, caso contrário, eu teria ficado magoada, e claramente me lembraria.

A serenidade se restabelecera em minha cabeça no que concerne à política. O imperador havia partido novamente de Paris, a guerra recomeçara em abril. Esse estado de guerra externa era então como uma situação normal entre os franceses, e apenas ficávamos inquietos quando Napoleão não agia de modo ostensivo. Tinham-no visto abatido e desencorajado após seu retorno de Moscou. O desencorajamento de um só homem era ainda o único infortúnio público que queríamos admitir e que ousávamos prever. Desde o mês de maio as vitórias de Lutzen, Dresden e Bautzen reanimaram os espíritos. O armistício do qual falavam me parecia a sanção da vitória. Já não

---

1 Garantem que ele cresceu quase quarenta centímetros durante a campanha. (N.A.)

História da minha vida

pensava mais em ganhar asas e voar em socorro de nossas legiões. Retomei minha vida de brincadeiras, passeios e estudos fáceis.

No decorrer do verão, prisioneiros passavam pela comuna de Nohant. O primeiro que avistamos foi um oficial que estava sentado à margem da estrada, na soleira de um pequeno pavilhão que fechava nosso jardim naquele lado. Portava um traje de tecido fino, linho de extrema qualidade, calçados miseráveis e um retrato de mulher fixado em um galão negro sobre o seu peito. Nós o observávamos curiosamente, meu irmão e eu, enquanto ele examinava o retrato com um ar triste; porém, não ousamos lhe dirigir a palavra. Seu criado foi ao seu encontro. Ele se levantou e pôs-se novamente na estrada sem prestar atenção em nós. Uma hora depois, passou um grupo considerável de outros prisioneiros. Eles se dirigiam a Châteauroux. Ninguém os conduzia nem os vigiava. Os camponeses mal olhavam para eles.

No dia seguinte, como brincávamos, meu irmão e eu, junto ao pavilhão, um dos pobres-diabos vinha passando. O calor era extenuante. Ele parou e se sentou no degrau do pavilhão, que oferecia aos passantes um pouco de sombra e frescor. Ele apresentava um semblante agradável de camponês alemão, desajeitado, loiro e ingênuo. Isso nos instigou a falar com ele, mas ele respondeu: "Não compreendo". Era tudo o que sabia dizer em francês. Então lhe perguntei, por meio de sinais, se estava com sede. Ele me respondeu, com ar interrogativo, mostrando-me a água do fosso. Nós lhe fizemos compreender que aquela água não era boa de se beber e fizemos sinais para que nos aguardasse. Corremos para buscar-lhe uma garrafa de vinho e um bom naco de pão, sobre os quais ele se precipitou com exclamações de alegria e de reconhecimento, e, quando sentiu-se restaurado, estendeu-nos a mão várias vezes. Pensamos que queria dinheiro, e não tínhamos. Ia pedir à minha avó, quando ele adivinhou minha intenção. Ele me deteve e nos fez compreender o que desejava de nós, que era um aperto de mão. Tinha os olhos cheios de lágrimas, e, depois de se esforçar bastante, finalmente conseguiu nos dizer: *"Crianças muito bonzinhos!"*.

Voltamos para dentro totalmente comovidos para contar à vovó nossa aventura. Ela se pôs a chorar, pensando no tempo em que seu filho teve sorte parecida entre os croatas. Depois, como novas colunas de prisioneiros apareciam naquela estrada, ela mandou colocar no pavilhão uma pipa de vinho da região e uma provisão de pão. Eram nossas primeiras responsabilidades, do meu irmão e minhas, e nos distraíamos o dia inteiro, a fim de poder cumprir o ofício de cantineiros até a noite. Aqueles miseráveis eram de uma grande discrição, de uma docilidade perfeita, e nos mostravam um vivo reconhecimento pelo modesto pedaço de pão e pelo copo de vinho ofertados *en passant*, sem cerimônias. Pareciam tocados, sobretudo, por verem duas crianças fazendo-lhes as honras e, para nos agradecer, agrupavam-se em coro e nos cantavam canções tirolesas que me encantavam. Jamais ouvira nada parecido. As palavras estrangeiras, as vozes afinadas cantando em partes e aquela clássica vocalização gutural que marca o refrão das canções do Tirol eram então coisas bastante novas na França, e não produziam efeito só em mim. Todos os prisioneiros alemães confinados em nossas províncias foram tratados com a doçura e hospitalidade naturais de outrora na região do Berry; mantinham-se com seus cantos e com seus talentos para a valsa ganhando mais simpatia e bons tratamentos do que piedade, que não lhes era garantida. Tornaram-se companheiros e amigos de todas as famílias onde se estabeleceram; alguns até mesmo se casaram com alguma mulher dessas famílias.

Creio que aquele ano foi o primeiro que passei em Nohant sem Ursula. Provavelmente fomos a Paris durante o inverno e, na minha volta, a separação foi um fato preparado e consumado, pois não me recordo que isso tenha levado a surpresas e lágrimas. Sei que naquele ano, ou no seguinte, Ursula visitava-me todos os domingos, e permanecemos tão ligadas que eu não passava um sábado sem lhe escrever uma carta recomendando-lhe vir no dia seguinte, e aproveitava para lhe enviar um presentinho. Era sempre alguma bobagem feita por mim, um colar de contas, algum trabalho em recorte de papel, um bordado. Ursula achava tudo isso magnífico e fazia dessas coisas relíquias de amizade.

O que me surpreendeu e me feriu bastante foi que, de repente, ela parou de tratar-me por *você*. Achei que ela não gostasse mais de mim e, como fazia de tudo para confirmar sua amizade, pensei tratar-se de uma implicância, de uma birra, não sei o que enfim, mas me parecia um insulto gratuito e, para me consolar, foi preciso que ela me confessasse que sua tia Julie tinha solenemente a proibido de conviver comigo de modo inconveniente em pé de igualdade familiar. Corri para perguntar à minha avó a razão daquilo,

História da minha vida

que confirmou a proibição dizendo-me que eu compreenderia mais tarde o quanto aquela medida era necessária. Confesso que jamais compreendi.

Exigi que Ursula me tratasse por *você* quando estávamos sozinhas. Mas como dessa forma ela não conseguiria de jeito nenhum tomar o hábito que lhe impuseram, e como fora repreendida por ter deixado escapar, na presença de sua tia, um ou outro *você* no lugar de *vós* quando conversavam sobre a minha pessoa, fui forçada a consentir que ela perdesse para comigo aquela doce e natural familiaridade. Isso me fez sofrer durante muito tempo, e até mesmo tentei lhe responder com o *vós* para restabelecer a igualdade entre nós. Ela ficou muito chateada com a situação. "Já que não vos proíbem de me tratar por *você*", ela me disse, "não tirais de mim o prazer disso; pois, no lugar de um desgosto, isso me traria dois". Então, como éramos bem espertas para nos divertir com palavras de nossa primeira infância, eu lhe dizia: "Você vê o que é essa maldita *bastança* de que você quer me fazer gostar e que jamais suportarei. Isso só serve para nos impedir de nos amarmos."; "Não achais isso de mim", dizia Ursula, "vós sereis sempre a que mais amarei no mundo; que vós sejais rica ou pobre, para mim tanto faz". Aquela menina excelente, que de fato manteve sua palavra, aprendia o ofício de costureira, no qual tornou-se extremamente hábil. Bem longe de ser preguiçosa e esbanjadora, como receavam que ela se tornaria, é uma das mulheres mais trabalhadoras e mais sensatas que conheço.

Creio me lembrar perfeitamente agora que minha mãe passou aquele verão comigo e que fiquei chateada, pois até então eu dormira com ela em seu quarto quando ela estava em Nohant, e pela primeira vez essa alegria me fora recusada. Minha avó dizia que eu já estava muito grande para dormir em um sofá, e, de fato, o sofazinho de descanso do qual me servira tornara-se muito pequeno. Porém, a grande cama amarela em que viram meu pai nascer (a mesma que ocupo até hoje), e que era usada por minha mãe quando estava em Nohant, tinha cerca de 1,80 m de largura, e era uma festa para mim quando me permitiam dormir com ela nesse leito enorme. Eu me acomodava ali como um passarinho no ninho materno; tinha a impressão de dormir bem melhor na cama onde havia os meus sonhos mais felizes.

Apesar da proibição de vovó, durante duas ou três noites tive a paciência de esperar sem dormir, até as onze horas, que minha mãe entrasse em seu quarto. Então eu me levantava sem fazer barulho, deixava o meu quarto na ponta dos pés e me aconchegava nos braços de minha mãezinha, que não tinha coragem de me mandar embora, e que, ela mesma, ficava feliz de dormir com minha cabeça encostada em seu ombro. Mas minha avó suspeitara dessas escapadas, ou fora advertida por *mademoiselle* Julie, seu lugar-tenente de polícia. Ela subiu e me surpreendeu no momento em que fugia do meu quarto; Rose foi repreendida por ter feito vistas grossas para minhas escapadas. Minha mãe ouviu o barulho e saiu no corredor. Palavras bem ríspidas foram trocadas; minha avó achava que não era saudável nem *casto* que uma menina de nove anos dormisse ao lado de sua mãe. Na verdade, ela estava zangada e não sabia o que dizia, pois, ao contrário, nada há de mais casto e puro nessa convivência entre mãe e filha. Quanto a mim, eu era tão casta que sequer compreendia o sentido do termo castidade. Tudo o que podia ser o contrário disso era desconhecido para mim. Ouvi minha mãe, que respondia: "Se falta castidade em alguém aqui é em vós por terdes semelhantes ideias. É falando muito cedo dessas coisas a uma criança que se tira a inocência do seu espírito, e vos asseguro bem que se é assim que considerais educar minha filha, teria feito melhor deixá-la comigo. Minhas carícias são mais puras que vossos pensamentos".

Chorei a noite inteira. Parecia-me estar atada física e moralmente à minha mãe por uma corrente de diamante que minha avó queria em vão se empenhar em romper, e que só fazia comprimir em torno do meu peito até me sufocar.

Houve muita frieza e tristeza nas relações com minha avó durante alguns dias. Aquela pobre mulher percebia muito bem que quanto mais ela tentava me separar de minha mãe, mais ela perdia meu afeto, e não tinha outro recurso a não ser o de se reconciliar com minha mãe para se reconciliar comigo. Um dia tomou-me em seus braços e colocou-me em seu colo para me acariciar, e lhe fiz sofrer pela primeira vez ao me desvencilhar dela, dizendo-lhe: "Já que não é casto, não quero abraços". Ela não respondeu nada, colocou-me no chão, levantou-se e deixou seu quarto com mais rapidez do que parecia ser capaz de pôr em seus movimentos.

Isso me abalou, até mesmo me deixou inquieta após um momento de reflexão, e não demorei a juntar-me a ela no jardim; eu a vi tomando a alameda que ladeia o muro do cemitério e indo parar diante do túmulo do meu pai. Não sei se já disse antes que meu pai foi acomodado em um pequeno jazigo preparado sob o muro do cemitério, de maneira que a cabeça repousava no jardim e os pés na terra consagrada. Dois ciprestes e um maciço de rosas e louros francos demarcam essa sepultura, que é também da minha avó até hoje.

Ela estava então parada diante do túmulo, o qual raramente tinha coragem de visitar, e chorava amargamente. Fui vencida, lancei-me em sua direção, apertei seus joelhos débeis contra o meu peito e lhe disse uma frase que mais tarde me fez lembrar com muita frequência: "Vó, sou eu que serei seu consolo". Ela me cobriu de lágrimas e de beijos e imediatamente foi comigo encontrar minha mãe. Elas se abraçaram sem muitas explicações, e a paz retornou durante algum tempo.

Meu papel seria de reaproximar aquelas duas mulheres e conduzi-las, a cada querela, a um abraço diante do túmulo do meu pai. Chegou um dia em que compreendi meu papel e ousei cumpri-lo. Mas, na época à qual me refiro, era muito criança para permanecer imparcial entre as duas; acho mesmo que me foi necessária uma dose enorme de frieza ou de orgulho para julgar com calma qual delas era a mais injusta ou a mais razoável em suas dissidências, e confesso que foram precisos trinta anos para enxergar isso com maior clareza e para prezar quase igualmente a memória de uma e de outra.

Creio que o que precede data do verão de 1813, no entanto, não o afirmo, porque existe aí uma espécie de lacuna em minhas lembranças; porém, se me engano quanto à data, pouco importa. O que sei de fato é que esses eventos não ocorreram mais tarde.

Tivemos uma curtíssima estada em Paris no inverno seguinte. Desde o mês de janeiro de 1814, minha avó, temendo os rápidos progressos da invasão, refugiou-se em Nohant, que é, por assim dizer, o ponto mais central da França e, por consequência, o mais resguardado dos acontecimentos políticos.

Acho que partimos no começo de dezembro, e que, ao fazermos preparativos para uma ausência de três a quatro meses, como nos outros anos, minha avó não previa, de forma alguma, a aproximação da queda do imperador e a entrada dos estrangeiros em Paris. Ele retornaria em 7 de novembro, após a retirada de Leipzig. A fortuna o abandonava. Traíam-no, enganavam-no por toda parte. Quando chegamos a Paris, a *última frase* de *monsieur* de Talleyrand[2] corria pelos salões: "Este é", dizia ele, "*o começo do fim*". Tal frase, que ouvi ser repetida dez vezes por dia, isto é, em todas as visitas que se sucediam na casa de minha avó, primeiro pareceu-me tola, depois, triste, por fim, odiosa. Perguntei quem era aquele *monsieur* de Talleyrand, e ao saber que ele devia sua fortuna ao imperador, indaguei se sua frase era um lamento ou uma zombaria. Disseram-me que era um gracejo e uma ameaça, que o imperador bem que o merecia, que ele era um ambicioso, um monstro. "Nesse caso", perguntei, "por que esse tal de Talleyrand aceitou benefícios do imperador?".

Eu teria muitas outras surpresas. Todos os dias ouvia louvores aos atos de traição e de ingratidão. A política das *velhas condessas* quebrava minha cabeça. Meus estudos e minhas brincadeiras foram perturbados e afligidos com aquilo tudo.

Pauline[3] não foi a Paris naquele ano, permaneceu na Borgonha com sua mãe, que, mulher de grande espírito que era, entrou na reação com toda raiva e aguardou os aliados como se esperasse pelo Messias. Desde o fim do ano falava-se de cossacos que haviam atravessado o Reno, e o medo calou o ódio por um momento. Fomos fazer uma visita a uma das amigas de minha avó nas redondezas do Reservatório de Água. Creio que a visita deve ter sido a madame Dubois, que era quem residia naquela área. Havia várias pessoas, entre as quais rapazes e moças que eram netos ou sobrinhos da anfitriã. Entre esses jovens, fiquei impressionada com o modo de falar de um mocinho de 13 ou 14 anos que, sozinho, enfrentou de cabeça erguida toda sua família e todos os visitantes. "Como", dizia, "os russos, os prussianos, os cossacos estão na França e vêm a Paris? E deixaremos que eles façam isso?"; "Sim, meu filho", respondiam os outros, "todos os que pensam de modo

---

2 Charles-Maurice de Talleyrand-Périgord (1754-1838), político e diplomata francês. (N.T.)

3 Pauline, citada pela autora em capítulo anterior, era filha de Madame de Pontcarré, a qual, por sua vez, era filha de Madame de Farges, conhecida de sua avó Aurore; Pauline e Sand foram apresentadas ainda na infância e foram muito amigas até o período em que se casaram. Depois, na fase adulta, acabaram se afastando. (N.T.)

sensato deixarão que eles o façam. Tanto pior para o tirano, os estrangeiros vêm para puni-lo por sua ambição e para nos livrar dele."; "Mas são estrangeiros!", dizia o bravo garoto, "e, por consequência, nossos inimigos. Se não queremos mais o imperador, nós mesmos temos que mandá-lo embora; mas não devemos deixar que os inimigos mandem em nós, isso é uma vergonha. Precisamos lutar contra eles!". Riram na sua cara. Os jovens com mais idade, seus irmãos ou seus primos, aconselhavam-no a munir-se de um grande sabre e partir de encontro aos cossacos. Aquele menino possuía elãs admiráveis de coragem dos quais todo mundo caçoava, com os quais ninguém simpatizava, a não ser eu, uma garotinha que não ousava dizer uma palavra diante daquele auditório quase desconhecido, mas cujo coração batia com uma emoção súbita desencadeada pela ideia enfim claramente enunciada diante de si que dizia respeito à desonra da França. "Sim, zombem, riam", dizia o rapazinho, "digam tudo o que quiserem, mas, quando eles chegarem, os estrangeiros, e, quando eu encontrar um sabre duas vezes maior que eu, saberei me servir dele, vocês verão, e todos aqueles que não fizerem como eu serão frouxos, covardes".

Impuseram-lhe silêncio, ameaçaram-no. Porém, ele tinha conseguido ao menos um prosélito. Sozinho, aquele garoto que nunca mais vi e cujo nome jamais soube, formulou para mim meu próprio pensamento. Eram todos covardes, aqueles que gritavam antecipadamente: "Vivam os aliados!". Não me importava mais com o imperador, pois no ambiente da desvergonha de imbecis declarados do qual ele era o alvo, de tempos em tempos, uma pessoa inteligente, minha avó, meu tio de Beaumont, o abade de Andrezel ou minha própria mãe, pronunciava uma sentença meritória, uma crítica fundada sobre a vaidade que o fez perder-se. Mas *a França*! Essa palavra que tinha tanta grandeza na época em que nasci, que produzia em mim uma impressão mais profunda do que se eu tivesse vindo ao mundo sob a restauração. Todos sentiam desde a infância, menos os idiotas de nascença, a honra do país.

Então entrei novamente em profunda tristeza e agitação, e meu sonho da campanha da Rússia retornou. O sonho me absorvia e me tornava surda aos falatórios que cansavam meus ouvidos. Era um sonho de combate e de assassinato. Recuperava minhas asas, empunhava uma espada flamejante — como a que vira na Ópera Nacional de Paris em não sei qual espetáculo, em que o anjo exterminador aparecia entre as nuvens –, descia em fúria bem no meio dos batalhões inimigos, submetia-os à derrota e lançava-os no Reno. Essa visão me aliviava um pouco.

Contudo, apesar do júbilo que esperavam com a queda do tirano, tinham medo dos "bons cavalheiros" cossacos, e muitos ricos se refugiaram. Madame de Béranger era a mais apavorada; minha avó ofereceu-se para levá-la a Nohant, e ela aceitou. Eu a entregaria de bom grado ao diabo, pois isso impedia minha avó de levar minha mãe conosco. Vovó não queria pôr frente a frente duas naturezas tão incompatíveis. Fiquei indignada com a preferência por uma estranha. Se havia realmente perigo em permanecer em Paris, era minha mãe, antes de tudo, que deveria ser retirada do perigo. Comecei então a elaborar um plano para rebelar-me contra aquela decisão; exigia permanecer com mamãe a fim de morrer com ela, se fosse preciso.

Falei disso com minha mãe, que me acalmou. "Mesmo se sua vovó quisesse me levar", ela disse, "eu não consentiria nisso. Quero ficar perto de Caroline, e quanto mais se fala nos riscos a se correr, mais é meu dever e minha vontade quanto a isso; mas tranquilize-se, não estamos em perigo. Jamais o imperador, jamais nossas tropas deixarão o inimigo se aproximar de Paris. As *velhas condessas* que esperem. O imperador derrotará os cossacos na fronteira, e nunca veremos nem mesmo um só deles. Quando eles forem exterminados, a velha Béranger voltará para chorar por seus cossacos em Paris, e irei visitar você em Nohant".

A confiança de minha mãe dissipou minhas angústias. Partimos em 12 ou 13 de janeiro. O imperador ainda não tinha deixado Paris. Tanto que o vimos ali, e se acreditava que nunca se veria nenhum outro monarca em Paris, a menos que fosse em visita e para beijar-lhe os pés.

Partimos em uma grande caleche de viagem que minha avó havia adquirido, e madame de Béranger, com sua camareira e seu cãozinho, seguiam-nos em um enorme coche puxado por quatro cavalos. Nossa bagagem já tão pesada era leve em comparação à sua. A viagem foi extremamente difícil. Fazia um tempo horrível, e a estrada estava coberta de tropas, de longas carroças de víveres, de munições de campanha de todas as espécies. Colunas de conscritos, de soldados e de voluntários se cruzavam, se misturavam ruidosamente aos gritos de *Viva o imperador! Viva a França!* Madame de Béranger

História da minha vida

tinha medo desses encontros frequentes, no meio dos quais nossas carruagens não conseguiam avançar. Os voluntários gritavam de vez em quando *Viva a nação!*, e ela achava estar em 1793. Ela alegava que eles tinham aparência patibular e que a olhavam com insolência. Minha avó caçoava dela um pouco às escondidas, porém ela era muito submissa a madame de Béranger e nunca a contradizia abertamente.

Na região de Sologne encontramos soldados que pareciam vir de longe, conforme suas vestimentas em trapos e seu ar faminto. Seriam destacamentos anistiados da Alemanha ou repelidos da fronteira? Eles nos disseram de onde vinham; porém não me lembro mais. Não mendigavam absolutamente nada, mas, quando passávamos nas areias encharcadas da Sologne, espremiam nossas carruagens com ar suplicante. "O que vocês querem?", perguntava minha avó. Os pobres, morrendo de fome, tinham muito orgulho para dizê-lo. Tínhamos um pão na carruagem, e o estendi àquele que se encontrava mais próximo a mim; ele soltou um grito apavorante e atirou-se em cima do pão, não com as mãos mas com os dentes, de modo tão violento que só tive tempo de retirar meus dedos que ele teria devorado. Seus companheiros o rodearam e também morderam o pão que ele roía como um animal. Eles não disputavam, nem sequer pensavam em repartir, eles davam lugar uns aos outros para morder a presa comum e derramavam grossas lágrimas. Era um espetáculo pungente, e não pude deixar de chorar também.

Como, no coração da França, em uma região pobre, é verdade, mas que a guerra não tinha devastado e onde a penúria não havia reinado naquele ano, nossos pobres soldados sentiam fome em uma grande estrada? Eis o que presenciei e não posso explicar. Esvaziamos o cofre de provisões, demos a eles tudo o que havia nas duas carruagens. Acho que nos disseram que as ordens haviam sido mal dadas e que, por isso, não tinham suas rações há vários dias, mas o detalhe me foge.

Com frequência faltavam cavalos nas postas, e éramos obrigadas a dormir em péssimas estalagens. Em um desses lugares, o estalajadeiro foi conversar conosco depois do jantar. Ele estava indignado com Napoleão por este ter deixado que invadissem a França. Dizia que era necessário fazer a guerra dos partidários, degolar todos os estrangeiros, colocar o imperador porta afora e proclamar a república: mas a boa república, dizia ele, a verdadeira, a *una e indivisível e imperecível*. Essa conclusão de forma alguma caiu no gosto da madame de Béranger, e ela tomou-a como de inspiração jacobina: ele a fez pagar sobre sua observação ao apresentar-lhe a conta.

Enfim chegamos a Nohant, mas não fazia nem três dias que estávamos ali quando um grande pesar deu outro curso aos meus pensamentos.

Minha avó, que nunca havia adoecido na vida, teve uma doença grave. Como seu organismo era bem particular, os sinais dessa doença apresentavam uma característica especial. Primeiro caiu em um sono profundo, do qual foi impossível tirá-la durante dois dias; depois, quando todos os sintomas alarmantes foram dissipados, não perceberam que ela tinha no corpo uma enorme ferida gangrenosa, produzida pela leve escoriação confiada a cataplasmas salinos. Aquela ferida era horrivelmente dolorosa e demorou a se fechar. Durante dois meses foi preciso que ela ficasse de cama, e a convalescença não foi menos demorada.

Deschartres, Rose e Julie cuidaram de minha pobre vovozinha com grande devoção. Quanto a mim, senti que a amava mais que tinha notado até então. Seus sofrimentos, o risco de morte em que ela se encontrou várias vezes tornaram-na querida para mim, e o tempo de sua enfermidade causou em mim uma tristeza mortal.

Madame de Béranger permaneceu, se não me engano, seis semanas conosco, e só partiu quando minha avó estava fora de qualquer perigo. Mas aquela dama, se foi tomada de pesar e inquietação, não deixou transparecer muito, e duvido que de fato possuísse um coração afetuoso. Não sei, na verdade, por que minha vovó, que tinha tanta necessidade de afeto, estava particularmente presa àquela mulher arrogante e imperiosa, na qual nunca consegui descobrir o menor encanto de espírito ou de caráter.

Ela era ativa demais e não conseguia manter-se parada. Julgava-se bastante hábil para cuidar ou retificar o plano de um jardim ou de um parque, e mal tinha visto nosso velho jardim regular, quando pôs na cabeça transformá-lo em um jardim inglês: era uma ideia ridícula, pois, sobre um terreno plano, tendo pouca visão, e onde as árvores demoram a crescer, o que há de melhor a ser feito é conservar preciosamente as que ali já se encontram, plantar para o futuro, e nunca, de maneira alguma, abrir clareiras que

História da minha vida

mostrem a pobreza dos panoramas circunvizinhos; há, sobretudo, quando se tem uma estrada diante e muito próxima da casa, que se esconder a casa tanto quanto possível atrás dos muros ou de sebes vivas para resguardar a *intimidade do lar*. Mas nossos pequenos carpinos, que formavam a cerca viva, causavam horror em madame de Béranger, nossos canteiros de flores e de legumes, que me pareciam tão belos e tão graciosos, ela os tratava como jardim de pároco. Minha avó mal recobrara a voz e a audição ao sair da primeira crise da sua enfermidade quando sua amiga pediu-lhe autorização para meter o machado no bosquezinho e a enxada nas aleias. Vovó não gostava de mudanças, porém trazia a mente tão enfraquecida naquele momento e, além do mais, madame de Béranger exercia sobre ela um tal domínio, que deu-lhe plenos poderes.

Eis então a dama com mãos à obra; ela comanda cerca de vinte obreiros, e de sua janela dirige a derrubada, podando aqui, destruindo acolá, e procurando sempre uma perspectiva que nunca poderia ser alcançada, porque, se das janelas do primeiro andar da casa a vista do campo é tão bela, do jardim, construído no mesmo nível que o terreno circunjacente, jamais seria possível obtê-la. Para isso seria preciso que o nível do jardim sofresse uma elevação de aproximadamente quinze metros, e cada brecha aberta no arvoredo só nos levaria a desfrutar da vista de uma grande planície cultivada. Alargaram a brecha, derrubaram árvores velhas saudáveis até não poderem mais; madame de Béranger traçava linhas no papel, de sua janela estendia barbantes aos trabalhadores, berrava com eles, subia, descia, retornava, se impacientava e destruía o pouco de sombra que tínhamos, sem nos fazer ganhar nada em troca. Por fim, ela renunciou àquilo tudo, graças a Deus, pois senão teria conseguido arruinar todo o jardim; mas Deschartes observou-lhe que minha avó, assim que estivesse em condições de sair e ver com seus próprios olhos aquele estrago, talvez lamentasse muito a perda de seus velhos carpinos.

Fiquei extremamente impressionada com a maneira que aquela dama falava com os trabalhadores. Ela se julgava ilustre por demais para dignar-se a procurar saber o nome de cada um deles para interpelá-los em particular. De sua janela, entretanto, ela mantinha cada um deles ocupados alternadamente, e por nada desse mundo tratava-os por "senhor", ou "meu amigo",

217

ou "*meu velho*", como se diz, em Berry, aos homens de qualquer idade com quem se converse. Ela berrava com eles o tempo inteiro e a plenos pulmões: "*Homem número 2! Ei, você aí, homem número 4!*". Isso fazia nossos camponeses zombeteiros caírem na gargalhada, e nenhum deles fazia questão de virar a cabeça em resposta ao seu chamado. "Cáspite!", diziam entre eles, dando de ombros, "somos todos homens, e não podemos adivinhar a quem ela chama, essa *mulher!*".

Foram necessários uns trinta anos para consertar o estrago causado em nossa casa pela madame de Béranger, e para fechar as brechas das suas *perspectivas*.

Ela possuía outra mania que me irritava ainda mais que aquela dos jardins ingleses. A madame apertava tanto seus espartilhos, que de noite já estava vermelha como uma beterraba, e seus olhos saltavam do seu rosto. Declarava que minha postura era como a de um corcunda, que eu tinha um talhe que mais parecia um pedaço de pau e que era preciso me dar formas. Em consequência, mandou que me fizessem de imediato um espartilho, instrumento de tortura que eu ainda não conhecia; ela mesma me arrochou tão bem que quase passei mal na primeira vez.

Mal saí de sua presença, cortei rapidamente o cadarço, pois só assim pude suportar as barbatanas e os ilhós; mas logo ela percebeu a artimanha e me apertou ainda mais forte. Fiquei revoltada, refugiei-me na adega e não me contentei apenas em cortar o cadarço; joguei o espartilho em uma velha barrica de borra de vinho, onde ninguém imaginaria achá-lo. Procuraram-no bem, mas, se o encontraram seis meses mais tarde, na época da vindima, isso é uma coisa que nunca saberei informar.

A pequena *Lorette de Béranger* — madame de la Marlière nos ensinara a dar aos cães muito mimados o nome dos seus donos — era um ser intratável que saltitava bem no focinho dos cachorros maiores, os mais sisudos, e os forçava a sair do sério. Nesses encontros, madame de Béranger dava gritos histéricos e chegava a passar mal, de modo que nossos amigos Brilhante e Bigode não podiam mais pôr suas patas no salão. Toda noite Hippolyte era encarregado de levar Lorette para passear, porque seu ar de santinho inspirava confiança em madame de Béranger; porém, em vinte minutos de passeio, Lorette passava uns maus bocados em suas mãos. "Pobre queridinha, amor de bichinho!", ele lhe dizia na soleira da porta, de onde sua dona podia ouvi-lo; e mal atravessava a porta, ele jogava Lorette para o alto com toda força no meio do pátio, pouco se importando como e onde ela cairia. Acho que Lorette também imaginava ter descendência nobre, pois era um bicho estúpido e detestável em sua impertinência.

Finalmente madame de Béranger e Lorette partiram. Sentimos muito apenas pela sua camareira, que era uma pessoa muito boa.

A doença da minha vovó não nos permitira rir muito às custas da velha condessa. As notícias de fora não eram nem um pouco alegres e, num dia de primavera, minha avó convalescente recebeu uma carta de madame de Pardaillan, que lhe dizia: "Os aliados entraram em Paris. Não fizeram nada de mau por aqui. Não saquearam nada. Dizem que o imperador Alexandre vai nos dar como rei o irmão de Luís XVI, aquele que estava na Inglaterra *e de cujo nome não me lembro*".

Minha avó consultou sua memória. "Deve ser", ela disse, "aquele que tinha a alcunha de *Monsieur*. Era um homem muito perverso. Quanto ao conde de Artois, este era um tratante detestável. Aí está, minha filha, eis nossos primos no trono, mas não há do que nos vangloriar".

Tal foi sua primeira impressão. E depois, seguindo a influência do seu *entourage*, ela foi lograda durante algum tempo pelas promessas feitas à França, e sucumbiu ao primeiro momento de entusiasmo, não pelas pessoas, mas pelas coisas restauradas. Isso não durou muito tempo. Quando a devoção religiosa estava na ordem do dia, retornou-lhe a aversão pelos hipócritas.

Esperava com ansiedade uma carta de minha mãe, e finalmente ela chegou. Minha pobre mamãezinha ficara doente de medo. Por um singular acaso, uma das cinco ou seis balas de canhão lançadas sobre Paris e dirigidas à estátua do obelisco da praça Vendôme veio a cair na casa em que minha mãe morava, então na rua Basse-du-Rempart. Essa bala de canhão atravessou o telhado, penetrou dois níveis e veio a se amortecer no forro do teto do quarto onde minha mãe se encontrava. Ela fugiu com Caroline, achando que Paris iria se transformar, em poucas horas, num amontoado de escombros. Minha mãe pôde voltar a dormir tranquilamente em sua casa depois de ter visto, com a multidão consternada e estupefata, a entrada dos bárbaros que eram abraçados e coroados de flores pelas belas damas da aristocracia.

Capítulo 6

A briga doméstica envenena. — Começo a conhecer o aborrecimento. — Discussão com minha mãe. — Minhas preces, suas promessas, sua partida. — Primeira noite de insônia e desespero. — O quarto deserto. — Primeira decepção. — Liset. — Projeto romanesco. — Meu tesouro. — Acidente ocorrido com minha avó. — Renuncio a meu projeto. — Reflexões sobre as relações que devemos ter com os empregados para chegar aos costumes da igualdade. — Minha avó me negligencia forçosamente. — Lições de Deschartres. — A botânica. — Meu desdém pelo que me ensinam.

[*Neste capítulo, a autora retoma a tristeza que sentiu ao ver a mãe partir de Nohant para cuidar da irmã Caroline. Sua avó foi irredutível nessa questão. De um lado, a mãe Victoire queria lhe garantir o conforto e uma boa educação, enquanto a filha (Sand) preferia ficar com ela e a irmã na simplicidade que ela podia lhe oferecer sem separações. De outro lado, a avó Aurore assegurava à mãe uma pensão extra para ajudá-la em sua sobrevivência com Caroline. Aos poucos, a menina (Sand) foi percebendo que não havia mais como evitar o rompimento. Algo que lhe foi terrivelmente marcado, chegando a cogitar uma fuga, mas acabou desistindo logo após um acontecimento inesperado: sua avó sofre um ataque cataléptico, e a partir daí mostra-se visivelmente fragilizada em sua saúde física, aos 66 anos, passando a depender mais da sua presença e atenção.*

Na etapa em que a mãe foi embora de Nohant, a autora volta ao episódio em que passa a dar aulas ao menino Liset (diminutivo de Louis, em berrichão, isto é, da região do Berry). Este que passa a ser também seu amigo diante da enorme necessidade que tinha de se distrair e se alegrar.]

Capítulo 7

Minhas relações com meu irmão. — Semelhanças e incompatibilidades de nossos caracteres. — Violências de minha babá. — Tendências morais que desdobram em mim essa tirania. — Minha avó torna-se monarquista sem o ser. — O retrato do imperador Alexandre. — Retorno da ilha de Elba. — Novas visões. — Minha mãe retorna a Nohant.

História da minha vida

— Perdão à minha babá. — Passagem da armada do Loire. — O distintivo do general Subervie. — O general Colbert. — Como Nohant escapou de ser o foyer e o teatro de uma Vendeia *patriótica*. — O licenciamento. — Os pêssegos de Deschartres. — O regimento do meu pai. — Visita do nosso primo. — Devoção de madame de la Marlière. — Partida de minha mãe. — Partida do meu irmão. — Solidão.

Mais tarde entrarei em um detalhe mais fundamentado do prazer ou da aversão que me inspiraram meus diversos estudos. O que quero descrever aqui é a disposição moral na qual me encontrava, entregue, por assim dizer, aos meus próprios pensamentos, sem guia, sem conversa, sem expansão. No entanto, eu tinha necessidade de existir, e o estar só não é existir. Hippolyte tornara-se cada vez mais turbulento, e em nossas brincadeiras ele não fazia questão de outra coisa a não ser de agitação e barulho. Ele me levava a isso bem mais rápido do que eu queria, e tudo acabava sempre em alguma suscetibilidade de minha parte e em alguma resposta torta da sua. Contudo, nos amávamos, sempre nos amamos. Havia certas semelhanças de caráter e de mentalidade entre nós, apesar das enormes diferenças em outros territórios. Também era evidente minha propensão ao romanesco, e, no entanto, havia em seu espírito certo senso artístico, e em sua jocosidade um aspecto de observação crítica que correspondia ao lado divertido dos meus instintos. Não havia ninguém que fosse à nossa casa sem que ele julgasse, perscrutasse ou soubesse criticar e analisar com bastante agudez, porém com muita causticidade. Isso me divertia bastante, e acabávamos sendo dois terríveis zombadores. Eu tinha necessidade de alegria, e ninguém nunca soube me fazer rir como ele. Mas não podíamos rir o tempo todo, e havia ainda mais necessidade de sérios desabafos que de zombarias naquela época.

Minha alegria para com ele tinha então, com frequência, senão algo de forçado, pelo menos um quê de nervoso e de febril. Diante do menor conflito, ela se transformava em amuo e depois em lágrimas. Meu irmão sustentava que eu tinha gênio ruim, e isso não era verdade, o que ele veio a reconhecer mais tarde; simplesmente eu trazia comigo um aborrecimento secreto, uma mágoa profunda que não podia contar a ele pois talvez caçoasse de mim, assim como zombava de tudo, mesmo da tirania e das brutalidades de Deschartres.

Eu dizia a mim mesma que tudo o que aprendera não me servia de nada, visto que, apesar do silêncio da minha mãe a esse respeito, continuava resoluta a voltar a conviver com ela seguindo seus passos profissionais tão logo ela julgasse possível. Os estudos me entediavam tanto mais que eu não agia como Hippolyte, que, com bastante audácia, abstinha-se dos seus de maneira mais efetiva. Eu estudava por obediência, mas sem prazer e sem interesse, como se cumprisse uma tarefa fastidiosa durante certo número de horas insípidas e lentas. Vovó percebia isso e censurava minha languidez, minha frieza para com ela, minha absorção contínua que amiúde era semelhante à da imbecilidade, e da qual Hippolyte era o primeiro a me ridicularizar sem misericórdia. Essas censuras e ridicularizações me feriam muito, por isso acusavam-me de ter um amor-próprio excessivo. Ignoro se, de fato, era dona de exagerado amor-próprio, porém tinha plena consciência de que meu despeito não provinha do orgulho contrariado, mas de um mal mais sério, de uma dor no coração desprezada e enxovalhada.

[...]

Habituei-me, portanto, à humilhação de minha escravidão, e nela achei o alimento de uma espécie de estoicismo natural do qual talvez eu necessitasse para conseguir viver com uma sensibilidade do coração superexcitada. Aprendi sozinha a endurecer-me contra os dissabores e, nesse ponto, era bastante encorajada por meu irmão, que, em suas escapadas, me dizia, sorrindo: "Hoje à noite vamos apanhar". Ele, terrivelmente castigado por Deschartres, aguentava sua parte com um misto de ódio e indiferença. Ele se achava vingado pela sátira; eu, eu encontrava minha vingança em meu heroísmo e no perdão que consentia à minha babá. Eu até mesmo me guindava um pouco para me elevar ainda mais diante de mim mesma nesta luta da força moral contra a força bruta, e, quando um cascudo na cabeça abalava meus nervos e enchia meus olhos de lágrimas, escondia-me para enxugá-las. Ficaria com vergonha se as vissem.

No entanto, teria feito melhor se gritasse e soluçasse. No fundo, Rose era boa, teria ficado com remorso se fosse prevenida do mal que me fazia.

História da minha vida

Mas também, quem sabe, não tinha consciência da crueldade de seus métodos, de tanto que era impetuosa e irrefletida. No dia em que ela me ensinou a *marcar* minhas meias, e em que fiz três pontos no tecido em vez de dois, ela me aplicou uma furiosa bofetada. "Você deveria", lhe dizia friamente, "tirar seu dedal para me bater na cara; qualquer dia vai quebrar meus dentes". Ela me encarou com sincero espanto, olhou para o seu dedal e para a marca que tinha deixado em minha face. Não conseguia acreditar que fora ela mesma quem, no instante, havia feito aquela marca em mim. Às vezes me ameaçava com tapa logo depois de me ter dado um, aparentemente sem se dar conta disso.

Não retornarei mais a esse tema insípido; é suficiente dizer que, durante três ou quatro anos, não passei nenhum dia sem receber, de surpresa, alguma pancada que nem sempre me fazia um grande mal, mas que toda vez me causava um abalo cruel e me fazia mergulhar novamente — eu, de natureza confiante e terna — em um enrijecimento de todo meu ser moral. De todo modo, sendo até mesmo amada, talvez não houvesse razão para convencer-me de que era infeliz, tanto mais que dependia de mim fazer cessar esse estado de coisas, mas não dava um passo nessa direção. Porém, estivesse eu disposta ou não a me lastimar do meu destino, sentia-me, encontrava-me infeliz, e, na realidade, isso era o suficiente para estar de fato. Até mesmo me habituei a saborear um tipo de satisfação amarga ao protestar internamente e a toda hora contra aquele destino, a me obstinar cada vez mais em apenas amar uma criatura ausente e que parecia me abandonar à minha miséria, habituei-me, ainda, a recusar à vovó o calor e afeto do meu coração e dos meus pensamentos, a criticar em mim mesma a educação que recebia e da qual permitia voluntariamente ignorar os dissabores, enfim, a olhar-me como um ser miserável excepcionalmente condenado à escravidão, à injustiça, ao fastio e aos eternos pesares.

Que não me perguntem mais, pois, por que, podendo me gabar de uma espécie de aristocracia de berço e estimar os prazeres de um certo bem-estar, sempre conservei minha solicitude e minha simpatia habitual, minha intimidade de coração, se assim posso dizer, para com os oprimidos. Essa tendência fez-se presente em mim pela força das coisas, pela pressão das circunstâncias exteriores, muito antes que o cultivo da verdade e do raciocínio da consciência chegassem a mim como um dever. Não tenho nisso nenhuma glória, e aqueles que pensam como eu não devem me dar mais mérito que aqueles que pensam de outra forma sem fundamento para me criticar.

O que é certo, o que não se contestará, de boa-fé, depois de terem lido a história da minha infância, é que a escolha de minhas opiniões não tem nada a ver com um capricho, com uma fantasia de artista, como dizem; mas é o resultado inevitável das minhas primeiras dores, das minhas mais santas afecções, de minha própria situação na vida.

Minha avó, depois de uma curta resistência à sedução de sua casta, tornou-se não monarquista, mas *partidária do Antigo Regime*, como diziam então. Ela sempre se impingia uma espécie de violência para aceitar, não a usurpação feliz do homem de gênio, mas a insolência dos arrivistas que tinham compartilhado sua fortuna sem tê-la conquistado com os mesmos títulos. Novos insolentes surgiam; mas ela não ficava tão chocada com sua arrogância, porque já os conhecia, e, além do mais, meu pai não estava mais presente com seus instintos republicanos para lhe mostrar o ridículo daquela postura.

É preciso dizer também que depois da longa tensão do reinado grandioso e absoluto do imperador, uma espécie de desordem anárquica, que seguiu-se imediatamente à restauração, trazia uma novidade que, nas províncias, parecia ter algo a ver com liberdade. Os liberais falavam bastante e sonhavam com um tipo de estado político e moral até então incomum na França, o estado *constitucional*, do qual ninguém tinha uma ideia exata e que conhecêramos apenas por meio de palavras; uma realeza sem poder absoluto, um deixar ao deus-dará a opinião e a expressão em tudo o que toca às instituições abaladas e recompostas superficialmente. Reinava a esse respeito bastante tolerância em um certo meio burguês que minha avó voluntariamente teria preferido escutar a dar atenção ao seu velho cenáculo. Mas *aquelas damas* (como diria meu pai) não lhe permitiam discutir nada. Elas tinham a intolerância do fanatismo. Juravam o ódio mais tenaz e estrito a todo aquele que ousasse lamentar o *Corso*,[4] sem lembrar que na véspera elas

---

4 Denominação que comumente designa Napoleão Bonaparte, por este ter nascido na Córsega. (N.T.)

História da minha vida

ainda abriam caminho, sem nenhuma repugnância, em seu cortejo. Jamais se viram tantas baixezas, tantos mexericos, tantas acusações, tanta aversão, tantas denúncias.

[...]

Capítulo 8
Lição da história. – Eu a estudo como um romance. – Desaprendo música com um mestre. – Primeiros ensaios literários. – A arte e o sentimento. – Minha mãe caçoa de mim, e renuncio às *letras*. – Meu *grande romance inédito*. – *Corambé*. – Marie e Solange. – O porqueiro Plaisir. – O fosso coberto. – Demogorgon. – O templo misterioso.

Nem sempre posso seguir minha vida como um relato que se encadeia de modo perfeito, pois há muitas incertezas em minha memória sobre a ordem dos pequenos eventos de que me recordo. Sei que passei em Nohant, com minha avó, sem ir a Paris, os anos de 1814, 15, 16 e 17. Dessa forma, resumirei meu desenvolvimento moral durante esses quatro anos.

Os únicos estudos que me agradaram realmente foram a história e a geografia, que são somente o apêndice necessário da música e da literatura. Poderia, ainda, reduzir essas propensões ao dizer que não gostava e nunca gostei realmente de nada além da literatura e da música, pois o que me apaixonava na história não era essa filosofia que a teoria mais moderna do progresso nos ensinou a deduzir do encadeamento dos fatos. Ainda não se popularizara essa noção clara e precisa que é, na verdade, senão a grande descoberta, pelo menos a grande certeza filosófica dos novos tempos, e da qual Pierre Leroux, Jean Reynaud[5] e sua escola de 1830 a 1840 produziram a melhor exposição e as melhores deduções nos trabalhos da *Encyclopédie nouvelle*.

---

5 Pierre Leroux (1797-1871), filósofo e político francês, considerado um teórico socialista muito importante na época, exerceu grande influência em George Sand. Além da forte amizade entre ambos, eles fundaram, com Louis Viardot, a *Revue Indépendante*, que durou de 1841 a 1848. O propósito do periódico era a apresentação de uma nova filosofia do progresso, que defendia uma espécie de religião da humanidade. Em 1839, Sand dedicou um de seus livros ao amigo Pierre Leroux:

Na época em que me ensinaram história, geralmente não tinham nenhuma ideia da ordem e do conjunto na apreciação dos fatos. Hoje o estudo da história pode ser compreendido como a teoria do progresso; esta consegue traçar uma linha grandiosa na qual vêm se reatar todas as linhas até então esparsas e quebradas. Ela nos faz assistir à infância da humanidade, seu desenvolvimento, suas experiências, seus esforços, suas conquistas sucessivas e até mesmo seus desvios, terminando fatalmente em um retorno que a recoloca na estrada do futuro, não fazendo nada além de confirmar a lei que a impele e a arrasta.

Na teoria do progresso, Deus é uno, assim como a humanidade é una. Há somente uma religião, uma verdade anterior ao homem, coeterno a Deus, e cujas diferentes manifestações no homem e por meio do homem são a verdade relativa e progressiva de diversas fases da história. Nada mais simples, nada mais grandioso, nada mais lógico. Com essa noção, com esse fio condutor em uma mão — *A humanidade eternamente progressiva* —, com esse archote na outra — *Deus eternamente revelador e revelável* —, não é mais possível vacilar e se perder no estudo da história dos homens, porque esta é a história do próprio Deus em suas relações conosco.

No meu tempo procediam simultaneamente por meio de várias histórias separadas, que não possuíam nenhuma relação entre si. Por exemplo, a história sagrada e a história profana eram contemporâneas uma da outra, então fazia-se necessário estudá-las analisando tanto uma como a outra, sem admitir que elas tivessem algum liame. Qual era a verdadeira, qual a fabulosa? Ambas eram carregadas de milagres e de fábulas igualmente inadmissíveis pela razão; mas por que o Deus dos judeus seria o único Deus verdadeiro? Não nos diziam nada a respeito disso, e, quanto a mim particularmente, estava livre para rejeitar o Deus de Moisés e de Jesus, tanto quanto os deuses de Homero e de Virgílio. "Leia", me diziam, "tome nota, faça resumos,

---

Spiridium. Quanto a Jean Reynaud (1806-1863), engenheiro e filósofo francês, vale ressaltar que, com Pierre Leroux, lançou, em 1835, *L'Encyclopédie Nouvelle*. Tal publicação em oito volumes trazia como subtítulo os seguintes dizeres: *Dictionnaire philosophique, scientifique, littéraire et industriel, offrant le tableau des connaissances humaines au XIXe siècle.* (N.T.)

História da minha vida

guarde bem tudo isso. É necessário que se saiba dessas coisas e não é permitido ignorá-las".[6]

Saber por saber, eis realmente toda a moralidade da educação que me era transmitida. Não era questão de se instruir para se tornar melhor, mais feliz ou mais sábio. Aprendia-se para se tornar capaz de conversar com as pessoas instruídas, para estar apto a ler os livros que tinham em seus armários e para matar o tempo no campo ou em outro lugar. E como os caracteres da minha espécie não compreendem muito que seja útil dar a réplica aos conversadores instruídos, em vez de escutá-los em silêncio ou não escutá-los em absoluto; como em geral as crianças não se preocupam com o tédio, porque se divertem de bom grado com qualquer outra coisa fora o estudo, era preciso dar a elas um outro motivo, um outro estímulo para estudar. Então falavam a elas do prazer de contentar seus pais e apelavam ao sentimento de obediência, à consciência do dever. Era, ainda, o que havia de melhor a invocar, e isso tinha um ótimo resultado comigo, que era, por natureza, independente em minhas ideias e submissa nas atitudes exteriores.

Jamais me revoltei de fato contra as pessoas que eu amava e das quais eu devia aceitar a dominação natural, pois há nisso algo de indiscutível, quer seja apenas no que diz respeito ao direito de ascensão hierárquica devido à idade, quer seja no que compete ao direito de ascensão hierárquica devido ao sangue. Nunca compreendi que não se cedesse às pessoas com as quais não se quer nem se pode romper, mesmo quando se está convicto de que elas estão equivocadas; nem tampouco compreendo que se hesite entre o sacrifício de si mesmo e a satisfação dessas pessoas. Eis por que minha avó, minha mãe e as religiosas do meu convento sempre me acharam de uma

---

6 Não duvido que minha avó não me daria melhores explicações se ela ainda possuísse toda a força de suas faculdades morais e intelectuais. Certamente ela deve ter se ocupado com mais eficácia da formação moral do meu pai. Mas tenho procurado bem em minhas lembranças o traço de um ensino realmente filosófico de sua parte, e não o encontro. Creio poder afirmar que, durante uma fase de sua vida, anterior à Revolução, ela preferira Rousseau a Voltaire; mas quanto mais foi envelhecendo, mais tornou-se voltairiana. O espírito de beatice da Restauração deve necessariamente ter levado essa reação ao extremo nas cabeças filosóficas que datavam do século precedente. Ora, sabe-se quanto é pobre de recursos e vazia de moralidade a filosofia da história em Voltaire. (N.A.)

docilidade inexplicável em meio a uma insuperável teimosia. Sirvo-me da palavra *docilidade*, porque ficava surpresa ao vê-las encontrar nessa expressão um sentido que descrevesse meu temperamento infantil. A expressão talvez não fosse a mais exata. Eu não era dócil, visto que não cedia no meu íntimo. Mas, para não ceder de fato, era preciso odiar, e, pelo contrário, eu amava. Isso só prova, portanto, que minha afeição me era mais preciosa que meu raciocínio, e que em meus atos obedecia com mais boa vontade ao meu coração do que à minha cabeça.

Foi então por pura afeição pela minha avó que estudei o melhor que pude as coisas que me aborreciam, que aprendi de cor milhares de versos dos quais não compreendia a beleza; o latim, que me parecia insípido; a versificação, que era uma camisa de força imposta à minha poética natural; a aritmética, que era tão oposta à minha índole que, para fazer uma adição, tinha literalmente vertigens e desfalecimentos. Também para lhe dar prazer, eu me embrenhava na história; mas nesse estudo, minha submissão enfim recebia sua recompensa, pois a história me divertia de modo prodigioso.

Contudo, pela razão que já expus, pela ausência de teoria moral nesse estudo, a história não satisfazia o apetite de lógica que começava a se revelar em mim; mas ela trouxe aos meus olhos um atrativo diferente: tomei gosto por ela em seu aspecto puramente literário e romanesco. As grandes personalidades, as belas ações, as extraordinárias aventuras, os detalhes poéticos, o detalhe, em uma palavra, me apaixonou, e encontrei, ao descrever isso tudo, ao dar uma forma às passagens que interessavam aos meus resumos, um prazer indescritível.

Pouco a pouco me apercebi de que eu era pouco vigiada, que minha avó, achando meu resumo bem escrito para minha idade, e interessante, não consultava mais o livro para ver se minha versão era bem fiel, e isso me foi útil mais do que se pode imaginar. Parei de levar às aulas os livros que tinham servido ao meu resumo e, como não os pediam mais, lancei-me com mais ousadia em minhas apreciações pessoais. Fui mais filósofa que meus historiadores profanos, mais entusiasta que meus historiadores sacros. Deixava-me levar pela minha emoção e, não me preocupando com o julgamento dos meus autores, dava às minhas narrativas a cor dos meus pensamentos, e até mesmo me lembro de que não me incomodava por enfeitar um pouco

História da minha vida

a aridez de certos assuntos. Não alterava em nada os fatos essenciais, mas, quando um personagem insignificante ou desprovido de explicação me caía nas mãos, obedecendo a uma necessidade invencível de *arte*, dava-lhe um caráter qualquer que eu deduzia de modo bastante lógico do seu papel ou da natureza de sua ação no drama geral. Incapaz de me submeter cegamente ao julgamento do autor, se não reabilitava sempre quem ele condenava, tentava pelo menos explicar os motivos de suas condutas e desculpá-lo, e se achava o autor extremamente frio diante dos temas que me entusiasmavam, eu liberava meu próprio ardor e o derramava em meu caderno nos termos que faziam minha avó rir com frequência por causa da ingenuidade do exagero.

Enfim, quando encontrava ocasião de enfiar uma pequena descrição no meio da minha narrativa, não deixava de fazê-lo. Para isso, uma frase curta do texto, uma breve indicação me eram suficientes. Minha imaginação se apropriava desse material e enfeitava o relato; eu fazia intervir o sol ou a tempestade, as flores, as ruínas, os monumentos, os coros, os sons da flauta sagrada ou da lira jônica, o estrépito das armas, o relincho dos corcéis, e sei lá mais o quê. Eu era clássica pra diabo, mas, se não tinha a arte de encontrar para mim uma nova forma, tinha o prazer de sentir com vivacidade e de ver pelos olhos da imaginação todo o passado que se reanimava diante de mim.

É verdade também que, não me achando todos os dias com essa disposição poética e não podendo impunemente lançar-me nisso à vontade, me acontecia por vezes de copiar quase palavra por palavra as páginas do livro cujo sentido estava encarregada de buscar. Mas esses eram meus dias de langor e de distração. Eu me compensava disso com prazer quando sentia a verve se reacender.

Com a música acontecia algo um pouco parecido. Praticava por desencargo de consciência os estudos enfadonhos que deveria tocar para minha avó; mas, quando estava segura de executar as lições de maneira passável, eu as arranjava à minha maneira, unindo frases, modificando as formas, improvisando ao acaso, cantando, tocando e compondo letra e música; fazia isso quando tinha certeza de que não estava sendo ouvida. Deus sabe a quais estúpidas aberrações musicais eu me abandonava assim! Encontrava nelas um prazer estupendo.

[...]

Senti então, desde a primeira tentativa literária da minha vida, que eu estava abaixo do meu tema, e que minhas palavras e minhas frases o estragavam para mim mesma. Enviaram à minha mãe uma das minhas *descrições* para lhe mostrar como me tornava hábil e erudita; ela me respondeu: "Suas belas frases me fazem rir à beça, espero que você não se meta a falar dessa forma". Não fiquei nem um pouco mortificada pela acolhida dela à minha elucubração poética; achei que ela tinha total razão, e lhe respondi: "Fique tranquila, mamãezinha, não me tornarei uma pedante, e, quando quiser dizer que te amo, que te adoro, direi tudo isso de modo simples, como digo aqui".

Então parei de *escrever*, mas a necessidade de inventar e de compor continuavam a me atormentar. Precisava de um mundo de ficções, e nunca cessei de criar um para mim que levava a todos os lugares comigo, em meus passeios, em meus momentos de repouso, ao jardim, aos campos, à minha cama antes de dormir e ao acordar, antes de me levantar. Toda minha vida tornou-se um romance em processo na minha cabeça, ao qual eu somava um capítulo mais ou menos longo tão logo me encontrava só, e para o qual reunia material sem parar. Mas poderia eu pelo menos dar uma ideia dessa maneira de criar que perdi e que lamento sempre de tê-la perdido, pois foi a única com a qual realizei em algum momento minha fantasia?

Nunca desenvolveria a narrativa dessa fantasia da minha cabeça se achasse ter sido apenas uma esquisitice pessoal. Meu leitor deve, pois, reparar que me preocupo muito mais em lhe fazer rever e comentar sua própria existência, aquela de todos nós, do que em lhe seduzir a ter interesse na minha própria; mas tenho razões para acreditar que minha história intelectual é a da geração à qual pertenço, e que não há nenhum entre nós que não tenha feito, desde sua tenra idade, um romance ou um poema.

Estava lá pelos meus 25 anos quando, vendo meu irmão rascunhar a todo instante, perguntei a ele o que estava fazendo. Ele respondeu: "Estou tentando fazer um romance de fundo moral e cômico na forma: mas não sei escrever, e me parece que você poderia redigir o que esboço". Ele me mostrou o seu plano, que achei muito cético e cujos detalhes não me agradaram. Porém, a esse propósito, perguntei a ele desde quando tivera aquela fantasia de fazer um romance. "Sempre trouxe essa ideia comigo", respondeu. "Quando penso nela, me apaixono e me divirto tanto que algumas vezes rio sozinho. Mas quando quero colocar ordem em tudo isso, não sei por onde começar nem como terminar. Tudo se embaralha sob a pena. A expressão me falta, fico impaciente, me aborreço, queimo o que escrevi, e fico livre por alguns dias. Mas logo tudo volta como uma febre. Penso na ideia do romance dia e noite, e preciso rabiscar novamente, ficando sujeito a queimar tudo de novo todas as vezes."

— Você está errado — disse a ele — em querer dar uma forma definitiva, um plano regular à sua fantasia! Você não vê que entra em conflito com ela, e que se renunciar a deixá-la sair de você ela sempre permanecerá ativa, ridente e fecunda? Por que não faz como eu, que nunca estraguei a ideia que me fiz da minha criação procurando dar-lhe a forma?

— Ah, é isso — disse —, então é uma doença que trazemos no sangue? Então você também cava no vazio? Também delira como eu? Mas você nunca me disse nada.

E eu já estava arrependida por ter me traído, mas já era muito tarde para reconsiderar. Hippolyte, ao confiar seu mistério a mim, tinha direito de extrair o meu, e contei a ele o que contarei aqui.

Desde a minha primeira infância tive necessidade de criar para mim mesma um mundo interior conforme minha vontade, um mundo fantástico e poético; pouco a pouco também fui obrigada a construir um mundo religioso ou filosófico, isto é, moral ou sentimental. Já com onze anos li a *Ilíada* e *Jerusalém libertada*.[7] Ah, como achei-os curtos, como fiquei contrariada por chegar à última página! Ficava triste e como que doente de desgosto ao vê-los terminar tão rápido. Não sabia mais o que fazer; não conseguia ler mais nada; não sabia a qual dos dois poemas dar preferência; percebia que Homero era mais belo, mais grandioso, mais simples; mas Tasso me interessava e me intrigava muito mais. Ele era mais romanesco, mais do meu tempo e para o meu sexo. Havia situações das quais desejava que o poeta nunca mais me deixasse sair: Hermínia entre os pastores, por exemplo, ou Clorinda livrando Olindo e Sofronia da fogueira. Que quadros encantadores via se desenrolar em torno de mim! Eu me apossava dessas situações; eu

---

7 Obras, respectivamente, do poeta grego Homero (928 a.C-898 a.C.) e do poeta italiano Torquato Tasso (1544-1595). (N.T.)

me colocava ali, por assim dizer; os personagens tornavam-se meus; eu os fazia agir ou falar, e alterava conforme a minha vontade a sequência de suas aventuras, não que achasse estar fazendo melhor que o poeta, mas porque as preocupações amorosas das personagens me incomodavam, e eu os desejava tal como me sentia, isto é, entusiastas apenas da religião, da guerra ou da amizade. Preferia a marcial Clorinda à tímida Hermínia; sua morte e seu batismo a divinizavam aos meus olhos. Odiava Arminda, desprezava Reinaldo. Sentia vagamente, pela guerreira e pela mágica, o que Montaigne disse de Bradamante e de Angélica, a propósito do poema de Ariosto: "*uma*, de uma beleza natural, ativa, generosa, não masculinizada, mas viril; *a outra*, de uma beleza indolente, afetada, delicada, artificial; uma travestida de rapaz, levando um morrião[8] reluzente na cabeça; a outra veste-se como uma *donzela*, coroada com um diadema de pérolas".

Acima das personagens do romance, porém, o Olimpo cristão pairava sobre a composição de Tasso, como os deuses do paganismo na *Ilíada*; e foi pela poesia desses símbolos que a necessidade de um sentimento religioso, senão de uma crença definida, veio se apoderar ardentemente do meu coração. Já que não me ensinavam nenhuma religião, percebi que precisava de uma, e criei uma para mim.

Arranjei isso tudo de modo bem secreto em mim mesma; religião e romance cresciam lado a lado em minha alma. Disse que os espíritos mais romanescos são os mais positivos, e, embora isso pareça um paradoxo, eu o confirmo. O pendor romanesco é um apetite pelo belo ideal. Tudo o que, na realidade vulgar, constrange esse elã é facilmente posto de lado e considerado inútil pelos espíritos lógicos no seu ponto de vista. Os cristãos primitivos, os adeptos de todas as seitas nascidas do cristianismo, tomados ao pé da letra, são providos de espírito romanesco, e sua lógica é rigorosa, absoluta; desafio que provem o contrário.

Eis-me então, criança sonhadora, cândida, isolada, abandonada a si mesma, lançada à busca de um ideal, e não podendo imaginar um mundo, uma humanidade idealizada, sem pôr no topo um Deus, o próprio ideal. O grande criador que fora Jeová, a imensa fatalidade que fora Júpiter, não me

---

8 Capacete militar de metal. (N.T.)

História da minha vida

satisfaziam diretamente. Eu enxergava muito bem as relações desse poder supremo com a natureza, e não o sentia o bastante em particular na humanidade. Fiz o que a humanidade fez antes de mim. Procurei um mediador, um intermediário, um Deus-homem, um amigo divino de nossa espécie desafortunada.

Homero e Tasso vieram coroar a poesia cristã e pagã das minhas primeiras leituras, me mostraram tantas divindades sublimes ou terríveis que tive apenas dificuldade para escolher; essa dificuldade, porém, era imensa. Preparavam-me para a primeira comunhão, e eu não compreendia absolutamente nada do catecismo. O Evangelho e o drama divino da vida e da morte de Jesus me arrancavam torrentes de lágrimas em segredo. Escondia isso muito bem, temendo que minha avó fizesse pouco caso de mim. Ela não o teria feito, hoje sei com certeza, porém essa ausência de intervenção em minha crença, a qual de fato parecia ser uma lei que minha avó impusera a si própria, lançou-me na dúvida, e quem sabe também o eterno atrativo do mistério em minhas emoções mais íntimas levaram-me ao prejuízo moral de estar privada de orientação.[9] Minha avó, vendo que eu lia e aprendia o dogma de cor sem a menor reflexão sobre o que estava lendo, supunha talvez encontrar em mim uma tábula rasa assim que ela quisesse me instruir do seu ponto de vista; porém, ela se enganava. A criança nunca é uma tábula rasa. Ela comenta, ela se interroga, duvida, pesquisa e, se não lhe dão nada para construir uma morada para si, ela se faz um ninho com as palhinhas que consegue juntar.

---

9 Esse atrativo do mistério não é um fenômeno particular da minha índole. Que todas as mães se lembrem de sua infância, que esquecem em demasia quando educam seus filhos. Esse estado da alma que se busca é inerente à infância, e sobretudo à infância da mulher. Não é preciso nem contrariar brutalmente tal pendor nem deixá-lo desenvolver-se demais. Tenho visto mães — de uma vigilância indelicada e zelosa — muitas vezes suspeitarem de alguma impureza no casto devaneio das suas filhas, e atirarem pedras ou imundícies no lago tranquilo e puro que ainda refletia apenas o céu. Tenho visto outras que deixam todas as sujeiras de fora cair nesse lago sem desconfiar de nada. É bem difícil, é por vezes quase impossível, enxergar o fundo dessa água dormente, e é por causa disso que não se sabe muito com o que se deve preocupar ou não. (N.A.)

Foi o que me aconteceu. Como minha avó tinha só uma preocupação, a de combater em mim a tendência à superstição, eu não podia acreditar nos milagres, e tampouco ousaria acreditar na divindade de Jesus. Mas, apesar de tudo eu a amava, essa divindade, e me dizia: "Já que toda religião é uma ficção, façamos um romance que seja uma religião ou uma religião que seja um romance. Não acredito em meus romances, porém eles me trazem tanta felicidade quanto se eu acreditasse neles. Aliás, se me acontece de acreditar neles de tempos em tempos, ninguém saberá, ninguém irá contrariar minha ilusão tentando provar que estou sonhando".

E eis que sonho à noite, e me vem uma figura e um nome. O nome não significava nada, que eu saiba, era um conjunto fortuito de sílabas como se formam nos sonhos. Meu fantasma se chamava *Corambé*, e esse nome continuou a pertencer a ele. Tornou-se o título do meu romance e o deus da minha religião.

Ao começar a falar de *Corambé*, começo a falar não somente da minha vida poética, que esse tipo ocupou durante muito tempo no segredo dos meus sonhos, mas ainda da minha vida moral, que formava uma unidade com a primeira. Corambé não era, na verdade, um simples personagem do romance, era a forma que tomou e preservou por muito tempo meu ideal religioso.

De todas as religiões pelas quais me fizeram passar em revista como um estudo histórico pura e simplesmente, sem me engajar em adotar uma, não houve nenhuma delas, com efeito, que me satisfizesse completamente, e todas me chamaram a atenção por um ou outro motivo. Jesus Cristo era para mim o modelo de perfeição superior a todas as outras; mas a religião que me proibia, em nome de Jesus, de amar os outros filósofos, os outros deuses, os outros santos da antiguidade, me perturbava e me sufocava, por assim dizer. Eu precisava da *Ilíada* e de *Jerusalém libertada* em minhas ficções. Corambé criou-se totalmente sozinho na minha cabeça. Ele era puro e caridoso como Jesus, radiante e belo como Gabriel; mas foi necessário a ele um pouco da graça das ninfas e da poesia de Orfeu. Havia, portanto, formas menos austeras que o Deus dos cristãos, e um sentimento mais espiritualizado que os deuses de Homero. Além disso, precisava completá-lo vestindo-o como uma mulher quando se oferecesse a ocasião, pois a quem mais eu havia amado, quem melhor eu compreendia até então, era uma mulher, era minha mãe. Foi então muitas vezes sob os traços de uma mulher que ele me apareceu. Em suma, ele não possuía sexo e tomava toda espécie de aspectos diferentes.

Havia deusas pagãs de que eu gostava muito: a sábia Palas, a casta Diana, Íris, Hebe, Flora, as musas, as ninfas; era desses seres maravilhosos que não queria me privar por causa do cristianismo. Era necessário que Corambé tivesse todos os atributos da beleza física e moral, o dom da eloquência, o encanto todo poderoso das artes, a magia da improvisação musical sobretudo; desejava amá-lo como a um amigo, como a uma irmã, ao mesmo tempo reverenciá-lo como a um deus. Não queria temê-lo, e a esse respeito almejava que ele trouxesse consigo alguns dos nossos erros e falhas.

Procurei aquilo que poderia se conciliar com sua perfeição, e encontrei o excesso de indulgência e de bondade. Isso me agradou particularmente, e sua existência, ao se desenvolver em minha imaginação (não ousaria dizer pelo efeito da minha vontade, a tal ponto esses sonhos pareciam logo se formular por si mesmos), me ofereceu uma série de provações, de sofrimentos, de perseguições e de martírios. Chamei de livro ou canto cada uma de suas fases de humanidade, pois ele se tornava homem ou mulher tão logo punha os pés na Terra, e algumas vezes o Deus superior e todo-poderoso do qual ele era apenas, no fim das contas, um ministro celeste, preposto do governo moral de nosso planeta, prolongava seu exílio entre nós, para puni-lo do extremo amor e misericórdia que ele tinha para conosco.

Em cada um dos cantos (creio que meu poema tinha pelo menos mil cantos sem que eu houvesse tentado escrever uma linha sequer), um mundo de novos personagens se agrupava em torno de Corambé. Todos eram bons. Havia aqueles que eram maus e que nunca eram vistos (eu não queria fazê-los aparecer), mas cuja maldade e loucura revelavam-se por meio de imagens de desastres e de quadros de desolação. Corambé consolava e reparava o mal sem cessar. Eu o via, rodeado por seres melancólicos e sensíveis que ele deleitava com suas palavras e seu canto, em paisagens deliciosas, ouvindo-lhes a narrativa de suas penas e reconduzindo-os à felicidade pela virtude.

No início tomei consciência desse tipo de trabalho inédito; mas, depois de pouquíssimo tempo, até mesmo depois de pouquíssimos dias, pois cada dia equivale a três na infância, senti-me possuída pelo meu tema bem mais do que ele por mim. O sonho atingiu uma espécie de doce alucinação tão frequente e tão completa, por vezes, que eu caía em êxtase fora do mundo real.

Aliás, o mundo real logo curvou-se à minha fantasia. Ele adaptou-se para o meu uso. No campo tínhamos, meu irmão, Liset e eu, muitos amigos, garotas e rapazes, que encontrávamos sempre um ou outro para brincar, correr, pilhar ou escalar. Quanto a mim, tinha um maior convívio com as filhas de um dos nossos meeiros, Marie e Solange, que eram um pouco mais jovens que eu e mais infantis em termos de caráter. Quase todos os dias, do meio-dia às duas da tarde, período de recreação concedido a mim, corria a uma das propriedades compartilhadas com os meeiros para me encontrar com minhas amigas ocupadas em cuidar dos seus cordeiros, em procurar os ovos de suas galinhas espalhados nas moitas, em recolher frutas do pomar, ou em pastorear as *ovelhas*, como se diz entre nós, ou *em cortar o feno* para que tivessem provisão de inverno. De acordo com a estação, elas estavam sempre trabalhando, e eu as ajudava com afinco só pelo prazer de estar com elas. Marie era uma menina muito inteligente e muito simples. A mais nova, Solange, era extremamente voluntariosa e nos submetia a todos os seus caprichos. Vovó ficava bem contente por eu me colocar em atividade com elas, mas dizia que não imaginava o prazer que eu podia encontrar na companhia daquelas camponesinhas sujas de lama, com seus perus e suas cabras, eu, que elaborava tão belas descrições e que instalava a lua em uma *nacela de prata*.

Eu, eu possuía o segredo do meu prazer e o guardava só para mim. O pomar onde passava parte do meu dia era maravilhoso (e ainda é), e foi ali que meu romance chegou a mim em plenitude. Ainda que o pomar por si só fosse de extrema beleza, eu não o via precisamente tal como ele era. Minha imaginação transformava um morro de um metro em uma montanha, uma árvore em uma floresta, a vereda que ia da casa ao prado virava o caminho que leva ao fim do mundo, a poça beirando os velhos salgueiros tornava-se um sorvedouro ou um lago, à vontade; e via meus personagens agirem, correrem juntos, ou caminharem solitários, meditando, ou dormirem à sombra das árvores, ou dançarem, cantando o paraíso dos meus sonhos quiméricos. A conversa de Marie e Solange não me incomodava em nada. A simplicida-

História da minha vida

de delas, suas ocupações campestres não arruinavam a harmonia dos meus quadros, e via nelas duas pequenas ninfas disfarçadas de aldeãs preparando tudo para a chegada de Corambé, que passaria por ali um dia ou outro e restituiria a elas suas formas verdadeiras e seu real destino.

Aliás, quando elas conseguiam me distrair e faziam desaparecer meus fantasmas, eu não levava a mal, porque acabava me divertindo com elas. Quando eu estava por ali, os pais se mostravam bem tolerantes em relação ao tempo que perdiam deixando seus afazeres de lado, e várias vezes abandonávamos as rocas, os carneiros ou as corbelhas para nos entregar a uma ginástica desenfreada, subir nas árvores ou nos precipitar do alto das montanhas de feixes de feno empilhados no celeiro, brincadeira doida, confesso, e que ainda adoraria experimentar novamente se tivesse essa ousadia.

Esses acessos de agitação e de alegria inebriante me permitiam encontrar mais prazer ainda ao cair em minhas contemplações, e meu cérebro excitado fisicamente tornava-se mais rico em imagens e em fantasia. Eu o sentia e não deixava de me oferecer esse estímulo.

Outra amizade que eu cultivava com menos assiduidade, mas à qual meu irmão me arrastava algumas vezes, tratava-se de um cuidador de porcos que se chamava *Plaisir*. Sempre tive medo e horror a porcos, e, no entanto, talvez justamente por causa disso, Plaisir, pela grande autoridade que exercia sobre esses malévolos e estúpidos animais, inspirava-me uma espécie de respeito e de temor. Sabe-se que um rebanho de porcos é uma perigosa companhia. Esses animais possuem entre eles um estranho instinto de solidariedade. Se ofendem um indivíduo deles isolado, emitem um certo grunhido de alarme que instantaneamente provoca a reunião de todos os outros. Formam, então, um batalhão que cerca o inimigo comum e o obriga a buscar sua salvação no topo de uma árvore; correr, nem sonhar, pois o porco magro, como o javali, tem uma das mais rápidas e incansáveis pernas que existem.

Portanto, não era sem terror que me encontrava no campo no meio desses animais, e jamais a vivência pôde me corrigir dessa fraqueza. Contudo, Plaisir receava tão pouco e dominava totalmente aqueles animais com os quais se ocupava, arrancando bem debaixo dos seus focinhos as favinhas e outros tubérculos açucarados que encontravam em nossas terras, que esforcei-me para me tornar destemida ao lado dele. A mais terrível besta do seu rebanho era o senhor porco, aquele que nossos pastores chamam de *cádi*,[10] e que, reservado à reprodução da espécie, atinge frequentemente um porte e uma força extraordinários. Plaisir domesticou-o tão bem que o cavalgava com um tipo de maestria selvagem e burlesca.

Walter Scott não desdenhou de um cuidador de porcos ao incluí-lo em *Ivanhoé*, um dos seus mais belos romances. Ele poderia ter se inspirado em grande parte na figura de Plaisir. Tratava-se de um ser totalmente primitivo, dotado de talentos de sua condição bárbara. Ele abatia passarinhos a pedradas com uma notável habilidade, e exercitava a pontaria principalmente nas pegas e gralhas que no inverno faziam companhia íntima aos rebanhos de porcos. Os pássaros se instalam em torno desses animais para procurar vermes e sementes geminadas nos torrões de terra revolvidos pelos focinhos dos porcos. Isso dá lugar a grandes altercações entre os pássaros briguentos; aquele que agarra um bichinho salta no lombo do porco para devorá-lo à vontade, os outros seguem-no até ali para roubar-lhe a presa, e o lombo ou a cabeça do quadrúpede indiferente tornam-se o palco de lutas encarniçadas. Às vezes os pássaros se empoleiram sobre o suíno só para se reaquecer, ou para observar melhor o trabalho realizado pelo afocinhar do qual devem tirar proveito. Vi várias vezes uma velha gralha cinzenta permanecer assim, apoiada em uma perna, com um ar pensativo e melancólico, enquanto o porcino afocinhava profundamente o solo provocando-lhe sacudidelas que a perturbavam, tirando-lhe a paciência a tal ponto de ser obrigada a corrigi-lo com bicadas.

Era nessa feroz companhia que Plaisir passava sua vida; vestido, em todas as estações, com uma blusa e calças de cânhamo que, assim como suas mãos e seus pés, tinham tomado a cor e a aspereza da terra, alimentando-se, como seu rebanho, de raízes que se estendiam sob o solo, armado do instrumento de ferro triangular que é o cetro dos tratadores de porcos e que lhe serve para cavar e cutucar sob os sulcos feitos pelo arado, sempre o enfiando em algum buraco ou rastreando embaixo das moitas na perseguição de serpentes ou doninhas; quando um pálido sol de inverno fazia a geada

---

10 No Brasil usa-se o termo "cachaço". (N.T.)

História da minha vida

brilhar nos vastos terrenos remexidos pelo incessante focinhar do seu rebanho, ele parecia, para mim, o gnomo da gleba, um tipo de diabo entre o homem e o lobisomem, entre o animal e a planta.[11]

Na raia do campo onde vimos Plaisir durante uma estação inteira, o fosso estava coberto por uma bela vegetação. Sob os galhos pendentes dos velhos olmos e os trançados de espinheiros, nós, crianças, podíamos caminhar embaixo dessa cobertura, e havia reentrâncias secas e arenosas forradas de musgo e folhas secas, onde podíamos permanecer ao abrigo do frio e da chuva. Esses refúgios me agradavam de modo todo especial, sobretudo quando estava ali sozinha e os pintarroxos e régulos, cheios de ousadia por causa da minha imobilidade, curiosamente chegavam bem perto de mim para me observar. Adorava penetrar despercebida nos berços naturais da sebe, e então parecia entrar no reino dos espíritos da terra. Tive ali muitas inspirações para o meu romance. Corambé foi me encontrar sob a figura de um guardador de porcos, como Apolo fez com Admeto. Ele era pobre e coberto de pó, como Plaisir; só sua aparência era outra e deixava algumas vezes iluminar-se — momentos em que eu reconhecia o deus exilado, condenado aos labores obscuros e melancólicos. O cádi era um gênio perverso acorren-

---

11 Tornava-se ainda mais fantástico quando recitava a canção dos porqueiros. É um canto estranho que deve, como aquele dos boiadeiros de nosso país, remontar à mais remota antiguidade. Não se sabe traduzi-lo musicalmente, porque ele é entrecortado e mesclado com gritos e chamados endereçados ao rebanho, que ligam, entre si, frases sem ritmo fixo e com uma entonação estranha. O canto é triste, de escárnio e tem um caráter assustador como um sabá de divindades gaulesas. Como todos os cantos conservados pela tradição oral, há um número infinito de versões que se modificam conforme a vontade do pastor, mas que sempre conservam uma cor primitiva. As palavras são improvisadas na maioria dos casos. No entanto, vejam aqui recuperados esses três versos consagrados: Quand les porcs ont l'ailland (le gland) / Les maît' avont l'argent / Les porchers le pain blanc [Em tradução aproximada, "Quando os porcos acham a bolota (a glande) / Os senhores querem o dinheiro / E o pão branco vai pro porqueiro"] E estes outros: Que le diable et la mort / Emportiont tous les porcs! / Les petits et les grands, / La mère et les enfans. [Em tradução aproximada, "A todos os porcos / Que o diabo e a morte os carreguem / Desde os grandes e pequeninhos / Até a mãe e os filhotinhos"].
Eu falarei, alhures, do canto dos bois, que é uma coisa maravilhosa e tão antiga quanto essa dos porqueiros. (N.A.)

239

tado aos passos de Corambé e, apesar de sua malícia, permanecia domesticado pela irresistível influência do espírito de paciência e de bondade. Os passarinhos dos arbustos eram silfos que iam compadecer-se de Corambé e consolá-lo por meio de sua bela linguagem, e ele ainda sorria sob os seus andrajos, o pobre penitente voluntário. Ele me contou que expiava a pena de alguém, e que sua abjeção era destinada a resgatar a alma de um dos meus personagens, corrompido pelo fausto ou pela indolência.

No fosso coberto vi aparecer também um personagem mitológico que provocou uma enorme impressão em minha primeira infância. Era o antigo Demogorgon, o gênio do centro da Terra, o *pequeno ancião imundo, coberto de musgo, pálido e desfigurado, que habitava as entranhas do globo*. Assim o descrevia meu velho tratado de mitologia, o qual afirmava, além disso, que Demogorgon se entediava bastante nessa triste solidão. A ideia de abrir um grande buraco para tentar libertá-lo me era bem-vinda às vezes, mas, quando comecei a sonhar com Corambé, não levava mais fé nas fábulas pagãs, e Demorgogon não representava para mim mais que um personagem fantástico em meu romance. Evoquei-o para que viesse conversar com Corambé, que lhe narrava as misérias dos homens e assim o consolava a viver entre os restos ignorados da antiga criação.

Pouco a pouco a ficção que me absorvia tomou tal caráter de convicção que senti a necessidade de criar para mim um tipo de culto.

Durante mais ou menos um mês, cheguei a escapar de toda vigilância exercida sobre mim em minhas horas de recreação e me tornei tão completamente invisível que ninguém conseguia dizer o que tinha sido feito de mim nessas horas, nem Rose, que, no entanto, nunca me deixava em paz, nem mesmo Liset, que me seguia por todos os cantos como um cãozinho.

Eis o que andava imaginando. Queria erguer um altar a Corambé. Primeiro pensei na gruta em rocalha que ainda subsistia, embora arruinada e abandonada; porém, o caminho até ela continuava sendo muito conhecido e bastante frequentado. O bosquezinho do jardim oferecia então algumas partes de uma vegetação impenetrável. As árvores ainda novas não tinham sufocado a vegetação de pilriteiros e de ligustros que cresciam aos seus pés, em moitas cerradas como as ervas do prado. Nesses maciços que ladeavam as alamedas de pequenos carpinos, notei que em vários deles nunca ninguém conseguiria entrar nem teria condições de enxergar qualquer coisa durante a estação das folhas. Escolhi o mais denso, abri uma passagem e procurei um lugar conveniente. Encontrei um que parecia estar me esperando. No centro do cerrado erguiam-se três belos bordos saindo de um mesmo pé, e a vegetação dos arbustos cobertos pela sombra ganhava uma forma circular que formava como que uma pequena sala de verdor. A terra era coberta por uma grama magnífica, e, em qualquer canto em que se pousasse os olhos, a dois passos não era possível distinguir nada entre a mata fechada. Ali estava tão sozinha e tão escondida quanto se estivesse no mais recôndito ponto de uma floresta virgem, enquanto a 10 ou 12 metros distantes de mim corriam alamedas sinuosas onde poderiam passar quantas vezes quisessem sem se dar conta da minha presença.

Agora era preciso decorar o templo conforme o meu gosto, que viria a descobrir no próprio processo de criação do ambiente. Para isso procedi como minha mãe me ensinara. Saí à procura de lindos seixos, de variadas conchas e dos musgos mais novos. Ergui uma espécie de altar ao pé da árvore principal, e acima dele suspendi uma coroa de flores, como que um lustre, que descia de fieiras de conchas rosas e brancas presas aos galhos do bordo. Podei um pouco os galhos, de maneira a dar um formato regular à pequena rotunda, e então entrelacei trepadeiras e musgos, de modo a formar um tipo de colunata de verdor com as arcadas, de onde pendiam outras pequenas coroas, ninhos de pássaros, conchas maiores à guisa de lâmpadas etc. Enfim consegui fazer algo que me pareceu tão lindo que minha cabeça girava e sonhava com aquele templo todas as noites.

Tudo isso foi levado a cabo com as maiores precauções. Minhas explorações no bosque não eram segredo para ninguém: procurava ninhos e conchas, porém fingia que reunia os pequenos objetos encontrados apenas por não ter o que fazer, e, quando enchia meu avental, esperava até ficar sozinha para poder penetrar na moita. Não era possível chegar ao templo sem dificuldades e sem ganhar vários arranhões, pois a passagem até ele não poderia levantar suspeitas de sua existência; dessa forma, cada vez me embrenhava por um lado diferente, a fim de não deixar rastros ao esmagar folhas e flores e ao quebrar arbustos por causa de repetidas tentativas que levariam à formação de uma vereda visível que denunciaria meu esconderijo.

Quando tudo ficou pronto, tomei posse do meu império com delícias, e, sentando-me sobre o musgo, pus-me a pensar que sacrifícios ofereceria à divindade inventada por mim. Matar animais ou até mesmo insetos para lhe agradar me pareceu bárbaro e indigno de sua doçura ideal. Então, depois de muito meditar, dei-me conta de que deveria proceder de modo totalmente contrário, isto é, sobre o seu altar restituir a vida e a liberdade a todos os animais que pudesse encontrar. Fui, pois, atrás de borboletas, lagartos, pequenas rãs verdes e pássaros; estes últimos não me faltavam, pois sempre espalhava muitas armadilhas por todo canto, e assim os apanhava com facilidade. Liset também os pegava nos campos e os levava para mim, de modo que, tanto quanto durou meu culto misterioso, pude todos os dias libertar, em honra a Corambé, uma andorinha, um pintarroxo, um pintassilgo e até um pardal franco. As oferendas menores, as borboletas e escaravelhos, mal se contavam. Eu as colocava em uma caixa que era depositada sobre o altar e aberta depois de ter invocado o bom gênio da liberdade e da proteção. Creio que fiquei um pouco parecida com aquele pobre louco que procurava pela ternura. Eu a pedia ao bosque, às plantas, ao sol, aos animais, e a não lembro mais qual entidade invisível que existia apenas em meus sonhos.

Eu não era mais tão criança para ter esperanças de ver aparecer esse gênio; contudo, na medida em que, por assim dizer, materializava meu poema, sentia minha imaginação se exaltar de um modo singular. Sentia-me próxima tanto da devoção quanto da idolatria, pois meu ideal era tão cristão quanto pagão, e chegou um momento em que, logo pela manhã, ao visitar meu templo, sem que me desse conta era acometida por uma ideia supersticiosa ao menor desarranjo que encontrasse no local. Se um melro tivesse ciscado em meu altar, se o pica-pau deixasse alguma marca de suas bicadas em minha árvore, se alguma concha se despregasse do festão ou alguma flor caísse da coroa, eu imaginava que, durante a noite, no clarão da lua, as ninfas ou os anjos haviam visitado o templo para dançar e brincar em honra do meu bom gênio. A cada dia eu trocava todas as flores e fazia das antigas coroas um amontoado que cobria o altar. Quando, por acaso, a felosa ou o tentilhão, que eu deixara livre para voar, resolvia, em vez de fugir assustado por entre o bosque, pousar na árvore e ali permanecer por alguns instantes, eu me enchia de contentamento; achava que minha oferenda fora ainda mais agradável que de costume. Experimentava ali deliciosos devaneios e, ao buscar o maravilhoso que era para mim tão sedutor, começava a ter a ideia vaga e o sentimento claro de uma religião que atenderia aos anseios do meu coração.

Infelizmente (talvez felizmente para minha cabecinha, que não era ainda muito madura para ir a fundo nesse problema), meu refúgio foi descoberto. Com o firme propósito de me encontrar, Liset chegou até mim, e toda embasbacada ao dar de cara com meu templo, exclamou: "Oh! *Mademoiselle*, o lindo altarzinho da festa de *Corpus Christi!*".

Ela não viu mais que uma distração em meu mistério, e queria ajudar-me a embelezá-lo ainda mais. Porém, o encanto fora destruído. No momento em que outros pés além dos meus pisaram o santuário, Corambé não o habitou mais. As dríades e os querubins o abandonaram, e comecei a achar que minhas cerimônias e meus sacrifícios não eram mais que puerilidades que eu mesma não levara a sério. Destruí o templo com tanto cuidado quanto o tinha edificado. Cavei ao pé da árvore e enterrei as guirlandas, as conchas e todos os ornamentos campestres sob os restos do altar.

Capítulo 9

O ideal de Liset. — Energia e languidez da adolescência.
— Os respigadores. — Deschartres me torna comunista.
— Ele me faz perder o gosto pelo latim. — Uma tempestade
durante a fenação. — *A besta.* — História da criança do
coro. — As vigílias dos trabalhadores de cânhamo.
— A história do sacristão. — As visões do meu irmão.
— As belezas do inverno no campo. — Associação fraternal
dos caçadores de cotovias. — O romance de Corambé
prescinde do necessário. — A primeira comunhão. — Os artistas
ambulantes. — A missa e a ópera. — Brigitte e Charles.
— A infância não passa para todos.

[*Neste capítulo, a autora relata parte de sua vida marcada pela condição bem mais frágil da avó e pela despedida do irmão Hippolyte, que sai de Nohant para estudar fora. Nessa etapa, ela afirma que sentiu fortemente a solidão e que acabou, depois, gostando desse sentimento, quando mergulhava em leituras devorando os livros que lhe caíam nas mãos.*

Ao mesmo tempo, ela passa a ter um interesse maior em se integrar mais intensamente aos amigos da comunidade em suas variadas atividades, como passeios pelos jardins e campos. Deschartres, depois da partida do irmão Hippolyte, tornou-se para ela mais tranquilo e próximo. Comenta a autora que, com os amigos do campo, passou a ouvir muitas histórias maravilhosas, de duendes, de almas do outro mundo; segundo ela, histórias que lhe impressionaram a imaginação e que, mais tarde, levaram-na a retomá-las na forma de artigos, dizendo: "Eu recolhi em alguns artigos publicados pela *Illustration* as diversas crenças de nosso Vallée Noire, e recontei as aparições da grande besta" (p.55). *(Vale comentar aqui que Vallée Noire é tido como uma invenção de George Sand, quando ela passou a assim chamar aquela região do castelo de Nohant, onde viveu. Há uma obra sua que leva esse título:* Vallée Noire, datada de 1846.) *Paralelamente, Sand participava, em La Châtre, das cerimônias religiosas, das procissões e missas, e ainda dos eventos artísticos e reuniões musicais em casa de conhecidos, considerando também apresentações teatrais executadas por artistas ambulantes instalados nessa cidade.*

Vale ressaltar também que, duas décadas depois, a autora, inspirada nas visões especialmente do irmão Hippolyte, retomou o tema das aparições no campo para publicar outro artigo sob o título: "Visões noturnas nos campos". Ela comenta: "É dele [de Hippolyte] que falo nos artigos intitulados: 'Visões noturnas nos campos, e suas narrativas foram de uma sinceridade ímpar.'" (p.307).]

Capítulo 10
Relato de uma profunda dor que todo mundo compreenderá. — Impulso de despeito. — Delação de *mademoiselle* Julie. — Penitência e solidão. — Cair da tarde de outono à porta de uma choupana. — Partem-me o coração. — Enrijeço-me contra as minhas mágoas e torno-me uma verdadeira endiabrada. — Encontro minha mãe. — Decepção. — Entro no convento das inglesas. — Origem e aspecto do monastério. — A madre superiora. — Novo desgosto. — A madre Alippe. — Começo a apreciar minha situação e tomo meu partido. — Clausura absoluta.

Apesar de todas essas distrações e de todos esses aturdimentos, nutria sempre, no fundo do meu âmago, um tipo de paixão infeliz pela minha mãe

História da minha vida

ausente. De nosso caro romance, não havia mais problemas de modo algum, ela o havia esquecido completamente, embora eu continuasse pensando nele. Eu protestava o tempo todo, no segredo das minhas reflexões, contra o destino que minha pobre vovó teimava tanto em me garantir. Instrução, talento e fortuna, eu persistia em desprezar tudo. Aspirava a rever minha mãe, a falar-lhe novamente sobre nossos projetos, a dizer-lhe que estava resoluta a participar do seu destino, a ser inculta, trabalhadora e pobre junto dela. Nos dias em que essa resolução me dominava, negligenciava minhas lições, devo confessá-lo. Era então censurada, e isso só me deixava mais obstinada pela minha resolução. Em um dia em que recebera mais reprimendas que de costume, saí do quarto de minha avó e joguei meu livro e meus cadernos no chão, segurei minha cabeça entre minhas mãos e, achando que estava só, bradei para mim mesma: "Pois bem, sim, é isso, não estudo porque não quero. Tenho minhas razões. Saberão delas mais tarde".

[...]

Queriam me fazer sentir o fastio da inação? Deviam ter me privado dos livros, mas não me privaram de nada, e, vendo a biblioteca à minha disposição, como de costume, não sentia a menor vontade de me distrair pela leitura. Deseja-se apenas o que não se pode ter.

Passei então três dias em um *tête-à-tête* assíduo com Corambé. Contava-lhe minhas agruras, e ele me consolava me dando razão. Sofria pelo amor de minha mãe, pelo amor da humildade e da pobreza. Acreditava desempenhar um grande papel, cumprir uma santa missão e, como toda criança romanesca, exaltava-me um pouco dessas virtudes em minha calma e em minha perseverança. Quiseram me humilhar ao me isolar como um leproso naquela casa onde habitualmente todos riam de mim; com isso eu só me elevava mais em minha própria estima. Elaborava belas reflexões filosóficas a respeito da escravidão moral daqueles serviçais que não mais ousavam dirigir-me a palavra, e que, antes, colocavam-se aos meus pés porque eu me posicionava a seu favor. Comparava minha desgraça a todas as grandes desgraças históricas sobre as quais havia lido, e me comparava, eu mesma, aos grandes cidadãos de repúblicas ingratas, condenados ao ostracismo por causa de suas virtudes.

Porém, o orgulho é uma companhia tola, e um dia me cansei dele. "É muito estúpido tudo isso", disse a mim mesma, "vejamos com clareza a partir do ponto de vista dos outros e do meu próprio, e concluamos. Não prepararam minha partida, não têm intenção de me levar de volta à minha mãe. Pretendem me pôr à prova, acham que pedirei para permanecer aqui. Não sabem o quanto desejo ficar com ela, e preciso que percebam isso. Devo permanecer impassível. Que minha clausura dure oito dias, quinze dias, um mês, pouco importa. Quando tiverem certeza de que não mudo de ideia, deixarão que eu parta, e então me explicarei a minha vovozinha; direi a ela que a amo, e lhe direi de modo tão claro que ela me perdoará e me concederá novamente sua amizade. Por que é necessário que ela me amaldiçoe só porque, em vez de ter preferência por ela, demonstro gostar mais daquela que me pôs no mundo e que o próprio Deus me orienta a amá-la mais que tudo e todos? Por que ela acha que sou ingrata por não querer ser educada à sua maneira e viver a vida que ela leva? Para que lhe sou útil aqui? Eu a vejo cada vez menos. A companhia de suas empregadas lhe parece mais necessária que a minha, visto que é com elas que passa a maior parte do tempo. Se ela me mantém aqui, não é por ela, certamente, mas por mim. Pois bem, não sou uma pessoa livre, livre para escolher a vida e o futuro que me convém? Vamos lá, não há nada de trágico nisso que acontece comigo. Minha avó quis, por pura bondade, tornar-me instruída e rica: sou extremamente grata a ela, mas não consigo me habituar a ficar sem minha mãe. Meu coração sacrifica por mamãe todos os falsos bens de bom grado. Ela vai me agradecer por isso, e Deus me terá em conta. Ninguém tem motivos para ficar com raiva de mim, e minha boa vovó reconhecerá isso se depois eu conseguir chegar até ela e defender-me das calúnias que são disseminadas entre nós duas."

Depois disso tentei entrar em seus aposentos, mas a porta ainda estava trancada, e então fui ao jardim. Lá encontrei uma pobre senhora a quem deram permissão para apanhar gravetos. "Com essa dificuldade, senhora", disse a ela, "por que seus filhos não a ajudam?"; "Eles estão trabalhando nos campos", respondeu, "e não consigo mais me abaixar para pegar o que está no chão; tenho os rins muito doloridos". Meti-me a trabalhar com ela, e como ela não se atrevia a tocar nos galhos secos das árvores, fui buscar uma foice para derrubar os arbustos secos e cortar os galhos que estivessem ao meu alcance. Eu era forte como uma camponesa, e rapidamente reunira uma boa quantidade de lenha. Nada nos deixa mais animados que um tra-

História da minha vida

balho físico quando uma ideia ou um sentimento nos incita. A noite chegou quando ainda tinha mãos à obra, cortando, enfeixando, amarrando e preparando para a senhora uma provisão de lenha para a semana inteira no lugar da provisão de um dia que ela mal teria conseguido juntar. Esqueci-me de comer, e como ninguém me avisava de mais nada, nem me lembrei de entrar. Por fim, a fome tomou conta de mim, a velha senhora já tinha ido embora há bastante tempo. Carreguei em minhas costas um fardo mais pesado que eu e entreguei-o em sua choupana, que era no fim do povoado. Estava banhada de suor e sangue, pois a foice havia cortado minha mão mais de uma vez, e os espinhos me deixaram uma grande ferida no rosto.

Mas o cair da tarde de outono estava soberbo e os melros cantavam nos arbustos. Particularmente sempre admirei o canto do melro; menos ruidoso, menos original, menos variado que o do rouxinol, ele se aproxima mais de nossas formas musicais, e apresenta frases de uma simplicidade rústica que quase poderíamos registrar suas notas e cantar ao unir a elas bem pouco de nossas convenções. Naquela noite esse canto me pareceu a voz do próprio Corambé que me amparava e me encorajava. Curvava-me sob o meu fardo; senti, de tanto que a imaginação domina nossas faculdades, decuplicarem minhas forças, e até mesmo uma espécie de frescor súbito tomou conta dos meus membros exaustos. Cheguei à choupana da senhora Blin no momento em que as primeiras estrelas brilhavam no céu ainda rosado. "Ah, minha pobre menina", ela me disse, "como está cansada! Esgotada!"; Respondi: "Não, mas trabalhei bastante para a senhora, e isso vale um pedaço do seu pão, porque estou com um apetite enorme". Ela cortou, do seu pão preto e mofado, um grande naco que comi sentada em uma pedra à sua porta, enquanto ela punha seus netinhos na cama e dizia suas preces. Seu cachorro muito magro (todo camponês, por mais pobre que seja, tem um cachorro, ou melhor, uma sombra de cachorro, que vive de pequenos roubos e defende com unhas e dentes a miserável moradia onde sequer tem abrigo), seu cão, depois de ter rosnado muito para mim, ficou manso ao ver meu pão e aproximou-se para compartilhar da modesta ceia.

Jamais uma refeição me pareceu tão boa, nunca havia experimentado horas mais agradáveis e natureza mais serena. Sentia o coração livre e leve, o corpo disposto como quando se termina um trabalho. Comia o pão do pobre depois de ter cumprido a tarefa do pobre. "E isso não é uma *boa ação*, como se diz no vocabulário orgulhoso dos palácios", pensei, "trata-se, na verdade, de um primeiro ato da vida de pobreza que abraço e inicio. Eis-me, enfim, livre: nunca mais lições fastidiosas, fim às compotas enjoativas que era preciso fingir que estavam deliciosas para não ser tachada de ingrata, nada mais de ter horário certo para as refeições, para dormir ou para se divertir estando ou não com vontade. O fim do dia indicara o fim do meu dia de trabalho. A fome só apertou na hora da minha refeição; não mais lacaios para fazer e entregar meu prato e retirá-lo conforme seus caprichos. Agora, eis as estrelas que aparecem, que bom, que delícia; estou esgotada e descanso, ninguém para me dizer: 'Ponha o seu xale, entre, cuidado antes que se resfrie'. Ninguém se lembra de mim, ninguém sabe onde estou; se quiser passar a noite sentada nessa pedra, só depende de mim. Eis a felicidade suprema, não consigo entender como possam ver isso como um castigo".

Depois pensei que logo estaria com minha mãe, e com todo afeto e alegria despedi-me do campo, dos melros, dos arbustos, das estrelas, das grandes árvores. Adorava o campo, porém ainda não tinha consciência de que nunca conseguiria viver em outro lugar; acreditava que na companhia de minha mãe o paraíso estaria onde quer que nos encontrássemos. Regozijava-me com a ideia de que lhe seria útil, de que minha força física a dispensaria de toda e qualquer fadiga. "Sou eu quem irá apanhar sua lenha, que acenderá seu fogo, que fará sua cama", dizia a mim mesma. "Não teremos nenhum criado, nenhum escravo tirano; seremos donas de nós mesmas, teremos enfim a liberdade do pobre."

Encontrava-me em um estado de espírito realmente delicioso, mas Rose não esquecera de mim como eu pensara. Ela me procurava e estava preocupadíssima quando retornei para casa; porém, ao ver a enorme ferida que eu tinha no rosto, como me vira ajudar a velha senhora Blin, ela, que tinha um bom coração, nem pensou em ralhar comigo. Aliás, depois que passei a viver todas as penitências que me foram impostas, ela andava bastante doce em relação a mim, e até mesmo triste.

No dia seguinte, Rose me acordou bem cedo. "Ouça", disse, "isso não pode continuar assim. Sua avó está triste; vá abraçá-la e lhe pedir perdão"; "Faz três dias que não me deixam fazer o que você diz", respondi. "Julie vai

História da minha vida

me deixar entrar?"; "Sim, sim, eu me encarrego disso", garantiu. E me conduziu pelos pequenos corredores até o quarto de vovó. Fui lá de bom grado, ainda que sem grande arrependimento, pois não sentia realmente culpa, e não tinha a menor intenção, ao demonstrar minha ternura, de renunciar àquela separação que eu via como um fato consumado; mas nos braços de minha pobre querida avó me aguardava a mais cruel, a mais pungente e menos merecida das punições.

Até ali ninguém no mundo, e minha avó menos que qualquer pessoa, havia revelado algum defeito mais grave de minha mãe. Era bem fácil perceber o ódio que Deschartres tinha por ela, ver o despeito de Julie que a denegria para fazer coro, e os acessos de amargor e de frieza de minha avó contra ela. Mas isso não passava de secas ironias, de meias palavras de críticas sem motivo, com ares de desdém; e, em minha ingênua parcialidade, atribuía à pobreza e ao berço humilde o profundo desgosto que o casamento do meu pai tinha provocado em sua família. Minha avó parecia cumprir uma obrigação forçada ao honrar o respeito que eu nutria por minha mãe.

Durante os três dias que a fizeram sofrer tanto, ela procurou, aparentemente, o meio mais rápido e seguro de me fazer reatar com ela e com seus benefícios — os quais eu levava tão pouco em conta —, ao quebrar em meu jovem coração a confiança e o amor que me impeliam a uma outra, no caso, minha mãe. Ela refletiu, meditou e chegou à mais funesta de todas as decisões.

Como havia me colocado de joelhos ao lado de sua cama e tomado suas mãos para beijá-las, ela me disse com um tom vibrante e amargo que eu não a conhecia mais: "Permaneça de joelhos e me ouça com atenção, pois o que vai ouvir você nunca ouviu e nunca mais ouvirá de minha boca. São coisas que só se dizem uma vez na vida, porque são impossíveis de ser esquecidas; mas, não conhecê-las quando infelizmente de fato existem, pode acarretar à pessoa perder-se na vida, perdendo-se a si própria".

Após esse preâmbulo que me fez estremecer, ela se pôs a me contar sua própria vida e a do meu pai, tal como eu conhecia, depois a de minha mãe, tal como ela acreditava conhecer, tal, pelo menos, como ela a compreendia. Aí ela não teve piedade nem sabedoria, ouso dizer, pois há, na vida dos pobres, arrebatamentos, infortúnios, fatalidades que os ricos nunca compreendem e que julgam como os daltônicos.

Tudo o que contou era verdade se julgado com base nos fatos e apoiado em circunstâncias cujos detalhes não permitiam a menor dúvida. Mas poderiam ter me revelado essa terrível história sem extirpar de mim o respeito e o amor pela minha mãe, e a história contada dessa forma teria sido muito mais plausível e muito mais verdadeira. Seria o suficiente contar-me tudo, as causas dos seus infortúnios, o isolamento e a miséria desde os quatorze anos de idade, a corrupção dos ricos à qual foi exposta, que ocorre pela ameaça da fome e pelo aviltar da inocência, o impiedoso rigor da opinião, que não permite de modo algum o arrependimento e não aceita a expiação.[12] Era preciso expor-me também como minha mãe resgatara seu passado, como amara meu pai fielmente, como, depois da morte dele, ela viveu humilde, triste e retirada. A respeito desse último ponto, eu conhecia muito bem, pelo menos acreditava que conhecia; mas davam a entender que, se me diziam tudo sobre o passado, era para me poupar do presente, e que havia, na atual vida de minha mãe, algum novo segredo que não gostariam de me contar e que deveria me fazer temer pelo meu próprio futuro se me obstinasse em ir viver com ela. Enfim, minha pobre vovó, esgotada pelo seu longo relato, fora de si mesma, com a voz sufocada, os olhos úmidos e irritados, lançou o palavrão, o termo horrível: minha mãe era uma mulher perdida, e eu, uma criança cega que queria lançar-se em um abismo.

Isso foi para mim um pesadelo; senti um nó na garganta; cada palavra me fazia morrer, sentia o suor correndo pelo rosto, não queria ouvir mais nada, queria me levantar, sair e ir embora, rechaçar com horror aquela espantosa confidência; não conseguia, meus joelhos pregados no chão, a cabeça

---

12 Disseram-me que críticos condenam, de modo impassível, a sinceridade com a qual falo dos meus pais, e particularmente de minha mãe. Isso é bem simples e já esperava por isso. Existem sempre certos leitores que não compreendem o que leem: são aqueles que não querem ou que não conseguem compreender a verdadeira moral das coisas humanas. Como não escrevo para eles, é em vão que eu venha lhes responder; seu ponto de vista é oposto ao meu; mas rogo àqueles que não odeiam sistematicamente minha obra que releiam esta página e reflitam. Se entre eles existir alguns que tenham sofrido as mesmas dores que as minhas, pelas mesmas causas, creio que acalmarei a angústia de suas dúvidas interiores e fecharei suas feridas, por uma apreciação mais elevada que a dos campeões da falsa moral. (N.A.)

História da minha vida

explodindo e curvada por aquela voz que pairava sobre mim e me cortava como um vento de tempestade. Minhas mãos geladas não seguravam mais as mãos ardentes de minha avó; creio que maquinalmente eu as havia repelido dos meus lábios com terror.

Por fim levantei-me sem dizer uma palavra, sem implorar uma carícia, sem me importar de ser perdoada; subi novamente ao meu quarto. Encontrei Rose na escada. "Pois bem", ela disse, "acabou tudo aquilo?"; "Sim, está tudo terminado, acabado para sempre", respondi, lembrando-me que aquela moça nunca havia dito nada além de coisas boas sobre a minha mãe, segura de que ela sabia de tudo o que tinham me contado e que nem assim era menos dedicada à sua primeira patroa; embora ela fosse horrível, pareceu-me bela, embora fosse minha tirana e quase meu carrasco, pareceu-me ser minha melhor e única amiga; abracei-a com efusão e, correndo para me esconder, rolei pelo chão vítima de convulsões de desespero.

As lágrimas que banhavam meu rosto não me trouxeram nenhum alívio. Sempre ouvi dizer que chorar suaviza as mágoas, e muitas vezes constatei o contrário; não sei chorar. Quando as lágrimas me vêm aos olhos, os soluços fecham minha garganta, sufoco, minha respiração se exala em gritos e gemidos; e como tenho horror aos alardes da dor, como me seguro para não gritar, frequentemente chego a cair como morta, e provavelmente é assim que morrerei algum dia se estiver sozinha, surpreendida por um novo infortúnio. Isso não me deixa nem um pouco preocupada, é inevitável que a morte chegue de alguma forma, e cada um traz em si o golpe que deve levá-lo ao fim. Provavelmente a pior das mortes, a mais triste e menos desejável, é aquela que escolhem os covardes, morrer de velhice, ou seja, morrer depois de todos a quem se amou, depois de ter morrido tudo em que se acreditou na terra.

Naquela época, não tinha o estoicismo de reprimir meus soluços de dor, e Rose, ouvindo-me gemer, foi ao meu socorro. Quando consegui retomar um pouco o domínio sobre mim mesma, não quis me fazer de doente e desci ao primeiro chamado para o desjejum, e me forcei a comer. Devolveram meus cadernos, fingi que estudava, mas minhas pálpebras estavam sensíveis por conta de tantas lágrimas ardidas e inflamadas; estava com uma enxaqueca medonha, não conseguia mais raciocinar, permanecia completamente sem ânimo e fiquei indiferente a tudo. Não podia mais discernir se gostava ou se odiava alguém, não sentia mais entusiasmo por ninguém, nem ressentimento contra qualquer pessoa que fosse; sentia uma enorme queimação interna e um vazio pungente no coração. Só me dava conta de um tipo de menosprezo pelo universo inteiro e de um amargo desdém pela vida, pelo que quer que ela pudesse significar para mim doravante; não gostava mais de mim mesma. Se minha mãe era desprezível e detestável, eu, o fruto de suas entranhas, também era. Não sei o que me conteve para que eu não me tornasse perversa através da misantropia a partir daquele momento. Tinham-me feito um mal tão horrível que poderia ser irreparável; tentaram secar em mim as fontes da vida moral, da fé, do amor e da esperança.

Felizmente para mim, o bom Deus me criara para amar e esquecer. Muitas vezes me censuraram por ter esquecido os males que me causaram; visto que eu deveria sofrer tanto, então esse era um estado de graça.

No fim de alguns dias de um sofrimento indizível e de uma fadiga suprema, percebi com surpresa que amava minha mãe ainda mais e que continuava gostando de minha avó como antes. Viram-me tão triste, Rose descrevera tal cena de dor vivida por mim, que achavam que eu caíra em grande arrependimento. Minha vovó sabia o grande mal que fizera a mim, mas pensou que fosse um mal salutar e que eu entenderia sua atitude. Não havia necessidade de novas explicações, não me perguntaram mais nada, isso teria sido inútil. Selei meus lábios para sempre. A vida começou a fluir novamente como um riacho tranquilo, porém o riacho estava turvo para mim, e não enxergava nele mais nada.

Com efeito, não me ocorria mais plano algum, não conseguia mais sentir a chegada reconfortante de doces sonhos. Nada mais de romance, fim das contemplações. Corambé estava morto. Eu vivia como uma máquina. O mal causado a mim fora mais profundo que imaginavam. Inclinada a amar, ainda amava os outros. Criança, continuava a me divertir com o que a vida me oferecia; porém, como já disse, não tinha mais amor por mim, não me importava mais com nada em relação a mim mesma. Resisti sistematicamente aos benefícios dos estudos, passei a desdenhar o enriquecimento e a elevação do meu ser intelectual, achando que o meu ser moral lucraria com isso. Mas meu ideal era incerto, e não tinha mais clareza sobre o futuro em que havia acreditado durante tanto tempo e preparado conforme minha imaginação. Entrevia dali em diante, nesse futuro, combates contra a opinião com os quais nunca sonhara e contra não sei qual enigma doloroso sobre o qual não queriam me dizer nenhuma palavra. Tinham mencionado para mim perigos terríveis que me rondavam, pensavam que eu os descobriria, e eu, simples e de estrutura tranquila, não conseguia perceber nada de nada. Além do mais, tanto apresentava um espírito ativo para com aquilo que sorria aos meus instintos quanto tinha má vontade pelo que era hostil a eles, e nem mesmo tentava descobrir o significado do enigma da esfinge; mas havia algo de terrível diante de mim se eu persistisse em deixar as asas da minha avó, e esse algo, sem me causar medo, pelo contrário, inflamava minhas mais belas utopias amparadas na confiança absoluta.

"Voltar a conviver com sua mãe será pior que a miséria", me advertiam, "Será uma vergonha!"; "Vergonha do quê?", perguntava a mim mesma. "Vou ter eu vergonha de ser filha de minha mãe? Oh! Se não tenho que temer outra coisa senão isso! Saibam bem que não tenho essa desprezível vergonha." Eu supunha então, sem incriminar ninguém, alguma ligação misteriosa entre minha mãe e qualquer um que me fizesse sentir por ela uma influência injusta e ilegítima. E, em seguida, me abstinha voluntariamente de imaginar tal coisa. "Vamos ver", dizia a mim mesma. "Querem que eu descubra algo, não quero saber de nada."

Muitas vezes me fora necessário, para continuar viva, uma resolução firme que me levasse a viver por alguém ou por alguma coisa, pelas pessoas ou pelas ideias. Essa necessidade me acompanhava naturalmente desde a minha infância, pela força das circunstâncias, pelos afetos contrariados. Ela permanecia em mim, ainda que meu alvo fosse obscurecido e meu elã vital, incerto. Queriam me forçar a seguir outro objetivo que haviam me indicado, e do qual obstinadamente me desviava. Eu me perguntava se isso era possível. Senti que não. A fortuna e a instrução, as boas maneiras, o espírito de talento, o que chamavam de *alta sociedade* me apareciam sob as formas do sensível, tal como podia concebê-los. "Isso tudo se reduz", pensava, "a que me torne uma senhorita bem pimpona, muito afetada, muito erudita, tamborilando um piano diante de pessoas que aprovam sem escutar ou sem compreender, não me importando com ninguém, preferindo brilhar, aspirando a um rico casamento, vendendo minha liberdade e personalidade por uma carruagem, por um brasão, roupas e alguns escudos. Isso não me leva a nada e nunca levará. Se devo herdar forçosamente esse castelo, esse feixe de trigo que Deschartres calcula e recalcula, essa biblioteca onde nada me agrada e essa adega da qual nada me apetece, eis algo sem grandes atrativos nem belas riquezas! Sempre sonhei com viagens longínquas. As viagens teriam me seduzido se não tivesse planos de viver pela minha mãe. Pois bem, aí está! Se minha mãe não me quer, algum dia partirei, irei ao fim do mundo. Visitarei o Etna e o monte Gibel;[13] irei à América, irei à Índia. Dizem que é longe, difícil de chegar, melhor ainda! Dizem que se morre nessas aventuras, que importa? Enquanto isso, vivamos o dia a dia, vivamos ao acaso, já que nada do que conheço me fascina ou me serena, deixemos vir o desconhecido".

Naquele momento de minha vida, tentava viver sem sonhar com nada, sem ter qualquer receio e sem nada desejar. No começo foi bastante difícil; habituei-me de tal forma a sonhar e a aspirar a um futuro bom que, apesar de mim mesma, de repente me pegava sonhando novamente com esse futuro. Mas então a tristeza tornou-se tão soturna, e a lembrança da cena à qual tinham me exposto tão sufocante, que precisei fugir de mim mesma, e corri até os campos para me distrair com os garotos e garotas que me amavam e me arrancavam da minha solidão.

Passaram-se alguns meses dos quais não tirei nenhum proveito, e deles me lembro de modo muito confuso, porque foram vazios. Nesse período me comportei muito mal, entregando-me às minhas tarefas apenas o estritamente necessário para não ser repreendida, despachando-me, por assim dizer, para esquecer rapidamente o que viesse a aprender, não meditando mais sobre os meus estudos como fizera, até então, por uma necessidade de lógica e de poesia que tiveram seu encanto secreto; correndo mais que nunca pelas estradas, pelas matas e pastos com meus ruidosos acólitos; pondo a casa de cabeça para baixo por conta dos jogos e brincadeiras desenfreadas; ganhando o hábito de permanecer em estado de louca alegria, por vezes forçada, quando minha dor interior ameaçava despertar; enfim, tornei-me a perfei-

---

13 Monte Gibel é a montanha onde se localiza o vulcão Etna, denominado atualmente Monte Etna. (N.T.)

ta menina endemoniada, como dizia minha babá, que começava a ter razão de me ver assim, e que, no entanto, deixara de me bater, percebendo que o meu tamanho e força já eram suficientes para lhe enfrentar de igual para igual, e, pelo meu ar, que não estava mais disposta a sofrer com suas surras.

Também reparando em tudo isso, vovó me disse: "Minha filha, você não tem mais juízo. Possui espírito, e faz de tudo para tornar-se ou parecer uma estúpida. Você poderia ser mais agradável, e faz de tudo para ficar feia por puro capricho. Sua pele está bronzeada, suas mãos rachadas, seus pés vão ficar deformados com esses tamancos. Seu cérebro também está sofrendo deformações, assim como sua pessoa. Ora você mal responde aos que se dirigem à sua pessoa e toma ares geniosos de quem desdenha tudo. Ora fala a torto e a direito como uma gralha que tagarela por tagarelar. Você foi um encanto de menina, e pergunto para quê tornar-se uma mocinha disparatada. Você não tem nenhuma delicadeza, nenhuma graça, nenhum propósito. Você tem um bom coração e sua cabeça é uma lástima. Precisamos dar um jeito nisso tudo. Aliás, você precisa de um mestre que lhe ensine etiqueta e boas maneiras, e é impossível encontrar um por aqui. Portanto, resolvi colocá-la em um convento, e iremos a Paris para isso."

— E vou ver minha mãe? — perguntei toda animada.

— Claro, certamente, você a verá – vovó respondeu com frieza –, mas só depois de ficar longe dela e de mim mesma pelo tempo que for preciso para que você termine sua educação.

— Então que seja, o convento! – pensei comigo – Não sei do que se trata, mas será uma novidade; e como, no fim das contas, não me interesso por nada da vida que venho levando, poderei ganhar alguma coisa com essa mudança.

E fez-se assim. Revi minha mãe manifestando a mais louca paixão como de costume. Havia uma última esperança: a de que ela achasse a ideia do convento inútil e ridícula, e me recebesse de volta ao perceber que eu persistira em minha resolução de viver ao seu lado. Mas, ao contrário de tudo isso, ela me passou um sermão a respeito das vantagens das riquezas e dos talentos. Fez isso de uma maneira que me deixou aturdida e magoada, pois não via nessa postura sua franqueza e coragem de sempre. Ela ridicularizava o convento, criticava com propriedade minha avó, que, detestando e desprezando a devoção, me confiava às religiosas; porém, mesmo criticando-a em tudo, minha mãe agiu como minha avó. Ela me disse que o convento me seria útil e que era mesmo necessário ficar um período lá dentro. Eu, nunca dona de minhas próprias vontades, entrei no convento sem receio, sem queixas e sem repulsa. Não me dava conta do que estava por vir. Não sabia que entrava na sociedade, quem sabe efetivamente, ao cruzar o limiar do claustro, que conseguiria ali cultivar relações, hábitos do espírito, até mesmo ideias que me incorporariam, por assim dizer, na classe com a qual almejara romper. Acreditei ver, pelo contrário, naquele convento, um território neutro, e nos anos que deveria passar ali, uma espécie de trégua em meio à batalha pela qual estava passando.

Em Paris, encontrei Pauline de Pontcarré e sua mãe. Pauline estava mais linda que nunca; seu caráter permanecia jovial, fácil, amável. Seu coração não mudara nem um pouco; continuava totalmente frio, o que não me impedia de amar e de admirar, como no passado, aquela bela indiferença.

Minha avó pedira informações a madame de Pontcarré sobre o convento das inglesas, o mesmo convento onde fora prisioneira durante a revolução. Uma sobrinha de madame de Pontcarré recebera sua educação no convento e acabara de sair dele. Minha querida vovó, que guardara uma certa lembrança do convento e das religiosas que conhecera ali, ficou maravilhada ao saber que *mademoiselle* Debrosses fora muito bem tratada e educada com distinção naquela instituição, ficou satisfeita de saber que ali o ensino era de boa qualidade, que abrigava renomados professores de artes e ofícios, enfim, que o convento das inglesas merecia a reputação da qual gozava na alta sociedade, concorrendo diretamente com o Sacré-Cœur (Sagrado Coração) e com a Abbaye-aux-Bois (Abadia do Bosque). Madame de Pontcarré tinha planos de matricular sua filha ali, o que fez no ano seguinte. Minha avó decidiu-se então pelas inglesas e, num dia de inverno, fizeram-me vestir um uniforme de sarja cor de amaranto, arrumaram meu enxoval em uma mala, um fiacre conduziu-nos à rua Fossés-Saint-Victor e, depois de termos aguardado alguns instantes no locutório, abriram uma porta de comunicação que se fechou atrás de nós. Estava enclausurada.

Esse convento é uma das três ou quatro comunidades britânicas que se estabeleceram em Paris durante o protetorado de Cromwell. Depois de terem sido perseguidores, os católicos ingleses, cruelmente perseguidos, reuniram-se no exílio para orar e pedir especialmente a Deus a conversão dos protestantes. As comunidades religiosas permaneceram na França, mas os reis católicos retomaram o cetro na Inglaterra e se vingaram de modo pouco cristão.

A comunidade dos agostinianos ingleses foi a única que subsistiu em Paris e cuja sede atravessou as revoluções sem muitas tormentas. A tradição do convento dizia que a rainha da Inglaterra, Henriqueta Maria de França, filha do nosso Henrique IV e esposa do desafortunado Carlos I, viera com frequência, com seu filho Jaime II, rezar em nossa capela e curara as escrófulas dos miseráveis que se espremiam para seguir seus passos. Uma parede geminada separa o convento do colégio dos escoceses. O seminário dos irlandeses fica a quatro portas de distância. Todas as nossas religiosas eram inglesas, escocesas ou irlandesas. Dois terços das pensionistas e alunas, assim como uma parte dos padres que iam celebrar a missa, também pertenciam a essas nações. Havia horas do dia em que éramos terminantemente proibidas de falar qualquer palavra em francês, o que era a melhor prática possível para aprender rápido a língua inglesa. Nossas religiosas, como era razoável, quase nunca falavam conosco em francês. Elas tinham os hábitos do seu clima, tomavam chá três vezes ao dia e admitiam que as mais bem comportadas entre nós tomassem chá com elas.

O claustro e a igreja eram pavimentados por extensas lajes funerárias sob as quais repousavam os ossos venerados dos católicos da antiga Inglaterra, mortos no exílio e sepultados por consideração nesse santuário inviolável. Por toda parte, nos túmulos e nas paredes, epitáfios e sentenças religiosas em inglês. No quarto da madre superiora e em seu locutório particular, imensos retratos antigos de príncipes ou de prelados ingleses. A bela e galante Maria Stuart, santa reputada por nossas castas freiras, ali brilhava como uma estrela. Enfim, tudo era inglês naquela casa, o passado e o presente, e quem ultrapassasse as grades tinha a impressão de ter atravessado a Mancha.

Aquilo foi para mim, camponesa da região de Berry, um choque, um aturdimento do qual levei oito dias para sair. Primeiro fomos recebidas pela madre superiora, madame Canning, uma mulher bastante gorda que tinha entre 50 e 60 anos, ainda bonita em sua obesidade, que contrastava com um espírito extremamente leve. Ela se gabava, com razão, por ser da alta sociedade; era fina em suas maneiras, de conversa fácil, apesar do seu forte sotaque, expressava nos olhos mais ironia e obstinação do que recolhimento e santidade. Sempre foi reconhecida por sua bondade, e como seu conhecimento da alta sociedade tornava o convento próspero, como tinha habilidade para perdoar, em virtude do seu direito de graça que lhe reservava, em última instância, a útil e cômoda função de reconciliar todo mundo, era respeitada e amada por todas as religiosas e pensionistas do convento. Porém, desde o início, seu olhar não me agradou, e tive motivos depois para acreditar que ela era dura e cheia de ardis. Morreu em olor de santidade, mas creio não estar enganada ao pensar que ela devia sobretudo ao seu hábito e ao seu ar superior a veneração da qual era objeto.

Minha avó, ao me apresentar, não pôde conter-se em dizer, com um pouco de orgulho, que eu era bastante instruída para minha idade, e que me fariam perder tempo se me pusessem em uma classe de crianças. Havia duas seções, a classe dos pequenos e a classe dos grandes. Pela minha idade, de fato pertencia à classe dos pequenos, formada por 30 pensionistas de 6 a 14 anos. Pelas leituras que já havia feito e pelas ideias que essas leituras desenvolveram em mim, pertencia a uma terceira classe que talvez fosse necessário criar especialmente para mim e para duas ou três outras colegas; mas não fora habituada a estudar com método, e não sabia uma palavra em inglês. Tinha bastante conhecimento de história e até mesmo de filosofia; mas era muito fraca ou, pelo menos, apresentava lacunas e graves incertezas a respeito da ordem cronológica e dos acontecimentos. Tinha condições de conversar sobre qualquer coisa com os professores, e talvez até mesmo de enxergar com uma clareza um pouco maior que alguns deles; contudo o primeiro magíster que travasse um diálogo comigo me deixaria tão embaraçada sobre fatos pontuais, que não conseguiria sustentar um exame em regra sobre o que quer que fosse.

Percebi muito bem minhas dificuldades e fiquei bastante aliviada ao ouvir a madre superiora declarar que, por ainda não haver recebido o sacramento da confirmação, deveria forçosamente entrar na classe dos pequenos.

Era hora do recreio; a superiora mandou chamar uma das meninas mais bem comportadas da classe dos pequenos, confiou-me e recomendou-me a ela, e convidou-me para conhecer o jardim. Pus-me imediatamente a andar

História da minha vida

por todos os lugares, a observar todas as coisas e todos os rostos, a bisbilhotar todos os cantos do jardim como um pássaro que procura um lugar para fazer seu ninho. Não me sentia minimamente intimidada, ainda que me olhassem o tempo todo. Vi logo que as meninas dali eram mais refinadas em suas maneiras do que eu; via passar e repassar as *grandes*, que não brincavam e tagarelavam caminhando de braços dados. Minha introdutora me disse o nome de várias delas; eram nomes importantes da mais alta aristocracia, que não causavam o menor efeito sobre mim, como podem imaginar. Perguntava o nome das alamedas, das capelas e dos caramanchões que ornavam o jardim. Vibrei ao saber que era permitido escolher um canteiro entre os bosques para cultivar à vontade. Visto que essa distração não tinha muita procura a não ser por todas as pequenas, tive a impressão de que terra e trabalho não me iriam faltar.

Teve início uma partida de barra-manteiga e me puseram na brincadeira. Não conhecia as regras do jogo, mas sabia correr bastante. Minha avó passeava com a madre superiora e com a ecônoma, e pareceu satisfeita ao me ver já tão animada e tão à vontade. Logo depois resolveu partir e me levou ao claustro para despedir-se de mim. O momento lhe parecia solene, e a boa mulher fundiu-se em lágrimas ao me abraçar. Fiquei um pouco comovida, mas pensei que devia fazer das tripas coração para não chorar, e não chorei. Então minha avó, me olhando no rosto, repeliu-me brandando: "Ah, coração insensível, me deixe partir sem um pingo de emoção, vejo muito bem!". E saiu, com o rosto escondido entre as mãos.

Fiquei estupefata. Pensei que agira bem ao não lhe demonstrar nenhuma fraqueza e, do meu ponto de vista, minha coragem e resignação deveriam ter lhe agradado. Voltei-me e vi perto de mim a ecônoma; tratava-se da madre Alippe, uma velhinha gordinha e muito bondosa, uma mulher de coração extraordinário. "Pois bem", dirigiu-se a mim com seu acento inglês, "o que é que houve aqui? A senhorita disse algo à sua avó que a deixou chateada?"; "Eu não tinha nada a dizer", respondi, "e achei que não deveria dizer nada."; "Vejamos", disse, tomando-me pela mão, "você está triste por estar aqui?" Como ela trazia aquele acento de franqueza que não me engana, respondi sem hesitar: "Sim, madame, contra minha vontade sinto-me triste e sozinha no meio de pessoas que não conheço. Fico muito sentida com o fato de que aqui ninguém pode gostar de mim ainda, e porque não estou mais entre os meus parentes que me amam muito. Foi por isso que não quis chorar diante da minha avó, já que sua vontade é que eu permaneça aqui onde ela me deixou. Agi de forma errada?"; "Não, minha filha", respondeu madre Alippe, "talvez sua avó não tenha compreendido sua atitude. Vá brincar, fique bem, e logo terão tanto carinho por você aqui quanto têm na casa dos seus parentes. Só não esqueça de dizer à sua vovó, quando a vir novamente, que se não demonstrou tristeza quando se despediram foi para não aumentar a tristeza dela".

Voltei a brincar, mas meu coração estava apertado. Parecia, e até hoje me parece, que a reação da minha pobre avó fora extremamente injusta. Era culpa sua se eu via o convento como uma penitência que ela me impusera, pois não deixara de me dizer, em seus momentos de reprimendas, que, enquanto eu estivesse ali, sentiria muita saudade de Nohant e das pequenas comodidades da casa paterna. Dava a impressão de que se ofendera ao me ver suportar a punição sem revolta ou sem medo. "Se é para minha felicidade que estou aqui", pensava, "eu seria ingrata de permanecer aqui contrariada. Se esse é meu castigo, tudo bem, me sinto castigada, estou aqui; que mais querem de mim? Que sofra por estar aqui? É como se me batessem mais forte porque me recuso a gritar no primeiro tapa".

Naquele dia minha avó foi jantar na casa do meu tio-avô de Beaumont e contou a ele, aos prantos, como eu não chorara em momento algum na hora de nossa despedida. "Ora, mas então, tanto melhor assim!", reagiu com seu bom humor filosófico. "É muito triste ficar no convento, e você quer que ela compreenda a situação? O que ela fez de mal para que você lhe imponha a reclusão e ainda por cima as lágrimas? Minha querida irmã, quantas vezes já lhe disse que a ternura materna muitas vezes pode se tornar bastante egoísta, e teríamos sido bem mais infelizes se nossa mãe tivesse amado os filhos dela como você ama os seus?"

Minha avó ficou irritada com o sermão. Foi embora mais cedo e só foi me ver depois de oito dias, embora houvesse prometido ir me visitar dois dias após minha entrada no convento. Minha mãe, que foi me visitar bem antes da minha avó, contou a mim o que havia se passado, me dando razão, como de costume. Minha mágoa interior aumentou ainda mais. "Vovó agiu mal comigo", pensei; "mas minha mãe também procede da mesma forma

História da minha vida

ao me fazer sentir-me tão mal; eu, por minha vez, também não procedi de modo correto, se bem que estou certa de que tenho razão. Não quis mostrar nenhum ressentimento, e acharam que com isso queria demonstrar orgulho. Vovó me condena por essa atitude, e por essa mesma conduta minha mãe me aprova; nenhuma das duas me compreendeu, e vejo bem que essa aversão que sustentam uma pela outra com certeza me tornará tão injusta como me deixará muito infeliz se me entregar cegamente a uma ou à outra."

Nesse mesmo instante regozijei-me por estar no convento; provei uma imperiosa necessidade de descansar de todos os tormentos interiores; estava farta de ser o pomo da discórdia entre duas pessoas que eu adorava. Quase tive o desejo de que me esquecessem.

Foi assim que aceitei o convento, e o aceitei tão bem que acabei encontrando ali a maior felicidade que jamais tivera em minha vida. Acredito ter sido a única menina satisfeita entre todas as que ali pude conhecer. Todas tinham saudade de suas famílias, não só por causa do carinho que encontravam entre os seus parentes, mas também pela falta de liberdade e de conforto. Embora eu fosse a menos rica e jamais houvesse conhecido grandes luxos, e ainda que recebêssemos um tratamento passável no convento, havia certamente grande diferença no que diz respeito à vida material entre Nohant e o claustro. Além disso, a clausura, o ar de Paris, a continuidade absoluta de um mesmo regime, que eu percebia como funesto aos sucessivos desenvolvimentos ou às contínuas transformações do organismo humano, logo me deixaram doente e abatida. A despeito disso tudo, passei os três anos em clausura sem ter saudades do passado, sem aspirar ao futuro, e valorizando minha felicidade no presente; circunstância que compreenderão todos aqueles que sofrem e sabem que a única felicidade humana para eles é a ausência de males em excesso; situação excepcional, contudo, para as crianças ricas e que minhas companheiras não compreendiam, quando lhes dizia que não desejava o fim da minha catividade.

Vivíamos enclausuradas em toda acepção da palavra. Saíamos apenas duas vezes por mês e nos era permitido dormir fora somente um dia no ano. Tínhamos férias, porém eu não gozava delas, pois minha avó preferia não interromper meus estudos, a fim de poder me deixar menos tempo no convento. Ela deixou Paris poucas semanas após nossa separação e voltou só depois

261

de um ano, para partir novamente por mais um ano. Exigiu de minha mãe que não pedisse às irmãs para eu sair. Meus primos Villeneuve se ofereceram para me levar à casa deles nos dias em que podia sair e escreveram à minha avó pedindo permissão para tal. Escrevi, de minha parte, rogando a ela para não dar permissão alguma a eles e tomei coragem para dizer-lhe que, proibida de sair com minha mãe, não queria e não deveria sair com ninguém. Tive receio de que ela não recebesse meu recado e, embora sentisse um pouco de necessidade e desejo de sair, estava decidida a me fingir de doente se meus primos fossem me buscar com uma permissão nas mãos. Dessa vez minha avó aprovou minha determinação e, em vez de me criticar, fez elogios à minha opinião que achei até mesmo exagerados. Apenas cumprira meu dever.

De modo que passei dois anos inteiros atrás das grades. Tínhamos missa em nossa capela, recebíamos as visitas no locutório, onde também tomávamos aulas particulares, o professor de um lado das grades, nós do outro. Todas as janelas do convento que davam para a rua eram não apenas gradeadas, como também guarnecidas por armações de tela. Tratava-se mesmo de uma prisão, mas uma prisão com um jardim imenso e numerosas companheiras convivendo de modo sociável. Confesso que não me apercebi dos rigores da catividade por um instante sequer, e que as minuciosas precauções que tomavam para nos manter a sete chaves e para nos impedir de ter qualquer visão de fora me faziam achar tudo aquilo muito engraçado. Essas precauções eram o único estímulo ao desejo de liberdade, pois a rua Fossés-Saint-Victor e a rua Clopin não eram tentadoras para passear, nem mesmo para se ver. Não havia uma entre nós que teria sonhado transpor sozinha a porta do apartamento de sua mãe; no entanto, quase todas no convento ficavam de olho na porta do claustro, esperando que ela se entreabrisse a qualquer momento, ou espichavam olhares furtivos através das frestas das telas das janelas. Burlar a vigilância, descer dois ou três degraus do pátio, avistar um fiacre passando, eis a ambição e o sonho de 40 ou 50 meninas peraltas e da pá virada que, no dia seguinte, percorreriam Paris inteira com seus familiares sem ver nisso a menor graça: caminhar pela calçada e olhar os passantes já não representava mais o fruto proibido de fora das muralhas do convento.

Durante esses três anos, meu ser moral sofreu modificações que jamais poderia prever, e que minha avó percebeu com muita pena, como se ao me colocar no convento ela própria não pudesse prevê-las. No primeiro ano,

História da minha vida

mais que nunca fui a garota endiabrada que já começara a ganhar existência em meu ser antes de entrar no convento, porque uma espécie de desespero, ou pelo menos de *desesperança* em meus afetos, impeliam-me a me aturdir e a me inebriar com minhas próprias travessuras. No segundo ano, quase de súbito passei a uma religiosidade ardorosa e agitada. No terceiro ano, me mantive em um estado de devoção tranquila, firme e alegre. No primeiro ano, minha avó encheu-me de reprimendas em suas cartas. No segundo, ficou espantada com minha devoção mais que com meu alvoroço. No terceiro, ela pareceu mais ou menos satisfeita e me declarou um contentamento não sem alguma preocupação.

Esse é o resumo da minha vida de convento, mas os detalhes oferecem algumas particularidades das quais mais de uma criatura do meu sexo reconhecerá os efeitos ora benéficos ora nocivos da educação religiosa. Eu os relatarei sem a menor prevenção e, espero, com a máxima sinceridade de espírito e de coração.

Capítulo 11

Descrição do convento. – A classe das pequenas.
– Infelicidade e tristeza das crianças. – *Mademoiselle* D***,
vigilante de classe. – Mary Eyre. – Minha mãe Alippe.
– O limbo. – O sinal da cruz. – As diabas, as boas e as tolas.
– Mary G ***. – As escapadas. – Isabelle C***.
– Suas composições bizarras. – Sophy C***. – O segredo do
convento. – Buscas e expedições para a libertação da vítima.
– Os subterrâneos. – O impasse misterioso. – Passeio pelos
telhados. – Acidente burlesco. – Whisky e as irmãs conversam.
– O frio. – Passo a diaba. – Minhas relações com as boas e as
tolas. – Meus dias de saída. – Uma tempestade desaba sobre
mim. – Minha correspondência inesperada. – Passo para
a classe das grandes.

[*Neste capítulo, a autora trata da experiência que teve como aluna no convento, por decisão da avó – desde a chegada, registrando as primeiras impressões, até o momento em que se mudou da classe das alunas pequenas para a das grandes, por determinação da ma-*

dre superiora, depois de violadas, pelas irmãs do convento, algumas de suas cartas. Nessa parte do livro, são descritas a arquitetura do convento com seus jardins, pátios e corredores, e também as sensações de labirinto que aqueles mesmos corredores escuros e escadas sinuosas lhe proporcionavam de início. Em seguida, a autora parte para a descrição dos momentos em que passou a se entrosar mais com algumas alunas e com o próprio lugar como espaço de certo aconchego; entrosamento, em especial, com as meninas ditas diabas (havendo, além delas, as boas e as tolas). A igreja e o cemitério eram os únicos endereços notáveis do convento, em sua opinião. Lembra-se em detalhes das descobertas feitas com as diabas nos espaços subterrâneos, onde todas faziam buscas misteriosas para encontrar uma suposta cativa, vítima (jamais encontrada). Mais do que o gosto artístico pela música, a autora comenta seu amor pelo piano, dizendo ter optado naquelas circunstâncias de internada mais para o desenvolvimento dos sentidos do romance, da imaginação. Ela confessa que se sentiu melhor naquele momento no convento do que com a sua família.]

Capítulo 12

Louise e Valentine. — A marquesa de la Rochejaquelein. — Suas memórias. — Seu salão. — Pierre Riallo. — Minhas companhias da classe das pequenas. — Hélène. — Faceirices e espirituosidade do convento. — A condessa e Jacquot. — Irmã Françoise. — Madame Eugénie. — Briga singular com mademoiselle D***. — O quarto escuro. — O sequestro. — Poulette. — As freiras. — Madame Monique. — Miss Fairbairns. — Madame Anne-Augustine e seu ventre de dinheiro. — Madame Marie-Xavier. — Miss Hurst. — Madame Marie-Agnès. — Madame Anne-Joseph. — As incapacidades intelectuais. — Madame Alicia. — Minha adoção. — As conversações dos quartos de hora. — Irmã Thérèse. — A destilaria. — As senhoras do coral e as irmãs conversas.

[*Neste capítulo, a autora fala ainda do período no convento, evocando as excursões que fazia com as internas pelos telhados e porões; e lembra-se especialmente das amigas que lhe foram caras, como: Louise (de la Rochejaqueliein) e Valentine (de Gouy). Ambas, segundo ela, não compunham a lista das diabas nem das boas, e muito menos a lista das tolas.*

História da minha vida

Afora as amizades, houve a evocação de outras pessoas bem marcantes para Sand na ocasião do convento; por exemplo: Madame Mary-Alicia Spiring, identificada como a "pérola" do convento. Essa lhe foi a "mãe adotiva", a seu pedido, mãe eleita pela menina por conta de sua sensatez e delicadeza. Uma adoção simbólica que aconteceu de fato na instituição.

Ainda no mesmo capítulo, a autora retoma vários nomes de colegas de classe, religiosas e vigilantes, concluindo que, em geral, predominava ali a bondade, com exceção da Mademoiselle D..., figura que preferiu não identificar pelo nome, e com a qual teve bastante atrito.

Depois de passar pelo convento, já na fase adulta, a autora chega a refletir sobre como aquelas pessoas de intenso convívio na infância poderiam vê-la na atualidade como George Sand, supondo que poderiam se escandalizar por causa das opiniões e dos preconceitos alheios principalmente.]

Capítulo 13

Partida de Isabelle para a Suíça. — Amizade protetora de Sophie por mim. — Fannelly. — A lista de afeições. — Anna. — Isabelle deixa o convento. — Fannelly me consola. — Volta ao passado. — Precauções mal compreendidas das religiosas. — Faço versos. — Escrevo meu primeiro romance. — Minha avó retorna a Paris. — *Monsieur* Abraham. — Estudos sérios para a apresentação no coro. — Recaio em meus desgostos de família. — Apresentam-me pretendentes. — Visitas à casa das velhas condessas. — Oferecem-me uma cela. — Descrição de minha cela. — Começo a enjoar da *diabrura*. — A vida dos santos. — São Simeão, o Estilita, santo Agostinho, são Paulo. — Cristo no jardim das oliveiras. — O Evangelho. — Entro ao entardecer na igreja.

[Neste capítulo, a autora continua descrevendo a vida no convento, porém, desta vez, com maior enfoque nas amizades mais próximas, ao se mudar da classe das pequenas para a das grandes (isto é, das mais velhas): Isabelle, Sophie, Fannelly e Anna Vié. Foi nesse período que começou a escrever realmente versos e romances. Os versos, segundo ela, faziam mais sucesso do que os romances. O primeiro romance foi uma novela cujo herói se tornaria ao final um padre, e a heroína, uma irmã de um convento. Corambé era também uma obra sua, um poema eterno, ela afirmaria.

Em meio às recordações, mencionou o professor de dança, Monsieur *Abraham (ex-
-professor também de Maria Antonieta), que, mesmo com todo o seu esforço e paciência,
não conseguiu transformar-lhe os gestos conforme os costumes da corte.*

*Em seguida, a autora conta o que lhe aconteceu aos 15 anos, quando se tornou especial-
mente devota, tomada por uma paixão imensa pelo ideal religioso, a graça divina, passando a ler* Vida dos santos *(sobretudo de São Simeão, o Estilita, Santo Agostinho e São
Pedro). Igualmente, no mesmo período, chamou-lhe a atenção a poesia que encontrava nos
Salmos recitados pelas freiras. Um tempo em que sua mãe estava bem distanciada, e, quando
vinha ao seu encontro, era para zombar de tudo que identificava como "boas maneiras" da
alta sociedade; ao contrário da avó, que almejava levá-la cada vez mais para esse ambiente.]*

Capítulo 14
Tolle, lege. – A lâmpada do santuário. – Invasão estranha do sentimento religioso.

*[Neste capítulo, a autora trata detalhadamente do momento importante em que se en-
contra envolvida por uma fé imensa, chegando a ouvir vozes. É a partir daí que abraça o
ideal de justiça, de amor ao próximo e de santidade — ela diz — como um estado de beatitude: "indescritível" e na sua mais profunda intensidade.]*

Figura 17. Félix Nadar, 1862. Retrato de Victor Hugo.
Figura 18. Léon Riesener, 1842. Retrato de Delacroix.
Figura 19. Émile Tourtin, c. 1860. Retrato de Charles Buloz.

Figura 20. Paul É. Pesme, 1856(?). Retrato de Alfred de Musset.

Figura 21. Louis-Auguste Bisson e Auguste-Rosalie Bisson (?), 1849. Retrato daguerreotipado de Chopin.

Figura 22. Félix Nadar, c. 1860. Retrato de Pierre Leroux.

Quarta parte

Capítulo I

Opinião de Anna, de Fannelly e de Louise. — Retorno e
zombarias de Mary. — Confissão geral. — O abade Prémord.
— O jesuitismo e o misticismo. — Comunhão e êxtase.
— A última touca de dormir. — Irmã Hélène. — Entusiasmo
e vocação. — Opinião de Marie Alicie. — Élisa Auster.
— O fariseu e o publicano. — Parábolas de sentimentos
e de instintos.

[*Nesse primeiro capítulo, a autora continua a se lembrar das suas amizades no convento das Inglesas, sobretudo de Anna, Fannelly, Louise, Sophie, Élise e Mary. Recorda-se que a maioria delas respeitava a sua conversão, embora Mary tenha zombado um pouco da situação. Tratava-se, portanto, de uma fase sua muito particularmente solitária, em que se dedicava à beatitude. Houve um momento em que conheceu a Irmã Hélène, algo considerado pela autora como um marco importante em sua vida, porque, ao ouvir de sua parte como lhe ocorrera a conversão definitiva como freira, ficou tocada pelo assunto, pensando a partir de então em fazer o mesmo. A Irmã Marie Alicie não se entusiasmou com a sua ideia ao ser consultada a respeito, tampouco o Abade Prémond se expressou favorável. A autora ainda conta que, após essa fase de grande dedicação religiosa, enfrentou um estado doentio do qual não conseguia se livrar.*]

Capítulo 2

O cemitério. — Misteriosa tormenta contra a irmã Hélène. —
Primeiras dúvidas instintivas. — Morte da madre Alippe.
— Terrores de Élisa. — Segundo dissabor íntimo. — Langores
e fadigas. — A moléstia dos escrúpulos. — Meu confessor
me dá como penitência a ordem de divertir-me. — Felicidade
perfeita. — Devoção alegre. — Molière no convento. — Torno-me
autora e diretora dos espetáculos. — Sucesso inaudito do *Doente
imaginário* diante da comunidade. — Jane. — Revolta. — Morte
do duque de Berry. — Sua administração. — Eleição de madame
Eugénie. — Decadência do convento.

[*Nesse capítulo, a autora recorda-se de outro fato determinante em sua vida: um dia
no convento ouviu, sem querer, Irmã Hélène ser repreendida por algumas freiras de modo
agressivo. Ao chegar à sua cela, viu que ela já havia se recolhido e chorava, mas sem reclamar ou acusar ninguém. Diante do sofrimento da irmã, a menina sentiu sua fé ameaçada por conta do comportamento autoritário e indiferente das irmãs superiores. Procurou
depois desse acontecimento se consolar com a irmã Marie Alicie e o Abade Prémond; e este
lhe aconselhou a se dedicar ao prazer simples das brincadeiras e do divertimento. Em poucos meses, seguindo sua orientação, ela já estava recuperada daquele sentimento de tristeza.
Nesse mesmo tempo, outra coisa nova lhe ocorreu no convento: houve a montagem de um
jogo de improviso teatral que a fez retomar à memória tudo o que havia lido de Molière
(1622-1673) quando morava com a avó. Participou ativamente dos espetáculos e conseguiu grande sucesso por parte das internas. No período, conheceu Jane, outra amizade
que permaneceu até 1831. Ao final dessa experiência do teatro, sua avó, preocupada com
o envolvimento cada vez maior da neta com relação à questão religiosa, resolveu levá-la de
volta a Nohant. Algo que a fez sofrer muito — ela conta — justamente porque aquele lugar
se tornara para ela um verdadeiro paraíso. Todavia, a avó tinha uma preocupação central
naquele momento: arranjar logo o seu casamento.*]

Capítulo 3

Paris, 1820. — Projetos de casamento adiados. — Amor filial
contrariado. — Madame Catalani. — Chegada a Nohant.
— Manhã de primavera. — Tentativa de estudo. — Pauline e sua

mãe. – A comédia em Nohant. – Novas mágoas domésticas. – Meu irmão. – Colette e o general Pépé. – Inverno em Nohant. – Reuniões noturnas de fevereiro. – Desastre e dores.

Quase não me lembro de surpresas e impressões que devem ou deveriam ter me assaltado nos primeiros dias que passei em Paris, passeando e sendo distraída de modo planejado por minha querida avó. Estava desnorteada, imagino, pelo dissabor de deixar meu convento, e atormentada pela apreensão de certo projeto de casamento. Minha avó, que, com dor, eu percebia bastante mudada e muito debilitada, falava de sua morte, próxima, segundo ela, com uma imensa calma filosófica; mas acrescentava, comovendo-se e me apertando contra o seu peito: "Minha filha, é preciso que você se case o mais rápido possível, pois logo não estarei mais aqui. Você é bem jovem, eu sei; porém, por menos vontade que você tenha de entrar na alta sociedade, é preciso que faça algum esforço para aceitar essa ideia. Penso que acabaria apavorada e desesperada se lhe deixasse sem norte e sem apoio na vida".

Diante dessa ameaça do seu desespero e do seu pavor no momento supremo, também fiquei apavorada e desesperada. "Será que alguém vai querer casar-se comigo?", disse a mim mesma. "Será que tratar-se-á de um noivado arranjado? Tiraram-me do convento justamente para isso? Quem é então o marido, o noivo, o inimigo dos meus votos religiosos e das minhas esperanças? Onde está escondido? Quando irão me apresentá-lo, em meio a recomendações: 'Minha filha, é preciso que diga sim ao seu pretendente, ou sofrerá um golpe mortal!'".

No entanto, logo vi que se ocupavam desse assunto apenas de modo vago, ainda como um passo preparatório do grande plano. Madame de Pontcarré tinha alguém em mente; minha mãe, em comum acordo com meu tio de Beaumont, propunha uma outra pessoa. Vi o partido de madame de Pontcarré, e ela pediu minha opinião. Disse a ela que achava aquele senhor muito feio. Parece que, pelo contrário, ele era bonito, mas eu não reparara nele com a devida atenção, e madame de Pontcarré me disse que eu era uma tolinha.

Sosseguei imediatamente ao ver que faziam minhas malas para Nohant sem nenhuma conclusão a respeito do projeto do casamento, e até mesmo ouvi minha vovó dizer que me achava tão menina que era preciso me dar ainda seis meses, talvez o prazo de um ano para acostumar-me com aquela ideia.

Aliviada por livrar-me de uma horrível aflição, logo caí em outra. Esperava que mamãe nos acompanhasse a Nohant. Não sabia qual nova tempestade estourara nos últimos anos. Minha mãe respondeu bruscamente às minhas indagações sobre sua ida ou não a Nohant: "Certamente não! Não volto a Nohant antes que minha sogra esteja morta!".

Senti que tudo mais uma vez acabava em frangalhos em minha triste existência familiar. Não ousava fazer perguntas. Tinha um medo pungente de ouvir, de ambas, as amargas recriminações do passado. Meu respeito e minha ternura filial me impediam de escutar a menor crítica tanto sobre uma quanto sobre a outra. Com discrição, tentei reaproximá-las; na minha frente, abraçaram-se com lágrimas nos olhos; mas eram lágrimas de amargura contida e de mútua censura. Reparei bem nisso e disfarcei as minhas.

Propus à minha mãe manifestar mais uma vez minhas intenções a fim de poder ficar com ela ou pelo menos para convencer minha avó de levá-la conosco.

Minha mãe rechaçou energicamente essa ideia. "Não, não!", disse, "detesto o campo, sobretudo Nohant, que só me faz recordar dores atrozes. Sua irmã é uma distinta donzela da qual não posso mais me separar. Vá para lá e não se deixe desolar, nós nos reencontraremos, e talvez mais cedo do que pensem!"

Aquela obstinada alusão à própria morte de minha avó foi dilacerante para mim. Tentei dizer a mamãe que aquele presságio fora cruel demais para o meu coração. "Como queira!", exclamou minha mãe, com evidente irritação; "se você a ama mais que a mim, melhor para você, já que agora você pertence a ela de corpo e alma."

— Pertenço a ela de todo meu coração pelo reconhecimento e dedicação que ela tem por mim — respondi —, mas não de corpo e alma fazendo pouco caso do amor da senhora. Dessa forma, pode ter certeza de uma coisa; se ela exige que eu me case, isso jamais ocorrerá, juro, com um homem que se negue a visitar e honrar minha mãe.

Tal resolução se fez tão forte em mim que minha pobre mãe deve tê-la levado em consideração. Eu, doravante vencida pela submissão cristã; eu que, aliás, não tinha mais energia para resistir às lágrimas da minha vovó, e que via, por instantes, desaparecer meu mais lindo sonho, o da vida monástica, diante do medo de afligi-la, ainda encontrara em meu instinto filial a força que a irmã Hélène tivera para dominar o seu, quando resistiu à autoridade do próprio pai para entregar-se a Deus. Eu, menos santa e mais humana, teria, creio, passado por cima de minha avó para estender os braços à minha mãe humilhada e ultrajada.

Mas minha mãe já não compreendia mais meu coração. Este se tornara muito sensível e terno para a sua natureza altiva e sem nuances. Ela apenas deu um sorriso de enérgica indiferença para responder à minha efusão: "Tá, tá, acredito!", disse. "Mas nem me preocupo muito com isso. Você sabia que não podem casá-la sem o meu consentimento? E que nunca darei meu consentimento se por acaso seu pretendente der uma de arrogante pra cima de mim? Vamos lá! Não dou a mínima, e ainda por cima rio de qualquer ameaça a esse respeito. Você é minha, e mesmo que conseguissem pôr você contra sua mãe, ela sempre saberá recuperar seus direitos!"

Assim minha mãe, exasperada, parecia querer duvidar de mim e se agarrar à minha pobre alma em miséria para desabafar suas amarguras. Comecei a pressentir alguma coisa estranha em seu caráter generoso, mas indômito, e havia, de repente, em seus lindos olhos negros algo de terrível que, pela primeira vez, me causou um secreto espanto.

Encontrei, por contraste, minha avó mergulhada numa tristeza queixosa e num abatimento que me tocou profundamente. "O que você quer, minha filha?", disse quando tentei quebrar o gelo, "sua mãe não consegue ou não quer mostrar-se grata pelos imensos esforços que fiz e que faço todos os dias para torná-la feliz. Não é culpa dela nem minha se não temos estima uma pela outra; mas, de minha parte, sempre procedi bem com todas as coisas, e os procedimentos dela são tão duros que não posso mais suportá-los. Será que ela não pode me deixar morrer em paz? Ela tem que esperar tão pouco tempo para que isso ocorra!"

Quando ia abrir a boca para distraí-la desse pensamento, ela continuava: "Deixe estar, deixe para lá! Já sei o que quer me dizer. Faço mal ao entristecer seus dezesseis anos com minhas ideias sombrias. Não está mais aqui quem falou. Vá se vestir. Nesta noite quero levá-la à ópera italiana!".

De fato, eu precisava me distrair, e por isso mesmo estava mortalmente triste, não sentia nem vontade nem forças para ir à ópera. Creio que foi naquela noite que ouvi pela primeira vez madame Catalani[1] na ópera bufa *Il fanatico per la musica*.[2] Acho também que era Galli quem desempenhava o papel do diletante burlesco; porém vi e ouvi muito mal, de tão preocupada que estava. Pareceu-me que a cantora abusava da riqueza dos seus médios e que seu capricho de cantar variações escritas para o violino era antimusical. Acabara de sair dos coros e dos motetos de nossa capela e, entre nossos trechos de *efeito*, aqueles que cantávamos durante a saudação ao santo sacramento, encontravam-se antífonas vocalizadas ao gosto rococó da música sacra do último século; mas não éramos tão iludidas com relação a esses abusos, visto que, em suma, nos orientavam quanto ao caminho das coisas boas a serem fruídas. A ópera bufa dos italianos, tão artisticamente enfeitada pela cantora da moda, não me causou nada além de estranheza. Gostava mais de escutar o cavalheiro de Lacoux, velho emigrado amigo de minha avó, tocar para mim, na harpa ou no violão, árias espanholas que, algumas delas, haviam me embalado em Madri, e que reencontrava como um sonho do passado adormecido em minha memória.

Rose se casara e devia nos deixar para ir viver em La Châtre tão logo retornássemos a Nohant. Impaciente para reencontrar seu marido, que desposara na véspera da viagem a Paris, não escondia sua alegria e me dizia com seu febril entusiasmo, que me fazia tremer de medo: "Fique tranquila, sua vez chegará logo!".

Fui abraçar pela última vez todas as minhas queridas amigas do convento. Estava realmente desesperada.

Chegamos a Nohant no começo da primavera de 1820, na grande caleche azul de minha avó, e encontrei meu quartinho entregue aos trabalhadores que trocavam os papéis de parede e a pintura; pois minha querida vovó começava a achar aquele papel de parede de fundo laranja com imensas ramagens muito antiquado para os meus olhos juvenis, e queria torná-lo mais alegre com um novo tom de lilás. No entanto, meu leito em colunatas, em

---

1 Angelica Catalani (1780-1849), cantora lírica italiana. (N.T.)
2 Ópera de Jean Simon Mayr (1763-1845). (N.T.)

História da minha vida

forma de carro fúnebre, foi poupado, e os quatro penachos carcomidos pelos carunchos escaparam mais uma vez do vandalismo do gosto moderno.

Instalaram-me provisoriamente no grande aposento de minha mãe. Lá, nada havia mudado, e dormi deliciosamente naquela cama imensa decorada com romãs douradas que me evocavam todos os carinhos e todos os sonhos de minha infância.

Finalmente vi, pela primeira vez desde nossa separação decisiva, o sol entrar naquele quarto onde havia chorado tanto. As árvores estavam em flor, os rouxinóis cantavam, e ao longe escutei a clássica e solene cantilena dos trabalhadores, que resume e caracteriza toda a poesia radiante e serena da região do Berry. Meu despertar foi, contudo, uma indescritível mistura de alegria e de dor. Já eram nove horas da manhã. Pela primeira vez em três anos, dormira até tarde, sem ouvir o sino do ângelus e a voz estridente de Marie-Josèphe arrancar-me das doçuras dos últimos sonhos. Ainda podia preguiçar uma hora sem estar sujeita a nenhum castigo. Escapar da regra, entrar na liberdade, é uma situação sem igual da qual não gozam nem a metade as almas enamoradas de devaneios e de recolhimento.

Levantei-me para abrir minha janela e voltei a me jogar na cama. O perfume das plantas, a juventude, a vida, a independência me atingiam em lufadas repentinas; mas também o sentimento do futuro desconhecido que se abria diante de mim me oprimia, produzindo uma inquietude e uma tristeza profundas. Não saberia a que atribuir essa desesperança doentia do espírito, sendo que tem tão pouca relação com o frescor das ideias e com a saúde física da adolescência. Eu a senti com tanta pungência, que a lembrança bastante nítida dela permanece em mim, depois de tantos anos, sem que possa reencontrar claramente por qual conexão de ideais, por quais lembranças do passado, por quais apreensões do porvir cheguei a derramar lágrimas amargas em um momento em que deveria, com entusiasmo, tomar posse do lar paterno e meu próprio.

Que pequenas alegrias, no entanto, para uma pensionista fora das grades! No lugar do triste uniforme de sarja cor de amaranto, uma amável camareira me levou um vestido novinho de algodão cor de rosa. Tinha liberdade para arrumar meus cabelos do jeito que quisesse sem que madame Eugénie fosse me chamar a atenção pelo caráter indecente do penteado por deixar a fronte descoberta. O desjejum era farto de todas as guloseimas que minha avó adorava e das quais me prodigalizava. O jardim era um imenso buquê. Todos os empregados da casa, todos os camponeses foram me fazer festa. Abracei todas as queridas mulheres dos arredores, que achavam que eu embelezara ao ter voltado *mais grossa*, que significa, em seu linguajar, que eu havia engordado. A fala da região do Berry soava aos meus ouvidos como uma música adorável, e fiquei maravilhada com o fato de não me dirigirem a palavra com o sotaque sibilante dos britânicos. Os cachorrões, meus velhos amigos, que tinham rosnado para mim na noite anterior, me reconheceram e me cobriram de carícias com ares de inteligência e de ingenuidade que davam a impressão de que pediam perdão por terem tido, por um instante, um lapso de memória.

De noite, Deschartres, que fora a alguma *soirée* afastada, finalmente chegou com seu casaco, suas grandes polainas e seu casquete sanfonado. Ele ainda não se dera conta, o querido homem, de que eu pudesse ter mudado e crescido passados três anos, e enquanto pulava em seu pescoço, ele perguntava, tratando-me como *mademoiselle*: "Por favor, *mademoiselle*, onde está Aurore, onde está Aurore, *mademoiselle?*" Por fim, da mesma forma como agiram meus cães, só me reconheceu depois de vinte minutos.

Todos os meus antigos camaradas de infância estavam mudados, tinham crescido, tomado outra aparência, assim como eu. A exemplo de Deschartres, todos me tratavam por *mademoiselle*. Vários deles estavam intimidados com a minha presença. Isso me fez sentir com maior evidência o meu isolamento. O abismo da hierarquia social se aprofundara entre as crianças que até então sentiam-se iguais. Eu não conseguia mudar em nada tal situação; não admitiram. Tive ainda mais saudades das minhas companheiras de convento.

Em seguida, depois de alguns dias, entreguei-me completamente ao deleite físico de correr pelos campos, de rever o rio, a vegetação silvestre, os prados em flor. O exercício de caminhar no campo, hábito que eu perdera, e o ar primaveril me deixaram tão inebriada, que não pensava em mais nada e tinha longas e deliciosas noites de sono; mas logo a inação do espírito pesou, e pensei em ocupar esse eterno ócio que me era oferecido pelo indulgente mimo de minha avó.

História da minha vida

Senti até necessidade de me impor regras e tracei uma para mim da qual não me apartava enquanto estivesse sozinha e fosse dona das minhas horas. Ingenuamente elaborei para mim mesma um *quadro* de ocupações para o meu dia. Consagrei uma hora à história, uma ao desenho, uma à música, uma ao inglês, uma ao italiano etc. Mas o momento de realmente me instruir um pouco mais ainda não chegara. Ao cabo de um mês, não fizera nada além de resumir, nos cadernos *ad hoc*, meus pequenos estudos do convento, quando chegaram, convidadas por minha avó, madame de Pontcarré e sua encantadora filha Pauline, minha loira e divertida colega de convento.

Pauline, aos dezesseis anos, assim como aos seis, trazia sempre consigo aquela bela indiferença que se deixava admirar por todos sem pensar em retribuir tal admiração. Seu caráter era tão fascinante como sua figura, como seu talhe, como suas mãos, como seus cabelos de âmbar, como suas bochechas rosadas e cor de lis; mas, como seu coração nunca se manifestava, jamais soube se ele existia, e não conseguiria dizer se essa amável colega fora de fato minha amiga.

Totalmente diferente, sua mãe era dona de uma alma apaixonada unida a um espírito deslumbrante. Extremamente sanguínea e cheia de corpo, não se poderia dizer que era bela (ignoro se algum dia fora bela), possuía olhos negros tão magníficos e uma fisionomia tão viva, uma voz tão bela e empregava tanta alma para cantar, desenvolvia uma conversa tão divertida, com tantas ideias, era tão agitada, trazia tantas afetações nas maneiras, que exercia um charme irresistível. Ela tinha a idade do meu pai, e eles brincavam juntos na infância. Minha avó adorava falar do seu filho querido com ela, e tinham ficado amigas muito recentemente, se bem que se conheciam de longa data; mas aquela amizade logo deu lugar a um sentimento contrário, do qual não me apercebi tão cedo a tempo de evitar fazê-la sofrer.

No início, tudo ia tão bem entre elas, que de minha parte não me preservei em nada do atrativo daquela amizade. Muito naturalmente, passava bem mais tempo com Pauline e sua mãe, ambas ligeiras e ativas, do que próxima da poltrona onde minha avó escrevia ou cochilava quase o dia inteiro. Ela mesma exigia que fizesse grandes passeios de manhã e à tardinha, e recebesse aulas de música com essas damas no meio-tempo. Madame de Pontcarré era excelente professora. Ela nos lançava, Pauline e eu, nas partituras com fluência, acompanhando-nos com ardor e sustentando nossa voz com a energia simpática da sua. Lêramos juntas as partituras de *Armida*, de *Ifigênia*, de *Édipo*[3] etc. Quando um pouco mais afiadas em um trecho, abríamos as portas para que vovó pudesse escutar, e o seu julgamento tornava-se uma lição tão importante quanto as que já recebêramos. Mas com muita frequência a porta se encontrava trancada com o ferrolho. Minha avó conservara o hábito de ficar só ou com *mademoiselle* Julie, que lia para ela. Éramos por demais joviais e vivazes para que a assiduidade de nossa companhia fosse agradável a ela. A pobre mulher definhava lentamente, e ainda não era perceptível. Ela aparecia nas refeições com um pouco de ruge nas bochechas, com brincos de diamantes, sustentando a postura sempre ereta e elegante em seu casaco violáceo; conversando bem e respondendo com propósito, escrava de um amável *savoir-vivre* que lhe permitia esconder ou superar frequentes desfalecimentos, parecia gozar de uma bela velhice isenta de enfermidades. Durante muito tempo dissimulou uma surdez crescente, e até seus últimos momentos fez mistério de sua idade: aparentemente tratava-se de uma questão de etiqueta, pois nunca fora vaidosa, mesmo em todo esplendor da juventude e da beleza. No entanto, estava indo embora, como amiúde dizia baixinho a Deschartres, que, tendo a conhecido sempre delicada e abatida, não acreditava naquilo e estava convicto de que morreria antes dela. Ela se assustava com o menor ruído, a claridade do dia lhe era insuportável e, quando havia feito muito esforço para fazer sala para alguém por uma ou duas horas, sentia necessidade de se trancar em seu budoar, rogando-nos para que nos ocupássemos com alguma coisa ou para que fôssemos passear um pouco mais longe do seu sono, que era bem leve.

Fiquei, portanto, pasma e quase horrorizada quando um dia me disse que tornara-me inseparável de madame de Pontcarré e de sua filha, que a negligenciava, que só me interessava pelas novas amizades, que eu estava muito iludida, que eu não gostava mais dela, e tudo isso com uma dor e lágrimas inexplicáveis.

---

3 Trata-se de três óperas: as duas primeiras, de Gluck (1714-1787); e *Édipo em Colono*, de Sacchini (1730-1786). (N.T.)

História da minha vida

Sentia-me tão pouco merecedora dessas reprovações que elas me deixaram consternada. Não encontrei nada para responder-lhe ao ver tanta injustiça naquilo; mas essa injustiça, em um coração tão bom e tão probo, parecia ter a ver com um acesso de triste e suave demência. Só sabia derramar lágrimas por minha querida vovó, e dar-lhe do meu melhor carinho e conforto. Como ela me reprovasse por muitas vezes cochichar com aquelas damas dando a impressão de ter segredinhos com elas, em meio a um discreto sorriso e olho no olho com vovó, fiz com que ela prometesse segredo e confessei-lhe que fazia oito dias que construíamos um teatro e ensaiávamos uma peça para o dia do seu aniversário; na verdade, preferi estragar a surpresa que deixá-la sofrer sequer mais um dia com seus delírios. "Ah, meu Deus", me disse, também sorrindo entre lágrimas, "sabia que me preparavam uma linda festa e uma bela surpresa! Como você pôde imaginar que Julie não teria me contado nada?".

— Sem dúvida ela fez muito bem, já que viu que a senhora estava inquieta por causa dos nossos segredos; mas então, vovó querida, por que a senhora ainda está tão aflita?

Ela me confessou que não sabia por que andava tão angustiada; e, como lhe propus deixar os ensaios da comédia seguirem em frente sem minha participação para que eu pudesse passar todo o meu tempo ao lado dela, protestou: "Não, não, de jeito nenhum! Nada disso, de forma alguma! Madame de Pontcarré se aproveitará disso para jogar ainda mais todas as atenções sobre a sua filha; não quero que, como acontece sempre, você seja colocada de lado e eclipsada por ela!".

Não entendi mais nada. Nunca a ideia de uma rivalidade qualquer passara pela cabeça de Pauline ou pela minha. Madame de Pontcarré provavelmente tampouco pensava dessa forma; mas minha pobre e ciumenta querida avozinha não perdoava Pauline por ser mais bonita que eu, e ao mesmo tempo que supunha que a mãe de Pauline fazia de tudo para me denegrir, tinha ciúmes também do afeto que aquela senhora manifestava por mim.

Foi, pois, enxugando discretas lágrimas, e entre muitas nuvens das tempestades sufocadas pelo *savoir-vivre*, que me travesti na personagem Colin para atuar na comédia e proporcionar algumas risadas à minha avó. O teatro, todo feito em folhagens naturais, formava um magnífico caramanchão.

Monsieur de Trémoville, um oficial amigo de madame de Pontcarré, o qual, encontrando-se a serviço da cavalaria em nosso departamento, fora passar quinze dias conosco em nossa casa, preparara tudo com bastante jeito e gosto. Ele interpretou o papel do *meu capitão*, visto que *alistara-me* em desespero para atender aos caprichos da minha amada Collete. Não lembro mais qual comédia de Louis Carrogis Carmontelle[4] tínhamos preparado para nossa atuação. Pauline, atuando na pele de uma aldeã de ópera-cômica, estava linda como um anjo. Deschartres também atuava, e muito mal. No entanto, tudo saiu às mil maravilhas, apesar do pânico de Pauline, que chorou de medo ao entrar em cena. Nunca tendo experimentado esse tipo de timidez, eu atuava com bastante desenvoltura, o que consolou um pouco minha querida avó ao ver-me travestida como um rapaz, enquanto Pauline brilhava com todo o encanto de sua beleza e com todos os adornos e figurinos do seu sexo.

Algum tempo depois, madame de Pontcarré partiu com sua filha e com *monsieur* de Trémoville, de quem guardo lembranças como o melhor homem do mundo; excelente pai de família, tratava-nos, Pauline e eu, como suas filhas, e abusávamos a tal ponto do seu caráter fácil e amável, que minha avó, ela mesma, em seus momentos de gaiata, apelidou-o como a *dama de companhia das mademoiselles*.

Contudo, não faço ideia que profunda irritação permaneceu remoendo o coração de minha avó com relação a madame de Pontcarré e Pauline. Chateada com a partida delas, deveria, no entanto, ter ficado aliviada ao ver o fim das estranhas e incompreensíveis querelas que elas atraíam para mim. Hippolyte, por sua vez, chegara a Nohant para passar suas férias, e no início ficamos intimidados um na presença do outro. Ele se tornara um lindo segundo-sargento dos hussardos; carregando nos *erres*, domando cavalos indomáveis e conversando na maior intimidade com Deschartres — que permitia suas amolações assim como aturara as provocações do meu pai —, levando assuntos a respeito de equitação e outros mais. Depois de alguns dias, nossa velha amizade retornou, e, voltando juntos a correr e a bagunçar com a vida de todo mundo na casa, parecia que nunca havíamos nos separado.

---

4 Louis Carrogis Carmontelle (1717-1806), dramaturgo francês. (N.T.)

História da minha vida

Foi então que me falou das delícias de montar a cavalo e reforçou o fato de que esse exercício físico deveria influir muito em meu caráter e em meus hábitos de espírito.

O curso de equitação que preparou para mim não era nem longo nem cansativo. "Veja", disse numa manhã em que pedi para me dar a primeira lição, "eu poderia me fazer de pedante e lhe dificultar as coisas com o manual de instruções com o qual ensino os recrutas em Saumur, que não entendem nada, e que, em suma, aprendem só mesmo à força do hábito e da coragem; mas a princípio tudo se reduz a duas coisas: cair ou não cair; o resto virá com o tempo. Ora, como é preciso prever que ocorram algumas quedas, vamos procurar um bom lugar para que você não se machuque muito". E me levou a um prado imenso cuja grama era espessa. Ele montou no general Pépé, conduzindo Colette pelas rédeas.

Pépé era um lindo potro, neto do fatal Leopardo, que, no início do meu entusiasmo pela revolução italiana, batizei com o nome de um herói que anos depois tornou-se meu amigo. Colette, que no começo chamamos de *mademoiselle* Deschartres, era uma *aluna* do nosso preceptor, e nunca fora montada. Ela tinha quatro anos e acabara de sair da invernada. Parecia tão dócil, que meu irmão, depois de tê-la feito dar várias voltas no prado, julgou que se portaria bem e me colocou em cima dela.

Há um Deus para os loucos e para as crianças. Colette e eu, duas inexperientes aprendizes, tínhamos todas as chances possíveis para nos estranhar e nos separar violentamente. Não foi assim. A partir daquele dia nos dedicamos a viver e a galopar durante quatorze anos em companhia uma da outra. Ela foi aposentada e terminou tranquilamente seus dias de serviços dedicados a mim, sem que nenhuma nuvem perturbasse nossa boa relação.

Não sei se chegaria a ter medo se tivesse pensado um pouquinho; na verdade, meu irmão não me deu tempo para isso. Chicoteou Colette com vigor, que saiu em um galope frenético, acompanhado de cabriolas e de coices os mais insanos mas os menos perigosos do mundo. "Segure-se bem", gritou meu irmão. "Agarre-se na crina, se quiser, mas não solte a rédea e não caia. Tudo se resume a isso: cair ou não cair!"

Eis o *to be or not to be* de Hamlet. Coloquei toda minha atenção e minha vontade no esforço de não me deslocar muito na sela. Cinco ou seis vezes, quase caindo da sela, me recompus Deus sabe como, e depois de uma hora, moída, desgrenhada e sobretudo extasiada, havia adquirido o grau de confiança e de presença de espírito necessários para dar continuidade à minha educação equestre.

Colette era uma criatura superior entre sua espécie. Todavia, era feia, grandalhona, desengonçada quando parada: mas tinha uma fisionomia selvagem e olhos de uma beleza que compensavam seus defeitos de compleição. Em movimento tornava-se bela em ardor, graça e agilidade. Montei cavalos magníficos, admiravelmente adestrados: jamais encontrei novamente a inteligência e destreza de minha égua rústica. Nunca deu um passo em falso, nem sequer um pinote, e jamais me derrubou no chão, a não ser pela minha falta de atenção ou por eu ter sido imprudente.

Como adivinhava tudo que desejávamos dela, não me foi necessário mais que oito dias para saber conduzi-la. Seu instinto e o meu se encontraram. Birrenta e irritadiça com os outros, dobrava-se à minha dominação de bom grado, sem dúvida. Ao fim de oito dias, saltávamos cercas e fossos, subíamos árduas ladeiras, atravessávamos águas profundas; e eu, a *água parada* do convento, estava me tornando qualquer coisa mais temerária que um hussardo e mais robusta que um camponês; pois as crianças não têm noção de perigo, e as mulheres se fortalecem, pela vontade nervosa, para além das forças viris.

Minha avó não pareceu surpresa com a metamorfose que, no entanto, deixava a mim mesma aturdida, pois, do dia para a noite, eu não me reconhecia mais, enquanto ela dizia reconhecer em mim os contrastes entre languidez e êxtase que haviam marcado a adolescência do meu pai.

É estranho que, me amando de uma maneira tão absoluta e terna, minha avó não demonstrasse temor ao me ver tomar gosto por aquele tipo de risco. Minha mãe jamais pôde me ver montar a cavalo sem esconder seu rosto entre as mãos e sem dizer a si mesma que eu terminaria como meu pai. Minha avó respondia com um triste sorriso àqueles que lhe perguntavam a razão de sua tolerância a respeito do meu novo prazer, evocando uma anedota bastante conhecida e interessantíssima do marinheiro e do citadino:

"Pois então, *monsieur*, seu pai e seu avô naufragaram no mar durante uma tempestade, e o senhor, mesmo assim, é marinheiro? Em seu lugar, nunca mais desejaria pôr os pés num navio!"; "E quanto ao senhor, como morreram seus pais?"; "Na cama, graças aos céus!"; "Nesse caso, em seu lugar, nunca me deitaria em uma cama!"

Entretanto, um dia aconteceu-me de cair justo no local onde morreu meu pai, e de fato foi um tombo muito feio. Não montava Colette naquele dia; era o general Pépé que me levava no passeio desastrado. Minha avó não soube de nada. Não fiz alarde do ocorrido, e, recomposta, voltei a montar em Pépé da forma mais elegante possível.

Meu irmão retornou ao seu regimento. O velho cavalheiro de Lacoux, que fora visitar-nos e passou-me vários exercícios de harpa, também foi embora. Durante todo o inverno fiquei sozinha em Nohant, acompanhada apenas pela minha avó e Deschartres.

Até aquele momento, apesar da agradável companhia dos vários hóspedes, lutara em vão contra uma profunda melancolia. Nem sempre conseguia dissimulá-la, mas nunca quis revelar a causa, nem mesmo a Pauline ou ao meu irmão, que ficavam apreensivos com minhas preocupações e com meu estado de abatimento. A causa daquela melancolia, que preferia atribuir a uma disposição doentia ou a um vago aborrecimento, era bem clara para mim mesma: tinha saudades do convento. Sofria de nostalgia pelo convento, assim como ocorre com os que têm nostalgia da sua terra natal. Não deveria me entediar tendo uma vida suficientemente plena; mas sentia que tudo me desagradava em comparação aos meus melhores momentos de plácidas e regulares jornadas no claustro, de amizades claras e verdadeiras, de felicidade inabalável que nunca havia experimentado anteriormente. Minha alma, já fatigada desde a infância, tinha sede de repouso, e só ali havia saboreado, após as primeiras emoções do entusiasmo religioso, quase um ano de quietude absoluta. No claustro esquecera completamente o passado; ali idealizei o futuro semelhante ao presente. Além disso, meu coração conquistara o hábito de amar várias pessoas ao mesmo tempo e de comunicar-lhes ou receber delas um alimento contínuo à benevolência e à jovialidade.

Já toquei nesse assunto, mas volto a ele novamente, no momento de enterrar esse sonho da vida no claustro em distantes, porém sempre ternas lembranças: a convivência comum entre criaturas serenamente amáveis e amadas é o ideal de felicidade. O afeto vive de preferências: mas no caso da sociedade fraterna, onde uma crença qualquer serve como vínculo, as preferências são tão puras e tão saudáveis que aumentam as fontes do sentimento, no lugar de esgotá-las. Somos tão mais e facilmente generosos com os colegas menos próximos quando sentimos que devemos ser pródigos para com eles no que diz respeito ao obséquio e à boa conduta, compensando a admiração entusiasta que reservamos para criaturas com as quais temos direta e imediata simpatia. Dizem, amiúde, que uma bela paixão amplia a alma. Qual paixão é mais bonita que a da fraternidade inspirada nos evangelhos? Sentia ter vivido minha vida inteira nesse mundo encantado, e ao sair dele tive a impressão de que definhava, dia após dia, hora após hora, e sem quase nunca me dar conta do que me faltava, procurando por vezes me esquecer e me divertir como convinha à inocência da minha idade; provei um vácuo horrível no pensamento, um desgosto, uma lassidão em relação a tudo e a todas as pessoas ao meu redor.

Minha avó era a única exceção; meu afeto por ela aumentava cada vez mais. Cheguei a compreendê-la, a conhecer e entender o segredo de suas doces falhas maternas, a não mais enxergar o espírito tão frio que minha mãe exagerava quando se referia a ela em nossas conversas; passei a perceber uma mulher nervosa e delicadamente suscetível que ofendia os outros porque ela própria sofria no esforço de amar. Descobria as singulares contradições que existiam, que mais ou menos sempre estiveram presentes, entre seu espírito forte e preparado e seu débil caráter. Obrigada a estudar, e reconhecendo que era preciso fazê-lo a fim de poupá-la de todas as pequenas aflições que havia lhe causado, finalmente esclarecia esse enigma de uma mente sensata presa a um coração insensato. A mulher superior, e devia isso à sua instrução, discernimento, retidão, coragem diante das grandes questões, voltava a ser uma mulher fútil, frágil, uma marquesinha qualquer em meio às pequenas dores da vida ordinária. No começo foi para mim uma decepção ter que julgar dessa forma uma criatura que me habituara a ver dotada de grandiosidade tanto no rigor quanto na bondade. Mas a reflexão restaurou-me, e me pus a amar as partes fracas daquela natureza complicada, cujos defeitos mostravam-se apenas como excesso de qualidades refinadas. Chegou o dia em que trocamos de papéis, e senti por ela uma ternura vinda das entranhas que parecia provocada pela solicitude maternal.

Havia como que um pressentimento interior ou uma advertência dos céus, pois se aproximava o momento em que via nela apenas uma pobre criança a ser cuidada e conduzida.

Ai de mim! Não demorou muito para que o tempo separasse com rigor nosso destino comum em que, eu mesma saindo das trevas da infância, poderia, enfim, aproveitar de sua influência moral e do benefício intelectual de sua intimidade. Não existindo mais nenhum motivo de ciúme com relação a mim (Hipollyte também fora vítima de um dos seus últimos acessos), ela tornou-se adorável em nossas conversas privadas. Conhecia tantas coisas e emitia considerações tão interessantes, exprimia-se com uma simplicidade tão elegante, havia nela tanto gosto e elevação, que sua conversa figurava entre os melhores livros.

Juntas passamos as últimas reuniões noturnas de fevereiro, lendo uma parte do *Gênio do cristianismo*, de Chateaubriand. Ela não gostava daquele estilo e a fundamentação do livro parecia-lhe falsa; mas as numerosas citações da obra sugeriam-lhe considerações admiráveis a respeito das obras-primas das quais lia fragmentos para ela. Ficava pasma com o fato de minha avó ter me permitido ler tão pouco em sua companhia; dizia exatamente isso a ela, exprimindo o encanto que experimentava em tais ensinamentos, quando uma noite fez o seguinte comentário: "Pare com isso, minha filha. O que você lê para mim é tão estranho que tenho medo de estar doente e entendendo outra coisa diferente do que escuto. Por que você me fala da morte, do sudário, de sinos, de sepulcros? Se tira tudo isso da sua cabeça, equivoca-se ao expor dessa forma meu espírito a ideias tão sombrias".

Detive-me assustada: acabara de ler uma página suave e alegre, uma descrição das savanas, onde não se encontrava nada de semelhante ao que ela acreditava ter ouvido. Logo voltou a si e, sorrindo, me disse: "Veja só, acho que dormi e sonhei durante a sua leitura. Estou muito debilitada. Não consigo mais ler nem escutar. Agora estou com medo de conhecer a ociosidade e o tédio. Passe as cartas para cá, vamos jogar para valer; isso vai me distrair".

Apressei-me em arrumar as cartas para a partida, e consegui entretê-la. Ela jogou com a atenção e lucidez de sempre. Depois, delirando por um instante, reuniu suas ideias como se estivesse se preparando para um encontro supremo; pois, com certeza, sentiu sua alma escapar. "Aquele casamento não convinha a você de forma alguma", ela disse, "e estou contente por tê-lo desmanchado".

"Que casamento?", perguntei.

"Não lhe falei nada a respeito disso? Pois então vou lhe falar agora. É um homem extremamente rico, de cinquenta anos e com uma cicatriz que atravessa seu rosto de ponta a ponta, resultado de um golpe de sabre. É um general do império. Não sei onde viu você; talvez no parlatório do seu convento. Você se lembra dele?"

"Não me lembro de absolutamente nada disso."

"Enfim, parece que ele conhece você, e lhe pediu em casamento com ou sem dote: acredita que os homens de Bonaparte têm preconceitos como nós? Ele impôs, como primeira condição, que você jamais voltasse a ver sua mãe."

"E a senhora recusou isso, não é, vovó?"

"Claro", ela respondeu; "Aqui está a prova."

Entregou-me uma carta que até hoje trago comigo, visto que guardei-a como uma lembrança daquela triste noite que passamos juntas.

[...]

Abracei e beijei minha querida avó com fervor, e, percebendo que estava calma e lúcida, retirei-me para o meu quarto, deixando-a aos habituais cuidados de suas duas criadas, que velavam seu sono à meia-noite, depois de duas horas de toalete e de tranquila conversinha fiada, como era do seu costume.

Como já mencionei, havia todo um estranho e pequeno cerimonial que compunha os preparativos para que minha avó fosse se deitar: camisolas de cetim em piquê, toucas de renda, laços de fita, perfumes, anéis especiais para a noite, determinada tabaqueira e, finalmente, um conjunto completo de esplêndidos travesseiros, pois ela dormia sentada, e era necessário arrumar os travesseiros de modo que ela despertasse sem ter feito qualquer movimento. Dir-se-ia que toda noite preparava-se para uma recepção de pompa, e havia nisso algo de exótico e de solene em que parecia comprazer-se.

Devia ter compreendido que o tipo de alucinação auditiva experimentada por ela ao escutar minha leitura e a clareza súbita de suas ideias, e até mesmo a reflexão que fizera sobre o seu comportamento quando falou de minha mãe, indicavam uma situação moral e física inusitada. Voltar atrás

História da minha vida

sobre seus próprios juízos de valores, atribuir-se culpa, pedir, por assim dizer, perdão por um erro de julgamento, tudo isso era bem contrário aos seus hábitos. Suas ações continuamente desmentiam suas palavras, mas ela não reconhecia isso e mantinha obstinadamente o que dizia. Ao meditar sobre isso, surgiu em mim uma vaga inquietação e desci novamente ao quarto dela à meia-noite, com a desculpa de que voltara para apanhar meu livro que havia esquecido. Ela já estava deitada e seu quarto fechado, tendo pegado no sono um pouco mais cedo que de costume. Suas criadas não perceberam nada fora do normal em seu comportamento; bem mais tranquila, voltei a subir ao meu quarto.

Fazia três ou quatro meses que eu dormia muito pouco. Não havia passado uma semana sequer em verdadeira intimidade com minha avó sem descobrir a pouca instrução que adquirira no convento, e sem reconhecer, com o sincero Deschartres, que eu era, segundo sua expressão favorita, de uma *ignorância crassa*. O desejo de não importunar minha querida avó, que me criticava com certo rigor por tê-la feito gastar três anos com o convento para não aprender nada, impelia-me, mais que a curiosidade ou o amor-próprio, a querer instruir-me um pouco mais. Sofria ao ouvi-la dizer que a educação religiosa era degradante, e passei a instruir-me em algumas coisas às escondidas, a fim de encorajá-la a atribuir algum mérito às minhas religiosas.

Perseguia nisso algo impossível. Qualquer problema de memória nunca poderá contribuir para o desenvolvimento intelectual de fato, e eu era completamente desprovida dela. Impunha-me um tormento inaudito para pôr ordem em minhas poucas noções de história. Minha memória era falha até mesmo em relação às palavras, e já esquecera o inglês, que não fazia muito tempo fora tão familiar como minha própria língua. Portanto, aplicava-me em ler e escrever, das dez horas da noite até duas ou três da manhã. Dormia apenas quatro ou cinco horas. Montava a cavalo antes de minha avó despertar. Tomava café da manhã em sua companhia, tocava música para ela e não nos separávamos mais durante quase o dia inteiro; visto que, pouco a pouco, habituara-se a conviver menos com Julie, tomara para mim a missão de ler os jornais para ela ou de permanecer desenhando em seu quarto enquanto Deschartres lia para nós duas. Eu tinha um ódio particular por aquelas leituras. Não saberia dizer por que aquela crônica diária do mundo real me afligia profundamente. Arrancava-me dos meus devaneios, e acredito que a juventude não vive de outra coisa a não ser da contemplação do passado, ou da espera do desconhecido.

Lembro-me de uma noite extraordinariamente bela e doce. Havia um luar velado por essas nuvenzinhas brancas que Chateaubriant comparava a flocos de algodão. Não me ocupei com mais nada naquela noite, deixei minha janela aberta e toquei harpa lendo a partitura da *Nina*, de Giovanni Paisiello.[5] Depois de um tempo, senti frio e fui para a cama, meditando sobre a ternura e a bondade das demonstrações de afeto de minha avó para comigo. Ao devolver, finalmente, a segurança ao meu sentimento filial, e ao afastar de mim o medo de uma rixa que havia pesado durante toda minha vida, ela me dava a oportunidade de respirar pela primeira vez. Eu podia, enfim, reunir e fundir minhas duas mães rivais em um mesmo amor. Naquele momento senti que amava as duas com a mesma intensidade e orgulhei-me ao pensar em fazê-las aceitar tal ideia. Em seguida pensei no casamento, no homem de cinquenta anos, na próxima viagem a Paris, no mundo da alta sociedade ao qual me ameaçavam apresentar. Não sentia mais medo de nada. Pela primeira vez estava otimista. Acabara de conquistar uma vitória que me parecia decisiva sobre o grande obstáculo do porvir. Convenci-me de que havia adquirido sobre minha avó uma ascendente ternura e persuasão que me permitiria escapar do seu empenho em me casar e em me estabelecer na vida, acreditei que pouco a pouco ela enxergaria pelos meus olhos, me deixaria viver livre e feliz ao seu lado, e que, depois de ter-lhe consagrado minha juventude, poderia fechar seus olhos sem que ela exigisse de mim a promessa de renunciar ao claustro. "Tudo está bem assim como está", pensava. "É totalmente inútil atormentá-la com meus propósitos secretos. Deus há de protegê-los."

[…]

Então adormeci em um estado de espírito que há muito não experimentava; mas às sete da manhã, Deschartres entrou em meu quarto e, quando abri os olhos, vi aflição nos seus. "Temo que sua avó esteja muito mal", disse. "Ela quis se levantar de noite e foi tomada por um ataque de apoplexia,

---

5 *Nina*, ópera de Giovanni Paisiello (1740-1816), compositor italiano. (N.T.)

História da minha vida

ficando completamente paralisada. Caiu e não conseguiu mais se levantar. Julie encontrou-a no chão frio, imóvel, inconsciente. Agora está deitada, aquecida, e conseguimos reanimá-la um pouco; mas não se dá conta de nada e não consegue se mexer. Mandei chamar o doutor Decerfz. Vou aplicar-lhe a sangria. Rápido, venha me ajudar."

Passamos o dia tratando dela. Recuperou a consciência, lembrou de ter caído, queixava-se apenas das contusões que sofrera, percebeu que tinha um lado do corpo completamente dormente do ombro para baixo, mas atribuía esse torpor unicamente à fadiga dolorosa provocada pela queda. Entretanto, a sangria lhe facilitava um pouco os movimentos que a ajudávamos a fazer, e de noite já havia recuperado um pouco mais a sensibilidade, o que me deixou mais aliviada e permitiu ao doutor tranquilizar-me; Deschartres ainda não estava persuadido da recuperação de minha avó. Ela me pediu para ler o jornal depois do jantar e pareceu entender tudo o que eu lia. Depois pediu para jogarmos cartas, mas não conseguia segurá-las. Então começou a divagar e a reclamar que não queríamos aliviá-la com uma aplicação da dama de espadas no braço. Receosa, perguntei baixinho a Deschartres: "Está delirando?". Ele respondeu: "Infelizmente, não! Não tem febre. Está caducando, voltando à *infância*!".

Essa suspeita soou para mim pior que o anúncio da morte. Fiquei tão chocada que saí do quarto e enfiei-me no jardim, onde prostrei-me de joelhos em um canto escondido, querendo rezar sem conseguir. O clima era de uma beleza e de uma tranquilidade insolentes. Acho que voltei à minha própria infância naquele momento, pois automaticamente fiquei aturdida com o fato de que tudo parecia sorrir em torno de mim enquanto carregava a morte na alma. Voltei imediatamente para dentro de casa: "Coragem!", tentou motivar-me Deschartres, que se tornava bom e meigo na dor. "Agora não é hora de entrar em desespero; ela precisa de nós!"

De noite minha avó passou a divagar com suavidade. De dia, pegou num sono profundo até o anoitecer. O sono apoplético era um novo perigo a ser combatido. O doutor e Deschartres tiveram sucesso em seus cuidados; porém, ela acordou tomada pela cegueira. No dia seguinte voltou a enxergar, mas os objetos colocados à direita pareciam-lhe deslocados para a esquerda. Num outro dia, começou a gaguejar e não conseguia mais se lembrar das palavras. Enfim, depois de uma série de fenômenos estranhos e de crises imprevistas, entrou em convalescença. Sua vida estava momentaneamente fora de risco. Tinha instantes de lucidez. Sofria menos, mas estava paralítica, e sua mente enfraquecida e cheia de lacunas entrava de vez na fase da infância apontada por Deschartres. Ela não tinha mais vontade, mas contínuos desejos passageiros e impossíveis de serem satisfeitos. Não conhecia mais a reflexão nem a coragem. Enxergava muito mal e não ouvia quase nada. Enfim, sua extraordinária inteligência e sua bela alma estavam mortas.

Havia diversas fases no estado de minha pobre avó. Na primavera, demonstrou melhoras. Durante o verão acreditamos, por um instante, num restabelecimento radical, pois recobrou a capacidade de entendimento e expressão, o bom humor e uma espécie de memória relativa. Passava a metade do dia em sua poltrona. Arrastava-se, apoiada em nossos braços, até a sala de jantar, onde comia com apetite. Sentava-se no jardim para tomar sol; de vez em quando ainda ouvia a leitura do seu jornal e até mesmo se ocupava dos seus negócios e do seu testamento com solicitude para com todos os seus amigos e familiares mais íntimos. Mas, com a chegada do outono, caiu em um constante torpor e terminou seus dias, sem sofrimento e sem consciência do seu fim, em um sono letárgico, no dia 25 de dezembro de 1821.

Vivi intensamente, meditei bastante, mudei muito nesses dez meses durante os quais minha avó, em seus melhores momentos, recuperou não mais que uma existência parcial. Por isso contarei como minha existência passou a girar em torno do leito da pobre moribunda, sem querer deixar meus leitores muito tristes com detalhes dolorosos de um lento e inevitável fim.

Capítulo 4
Tristezas, passeios e devaneios. — Batalhas contra o sono. — Primeiras leituras sérias. — *Gênio do cristianismo* e *Imitação de Jesus Cristo*. — A verdade absoluta, a verdade relativa. — Escrúpulos da consciência. — Hesitação entre o cultivo e o embrutecimento do espírito. — Solução. — O abade Prémord. — Minha opinião sobre o espírito dos jesuítas. — Leituras metafísicas. — A guerra dos gregos. — Deschartres toma o partido do Grão Turco. — Leibniz.

**— Grande impotência da minha mente: vitória do meu coração.
— Relaxamento na prática da devoção, com um aumento da fé.
— As igrejas do campo e da província. — Jean-Jacques Rousseau,
o *Contrato social*.**

Se meu destino me houvesse feito passar imediatamente da dominação de minha avó à de um marido ou à do convento, é possível que, sempre submissa e permissiva às influências aceitas, jamais tivesse chegado a ser eu mesma. Quase não há iniciativa alguma em uma natureza adormecida como a minha, e a devoção sem exame, que era tão conveniente à minha languidez de espírito, teria me impedido de buscar em minha razão a confirmação da minha fé. Os pequenos esforços — aparentemente insensíveis, porém contínuos — de minha avó para abrir-me os olhos produziram apenas uma espécie de reação interior. Um marido voltairiano como ela teria feito pior ainda. Não era pelo *espírito* que eu poderia ser modificada; desprovida completamente de espírito, era insensível às ironias que, aliás, muitas vezes era incapaz de compreender.

Mas estava decidido pelo destino que a partir dos dezessete anos de idade chegaria a mim um tempo de dar um basta nas influências externas, e que, em mais ou menos um ano, seria dona do meu próprio umbigo para tornar-me, para o bem ou para o mal, o que eu deveria ser por quase todo o resto da minha vida.

É raro que uma criança, sobretudo uma menina de família como eu, ainda tão jovem se encontre abandonada aos seus próprios cuidados. Minha avó, em sua permanente paralisia, não tinha mais, mesmo em seus momentos mais lúcidos, o menor senso de condução moral ou intelectual no que diz respeito a mim. Sempre meiga e carinhosa, algumas vezes ainda ficava apreensiva com minha saúde; mas qualquer outra preocupação — mesmo aquela referente ao meu casamento — de que já não tivesse condições de tratar por meio de missivas parecia descartada de sua lembrança.

Apesar das minhas súplicas, minha mãe recusava-se a voltar a Nohant, dizendo que o estado de minha avó poderia se prolongar indefinidamente e que não era correto separar-se de Caroline. Tive que me render a essa justa razão e aceitar a solidão.

Deschartres, muito abatido no começo, depois resignado, dava a impressão de mudar completamente de atitude para comigo. Entregou-me, de boa ou má vontade, todos os seus poderes, exigiu que eu cuidasse da contabilidade da casa, que todas as ordens partissem de mim, e tratou-me como uma pessoa madura, capaz de conduzir os outros e a si mesma.

Era demais tirar conclusões precipitadas de minha capacidade, entretanto, ele o fez, como se verá a seguir.

Não tive de submeter-me a grandes sacrifícios para manter a ordem estabelecida na casa. Todos os empregados eram fiéis. Como administrador, Deschartres continuava a comandar as atividades do campo, das quais eu não entendia nada, apesar de todos os seus esforços para me fazer obter algum interesse por essas tarefas. Nessa área eu era apenas uma amadora, mais nada.

O pobre Deschartres, percebendo que o estado de minha avó, privando-me da minha única e mais doce companhia intelectual, lançava-me em tédio e desânimo profundos, que eu emagrecia a olhos vistos e que minha saúde se deteriorava sensivelmente, fez todo o possível para distrair-me e colocar-me em movimento. Presenteou-me com a égua Colette e, ainda por cima, para devolver-me o gosto pela equitação – que eu perdera com minhas novas responsabilidades da casa –, levou-me para conhecer todas as potras e potros de sua propriedade. Depois de ele mesmo ter montado em todos os animais para experimentá-los, implorou-me para que me servisse deles quando quisesse a fim de variar meus divertimentos. Suas tentativas com as montarias custaram-lhe mais de uma queda no prado, e foi obrigado a convir que, sem saber nada dos assuntos do campo, em questão de montaria eu era mais consistente que ele, que se gabava da teoria. Era tão tenso e empolado ao montar um cavalo, que logo ficava extenuado, e, por isso, em comparação a ele eu cavalgava rápido demais. Desse modo, para acompanhar-me apresentou-me um cavalariço, ou melhor, um *pajem*, o pequeno André, que era firme como um macaco agarrado a um pônei; e, suplicando-me para que eu não passasse um só dia sem passear, deixou-nos correr à vontade pelos campos.

Sempre escolhendo Colette para os meus passeios, por causa de sua destreza e esperteza insuperáveis, habituei-me a todas as manhãs percorrer oito

História da minha vida

ou dez léguas em quatro horas, parando às vezes em uma chácara para tomar uma tigela de leite, cavalgando em aventuras, explorando a região ao acaso, passando por toda parte, até mesmo em lugares reputados impossíveis, e entregando-me a infinitos devaneios que André, muito bem instruído por Deschartres, não se permitia interromper por menor que fosse qualquer reflexão que pudesse lhe ocorrer. Ele só voltava a se portar com naturalidade quando parávamos para comer, porque eu fazia questão que ele se sentasse, como no passado, à mesma mesa que eu em casa dos camponeses; e ali, fazendo um resumo das impressões sobre o passeio, me divertia com suas ingênuas observações e com sua fala característica da região do Berry. Mal sentava à sela, retornava ao completo silêncio, recomendação que jamais sonhara impor a ele, mas que achei muito agradável, pois esse devanear a galope, ou esse esquecimento de tudo proporcionado pelo espetáculo da natureza, enquanto o cavalo segue trotando calmamente ao seu bel-prazer, parando quando sente vontade de saborear os arbustos sem que nos apercebamos; essa sucessão lenta ou rápida de paisagens, ora melancólicas, ora deliciosas; essa ausência de objetivo, esse deixar passar o tempo que voa; esses encontros pitorescos com rebanhos ou com aves migratórias; o suave murmúrio da água que marulha sob as patas dos cavalos; tudo o que é repouso ou movimento, espetáculo para os olhos ou serenidade para a alma nos passeios solitários, apossava-se de mim e suspendia completamente o curso das minhas reflexões e da lembrança de minhas tristezas.

Então tornei-me poeta por inteiro, e poeta exclusivamente pelos sentidos e por inclinação natural, sem me aperceber e sem saber. Onde buscava apenas descanso físico, encontrei uma fonte inesgotável de fruições morais bem complicadas de serem definidas, mas que reanimavam e renovavam cada dia mais minhas forças.

Se a preocupação não me reconduzisse à minha pobre e querida avó adoentada, creio que me absorveria dias inteiros nesses percursos; mas como saía bem cedo, quase sempre antes de o sol nascer, assim que o sol começava a castigar minha cabeça retomava o caminho de casa a galope. Percebia com frequência que o pobre André ficava acabado de tanta fadiga. Todas as vezes ficava surpresa com seu estado, pois nunca me sentia esgotada quando montava a cavalo; com isso, acredito que as mulheres, pela sua postura na sela e flexibilidade dos seus membros, podem efetivamente permanecer cavalgando por muito mais tempo que os homens.

Contudo, de vez em quando, cedia Colette ao meu pajenzinho para que ele tivesse algum descanso, para suavizar sua andadura, e então eu montava ou a velha égua normanda, que havia salvo a vida do meu pai em mais de uma batalha por causa de sua inteligência e fidelidade de suas ações, ou o terrível general Pépé, que era um garanhão com uma força incrível no lombo; mas nem assim ficava mais cansada, e voltava para casa muito mais disposta e ativa do que quando havia partido.

Foi graças a essa atividade salutar que de repente minha resolução por instruir-me deixou de ser um dever penoso e tornou-se um atrativo poderosíssimo por si mesmo. No começo, sob o jugo da amargura e da inquietude, havia tentado matar o tempo que passava junto à minha avó doente lendo os romances de Florian,[6] de madame de Genlis e de Van der Welde. Estes dois últimos autores me pareciam maravilhosos; mas das leituras, entrecortadas pelos cuidados e ansiedades inevitáveis quando se dá atenção a uma pessoa enferma, quase nada restou em minha mente, e, à medida que o temor da morte se afastava de mim para dar lugar a um melancólico e delicado hábito de cuidados quase maternais, voltei às leituras mais sérias, que logo me prenderam apaixonadamente.

No começo tive de lutar contra o sono, e servia-me a todo instante da tabaqueira da minha querida vovozinha para não sucumbir à atmosfera sombria e tépida do seu quarto. Também tomava bastante café puro sem açúcar, e às vezes até mesmo aguardente para não adormecer quando ela queria conversar a noite inteira; pois de tempos em tempos ela tomava a noite pelo dia, e se zangava com o escuro e com o silêncio em que ela pen-

---

6 J.-P. Claris de Florian (1755-1794) e Van der Velde (1779-1824); o primeiro deles, um escritor francês, autor de comédias, fábulas e romances sentimentais; o segundo, alemão, conhecido por seus romances históricos. Madame de Genlis, ou condessa de Genlis, ou ainda Stéphanie-Félicité Du Crest (1746-1830), foi uma escritora francesa, considerada figura emblemática da grande aristocracia do Antigo Regime. (N.T.)

História da minha vida

sava que queríamos mantê-la. Julie e Deschartres por vezes tentaram abrir as janelas para mostrar-lhe que de fato era noite. Então ela ficava profundamente aflita, dizendo que não tinha dúvidas de que estávamos em pleno meio-dia, e que havia ficado cega, já que não via o sol.

Achamos melhor concordar em tudo com ela para principalmente afastar sua tristeza. Então acendemos várias velas atrás do seu leito com a intenção de fazê-la acreditar que estava vendo a claridade do dia. Nós nos mantínhamos acordados em torno dela e prontos para lhe responder quando, a todo instante, saía de sua sonolência para falar conosco.

O início dessa vida insólita foi, para mim, penosíssimo. Tinha uma imperiosa necessidade do pouco sono que havia reservado para mim anteriormente. Ainda estava em fase de crescimento. Meu desenvolvimento, contrariado por esse tipo de vida, transformou-se em uma intraduzível agonia nervosa. Os estimulantes, que eu abominava por serem incompatíveis com a minha tendência tranquila, causavam-me males estomacais e não me despertavam como eu pretendia.

Mas retomar a equitação, que Deschartres praticamente impôs a mim, em poucos dias me fez recobrar a saúde e senti minhas forças renovadas; consegui velar o sono de minha avó, e passei a trabalhar sem estimulantes e sem sentir-me fatigada. Foi somente então que, sentindo mudar minha disposição física, encontrei nos estudos um prazer e uma facilidade que desconhecia.

O cura de La Châtre, meu confessor, havia me emprestado o *Gênio do cristianismo*. Fazia seis semanas que não conseguia decidir-me a abri-lo novamente, mantendo-o fechado em uma página que marcara uma dor intensa em minha vida. O cura me pediu que o devolvesse. Roguei a ele que aguardasse um pouco mais, e resolvi recomeçar sua leitura em completo estado meditativo, como ele me recomendava.

Coisa estranha, essa leitura destinada pelo meu confessor a reconduzir meu espírito ao catolicismo produziu em mim um efeito totalmente contrário, resultando em meu total afastamento dessa doutrina religiosa para sempre. Devorei o livro, fiquei apaixonada por ele, essência e forma, defeitos e qualidades. Fechei-o convencida de que minha alma havia crescido cem côvados; de que aquela leitura produzira em mim o mesmo efeito que o *Tolle, lege*[7] (Tome, leia) provocara em Santo Agostinho; de que dali em diante adquirira uma força de persuasão a toda prova, e que não apenas podia ler de tudo, mas ainda por cima devia estudar todos os filósofos, todos os profanos, todos os heréticos, com a doce certeza de encontrar em seus erros a confirmação e a garantia da minha fé.

Em um instante renovado do meu fervor religioso, que o isolamento e a tristeza de minha situação haviam arrefecido bastante, senti minha devoção rutilando-se de toda sedução da poesia romântica. Já não sentia mais a fé como uma paixão cega, mas como uma luz deslumbrante. Jean Charlier de Gerson[8] durante muito tempo me manteve sob o seu fanatismo gentilmente opressivo, que pregava a humildade de espírito, o aniquilamento de qualquer reflexão, a absorção em Deus e o desprezo pela ciência humana, acrescido de uma salutar confusão do temor de minha própria fraqueza. *Imitação de Jesus Cristo* deixou de ser meu guia. O santo dos dias de outrora perdera sua influência sobre mim; Chateaubriand, o homem do sentimento e do entusiasmo, tornou-se meu sacerdote e meu iniciador. Eu não via o poeta cético, o homem da glória mundana, sob esse católico degenerado dos tempos modernos.

Não era culpa minha ter recebido aquelas recentes revelações que me fizeram experimentar um novo estado de espírito, portanto não via neces-

---

7 Durante uma luta interna entre seus desejos espirituais e sua maneira pecadora de ser, Santo Agostinho pensou ter ouvido uma criança cantar *Tolle, lege*, que significa "Tome e leia". Agostinho sentiu que esse era o momento da divina inspiração. Tomando as palavras literalmente, agarrou a *Bíblia* mais próxima, abriu-a e leu a primeira passagem sobre a qual seus olhos pousaram: "Já chegou a hora de acordar, pois nossa salvação está mais próxima agora do que quando abraçamos a fé. A noite avançou e o dia se aproxima. Portanto, deixemos as obras das trevas e vistamos a armadura da luz. Como de dia, andemos decentemente; não em orgias e bebedeiras, nem em devassidão e libertinagem, nem em rixas e ciúmes. Mas vesti-vos do Senhor Jesus Cristo e não procureis satisfazer os desejos da carne". (Romanos 13,11-14). (N.T.)

8 Jean Charlier de Gerson (1363-1429), conhecido como *Doctor christianissimus*, foi teólogo, erudito, educador, filósofo, pregador, reformador e poeta francês, além de chanceler da Universidade de Paris. Lembrado sempre como o autor de *Imitação de Jesus Cristo*. Porém, essa obra anônima é atribuída atualmente ao escritor alemão Thomas A. Kempis (1379-1470). A autora faz, mais adiante, uma nota explicativa sobre o assunto. (N.T.)

História da minha vida

sidade de me confessar. O próprio confessor havia colocado o veneno em minhas mãos. E com aquele veneno nutri-me de confiança. O abismo da investigação estava aberto, e eu deveria descê-lo, não como Dante, no *entardecer da vida*, mas na flor da idade e em toda clareza do meu primeiro despertar.

Ai de mim! Só você é lógico, só você é verdadeiramente católico, pecador convertido, assassino de Jean Huss,[9] culpado e arrependido Jean Gerson! Foi você quem disse:

"Meu filho, não te deixes tocar, de forma alguma, pela beleza e sagacidade do discurso dos homens. Não leias jamais minhas palavras com a intenção de seres mais hábil ou mais sábio. Tu terás mais proveito em destruir o mal em ti mesmo do que em aprofundar-te em questões difíceis.

Depois de muitas leituras e de adquirir diversos conhecimentos, sempre é necessário retornar a um único princípio: Sou eu *quem oferece a ciência aos homens*, e concedo aos humildes uma inteligência mais clara, impossível de ser comunicada pelos homens.

Um tempo virá em que Jesus Cristo, o mestre dos mestres, o senhor dos anjos, aparecerá para ouvir as lições de todos os homens, isto é, para examinar a consciência de cada um.

Então, *com o candeeiro nas mãos, visitará os recantos de Jerusalém, e o que estiver oculto nas trevas virá à luz*, e as especulações dos homens não terão mais lugar.

Sou eu quem educa um espírito humilde ao ponto em que ele penetra, num instante, em mais segredos da verdade eterna do que qualquer outro espírito aprenderia nas escolas em dez anos de estudos. — Educo sem prolixidade, sem confusão de opiniões, sem aparatos de honra e sem agitação de argumentos...

Meu filho, não cultives nenhuma curiosidade, e não te sobrecarregues de cuidados inúteis.

O que tens a ver com isto ou aquilo? Para o teu próprio bem, siga-me!

---

9 Jan Hus (1369-1415), pensador e reformador religioso que iniciou um movimento que iria incomodar a Igreja Católica de seu tempo; seus seguidores foram conhecidos como hussitas. A Igreja Católica não perdoou as rebeliões inspiradas em suas ideias. Em 1410, ele foi excomungado e, em 1415, condenado à morte pelo Concílio de Constança. (N.T.)

Com efeito, que te importa que fulano tenha tal ou qual tipo de temperamento? Que sicrano aja ou fale de tal maneira ou de outra?

Tu não tens que responder pelos outros. Só a ti mesmo terás que prestar contas. O que, então, te provoca embaraço?

Conheço todos os homens; vejo tudo o que se passa sob o sol e conheço de modo particular a situação de cada um, o que cada um pensa, o que deseja, a que almejam suas intenções...

Não desperdices energia com coisas que são fonte de distração e de grande obscurecimento do coração...

Aprende a obedecer, pois não passas de pó! Aprende, terra e lama que és, a abaixar-te sob os pés de todo mundo..

Mantenha-te firme e espera em mim, pois o que são palavras senão palavras? Elas vibram no ar, mas não ferem a rocha..

O homem tem por inimigos *os de sua própria casa, e não se deve dar crédito àqueles que dizem: 'Eis o Cristo aqui, ou ali!'*...

Não te regozijes em coisa alguma, a não ser no desprezo de ti mesmo e no cumprimento de minha vontade única..

Desapega-te de ti mesmo e me encontrarás. Permanece sem ambições de escolha e sem nenhuma propriedade, e assim ganharás muito mais.

Tu te abandonarás, assim, sempre, a todo instante, às pequenas coisas assim como às grandes. Não excluo nada. Quero, em tudo, encontrar-te livre de tudo.

Renuncia a ti mesmo, resigna-te. Dá tudo por tudo. Não procures nada, não retomes nada, e me possuirás. Ganharás a liberdade do coração, e as trevas não mais te ofuscarão.

Que teus esforços, tuas preces e teus desejos tenham por objetivo despojar-te de toda e qualquer propriedade, e de fazer-te seguir, nu, a Jesus Cristo nu, e morrer em ti mesmo para viver eternamente em mim...............................

'Ruboriza-te, Sidon', diz o mar!...' Ruborizai-vos, portanto, servidores preguiçosos e queixosos, ao ver que as pessoas do mundo são mais ávidas pela própria perda do que vós por vossa salvação!"

Eis aí, não o verdadeiro espírito dos Evangelhos, mas a verdadeira lei do padre, a verdadeira prescrição da Igreja ortodoxa: "Renuncia-te a ti mesmo, abisma-te, despreza-te; aniquila a tua razão, confunde teus julgamen-

História da minha vida

tos; foge do rumor das palavras humanas. Rasteja, e faze-te pó sob a lei do mistério divino; não consagres teu amor a nada, não te dediques a estudo algum, permanece na ignorância, não tenhas posses, nem em tuas mãos nem em tua alma. Torna-te uma abstração fundida e prosternada na abstração divina; despreza a humanidade, destrói a natureza; faz de ti um punhado de cinzas, e serás feliz. Para obter tudo, é preciso desfazer-se de tudo". Nisso se resume esse livro ao mesmo tempo sublime e estúpido, que pode formar santos, mas nunca um homem.

Tenho falado sem azedume e sem desdém, espero, das delícias da devoção contemplativa. Não combati em mim a lembrança afetuosa e grata que tenho da educação monástica. Julguei o passado do meu coração com meu coração. Venero e exalto mais uma vez as criaturas que me fizeram mergulhar em êxtases por meio do suave magnetismo de sua angélica simplicidade. Vão me perdoar, por conseguinte, independente da fé à qual pertencem, por julgar-me a mim mesma e por analisar a essência das coisas das quais venho me nutrindo.

Se não me perdoassem, nem por isso seria menos sincera. Este livro não é um protesto sistemático. Deus me livre adulterar, em meu próprio benefício – por tomar um determinado partido antecipadamente –, o encanto de minhas próprias memórias; mas esta é a história da minha vida e, em tudo que desejo contar sobre ela, quero ser verdadeira.

Não hesitarei, portanto, em dizê-lo: o catolicismo de Jean Gerson é antievangélico e, tomado ao pé da letra, é uma doutrina de egoísmo abominável. Dei-me conta disso no dia em que o comparei, não com o *Gênio do cristianismo*, que é um livro de arte e de forma alguma deve ser tomado como obra de doutrina, mas com todas as ideias que esse livro de arte me sugeriu. Senti que havia, dentro de mim, uma luta aberta e total entre o espírito e o resultado dessas duas leituras. De um lado, a aniquilação absoluta da inteligência e do coração tendo em vista a salvação pessoal; do outro, o desenvolvimento do espírito e do sentimento, com a intenção de obter uma religião comum.

Reli a *Imitação* no exemplar que me fora presenteado por Marie Alicie,[10] que conservo até hoje, com seu nome escrito por suas próprias mãos queri-

---

10 Tradução do jesuíta Gonnelieu, 17... (N.A.). É assim que está registrada esta informação no original francês, p. 138, tomo 7, quarta parte. (N.T.)

das e veneradas. Sabia de cor essa obra-prima de forma e de eloquente concisão. O livro me encantara e me persuadira de ponta a ponta; mas a lógica tem muita eficácia no coração das crianças. Estas não têm ideia do que seja um sofisma e as capitulações de consciência. *Imitação* é o livro do claustro por excelência; é o código do tonsurado. Esse livro mostra-se mortal à alma daquele que não rompeu com o convívio dos homens e com os deveres da vida humana. Assim, havia rompido, em minha alma e em minha vontade, com os deveres de filha, de irmã, de esposa e de mãe; devotara-me à solidão eterna ao beber dessa fonte de personalidade beata.

Ao reler mais tarde o *Gênio do cristianismo*,[11] a *Imitação* pareceu-me ser outra obra do início ao fim, e percebi todas as terríveis consequências de sua aplicação na vida prática. Ela me prescrevia esquecer todo afeto terrestre, apagar toda piedade em meu âmago, destruir todos os laços de família, observar apenas a mim mesma e deixar todas as outras pessoas ao julgamento de Deus. Comecei a ficar assustada e a arrepender-me seriamente por ter caminhado entre a família e o claustro sem tomar um partido decisivo. Sensibilíssima aos desgostos dos meus parentes ou à necessidade que poderiam ter de mim, ficara indecisa, receosa. Deixara meu zelo arrefecer-se, minha resolução vacilar e converter-se em um vago desejo mesclado a impotentes remorsos. Fizera numerosas concessões à minha avó, que almejava ver-me instruída e letrada. Era a servidora *preguiçosa e queixosa, que não tinha a menor vontade de privar-se de toda afeição carnal e de toda especial condescendência*. Repudiara, portanto, a doutrina a partir do dia em que, cedendo às ordens do meu orientador, tornara-me alegre, afetuosa, gentil com meus companheiros, submissa e dedicada para com meus parentes. Tudo era condenável em mim, mesmo minha admiração pela irmã Hélène e minha amizade por Marie Alicia, sem contar minha solicitude para com minha avó doente... Tudo era crime em minha consciência e em minha conduta — ou então o livro, o divino livro, pregara mentiras.

---

11 *O gênio do cristianismo*, de François-René de Chateaubriand (1768-1848), escritor francês que, durante o seu exílio, na Inglaterra, lançou essa obra em defesa da fé católica, exatamente no período da Revolução Francesa. (N.T.)

História da minha vida

Por que, pois, naquele momento, o douto e sábio abade Prémord, que me queria afetuosa e caridosa, por que minha doce madre Alicia, que repudiava a ideia de minha vocação religiosa, haviam me oferecido e recomendado esse livro? Havia nisso uma contradição enorme; pois, sem conduzir-me à verdadeira prática da insensibilidade pelos outros, o livro me fizera mal. Colocara-me exatamente entre a inspiração celeste e as solicitudes terrenas. Impedira-me de abraçar com franqueza as delícias da vida doméstica e as aptidões da família. Conduzira-me a uma triste revolta interior, cuja manifestação era minha submissão passiva, extremamente cruel se tivesse sido compreendida! Enganara minha avó pelo silêncio, quando ela acreditava ter me convencido. E sabe-se lá se suas angústias, suas suscetibilidades, suas injustiças não teriam encontrado em mim uma causa secreta que as legitimasse, ainda que ela não soubesse disso? Amiúde ela achava minhas carícias frias e minhas promessas evasivas. Talvez sentira em mim, sem conseguir me dar conta disso, um obstáculo à segurança do meu afeto.

Cada vez mais apreensiva pelas minhas reflexões, afligia-me profundamente com a fraqueza do meu caráter e com o *obscurecimento* do meu espírito, que não me haviam permitido seguir um caminho claro e correto. Ficava ainda mais desolada na medida em que começava a perceber tudo isso quando já era muito tarde para repará-lo, logo após o desditoso dia em que minha avó perdera a capacidade de compreender meu retorno às suas ideias com relação ao meu passado e ao meu futuro.

Tudo estava consumado agora; enquanto ela vivesse doente de corpo e alma durante um ano ou dez, minha presença assídua estava bem definida ao lado dela. Mas, para a sequência de minha existência, seria preciso fazer uma escolha entre o céu e a terra: ou o maná do ascetismo — do qual me alimentara em parte — era um alimento pernicioso do qual deveria me livrar para sempre, ou então o livro estava certo, e eu deveria rechaçar a arte e a ciência, a poesia, o raciocínio, a amizade e a família, e passar os dias e as noites em êxtase e em oração ao lado de minha avó moribunda, e, depois de cumprir essa obrigação, romper com todas as coisas e elevar-me aos lugares santos para nunca mais descer ao trato com a humanidade.

Eis o que Chateaubriand respondia à minha lógica exaltada:

"Os defensores dos cristãos caíram (no século XVIII) em um erro que já os havia perdido. Não perceberam que não se tratava mais de discutir esse ou aquele dogma, já que as bases eram absolutamente rejeitadas. Partindo da missão de Jesus Cristo, e munindo-se de conclusão em conclusão, eles estabeleceram, sem dúvida muito solidamente, as verdades da fé; mas essa maneira de argumentar, boa no século XVII, quando o fundamento não sofria nenhuma contestação, já não valia mais nada em nossos dias. Era necessário tomar o caminho contrário, passar do efeito à causa, *não provar que o cristianismo é excelente porque vem de Deus, mas que ele vem de Deus porque é excelente*...

....

Era preciso provar que, de todas as religiões que já passaram pela terra, a religião cristã é a mais poética, a mais humana, a mais favorável à liberdade, às artes e às letras... Deviam mostrar que não há nada mais divino que sua moral; que não há nada mais aprazível, mais exuberante que seus dogmas, sua doutrina e seu culto. Deviam dizer que ela favorece o gênio, apura o gosto, desenvolve as paixões virtuosas, oferece vigor ao pensamento... que não há vergonha em seguir a crença religiosa de Newton e Bossuet, de Pascal e Racine, enfim, era preciso apelar a todos os encantos da imaginação e a todos os interesses do coração em socorro dessa mesma religião contra a qual os armaram [...]

Mas não há perigo em encarar a religião sob um aspecto perfeitamente humano? E por quê? Será que nossa religião teme a luz? Uma grande prova de sua celeste origem é que ela suporta o escrutínio mais severo e mais minucioso da razão. Querem que eternamente nos acusem de esconder nossos dogmas nas trevas de uma noite santa, de medo que se descubra a falsidade deles? Por acaso o cristianismo será menos verdadeiro por parecer mais belo? Expulsemos esse medo pusilânime. Por excesso de religião, não deixemos a religião perecer. Não estamos mais no tempo em que era conveniente dizer: *Creia, e não questione*. Investigarão tudo minuciosamente, apesar de nós, e nosso silêncio tímido, aumentando o triunfo dos incrédulos, diminuirá o número de fiéis."

Percebe-se que a questão estava bem nitidamente colocada diante dos meus olhos. De um lado, oprimir em si mesmo tudo o que não é contemplação imediata e exclusiva de Deus; de outro, procurar em torno de si e assimilar tudo o que pode oferecer à alma elementos de vigor e de vida para render glória a Deus. O alfa e o ômega da doutrina. "Sejamos lama e pó, sejamos chama e luz. – Não procure investigar nada se desejas acreditar. – Para crer em tudo, é necessário que se examine tudo." Dar ouvidos a quem?

Será que um desses dois livros era completamente herético? Os dois haviam sido oferecidos a mim pelos orientadores de minha consciência. Haveria, então, duas verdades contraditórias no seio da Igreja? Chateaubriand proclamava a verdade relativa. Gerson a declarava absoluta.

Estava totalmente perplexa. Ao galope de Colette, não hesitava em aceitar todos os argumentos de Chateaubriand. À luz do meu candeeiro, inclinava-me toda a Gerson, e, dessa forma, à noite censurava meus pensamentos da manhã.

Uma consideração externa deu a vitória ao neocristão. Durante alguns dias minha avó novamente correra risco de morte. Fiquei cruelmente atormentada pela ideia de que ela não teria chance de se reconciliar com a religião e morreria sem os sacramentos; mas, ainda que por vezes ela retornasse ao estado em que conseguia entender-me, não ousara dizer-lhe a palavra que poderia esclarecê-la a respeito do seu estado e fazê-la condescender aos meus desejos. Minha fé, entretanto, ordenava-me imperiosamente que fizesse essa tentativa: com mais energia ainda, meu coração proibia-me de dar esse passo.

Estava terrivelmente angustiada com esse dilema, e todos os meus escrúpulos e casos de consciência do convento assaltaram-me novamente. Depois de noites de pânico e de dias de desespero, escrevi ao abade Prémord a fim de pedir-lhe que ditasse a minha conduta e para confessar-lhe todas as fraquezas do meu afeto filial. Longe de condená-las, o excepcional homem apreciou-as:

"Você vem agindo muitíssimo bem, minha pobre criança, ao guardar silêncio", escrevia-me o abade em uma extensa carta plena de tolerância e de suavidade. "Dizer à sua avó que ela estava em perigo, isso a teria matado. Tomar a iniciativa na questão delicada de sua conversão, isso seria contrário ao respeito que você deve a ela. Uma tal inconveniência a teria deixado extremamente chocada, e talvez a tivesse afastado de vez dos sacramentos.

Você tem sido bastante inspirada por permanecer em silêncio e por orar a Deus para que Ele a assista diretamente. *Jamais tenha medo quando é o seu coração que a aconselha: o coração nunca pode se enganar.* Ore sempre, espere e, qualquer que seja o fim de sua pobre avó, conte com a sabedoria e a misericórdia infinitas. Todo seu dever ao lado dela é de continuar a cercá-la dos mais ternos cuidados. Ao reconhecer o seu amor, a sua modéstia, a humildade e, se posso falar assim, a *discrição* de sua fé, talvez ela queira, para recompensá-la, corresponder ao seu desejo secreto e resolva ela própria fazer ato de fé. Creia no que eu sempre disse a você: Faça amar em você a graça divina. Esta é a melhor exortação que pode partir de nós."

Assim o amável e virtuoso ancião transigia também com as afeições humanas. Ele deixava transparecer a esperança da salvação de minha avó, mesmo que ela morresse sem reconciliação oficial com a Igreja, ou mesmo que ela morresse sem ter nem sonhado com isso! Esse homem era um santo, um verdadeiro cristão; seria mais correto dizer *ainda que* jesuíta ou *porque* era jesuíta?

Sejamos justos. Sob o ponto de vista político, enquanto republicanos, odiamos ou tememos essa seita fervorosa pelo poder e sedenta de dominação. Digo *seita* ao referir-me aos discípulos de Loyola, pois é uma seita, eu o sustento. Ela representa uma importante modificação na ortodoxia romana. É uma heresia bem condicionada. Jamais declarou-se como tal, eis tudo, não é preciso dizer mais nada. Solapou e conquistou o papado sem fazer-lhe uma guerra aparente; mas riu da infalibilidade do papado embora declarando-o soberano. Bem mais hábil nesse ponto que todas as outras heresias, é, portanto, mais poderosa e mais durável.

Sim, o abade Prémord era mais cristão que a Igreja intolerante, e era herético porque era jesuíta. A doutrina de Loyola[12] é a caixa de Pandora. Ela contém todos os males e todos os bens. É um alicerce de progresso e um abismo de destruição, uma lei de vida e morte. Doutrina oficial, ela mata; doutrina oculta, ela ressuscita o que matou.

Eu a chamo de doutrina — não me condenem pelo uso das palavras —, mas poderia chamá-la de espírito de corporação, tendência de instituição,

---

12 Ignácio de Loyola (1491-1556), padre italiano fundador da Companhia de Jesus — os jesuítas. (N.T.)

se preferem assim; seu espírito dominante e ativo consiste sobretudo em abrir a cada um a senda que lhe é própria. É por essa via que a verdade é soberanamente relativa, e esse princípio, uma vez admitido no recôndito das consciências, irá derrubar a Igreja Católica.

Essa doutrina tão discutida, tão denegrida, tão apontada com horror pelos homens do progresso, ainda é, na Igreja, a última coluna de sustentação da fé cristã. Por trás dela, existe apenas o absolutismo cego do papado. Ela é a única religião praticável para aqueles que não têm a intenção de romper com *Jesus Cristo Deus*. A Igreja romana é um enorme claustro onde os deveres do homem na sociedade são inconciliáveis com a lei da salvação. Suprimam-se o amor e o casamento, a herança e a família, e a lei católica da renúncia torna-se perfeita. Seu código é obra do gênio da destruição; mas desde que ela admite outra sociedade além da comunidade monástica, transforma-se num labirinto de contradições e de incoerências. Passa a ser obrigada a mentir para si própria e a permitir a cada um o que proíbe a todos.

Dessa forma, todo aquele que pondera terá sua fé abalada. Mas chega o jesuíta que diz à alma perturbada e indecisa: "Prossigas conforme tuas possibilidades e forças. A palavra de Jesus é eternamente acessível à interpretação da consciência esclarecida. Entre a Igreja e ti, ele nos enviou para unir ou desunir. Crê em nós, entrega-te a nós, que somos uma nova igreja dentro da Igreja: uma igreja tolerada e tolerante, uma tábua de salvação entre a regra e o ato. Descobrimos o único meio de assentar sobre uma base qualquer a difusão e a incerteza das crenças humanas. Ao reconhecer com bastante clareza a impossibilidade de uma verdade absoluta na prática, descobrimos a verdade aplicável a todos os casos, a todos os fiéis. Esta verdade, esta base, é a *intenção*. A intenção é tudo, a ação não é nada. Aquilo que é mal pode transforma-se em bem, e vice-versa, conforme o objetivo que nos propomos".

Assim Jesus falara aos seus discípulos com a sinceridade do seu coração todo divino, quando disse a eles: "*O espírito vivifica, a letra mata*. Não façam como os hipócritas e os estúpidos que fazem com que a religião inteira consista apenas nas práticas do jejum e da penitência exterior. Lavem suas mãos e arrependam-se em seus corações".

Porém, Jesus legou-nos só palavras de vida de extensão imensa. No dia em que o papado e os concílios declararam-se infalíveis na interpretação dessa palavra, eles a mataram, eles se proclamaram substitutos de Jesus Cristo.

Outorgaram a si mesmos a divindade. Assim, inevitavelmente seduzidos a condenar ao fogo – tanto nesse mundo como no outro – todo aquele que se afastasse de sua interpretação e dos preceitos decorrentes dela, eles romperam com o verdadeiro cristianismo, quebraram o pacto de misericórdia infinita proposto por Deus, de ternura fraternal entre todos os homens, e substituíram o sentimento evangélico tão humano e tão vasto pelo sentimento cruel e despótico da Idade Média.

Em princípio, a doutrina dos jesuítas era, portanto, como seu nome indica, um retorno ao espírito verdadeiro de Jesus, consequentemente uma heresia disfarçada, já que a Igreja assim denominou todo protesto secreto ou declarado contra seus decretos soberanos. Essa doutrina insinuante e penetrante contornara a dificuldade de conciliar os decretos da ortodoxia com o espírito do Evangelho. Renovara as forças do proselitismo ao tocar o coração e ao reconfortar o espírito, e enquanto a Igreja dizia a todos, "Fora de mim não há salvação!", o jesuíta dizia a cada um: "Todo aquele que faz o seu melhor e conforme sua consciência será salvo".

[...]

Entre a *Imitação de Jesus Cristo* e o *Gênio do cristianismo*, encontrava-me diante de grandes perplexidades, como no caso de minha conduta cristã junto à minha avó filósofa. Quando ela ficou fora de perigo, busquei a intervenção do jesuíta para resolver a mais nova dificuldade. Sentia-me atraída pelos estudos, tomada por uma estranha sede, estava seduzida pela poesia por um instinto apaixonado, e pelo exame por uma fé soberba.

"Temo que o orgulho se apodere de mim", escrevi ao abade Prémord. "Ainda há tempo de voltar sobre os meus passos, de esquecer todas essas pompas intelectuais pelas quais minha avó mostrava-se ávida, mas das quais ela não tirou mais proveito e nunca mais pensou em obrigar-me a cultivá-las em mim. Em relação a essas questões, minha mãe irá mostrar-se completamente indiferente. Portanto, mais nenhum dever imediato me impele para o abismo, se é que existe, de fato, um abismo, como o espírito de A-Kempis[13]

---

13 Naquele tempo, eu achava, como muitas outras pessoas, que Thomas A-Kempis era o autor da *Imitação*. As provas invocadas pelo *monsieur* Henri Martin a respeito da autoria legítima de Jean Gerson pareceram-me tão concludentes, que não hesito em render-me a elas. (N.A.)

proclama aos meus ouvidos. Minha alma está esgotada e como que entorpecida. Peço-lhe que me diga a verdade. Se os estudos não são mais que uma satisfação da qual posso privar-me, nada mais fácil então que renunciar a eles; porém, e se for um dever para com Deus, para com meus irmãos?... Temo aqui, como sempre, decidir-me por alguma tolice."

O abade Prémord tinha a alegria de sua força e de sua serenidade. Jamais conheci alma mais pura e segura de si própria. Dessa vez ele me respondeu com o bom humor amável com o qual estava acostumado a contrapor os terrores de minha consciência.

"Minha cara casuísta", indagou-me, "se teme o orgulho, será então que agora já possui amor-próprio? Vamos, é um progresso sobre seus *temores* habituais. Mas, na verdade, você se apressa demais! Em seu lugar, esperaria, para examinar-me no que se refere ao capítulo do orgulho, que já tivesse conhecimento suficiente para não cair nessa tentação; pois, até aqui, receio que não há nada a temer. Contudo, veja bem, estou completamente ciente do seu bom senso e convencido de que à medida que você aprender algumas coisas, perceberá melhor o que lhe falta para saber cada vez mais. Portanto, deixe o temor do orgulho aos imbecis. O que é a vaidade para os corações fiéis? Estes não fazem nem ideia do que seja a vaidade. Estude, aprenda, leia tudo o que sua avó deu permissão para ler. Você me escreveu dizendo que ela lhe indicara, em sua biblioteca, todas as obras que uma moça pura deve deixar de lado e não abrir de forma alguma. Ao indicar-lhe isso, ela confiou as chaves a você. Faço o mesmo. Tenho a mais total confiança em sua pessoa, e essa confiança tem cada vez mais fundamento, porque conheço a base do seu coração e dos seus pensamentos. Não faça de todos os espíritos fortes e belos tão grandes e tão terríveis a ponto de se tornarem espíritos comedores de crianças. É muito fácil perturbar os fracos ao se caluniar *pessoas da igreja*; mas é possível caluniar Jesus e sua doutrina? Deixe passar todas as invectivas contra nós. Elas provam tão pouco contra *Ele* quanto provariam nossos erros, se é que merecemos ser acusados por tais erros. Leia os poetas. Todos são religiosos. Não tema os filósofos, todos são impotentes contra a fé. E se alguma dúvida, se qualquer medo erguer-se em seu espírito, feche esses pobres livros, releia um ou dois versículos do Evangelho, e se sentirá doutora entre todos esses doutores".

George Sand

Assim falava esse velho exaltado, simples e de um espírito adorável, a uma pobre menina de dezessete anos, que lhe confessava a fraqueza do seu caráter e a ignorância do seu espírito. Seria isso prudente, para um homem que se considerava perfeitamente ortodoxo? Certamente não. Tratava-se de um homem bom, corajoso e generoso. Ele me compelia a ir adiante como se faz com uma criança medrosa a quem se diz: "Não é nada, não tenha medo. Observe e toque. É uma sombra, uma ilusão, um espantalho ridículo". E, de fato, a melhor maneira de fortalecer o coração e sossegar o espírito é ensinar o desprezo pelo perigo e oferecer exemplos de como fazer isso.

Mas esse procedimento, tão eficaz no domínio da realidade, também tem aplicabilidade às coisas abstratas? Será que a fé de um neófito pode ser submetida, assim de súbito, a grandes provações?

Meu velho amigo seguia comigo o método de sua instituição: ele o seguia com candura, pois não há ninguém mais cândido que um jesuíta cândido de nascença. Desenvolvem seu método institucional nesse sentido para o bem, ou exploram-no nesse mesmo sentido para o mal, conforme o pensamento da *ordem* esteja no bom ou no mau caminho de sua política.

Meu amigo abade via-me capaz de efusões intelectuais, mas atravancadas por uma imensa rigidez de consciência, que poderia lançar-me novamente à estreita senda do velho catolicismo. Ora, nas mãos do jesuíta, todo ser pensante é um instrumento que ele precisa fazer vibrar no concerto que rege. O espírito de corporação sugere aos seus melhores membros uma grande base de proselitismo, que em seus fiéis mais perigosos torna-se vaidade ardente, embora sempre coletiva. Um jesuíta que diante de uma alma dotada de alguma vitalidade permita que ela definhe, ou se aniquile em uma quietude estéril, faltará com seu dever e com sua regra. Assim, *monsieur* Chateaubriand talvez tenha praticado deliberadamente, ou talvez sem o saber, o procedimento dos jesuítas, ao apelar aos *encantamentos do espírito e aos interesses do coração* em socorro do cristianismo. Ele foi herético, inovador, mundano; era confiante e audaz como os jesuítas, ou a exemplo deles.

Depois de ter lido Chateaubriand em um só fôlego, saboreei seu livro com deleite, finalmente tranquilizada pelo meu bom padre, e bradei à minha alma inquieta: "Vamos lá! Força, adiante!". Em seguida, sem cerimônia

História da minha vida

me meti a ler Gabriel Monnot Mably, John Locke, Étienne Bonnot de Condillac, Montesquieu, Bacon, Jacques Bossuet, Aristóteles, Leibniz, Pascal, Montaigne, autores cujas obras minha avó, ela própria, marcara os capítulos e páginas que não poderiam ser lidos por mim. Depois vieram os poetas ou os moralistas: Jean de la Bruyère, Alexander Pope, Milton, Dante, Virgílio, Shakespeare e muitos outros. Li tudo sem ordem nem método, como caíam em minhas mãos, e com uma facilidade intuitiva que nunca mais voltei a experimentar, facilidade esta que até mesmo não é comum em minha disposição intelectual lenta no que diz respeito à compreensão das coisas. O cérebro era jovem, a memória sempre fugidia, mas a sensibilidade era impetuosa e a vontade aplicada. Toda essa leitura era, aos meus olhos, uma questão de vida e morte, isto é, depois de ter compreendido e ponderado tudo aquilo a que me propunha compreender, decidiria se iria me entregar à vida mundana ou à morte voluntária do claustro.

[...]

Se quisesse informar todas as impressões de cada leitura e falar sobre os efeitos que causaram em mim, empreenderia aqui um livro de crítica que poderia prolongar-se em vários volumes. Mas quem os leria nos dias de hoje? E, de qualquer forma, provavelmente eu estaria morta antes de terminá-los.

Além de tudo, já não lembro mais com muita clareza de todas as leituras que fiz naquela época, e seria bastante arriscado expor minhas presentes impressões em meu relato sobre o passado. Pouparei, portanto, às pessoas para quem escrevo os detalhes pessoais dessa educação singular, limitando-me a resumir o seu resultado sobre mim em sucessivas épocas.

Lia, nos primeiros tempos, com a audácia da convicção que me fora sugerida por meu bom abade. Munida de todos os fragmentos das obras, defendia-me tão bravamente quanto me permitia minha ignorância. De mais a mais, sem nenhum plano traçado, entremeando em minhas leituras os crentes e os opositores, encontrava elementos nos primeiros para responder aos últimos. A metafísica não me causava muito embaraço: eu a compreendia bem pouco, no sentido de que para mim ela nunca concluía nada de coisa alguma. Quando submetia meu entendimento, dócil como a juventude, a seguir as abstrações, só encontrava vazio ou incertezas em suas inferências.

George Sand

Meu espírito era e sempre foi excessivamente vulgar e muito pouco inclinado às pesquisas científicas para ter necessidade de pedir a Deus a iniciação de minha alma nos grandes mistérios. Eu era uma criatura de sentimento, e só o sentimento esmiuçava para mim as questões que mais me interessavam e que, completada a experiência, tornaram-se logo as únicas questões ao meu alcance.

Saudava, pois, respeitosamente os metafísicos; e tudo o que posso dizer em meu favor, a propósito deles, é que me abstive de considerar como vã e ridícula uma ciência que fatigava demais minhas capacidades. Não me censuro por ter dito naquela época: "Para que serve a metafísica?". Fiquei um pouco mais soberba quando, mais tarde, dediquei um tempo maior da minha atenção sobre ela. E, bem mais para a frente, reconciliei-me com ela ao considerá-la um pouco melhor. Em suma, hoje afirmo que a metafísica consiste na busca de uma verdade para servir aos espíritos superiores, e, por não ser desse grupo, não tenho grande necessidade dela. Encontro o que preciso nas religiões e nas filosofias que são suas filhas, suas encarnações, se preferem.

Naquela época, como hoje, conhecendo melhor a filosofia, e sobretudo a filosofia fácil do século XVIII, que ainda era a do meu tempo, não me senti diminuída por nada nem por ninguém. Mas eis que chega Rousseau – Rousseau, o homem da paixão e do sentimento por excelência – e finalmente fui atingida.

Será que ainda era católica no momento em que, depois de ter reservado, como que por instinto, Jean-Jacques para o *prato principal*, ia enfim submeter-me ao encanto do seu raciocínio pleno de comoção e da sua lógica ardente? Penso que não. Embora continuando a praticar essa religião, embora recusando-me a romper com suas fórmulas interpretadas ao meu gosto, já havia me separado, sem a menor suspeita, do estreito caminho de sua doutrina. Rompera, sem o saber, mas irrevogavelmente, com todas as suas consequências sociais e políticas. O espírito da Igreja não estava mais presente em mim; talvez jamais tenha estado.

As ideias estavam em grande fermentação naquela época. A Itália e a Grécia lutavam por sua liberdade nacional. A Igreja e a monarquia se pronunciavam contra essas nobres tentativas. Os jornais monarquistas lidos por minha avó bradavam contra a insurreição, e o espírito do clero, que devia abraçar a causa dos cristãos do Oriente, esmerava-se em provar os direitos do império turco. Essa monstruosa incoerência, esse sacrifício da religião em prol do interesse político, revoltaram-me de maneira singular. O espírito liberal tornava-se para mim sinônimo de sentimento religioso. Nunca esquecerei, jamais posso esquecer, que o elã cristão compeliu-me resolutamente, pela primeira vez, ao campo do progresso, do qual não sairia mais.

Mas já então, e desde a minha infância, o ideal religioso e o ideal prático haviam pronunciado no fundo do meu coração, e feito sair dos meus lábios direto aos ouvidos escandalizados do bom Deschartres, a palavra sagrada "igualdade". Quanto à liberdade, não me importava quase nada com ela naquele momento, não compreendendo seu sentido e não me encontrando disposta a concedê-la mais tarde a mim mesma. Pelo menos o que chamavam de liberdade civil não me dizia grande coisa. Não conseguia concebê-la sem a igualdade absoluta e a fraternidade cristã. Parecia-me, e confesso que ainda me parece, que a palavra "liberdade" inserida na fórmula republicana, em vez de encabeçar as outras duas, deveria ter sido posicionada no fim, e até mesmo poderia ser suprimida como um pleonasmo.

Contudo, a liberdade nacional, sem a qual não há como esperar nem fraternidade nem igualdade, sem dúvida eu a compreendia muito bem, e contestá-la, para mim, seria o equivalente à teoria da pilhagem, à proclamação ímpia e cruel da lei do mais forte.

Não era preciso ser uma criança maravilhosamente dotada nem uma mocinha muito inteligente para chegar a esse raciocínio. Por isso estava confusa e revoltada de ver meu amigo Deschartres, que não era, de forma alguma, nem devoto nem religioso, combater, ao mesmo tempo, a religião na questão dos helenos e a filosofia na questão do progresso. O pedagogo só tinha uma ideia, uma lei, uma necessidade, um instinto: a autoridade absoluta em face da cega submissão. Fazer obedecer a qualquer custo aqueles que *têm obrigação* de obedecer, eis o seu ideal; mas por que uns *deveriam* comandar os outros? Eis o que ele, que possuía saber e inteligência prática, nunca conseguia responder a não ser por meio de sentenças vazias e deploráveis lugares-comuns.

Entabulávamos cômicas discussões, pois para mim não havia meio de levá-las a sério diante de um espírito tão extravagante e tão teimoso em determinados pontos. Sentia-me bastante fortalecida em minha consciência e por isso não havia como ser diminuída e, consequentemente, não conseguia ficar irritada nem por um instante com seus paradoxos. Lembro que um dia, discorrendo com ardor sobre o direito divino do sultão (creio, Deus que me perdoe, que Deschartres não negaria a âmbula dos santos óleos ao Grão-Turco, de tanto que se empenhava com dedicação à vitória do *mestre* sobre os *alunos* insubmissos), ele se atrapalhou com seus pés na pantufa, tropeçou e caiu estendido na grama, o que não o impediu de terminar sua frase; depois do tombo, limpando os joelhos, disse com bastante seriedade: "Mas será possível que eu caí mesmo?"; "Assim cairá o império otomano", respondi rindo do seu semblante preocupado. Ele acabou rindo também, mas não sem um resto de fúria, tratando-me por jacobina, regicida, filelena e bonapartista, todas injúrias sinônimas entre elas em seu horror pela contradição.

Tratava-me, entretanto, com uma bondade toda paternal e estendia elogios exagerados aos meus *estudos*, que imaginava continuar orientando, pois discutia os resultados de sua aplicação em instruir-me.

Quando eu tinha dificuldades de encontrar em Leibniz ou em Descartes os argumentos matemáticos — letras mortas para mim — misturados à teologia e à filosofia, ia procurá-lo e o obrigava a me explicar, por meio de analogias, esses pontos inacessíveis. Nessa tarefa, era dono de extrema sagacidade, oferecia extraordinária clareza e demonstrava uma inteligência própria de professores vocacionados. Depois de me dar uma verdadeira aula, almejando apresentar suas conclusões a favor ou contra o livro, divagava e recaía em suas velhas *lenga-lengas*.

Em relação à política, eu tinha convicções completamente fora do que se pregava no seio da Igreja, mas não ficava nem um pouco preocupada com isso; pois nossas religiosas do convento não tinham opinião formada a respeito das questões da França e nunca haviam dito a mim que a religião exigia que se tomasse partido contra ou a favor do que quer que fosse. Eu nada vira, nada lera, nada ouvira nos ensinamentos religiosos algo que me prescrevesse, nessa ordem de ideias, demandar no espiritual a apreciação do temporal. Madame de Pontcarré, legitimista extremamente apaixonada, inimiga feroz dos *doutrinários* daquele tempo, que ela igualmente tratava como

História da minha vida

jacobinos, deixara-me pasma com a sua necessidade de identificar a religião à monarquia absoluta. *Monsieur* de Chateaubriand, em suas brochuras, que eu lia com avidez, também identificava o trono com o altar; mas essa opinião não me influenciara muito. Chateaubriand me tocava como literato, mas não me entusiasmava como cristão. Sua obra *Gênio do Cristianismo*, cujo episódio de *René* eu pulara de propósito, como se fosse um apêndice para ser lido mais tarde, já não me agradava mais a não ser como iniciação à poesia das obras de Deus e dos grandes homens.

Por sua vez, não gostei nem um pouco de Mably. Para mim, era uma decepção perpétua, porque aqueles impulsos de franqueza e de generosidade a todo instante eram interrompidos pelo desencorajamento justo nos momentos em que se apresentava uma oportunidade para sua aplicação. "De que servem esses belos princípios", dizia a mim mesma, "se devem ser sufocados pelo espírito de *moderação*? O que é verdadeiro, o que é justo deve ser observado e aplicado sem limites".

Eu possuía o ardor intolerante da minha idade. Jogava o livro bem no meio do quarto, ou no nariz de Deschartres, dizendo-lhe que aquilo tudo era bom para ele, e ele me jogava de volta, dizendo que não queria saber de semelhante *embrulhão*, de um revolucionário tão perigoso.

Leibniz me parecia o maior de todos; mas era duro de digerir quando se elevava a trinta estratosferas acima de mim! Eu me dizia, como Fontenelle, mudando o ponto de partida de sua frase cética: "Se tivesse conseguido compreendê-lo, *teria esgotado as matérias das quais trata, ou teria visto que são inesgotáveis!*".

"E que me importam, afinal", eu dizia, "as *monadas, as unidades, a harmonia preestabelecida, et sacrosancta Trinitas per nova inventa logica defensa, os espíritos que podem dizer EU, o quadrado das velocidades, a dinâmica, a relação entre o seno de incidência e o de refração*, e tantas outras sutilezas em que é preciso ser ao mesmo tempo grande teólogo e grande erudito *até mesmo para equivocar-se com tudo isso?*"[14]

Sozinha, punha-me a rir às gargalhadas de minha pretensão em querer tirar proveito do que não entendia. Porém, o arrebatador prefácio da *Teodiceia* de Leibniz, que resumia tão bem as ideias de Chateaubriand e os sentimentos do abade Prémord a respeito da utilidade e até mesmo da necessidade do saber, lançou-me novamente com vigor em meus estudos e pesquisas.

---

14 Fontenelle, *Éloge de Leibnitz*. (N.A.)

Leibniz dizia:

"A verdadeira piedade, e até mesmo a verdadeira felicidade, consiste no amor de Deus, mas num amor esclarecido, cujo ardor seja acompanhado de luz. Essa espécie de amor faz nascer o prazer nas boas ações que, relacionando tudo a Deus, como ao centro, transporta o humano ao divino. — É preciso que as perfeições do entendimento completem as da vontade. As práticas da virtude, bem como as do vício, podem ser o efeito de um simples hábito; podemos tomar gosto por elas; mas não saberíamos amar a Deus sem conhecer-lhe as perfeições. — Parece incrível, mas há cristãos que imaginaram poder ser devotos sem amar ao próximo, e piedosos sem compreender Deus! Vários séculos se escoaram sem que as pessoas se dessem conta dessa falta, e restam ainda enormes porções do reino das trevas... Os antigos erros daqueles que acusaram a Divindade, ou que a transformaram num mau princípio, têm sido renovados em nossos dias. Recorremos à força irresistível de Deus quando devíamos, antes de tudo, demonstrar sua bondade suprema, e empregamos um poder despótico quando deveríamos conceber um poder orientado pela mais perfeita sabedoria".

Cada vez que relia essas palavras de Leibniz, dizia a mim mesma: "Vamos lá, um pouco mais de coragem! É tão lindo ver essa mente sublime consagrar-se à adoração! O que essa mente concebeu e tomou cuidado de explicar, não teria eu a consciência de querer compreender? Porém, faltam-me elementos da ciência, e Deschartres me atazana para que eu deixe de lado os grandes compêndios e entre no estudo dos detalhes. Ele quer ensinar-me física, geometria, as matemáticas. Por que não, se essas matérias são necessárias à fé em Deus e ao amor pelo próximo? Leibniz põe o dedo exatamente em minha ferida quando diz que é possível ser fervoroso pelo hábito. Sou capaz de chegar ao sacrifício através da preguiça da alma; mas será que Deus não rejeitará tal sacrifício?".

Tomava então duas ou três lições. "Persevere", incentivava Deschartres. "Você aprende!"; Eu respondia a ele: "Você acha mesmo que sou capaz?"; "Claro, está tudo aí"; "Mas será que consigo reter todo esse conhecimento?"; "Isso ocorrerá naturalmente."

E depois de termos estudado durante algumas horas, dizia a ele: *"Grande homem* (eu o chamava sempre dessa forma), acredite se quiser, mas isso

História da minha vida

está me matando. É muito extenso, não acaba nunca. Por mais que você me dê tudo mastigadinho, convença-se de que não tenho uma mente pronta e madura como a sua. Tenho pressa em amar a Deus e, se for preciso que trabalhe com tanto afinco por toda minha vida para conseguir dizer a mim mesma, depois de velha, por que e como devo amá-Lo, acabarei me consumindo aguardando, e talvez tenha apenas devorado meu coração às custas do meu cérebro".

"É preciso amar a Deus!", dizia o ingênuo pedagogo. "Ame-O tanto quanto quiser, mas aqui, nos estudos, ele está fora de propósito!"

— Ah, é que você não entende por que desejo instruir-me.

— Bah, a gente se intrui... para instruir-se! — respondeu dando de ombros.

— Isso é justamente o que não quero fazer. Bom, boa-tarde, vou ouvir os rouxinóis.

E me retirava, não com a mente esgotada (Deschartres explicava tudo muito bem sem violentar as fibras do cérebro), mas abatida de coração, para procurar, na noite ao ar livre e nas delícias do devaneio, a vida que me convinha e com a qual digladiava em vão. Esse coração ávido revoltava-se na inação em que era deixado pela atividade árida da atenção e da memória. Ele almejava instruir-se apenas pela emoção, e eu encontrava na poesia dos livros de ficção e nos que tratavam da natureza, renovando-se e completando-se mutuamente, um inesgotável elemento para essa emoção interior, para esse contínuo êxtase divino que havia saboreado no convento e que agora passara a denominar de graça.

Portanto, devo dizer que os poetas e os moralistas de estilo eloquente atuaram em mim mais que os metafísicos e os profundos filósofos no sentido de conservar minha fé religiosa.

No entanto, teria eu o direito de ser ingrata para com Leibniz, e sair dizendo que ele não me serviu de nada porque não fui capaz de compreender nem de reter tudo que ele escreveu? Não, se fizesse isso estaria mentindo. É evidente que tiramos proveito de coisas cuja letra esquecemos quando seu espírito penetrou em nós, mesmo que seja uma pequena dose. Não nos lembramos quase nada da refeição do dia anterior, e no entanto nosso corpo foi nutrido por ela. Se meu raciocínio se atrapalha um pouco, ainda agora, com sistemas contrários ao meu sentimento; se as fortes objeções que o espetáculo do terrível na natureza e do mal na humanidade ergue aos meus próprios olhos contra a Providência são vencidas por um instante de terno devaneio; se, enfim, sinto meu coração mais forte que minha razão para fornecer-me fé na sabedoria e na bondade suprema de Deus, talvez não seja apenas à necessidade inata que tenho de amar e de crer que devo esse reconforto e esse consolo. Compreendi Leibniz muito bem — sem ser capaz de argumentar por meio de sua ciência — para saber que existem ainda mais boas razões para preservar a fé que para rejeitá-la.

Assim, por meio desse rápido e turvo golpe de vista que eu ousara lançar ao reino das maravilhas árduas, aparentemente estava próxima de completar meu objetivo. Aquelas miseráveis migalhas de instrução que Deschartres achava surpreendentes em mim concretizavam perfeitamente a predição do abade, ao ensinar-me que eu tinha muito ainda a aprender, e o demônio do orgulho que a Igreja toda vez aponta àqueles que desejam instruir-se havia na verdade me deixado em paz. Como nunca mais aprendi muita coisa depois disso, posso dizer que ainda espero sua visita, e que rio sempre em segredo de todos os elogios errôneos sobre a minha ciência e capacidade ao lembrar-me do gracejo do meu jesuíta: *Talvez por enquanto não haja muito motivo para temer essa tentação.*

Contudo, o pouco que havia extirpado do *reino das trevas* fortificara-me na fé religiosa em geral e no cristianismo em particular. Quanto ao catolicismo... será que havia pensado nele?

De jeito nenhum. Mal suspeitava que Leibniz fosse protestante e Mably, filósofo. Isso nem me passara pela cabeça em minhas cogitações internas. Elevando-me acima das formas da religião, procurava abraçar a ideia base. Ia à missa mas ainda não analisava o culto.

Entretanto, devo dizer; lembro muito bem que o culto me deixava embotada e doentia e, nele, sentia arrefecer minha piedade. Não havia mais as pompas encantadoras, as flores, os retábulos, a elegância, os doces cânticos de nossa capela, o profundo silêncio da noite, o edificante espetáculo das belas religiosas prosternadas nos bancos do coro. Acabara-se o recolhimento, não havia mais comoção, não eram mais possíveis, para mim, as preces saídas do coração nessas igrejas públicas onde o culto é despojado de sua poesia e do seu mistério.

História da minha vida

Ora ia à minha paróquia de Saint-Chartier, ora à de La Châtre. Na aldeia, havia os santos *padroeiros* e *padroeiras* de tradicional devoção, horríveis fetiches que poderíamos dizer serem destinados a afugentar qualquer horda de selvagens; os berreiros absurdos dos chantres inexperientes que produziam, na maior inocência, as mais grotescas trapalhadas em latim; as beatas que cochilavam sobre seus rosários roncando alto; e o velho cura que praguejava bem no meio do sermão contra as indecências praticadas pelos cães que entravam na igreja. Na cidade, havia as toaletes provincianas das damas, seus cochichos, seus comentários maldosos e boatos destrinçados em plena igreja como se estivessem em um lugar apropriado para se espiarem de esguelha e difamarem-se umas às outras; havia também a feiura dos ídolos e os guinchos atrozes dos colegiais que cantavam a missa e que eram alvo de zombaria durante todo o culto. E, além disso tudo, éramos submetidos à palhaçada do pão bento e da gorda coleta feita durante a cerimônia, às discussões dos sacristãos e dos coroinhas por causa de um círio que cai ou de um turíbulo manipulado desastradamente. Toda essa confusão, todos esses incidentes burlescos e a falta de atenção de cada um que impedia que todos se concentrassem em suas preces eram detestáveis para mim. Eu não queria nem pensar em romper com as práticas obrigatórias, porém adorava quando um dia de chuva me obrigava a ler a missa em meu quarto e a rezar sozinha protegida dessa grosseira afluência de um bando de cristãos risíveis.

Além do mais, as fórmulas de preces cotidianas, pelas quais nunca tomei gosto, tornaram-se cada vez mais insípidas. O abade Prémord permitiu-me substituí-las pelos arroubos de minha alma quando me sentisse levada por esse entusiasmo, e sem perceber esqueci tão bem delas que já não rezava mais, a não ser por inspiração e livre improviso. Essa atitude não era lá muito católica; mas tinham me deixado *compor* orações no convento. Havia feito circular algumas em inglês e em francês, e todos apreciavam muito seus *floreios*. Logo desdenhei delas; minha consciência e meu coração concluíram que palavras são apenas palavras, e que um impulso da alma tão apaixonado quanto o direcionado a Deus não pode ser expresso por nenhuma palavra humana. Qualquer fórmula era, portanto, uma regra que eu adotara pelo espírito de penitência, e que acabava por me parecer um trabalho embrutecedor e mortal para o meu fervor.

Eis em que situação me encontrava quando li *Emílio, ou da educação, Profissão de fé de um vigário savoiano*, as *Cartas escritas das montanhas, Contrato social* e os discursos. A linguagem de Jean-Jacques Rousseau e a forma de suas deduções apoderavam-se de mim como uma música sublime iluminada por um sol grandioso. Eu o comparava a Mozart; e compreendia tudo o que ele dizia. Que satisfação para uma estudante inábil e obstinada chegar finalmente a abrir os olhos por inteiro e conseguir dissipar as nuvens diante de si que lhe impedem a compreensão! Tornei-me, no que diz respeito à política, uma ardorosa discípula desse mestre, e por muito tempo permaneci sua seguidora sem restrições. Quanto à religião, Rousseau me parecia o mais cristão entre todos os escritores da sua época, e, fazendo parte do século da cruzada filosófica em que ele vivera, perdoei-lhe muito mais facilmente por ter abjurado o catolicismo, que havia lhe outorgado os sacramentos e o título de uma maneira tão perfeitamente irreligiosa que o levou a ter aversão por essa doutrina. Protestante nato, voltou ao protestantismo por circunstâncias justificáveis, talvez inevitáveis; seu nascimento na heresia era tão irrelevante para mim quanto a origem religiosa de Leibniz, que era a mesma que a dele. Além de tudo, eu gostava muito dos protestantes porque, não sendo obrigada a incluí-los na discussão do dogma católico, e me lembrando de que o abade Prémord não condenava ninguém e permitia-me essa heresia no silêncio do meu coração, via neles pessoas sinceras, que só diferiam de mim com relação a formas sem importância absoluta diante de Deus.

Jean-Jacques foi o ponto final em meus trabalhos do espírito. A partir dessa leitura inebriante, entreguei-me aos poetas e aos moralistas eloquentes, deixando de lado a filosofia transcendente. Não li Voltaire. Minha avó me fizera prometer que só leria esse pensador depois dos trinta anos de idade. Mantive minha palavra. Como Voltaire fora para ela o apogeu de sua admiração, assim como Jean-Jacques foi durante muito tempo para mim, ela imaginava que eu deveria ter pleno domínio da minha razão para apreciar suas conclusões. Quando finalmente o li, de fato gostei bastante, mas sem com isso ter sido transformada no que quer que fosse. Há naturezas que jamais conquistam determinadas outras naturezas, por mais superiores que lhes sejam. E isso não resulta em antipatia de caráter como se poderia concluir, assim como a influência arrebatadora de certos gênios não leva à similitude de constituição moral e intelectual daqueles que a experimentam. Não gosto do caráter reservado de Jean-Jacques Rousseau; só perdoo sua injustiça, sua ingratidão, seu amor-próprio doentio e mil outras excentricidades pela compaixão que suas dores me causam. Minha avó detestava os rancores e as crueldades do espírito de Voltaire, e reconhecia muito bem os desvios de sua dignidade pessoal.

Aliás, não tenho costume de julgar os homens através dos seus livros; sobretudo os homens do passado. Na minha juventude, eu os procurava menos ainda sob a cúpula sagrada dos seus escritos. Era muito entusiasmada por Chateaubriand, o único dos meus mestres que ainda era vivo naquela época. Nem por isso fazia questão de vê-lo, e só o vi mais tarde, a contragosto.

Para pôr ordem em minhas recordações, talvez devesse continuar o capítulo de minhas leituras, mas corre-se grande risco de entediar os ouvintes ao se falar só de si próprio por muito tempo, e prefiro entremear esse exame retrospectivo de mim mesma com algumas circunstâncias exteriores ligadas a ele.

Capítulo 5
O filho de madame d'Epinay e do meu avô. – Estranho sistema de proselitismo. – Atitude admirável de minha avó. – Ela exige que eu ouça sua confissão. – Ela recebe os sacramentos. – Minhas reflexões e os sermões do arcebispo. – Séria querela com meu confessor. – O velho cura e sua criada. – Conduta desarrazoada de um esqueleto. – Claudius. – Bondade e simplicidade de Deschartres. – Mentalidade e caridade do povo de La Châtre. – A festa da aldeia. – Conversas com meu pedagogo, reflexões sobre o *escândalo*. – Definição sobre a *opinião*.

Nos mais lindos dias do verão, minha avó experimentou sensível melhora e até conseguiu retomar suas correspondências, suas relações de família e de amizade. Ditou-me cartas tão encantadoras e cordatas quanto as que escrevera antes de adoecer. Recebeu seus amigos que não entendiam como ela sofrera as alterações mentais que haviam nos deixado tão aflitos e ainda nos afligiam, a Deschartres e a mim. Tinha horas em que conversava tão bem que parecia não ter acontecido nada com ela, nenhum transtorno físico e mental, e mostrava-se até mais brilhante e mais brincalhona que no passado.

Quando chegava a noite, porém, pouco a pouco apagava-se essa lucidez como se extingue lentamente a luz de uma lâmpada já muito gasta. Sentía-mos que uma grande confusão mental apoderava-se dela, ou uma apatia ainda mais assustadora, e no decorrer da noite era comum entrar em profundos delírios, delírios inquietos, melancólicos e infantis. Já não pensava mais em lhe convencer a cumprir o ato de fé, se bem que minha boa Alicia me aconselhara a aproveitar aquele momento para pôr em prática, sem receio, essa minha intenção. As cartas de minha avó perturbavam-me e faziam com que eu me apegasse novamente a alguns escrúpulos de consciência; mas nunca tiveram o poder de me levar a quebrar o gelo com relação àquele assunto.

Contudo, o gelo foi quebrado de uma maneira completamente imprevista. O arcebispo de Arles escrevera à minha avó anunciando sua visita e chegou logo em seguida.

Monsieur L*** de B***, durante muito tempo bispo de S*** e nomeado recentemente arcebispo de A*** *in partibus*, o que equivalia a uma bela sinecura de aposentadoria, era meu tio por bastardia. Ele havia nascido do amor apaixonadíssimo e mais que divulgado entre meu avô Francueil e a célebre madame d'Épinay.[15] Esse romance foi revelado pela publicação, totalmente indiscreta e inconveniente, de uma correspondência fascinante, mas muito pouco velada, entre os dois amantes.

O bastardo, nascido em ***, amamentado e criado na aldeia ou na granja de B***, recebeu esses dois nomes e foi entregue às ordens religiosas desde sua juventude. Minha avó conheceu-o quando ainda era um menino, ao casar-se com *monsieur* de Francueil, e encheu-o de cuidados maternais. Ele não tinha nada a ver com religião naquela época; mas tornou-se devoto em consequência de uma doença grave em que os temores do inferno transtornaram seu espírito fraco.

---

15 Louise d'Épinay (1726-1783), escritora francesa. (N.T.)

História da minha vida

Era estranho que o filho de dois seres de notável inteligência fosse quase um estúpido. Mas, de fato, era o caso desse excelente homem, que, em compensação, não tinha um grão de malícia em sua estupidez. Como há muitas bestas maldosas, é preciso resguardar a bondade, quer ela seja privada ou acompanhada de inteligência.

Esse bondoso arcebispo era, de modo impressionante, o retrato perfeito de sua mãe, a qual, como Jean-Jacques tomou o cuidado de nos contar, e como ela própria proclama com bastante coquetismo, era efetivamente medonha; embora fosse muito bem feita de corpo. Ainda guardo um dos retratos que ela deu ao meu avô. Minha querida vovó deu um outro de presente ao meu primo Villeneuve, em que estava representada em trajes de náiade – a ninfa das fontes e dos rios –, ou seja, quase nua.

Dizem, porém, que ela tinha bastante personalidade, e que conquistou tudo que cobiçou em sua vida. O arcebispo herdou de fato toda a feiura da própria mãe, e tal fealdade era exacerbada por sua expressão facial e corporal que lembrava uma rã em plena digestão. Dessa forma, como podem imaginar, ele era ridiculamente gordo, guloso, ou melhor, comilão, pois a gulodice exige um certo discernimento que ele não tinha. Vivíssimo, cheio de simplicidade em suas maneiras, insuportavelmente alegre diante de qualquer tristeza ao seu redor; intolerante em palavras, bonachão em ações; muito hábil com trocadilhos e grande contador de piadas monacais; vaidoso, como uma mulher, dos seus aparatos de gala, de sua dignidade eclesiástica e dos seus privilégios; cínico em sua necessidade de conforto; ruidoso, colérico, leviano, bonachão, sempre faminto ou sedento, ou cheio de vontade de tirar uma soneca, ou sempre disposto a rir para se distrair, enfim, o arcebispo de Arles mostrava-se infalivelmente o mais sincero dos cristãos, porém o mais inadequado que se pode imaginar para a prática do proselitismo.

Justamente por isso, era o único padre que poderia induzir minha avó a cumprir as formalidades católicas, porque era incapaz de sustentar qualquer discussão com ela e, a propósito, ele nem mesmo tentou se aventurar nessa ousadia.

Eis como dirigiu-se à minha avó desde a primeira hora em que passou junto dela, indo direto ao assunto, sem cerimônia: *"Querida mamãe*, a senhora sabe por que vim; não quero aproximar-me da senhora *à traição*, e irei explicar-me sem rodeios. Desejo salvar sua alma. Sei muito bem que isso lhe faz rir; a senhora não acredita que será condenada ao inferno por não fazer o que lhe peço; mas eu, eu acredito, e como, graças a Deus, e eis a senhora curada, e a senhora pode muito bem me dar esse prazer sem que lhe custe o menor temor espiritual. Portanto, imploro à senhora, que sempre me tratou como filho, que seja *bastante gentil e complacente* com esse seu filho gorducho. A senhora sabe que tenho muito medo de discutir com a senhora e seu belo espírito *encadernado em couro*. A senhora tem muita sabedoria que vai muito além da minha; mas não se trata disso; trata-se de dar a mim uma grande prova de amizade, e eis-me pronto a pedir-lhe de joelhos. Só que como minha barriga atrapalha muito, aqui está sua neta que irá se ajoelhar no meu lugar".

Fiquei estupefata diante de tal discurso, e minha avó se pôs a rir. O arcebispo, com um empurrão, colocou-me de joelhos aos pés dela: "Vamos começar", e dirigiu-se a mim, "creio que você se faz de rogada para me ajudar!".

Então minha avó olhou para mim ajoelhada e passou do riso a uma súbita emoção. Seus olhos se encheram de lágrimas, e, abraçando-me, disse: "Quer dizer que você acredita que serei condenada se recusar-me a atendê-la?"; "Não!", gritei impetuosamente, levada pelo impulso de uma verdade interior mais forte que todos os preconceitos religiosos; "não, não! Estou de joelhos para abençoar a senhora e não para pregar-lhe um sermão."

"Ah, mas olha só que menina tola!", berrou o arcebispo. Pegando-me pelo braço, queria me pôr porta afora; porém minha avó apertou-me contra seu peito e ordenou a ele: "Deixe-a aqui, meu gorducho *Jean le Blanc*. Ela prega a religião melhor que você. Eu lhe agradeço, minha filha. Estou contente com você e, para provar isso, como sei que você deseja do fundo do coração que eu aceite fazer ato de fé e aceite os sacramentos, eu digo 'sim'. Está feliz agora, *monsenhor*?".

O monsenhor beijou-lhe a mão por entre lágrimas de satisfação. Estava realmente tocado por tanta delicadeza e ternura. Em seguida esfregou as mãos e bateu na pança, dizendo: "Muito bem, está tudo preparado! É preciso malhar o ferro enquanto está quente. Amanhã de manhã seu velho cura virá confessá-la e dar-lhe a comunhão. Tomei a liberdade de convidá-lo para tomar o café da manhã conosco. Daí então estará tudo resolvido, e amanhã de noite a senhora não se lembrará de mais nada."; "É provável", disse minha avó com malícia.

Ela ficou tomada de alegria pelo resto do dia. E o arcebispo estava ainda mais feliz que ela, rindo à toa, falando bobagens e contando piadas, brincando com os cachorrões da casa, ralhando comigo sem parar por achar que não tinha ajudado direito, por quase ter *estragado tudo* e *nos colocado em maus lençóis* com minha idiotice; censurou-me por não ter nem *um centavo* de coragem, dizendo que se fosse contar só comigo *estaríamos fritos*.

Fiquei aflita com o andamento das coisas. Parecia que *enfiar goela abaixo* os sacramentos a uma pessoa que não acreditava em nada daquilo e que apenas demonstrava-se condescendente para comigo, convertia-nos em sacrílegos. Estava decidida a explicar isso à minha avó, visto que discutir com o monsenhor era uma lástima.

Porém, tudo mudou de figura num instante, graças ao espírito elevado e ao coração afetuoso da minha querida avó doente que, no dia seguinte, estava morrendo em corpo mas como que ressuscitava moralmente.

Ela passou uma noite horrível, durante a qual não consegui pensar em outra coisa além de tratá-la com todos os cuidados possíveis. Na manhã seguinte, estava completamente lúcida e resolvida: "Deixe-me comungar!", foram as primeiras palavras endereçadas a mim: "Acho que vou morrer de fato. Percebo seus escrúpulos. Sei que se eu morrer sem reconciliar-me com essa gente, ou você se culpará ou eles a culparão para sempre por isso. Não quero pôr seu coração em conflito com sua consciência, ou deixá-la em discórdia com seus amigos. Tenho certeza de que não estou cometendo nenhum ato pusilânime e sei que não estou me entregando a uma mentira ao aderir a essas práticas que, no momento em que deixamos aqueles que amamos, não são um mau exemplo. Tranquilize seu espírito. Sei o que estou fazendo".

Pela primeira vez desde sua enfermidade senti estar novamente diante da minha avó, a chefe de família capaz de orientar aqueles que estão à sua volta e, consequentemente, a si própria. Entreguei-me mais uma vez à obediência passiva.

Ao examiná-la, Deschartres viu que ela estava com muita febre e ficou furioso com o arcebispo. Queria colocá-lo da porta para fora e culpou-lhe, provavelmente com razão, pela nova crise que atacava aquela existência oscilante.

Minha avó apaziguou-o e disse a ele: *"Preciso muito* que se mantenha tranquilo nessa hora, Deschartres".

O cura chegou, e, como sempre, tratava-se do mesmo velho cura que já mencionei e que ela achava muito rústico para ser meu confessor. Contudo, ela não quis saber de outro, percebendo o quanto teria pleno domínio sobre ele.

Eu quis sair com todo mundo para deixá-los a sós. Mas ela ordenou-me que permanecesse ali mesmo; logo em seguida, dirigiu-se ao cura:

"Sente-se aí, meu velho amigo. Percebe que estou muito doente para sair do meu leito, e desejo que minha filha assista à minha confissão".

"Tudo bem, como queira, minha cara senhora", respondeu-lhe o cura completamente atrapalhado e tremendo da cabeça aos pés.

"Ajoelhe-se, minha filha", prosseguiu minha avó, "e reze por mim com suas mãos sobre as minhas. Farei minha confissão. Isso é muito sério. Tenho pensado muito nesse momento. Não é ruim fazer um resumo da própria vida quando se está deixando esse mundo, e se não tivesse receio de ofender qualquer costume, gostaria que todos os meus amigos e empregados estivessem presentes nessa recapitulação pública de minha consciência. Mas, no fim das contas, a presença da minha neta é suficiente para mim. Diga-me as fórmulas sacramentais, padre; não as conheço ou esqueci todas elas. Quando o senhor terminar, confessarei minhas culpas".

Ela repetiu as fórmulas ditadas pelo cura, e disse em seguida:

"Jamais fiz nem desejei mal a ninguém. Tenho procurado fazer o bem de acordo com minhas possibilidades. Não tenho nenhuma espécie de falsidade, nem de crueldade, nem de impiedade para confessar. Sempre acreditei em Deus. Mas, preste atenção, minha filha: não tenho demonstrado muito meu amor a Deus. Faltou-me coragem, eis minha culpa, e desde o dia em que perdi meu filho, não consegui mais tomar a bênção nem invocar Deus para coisa alguma. Ele me pareceu muito cruel ao aplicar-me um golpe tão duro muito acima das minhas forças. Agora, nesse momento em que ele me chama, eu o agradeço e rogo a ele para que perdoe minha fraqueza. Foi ele quem me deu meu filho, foi ele quem o tirou de mim, mas é ele quem me

História da minha vida

conduz a reunir-me novamente com meu menino, e vou adorá-lo e rezar a ele com toda minha alma".

Ela falava com uma voz tão doce e com tal acento de ternura e resignação, que fiquei sufocada em lágrimas e reencontrei todo o fervor dos meus melhores dias para rezar com ela.

O velho cura, profundamente comovido, levantou-se e disse a ela, com uma grande unção e em seu falar próprio dos camponeses, que se tornara mais evidente com a idade avançada: "Minha cara irmã, seremos todos perdoados, porque o bom Deus nos ama, e sabe muito bem que quando nos arrependemos é porque o amamos. Também chorei, eu, pelo seu querido filho que se foi! Mas garanto que o seu filho está ao lado de Deus, e que a senhora estará com ele. Diga comigo seu ato de contrição e lhe darei a absolvição".

Quando o cura ia começar a pronunciar a absolvição de minha avó, ela lhe ordenou que permitisse a entrada de todo mundo e, nesse meio-tempo, disse a mim: "Não creio que esse bom homem esteja investido do poder de me perdoar o que quer que seja, mas reconheço que Deus tem esse poder, e espero que Deus tenha atendido as boas intenções de nós três".

O arcebispo, Deschartres, todos os empregados da casa e os trabalhadores da fazenda assistiram ao seu viático; minha própria avó dirigiu a cerimônia, colocou-me ao seu lado e dispôs as outras pessoas conforme sua vontade, seguindo o grau de amizade que considerava ter por elas. Várias vezes ela interrompeu o cura para sussurrar-lhe — visto que ela entendia muito bem latim — *creio nisso*, ou *isso pouco importa*. Ela estava atenta a tudo que se passava na cerimônia e, conservando a admirável clareza do seu espírito e a elevada retidão do seu caráter, não quis comprar sua reconciliação oficial com a Igreja ao preço da menor hipocrisia que fosse. Os detalhes da cerimônia não foram compreendidos pela maioria dos que a assistiam. O arcebispo fingia não perceber as diferenças introduzidas por minha avó na condução do viático, o cura, por sua vez, tampouco ousou se meter no que quer que fosse. Ele estava lá, de coração presente, e antecipadamente deixara seu julgamento de padre da porta para fora. Deschartres estava extremamente irrequieto e irritado, receando ver a enferma sucumbir depois de tão grande esforço moral. Isolada, eu estava atenta a todas as coisas assim como minha avó, e, não perdendo nenhuma de suas palavras, nenhuma de suas expressões faciais, pude vê-la, com admiração, resolver o problema de submeter-se à religião do seu tempo e do seu país sem abandonar, por um instante sequer, suas íntimas convicções, e sem trair em nada sua dignidade pessoal.

Antes de receber a hóstia, ainda tomou a palavra e disse bem alto: "Quero morrer em paz com todo mundo. Se fui injusta com qualquer um de vocês, que o diga agora para que eu faça a reparação dessa injustiça. Se causei aflição a alguém, que me perdoe, pois me arrependo".

Um suspiro de carinho e de bênção, vindo de todas as partes do recinto, respondeu às suas palavras. Comungou, depois pediu para repousar e ficou sozinha comigo.

Ela estava exausta e dormiu até a noite. Alguns dias de abatimento sucederam àquela emoção. Em seguida, os sinais de saúde retornaram, e novamente experimentamos algumas semanas de uma espécie de segurança.

Esse acontecimento de família causou-me uma forte impressão. Minha avó, se bem que recaíra em um semitorpor de suas faculdades físicas e mentais, havia, naquele dia de coragem e de plena consciência, devolvido aos meus olhos toda a importância do seu papel diante de mim, e eu não me atribuía mais nenhum direito de julgar sua consciência e conduta. Ao mesmo tempo, estava tocada por um grande respeito e por uma terna gratidão pela intenção que teve de satisfazer-me e, além de tudo, para mim era impossível não aceitar em todos os pontos sua maneira de arrepender-se e de reconciliar-se com o céu, apresentando dignidade, merecimento e gratidão a Deus. Recapitulei toda a fase de sua vida da qual eu fora testemunha e alvo dos seus cuidados; encontrei nesse exame, em relação à minha mãe, à minha irmã, e a mim, algumas injustiças irrefletidas ou involuntárias, sempre reparadas por grande esforço sobre eu mesma e com verdadeiros sacrifícios; em todo o resto pude observar uma sábia magnanimidade, generosa doçura, retidão perfeita, desapego de interesses, desprezo pela mentira, horror ao mal, benevolência, assistência realmente inesgotável oferecida a todos de coração, enfim, pude constatar as mais admiráveis qualidades e as mais efetivas virtudes cristãs.

E o que coroava esse nobre percurso de vida era exatamente aquela culpa que ela queria confessar para ser absolvida antes de morrer. Era aquela imensa dor, inconsolável, que não conseguira oferecer a Deus como prova

História da minha vida

de veneração e de submissão, mas que não a havia impedido de permanecer magnânima e generosa para com seus semelhantes. Ah, como agora me pareciam veniais e perdoáveis aquelas crises de amargura, aquelas palavras injustas, aquelas lágrimas de ciúme que me haviam feito sofrer tanto em minha mais tenra idade! Como me sentia pequena e egoísta, eu, que não perdoara todas essas coisas na hora, de imediato! Ávida por felicidade, indignada por sofrer, entregue aos meus mudos rancores de infância, não compreendera o que sofria aquela mãe desesperada, e dera muita importância a mim mesma quando deveria ter percebido as profundas raízes da sua angústia infinita, suavizando-a por meio de um completo abandono de mim mesma!

Meu coração ganhou muito com esses meus arrependimentos. Nele afoguei, em minhas copiosas lágrimas, o orgulho das minhas contrariedades e toda intolerância religiosa dissipou-se para sempre. Esse coração que só conhecera a paixão no amor filial e no amor divino, abriu-se a ternuras desconhecidas; e, fazendo um exame de consciência sobre minhas condutas e procedimentos tão sério quanto aquele que havia feito no convento por ocasião de minha *conversão*, senti todos os poderes do sentimento e da razão me inspirarem humildade, não mais somente como uma virtude cristã, porém como uma consequência inevitável da equidade natural.

Tudo isso me fazia sentir, com muito mais intensidade, que a verdade *absoluta* era impossível de ser encontrada na Igreja, assim como em qualquer outra forma religiosa; que houvesse uma verdade relativa, isso era tudo o que eu podia conceder à Igreja, e é por isso mesmo que ainda não cogitava separar-me dela.

Os sacramentos aceitos e recebidos pela minha avó eram apenas um cumprimento de dever de consciência por parte do arcebispo, já que este, se ela não os tivesse recebido, iria condená-la em prantos, mas sem apelo. Vejam e entendam bem que esse bom prelado não era hipócrita. Para ele, não se tratava de defender o triunfo da Igreja diante dos provincianos embasbacados; ele era alheio à política e acreditava *com a dureza do ferro* — essa era a sua expressão — na infalibilidade dos papas e na letra dos concílios. Ele realmente amava minha avó; não tendo conhecido outra figura materna, a considerava como sua mãe. Foi embora dizendo: "Se ela morrer agora, para mim tanto faz. Já não sou jovem, e logo voltarei a me encontrar com ela. A vida não é grande coisa, mas eu nunca ficaria consolado com sua perda se ela tivesse persistido na *impenitência final*".

Tomei a liberdade de contradizê-lo e fui logo falando: "Eu lhe juro, monsenhor, que minha avó não acredita na *infalibilidade* hoje tanto quanto não acreditava ontem. O que ela se dispôs a fazer é um gesto extremamente cristão. Com ou sem os sacramentos, ela estaria salva do mesmo jeito, mas isso não tem nada de católico. Ou será que a Igreja admite dois catolicismos: um que se entrega a todas as suas prescrições e outro que tem reservas e protesta contra seus dogmas?".

— Vejam só, mas a senhora tornou-se uma fabulosa praticante do ergotismo! — Exclamou o monsenhor a passos largos, ou melhor, girando como um pião pelo jardim. — Por acaso andou aprendendo esses discursos com Voltaire? É capaz que sua avó a tenha infectado com os livros desses falastrões! Vejamos, o que você faz? Como você vive aqui? O que você tem lido?

— Nesse momento, monsenhor, estou lendo *Os pais da Igreja*, e tenho encontrado muitos pontos de vista contraditórios nessa leitura.

— Isso não existe!

— Perdão, caro monsenhor! O senhor já leu esse livro?

— Mas como a senhorita é boba! Diga, por que está lendo *Os pais da Igreja*? Há muitas outras coisas que uma jovem poderia ler; mas tenho certeza que você quer dar uma de inteligente, e que se mete a julgar tudo o que lê. Isso é ridículo na sua idade!

— É ridículo só para mim, porque não compartilho minhas reflexões sobre minhas leituras com mais ninguém.

— Sim, mas esse dia chegará. Cuidado. Você estava no bom caminho antes de deixar o convento; agora está *batendo os pinos*. Monta a cavalo, canta em italiano, atira com a pistola, isso é o que me disseram por aí! Você precisa se confessar comigo. Faça seu exame de consciência para amanhã. Aposto que terei que limpar sua cabeça!

— Perdão, monsenhor, mas jamais me confessarei com o senhor.

— Por que não?

— Porque nós não nos entenderíamos. O senhor aceitaria tudo aquilo que não aceito em mim mesma, e me repreenderia naquilo que me considero inocente. Ou não sou mais católica, ou sou de outra forma, diferente do senhor.

História da minha vida

— O que é que você quer dizer com isso, sua pateta?

— Eu me entendo; mas não será o senhor que irá resolver a questão.

— Vamos, vamos, é preciso que eu lhe passe uma reprimenda... Portanto, fique sabendo, infeliz criança... Opa, mas já é hora do jantar, falarei com você sobre isso tudo mais tarde. Estou com uma fome do cão. Depressa, vamos para dentro.

E depois do jantar, ele esqueceu de me passar um sermão. E se esqueceu até da hora de sua partida, e foi embora me deixando cativada por sua bondade, mas muito pouco pelo seu tipo de piedade, que não poderia ser o meu.

Na véspera de sua partida, ele fez uma das coisas mais hediondas que já vi. Entrou na biblioteca e principiou a queima de alguns livros e a mutilação de vários outros. Deschartres encontrou-o queimando, cortando, rasgando e regozijando-se de sua obra. Deschartres chegou antes que o prejuízo fosse considerável, ameaçou-o de ir avisar minha avó daquele estrago, e só conseguiu arrancar de suas mãos os instrumentos da destruição ao lhe intimidar dizendo que aquela biblioteca era uma propriedade confiada aos seus cuidados, que ele era responsável pela sua conservação, e que, como prefeito da comuna, estava além de tudo autorizado a autuar até mesmo um arcebispo dilapidador. Por fim, cheguei para apaziguar a situação; a cena era forte e das mais grotescas.

Alguns dias depois, fui confessar com meu cura de La Châtre, que era um homem de boas maneiras, bastante instruído e de aparência inteligente. Ele me fez perguntas que não feriram nem um pouco a castidade, mas que, penso, ofenderam toda decência e toda sutileza. Ignoro a que falatórios no vilarejo dera ouvidos. Pensou que eu tivesse começado um namoro com alguém, e quis saber de mim se o boato era verdadeiro. Respondi: "Não tem um pingo de verdade nisso, eu nem mesmo penso nessas coisas, padre."; "Entretanto", continuou, "garantiram-me...".

Levantei-me do confessionário sem ouvir mais nada e fiquei tomada por uma indignação implacável. Disse-lhe: "Senhor cura, como ninguém me obriga a vir me confessar todos os meses, nem mesmo a Igreja, que só me prescreve comungar uma vez ao ano, não compreendo por que o senhor duvida da minha sinceridade. Disse ao senhor que nem passa pela minha cabeça o sentimento que o senhor atribui a mim. Essa resposta já seria suficiente. Deveria ter dito que isso não é da sua conta".

— Perdoe-me — retorquiu, em um tom altivo —, mas o confessor deve examinar os pensamentos, pois há pensamentos confusos que nós mesmos ignoramos e que podem nos extraviar do bom caminho!

— Não, senhor cura, os pensamentos que ignoramos não existem. Os que são confusos sim, existem, e entretanto podem ser tão puros que não exigem que os confessemos. O senhor deveria acreditar ou que não tenho pensamentos confusos, ou que eles não causam nenhum problema à minha consciência, já que antes do seu interrogatório eu já havia dito a fórmula que termina a confissão.

— Fico bastante contente que seja assim — respondeu. — Sempre admirei suas confissões; mas a senhora acaba de se deixar levar por uma petulância que tem sua fonte no orgulho, e eu a convido a arrepender-se e a reconhecer esta sua culpa aqui mesmo, se quiser que eu lhe conceda a absolvição.

— Não, senhor! —, retruquei. — Foi sua acusação injusta que provocou minha atitude errada da qual, confesso, não estou disposta a arrepender-me neste momento.

Por sua vez, ele se levantou e dirigiu-se a mim com bastante secura e rispidez. Não respondi nada. Cumprimentei-o e nunca mais o vi. Nem sequer voltei à missa em sua paróquia.

Mesmo agora não sei ainda se estava errada ou se tive razão de romper assim com um homem tão honesto e excepcional padre. Visto que eu era cristã e ainda acreditava que deveria praticar o catolicismo, talvez devesse ter aceitado com humildade a suspeita que ele manifestara. Mas não me foi possível agir dessa maneira, e não senti nenhum remorso da minha arrogância. Toda a pureza do meu ser se revoltara contra uma pergunta indiscreta, imprudente, e, acredito, estranha à religião.

[...]

Capítulo 6

A doença de minha avó se agrava novamente. — Fadigas extremas. — *René, Byron, Hamlet.* — Estado doentio do espírito. — **Obsessão pelo suicídio.** — **O rio.** — **Sermão de Deschartres.** — **Os clássicos.** — Correspondências. — Fragmentos de cartas de uma menina. — **Últimos dias**

de minha avó. — Sua morte. — A noite de Natal. — O cemitério. — A vigília do dia seguinte.

[...]

Ainda creio naquilo que os cristãos chamam graça. Seja lá como queiram denominar as transformações que se operam em nós quando recorremos com energia ao princípio divino do infinito em auxílio de nossas fraquezas; se chamam esse bem de auxílio ou assimilação; se nomeiam essa nossa aspiração como prece ou exaltação do espírito, no final das contas, o certo é que a alma se revigora nesses elãs religiosos. Sempre os tenho experimentado de uma maneira tão evidente para mim, que não ficaria bem materializar a expressão desse fenômeno com minha escrita. Rezar como certos devotos para pedir a Deus a chuva ou o sol, ou então batatas e dinheiro, orar para esconjurar a saraivada de granizo ou os raios e trovões, a doença ou a morte, é pura idolatria; mas pedir-lhe coragem, sabedoria, amor, não é interverter a ordem de suas leis imutáveis, mas sim servir-se de uma fornalha que não nos atrairia sem cessar se, por sua natureza, não fosse capaz de nos reaquecer.

Portanto, orei e recebi forças para resistir à tentação do suicídio. Em certas ocasiões, essa tentação era tão viva, tão súbita, tão singular, que pude constatar que era uma espécie de demência pela qual estava acometida. Esta tomava a forma de uma ideia fixa que em alguns momentos beirava a monomania. Sobretudo a água é que me atraía como que por um encanto misterioso. Já não passeava mais senão às margens do rio e, perdendo totalmente o interesse em procurar recantos agradáveis, seguia a correnteza de modo mecânico até encontrar um local profundo. Então, parada na beira do rio como que encantada por um amante, sentia em minha cabeça uma alegria febril, e dizia a mim mesma: "Como é fácil! Não precisaria mais que um passo!".

No início essa mania exercia um estranho encanto sobre mim, e não lutava contra ela, julgando estar bem segura de mim mesma; porém ela cresceu com tal intensidade que assustou-me. Tão logo se formava em minha mente aquela intenção de me matar, já não conseguia mais me afastar do rio, e então começava a falar comigo mesma: *Sim* ou *Não?*, muitas e muitas vezes e por um período de tempo suficiente para arriscar ser lançada pelo *sim* ao fundo daquela água transparente que me magnetizava.

Contudo, minha religião me fazia ver o suicídio como um crime e, por isso mesmo, ajudou-me a vencer aquela ameaça do delírio. Abstive-me de me aproximar da água, e o fenômeno nervoso — chamo assim por não conseguir definir esse negócio de outra forma — era tão pronunciado, que não tocava mais a borda de um poço sem provar um forte estremecimento desagradável ao tentar sair de perto dele.

No entanto, acreditava estar curada um dia em que, indo ver um doente com Deschartres, encontramo-nos os dois a cavalo às margens do rio Indre. Então ele orientou-me, sem desconfiar de minha monomania: "Preste atenção, venha atrás de mim; o vau é perigosíssimo. A dois passos de nós, à nossa direita, o rio tem vinte pés de profundidade".

— Prefiro não passar por aí — respondi subitamente tomada por uma grande desconfiança de mim mesma. — Vá sozinho, darei a volta e encontrarei você na ponte do moinho.

Deschartres caçoou de mim, dizendo: "Quando é que você deu para ficar medrosa? É um absurdo! Já passamos mais de cem vezes em lugares muito piores, e você nem pestanejou. Vamos, venha, o tempo urge e precisamos estar de volta às cinco horas para jantar com sua avó".

De fato me achei um tanto ridícula, e o segui. Mas bem no meio do vau, a vertigem da morte apossou-se de mim, meu coração disparou, minha vista ficou turva, ouvi o *sim* fatal sussurrar nos meus ouvidos, puxei bruscamente as rédeas do meu cavalo para a direita, e eis-me nas águas profundas, tomada por um riso nervoso e por uma alegria delirante.

Se Colette não fosse o melhor animal do mundo, eu teria perdido a vida e, dessa vez, de modo muito inocente, pois estava completamente fora de mim; porém Colette, em vez de afogar-se, pôs-se a nadar com toda a calma, levando-me até a margem do rio; Deschartres dava gritos horríveis que me fizeram voltar a mim. Já se lançara em meu encalço para acudir-me. Vi que, todo desajeitado e mal montado, iria se afogar. Gritei a ele para que ficasse tranquilo e passei a ocupar-me apenas em me manter firme na sela. Não é nada fácil ficar em cima de um cavalo que está nadando. A água nos levanta e nosso próprio peso faz com que o animal afunde a todo instante; mas eu era bem leve, e Colette tinha uma coragem e um vigor fora do comum. A maior dificuldade foi subir a margem, pois esta era muito escarpada. Hou-

História da minha vida

ve um momento de terrível ansiedade para o meu pobre Deschartres; mas ele não perdeu a cabeça e gritou para que eu me agarrasse a um galho de salgueiro que se encontrava ao meu alcance e deixasse o animal se afogar. Então consegui deixar a sela e colocar-me em segurança; mas quando vi os esforços desesperados da pobre Colette para transpor o barranco, esqueci por completo a minha situação e, arrastada um minuto antes à minha própria perda, agora estava aflita com a possibilidade da morte da minha égua, a qual eu não previra. Ia lançar-me à água para tentar, sem dúvida inutilmente, salvá-la, quando Deschartres chegou para me arrancar do barranco íngreme; Colette, por sua vez, teve a esperteza de retornar ao vau, onde permanecera a outra égua.

Deschartres não agiu como o mestre-escola da fábula, que declama seu sermão antes de salvar a criança; mas o sermão do meu pedagogo, que foi dado depois do socorro, não foi menos rude. A aflição e a preocupação em certas circunstâncias o levavam literalmente à fúria. Ele me xingava de *animal*, de *besta bruta*, e ia despejando em mim todo seu repertório de insultos. Como estava tomado por uma palidez lívida e não conseguia conter grossas lágrimas que corriam pelo seu rosto enquanto lançava suas injúrias, abracei-o imediatamente com toda força, sem contradizê-lo; mas como a cena continuava durante todo nosso retorno para casa, decidi dizer-lhe a verdade, recorrendo à sua faceta de médico, e consultei-o a respeito daquele inexplicável desvario pelo qual estava possuída.

Pensei que fosse ter dificuldade em me compreender, já que eu mesma não entendia quase nada do que confessava a ele; porém não pareceu surpreso e imediatamente exclamou. "Ah, meu Deus! Você também! Então é hereditário!" E contou-me que meu pai também estivera sujeito àqueles tipos de vertigens, sugerindo-me que lutasse contra aquilo por meio de um bom regime alimentar e através da *religião*, palavra inusitada saída de sua boca, e que o ouvi invocar, penso eu, pela primeira vez. Ele não conseguia argumentar contra o meu mal, já que era involuntário e só possível de ser combatido por mim mesma; mas aquilo nos levou a fazer considerações sobre o suicídio de modo geral.

De saída concordamos que o suicídio cometido de caso pensado, premeditado, geralmente era uma impiedade e um ato covarde. Esse teria sido o meu caso. Mas esse ponto não me parecia indiscutível, assim como outras leis morais. Do ponto de vista religioso, todos os mártires foram suicidas; se Deus quisesse, de uma maneira absoluta e sem discussão, que o homem preservasse — mesmo quando perjuro e desonrado — a vida que Ele lhe impôs, os heróis e os santos do cristianismo deveriam antes fingir que aceitavam os ídolos do que deixar-se abandonar aos suplícios e deixar-se devorar pelas feras. Houve mártires tão ávidos por essa morte sagrada, que relatam vários casos em que eles, cantando, se precipitavam nas chamas, sem nem mesmo esperar que os empurrassem na fogueira. Portanto, o ideal religioso admite o suicida e a Igreja o canoniza. Esta tem feito mais que canonizar os mártires, ela tem canonizado os santos voluntariamente suicidas pelo excesso de maceração.

Quanto ao ponto de vista social (sem contar os casos de heroísmo patriótico e militar, que são atos de suicidas gloriosos como o mártir cristão), não poderiam ser apresentados casos em que a morte é um dever tacitamente exigido pelos nossos semelhantes? Sacrificar sua vida para salvar a de outro não é um dever duvidoso, mesmo que o outro salvo fosse o último dos homens; mas sacrificá-la para reparar sua própria honra, se a sociedade não exigiu tal sacrifício, será que essa mesma sociedade se recusaria a aprovar esse ato? Qual de nós não traz no coração e nos lábios este grito instintivo da consciência na presença de uma infâmia: "Como se pode viver depois disso?". O homem que comete um crime e que logo em seguida se mata não estaria semiabsolvido? Aquele que cometeu uma grande injustiça a qualquer um e que, não podendo repará-la, condena-se a expiá-la pelo suicídio não é digno de ser lastimado e merecedor de algum tipo de reabilitação? O falido que sobrevive à ruína dos seus comitentes fica com sua honra para sempre enlameada; só sua morte voluntária pode provar a probidade de sua conduta ou a veracidade do seu desastre. Isso talvez seja, por vezes, um ponto de honra exagerado, mas, no final das contas, é um ponto de honra. Quando o suicídio é produto de um arrependimento mais profundo, será por acaso um escândalo a mais perante o mundo? O mundo, por conseguinte o espírito das sociedades estabelecidas, não julga assim, visto que, pelo perdão que ele concede, considera os atos acima discorridos como uma reparação do mau exemplo e uma homenagem prestada à moral pública.

História da minha vida

Deschartres concordou com tudo isso, porém, ficou mais embaraçado quando fui mais longe. Continuei: "Agora, pode acontecer, como consequência de tudo o que admitimos até esse momento, que uma alma enamorada da beleza e da verdade sinta, entretanto, atuar sobre ela a fatalidade de algum mau instinto, e que, ao sucumbir ao mal, não possa afirmar, apesar dos seus remorsos e determinação, que não recairá nele pelo resto de sua vida. Então ela pode tornar-se desgostosa consigo mesma, pode odiar-se, desprezar-se e não apenas desejar a morte, mas procurá-la como único meio de impedir-se de continuar no mau caminho".

— Ei, calma, calma! — interrompeu-me Deschartres — Agora a senhorita está sendo fatalista. E onde está o livre-arbítrio nisso tudo, a senhora que se diz cristã?

— Confesso que hoje em dia — respondi — tenho grandes dúvidas quanto a isso. E tais dúvidas pesam-me mais do que você pensa, e peço-lhe que as enfrente comigo; mas o que me acometeu ainda há pouco não seria uma prova de que podemos ser arrastados para a morte física por meio de um fenômeno completamente físico, no qual a consciência e a vontade não têm nenhuma participação, e em que o auxílio de Deus parece não querer intervir?

— Com isso você conclui que se o instinto físico pode nos fazer buscar a morte física, o instinto moral pode, da mesma forma, nos conduzir à morte moral? A dedução é falsa. O instinto moral é mais importante que o instinto físico, que não tem a capacidade de raciocinar. A razão é onipotente, não sempre sobre o mal físico, que a entorpece e a paralisa, mas sobre o mal moral, que não tem força contra ela. Aqueles que fazem o mal são criaturas privadas de razão. Desenvolva a razão em você mesma, e será resguardada de todos os perigos que conspiram contra ela, e até dominará em você mesma os distúrbios dos nervos e os que foram herdados; pelo menos você pode prevenir-se contra esses distúrbios por meio de um regime moral e físico.

Dessa vez dei plena razão a Deschartres, embora mais tarde as dúvidas e angústias da alma acerca desse tema tenham me assaltado novamente. Imaginava que o livre-arbítrio existia na mente sadia, mas que o seu exercício poderia ser obstruído por circunstâncias independentes de nós e inutilmente combatidas pela nossa vontade. Não era culpa minha se estava tomada pela tentação de morrer. Talvez eu tivesse colaborado para o desenvolvimento desse mal por meio de um regime de vida extremamente excitante tanto no que diz respeito à moral quanto ao físico; mas, no fim das contas, faltaram-me orientação e repouso; minha doença era consequência inevitável da de minha avó.

Depois da minha submersão no rio, senti-me livre da obsessão por me afogar; mas, apesar dos cuidados médicos e intelectuais de Deschartres, a atração pelo suicídio persistiu sob outras formas. Ora eu era acometida por uma estranha emoção em manejar armas e em carregar pistolas, ora os frascos de láudano que manipulava sem parar a fim de preparar as loções para minha avó provocavam-me novas vertigens.

Não me lembro muito bem de como me desembaracei dessa mania. Isso aconteceu naturalmente, com um pouco mais de repouso que dei ao meu espírito, e com a intervenção de Deschartres, que assegurou-me um bom sono ao dedicar-se à minha avó mais de uma vez tomando meu lugar em seus cuidados. Então consegui esquecer minha ideia fixa, e talvez a leitura que Deschartres recomendou-me de uma parte dos clássicos gregos e latinos tenha contribuído muito para isso. A história tem a capacidade de nos transportar para longe de nós mesmos, sobretudo aquela de tempos recuados e das civilizações desaparecidas. Muitas vezes fui ganhando serenidade com Plutarco, Tito Lívio, Heródoto etc. Também lia, com apaixonado interesse, Virgílio em francês e Tácito em latim. Horácio e Cícero eram os ídolos de Deschartres. Ele me explicava cada um deles palavra por palavra, pois eu me obstinava em não querer recordar o latim. Dessa forma, ele traduzia, lendo em voz alta, suas passagens prediletas, e havia em sua tradução uma precisão, uma clareza e um colorido tal como nunca mais vi em ninguém.

[...]

Também tinha vontade de aprender geologia e minerologia. Deschartres abarrotava meu quarto com blocos de pedra. Não aprendia nada, a não ser vendo e observando os detalhes da natureza para os quais ele chamava a minha atenção. Mas nunca tínhamos tempo para nada. Era preciso que nossa querida enferma recebesse cuidados para que pudesse sarar.

Mais ou menos no fim do outono ela tornou-se bem mais calma, e fiquei novamente animada. Porém, Deschartres compreendia aquela melhora como um novo passo para o término daquela existência. Minha avó, contudo, não era tão velha a ponto de não conseguir recuperar-se. Estava com 75 anos e só adoecera uma vez em toda a sua vida. O esgotamento de suas forças e de suas faculdades era, pois, um tanto misterioso. Deschartres atribuía essa ausência de poder de reação à má circulação do seu sangue em um sistema vascular deficiente. O diagnóstico seria mais preciso se a atribuísse à falta de vontade e de expansão moral, resultado do desgosto atroz que tomou-a quando perdeu o filho.

O mês de dezembro inteirinho foi lúgubre. Ela não se levantou mais e só falava raramente. Entretanto, habituados à tristeza, não entrávamos em pânico. Deschartres achava que ela poderia viver ainda bastante tempo naquele entorpecimento entre a vida e a morte. Em 22 de dezembro, vovó me chamou para dar-me uma faquinha de madrepérola, sem conseguir explicar por que sonhara com aquele pequeno objeto e desejava vê-lo em minhas mãos. Já não conseguia mais discernir com clareza. No entanto, voltou a si uma vez mais para dizer-me: "Você está perdendo sua melhor amiga".

Foram suas últimas palavras. Um sono de chumbo caiu sobre o seu semblante tranquilo, sempre fresco e belo. Não acordou mais e extinguiu-se sem nenhum sofrimento, ao raiar do dia e ao som dos sinos de Natal.

Não derramamos lágrimas, nem Deschartres nem eu. Quando o coração parou de bater e a respiração foi diminuindo até não mais embaçar o espelho, havia três dias que a chorávamos em definitivo, e, no momento supremo de sua partida, não experimentamos mais que a satisfação de pensar que ela passara para uma existência melhor, sem sofrimento do corpo e sem angústias da alma. Eu temera os horrores da agonia: a Providência poupou-a deles. Não houve luta entre o corpo e o espírito para se separarem. Quem sabe sua alma já tivesse alçado voo em direção a Deus, nas asas de um sonho que a reunia às do seu filho, enquanto velávamos seu corpo inerte e insensível.

Julie fez-lhe uma última toalete, com os mesmos cuidados dos melhores dias em que estava viva. Pôs-lhe sua touca de renda, suas fitas, seus anéis. É costume entre nós enterrar os mortos com um crucifixo e um livro de orações. Deixei a ela aqueles que foram de minha preferência no convento. Quando foi preparada para a sepultura, estava ainda mais bonita. Nenhuma contração lhe alterara seus traços nobres e puros. A expressão do seu semblante era de sublime tranquilidade.

Durante a noite, Deschartres foi chamar-me; estava bastante exaltado e me disse com uma voz baixa: "Você tem coragem? Não acha que é necessário prestar aos mortos um culto mais afetuoso que os das preces e das lágrimas? Você não acha que lá do alto estão nos vendo e são tocados pela fidelidade dos nossos lamentos? Se ainda pensa assim, venha comigo".

Era por volta de uma hora da manhã. Fazia uma noite clara e fria. A camada de gelo que se formara com a neve tornara a caminhada tão difícil que, para atravessar o pátio e entrar no cemitério pegado a ele, caímos várias vezes.

"Fique calma", disse Deschartres, sempre exaltado sob uma estranha aparência de quem mantém o sangue-frio. "Você vai ver aquele que foi seu pai". Aproximamo-nos da cova aberta para receber minha avó. Sob um pequeno jazigo, formado de pedras brutas, havia um ataúde com o qual o outro deveria reunir-se dentro de poucas horas.

"Eu quis ver isto", disse Deschartres, "e vigiar os pedreiros que abriram essa cova durante o dia. O esquife do seu pai permanece intacto; só os pregos estavam caídos. Quando me vi sozinho, quis levantar a tampa. Então vi o esqueleto. A cabeça separou-se do resto do corpo por si mesma. Eu a ergui e beijei. Ao fazer isso senti um alívio tão grande, eu que não tive a oportunidade de receber seu último beijo, que pensei comigo mesmo que você também não o recebeu. Amanhã esta cova será fechada. Sem dúvida não a abrirão mais a não ser para você, no dia em que você morrer. É preciso que você desça aí e beije essa relíquia. Será uma recordação que levará para o resto de sua vida. Algum dia será preciso que você escreva a história do seu pai, nem que seja para torná-lo amado e venerado pelos seus filhos que não o conheceram. Dê agora àquele que você também mal conheceu, e que tanto a amou, um sinal de amor e respeito. Afirmo que onde quer que ele esteja agora, estará olhando para você e irá abençoá-la."

Naquele exato momento, eu mesma fui tomada por completa comoção e fiquei extremamente exaltada ao ver tanta simplicidade naquilo que me dizia meu pobre preceptor. Não senti nenhuma repugnância, não vi nenhuma excentricidade naquilo tudo, e eu o teria reprovado e deplorado sua conduta se ele houvesse concebido aquele pensamento e não o tivesse executado. Descemos à cova e cumpri religiosamente o ato de devoção cujo exemplo fora dado por Deschartres.

História da minha vida

"Não falemos disso com ninguém", sugeriu a mim, sempre mantendo uma calma aparente, depois de fechar o esquife e quando já deixávamos o cemitério. "Vão pensar que somos loucos e, no entanto, nós não somos, não é verdade?"

– Não, claro que não! – respondi com convicção.

Depois daquele momento, reparei que as crenças de Deschartres haviam mudado completamente. Sempre fora materialista e nunca fizera questão de esconder isso de mim, se bem que demonstrava um certo cuidado de escolher, entre suas falas, termos neutros para não entrar em discussões acerca da Divindade e Imaterialidade da alma humana. Minha avó fora deísta, como diziam na sua época, e lhe proibira de tentar tornar-me ateia. Ele fez um grande esforço para não me converter ao ateísmo e, só um pouco que fosse levada à negação, ele a teria confirmado em mim mesmo sem querer.

Operou-se nele, porém, uma revolução súbita e até mesmo extrema, como seu caráter, já que pouco tempo depois ouvi-o sustentar com fervor a autoridade da Igreja. Sua conversão dera-se por um movimento do coração, como a minha. Na presença da fria ossada de um ente querido, não pudera aceitar o horror do nada. Tendo a morte da minha avó reavivado a lembrança da morte do meu pai, ele encontrou-se, diante daquela dupla sepultura, esmagado pelas duas maiores dores de sua vida, e sua alma ardente protestara, a despeito de sua razão fria, contra o decreto de uma separação eterna.

No dia que se seguiu àquela noite de estranha solenidade, juntos conduzimos os despojos mortais da mãe para junto dos do filho. Todos os nossos amigos estavam presentes e todos os habitantes da aldeia assistiram à cerimônia de enterro. Mas o tumulto, os semblantes embotados, a luta entre os mendigos que, afoitos por receber a distribuição de óbolos como era de costume, nos empurravam até a cova, cada um tentando ser o primeiro a conseguir a esmola, os cumprimentos de condolências, os ares de compaixão falsa ou verdadeira, os choros ruidosos e as exclamações banais de alguns empregados bem-intencionados, enfim, tudo o que é *pro forma* e os pêsames externados foram penosos para mim e me pareceram irreligiosos. Estava impaciente para que todo mundo fosse embora. Senti uma gratidão infinita por Deschartres ter me levado ali, de noite, para prestar uma homenagem solene e profunda àquela sepultura.

De noite, todos da casa, vencidos pela fadiga, foram dormir mais cedo. Até mesmo Deschartres foi direto para a cama, abatido por uma emoção que tomara uma nova forma em sua vida.

Não me sentia abatida. Fora profundamente penetrada pela majestade da morte; minhas emoções, em conformidade com minhas crenças, estavam envolvidas por uma serena tristeza. Quis rever o quarto de minha avó e dedicar aquela última noite de vigília à sua lembrança, como dedicara tantas outras à sua presença.

Assim que cessou todo o barulho na casa, e que assegurei-me de ser a única acordada, desci e tranquei-me no seu quarto. Ainda não haviam pensado em colocá-lo em ordem. A cama estava desfeita, e o primeiro detalhe que me chamou a atenção foi o contorno exato do seu corpo impresso no lençol e no colchão, produzido pelo peso inerte da morte. Via ali sua forma perfeita gravada em baixo-relevo. Tive a impressão de ainda sentir seu corpo frio ao tocar meus lábios ali.

Frascos quase vazios de loções e unguentos permaneciam em sua mesa de cabeceira. Os incensos que havíamos queimado em torno do cadáver preenchiam a atmosfera do ambiente. Eram de benjoim, perfume que fora de sua preferência durante toda sua vida, e que foram importados da Índia, em uma casca de coco, por *monsieur* Dupleix. Haviam sobrado alguns; queimei-os. Coloquei os frascos em ordem como pedira a mim da última vez; deixei as cortinas semiabertas, como ela tinha o costume de fazer quando ela mesma as ajeitava. Acendi a lamparina, que ainda continha azeite. Reavivei o fogo da lareira, que continuava aceso. Recostei-me à grande poltrona e imaginei que ela ainda estivesse por ali, e que, ao pegar no sono, talvez ouvisse sua fraca voz chamar-me mais uma vez.

Não dormi e, entretanto, por duas ou três vezes tive a impressão de ouvir sua respiração, e uma espécie de gemido que dava ao despertar e que meus ouvidos conheciam tão bem. Mas nada de nítido se formou em minha imaginação tão ávida por qualquer doce visão. Nada alcançou a exaltação capaz de produzi-la.

Em minha infância, tivera crises de pavor em relação a espectros, e, no convento, o medo de fantasmas novamente tornara-se objeto de algumas apreensões. Desde quando retornei a Nohant, tudo isso havia se dissipado

História da minha vida

tão completamente que cheguei a lamentar, temendo, quando lia os poetas, que minha imaginação estivesse morta. O ato religioso e romanesco que Deschartres me fizera cumprir na véspera, era de a reconduzir-me às perturbações da infância; mas, longe disso, incutira-me uma absoluta falta de esperança de poder comunicar-me diretamente com os mortos amados. Portanto, não acreditava que minha pobre avó pudesse realmente aparecer a mim, mas acalentava a esperança de que minha mente fatigada poderia ser acometida por alguma vertigem que me fizesse rever seu rosto iluminado pelos raios da vida eterna.

Não ocorreu nada. O vento assobiou do lado de fora, a chaleira chiou na lareira, e até o grilo pôs-se a cricrilar, esse bichinho que vovó nunca quis deixar que Deschartres capturasse, embora várias vezes a tenha despertado. O pêndulo do carrilhão anunciou as horas. O relógio despertador fixado na cabeceira da cama, que ela tinha o costume de sempre consultar tocando-o com seus dedos, permanecia em silêncio. Acabei sendo vencida por um cansaço que me fez dormir profundamente.

Quando despertei, depois de algumas horas, esquecera de tudo, e soergui-me para ver se ela dormia tranquila. Então, a lembrança do ocorrido voltou com lágrimas que me consolaram e com as quais encharquei seu travesseiro que ainda mantinha impressa a forma de sua cabeça. Em seguida saí do quarto que foi selado no dia seguinte por ordem judicial, e que me pareceu profanado pelas formalidades de interesse material.

Capítulo 7
Meu tutor. – Chegada de minha mãe e de minha tia. – Estranha mudança de relações. – Abertura do testamento. – Cláusula ilegal. – Resistência de minha mãe. – Vou embora de Nohant. – Paris, Clotilde. – 1823. – Deschartres em Paris. – Meu juramento. – Ruptura com minha família paterna. – Meu primo Auguste. – Divórcio com a nobreza. – Tormentos familiares.

Meu primo René de Villeneuve, minha mãe, minha tia e meu tio Marechal chegaram poucos dias depois. Vieram para assistir à abertura do testamento e à retirada dos selos colocados pela justiça. Minha nova existência iria depender do valor daquele testamento; não falo em relação ao dinheiro – eu não pensava nele, e, de resto, minha avó se precavera a esse repeito –, mas em relação à autoridade que haveria de substituir a sua junto a mim.

Minha avó desejara, acima de tudo, que eu não fosse confiada à minha mãe, e a maneira com a qual me exprimira esse desejo, na época de plena lucidez em que redigira suas últimas vontades, deixara-me extremamente abalada. Dissera a mim: "Sua mãe é mais estranha do que você pensa, pode ter certeza de que não a conhece. Ela é tão inculta que ama seus filhos do mesmo modo que ama os passarinhos, dedicando a eles grandes cuidados e amor intenso na primeira infância; porém, quando eles ganham asas, quando é preciso raciocinar e se utilizar da ternura instintiva, ela voa para outra árvore e os rechaça desferindo-lhes bicadas. Agora que você já está crescida, não será capaz de viver nem três dias com ela sem sentir-se terrivelmente infeliz. Seu caráter, sua educação, seu gosto, seus hábitos, suas ideias a deixarão completamente chocada, quando não existir mais minha autoridade para se interpor entre vocês duas. Não se exponha a esses aborrecimentos, consinta em ir morar com a família do seu pai, que quer tomar conta de você depois da minha morte. Sua mãe também consentirá nisso de bom grado, como você já pode pressentir, e você manterá com ela relações afetuosas e duradouras que serão perdidas se voltar a se aproximar demais dela. Garantiram-me que, por meio de uma cláusula do meu testamento, posso confiar a continuidade de sua educação e do seu bem-estar a René de Villeneuve, que nomeio como seu tutor; mas quero que você aquiesça antecipadamente a esse arranjo, pois sobretudo madame de Villeneuve não ficaria à vontade em se encarregar dos cuidados de uma jovem que contrariada fosse viver com ela."

Nesses momentos de fugazes mas vivos clarões de sabedoria, minha avó tinha sobre mim total soberania. O que também dava bastante peso às suas palavras era a estranha e até mesmo ofensiva atitude de minha mãe, sua recusa em procurar-me para oferecer-me alento em minhas angústias, a pouca piedade que o estado de minha avó lhe inspirava, e o tom de amargura irônica, às vezes ameaçadora, de suas cartas raras e particularmente exasperadas. Não tendo merecido essa cólera surda que parecia troar nela, ficava aflita e fui obrigada a constatar que ela alimentava um modo de ser injusto ou estranho. Eu sabia que minha irmã Caroline não vivia feliz ao seu lado, e minha mãe escrevera a mim: "Caroline vai se casar. Está cansada de viver comigo. Acho, no final das contas, que serei mais livre e mais feliz quando viver sozinha".

Meu primo viera, pouco tempo depois, passar quinze dias conosco. Acho que para confirmar sua decisão, ou ao menos para convencer sua mulher a tomar-me sob seus cuidados, almejara conhecer-me um pouco mais. Por minha vez, também tinha o desejo de conhecer aquele pai adotivo, que não vira muito desde a minha infância. Sempre simpatizara com a doçura e a graça de suas maneiras; mas era preciso saber se havia por trás dessas aparências agradáveis algum fundo de crenças inconciliáveis com aquelas que haviam surgido em mim.

Ele era alegre, de um caráter atencioso e encantador, de um espírito amável e culto, e de uma polidez tão distinta que as pessoas de todas as condições ficavam contentes e tocadas em sua presença. Aficionado por literatura, tinha uma memória tão afiada que guardara, creio, todos os versos que lera em sua vida. Perguntava-me quais eram minhas leituras e, quando lhe dava o nome de algum poeta, recitava-me as mais belas passagens de uma maneira fluente, sem declamar, com voz e pronúncia encantadoras. Não era intolerante no que diz respeito ao gosto e apreciava tanto Ossian[16] quanto Gresset.[17] Sua conversa era um livro sempre aberto que nos apresentava numa página escolhida.

Adorava o campo e os passeios. Naquela época tinha apenas 45 anos, e, como não parecia ter mais de trinta, não faltou em La Châtre quem dissesse, à boca pequena, quando juntos passeávamos a cavalo, que era meu pretendente, e que era uma nova impertinência de minha parte andar por aí sozinha com ele, *bem na frente de todo mundo*.

Não via nele nenhum dos preconceitos tacanhos e apreciações mesquinhas dos provincianos. Sempre vivera na alta sociedade, e minhas *excentri-*

---

16 Ossian é o nome do narrador de um ciclo de poemas épicos do século III, publicados pelo poeta escocês James Macpherson (1736-1796) no século XVIII, como: *Fragments de poésie ancienne*. (N.T.)

17 Jean-Baptiste-Louis Gresset (1709-1777), poeta e dramaturgo francês. (N.T.)

cidades não o deixavam nem um pouco chocado. Praticávamos tiro ao alvo com a pistola, ele abandonava-se à leitura e era capaz de prosear até duas ou três horas da manhã; desafiava-me para ver quem tinha mais destreza para saltar fossas e outros obstáculos a cavalo; não caçoava dos meus ensaios filosóficos, e até mesmo exortava-me a escrever, garantindo que era minha vocação e que me sairia muito bem nessa atividade.

Seguindo seu conselho, tentara escrever mais um romance; mas com este não obtive melhores resultados que aqueles escritos no convento. O amor não entrava no enredo. Tratava-se sempre de uma ficção que não passava por minhas experiências reais de vida, e eu não tinha a capacidade de dar um colorido consistente à minha escritura. Durante um tempo fiquei entretida com o que estava escrevendo do romance e deixei-o de lado no momento em que começava a tornar-se uma dissertação. Sentia-me pedante, empregando lugares-comuns, e, não querendo seguir por esse caminho, preferi calar-me e prosseguir dentro de mim com o eterno poema de *Corambé*, no qual sentia conseguir expressar a verdade das minhas emoções.

Ao ver que meu tutor era tão cordato e de trato tão agradável, nem passava pela minha cabeça que uma divergência de opiniões pudesse algum dia ocorrer entre nós. Naquela época, todas as ideias filosóficas eram de ordem especulativa na minha imaginação. Em geral, não acreditava que sua aplicação fosse possível. Tais ideias não excitavam alarmes nem antipatias pessoais naqueles que seriamente se ocupavam com elas. Meu primo ria do meu liberalismo e não ficava irritado com ele. Ele via a nova corte, mas permanecia agarrado às lembranças do império, e como naquele tempo bonapartismo e liberalismo fundiam-se com frequência em um mesmo instinto de oposição, confessava-me que aquele mundo de devotos e de obscurantistas lhe causava náuseas, e que lhe era difícil engolir a intolerância religiosa e monárquica de certos salões.

[...]

Em sua visita de quinze dias, meu primo René aproveitou para fazer-me algumas recomendações sugerindo que eu demonstrasse respeito e deferência para com sua esposa, madame de Villeneuve. Isso me fez desconfiar de que talvez não fosse senhor absoluto em sua casa; mas minha prima, ainda não religiosa naquela época, dava importância sobretudo às boas ma-

História da minha vida

neiras e aos bons costumes. Como mostrava-me preocupada com minha própria rusticidade, René assegurou-me que, quando eu queria, não se notava nada, e não era preciso ter esse receio caso me empenhasse em manter uma boa conduta. Aconselhou-me ainda: "De resto, se alguma vez achar sua prima severa demais em alguma ocasião, procure cumprir as exigências de momento impostas por ela, sacrificando sua pequena vaidade de escolar, e assim que ela perceber que você obedece de bom grado, ela vai recompensá-la manifestando seu espírito elevado de justiça e de generosidade. Chênonceaux parecerá a você, que não viu nada ainda, um paraíso terrestre, e se em alguns momentos sentir-se constrangida, saberei entretê-la. Tenho a sensação de que você será uma companhia maravilhosa; vamos ler, conversar, faremos longos passeios, e até mesmo daremos boas risadas juntos, pois já vi que você também é bastante divertida quando não se deixa levar pelo mau humor".

Depois disso voltei a entregar meu futuro em suas mãos com grande confiança. Além de tudo, garantiu-me que sua filha Emma, madame de la Roche-Aymon, compartilharia da especial simpatia que eu sempre tivera por ela, e que nós três nos esqueceríamos das mazelas da alta sociedade, que, assim como para mim, eram abomináveis para eles.

Também falara de minha mãe, sem aspereza e em termos bastante razoáveis, confirmando-me tudo o que minha avó me dissera recentemente quando expressou seu temor de eu cultivar uma convivência muito estreita com mamãe. Longe de prescrever-me uma ruptura absoluta, incentivou-me a continuar mantendo deferência para com ela. A respeito disso, aconselhou-me: "Só acho que, já que o laço entre vocês parece desfazer-se sozinho, não o reate de modo imprudente, não lhe escreva mais do que ela gostaria, e não leve em consideração a frieza que ela possa demonstrar para com você. É o melhor que você pode fazer".

Para mim foi muito difícil aceitar essa prescrição. Apesar de achar tudo muito sensato, e talvez necessário à própria felicidade de minha mãe, meu coração sempre teve impulsos apaixonados por ela, seguidos de uma profunda tristeza. Não punha em dúvida seu amor por mim; sentia que ela ficava muito contrariada pelo amor que eu dedicava à minha avó e por isso demonstrava ciúmes à sua maneira: mas essa forma de ciúmes me assustava, eu não a conhecia. Até aqueles últimos tempos, deixei claro e evidente a minha preferência por ela.

Quando, após alguns meses, e no dia seguinte ao da morte de minha avó, meu primo René voltou para levar-me, estava decidida a ir com ele. No entanto, com a chegada de minha mãe fiquei transtornada. Suas primeiras carícias foram tão ardentes e tão verdadeiras, e também fiquei tão contente ao rever titia Lucie, com seu linguajar do povo, sua alegria, sua vivacidade, sua franqueza e seus mimos maternos, que convenci-me de ter reencontrado o sonho de felicidade da minha infância na família de minha mãe.

Mas, depois de vinte minutos, quando muito, minha mãe, irritadíssima por causa do cansaço da viagem, pela presença de *monsieur* Villeneuve, pelo ar carrancudo de Deschartres, e sobretudo pelas dolorosas lembranças de Nohant, desafogou todas as mágoas acumuladas em seu coração contra minha avó. Incapaz de conter-se, apesar dos esforços de minha tia para acalmá-la e atenuar por meio de brincadeiras o efeito daquilo que ela chamava de *exageros*, mamãe me fez enxergar que um abismo se formara entre nós sem que eu o soubesse, e que o fantasma da pobre morta se instalaria ali por um longo tempo para desesperar-nos.

Suas invectivas contra vovó consternaram-me. Já ouvira aquelas injúrias outrora, porém muitas vezes não as compreendera. Só via naquelas palavras coisas severas demais a serem censuradas e ridicularias a se tolerar. Agora vovó era acusada de praticar perversidades, aquela pobre mulher santa! Mamãe, devo dizê-lo, em sua cólera falou coisas espantosas.

Minha reação firme e fria àquela torrente de injustiças revoltou-a. Por dentro, certamente eu estava bastante abalada, mas vendo-a tão exaltada, pensei que deveria conter-me, demonstrando-lhe, desde a primeira explosão, uma vontade inabalável de respeitar a lembrança de minha benfeitora. Como essa revolta contra os seus sentimentos era por si só extremamente ofensiva ao seu ressentimento, achei que não deveria deixá-la evidente, mantendo uma calma aparente e grande domínio sobre minha secreta indignação.

Esse esforço da razão, esse sacrifício de minha própria raiva interior ao sentimento do dever, era justamente o que eu podia imaginar de pior para investir contra uma natureza como a de minha mãe. Deveria ter agido como ela, gritar, esbravejar, quebrar qualquer coisa, aterrorizá-la, enfim, fazê-la

História da minha vida

acreditar que eu era tão violenta quanto ela e que comigo não, comigo ela não tinha vez.

"Você age de modo completamente errado nessas situações", disse minha tia, ao ficarmos sozinhas. "Fica ali, toda tranquila e cheia de arrogância; não é assim que se deve lidar com minha irmã. Eu a conheço muito bem! É minha irmã mais velha, e ela teria transformado minha vida num inferno em minha infância e adolescência se eu tivesse agido como você; quando eu percebia que ela estava de mau humor e preparando uma querela daquelas, eu já preparava minhas travessuras e zombava dela até ela estourar, até tirá-la do sério para valer. Assim ia mais depressa. Então, quando sentia que ela estava bem irritada, eu me zangava também, e de repente dizia: 'Já chega; vamos nos abraçar e fazer a pazes? Vai logo, anda, se não quiser, vou embora.' Logo ela ficava de bem comigo, e o medo de ver-me zangada de novo a impedia de voltar à briga."

Não consegui tirar proveito desse conselho. Eu não era a irmã, consequentemente, não estava em pé de igualdade com aquela mulher colérica e infeliz. Era sua filha. Não podia esquecer do sentimento e das formalidades do respeito. Quando ela voltava a si e percebia ter ido longe demais, eu lhe restituía minha ternura com todas as provas; mas para mim era impossível antecipar aquela tomada de consciência dos exageros cometidos indo beijar os lábios ainda quentes das injúrias proferidas contra aquela que eu venerava.

A abertura do testamento trouxe novas tempestades. Minha mãe, prevenida por alguém que traía todos os segredos de minha avó (eu nunca soube quem cometera tal traição), já conhecia há bastante tempo a cláusula que me separaria dela. Também sabia de minha adesão à dita cláusula: daí sua cólera antecipada.

Fingiu ignorar tudo até o último momento, e ainda esperávamos, meu primo e eu, que a espécie de aversão que mamãe tinha por mim lhe faria aceitar com prontidão aquela disposição testamentária; mas ela estava armada até os dentes para receber a declaração. Sem dúvida alguém a influenciara antecipadamente, e lhe fizera ver naquela cláusula uma injúria que ela não deveria aceitar em hipótese alguma. Declarou então, com todas as letras, que não permitiria que lhe reputassem indigna da guarda de sua pró-

347

pria filha, que sabia muito bem da nulidade daquela cláusula, visto que era minha tutora natural e legítima, que estaria disposta a invocar a lei, e que nem súplicas nem ameaças a fariam renunciar ao seu direito, o qual era efetivamente total e absoluto.

Quem diria cinco anos antes que aquela reunião tão desejada seria um desgosto e uma infelicidade para mim? Ela me fez recordar os dias de minha paixão por ela e criticou-me amargamente por ter deixado que minha avó e Deschartres corrompessem meu coração. Pensei: "Ah, minha pobre mãe, por que não me levou com a senhora naquela época? Sem arrepender-me de nada, teria deixado tudo pela senhora. Por que traiu minhas esperanças e abandonou-me assim, tão completamente? Duvidei do seu afeto, confesso. E agora, o que faz a senhora? Destrói, fere mortalmente esse coração que quer aliviá-la e trazê-la de volta para mim! Sabe muito bem que foram necessários quatro anos à minha avó para que fizesse esquecer-me um só instante de injustiça que ela fez contra a senhora, e a senhora me azucrina todos os dias, toda hora, com suas injustiças contra ela!".

Como, por outro lado, eu me submetesse calada à sua vontade de manter-me em sua companhia, ela pareceu apaziguar-se. A extrema polidez do meu primo a desarmava em alguns momentos. Não deixou de considerar a ideia de permitir que eu retornasse ao convento, como simples pensionista, e sobre isso escrevi a madame Alicia e à superiora, a fim de obter um quarto pronto para receber-me tão logo conseguisse a permissão de minha mãe.

Não foi possível encontrar um alojamento vago no Convento das Inglesas, nem que fosse o menor de todos. De bom grado me aceitariam novamente como pensionista aluna; mas minha mãe não queria que fosse desse jeito, dizendo que contava em ter facilidade de poder tirar-me de lá quando quisesse sem estar sujeita aos impedimentos dos regulamentos, e que almejava arranjar um casamento para mim em conformidade ao seu gosto, e, sendo assim, não lhe convinha ter, em suas relações comigo, o obstáculo de um locutório e de uma senha de uma irmã rodeira.

Meu primo despediu-se de mim incentivando-me a manter a coragem e persistir com brandura e sagacidade no desejo de ir para o convento. Prometeu-me fazer todos os esforços para conseguir instalar-me no Sacré-Coeur ou na Abbaye-aux-Bois.

História da minha vida

Minha mãe não queria ouvir nem falar em ficar comigo em Nohant, menos ainda pretendia deixar-me ali com Deschartres e Julie; esta porque deveria manter residência nas terras de Nohant conforme o desejo expresso por minha avó, o outro porque ainda tinha direito a um ano de contrato sobre as terras e deveria, nesse período, permanecer ali como arrendatário. Mamãe não sabia viver em outra parte a não ser em Paris, e no entanto possuía a intuição genuína da poesia dos campos, o amor e o talento pela jardinagem e uma grande simplicidade em seus gostos; porém já chegara à idade em que os hábitos são imperiosos. Tinha necessidade do barulho da rua e da agitação dos bulevares. Minha irmã era recém-casada; por isso seríamos obrigadas a morar, mamãe e eu, no apartamento de minha avó, na rua Neuve-des-Mathurins.

Fui embora de Nohant com um aperto no coração semelhante àquele que experimentei ao partir do Convento das Inglesas. Deixava ali todos os meus hábitos de estudo, todas as minhas mais caras recordações, e meu pobre querido Deschartres sozinho e como que embrutecido pelos golpes da tristeza.

Minha mãe deixou que eu levasse apenas alguns dos meus livros prediletos. Tinha profundo desprezo pelo que chamava de minhas excentricidades. Todavia, permitiu que eu conservasse minha camareira Sophie, a quem eu era muito apegada, e que levasse o meu cachorro.

Não lembro mais qual circunstância impediu-nos de nos instalar imediatamente na rua Neuve-des-Mathurins. Talvez o apartamento ainda estivesse selado pela justiça. Decidimos então ficar na casa de minha tia, na rua de Bourgogne, e passamos quinze dias ali antes de nos instalar no apartamento de minha avó.

Foi um grande consolo para mim reencontrar minha prima Clotilde, uma boa e bela alma, íntegra, corajosa, discreta, fiel às afeições, dona de um caráter encantador, um bom humor permanente, de talentos e saberes intuitivos, preferível àqueles dos livros. Por mais que estivéssemos envolvidas em tempestades domésticas que nos cercavam então, jamais houve, nem em meio à borrasca nem depois da calmaria, uma só nuvem entre nós duas. Ela também me achava um tanto quanto *excêntrica*; mas julgava isso *muito interessante, muito divertido, e gostava de mim do jeito que eu era.*

Sua doce alegria era um bálsamo para mim. Por mais que sejamos infelizes ou intempestivamente voltados às coisas sérias, temos necessidade de rir e de nos divertir aos dezessete anos, da mesma forma que temos necessidade de existir. Ah, se tivesse tido em Nohant essa adorável companhia, talvez nunca tivesse lido tantas coisas belas, mas teria amado e aceitado a vida.

Juntas tocamos e cantamos muitas músicas, e o pouco que sabíamos, ensinávamos uma à outra: no meu caso, compartilhava meu conhecimento de leitura, e ela, por sua vez, entregava-me segredos da dicção. Sua voz, um pouco velada, era de extrema flexibilidade, e sua pronúncia, clara e agradável. Quando metia-me no piano com ela, esquecia-me de tudo.

Naquela época deu-se uma circunstância que impressionou-me bastante, não que fosse muito importante, mas porque obrigava-me a me confrontar, em pleno início da vida, com certas probabilidades entrevistas antecipadamente. Deschartres foi convocado a uma reunião de família para prestar contas de sua administração. O encontro ocorreu na casa da minha tia. Meu tio, que não tinha cerimônias com os negócios e que era conselheiro de minha mãe, encontrou uma lacuna nas contas da propriedade, uma lacuna de três anos, consequentemente, havia uma dívida de 18 mil francos que Deschartres deveria explicar. Chamaram, já não sei mais por qual motivo, um advogado a essa conferência.

De fato, havia três anos que Deschartres não pagava o que fora estipulado no contrato. Ignoro se, por tolerância ou por receio de deixá-lo em ruínas, minha avó dera como quitada uma parte da dívida; mas o documento dessa quitação não foi encontrado. Quanto a mim, não recebera nada dele e não lhe tinha, por conseguinte, dado recibo algum.

O pobre grande homem comprara uma pequena propriedade nos landes, não muito longe de nós. Como tinha mais imaginação que sucesso em seus empreendimentos, sonhara, de modo equivocado, que ali faria fortuna; não que fosse maluco por dinheiro, mas porque toda a sua ciência, todo seu amor-próprio precipitavam-se na perspectiva de transformar um terreno estéril e inculto em uma terra fértil e luxuriante. Deschartres lançara-se nessa aventura agrícola com a fé e a precipitação de que infalivelmente obteria êxito no negócio. As coisas saíram de mal a pior, seu administrador o roubara! E depois ele quis, acreditando que agia da maneira certa, trocar os produtos de suas terras com os das nossas. Levava-nos um gado magro que não engordava em nossas terras, ou que ali morria de ple-

História da minha vida

tora em poucos dias. Enviava às suas terras nosso rebanho acostumado à fartura de ração e água, que não se adaptava ao seu pasto de má qualidade e ali definhava rapidamente. Procedeu do mesmo modo com as sementes e todo resto. Em suma, suas terras lhe rendiam muito pouco, e Nohant menos ainda, relativamente. Perdas consideráveis e repetidas obrigaram-no a vender seu pequeno bem, mas não encontrava comprador e não conseguia pagar suas dívidas atrasadas.

Eu sabia de tudo isso, se bem que ele nunca houvesse me dito nada. Minha avó havia me contado sobre as dificuldades de Deschartres, e eu tinha consciência de que vivíamos em Nohant por conta do aluguel da casa da rua de la Harpe e de algumas rendas de papel de crédito do Estado.

Isso não era suficiente para os hábitos de minha avó; além do mais, sua doença ocasionara grandes gastos. A penúria era real na casa, e não tendo como renovar meu guarda-roupa, cheguei a Paris com uma bagagem que caberia num lenço de bolso, e com um único vestido para me trocar.

Deschartres, não podendo fornecer a comprovação daquelas malfadadas quitações, em que não tínhamos pensado, chegava então, por sua vez, para dar ou tentar dar explicações, ou para obter mais prazo. Apresentou-se todo perturbado. Pedi um momento a sós com ele para acalmá-lo; minha mãe ficou nos vigiando, e o interrogatório começou em torno de uma mesa cheia de registros e papeladas.

Minha mãe, bastante prevenida contra o meu pobre pedagogo e ávida por lhe retribuir tudo o que ele a fizera sofrer outrora, saboreava, ao ver seu embaraço, um terrível júbilo. Ela queria, sobretudo, fazê-lo passar por um homem desonesto bem diante de mim, pois não suportava o fato de eu não compartilhar de sua aversão por aquele homem.

Percebi que não era possível hesitar. Minha mãe deixara escapar sua intenção de mandar Deschartres para a cadeia; eu esperava que ela não chegasse a executar tão dura ameaça; mas o orgulhoso Deschartres, ofendido em sua honra, era capaz de se matar com um tiro nos miolos. Seu rosto pálido e contraído era de um homem pronto a tomar essa medida.

Não o deixei responder. Declarei que ele havia pagado a mim, e que, envolvidos em frequentes preocupações com o estado de minha avó, nenhum dos dois havia pensado nas formalidades da quitação.

Minha mãe levantou-se, os olhos inflamados e a voz ríspida: "Desse modo, a senhorita recebeu 18 mil francos! Onde estão eles?".

— Parece que gastei tudo, já que não tenho mais nada comigo.

— Você deve apresentá-los ou provar em que empregou todo o dinheiro.

Recorri ao advogado. Perguntei-lhe se, como única herdeira, devia prestar contas a mim mesma, e se minha tutora tinha o direito de exigir que eu comprovasse o emprego que fiz das rendas de minha avó.

"Não, certamente", respondeu o advogado. "Não temos perguntas a fazer à senhorita sobre isso. Peço que insistamos apenas na questão da veracidade de suas receitas. A senhorita é menor de idade e não tem o direito de perdoar uma dívida, ao passo que sua tutora tem o direito de exigir as cobranças que lhe são devidas."

Essa resposta restituiu-me as forças que estavam prestes a me abandonar. Lançar-me em uma série de mentiras e de falsas explicações talvez não me fosse possível. Mas, uma vez que se tratava de persistir em um *sim* para salvar Deschartres, achei que não devia hesitar. Não tenho certeza se ele realmente corria tão grande perigo como eu imaginava na ocasião. Sem dúvida lhe dariam tempo para vender suas terras a fim de quitar as dívidas, e, mesmo sendo obrigado a vendê-las a um preço baixo, para que pudesse viver restaria a ele a pensão que minha avó lhe destinara em seu testamento.[18] Mas a ideia de desonra e prisão pelas dívidas transtornaram meu espírito.

Minha mãe insistiu, como lhe sugeriu o advogado. "Se *monsieur* Deschartres depositou-lhe 18 mil francos, é o que iremos saber. Você não daria sua palavra de honra sobre isso!"

Senti um calafrio e vi Deschartres pronto para confessar tudo.

"Eu lhe darei!", respondi exaltada.

— Nesse caso, dê sua palavra a mim! — Pronunciou-se, de repente, minha tia. — Empenhe sua palavra de honra a mim que acredito em sua sinceridade e quero ver o fim dessa discussão toda.

— Não, *mademoiselle* — retorquiu o advogado —, não a dê.

---

18 A pensão fora fixada em 1,5 mil francos no primeiro rascunho do testamento. Com muita insistência e até mesmo exaltação, Deschartres fez questão de que a reduzissem para mil francos. (N.A.)

História da minha vida

— Eu quero que ela dê! — Gritou minha mãe, a quem, mais tarde, custou-me perdoar por ter me infligido aquela tortura.

— Empenho minha palavra — respondi-lhe emocionadíssima —, e Deus está comigo contra a senhora nesse assunto.

— Ela está mentindo, ela mente! — Berrava minha mãe. — Uma religiosa, uma filosofante que mente e rouba a si mesma!

— Oh, quanto a isso — disse o advogado sorrindo —, ela tem todo o direito de proceder assim, apenas pondo a perder o seu dote.

— Eu a conduzirei, com seu Deschartres, até o juiz de paz — disse minha mãe. — Farei com que ela jure diante do Cristo e com a mão sobre o Evangelho!

— Não, madame — tomou a palavra o advogado, tranquilo como um homem de negócios —, sugiro que a senhora pare por aí. E quanto a você, *mademoiselle* — dirigiu-se a mim com certa benevolência, seja de aprovação, seja de piedade por causa do meu desinteresse —, peço perdão por tê-la atormentado. Encarregado de servir a seus interesses, vi-me na obrigação de estar aqui presente cumprindo meu papel. Mas ninguém aqui tem o direito de colocar sua palavra em dúvida, e acredito que devemos passar por cima desse detalhe.

Ignoro o que ele pensava de tudo aquilo. Não fiz questão de me preocupar com isso, mesmo porque não saberia ler através da fisionomia de um advogado o que ele poderia estar imaginando. A dívida de Deschartres foi cancelada dos registros, passaram a outras ocupações e cada um foi cuidar de sua vida.

Consegui ficar a sós por um instante na escada com meu pobre preceptor. Com lágrimas nos olhos, ele me disse: "Aurore, pagarei tudo a você. Sabe disso, não é?".

— Tenho certeza, não duvido nem um pouco disso, Deschartres —, respondi, percebendo que ainda estava tomado por uma certa humilhação. — Que bobagem! Em dois ou três anos sua propriedade lhe dará um lucro enorme.

— É claro, é claro, sem dúvida! — exclamou, recobrando a alegria de suas ilusões. — Em três anos, ou ela me dará uma renda de 3 mil libras ou a venderei por 50 mil francos. Mas confesso que, nesse momento, não consigo nem 12 mil por minhas terras, e que se confiscassem durante seis anos a pensão que sua avó destinou a mim, não sei o que faria para mendigar meu ganha-pão. Você me salvou, sofreu com isso. Agradeço tanto.

Enquanto pude ficar na casa de minha tia junto de Clotilde, minha vida, apesar de frequentes abalos, parecia-me tolerável. Mas quando me vi instalada na rua Neuve-des-Mathurins, tive a impressão de que minha existência seria impossível.

Minha mãe, irritada contra tudo o que eu amava, declarou que eu não iria mais para o convento. Deixou-me dar uma passada por lá apenas uma vez para abraçar minhas religiosas e minhas amigas, e proibiu-me de voltar. De modo brusco, despediu minha camareira, de quem não gostava, e até expulsou meu cachorro. Chorei muito, pois essa foi a gota d'água que faria transbordar o vaso.

Monsieur de Villeneuve veio pedir-lhe para levar-me para jantar em sua casa. Mamãe respondeu-lhe que madame de Villeneuve teria de vir, ela mesma, fazer-lhe esse pedido. Sem dúvida minha mãe estava no seu direito, mas comunicara suas condições de modo tão ríspido que meu primo perdeu a paciência, respondendo que jamais sua mulher meteria os pés naquela casa, e partiu para não voltar. Só cheguei a vê-lo de novo vinte anos depois.

Do mesmo modo que o meu primo me perdoou e ainda hoje me perdoa por não partilhar de todas as suas ideias, eu o perdoo por ter me abandonado assim à minha triste sorte. Ele poderia ter feito isso? Não sei. Teria sido necessário, de sua parte, uma paciência que não sei ao certo se eu mesma teria, se não estivesse lidando com minha própria mãe. E depois, mesmo se ele tivesse engolido em silêncio aquele primeiro insulto, quem garante que ela não teria agido da mesma forma no dia seguinte?

Entretanto, confesso que foram necessários anos para esquecer a maneira com a qual ele me deixou, sem nem mesmo dizer-me uma palavra de adeus e de consolo, sem lançar um olhar sequer sobre mim, sem deixar-me ao menos uma esperança, sem escrever no dia seguinte para dizer-me que eu sempre encontraria um apoio nele quando me fosse possível invocá-lo. Imaginei que estivesse cansado dos aborrecimentos que lhe causaram sua impotente tutela, e que estava até mesmo contente por ter encontrado uma ocasião perfeita para desembaraçar-se daquele peso. Perguntava-me se madame de Villeneuve, que naquela época já tinha a idade de uma matrona, não teria podido, por meio de uma ágil simulação de polidez com a qual minha mãe teria ficado lisonjeada, convencê-la a deixar-me continuar a visitar sua casa; conjecturava sobre a possibilidade de pelo menos terem contemporizado um pouco mais, ainda que me abandonassem, deixando-me confiante em inspirar algum interesse e de poder recorrer a eles mais tarde sem receio de importuná-los. Eu esperava algo parecido. Mas não ocorreu nada disso. A família do meu pai permaneceu calada. O receio de não encontrar acolhida impediu-me de ir bater à sua porta. Não sei se meu orgulho foi exagerado, mas não fui capaz de fazê-lo curvar-se a esse ponto. Eu era uma criança, é verdade, e, embora não tivesse feito nada de errado, deveria ter dado o primeiro passo; mas vejamos o que me impediu de agir nessa direção.

Meu outro primo, Auguste de Villeneuve, irmão de René, também veio ver-me uma última vez. Sem ser tão ligado a mim, não sei por que tínhamos mais liberdade entre nós. Auguste também era uma pessoa muito boa, mas faltava-lhe um pouco de tato. Queixei-me a ele do abandono de René: "Ah, minha dama", disse a mim, com seu extremo sangue-frio indolente, "você não agiu como recomendaram. Queriam vê-la entrar no convento, você não o fez. Sai por aí com sua mãe, com a filha dela, com o genro dela, com *monsieur* Pierret. Viram você na rua com toda essa gente. Esse tipo de companhia é impossível de ser tolerada: não digo para mim, pois a mim isso é indiferente, mas para minha cunhada e para as mulheres de todas as famílias honradas, nas quais poderíamos ter arranjado um bom casamento para você".

Sua franqueza iluminava uma grande questão do futuro da minha vida. Antes de mais nada, indaguei-lhe como seria possível para mim — estando sob a guarda de uma pessoa que se exasperava diante da resistência mais polida e respeitosa — entrar no convento contra a sua vontade, recusar sair com ela e negar fazer visitas à sua roda de amizades. Como ele não conseguiu me dar uma resposta satisfatória, perguntei-lhe se, além do mais, recusar-me a ver minha irmã, seu marido e Pierret, supondo que isso fosse possível a mim, parecia-lhe estar de acordo com atitudes próprias da natureza dos laços de sangue, da amizade e da obrigação.

Resolveu não responder mais nada; só disse uma última coisa: "Vejo que você está apegada à sua família materna e que se decidiu a nunca romper com toda essa gente de valor. Eu tinha uma ideia diversa do que você acaba de me expor! É diferente". Confessei a ele:

— Cheguei a ter, nos momentos de dor e de raiva interior, desejo de separar-me de minha mãe, que tem a capacidade de tornar-me extremamente infeliz. E como vejo que ela não está nada feliz com nossa união, cada vez mais aumenta em mim a vontade de voltar ao convento, ou, quem sabe, talvez fosse bom conseguir um casamento que me liberte de sua autoridade absoluta; mas, por maior que seja a injustiça que ela cometa, sempre estarei decidida a frequentar sua casa e a defendê-la de qualquer afronta que lhe seja feita.

Auguste respondeu, mantendo a frieza sem deixar de fazer as caretas de tiques nervosos que lhe eram de costume e que pareciam lhe servir para organizar suas ideias e palavras: — Pois bem, na verdade, você tem razão; mas a sociedade não vê dessa forma. O que consideramos um bom casamento para você prevê a aliança com um homem dono de alguma fortuna e que seja de origem digna. Eu lhe asseguro que nenhum homem daqui que tenha essas características demonstra algum interesse por você, e que, mesmo daqui a três anos, quando você atingir a maioridade, será tão difícil quanto hoje que consiga um bom casamento. Quanto a mim, não me encarregaria de convencer alguém a ser seu pretendente depois de você ter vivido três anos com sua mãe e com todo tipo de gente com a qual não teriam muita satisfação em conviver. Assim, aconselho você a arranjar um casamento por si mesma e como puder. Que me importa se você se casar com um zé-ninguém? Se for um homem honesto, irei visitá-la sem problemas e com certeza não terei menos apreço por você. Bom, então, até a vista, já vou indo, pois vejo que sua mãe está nos rondando e vai me pôr para fora!".

Nisso, pegou seu chapéu e foi embora me dizendo: "Adeus, minha tia!".

Não fiquei querendo mal a ele. Nunca se intrometera em minha vida. Sua franqueza deixou-me aliviada, e sua promessa de eterna amizade me consolava profundamente da perda de um *bom partido*. Voltei a vê-lo, com o mesmo comportamento amigável, despreocupado e tranquilo, poucos anos depois de casada.

Mas essa ruptura momentânea de sua parte, e absoluta de todo o resto da família, deram-me a pensar.

História da minha vida

Talvez tivesse esquecido, naqueles últimos anos, quem eu era, e meu sangue real desaparecera em minhas veias ao mesclar-se, no ventre de minha mãe, com o sangue plebeu. Não creio, e estou mesmo convencida de que não julguei elevar-me acima de mim mesma ao considerar como natural e inevitável a ideia de entrar para uma família nobre, assim como não me julguei diminuída por não ter mais essa pretensão. Pelo contrário, sentia-me aliviada de um grande peso. Sempre tivera repugnância pela ideia, no início por instinto, mais tarde por meio do raciocínio, de incorporar-me a uma casta que não existia senão pela negação da igualdade. Supondo que estivesse decidida a me casar, o que não era o caso naquele momento, teria, tanto quanto me fosse possível, seguido a vontade de minha avó, mas sem estar persuadida de que a origem nobre representasse seriamente qualquer valor, e somente se encontrasse um aristocrata sem orgulho e sem preconceitos.

Meu primo me sugerira que, pelas regras da sociedade, tal futuro marido não existia e não poderia existir. Embora confessando que minha maneira de ver aquela questão era irrepreensível e honrosa, declarava que ela me desonraria aos olhos da sociedade, que ninguém me perdoaria por ter cumprido meu dever, e que ele próprio não se encarregaria de encontrar alguém que pudesse aprovar-me.

Então o que eu deveria fazer segundo ele e segundo os preceitos da sociedade? Fugir da casa de minha mãe, fazê-la saber, por meio de um escândalo, que ela não me tornava feliz, ou, pior ainda, fazê-la supor que minha honra corria perigo se permanecesse próxima a ela? Isso não era verdade, e se fosse, a repercussão de minha situação assim proclamada iria tornar-me muito mais *casável* de acordo com o desejo dos meus primos?

Deveria eu, em vez de fugir, rebelar-me abertamente contra minha mãe, afrontá-la, ameaçá-la? Mas que coisa! O que queriam de mim? Tudo o que eu fizesse seria tão impossível e tão odioso, que ainda não era capaz de compreender que atitude deveria tomar.

Ter cumprido meu dever é, sem dúvida, mais do que suficiente para defender-me; mas se insisto sobre a minha situação pessoal, é porque empenho-me de todo coração em provar o que significa a opinião da sociedade, a justiça dos seus decretos e a importância de sua proteção.

Aqueles que abalam os entraves impostos pela sociedade sempre são tidos como espíritos perversos, ou pelo menos como tão orgulhosos e tão desastrados que perturbam a ordem estabelecida e os costumes reinantes, pelo único prazer de fazer o mal. Sou, no entanto, um pequeno exemplo, entre milhares muito mais sérios e mais concludentes, da injustiça e da inconsequência desse grande conluio mais ou menos nobiliário que se intitula modestamente a *sociedade*. Ao dizer inconsequência e injustiça, mostro uma boa vontade que atinge as raias da indulgência; deveria dizer impiedade, visto que não poderia encarar de outro modo, no que me diz respeito à reprovação que deveria perseguir-me por ter observado os deveres mais sagrados da família.

Saibam que nunca recriminei nem nunca recriminarei essa atitude dos meus parentes paternos. Eles faziam parte dessa sociedade, não podiam reelaborar seus códigos para satisfazer os meus interesses. Minha avó, não podendo conformar-se em aceitar para mim um futuro contrário às suas vontades, arrancara deles a promessa de reintegrar-me à casta em que, por meio de suas esposas[19] (os Villeneuve não eram das mais antigas linhagens), eles próprios haviam sido reintegrados. Os sacrifícios que tinham de fazer para manter-se integrados à tal casta, achavam natural impô-los a mim. Porém, esqueceram que para levar esses sacrifícios ao ponto de pisotear no respeito filial (o que com certeza eles próprios não teriam feito) era necessário que eu tivesse, além de um coração ruim e de uma péssima consciência, a crença na desigualdade original.

Ora, eu não aceitava essa desigualdade. Jamais a compreendera, nunca a presumira. Desde o último dos mendigos até o primeiro dos reis, eu *sabia*, pelo meu instinto, pela minha consciência, sobretudo pela lei do Cristo, que Deus não pusera na fronte das pessoas um sinal de distinção da nobreza nem da vassalagem. Os próprios dons da inteligência não eram nada diante de Deus sem estarem acompanhados da vontade de praticar o bem, e, aliás, essa inteligência inata, Ele a depositava tanto no cérebro de um arrombador de fechaduras quanto no de um príncipe.

Chorei por ter sido abandonada por meus parentes. Eu os amava. Eram filhos da irmã do meu pai, meu pai tivera muita afeição por eles: minha avó

---

19 *Mademoiselle* de Guilbert e *mademoiselle* de Ségur. (N.A.)

História da minha vida

lhes dera sua bênção; tinham alegrado a minha infância; eu adorava alguns dos seus filhos: madame de la Roche-Aymon, filha de René; Félice, filha de Auguste, criatura adorável, falecida na flor da idade, e seu irmão Leonce, um espírito encantador.

Mas logo decidi-me a meu favor no que diz respeito ao que deveria ser rompido entre todos nós: os laços de afeto e de família, com certeza não, mas sim os da solidariedade de opinião e de posicionamento.

Quanto ao bom matrimônio que eles deveriam arranjar para mim, confesso que desembaraçar-me dele foi uma grande satisfação que tive. Eu dera meu consentimento a uma proposta de madame de Pontcarré, que minha mãe rechaçara. Percebi que, de um lado, minha mãe não queria nada com a nobreza, e que, de outro, a nobreza não queria mais nada comigo. Finalmente senti-me livre, pelas forças dos acontecimentos, para romper com o desejo de minha avó e para casar-me de acordo com a vontade do meu coração (como fizera meu pai), no dia em que me sentisse propensa a isso.

Ainda estava tão pouco preocupada em casar-me que não renunciava à ideia de tornar-me religiosa. Minha breve visita ao convento reavivara meu ideal de felicidade em frequentar a vida monástica. Dizia a mim mesma que não tinha mais interesse em ser devota à maneira de minhas caras reclusas; porém uma delas, madame Françoise, não era devota e passara a ocupar-se com as investigações da ciência. Ela vivia em paz no convento, como um padre dominicano dos velhos tempos. A ideia de elevar-me pelo estudo e pela contemplação das mais altas verdades, acima dos tormentos da família e das pequenezas do mundo, sorriu-me uma última vez.

É bem possível que eu tivesse escolhido esse caminho ao atingir a maioridade – isto é, depois de aguardar três anos – se minha vida fosse tolerável até lá. Mas cada vez ela se tornava menos suportável. Minha mãe não se deixava tocar e nem se persuadir por nenhuma de minhas resignações. Estava obstinada a ver em mim uma inimiga secretamente irreconciliável. No início triunfou ao ver-se livre do controle do meu tutor e ridicularizou o desespero que atribuía a mim. Ficou surpresa ao ver-me tão bem depois que desliguei-me das grandezas da sociedade; mas não acreditava em minha atitude e em meu sentimento, e jurou que *acabaria com minha sonsice*.

Desconfiada ao extremo, e levada, de uma maneira toda doentia e delirante, a incriminar o que não compreendia, criava, a propósito de tudo, incríveis querelas. Arrancava meus livros das minhas mãos, argumentando que tentara lê-los e que não entendera patavina, concluindo que deviam ser livros impróprios. Será que acreditava de fato que eu fosse depravada ou pervertida, ou tratava-se da necessidade de encontrar algum pretexto às suas acusações sem fundamento a fim de denegrir a *bela educação* que eu havia recebido? Todos os dias apareciam novas descobertas que ela fazia sobre a minha *perversidade.*

Quando lhe perguntava com insistência onde tinha conseguido tão estranhas noções a meu respeito, dizia ter se correspondido com pessoas de La Châtre, e sabia, dia a dia, hora a hora, de todos os desvios de minha conduta. Eu não acreditava nisso, temia a ideia de que minha mãe estivesse louca. Um dia ela adivinhou minhas suspeitas, quando minhas respostas habituais às suas invectivas resumiam-se ao redobramento do silêncio e dos cuidados. Então reagiu: "Percebo muito bem que você faz cara de quem pensa que estou delirando. Vou lhe mostrar que vejo tudo muito claramente e que estou em meu perfeito juízo".

Então exibiu as tais correspondências sem querer me deixar dar uma olhada na caligrafia, mas leu para mim páginas inteiras que com certeza não eram de improviso. Tratava-se de uma trama de calúnias monstruosas e de aberrações estúpidas de que já falei e das quais não fizera caso algum em Nohant. As imundícies do pequeno vilarejo apoderaram-se da imaginação viva e frágil de minha mãe. Elas tinham ficado gravadas no seu imaginário a ponto de destruir o mais simples raciocínio. Quaisquer resquícios daquelas notícias escabrosas sobre mim só foram eliminados depois de muitos anos, quando mamãe me viu sem prevenções e quando todos os seus motivos de amargura haviam desaparecido.

Ela dizia ser assim informada por um dos amigos mais íntimos de nossa casa. Não respondi nada, não conseguia responder nada. Senti o coração tão apertado que uma emoção me subiu à garganta e fiquei sufocada de desgosto. Ela foi deitar-se em sua cama, triunfante por ver-me *pisoteada.* Fui para o meu quarto; ali permaneci numa cadeira até clarear o dia, embasbacada, sentindo meu corpo e minha alma morrerem juntos.

História da minha vida

Capítulo 8
Singularidades, grandezas e agitações de minha mãe. – Uma noite de expansão. – Paralelo. – Le Plessis. – Meu pai James e minha mãe Angèle. – Felicidade do campo. – Recuperação da saúde, da juventude e da alegria. – As crianças da casa. – Opinião da época. – Loïsa Puget. – *Monsieur* Stanislas e o seu misterioso gabinete. – Encontro meu futuro marido. – Sua predição. – Nossa amizade. – Seu pai. – Novas extravagâncias. – Retorno do meu irmão. – A baronesa Dudevant. – O regime dotalício. – Meu casamento. – Retorno a Nohant. – Outono de 1823.

Para suportar tal existência, seria preciso ser uma santa. Eu não o era, apesar da minha ambição de tornar-me uma. Não sentia minha estrutura ajudar nos esforços de minha vontade. Encontrava-me horrivelmente abalada em todo o meu ser. Essa *gota de água* em todas as minhas agitações e em todas as minhas tristezas trazia consigo um golpe tão duro ao meu sistema nervoso, que já não dormia mais e sentia que iria morrer de fome sem poder superar a aversão que me causava a simples visão de qualquer alimento. A todo instante era estremecida por sobressaltos febris, e sentia meu coração tão doente quanto o meu corpo. Não conseguia mais rezar. Tentei comungar na Páscoa. Minha mãe não quis permitir que eu fosse ver o abade Prémord, que teria me consolado e restabelecido minhas forças. Então confessei-me com um velho ríspido que, não compreendendo nada do que eu confessava a respeito das revoltas interiores endereçadas contra o dever do respeito filial, perguntou-me por que e como isso ocorria, e se essas revoltas do meu coração eram bem ou mal fundamentadas.

"Isso não é pergunta que se faça", respondi a ele. "Segundo a minha religião, jamais elas apresentam fundamento suficiente para que não sejam combatidas. Reconheço minha culpa por ter sustentado esse combate com pouquíssimo empenho."

Ele persistiu em pedir-me que eu lhe fizesse a confissão de possíveis faltas cometidas por minha mãe que justificassem a minha revolta. Não respondi mais nada, almejando receber logo a absolvição para não recomeçar a cena que fiz com meu outro confessor de La Châtre.

"Ainda assim, se insisto no interrogatório", prosseguiu, "preso ao meu juramento de manter silêncio do que me é dito no confessionário, é para pô-la à prova. Queria ver se a senhorita acusaria alguma culpa de sua mãe, e visto que não o fez, vejo que o seu arrependimento é real e que posso dar--lhe a absolvição".

Achei essa provação inconveniente e perigosa para a segurança das famílias. Prometi a mim mesma não mais me confessar à primeira pessoa que encontrasse, e comecei a sentir uma grande repulsa pela prática de um sacramento tão mal administrado. Comunguei no dia seguinte, mas, por mais que me esforçasse, sem fervor, e ainda mais enfurecida e chocada pela algazarra que se fazia nas igrejas, algo inexistente nas capelas que eu frequentara no campo.

As pessoas do convívio de minha mãe eram ótimas para comigo, mas não podiam ou não sabiam proteger-me. Minha querida tia achava que devíamos rir dos caprichos de sua irmã, e acreditava que isso fosse possível da minha parte. Pierret, mais justo e mais inteligente que minha mãe no trato com as pessoas em geral, mas às vezes tão suscetível e fantasioso quanto ela, tomava minha tristeza por indiferença e censurava-me com sua maneira furibunda e cômica, com a qual não conseguia mais divertir-me. Minha querida Clotilde não podia fazer nada por mim. Minha irmã era insensível e respondera às minhas primeiras efusões com uma espécie de desconfiança, como se esperasse algum mau procedimento de minha parte. Seu marido era um homem excelente que não tinha nenhuma influência sobre a família. Meu tio-avô Beaumont não foi nada brando. Sempre tivera um fundo de egoísmo que não lhe permitia mais suportar um semblante pálido e triste em sua mesa sem ficar embirrado, chegando a ser duro em suas implicâncias. Também envelhecera bastante, sofria de gota, e com frequência estava mal humorado, insultando a si mesmo e aos seus convivas quando não se esforçavam para entretê-lo e quando não tinham êxito em diverti-lo. Começava a tomar gosto pelos mexericos, e não sei até que ponto minha mãe não o havia impregnado com aqueles dos quais eu era alvo em La Châtre!

História da minha vida

Contudo, minha mãe não vivia o tempo todo tensa e irritada. Tinha suas boas recaídas na candura e na meiguice por meio das quais recuperava meu afeto. E isso era o pior. Se eu tivesse conseguido chegar à frieza e à indiferença, talvez tivesse alcançado o estoicismo; mas isso era impossível para mim. Bastava ela verter uma lágrima, demonstrar por mim um pingo de preocupação, uma gota de cuidado materno, e eu voltava a amá-la e renovava minhas esperanças. Mas eis as coisas de novo na rota do desespero; tudo desabava e voltava ao mesmo inferno no dia seguinte.

Mamãe estava doente. Atravessava uma crise excepcionalmente longa e dolorosa, que jamais conseguiu abater-lhe sua atividade, sua coragem e sua irritabilidade. Esse temperamento enérgico não podia transpor o limiar da velhice sem uma luta terrível. Ainda bonita e brincalhona, não tinha nenhuma inveja da juventude e da beleza das outras mulheres. Era uma natureza casta, por mais coisas terríveis que tenham dito ou pensado dela, e seus hábitos eram irrepreensíveis. Ela tinha necessidade de emoções violentas, e, ainda que sua vida tenha sido abreviada por elas, nunca foram suficientes para esse tipo de aversão estranha e certamente fatal que ela manifestava pelo repouso do espírito e do corpo. O tempo todo precisava renovar sua atmosfera agitada com novas agitações, mudar de residência, criar caso ou voltar a fazer as pazes com alguém ou com alguma coisa, ir passar algumas horas no campo, e voltar de repente para fugir do campo; jantar em um restaurante e depois em outro; desfazer todo seu guarda-roupa e enchê-lo de peças novas a cada semana.

Ela possuía pequenas manias que resumiam bem essa inconstância turbulenta. Comprava um chapéu que lhe parecia maravilhoso e, de noite, no mesmo dia, achava-o horrendo. Trocava o laço, depois as flores e, por fim, o forro. Fazia tudo isso com muita habilidade e gosto. Assim seu chapéu lhe satisfazia todas as manhãs. Mas todo dia precisava operar nele mudanças radicais. E procedia desse modo durante uma semana, até que o malfadado chapéu, depois de sofrer tantas transformações, tornava-se vítima de sua indiferença. Então ela passava a usá-lo com profundo desdém, dizendo que nada a agradava em seu guarda-roupa, aguardando ser seduzida por um novo chapéu.

George Sand

Conservava ainda belíssimos cabelos negros. Porém, enjoou de ser morena e inventou de pôr uma peruca loura que não conseguiu deixá-la feia. Durante algum tempo adorou ser loura, depois achou que seus cabelos estavam ganhando uma tonalidade ruça e adotou o castanho-claro. Logo voltou a um louro acinzentado, em seguida retornou ao castanho-escuro, e saiu-se tão bem que a vi com cabelos diferentes em cada dia da semana.

Essa frivolidade infantil não excluía ocupações laboriosas e cuidados domésticos minuciosíssimos. Ela também cultivava suas delícias da imaginação e lia *monsieur* d'Arlincourt[20] em estado de frenesi até meia-noite, o que não a impedia de estar de pé às seis da manhã e recomeçar suas toaletes, a correria com seus afazeres de casa, seus trabalhos em costura, seus gracejos, seus desesperos e seus arrebatamentos.

Quando estava de bom humor, era realmente encantadora, e tornava-se impossível não se deixar levar pelas suas graças cheias de verve e de saídas pitorescas. Infelizmente esse estado nunca durava um dia inteiro, e o raio repentino caía, de não se sabe que região do céu, em cima de qualquer um que estivesse por perto.

Entretanto, ela me amava, ou ao menos amava em mim a recordação do meu pai e da minha infância; mas também odiava em mim a lembrança de minha avó e de Deschartres. Mamãe alimentara vários ressentimentos e engolira muitas humilhações interiores para não ter uma erupção vulcânica prolongada, terrível, total. A realidade não lhe bastava para acusar e maldizer. Era preciso que a imaginação fizesse sua parte. Se tivesse uma má digestão, acreditava ter sido envenenada e não ficava longe de acusar-me.

Um dia, ou melhor, uma noite, pensei que toda amargura fosse desaparecer entre nós duas, que fôssemos nos entender e nos amar sem mais sofrimentos.

Fora tomada o dia inteiro por uma extrema violência e, como de costume, ficava toda bondosa e sensata quando voltava a apaziguar-se. Deitou-se e pediu para que eu ficasse ao lado de sua cama até que pegasse no sono, porque se sentia triste. Não sei como consegui que ela me abrisse seu coração,

---

20 Charles-Victor Prévost d'Arlincourt (1788-1856), romancista, poeta e dramaturgo francês; conhecido como Visconde de Arlincourt. (N.T.)

História da minha vida

e nele li toda a miséria de sua vida e do seu modo de ser. Contou-me mais coisas do que eu desejava saber, porém devo dizer que ela o fez com uma simplicidade e um tipo de grandiosidade singular. Animou-se ao lembrar-se de suas emoções, riu, chorou, acusou, até mesmo ponderou com muito espírito, sensibilidade e força. Ela queria revelar-me os segredos de todos os seus infortúnios e, como que levada por uma fatalidade da dor, procurava em mim o pretexto dos seus sofrimentos e a reabilitação de sua alma.

"No fim das contas", disse ela, resumindo suas aflições e sentando-se na cama, bela em sua echarpe de madras vermelha que contrastava com seu rosto pálido onde brilhavam imensos olhos negros, "não me sinto culpada de nada. Não me parece que eu tenha cometido de maneira consciente qualquer má ação; fui arrastada, coagida, forçada a ver e agir. Todo meu crime é ter amado. Ah! Se eu não tivesse amado seu pai, eu seria afortunada, livre, despreocupada e sem censuras, visto que, antes de conhecer seu pai, nunca refleti sobre o que quer que seja. E quem ensinou-me a refletir, a mim? Eu não sabia nem *a* nem *b*. Eu não era mais sujeita a falhas que um pintarroxo. Fazia minhas preces noturnas e matinais como haviam me instruído, e Deus nunca dera a entender que elas não eram bem recebidas. Porém, mal fiquei atraída por seu pai, e a infelicidade e a tormenta cobiçaram aproximar-se de mim. Disseram-me, inculcaram-me que eu era indigna de amar. Eu não entendia nada do que estavam me dizendo e não acreditava nisso. Sentia meu coração mais amoroso e meu amor mais verdadeiro que esses das grandes damas que me desprezaram e a quem retribuía o desprezo. Eu era amada. Seu pai me dizia: 'Assim como eu, não faça caso de nada disso'. Eu era feliz e queria que ele fosse também. Como poderia me persuadir de que eu o desonraria? Eis, contudo, do que me acusaram com todas as letras, quando ele não estava mais aqui para defender-me. Então foi preciso que eu começasse a refletir, a me pasmar, a me questionar, a chegar a me sentir humilhada e a detestar a mim mesma, ou então a humilhar os outros em sua hipocrisia e a detestá-los com todas as minhas forças. Foi então que eu, tão alegre, tão despreocupada, tão segura de mim, tão franca, senti-me cercada de inimigos. Jamais odiara ninguém: fui tomada de ódio por quase todo mundo. Jamais passara pela minha cabeça o que significa essa tal de alta sociedade, com sua moral, suas maneiras, suas pretensões. O que conhecera dela sem-

365

pre me fizera rir como rimos de algo engraçadíssimo. Vi então que tudo isso é perverso e falso. Ah, digo com toda certeza a você, minha filha, que se depois de ter me tornado viúva tenho vivido de modo prudente, não é para satisfazer a essas pessoas, que exigem dos outros o que elas não praticam, mas é porque não consegui mais agir de outra forma. Amei apenas um homem em toda a minha vida, e depois de tê-lo perdido, não me interessei por mais nada nem por ninguém."

Ao se lembrar do meu pai, mamãe chorou torrentes de lágrimas, lamentando-se: "Ah, como teria me tornado boa se seu pai e eu tivéssemos envelhecido juntos! Mas Deus arrancou-o de mim no auge de minha felicidade. Não maldigo Deus: ele é o Mestre e Senhor; mas detesto e maldigo a humanidade!...". E acrescentou ingenuamente e como que cansada dessa efusão: "*Quando penso nisso...* Ainda bem que não penso sempre".

Essa era a contraparte da confissão de minha avó que eu ouvira e recebera. A mãe e a esposa do meu pai encontravam-se ali em completa oposição no resultado da dor. Uma que, não sabendo mais o que fazer de sua paixão e não podendo transferi-la a ninguém, aceitava a decisão do céu, mas sentia sua energia converter-se em ódio contra o gênero humano; a outra que, não sabendo mais o que fazer da sua ternura, acusara Deus, mas transferira aos seus semelhantes os tesouros da caridade.

Permaneci mergulhada nas reflexões que revolviam em mim esse duplo problema. De súbito, minha mãe dirigiu-se a mim bruscamente: "Pois bem, já falei demais, e vejo que agora você me condena e me despreza com conhecimento de causa! Prefiro assim. Prefiro arrancá-la do meu coração e não ter mais ninguém para amar depois do seu pai, nem mesmo você!"

– Quanto ao meu desprezo – respondi, tomando-a, toda trêmula e crispada, em meus braços –, a senhora está muito enganada. O que desprezo é o desprezo da sociedade. Hoje estou com você contra eles bem mais do que quando eu tinha a idade que você sempre me critica por haver esquecido. Naquela época você só tinha o meu coração, agora minha razão e minha consciência estão com você. É o resultado de minha *bela educação* que a senhora ridiculariza bastante, da religião e da filosofia que a senhora detesta tanto. Para mim, o seu passado é sagrado, não só porque é minha mãe, mas porque provou a mim, pelo raciocínio, que nunca foi culpada.

História da minha vida

— Ah, será mesmo, meu Deus? — Indagou minha mãe, que me escutava com avidez. — Mas, então, o que é que você condena em mim?

— Sua aversão e seu rancor contra a sociedade, contra o gênero humano inteiro em quem a senhora quer se vingar de seus sofrimentos.

— Tem razão, é verdade! — exclamou. — É a mais pura verdade! Mas fazer o quê? É preciso amar ou odiar. Não posso ficar indiferente e perdoar por comodismo.

— Então perdoe ao menos por caridade.

— A caridade? Sim, para os pobres infelizes esquecidos ou desprezados porque são fracos! Para os pobres filhos perdidos que morrem na lama e na miséria por jamais terem conseguido ser amados. Caridade para aqueles que sofrem sem ter merecido? Eu lhes darei até minha camisa, você sabe bem disso! Mas caridade para *as condessas*, para a *madame fulana de tal* que, por galanteio, desonrou cem vezes um marido tão bom como o meu; para o *monsieur fulano de tal*, que só condenou o amor do seu pai no dia em que recusei-me a ser sua amante... Toda essa gente, veja você, todos eles são infames; eles fazem o mal, eles adoram o mal, e ostentam a religião e a virtude só da boca para fora.

— No entanto, a senhora vê que há, além da lei divina, uma lei fatal que nos prescreve perdoar as injúrias e esquecer os sofrimentos pessoais, visto que essa lei nos castiga e nos pune quando por vezes a desprezamos demais.

— Como é isso? Explique com mais clareza para mim.

— À força de estarmos preparadas de espírito e de armarmos nosso coração contra as pessoas más e culpáveis, tomamos o hábito de não enxergar os inocentes e de oprimir com nossas suspeitas e severidades aqueles que nos respeitam e nos querem bem.

— Ah, você diz isso no seu interesse! — Exclamou.

— Sim, falo no meu interesse; mas também poderia dizer o mesmo no interesse de minha irmã, da sua, de Pierret. A senhora não acredita nisso, não previne a todos nós da mesma forma quando está calma?

— É verdade que atormento todo mundo que encontro pela frente; mas não faço a menor ideia de como agir de outra forma. Quanto mais penso nisso, mais repito as mesmas atitudes, e aquilo que mais injusto me parece quando vou para a cama, é o que parece mais justo quando acordo. Minha cabeça não para, trabalha demais. Às vezes sinto que ela vai explodir. Só me porto bem e sou razoável quando não penso em nada; mas isso não depende só de mim. Quanto mais quero não pensar em mais nada, mais acabo pensando. É preciso que o esquecimento venha sozinho, à força do cansaço. Então é isso que ensinam seus livros, a capacidade de não pensar em absolutamente nada?

Percebe-se por essa conversa o quanto para mim era impossível atuar, por meio do raciocínio, sobre o instinto apaixonado de minha mãe, visto que ela tomava a emoção dos seus pensamentos tumultuosos pela emoção da reflexão, e procurava alívio no entorpecimento de uma lassidão que lhe tirava toda a consciência de suas injustiças. Havia nela um fundo de retidão admirável, obscurecido a cada instante por uma febre de imaginação doentia que ela não estava mais na idade para combater, tendo, aliás, vivido em uma completa ignorância de armas intelectuais que seriam necessárias empregar nesse caso.

Contudo, era uma alma religiosíssima, e amava Deus com ardor, como um refúgio contra a injustiça dos outros e contra a sua própria. Só via clemência e equidade nela mesma, e contando com uma misericórdia sem limites, não pensava em reanimar e desenvolver nela mesma o reflexo dessa perfeição. Era impossível fazê-la entender por meio de palavras a ideia dessa relação da vontade com Aquele que a oferece para nós. Ela dizia: "Deus sabe bem que somos falíveis, já que achou justo nos fazer assim".

A devoção religiosa de minha irmã a irritava amiúde. Ela abominava os padres, e quando falava deles com minha irmã tratava-os como *seus curas*, assim como quando falava de *minhas velhas condessas*. Quase sempre abria os Evangelhos para ler alguns versículos. Conforme sua boa ou má disposição, tais leituras lhe faziam bem ou mal. Calma, comovia-se com as lágrimas e com os bálsamos de Madalena; irritada, tratava o próximo como Jesus tratara os vendilhões no templo.

Finalmente adormeceu abençoando-me e agradecendo-me *pelo bem que lhe havia feito*, declarando que doravante seria sempre justa comigo. Acrescentou: "Não se preocupe mais; agora vejo muito bem que você não merecia toda mágoa que lhe causei. Você tem uma visão justa das coisas, tem bons sentimentos. Continue me amando, e pode estar certa de que no fundo te adoro".

História da minha vida

Isso durou três dias. E até que foi bastante tempo em se tratando de minha pobre mãe. A primavera chegara e, nessa época do ano minha avó sempre notara que seu caráter se tornava mais azedo, e roçava, em alguns momentos, as raias da loucura; vi que ela não se enganara.

Creio que minha mãe sentiu seu mal chegando e desejou ficar sozinha para escondê-lo de mim. Levou-me com ela ao campo para visitar pessoas que conhecera três dias antes em um jantar na casa de um velho amigo do meu tio de Beaumont, e deixou-me no dia seguinte de nossa chegada dizendo-me: "Sinto que você não está muito bem de saúde: o ar do campo vai lhe fazer bem. Virei buscá-la na semana que vem".

Deixou-me por lá quatro ou cinco meses.

Aproximo-me de novos personagens, de um novo ambiente onde o acaso me joga bruscamente, e onde a Providência me faz encontrar criaturas excelentes, amigos generosos, uma trégua aos meus sofrimentos e um novo aspecto das coisas humanas.

Madame Roettiers du Plessis era a mais franca e generosa criatura do mundo. Herdeira rica, amara desde a infância seu tio James Roettiers, capitão de infantaria, *soldado reformado*, cuja intensa juventude muito espantara a família. Mas o instinto do coração não iludira a jovem Angèle. James foi o melhor dentre os esposos e pais. Eles tinham cinco filhos e dez anos de casados quando os conheci. Amavam-se com a mesma intensidade do primeiro dia em que se conheceram e sempre se amaram dessa forma.

Madame Angèle, apesar de ter os cabelos grisalhos já aos 27 anos, era fascinante. Tendo sempre tido a petulância, a franqueza de um rapaz e a mais completa ausência de coquetismo, faltava-lhe graça; mas sua fisionomia era delicada e bela; seu frescor, que contrastava com aquela cabeleira prateada, tornava sua beleza originalíssima.

James tinha quarenta anos e apresentava entradas proeminentes na fronte, mas seus olhos, azuis e redondos, cintilavam de vivacidade e de alegria, e todo seu semblante refletia a bondade e a sinceridade de sua alma.

As cinco crianças do casal eram meninas. Uma delas era educada pelo irmão mais velho de James, as outras quatro, vestidas de menino, corriam e faziam a maior bagunça na casa mais divertida e agitada que já vi.

O castelo era uma vila imensa do tempo de Luís XVI, construída em plena região de Brie, a duas léguas de Melun. Ausência completa de vista e de poesia aos seus arredores, mas em contrapartida um parque vastíssimo com áreas cultivadas de bela vegetação: flores, gramados imensos, todas as comodidades de uma habitação para qualquer uma das estações, e a vizinhança de uma chácara considerável com prados adjacentes povoados por rebanhos magníficos. Madame Angèle e eu nos tornamos amigas à primeira vista. Embora tivesse o aspecto de um rapaz mas sem os hábitos masculinos, enquanto eu fora educada mais como um menino sem trazer os ares de um garoto, havia entre nós esse traço comum, que fazia com que não déssemos a mínima para as finezas e vaidades de mulher, e logo de saída tivemos a sensação de que nunca seríamos rivais em nada e com relação a ninguém; consequentemente, algo nos dizia que iríamos gostar uma da outra sem desconfianças e sem risco de entrarmos em discórdia.

Foi ela quem convenceu minha mãe a deixar-me ficar em sua casa. Esperava que passaríamos oito dias ali. Minha mãe ficou entediada logo no dia seguinte, e como eu lamentasse ter que deixar tão cedo aquele lindo parque tão alegre com seus adornos primaveris e aqueles rostos abertos e simpáticos que me interrogavam, madame Angèle, por seu caráter decidido e segura benevolência, cortou qualquer dificuldade acerca do prolongamento de minha permanência. Ela era uma mãe de família tão irrepreensível, que minha própria mãe não podia preocupar-se com o que *poderiam dizer*, e como aquela casa era um terreno neutro no que dizia respeito às suas antipatias e ressentimentos, aceitou sem fazer-se de rogada.

Entretanto, como no fim da semana não dera mostras de que voltaria, comecei a me inquietar, não por ser abandonada a uma família que eu via tão respeitável e perfeita, mas por achar que poderia estar sendo um fardo, e confessei meu embaraço.

James me chamou num canto e disse: "Sabemos de toda a história de sua família. Conheci um pouco seu pai na armada, e, no dia em que visitei vocês em Paris, colocaram-me a par do que se passou desde o dia em que ele morreu; fiquei sabendo como você foi educada por sua avó, e como voltou ao convívio de sua mãe. Perguntei por que você não consegue se entender com ela. Disseram-me, e pude constatar isso com meus próprios olhos em apenas cinco minutos, que ela não conseguia deixar de falar mal da própria nora na sua frente, que isso a feria mortalmente, e que ela a atormentava cada vez mais quando você abaixava a cabeça em silêncio. Seu ar infeliz fez com que eu prestasse atenção em você. Pensei comigo mesmo que minha mulher gostaria de você como eu já gostava, que você seria para ela uma companhia segura e uma amiga agradável. Você tem falado, suspirando de felicidade, de como é bom viver no campo. Prometi a mim mesmo o prazer de dar essa satisfação a você. De noite tive uma conversa franca com sua mãe, e como ela me dissesse, com a mesma franqueza, que se chateava com seu semblante triste e desejava vê-la casada, respondi a ela dizendo que não há nada mais fácil do que casar uma filha que tem um dote, mas que do modo como viviam seria difícil para você escolher um marido; para mim está muito claro que você é uma pessoa que almeja escolher seu próprio marido, e você tem toda razão. Então eu a convidei a vir passar algumas semanas aqui, onde você verá que recebemos muitos camaradas e amigos meus, que conheço a fundo, e a respeito dos quais não deixaria você se enganar. Ela encheu-se de confiança e veio; mas ficou entediada e foi embora. Estou seguro de que ela consentirá de bom grado em deixá-la conosco o tempo que você quiser. Você quer? Será um prazer para nós, já gostamos de você como se fosse da família. Tenho a impressão de que você é minha filha, e minha mulher é louca por você. Não vamos atormentá-la com esse negócio de casamento. Nunca falaremos disso, porque pareceria que queremos nos livrar de você, o que não passa pela cabeça de Angèle; porém se, entre as pessoas de valor que nos cercam e frequentam nossa casa, você encontrar alguém que lhe agrade, diga-nos quem é e diremos, com toda lealdade, se convém a você ou não".

Madame Angèle veio unir suas solicitudes às do seu marido. Não havia meio de se enganar com sua sinceridade e simpatia. Eles queriam ser meu pai e minha mãe, e tomei o hábito, que sempre conservei, de chamá-los assim. Aliás, toda a casa logo habituou-se com essa relação e tratamento entre nós, até os empregados, que me diziam: "*Mademoiselle*, seu pai está à sua procura, sua mãe mandou chamá-la". Só essas palavras dizem mais que qualquer relato detalhado dos cuidados, atenções, ternas delicadezas e alento que tinham para comigo essas duas excelentes criaturas. Madame Angèle vestiu-me e calçou-me, visto que eu chegara em andrajos e com calçados bem velhos e surrados. Tinha, à minha disposição, uma biblioteca, um piano e um cavalo magnífico; muito mais do que precisava para minha felicidade.

No início, tive alguns aborrecimentos com a presença assídua de um oficial reformado que me fez a corte. Ele não possuía absolutamente nada além do seu meio soldo e era filho de um camponês. Essa situação deixou-me pouco confortável para desencorajar suas pretensões para comigo. O oficial não me agradava de modo algum, e era tão íntegro que eu não ousava nem mesmo pensar que ele só tinha olhos para o meu dote. Falei com meu pai James sobre esse meu constrangimento, dando a entender que estava aborrecida com a situação, mas que tinha tanto medo de humilhá-lo e de fazê-lo pensar que não estava interessada nele por causa de sua pobreza, que não sabia o que fazer para me desembaraçar desse contratempo. James encarregou-se do problema, e o honrado rapaz partiu sem guardar nenhum rancor contra mim.

Tive muitas outras ofertas de casamento arranjadas pelo meu tio Marechal, pelo meu tio de Beaumont, por Pierret etc. Apesar do que previra meu primo Auguste, todas essas ofertas eram muito satisfatórias – para usar o linguajar da sociedade – no que diz respeito à fortuna e à origem familiar. Recusei todas elas, não de forma brusca – minha mãe estava obstinada e ansiosa para que eu me casasse logo –, mas com muito jeito para que me deixassem tranquila. Não podia aceitar a ideia de ser pedida em casamento por pessoas que nem me conheciam, que jamais haviam me visto e que, por consequência, pensavam apenas estar tratando de mais um *negócio*.

Meus queridos pais du Plessis, percebendo que eu não tinha nenhuma pressa, provaram-me que estavam com tanta pressa quanto eu para ver-me arrumar um partido. Minha vida junto deles finalmente condizia aos meus gostos, além de ser salutar ao meu peito, à minha alma doente.

Não contei tudo o que sofri em decorrência das atitudes de minha mãe. Não vejo necessidade de entrar em detalhes a respeito das violências que infligiu a mim e das causas desse comportamento para comigo, que eram tão fantasiosas a ponto de parecerem inverossímeis. Aliás, por que haveria de remexer nesses assuntos? Tudo já foi perdoado mais de mil vezes em meu coração, e como não creio que eu seja melhor que Deus, tenho certeza de que ele também perdoou da mesma forma. Por que eu deveria oferecer esses detalhes ao julgamento de muitos dos meus leitores, que talvez não sejam mais tolerantes nem mais justos em seus atos quanto era minha mãe em suas crises nervosas? Venho traçando e descrevendo com fidelidade a natureza do seu caráter, e aponto nele os pontos fracos e os pontos fortes. Não há nada para se constatar a respeito dela a não ser um exemplo da fatalidade produzida bem menos pela disposição física, moral e mental do indivíduo que pelas influências da ordem social: a reabilitação recusada à pessoa que se mostra digna; o desespero e a indignação dessa criatura generosa reduzida a duvidar de tudo e a não poder mais controlar a si própria.

Apenas isso interessava dizer. O resto só diz respeito a mim. Somente direi, pois, que me faltavam forças para suportar os inevitáveis resultados de sua dor. A morte do meu pai fora para mim uma catástrofe que minha pouca idade na época do ocorrido impedira-me de compreender, mas eu deveria sofrer e sentir as consequências durante toda a minha juventude.

Por fim acabei compreendendo-as, mas isso ainda não me dava a coragem necessária para aceitá-las. Seria preciso conhecer as paixões da mulher e as ternuras da mãe para criar a total tolerância que era necessária a mim. Eu tinha o orgulho de minha candura, de minha inexperiência, da minha fácil equidade da alma. Minha mãe tinha razão ao dizer-me com frequência: "Quando você tiver sofrido o que sofri, não será mais a *Santa Tranquila!*".

Tivera êxito em conter-me, só isso; mas já enfrentara vários acessos de cólera em silêncio que haviam me causado um mal terrível, e depois deles sentia-me tomada novamente por minha mania de suicídio. Sempre esse estranho mal ganhava novas formas em minha imaginação. Houve um dia em que senti desejo de morrer de inanição, e teria conseguido involuntariamente, pois precisava fazer tanto esforço para comer, que meu estômago rejeitava os alimentos, minha garganta se fechava, e não conseguia impedir-me de experimentar uma alegria secreta ao dizer a mim mesma que essa morte pela fome ocorreria sem que eu fosse cúmplice.

Portanto, estava muito doente quando cheguei na casa da família du Plessis, e minha tristeza transformara-se em embotamento mental. Pode ser que isso tenha se dado em consequência de emoções reiteradas em excesso para a minha idade.

O ar do campo, a vida bem regrada, uma alimentação abundante e variada, em que, no começo, podia escolher o que causava menos repugnância às revoltas do meu apetite destruído; a ausência de desavenças e de inquietações, e sobretudo a amizade, a santa amizade, da qual eu precisava mais que todo o resto, logo me deixaram curada. Até então não sabia o quanto amava o campo e o quanto ele era necessário para mim. Pensava gostar só de Nohant. Le Plessis conquistou-me como um Éden. O parque por si só representava toda a natureza, e merecia um olhar mais demorado naquela horrível região de planícies. Mas que fascinante era aquele parque imenso, onde os cabritos saltavam pelos bosques espessos, pelas clareiras profundas, em torno das águas adormecidas dos pântanos misteriosos ocultos sob velhos salgueiros e arbustos gigantes selvagens! Certos lugares tinham a poesia de uma floresta virgem. Um bosque viçoso é sempre algo admirável em todas as estações do ano.

Havia também belas flores e laranjeiras perfumadas em torno da casa, além de uma horta luxuriante. Sempre gostei de hortas. O cultivo de todas essas plantações era menos rústico, com um tratamento mais adequado, mais bem distribuído, por conseguinte menos pitoresco e menos visionário que Nohant; porém, que vastos arcos de ramadas, que verdes perspectivas, que belos tempos galopando pelas aleias arenosas! E, além de tudo, uma hospitalidade jovial, semblantes sempre alegres, crianças levadas mas tão afetuosas! Gritos, risos, partidas exaltadas de barra-manteiga, um balanço que atingia altitudes de dar frio na barriga! Senti que ainda era uma criança. Eu o havia esquecido. Retomei meus prazeres de pensionista, as corridas desenfreadas, as risadas sem motivo, a algazarra pelo gosto da algazarra, o movimento pelo amor ao movimento. Já não se tratava mais dos passeios febris ou dos melancólicos devaneios de Nohant, da atividade em que nos lançamos com ímpeto para nos libertar da angústia, do desalento do qual queremos poder nos esquecer sempre. Era a verdadeira porção de deleite, o divertimento em grupo, a vida em família para a qual, não tenho dúvidas, eu estava destinada, pois jamais pude suportar outra sem cair no *spleen*.

Foi aí que renunciei pela última vez aos sonhos do convento. Depois de alguns meses, estava restabelecida de todas as crises de minha vida exterior. Finalmente compreendi, em Plessis, que não viveria tão facilmente em outro lugar que não me oferecesse ar livre e espaço vasto, sempre o mesmo se fosse necessário, mas sem opressão no emprego do tempo e sem afastamentos forçados do espetáculo da vida tranquila e poética do campo.

Ademais, compreendi também, não a exaltação do amor, mas a perfeita doçura da união conjugal e da amizade verdadeira ao ver a felicidade de Angèle; essa confiança suprema, essa dedicação serena e absoluta, essa segurança da alma que reinava entre ela e o seu marido já no ocaso da primeira juventude. Para qualquer um que não tivesse podido obter do céu mais que a promessa de dez anos de uma tal felicidade, esses dez anos valeriam por toda uma vida.

Sempre adorara as crianças, sempre procurara, em Nohant e no convento, a companhia frequente de crianças mais novas que eu. Amara tanto e tanto cuidara de minhas bonecas, que adquiri um instinto pronunciado da maternidade. As quatro filhas da minha mãe Angèle lhe atormentavam bastante; mas era o *precioso tormento* do qual se queixava madame Alicie comigo, e era ainda bem melhor: eram filhos de suas entranhas, o orgulho do seu himeneu, a preocupação de todos os seus instantes, o sonho do seu futuro.

James lamentava-se apenas de uma coisa; não ter tido pelo menos um filho homem. Para criar essa ilusão a si mesmo, gostava de ver o maior tempo possível suas filhas vestidas de menino. Elas usavam calças e jaquetas vermelhas, guarnecidas de botões de prata, e tinham a aparência de soldadinhos peraltas e corajosos. A elas juntavam-se com frequência as três filhas de sua irmã, madame Gondoin Saint-Aignan, cuja filha mais velha tornou-se muito querida para mim; além de Loïsa Puget, cujo pai era sócio do meu pai James na exploração de uma usina; e, por fim, alguns rapazes da família ou filhos de amigos íntimos, Norbert Saint-Martin, filho do mais jovem dos Roettiers, Eugène Sandré e os sobrinhos de um velho amigo. Quando toda essa turminha estava reunida, eu, por ser a mais velha do bando, liderava as brincadeiras das quais, até muito tempo depois de casada, participava com tanto prazer quanto o mais novo da ninhada.

Eu recobrara, pois, a juventude, e reencontrara minha verdadeira idade em Plessis. Poderia ter lido, passado noites sem dormir, meditado; tinha livros à vontade e a mais total liberdade. Nem me passava pela cabeça tirar proveito de nada disso. Depois das cavalgadas e dos jogos e brincadeiras do dia, caía no sono logo que colocava os pés no meu quarto, e despertava pronta para recomeçar tudo de novo. As únicas reflexões que me assaltavam era o temor de ter que refletir. Em minha vida, já refletira demais; precisava esquecer o mundo das ideias e abandonar-me à vida do sentimento sossegado e da atividade juvenil.

Parece que minha mãe me anunciara àquela família como uma *pedante*, um *gênio forte e extravagante*. Tal anúncio assustara um pouco minha mãe Angèle, que teve muito mais mérito por, do mesmo modo, interessar-se pela minha infelicidade; mas aguardou em vão que eu manifestasse meu belo gênio e minha vaidade. Deschartres era a única criatura com a qual eu me permitia ser pedante; já que ele próprio era pedante e dogmatizava acerca de tudo, não havia a menor possibilidade de não discutir com ele à altura. Que teria feito eu com minha pequena bagagem de conhecimentos de escolar? Isso não deixaria ninguém deslumbrado, e eu achava bem mais agradável esquecer toda essa bagagem do que ocupar os outros e a mim mesma com isso tudo. Não sentia vontade de discutir nada, visto que minhas ideias não encontravam ao meu redor nenhuma espécie de contradição. A quimera do nascimento de boa estirpe não teria sido, nessa família de antigos burgueses, mais que um tema de zombaria sem amargor, e, como ela não tinha adeptos, tampouco tinha adversários. Naquela casa não pensavam e nem mesmo se ocupavam desse assunto.

Naquela época, a burguesia não tinha a arrogância que adquiriu mais tarde, e o amor pelo dinheiro não se transformara em dogma de moral pública. Mesmo que as coisas se dessem assim em outros lugares, em Plessis isso teria se dado de outro modo. James tinha espírito, honra e bom senso. Sua mulher, que era toda coração e ternura, o enriquecera quando ele não possuía nada. O puro amor, o completo desinteresse eram a religião e a moral daquela nobre mulher. Como poderia desentender-me sobre o que quer que fosse com ela ou com os seus? Isso nunca ocorreu.

A opinião política deles era o bonapartismo imponderado, nutrido pela paixão contra a restauração monárquica, obra da ofensiva dos cossacos e da traição dos grandes generais do império. Eles não viam na burguesia, da qual faziam parte, uma traição flagrante, uma invasão mais decisiva. Isso não era percebido naquela época, e a queda do imperador não fora muito bem com-

História da minha vida

preendida por ninguém. Os despojos da grande armada não pensavam em imputá-la ao liberalismo doutrinário, que no entanto tinha uma boa parte de culpa. Nos tempos de opressão, todas as oposições prontamente dão-se as mãos. O ideal republicano se personificava então em Lazare Carnot,[21] e os bonapartistas puros se reconciliaram com o ideal em consideração a esse homem que fora grande com Napoleão na infelicidade e no perigo da pátria.

Eu podia, pois, continuar a ser republicana com Jean-Jacques Rousseau, e bonapartista com meus amigos de Plessis, não possuindo grandes conhecimentos da história do meu tempo, e não estando, naquele momento, muito propensa a refletir e a estudar as causas para ter algum esclarecimento na divergência dos fatos; meus amigos, como a maioria dos franceses daquela época, enxergavam essas questões de um modo tão turvo quanto eu.

[...]

Monsieur e madame Duplessis foram passar alguns dias em Paris, e embora eu ficasse na casa de minha mãe, eles iam me pegar todas as manhãs para passearmos juntos, jantar no *cabaret*, como eles diziam, e flanar à noite nos bulevares. Esse *cabaret* era sempre o Café Paris ou os Frères Provençaux; o flanar consistia em ir ao Ópera, à Porte-Saint-Martin, ou a algum mimodrama do Cirque, que reavivavam as lembranças de soldado de James. Minha mãe era convidada para ir a todos esses lugares conosco; porém, apesar de adorar esse tipo de divertimento, quase sempre me deixava ir sozinha com eles. Dava a impressão de que ela queria entregar todos os seus direitos e todas as suas funções maternais à madame Duplessis.

Em uma dessas noites, enquanto tomávamos um sorvete no Tortoni depois do espetáculo, minha mãe Angèle disse ao seu marido: "Olhe lá, é Casimir!". Um rapaz magro, muito elegante, de fisionomia alegre e postura militar aproximou-se para cumprimentá-los e dar notícias do seu pai, o coronel Dudevant, queridíssimo e respeitado pela família. Sentou-se ao lado de madame Angèle e perguntou-lhe bem baixinho quem eu era. Ela respondeu bem alto: "É minha filha". Ele dirigiu-se novamente a ela em tom bem baixo: "Então, essa é minha mulher? Lembre-se que prometeu a mim a mão

---

21 Lazare Carnot (1753-1823), matemático, físico e político francês, conhecido como *L'Organisateur de la Victoire*. (N.T.)

de sua filha mais velha, Wilfrid, se não me engano. Mas como essa parece ter uma idade mais condizente com a minha, eu aceitaria de bom grado se a senhora quiser me oferecê-la como minha noiva". Madame Angèle pôs-se a rir, porém essa brincadeira foi um presságio.

Alguns dias depois, Casimir Dudevant foi a Plessis e entrou em nossas brincadeiras infantis com uma animação e uma alegria tão espontâneas e descontraídas que só pude ver naquilo um bom augúrio em relação à sua índole. Ele não me cortejou, o que poderia ter perturbado nossa intimidade, e nem pensou nisso. Demonstrava entre nós um companheirismo tranquilo, e dizia a madame Angèle, que há muito tempo tinha o hábito de tratá-lo como seu genro: "Sua filha é um bom rapaz", enquanto do meu lado eu dizia: "Seu genro é um bom menino".

Não sei quem instigou a continuarmos a levar a brincadeira mais adiante. Tio Stanislas, apressado em ver malícia entre nós, me gritava no jardim enquanto brincávamos de barra-manteiga: "Vamos, corra atrás do *seu marido*!". Casimir, arrebatado pelo jogo, por sua vez gritava: "Solte a *minha mulher* agora mesmo!". Viemos a nos tratar de marido e mulher com tão pouco embaraço e tanta animação quanto o pequeno Norbert e a pequena Justine poderiam ter entre si.

Um dia, tendo tio Stanislas feito para mim algum comentário maldoso a esse respeito no parque, enlacei meu braço no seu e perguntei ao velho urso por que pretendia dar uma aparência cruel às coisas mais insignificantes.

Ele respondeu: "Porque você está delirando ao imaginar que irá desposar aquele rapaz. Logo logo ele terá 60 ou 80 mil libras de renda, e certamente não quer tomá-la como esposa".

— Eu lhe dou minha palavra de honra — disse a ele — que não pensei em um só instante em tê-lo como meu marido; e visto que uma brincadeira, que seria de mau tom se não acontecesse entre pessoas tão castas como somos todos aqui, pode tornar-se séria em cabeças doentes como a sua, rogarei ao *meu pai* e à *minha mãe* que a interrompam imediatamente.

Pai James, que foi a primeira pessoa que encontrei ao entrar em casa, respondeu à minha reclamação afirmando que tio Stanislas estava caducando: "Se quiser dar atenção às besteiras desse velho chinês, você nunca poderá levantar um dedo sem que ele faça algum comentário sarcástico. Não se tra-

História da minha vida

ta disso. Falemos seriamente. O coronel Dudevant tem, de fato, uma bela fortuna, uma boa renda, metade vinda de sua mulher, metade conquistada por ele; mas a metade dele é preciso considerar como pessoal e intransferível, pois vem de sua pensão como oficial reformado da Legião de Honra, de barão do império etc. Ele é proprietário apenas de uma belíssima terra na Gasconha, e seu filho, que não é filho de sua mulher, que é ilegítimo, só tem direito à metade da herança que virá da parte dele. Provavelmente ele herdará tudo do pai, porque este o ama e não possui outros filhos; mas, no final das contas, a fortuna desse rapaz nunca passará a sua, e, a princípio, será até mesmo menor. Dessa forma, não há nada que impeça que vocês se tornem marido e mulher, como tratávamos vocês dois durante a brincadeira, e esse casamento será ainda mais vantajoso para ele que para você. Fique, pois, com a consciência tranquila, e faça o que achar melhor. Acabe com essa brincadeira se fica chocada com ela; se é indiferente a você, não dê mais atenção a ela.

— É indiferente para mim — respondi —, e tenho medo de ser ridícula e de deixá-la ir longe demais preocupando-me com ela.

As coisas ficaram assim. Casimir partiu e retornou. Ao voltar, estava mais sério comigo e pediu minha mão em casamento a mim mesma com toda franqueza e clareza. "Talvez esta não seja a maneira ideal conforme os costumes", disse a mim, "mas não quero obter o primeiro consentimento a não ser única e exclusivamente de você, com toda liberdade de espírito. Se não lhe sou antipático e, contudo, não puder pronunciar-se imediatamente, preste um pouco mais de atenção em mim, e então algum dia me dirá, no momento certo, quando quiser, se me autoriza a fazer meu pai tomar a iniciativa de falar com sua mãe."

Isso me deixou bem aliviada. *Monsieur* e madame Duplessis haviam me falado tão bem de Casimir e de sua família, que eu não tinha motivos para não lhe devotar uma atenção mais séria como até então não havia feito. Achei suas palavras e seu modo de agir bastante sinceros. Ele não me falava de amor e se confessava pouco disposto a uma paixão súbita, a entregar-se ao entusiasmo, e, em todo caso, dizia-se sem jeito para exprimir-se de uma maneira sedutora. Falava de uma amizade a toda prova, e comparava a serena felicidade doméstica dos nossos anfitriões àquela que ele acreditava poder

379

jurar oferecer-me. Ele dizia: "Para lhe provar que estou seguro de minhas intenções, quero confessar-lhe que fiquei tocado, à primeira vista, pelo seu ar bondoso e sensato. Não achei você nem graciosa nem linda; não sabia quem era você, nunca tinha ouvido falar de você; e, entretanto, quando disse sorrindo a madame Angèle que você seria minha mulher, de repente senti em meu pensamento que, se tal coisa ocorresse de fato, eu seria muito feliz. Essa vaga ideia a cada dia foi ficando mais clara para mim, e quando me vi rindo e brincando com você, tive a impressão de que a conhecia há muito tempo e que éramos dois velhos amigos".

Creio que na época da minha vida em que me encontrava, e ao ter acabado de sair de tão grande indecisão entre o convento e a família, uma paixão repentina teria me deixado apavorada. Eu não a teria compreendido, e talvez me parecesse equivocada ou ridícula, como aquela do primeiro pretendente que se oferecera em Plessis. Meu coração jamais dera um passo adiante sem consultar a razão; nenhuma inquietude do meu ser perturbara meu juízo ou adormecera minha desconfiança.

Achava, portanto, os argumentos de Casimir simpáticos, e, depois de ter consultado meus anfitriões, permaneci com ele nos termos daquela doce amizade que acabava de tomar uma espécie de direito de existir entre nós.

Eu nunca fora o objeto desses cuidados exclusivos, dessa submissão voluntária e feliz que surpreendem e tocam um jovem coração. Não podia deixar de considerar sem demora que Casimir tornara-se meu melhor e mais verdadeiro amigo.

Arranjamos com madame Angèle um encontro entre o coronel e minha mãe, e até lá não fizemos planos, já que o futuro dependia do capricho desta, que poderia pôr tudo a perder. Se ela recusasse nossa união, não deveríamos mais pensar nisso e manter a boa estima que tínhamos um pelo outro.

Minha mãe foi a Plessis e ficou tocada, assim como eu, por um terno respeito pela bela fisionomia, pelos cabelos prateados e pelo ar distinto e bondoso do velho coronel. Eles conversaram entre si e com nossos anfitriões. Minha mãe me disse em seguida: "Eu disse sim, mas não de maneira a não poder descumprir esse acordo. Ainda não sei se o filho me agrada. Ele não é bonito. Eu preferiria um genro bonito para passear de braços dados

História da minha vida

comigo". O coronel enlaçou meu braço e fomos ver um prado que haviam cultivado atrás da casa, conversando o tempo todo com James sobre agricultura. Ele caminhava com dificuldade, tendo sido vítima de violentos ataques de gota. Quando o coronel, James e eu nos separamos dos outros em nosso passeio, o coronel dirigiu-se a mim com grande afeto, dizendo-me que gostara de mim de modo extraordinário e que considerava uma imensa felicidade em sua vida ter-me como sua filha.

Minha mãe ficou alguns dias em Plessis, foi amável e divertida, implicou um pouco com seu futuro genro para pô-lo à prova, achou que era um bom rapaz e partiu nos dando permissão de permanecermos juntos sob a vigilância de madame Angèle. Ficou combinado que aguardaríamos a volta de madame Dudevant a Paris para fixarmos a data do casamento; madame Dudevant fora passar algum tempo com sua família em Mans. Até lá, os pais de ambas as partes deveriam tomar conhecimento das fortunas recíprocas, e o coronel precisaria determinar o quanto de seu dinheiro e bens ele queria garantir para o futuro do seu filho.

Ao fim de quinze dias, minha mãe caiu como uma bomba em Plessis. Ela havia *descoberto* que Casimir, em meio a uma vida desregrada, durante algum tempo fora garçom de um café. Não sei de onde ela pescara essa ideia maluca. Acho que tivera um sonho na noite anterior e o levara a sério. Essa afronta foi acolhida por risos que a deixaram furiosa. James então achou melhor responder-lhe com seriedade, dizendo-lhe que quase nunca deixara de ver a família Dudevant, e que Casimir jamais se metera em qualquer desordem. Casimir, por sua vez, também achou melhor protestar que não havia vergonha alguma em ser garçom de café, mas que nunca deixara a escola militar, a não ser para servir em campanha como subtenente, e nunca deixara a armada sob licença, a não ser para fazer seu curso de direito em Paris, morando na casa do seu pai e gozando de uma boa pensão, ou seguindo-o em campanha militar em que servia em situação vantajosa por ser um rapaz de família, e que nunca tivera, nem durante oito dias, nem mesmo doze horas, *tempo de folga* para servir em um café. Mas mamãe estava obstinada com sua ideia tresloucada, julgando que estavam caçoando dela, e, levando-me para fora, estendeu-se distribuindo invectivas delirantes contra madame Angèle, seus costumes, o ambiente de sua casa e as *intrigas* dos Duplessis, que se especializaram no negócio de casar herdeiras ricas com aventureiros para tirar sua parte na transação etc. etc.

Mamãe encontrava-se em um paroxismo tão violento que tive medo que ela perdesse a razão. Dessa forma, esforcei-me para distraí-la, dizendo-lhe que estava pronta para preparar minhas malas e partir com ela; afirmei--lhe ainda que em Paris ela poderia conseguir todas as informações que desejasse, e que, enquanto ela não ficasse satisfeita, não veríamos mais Casimir. Depois de expor minha decisão a ela, acalmou-se logo e disse: "Sim, sim! Vamos arrumar nossas malas!". Porém, mal comecei a arrumar minhas coisas, voltou a dirigir-se a mim: "Depois de refletir bastante, estou indo. Não gosto mais, cansei daqui. Mas você, que gosta daqui, permaneça por aqui. Vou atrás de informações e logo lhe farei saber o que me disseram a respeito desse rapaz, Casimir, e de sua família".

Ela partiu naquela mesma noite, e voltou a fazer cenas do mesmo gênero, e, em suma, sem fazer-se muito de rogada, deixou-me em Plessis até a chegada de madame Dudevant a Paris. Vendo então que ela dava sequência às formalidades de um possível casamento e me chamava para que me encontrasse com ela com intenções que me pareciam sérias, fui ao local do encontro, à rua Saint-Lazare, em um apartamento novo bem pequeno e muito feio, que ela alugara atrás do velho Tivoli. Das janelas do meu gabinete de toalete, eu avistava esse vasto jardim, e durante o dia podia, por uma módica contribuição, passear por ele com meu irmão, que acabara de chegar e se instalara em um entressolho logo abaixo de nosso apartamento.

Hipollyte terminara seu tempo de serviço militar, e, embora às vésperas de ser nomeado oficial, não quis renovar seu alistamento. Tomara horror à vida militar, na qual se lançara com paixão. Contara com um avanço mais rápido nessa carreira; mas vira bem que o abandono dos Villeneuve estendera-se a ele, e amargava o posto de soldado de guarnição, patente embrutecedora para a inteligência e infrutífera para o futuro, que não dava esperanças de participação no *front* de batalha nem de condecorações com honrarias.

Ele conseguia viver sem miséria com sua parca pensão, e convidei-o — sem oposição de minha mãe, que gostava muito dele — para vir morar comigo até que pudesse, como era o seu propósito, providenciar uma nova carreira.

Sua intervenção entre minha mãe e mim foi muito boa. Ele sabia muito melhor que eu como lidar com aquela índole doentia. Ria quando ela se

História da minha vida

exaltava demais, lisonjeava-a ou zombava dela. Chegava até mesmo a repreendê-la, e ela se resignava a tudo o que viesse dele. Sua *pele* de hussardo não era tão fácil de ferir quanto minha suscetibilidade de mocinha, e a indiferença que ele demonstrava diante dos ataques de mamãe tornavam-nos tão inúteis que ela logo se cansava e desistia de continuar com suas rabugices. Ele me reconfortava da melhor forma que podia, achando que eu era boba por deixar-me afetar tanto por aquelas mudanças repentinas de humor, que lhe pareciam coisas bem pequenas comparadas ao que se passava nos calabouços e às brigas e discussões no regimento.

Madame Dudevant veio fazer sua visita oficial a minha mãe. Com certeza não era superior à minha mãe no que diz respeito à inteligência e ao coração, mas trazia maneiras de grande dama e aparentava ser um anjo de doçura. Deixei-me levar cegamente pela simpatia que seu arzinho sofredor, sua voz fraca e sua linda fisionomia distinta inspiravam desde o início e me inspiraram, a mim, mais tempo do que eu pensava. Mamãe recebeu elogios por sua inteligência e por estar atualizada com o que ocorria no seu tempo, qualidades que tocavam justamente no ponto sensível do seu orgulho. O casamento foi decidido; depois foi questionado, depois foi rompido e retomado conforme a vontade dos caprichos que duraram até o outono e que ainda renderam-me muitas infelicidades que chegaram a me deixar doente; mesmo tendo compreendido melhor, com a ajuda do meu irmão, que no fundo minha mãe me amava e que não pensava nas afrontas que dizia, eu não conseguia habituar-me com a alternância entre uma alegria exagerada e um estado colérico sombrio, entre uma expansiva ternura e uma aparente indiferença ou aversão fantasiosa.

Nunca mais voltou a se dar bem com Casimir. Ficou embirrada com ele, porque, segundo ela, seu nariz não lhe agradava. Ela aceitava suas atenções e divertia-se enchendo sua paciência, que não era tão grande e que, no entanto, se mantinha com a ajuda de Hipollyte e com a intervenção de Pierret. Mas ela me dizia as piores coisas possíveis a respeito dele, e suas acusações carregavam tanta falsidade que era impossível não provocar uma reação de indulgência ou de piedade nos corações que ela almejava corromper ou desabusar.

Finalmente ela se decidiu, depois de discussões difíceis e muito desagradáveis. Queria casar-me sob o regime dotal, e *monsieur* Dudevant pai opunha alguma resistência a esses termos por causa das demonstrações de desconfiança contra o seu filho que mamãe deixava claro cada vez que se exprimia sem cerimônias. Eu encorajara Casimir a resistir o máximo possível àquela medida conservadora da propriedade, que quase sempre resultava em sacrifícios à liberdade moral do indivíduo em favor da rigidez tirânica do imóvel. Por nada nesse mundo eu teria vendido a casa e o jardim de Nohant, mas estaria disposta a negociar uma parte das terras, a fim de obter uma renda proporcional às despesas que a relativa importância da propriedade me impunha. Sabia que sempre faltara dinheiro a minha avó por causa dessa desproporção; meu marido, porém, teve de ceder diante da obstinação de minha mãe, que deleitava-se com o prazer de praticar um derradeiro ato de autoridade.

Casamo-nos em setembro de 1822, e depois das visitas e da viagem de núpcias, após uma estada de alguns dias na casa de nossos queridos amigos de Plessis, partimos com meu irmão para Nohant, onde fomos recebidos com alegria pelo bom Deschartres.

Capítulo 9[22]
Regresso a Nohant. — Trabalhos em bordado moralmente úteis às mulheres. — Equilíbrio desejável entre a fadiga e o lazer. — Meu pintarroxo. — Deschartres deixa Nohant. — Nascimento do meu filho. — Deschartres em Paris. — Inverno de 1824 em Nohant. — Mudanças e melhoras que me levam à melancolia. — Verão em Plessis. — As crianças. — O ideal em sua companhia. — Aversão pela vida prática. — Ormessom. — Funerais de Luís XVIII em Saint-Denis. — O jardim deserto. — Os Ensaios de Montaigne. — Retornamos a Paris. — O abade Prémord. — Retiro no convento. — Aspirações à vida monástica. — Maurice no convento. — Irmã Hélèna nos expulsa.

Passei o inverno de 1822-1823 em Nohant, muito doente, mas absorvida pelo sentimento do amor materno que se revelava a mim através dos mais

---

22 Esta parte foi escrita em 1853 e 1854. (N.A.)

História da minha vida

doces sonhos e das mais vivas aspirações. A transformação que se opera nesse momento na vida e nos pensamentos da mulher é, em geral, completa e repentina. Ela se deu em mim assim como se dá em grande parte das mulheres. Os anseios da inteligência, da inquietude dos pensamentos, das curiosidades advindas do estudo, assim como da observação, tudo desapareceu tão logo o doce fardo se fez sentir, e antes mesmo que os seus primeiros sobressaltos me tivessem manifestado a sua existência. A Providência quer que, nessa fase de expectativa e de esperança, a vida física e a vida do sentimento predominem. Por isso as vigílias, as leituras, os devaneios, em suma, a vida intelectual foi naturalmente suprimida, e sem o menor mérito nem o menor lamento.

O inverno foi longo e rigoroso; uma neve espessa cobriu, por bastante tempo, a terra endurecida antecipadamente pelas fortes geadas. Meu marido também adorava o campo, se bem que de um modo diferente de mim, e, aficionado pela caça, deixava-me em casa desfrutando de extensos períodos de lazer que eu ocupava fazendo o enxoval do bebê. Nunca havia costurado em minha vida. Embora dizendo que essa era uma atividade que toda mulher deveria saber, minha avó nunca me encorajara a ter interesse pela costura, e eu me considerava totalmente inapta para ela. Mas, quando esse trabalho teve por objetivo vestir a criaturinha que eu via em todos os meus sonhos, lancei-me nessa tarefa com uma espécie de paixão. Minha querida amiga Ursula veio visitar-me e passou-me as primeiras noções do *ponto básico* e da maneira de fazer uma *prega*. Fiquei surpresa de ver o quanto era fácil; mas, ao mesmo tempo, compreendi que em simples detalhes, como em tudo, é possível o toque da invenção, além da *mestria* da manipulação das agulhas, tesouras e tecidos.

Depois que peguei gosto pela costura, essa atividade tornou-se para mim uma recreação em que diversas vezes me vi tomada por um entusiasmo tão grande que chegava a alcançar estados febris. Tentei até mesmo bordar gorrinhos, mas limitei-me a confeccionar apenas dois ou três: se fizesse mais deles teria corrido o risco de perder a vista. Eu enxergava bem de longe, tinha uma visão excelente; mas de perto quase não enxergava nada. Não consigo distinguir pequenos objetos, e contar os fios de uma musselina, ler uma letra miúda, enfim, olhar de perto é um sofrimento que chega a causar-me vertigens e me dá a impressão de que espetam mil agulhas no meu crânio.

Muitas vezes ouvi mulheres de talento afirmarem que os trabalhos domésticos, em particular os de corte e costura, são embrutecedores, insípidos e fazem parte da escravidão à qual condenaram nosso sexo. Não tenho gosto pela teoria da escravidão, mas nego que essas atividades sejam consequência dela. Sempre pareceu-me que esses trabalhos exercem em nós um atrativo natural, invencível, pois senti essa atração em todas as épocas de minha vida, e às vezes essas práticas mostraram-se um calmante muito eficaz para minhas grandes agitações do espírito. Sua influência só é embrutecedora para aqueles que as menosprezam e que não sabem investigar o que é possível ser encontrado em tudo: os esforços empreendidos e detalhes que estão por trás do que é *bem-feito*. O homem que trabalha com a enxada não realiza uma tarefa mais dura e tão monótona quanto a mulher que cose? Contudo, o bom trabalhador que é rápido em sua prática com a enxada e nunca se entedia com essa atividade irá lhe dizer sorrindo que *ama a labuta*.

Amar a labuta é uma expressão simples e profunda do camponês, que todo homem e toda mulher podem interpretar sem o risco de encontrar nisso a base da lei do servilismo. É por aí, ao contrário, que nosso destino escapa a essa rigorosa lei do homem explorado pelo homem.

A labuta é uma lei natural da qual nenhum de nós pode fugir sem cair no mal. Nas conjecturas e aspirações socialistas desses últimos tempos, certos espíritos acreditam ter resolvido o problema do trabalho ao imaginar um sistema de máquinas que suprima completamente os esforços e o esgotamento físico. Se isso fosse concretizado, o abuso da vida intelectual seria tão deplorável quanto o é hoje em dia a falta de equilíbrio entre esses dois modos de existência. Buscar esse equilíbrio, eis o problema a ser resolvido: conseguir que o homem de *labuta* tenha uma parte suficiente do seu dia dedicada ao lazer, e que o homem de lazer tenha uma parte suficiente de labuta, é o que exige de modo absoluto a vida física e moral de todos os homens; e, se não conseguirmos alcançar esse equilíbrio, não esperemos nos deter nessa ladeira de decadência que nos arrasta ao fim de toda felicidade, de toda dignidade, de toda sabedoria, de toda saúde do corpo, de toda lucidez do espírito. Estamos descendo rápido essa ladeira, não devemos dissimular esse fato.

A meu ver, a causa não é outra senão esta aqui: uma parte da humanidade tem o espírito livre em demasia, e a outra o tem por demais acorrentado.

História da minha vida

Vocês buscarão em vão formas políticas e sociais; serão necessários, antes de tudo, novos homens. A geração de agora está doente até a medula dos ossos. Depois de uma tentativa da república em que o real objetivo, logo de saída, era procurar restabelecer, tanto quanto possível, a igualdade de condições, reconheceu-se que não é suficiente tornar os cidadãos iguais perante a lei. Até arrisco pensar que não teria sido suficiente torná-los iguais perante a fortuna. Seria preciso poder torná-los iguais diante do senso da verdade.

De um lado, excesso de ambição, de lazer e de poder; de outro, excesso de indiferença pela participação no poder e nos nobres lazeres, eis o que se encontrou no fundo desta nação de onde o homem verdadeiro desapareceu, se é que já existiu algum dia. Homens do povo iluminados por uma súbita inteligência e impelidos por grandes aspirações surgiram, e encontraram-se sem influência e sem prestígio sobre o seu irmão. Esses homens em geral eram sábios e preocupavam-se em conseguir alguma solução para o problema do trabalho. A massa lhes respondia: "Sem trabalho, ou mantenha-se a velha lei do trabalho. Temos necessidade de um mundo totalmente novo; se não oferecem isso, não nos tirem de nossa jornada de trabalho por quimeras. O necessário garantido, ou o supérfluo sem limites; não vemos meio-termo possível, não acreditamos nele, não queremos experimentá-lo, não podemos esperá-lo".

No entanto, será necessário que se passe por isso. Nunca as máquinas tomarão o lugar dos homens de uma maneira absoluta; graças aos céus, pois isso seria o fim do mundo. O homem não foi feito para pensar o tempo inteiro. Quando pensa demais ele se torna louco, do mesmo modo que se torna estúpido quando não pensa o bastante. Pascal já disse: "Não somos nem anjos nem bestas".

E quanto às mulheres, que tanto quanto os homens sentem necessidade da vida intelectual, elas também anseiam por trabalhos manuais apropriados à sua força. Tanto pior para aqueles que não sabem entregar-se a essas atividades nem com gosto, nem com perseverança, nem com habilidade, nem com a coragem que é a satisfação na labuta. Esses não são nem homens nem mulheres.

O inverno é lindo no campo, digam o que disserem. Não era o meu primeiro, e ele passou tão rápido como um dia, exceto seis semanas que fiquei de cama em completa inação. Esta prescrição de Deschartres pareceu-me muito rigorosa. Mas o que eu não teria feito para conservar a esperança de ser mãe? Era a primeira vez que me via prisioneira em meu quarto por motivo de saúde. Porém, tive uma compensação imprevista. A neve estava tão espessa e caía tanto naquele momento que os pássaros, morrendo de fome, deixavam que os pegássemos nas mãos. Levaram ao meu quarto todos os tipos de passarinhos, cobriram meu leito com uma tela verde, em cada canto fixaram grandes galhos de pinheiro, e passei meus dias de cama nesse bosque, cercada de tentilhões, pintarroxos, verdilhões e pardais que, tornando-se mansinhos repentinamente por causa do calor e do alimento, vinham comer em minhas mãos e se aquecer no meu colo. Quando saíam de sua paralisia, eles voavam pelo quarto, no início com alegria, depois por ficarem inquietos, e então eu pedia que abrissem a janela para eles. Levavam-me outros que degelavam do mesmo modo e que, após algumas horas ou alguns dias de intimidade comigo (isso variava segundo as espécies e o grau de sofrimento que haviam experimentado), reclamavam por sua liberdade. Acontece que me trouxeram de volta alguns passarinhos que eu já soltara depois de lhes ter feito algum tipo de marca. Estes pareciam realmente reconhecer-me e retomavam posse de sua casa de saúde depois de uma recaída.

Um pintarroxo singular obstinou-se em morar comigo. A janela foi aberta vinte vezes; vinte vezes foi até o batente, olhou a neve, experimentou suas asas ao ar livre, fez como que uma reverência e entrou novamente, com a figura expressiva de um personagem razoável que permanece onde se encontra bem. Ficou comigo até a metade da primavera, mesmo com as janelas abertas durante dias inteiros. Era o mais espirituoso e o mais amável dos hóspedes, esse passarinho. De uma petulância, audácia e alegria inauditas. Empoleirado no alto do suporte de lenhas, nos dias frios, ou na ponta do meu pé estendido diante do fogo, era tomado, à vista das chamas brilhantes, de verdadeiros acessos de loucura. Lançava-se bem no meio da lareira, atravessava as chamas com um voo rápido e retornava tomando seu lugar sem ter uma só pena queimada. No começo, esse ato insensato me deixava apavorada, porque já tinha um grande carinho por ele; mas me habituara com aquilo ao ver que saía impune do seu ato insano.

História da minha vida

Ele tinha gostos tão estranhos quanto seus exercícios, e, curioso para experimentar de tudo, teve indigestões com vela e patê de amêndoas. Em uma palavra, deixou-se domesticar a tal ponto que teve muita dificuldade para habituar-se novamente à vida selvagem, quando, depois de ceder ao magnetismo do sol, lá pelo dia 15 de abril, finalmente ganhou a liberdade no jardim. Durante muito tempo o vimos voar de galho em galho ao nosso redor, e eu nunca saía a passeio sem que ele viesse dar pios e esvoaçar próximo a mim.

Meu marido se deu bem com Deschartres, que terminara seu contrato de arrendamento de Nohant. Eu prevenira *monsieur* Dudevant do caráter mandão e irascível de Deschartres, e ele prometeu tratá-lo com gentileza. Manteve sua palavra, mas estava ansioso, naturalmente, por tomar posse da autoridade em nossos negócios, e, por sua vez, Deschartres desejava se ocupar exclusivamente com os seus. Consegui que meu marido o convidasse para morar conosco pelo resto de sua vida, e empenhei-me com intensidade nesse propósito. Tinha a impressão de que Deschartres não conseguiria viver em outro lugar, e não me enganava; mas ele recusou expressamente, dizendo-me, com ingenuidade, a razão: "Há 25 anos que sou o único senhor absoluto nessa casa, dirigindo todas as coisas, dando ordens para todo mundo e não sendo controlado a não ser por mulheres, pois seu pai jamais se envolveu com nada. Seu marido não me causou nenhum desprazer, porque não se meteu em minha gestão. Agora que minha administração terminou, sou eu que o aborreceria, sem querer, com minhas críticas e contradições. Eu me entediaria sem ter nada para fazer, e ficaria ofendido por não ser escutado; e depois, quero agir e administrar por minha conta. Você sabe que sempre tive o plano de fazer fortuna, e sinto que o momento é esse".

A firme ilusão do meu pobre pedagogo tinha ainda menos probabilidade de ser combatida do que o seu apetite de dominação. Ficou decidido que ele deixaria Nohant no dia de São João, isto é, 24 de junho, quando terminaria o seu contrato. Partimos antes dele para Paris, onde, depois de alguns dias em Plessis na casa de nossos queridos amigos, aluguei um pequeno apartamento mobiliado, no hotel Florence, na rua Neuve-des-Mathurins, propriedade de um antigo chefe de cozinha do imperador. Esse homem, que se chamava Gaillot, honestíssimo e pessoa excelente, contraíra, nesse serviço em que tinha que estar disponível a qualquer hora, o estranho hábito de nunca ir se deitar. Sabe-se que estar disponível para o imperador queria dizer estar sempre a postos para servir-lhe um frango assado no mesmo instante, a qualquer hora do dia ou da noite. A vida de Gaillot fora consagrada à presença desse frango no espeto, e ele, encarregado de tomar conta do seu preparo, dormira por dez anos em uma cadeira, completamente vestido, sempre em estado de alerta para pôr mãos à obra a qualquer momento. Esse regime árduo não o poupara da obesidade. E ele continuava tão obeso que não conseguia mais deitar-se em uma cama sem ficar sufocado; além disso, reclamava que só podia dormir bem com um olho fechado. Gaillot morreu de uma doença do fígado entre os 50 e 60 anos. Sua mulher fora camareira da imperatriz Josefina.

Foi no hotel que eles haviam mobiliado que encontrei, no fundo do segundo pátio onde cultivaram um jardim, um pequeno pavilhão em que meu filho Maurice veio ao mundo, no dia 30 de junho de 1823, sem acidentes e cheio de vivacidade. Esse foi o mais belo momento de minha vida, quando, depois de uma hora de sono profundo que se sucedeu às dores terríveis do parto, vi, ao acordar, a criaturinha dormindo em meu travesseiro. Sonhara tanto com ele antes de seu nascimento, e estava tão fraca, que não tinha muita certeza se aquela figurinha em minha cama era real ou se ainda estava sonhando. Receava fazer qualquer movimento e ver a suposta visão dissipar-se como nos outros dias.

Mantiveram-me no leito muito mais tempo que o necessário. Em Paris, é costume tomar mais precauções com as mulheres nessa situação; no campo, as pessoas agem de modo bem diverso. Quando fui mãe pela segunda vez, levantei-me no segundo dia e já me encontrava forte e cheia de disposição.

Eu mesma amamentei meu filho, como mais tarde amamentei sua irmã. Minha mãe foi sua madrinha, e meu sogro, seu padrinho.

Deschartres chegou de Nohant pleno dos seus projetos de fortuna e todo empertigado em seu velho traje azul-claro com botões dourados. Ostentava um ar tão provinciano em sua vestimenta fora de moda que se viravam nas ruas só para olhar para ele. Mas ele nem ligava e passava por todos em sua majestade. Examinou Maurice com toda atenção, tirou seus cueiros e virou-o de todos os lados para se assegurar de que não havia nada a corrigir

História da minha vida

ou a criticar. Não fez nenhum carinho no menino: aliás, não lembro de ter visto uma carícia, nem um beijo sequer da parte de Deschartres em quem quer que fosse, mas manteve Maurice em seu colo dormindo e ficou observando-o por um longo período. Depois, satisfeito por ter examinado a criança, voltou a dizer que já era hora de ir viver sua própria vida.

Passei o outono e o inverno seguintes em Nohant, totalmente ocupada com Maurice. Na primavera de 1824, fui tomada por uma grande melancolia cuja causa não saberia dizer. Ela estava em tudo e em nada. Nohant foi melhorada, mas sofrera várias alterações: a casa mudara de hábitos, o jardim fora transformado. Havia mais ordem e menos abuso dos empregados; os aposentos estavam em melhores condições, as aleias, mais bem alinhadas, o parque, mais vasto; fizeram lenha das árvores mortas, sacrificaram os velhos cães doentes e esquálidos, venderam os cavalos que já não serviam para as necessidades da casa; em uma palavra, renovaram tudo. Com certeza, ficara muito melhor. Tudo isso, além do mais, ocupava e satisfazia meu marido. Eu aprovava tudo e, no que diz respeito ao que entendia ser um plano razoável, não tinha nada a lamentar; mas o espírito tem suas esquisitices. Quando tal transformação foi operada, quando não vi mais o velho Phanor apossar-se da lareira e colocar suas patas enlameadas no tapete, quando me fizeram saber que o velho pavão, que comia na mão de minha avó, não comeria mais os morangos do jardim, quando não encontrei mais os recantos sombrios e abandonados para onde eu levara meus brinquedos de criança e os sonhos de minha adolescência, quando, em suma, um novo interior me falou de um futuro onde minhas alegrias e dores passadas não entrariam comigo, fiquei perturbada e, sem refletir, sem ter consciência de nenhum mal presente, senti-me aniquilada por um novo enfado da vida que mais uma vez tomou um caráter doentio.

Em uma manhã, durante a refeição, sem nenhum motivo imediato de contrariedade, me vi subitamente sufocada pelas lágrimas. Meu marido ficou aturdido. Eu não podia dar a ele outra explicação senão a de que eu já experimentara semelhantes acessos de desespero sem causa, e que provavelmente aquele estado era fruto de um cérebro fraco ou transtornado. Essa era também sua opinião, e atribuiu aquele mal à estada em Nohant, à perda ainda muito recente de minha avó, da qual todo mundo falava de modo muito triste, ao ar da região, às causas exteriores, enfim, a uma espécie de tédio que ele mesmo sentia a despeito da caça, dos passeios e da atividade de sua vida de proprietário. Confessou-me que não estava nada satisfeito em Berry e que preferia tentar viver em qualquer outro lugar. Concordamos nesse ponto e partimos para Plessis.

Em consequência de um arranjo pecuniário, que nossos amigos quiseram fazer conosco para me pôr à vontade, passamos o verão com eles e ali encontrei novamente a distração e o ambiente propício para não pensar em nada, condições tão necessárias à juventude. A vida em Plessis era encantadora, a amabilidade dos donos da casa se refletia nos humores diversos dos seus numerosos hóspedes. Encenavam comédias, caçavam no parque, davam grandes passeios, recebiam tanta gente que era fácil para cada um escolher um grupo de preferência para ficar em companhia. Meu grupo era formado pelo que havia de mais infantil no castelo. Desde os mais pequerruchos até as mocinhas e os mocinhos, primos, sobrinhos e amigos da família, o grupo era composto de mais ou menos doze pessoas, que aumentava ainda mais com as crianças e os adolescentes da granja. Não sendo a mais velha do bando, porém a única casada, tinha o comando natural dessa turma respeitável.

[*Na continuação deste capítulo, a autora comenta que, depois de alguns dias com a família Duplessis, resolveu com o marido morar em Ormesson, num apartamento onde realizaram vários serões com amigos e familiares. A autora rememorou o falecimento de Luís XVIII, em 16 de outubro de 1824, que provocou um luto social de grande repercussão — e todas as mulheres se vestiram de preto, e mesmo ela (Sand), que não se sentia com vontade de fazer igual, achou melhor aderir à maioria para não chamar a atenção. Foi nos jardins da nova moradia, em Ormesson, enquanto Maurice brincava, que a autora conseguiu ler os Ensaios de Montaigne.[23] O marido saía muito para resolver seus negócios, chegando a pernoitar às vezes em Paris, enquanto ela aos poucos foi retomando um forte sentimento de solidão que a incomodava antes, resolvendo buscar novamente outra residência para morar com seu marido em Paris, onde tentaria ficar menos isolada. Também, nesse período, foi ao encontro das orientações do Abade Prémond para se reestabelecer. E, depois de escutá-lo, passou alguns dias no próprio convento com a autorização do seu marido e da Madre*

---

23 Michel Eyquem de Montaigne (1533-1592), filósofo e escritor francês, considerado o inventor do ensaio pessoal. (N.T.)

Eugénie, na época a diretora do estabelecimento. Porém, diante de contrariedades ocorridas com a irmã Hélène, que estava bem diferente de quando haviam se conhecido, implicando com o seu filho Maurice, achou melhor deixar em definitivo o lugar, concluindo que não mais encontraria no convento o que procurava para a sua vida, além das amizades e da saudade dos dias da infância.]

Capítulo 10

Émilie de Wismes. – Sidonie Macdonald. – *Monsieur* de Sémonville. – As *demoiselles* B***. – **Morte misteriosa de Deschartres, talvez um suicídio.** – Meu irmão começa a dar cabo, por sua própria conta, de uma paixão funesta. – Aimée e Jane em Nohant. – Viagem aos Pirineus. – Fragmentos de um diário escrito em 1825. – Cauterets, Argelez, Luz, Saint-Sauveur, Le Marborée etc. – Os pastores descem da montanha. – Passagem dos rebanhos. – Um sonho da vida pastoral apodera-se de mim. – Bagnères-de-Bigorre. – A gruta de Nossa Senhora de Lourdes. – Susto retrospectivo. – Partida para Nérac.

[A autora retoma neste capítulo o momento da mudança que fez para Paris com seu marido, Casimir, e o filho, Maurice, de apenas um ano e meio de idade. Mudança esta que foi antecedida por uma estada de quinze dias muito agradáveis na casa da tia Lucie, em companhia da prima querida Clotilde, além de muita música e diversão constante, sem contar ainda os encontros com antigas amigas que estavam na cidade. A autora também comenta que Deschartres, na ocasião, já residia num pequeno e bem montado apartamento na Place Royale.]

Na primavera de 1825 retornamos a Nohant, e três meses se passaram sem que Deschartres me desse notícias. Surpresa por ver minhas cartas sem resposta, e não podendo recorrer ao meu sogro, que deixara Paris, pedi informações na Place Royale.

O pobre Deschartres havia morrido. Arriscara toda sua pequena fortuna e perdera tudo em uma empresa malsucedida. Guardara completo silêncio até o seu último minuto de vida. Fazia muito tempo que ninguém mais sabia do seu paradeiro e nem havia nenhuma notícia a seu respeito. Legara sua mobília e todos os seus pertences a uma lavadeira que cuidara dele com devoção. De resto, não mandou mais lembranças, não expressou nenhuma queixa ou lamento, não procurou nem se despediu de ninguém. Desaparecera por completo, carregando o segredo de sua ambição frustrada ou de sua confiança traída; provavelmente sereno, pois, em tudo o que dizia respeito unicamente a ele, tanto nos sofrimentos físicos como nos sonhos de fortuna, era um verdadeiro estoico.

Essa morte afetou-me mais do que tenho vontade de expressar. Se experimentara de início uma espécie de alívio involuntário por estar livre do seu dogmatismo cansativo, logo no mesmo instante senti que com a morte dele perdia a presença de um coração dedicado e a troca de ideias com um espírito notável bastante considerado. Meu irmão, que o execrara como a um tirano, lastimou seu fim, mas não o chorou. Minha mãe não foi prestar sua última homenagem diante do seu túmulo, e escreveu: "Finalmente Deschartres já não faz parte deste mundo!". Muitas pessoas que o conheceram não expressaram as boas lembranças que se espera serem evocadas em homenagem a alguém que se vai para sempre.

[*A autora desconfiou que Deschartres talvez tivesse se matado, porque, na ocasião do acidente mortal de seu pai, Maurice, ele tinha lhe confessado que havia passado pela sua cabeça estourar os próprios miolos ante tamanha tristeza. A autora ainda fala de Hippolyte, enfocando a maneira espirituosa de ele viver e de se suicidar lentamente, pois era uma pessoa afetuosa e inteligente — lembrava ela —, mas que, aos poucos, deixava-se dominar pelo vício, ficando em estado permanente de embriaguez, tornando-se cada vez mais embrutecido perto de quem amava, sobretudo sua esposa, Émile de Villeneuve, e a filha, Léontine. A autora termina o capítulo apresentando um diário seu, iniciado ao completar 21 anos, em 1825. Tratava-se de uma pequena caderneta de bolso que trazia observações a respeito das viagens com o marido e os amigos. Um registro que, por sinal, ela disse ter lhe servido de guia não somente das paisagens e das pessoas encontradas pelo caminho aos Pireneus, a Chalus, Périgueux, Tarves, Cauterets, Luz, mas do estado íntimo em que se via naquele período.*]

Capítulo 11
Guillery, o castelo do meu sogro. — As caças à raposa.
— *Peyrounine* e *Tant-belle*. — Os gascões, pessoas excelentes e
muito difamadas. — Os camponeses, os burgueses e os fidalgos

História da minha vida

grandes comilões, esplêndidos preguiçosos, bons vizinhos e bons amigos. — Viagem a Brède. — Digressão sobre os pressentimentos. — Regresso por Castel-Jaloux, de noite, a cavalo, no meio da floresta, com a escolta de lobos. — Pombo devorado pelos lobos. — Eles vêm embaixo de nossas janelas. — Um lobo come à porta do meu quarto. — Meu sogro é atacado por quatorze lobos. — Os espanhóis pastores nômades e bandidos nos Landes. — O cultivo e a colheita da cortiça. — Beleza dos invernos nessas regiões. — Morte do meu sogro. — Retrato e caráter de sua viúva, a baronesa Dudevant. — Infortúnio de sua situação. — Retorno a Nohant. — Paralelo entre a Gasconha e o Berry. — Blois. — O Mont-d'Or. — Ursula. — *Monsieur* Duris-Dufresne, deputado do Indre. — Uma canção. — Grande escândalo em La Châtre. — Rápido resumo de diversas pequenas viagens e circunstâncias até 1831.

[*Neste capítulo, a autora conta a viagem a Guillery com o marido à casa de seus pais: Monsieur e Madame Dudevant. Descreve um pouco o castelo dos Dudevant, a paisagem e o povoado com suas características, principalmente em comparação a Berry. Enfatiza a presença de muitos lobos na região, chegando a relatar episódios vivenciados pela própria família Dudevant a esse respeito. Vale mencionar o que a autora comenta da excursão com Casimir — de Bordeaux a Brède —, em especial quando instalados na casa da amiga Zoé, que a apoiou enormemente diante de um enfrentamento de contrariedade, a qual não é revelada diretamente no texto. A autora lembra, com pesar, o falecimento do sogro, ocorrido na mesma viagem a Guillery, no ano de 1825. Um homem que, segundo ela, era admirável tanto pelo seu bom humor quanto pela docilidade.*

Ao final, escreve que, de 1826 a 1831, permaneceu em Nohant, ausentando-se apenas em breves situações, o que lhe teria ajudado na tomada de decisão sobre sua própria vida daí em diante. Nesse meio-tempo, descreve rapidamente o nascimento da filha, Solange, em 1828, como um acontecimento prematuro decorrente do susto que tomou da sobrinha, Léontine, filha de Hippolyte, que, numa certa madrugada, acordou aos gritos por causa de um pesadelo. Foi em 1831 que ela resolveu partir com a filha Solange para Paris, deixando o filho, Maurice, durante três meses com seu marido e sob os cuidados de seu preceptor. O objetivo principal dela, então, era tornar-se escritora.]

Capítulo 12

Rápido olhar sobre alguns anos esboçados no capítulo anterior. — Lar perturbado. — Sonhos dissipados. — Minha religião. — A questão da liberdade de culto não implica a liberdade de abster-se do culto exterior. — Doce morte de uma ideia fixa. — Morte de um grilo. — Projetos de um futuro ao meu modo, vagos, mas persistentes. — O porquê desses projetos. — A gestão de um ano de rendas. — Minha demissão. — Espécie de interdição de fato. — Meu irmão e seu doloroso vício. — Os ventos salgados, as fisionomias salgadas. — Tentativa de uma profissão. — O museu de pintura. — Revelação da arte, sem certeza de nenhuma especialidade. — Inaptidão pelas ciências naturais apesar do amor pela natureza. — Concedem-me uma pensão e a liberdade. — Deixo Nohant por três meses.

Eu vivera muito naqueles poucos anos. Parecia-me mesmo ter vivido cem anos sob o império da mesma ideia, tanto que me sentia cansada de uma alegria sem expansão, de um lar sem intimidade, de uma solidão que se tornou absoluta diante do barulho e da embriaguez em torno de mim. No entanto, não tinha nada a lastimar seriamente de algum mau procedimento direcionado a mim, e, ainda que algo assim tivesse ocorrido, não teria consentido a mim mesma aperceber-me de tal coisa. Os desregramentos do meu pobre irmão e daqueles que se deixavam arrastar por ele não chegaram ao ponto em que não me sentia mais capaz de lhes inspirar algum tipo de temor, não de condescendência, mas de respeito instintivo. Havia empenhado, de minha parte, toda tolerância possível. Enquanto limitavam-se a ser disparatados, importunos, barulhentos, até mesmo desarranjados e muito repugnantes, eu tratava de rir, e estava habituada a suportar um tom de galhofa que no começo me revoltara. Mas, quando os nervos entravam em cena, quando tornavam-se obscenos e grosseiros, quando meu próprio irmão, há tanto tempo submisso e arrependido diante das minhas advertências, tornava-se brutal e perverso, eu me fazia de surda e, tanto quanto me era possível, exibia um semblante como se nada houvesse acontecido e recolhia-me ao meu quartinho.

História da minha vida

Ali, sabia muito bem ocupar-me e distrair-me da algazarra de fora, que amiúde durava até seis ou sete horas da manhã. Eu me habituara a trabalhar de madrugada ao lado de minha avó doente; agora tinha outros doentes, que não precisavam de cuidados, mas que era obrigada a ouvi-los divagar.

Porém, a solidão moral era profunda, absoluta, e teria sido mortal a uma alma meiga e a uma jovem ainda na flor da idade se não fosse preenchida por um sonho que tomara a importância de uma paixão, não em minha vida, já que a sacrificara ao dever, mas em meu pensamento. Um ser ausente, com o qual conversava sem cessar, a quem eu revelava todas as minhas reflexões, todos os meus devaneios, todas as minhas humildes virtudes, todo meu entusiasmo platônico, uma criatura excelente na realidade, mas que revesti de todas as perfeições que a natureza humana não comporta, um homem, enfim, que me aparecia em determinados dias, às vezes em certas horas, no decorrer de um ano, e que, tão romanesco ao meu lado quanto eu mesma, não provocara nenhum temor em minha religião, nenhum problema em minha consciência, tornando-se o sustentáculo e a consolação do meu exílio no mundo da realidade.

Minha religião permanecera a mesma, jamais variara em sua essência. As formas do passado evanesceram-se para mim, assim como para o meu século à luz do estudo e da reflexão; mas a doutrina eterna dos crentes, o Deus bom, a alma imortal e as esperanças em outra vida, eis o que, em mim, resistiu a todos os exames, a todas as discussões e mesmo aos momentos de dúvida desesperada. Carolas julgaram-me de outra forma e declararam-me desprovida de princípios desde o começo de minha carreira literária, porque me permiti encarar como puramente humanas instituições às quais lhes aprazia atribuir a intervenção divina. Políticos também me condenaram por ateísmo em relação aos seus dogmas estreitos ou variáveis. Não há princípios, segundo os intolerantes e hipócritas de todas as crenças, em que não exista cegueira ou covardia. Que importa?

Não escrevo para defender-me daqueles que tomaram partido contra mim. Escrevo para aqueles cuja simpatia natural, fundada em uma conformidade de instintos, me abre o coração e me assegura confiança. É somente a estes que posso fazer algum bem. Ao mal que os outros podem fazer-me, nunca dei muita atenção.

Aliás, não é indispensável à salvação da humanidade que eu tenha encontrado ou perdido a verdade. Outros a reencontrarão, por mais dispersa que ela esteja no mundo e no século. Tudo o que posso e devo fazer, de minha parte, é simplesmente confessar minha fé, quer ela pareça insuficiente a uns, que pareça excessiva a outros.

Entrar na discussão das fórmulas religiosas é uma questão de culto exterior na qual esta obra não se enquadra. Portanto, não expressarei por que e como desliguei-me, dia após dia, das fórmulas religiosas, como tentei admiti-las mais uma vez para satisfazer minha lógica natural, e como as abandonei francamente e em definitivo no dia em que achei ter reconhecido que a própria lógica ordenava-me a livrar-me delas. Mas não é esse o ponto religioso importante de minha vida. Aí não encontro angústias nem incertezas em minhas lembranças. A verdadeira questão religiosa, eu a levei em mais alta consideração desde os meus anos de menina. Deus, sua existência eterna, sua perfeição infinita, quase não eram colocados em dúvida, a não ser nas horas de melancolia doentia, e a exceção da vida intelectual não deve ser levada em conta em um resumo da vida inteira da alma. O que me absorvia, tanto em Nohant como no convento, era a busca ardente ou melancólica, porém assídua, de relações que podem, que devem existir entre a alma individual e aquela alma universal que denominamos Deus. Como eu não pertencia à sociedade, nem de fato nem por intenção; como minha natureza contemplativa se furtava absolutamente a suas influências; como, em uma palavra, eu não podia e não queria agir, a não ser em virtude de uma lei superior aos costumes e à opinião, importava-me muito mais procurar em Deus a palavra do enigma de minha vida, a noção dos meus reais deveres, a sanção dos meus sentimentos mais íntimos.

Para aqueles que não veem no Divino mais que uma lei fatal, cega e surda às lágrimas e às preces da criatura inteligente, essa perpétua conversação do espírito com um problema insolúvel vai dar provavelmente naquilo que chamamos de misticismo. Mística? Que seja! Não há uma grande variedade de tipos intelectuais na espécie humana, e, ao que parece, eu pertencia a esse tipo. Não dependia de mim conduzir-me pela luz da razão pura, pelos cálculos do interesse pessoal, pela força do meu julgamento ou pela submissão ao julgamento dos outros. Para mim era necessário encontrar, não

História da minha vida

fora, mas acima das concepções passageiras da humanidade, acima de mim mesma, um ideal de força, de verdade, um tipo de perfeição imutável para abraçar, contemplar, consultar e implorar sem cessar. Por muito tempo fui atormentada pelos hábitos da prece que contraíra, não quanto à mensagem, pois já se viu que eu nunca pude limitar-me a ela, mas quanto ao espírito. Quando a ideia de Deus se fez grande ao mesmo tempo que minha alma se completara, quando achei que compreendia o que teria a dizer a Deus, a agradecer-lhe, a pedir-lhe, recuperei minhas efusões, minhas lágrimas, meu entusiasmo e minha confiança de outrora.

Então encerrei em mim a crença, como um mistério, e, não querendo discuti-la, deixei que os outros a discutissem e a ridicularizassem sem escutar, sem dar atenção, sem ser consumida nem perturbada um só instante. Direi como essa fé serena foi novamente abalada mais tarde; mas isso só ocorreu devido ao meu próprio ardor moral, sem que a ação de outros tivesse algo a ver com isso.

Jamais tive o pedantismo de mostrar minha preocupação; disso ninguém fez qualquer suposição e, quando poucos anos depois escrevi *Lélia* e *Spiridion*[24] — duas obras que para mim resumem muitas das agitações morais —, meus mais íntimos amigos perguntavam-se com estupor em que dias, em que horas de minha vida eu passara pelos ásperos caminhos entre os cimos da fé e os abismos do pânico.

Eis algumas palavras escritas a mim pelo meu amigo malgaxe Néraud a respeito de *Lélia*: "Que diabos é isso? De onde você tirou isso tudo? Por que você escreveu esse livro? De onde ele saiu? Aonde vai dar? Sabia que você era bem sonhadora, *julgava-a*, no fundo, uma *crente*; mas nunca supus que você pudesse reunir tanta importância ao penetrar nos segredos desse imenso *talvez* e ao examinar em todos os sentidos esse enorme ponto de interrogação com o qual você faria melhor se, como eu, não se inquietasse.

"Zombam de mim aqui porque adoro esse livro. Talvez faça mal em adorá-lo, mas ele apoderou-se de mim e me impede de dormir. Que o bom Deus a abençoe por despertar-me e agitar-me dessa forma. Mas quem, então, é o

---

24 *Lélia* foi lançada em 1833 (em sua primeira versão) e depois em 1839; e *Spiridion*, em 1839. (N.T.)

autor de *Lélia*? É você? Não. Esse tipo é uma fantasia. Não se parece com você, que é alegre, que dança a *bourrée*,[25] que aprecia os lepidópteros,[26] que não despreza os trocadilhos, que não cose mal, que faz doces tão bons! Bem, talvez, afinal das contas, nós não a conheçamos, e pode ser que nos esconda sorrateiramente seus devaneios. Mas como é possível que você tenha pensado em tantas coisas, examinado tantas questões e tenha sofrido tantos tormentos psicológicos sem que ninguém jamais tenha suspeitado?"

Cheguei, então, a Paris, isto é, no começo de uma nova fase de minha existência, com as ideias bem arranjadas sobre as coisas do meu interesse e que me seriam úteis, mas com uma enorme indiferença e completa ignorância a respeito das coisas da realidade. Não me ocupava em saber delas; não tinha opinião formada sobre o que quer que fosse em relação a essa sociedade à qual eu queria pertencer cada vez menos. Nem me passava pela cabeça melhorá-la: não me interessava muito por ela para ter essa ambição. Esse desinteresse e essa preguiça, tratava-se, sem dúvida, de um erro; porém, era o resultado inevitável de uma vida de isolamento e de apatia.

Uma última palavra, no entanto, a respeito do catolicismo ortodoxo. Passando ligeiramente sobre o abandono do culto exterior, não pretendo fazer pouco caso da questão do culto em geral como talvez eu possa ter dado a impressão. Relatar e julgar é um trabalho simultâneo bem pouco fácil quando não se quer demorar muito e cansar a paciência do leitor.

Digamos, portanto, aqui, bem rapidamente, que a necessidade de cultos ainda não é algo sobre o que eu tenha pronunciado qualquer julgamento, e que vejo hoje tantas boas razões para admiti-la quanto para rejeitá-la. Entretanto, se se reconhece, como o fazem todas as escolas da filosofia moderna, um princípio de tolerância absoluta por parte dos governos a esse respeito, encontro-me perfeitamente no direito de recusar a limitar-me às fórmulas que não me satisfazem e que não podem substituir e nem mesmo

---

25 *Bourée* é uma dança de origem francesa cuja forma musical foi usada por alguns compositores. Margarida de Navarra, ou Margarida de Valois (1492-1549), foi quem introduziu a dança na corte francesa. (N.T.)

26 Lepidóptero é uma ordem de insetos diversificada, que inclui borboletas, traças e mariposas. (N.T.)

História da minha vida

deixar livre o impulso do meu pensamento e a inspiração de minhas preces. Nesse caso, deve-se reconhecer ainda que, se há espíritos que necessitam sujeitar-se a práticas externas para manter a fé, existem também aqueles que precisam, com a mesma finalidade, isolar-se completamente.

Contudo, há nessas conjecturas uma grave questão moral para o legislador ocupar-se.

O homem se tornará melhor ao adorar a Deus à sua maneira ou ao aceitar uma regra estabelecida? Vejo na prece ou na ação de graças realizada em comum, nas homenagens prestadas aos mortos, na consagração do nascimento e dos principais atos da vida coisas admiráveis e santas que não substituem os contratos e os atos puramente civis. Vejo também o espírito dessas instituições a tal ponto perdido e desnaturado que em muitos casos o homem as observa de maneira a fazer delas um sacrilégio. Não posso tomar partido de práticas admitidas por prudência, pelo cálculo, ou seja, pela covardia ou pela hipocrisia. A rotina do hábito me parece uma profanação menor, mas ainda assim o é; e qual será o meio de impedir que toda espécie de culto não seja por ela maculada?

Todo meu século tem buscado e busca ainda esse meio. Também eu não fui mais longe que as pessoas do meu século no êxito de encontrá-lo.[27]

27 Há alguns anos, de bom grado teria admitido, a princípio, uma religião de Estado com liberdade de contestação, e uma lei de disciplina nessa mesma contestação. Confesso que depois modifiquei essa opinião. Não teria aceitado sem reservas no meu íntimo a doutrina de liberdade absoluta; mas encontrei nas obras socialistas de *monsieur* Émile de Girardin tão forte demonstração do direito de liberdade individual que ainda tenho necessidade de descobrir como a liberdade moral escaparia dos seus próprios excessos se concedessem ao homem, desde a infância, o direito à incredulidade absoluta. Quando digo *descobrir*, exagero em meus méritos. O que é que se pode descobrir sozinho? Somente a dúvida. Deveria ter dito *esperar*. As questões tornam-se claras com o tempo pela obra coletiva dos espíritos superiores, e tal obra é sempre coletiva a despeito das divergências aparentes. Trata-se apenas de termos paciência, e a luz se faz. O que a retarda em demasia é o ardor orgulhoso que todos nós temos, neste mundo, de tomar partido por apenas uma das formas da verdade. É bom que tenhamos esse ardor, mas também é bom que em certas horas tenhamos boa-fé de dizer: "Eu não sei". (N.A.)

Que essa solidão que atravessara os mais vivos anos de minha juventude não mais me convinha, eis o que eu não disse e que posso muito bem expressá-lo.

O ser ausente, quase poderia dizer o *invisível*, este que eu tornara o terceiro termo de minha existência (*Deus, ele e eu*), estava cansado dessa aspiração sobre-humana ao amor sublime. Generoso e meigo, ele não o confessava, mas suas cartas tornavam-se mais raras, suas expressões mais vivas ou mais frias, conforme o sentido que eu lhes desejava fixar. Suas paixões tinham necessidade de um outro alimento para além da amizade e da vida epistolar. Ele fizera um juramento que mantivera a mim religiosamente e sem o qual eu teria rompido com ele; mas não me fizera juramento restritivo a respeito das alegrias ou dos prazeres que ele poderia encontrar em outros lugares. Senti que me tornava para ele um grilhão terrível, ou que eu não passava de um entretenimento do espírito. Eu pendia de maneira bastante modesta a essa última opinião, e soube mais tarde que estava enganada. Isso só me deu mais motivos para aplaudir-me por ter colocado fim ao constrangimento do seu coração e ao impedimento do seu destino. Durante muito tempo ainda o amava em silêncio e em desalento. Depois pensei nele com serenidade, com reconhecimento, e agora penso nele com uma sincera amizade e profunda estima.

Não houve nem explicação nem acusações após eu ter tomado minha resolução. De que me queixaria? Que poderia eu exigir? Por que teria atormentado essa alma bela e boa, estragado essa vida plena de futuro? Há, além do mais, um ponto de desapego em que aquele que deu o primeiro passo não deve mais ser interrogado e perseguido, sob pena de ser forçado a tornar-se cruel ou infeliz. Eu não queria que fosse assim. Ele não merecia sofrer, *ele*; e eu, eu não queria ser rebaixada em seu respeito, arriscando, com isso, irritá-lo. Não sei se tenho razão em enxergar a soberba como um dos primeiros deveres da mulher, mas não consigo deixar de desprezar a paixão que se obstina. Tenho a impressão de que há nisso um atentado contra Deus, o único que pode dar e tomar de volta as verdadeiras afeições. Não se deve disputar a possessão de uma alma, nem mesmo a de um escravo. Deve-se devolver ao homem a sua liberdade, à alma a sua expansão, a Deus a chama que dele emana.

História da minha vida

Quando esse divórcio tranquilo, mas sem retorno, foi consumado, tentei continuar a vida como se nada do exterior tivesse sido perturbado nem modificado; mas isso mostrou-se impossível. Meu pequeno quarto não me queria mais.

Passei então a ocupar o antigo gabinete de minha avó, porque só tinha uma porta e não era passagem para ninguém, sob qualquer pretexto que fosse. Meus dois filhos ocuparam o grande quarto contíguo. Conseguia até mesmo ouvi-los respirar, e podia velá-los sem perturbar o seu sono. O gabinete era tão pequeno que, com meus livros, meus herbários, minhas borboletas e meus seixos (continuava entretendo-me com a história natural sem aprender nada desses estudos), não havia mais lugar para uma cama. Então a substituí por uma rede. Montei meu escritório com um armário que se abria à maneira de escrivaninha e um grilinho, que, com o hábito de visitar-me, acostumara-se comigo, passou a ocupá-lo durante um longo tempo. Ele vivia ali, alimentando-se dos meus lacres, e eu tinha o cuidado de escolher os brancos, temendo que ele se envenenasse. Vinha comer sobre o meu papel enquanto eu escrevia, depois ia cantar em certa gaveta de sua predileção. Algumas vezes ele passeava sobre os meus escritos, e era obrigada a expulsá-lo para que ele não tomasse gosto pela tinta fresca. Uma noite, não o ouvindo mais e vendo que não aparecia, procurei-o por toda parte. Só encontrei do meu amiguinho as duas patinhas de trás entre o batente da janela e o lambri. Não me avisara que tinha o costume de sair, e a empregada o esmagara ao fechar a janela.

Sepultei seus tristes restos em uma flor de datura, que guardei durante muito tempo como uma relíquia; mas não saberia dizer que impressão provocou-me esse incidente pueril, por causa de sua coincidência com o fim dos meus amores poéticos. Tentei fazer um poema a respeito disso, ouvira dizer que a poesia a tudo consola; mas, ao escrever *La vie et la mort d'un esprit familier*, obra inédita e feita para sempre exercer essa função de consolo, surpreendi-me mais de uma vez em lágrimas. Imaginava, sem querer, que o cri-cri do grilo, que era como a voz do abrigo familiar, poderia ter cantado minha real felicidade, que ao menos teria embalado as últimas expansões de uma doce ilusão que voara para sempre com ele.

A morte do grilo marcou, portanto, de uma maneira simbólica, o fim da minha estada em Nohant. Inspirei-me em outras ideias, mudei minha maneira de viver, saí, passeei bastante durante o outono. Esbocei uma espécie de romance que nunca chegou a ser publicado; depois de tê-lo lido, convenci-me de que não valia nada, mas que teria condições de escrever um menos mal, e que, em suma, não era pior que muitos outros que bem ou mal sustentavam a vida dos seus autores. Percebi que escrevia rápido, com facilidade, durante horas e horas sem me cansar; que minhas ideias, embotadas em meu cérebro, despertavam e se encadeavam, pela dedução, ao correr da pena; que, em minha vida de recolhimento, observara bastante e compreendera muito bem os tipos que o acaso fizera passar diante de mim, e que, por consequência, conhecia a natureza humana o suficiente para retratá-la; enfim, que, dentre todas as pequenas atividades das quais eu era capaz de dar conta, a literatura propriamente dita era aquela que me oferecia maiores chances de sucesso como *métier*, e, sem mais delongas, como ganha-pão.

Algumas pessoas com as quais no começo me abri a esse respeito exclamaram: "xiii!", não levando muita fé em minha escolha. Diziam elas: "Será que a poesia pode aflorar com semelhante preocupação?" Era, portanto, para encontrar uma profissão material que eu tanto vivera pelos ideais?

Eu, por meu lado, já pensara a esse respeito durante um bom tempo. Desde antes do meu casamento, sentira que minha situação na vida, minha pequena fortuna, minha liberdade de não fazer nada, meu suposto direito de comandar certo número de seres humanos, camponeses e criados, enfim, meu papel de herdeira e de castelã, apesar de suas diminutas proporções e de sua imperceptível importância, era contrário ao meu gosto, à minha lógica, às minhas faculdades. Que se recordem como a pobreza de minha mãe, que a separara de mim, agira em meu cérebro infantil e em meu pobre coração de criança; como eu, em meu foro íntimo, repelira a herança e planejara durante muito tempo fugir do conforto para ingressar no trabalho.

A essas ideias romanescas sucedeu, no começo do meu casamento, a vontade de comprazer ao meu marido e de ser a dona de casa que ele desejava que eu fosse. Os cuidados domésticos nunca me aborreceram, e não sou desses espíritos sublimes que não podem descer de suas nuvens. Vivo bastante nas nuvens, certamente, e isso é uma razão a mais para que eu sinta necessidade de retornar com frequência à terra. Amiúde, fatigada e importunada por minhas próprias agitações, tinha vontade de dizer, como Panurge[28] sobre o mar em fúria: "Feliz daquele que planta couves! Ele tem um pé na terra, e o outro separado dela apenas pelo ferro da enxada!".

Mas o ferro da enxada, essa qualquer coisa entre a terra e meu segundo pé, eis justamente esse algo de que eu tinha necessidade e não encontrava. Desejara uma razão, um motivo tão simples quanto a ação de *plantar couves*, mas também lógico, para explicar a mim mesma o objetivo de minha atividade. Percebia muito bem que, ao ter bastante cuidado para economizar em tudo, como recomendaram-me, só conseguia descobrir-me impossibilitada de ser econômica sem egoísmo em certos casos; quanto mais me aproximava da terra, aprofundando-me no pequeno problema de fazê-la produzir o máximo possível, mais via que a terra produz pouco e que aqueles que têm pouco ou nada da terra a cultivar não conseguem subsistir nem com seus dois braços. O salário era pequeno, o trabalho, muito pouco garantido, o esgotamento e a doença, inevitáveis. Meu marido não era desumano e não me sujeitava aos detalhes das despesas; mas quando, no final do mês, ele via minhas contas, perdia a cabeça e também me fazia perder a minha, dizendo-me que minha renda era menos da metade do que precisaria para manter minha liberalidade, e que não havia nenhuma possibilidade de viver em Nohant e com Nohant no pé em que andava a situação. Era verdade; porém, eu não conseguia tomar a iniciativa de reduzir ao estritamente necessário o bem-estar daqueles que eu governava e de negar o indispensável àqueles que não estavam sob o meu governo. Eu não me opunha a nada daquilo que me era imposto ou aconselhado, mas não sabia como manter-me firme naquele tipo de problema. Impacientava-me e era complacente. Sabiam disso e abusavam com frequência dessa minha fraqueza.

Minha gestão durou apenas um ano. Prescreveram-me não gastar mais que 10 mil francos; gastei 14 mil, do que fiquei envergonhada como uma criança pega em flagrante. Pedi minha demissão, e ela foi aceita. Entreguei minha pasta e até renunciei a uma pensão de 1,5 mil francos que me era garantida pelo contrato de casamento para minhas despesas pessoais. Eu não

---

28 Trata-se de um clérigo arruinado que se tornará companheiro de aventuras de Pantagruel e também protagonista de vários episódios do romance de Francois Rabelais. (N.T.)

precisava de tanto, e preferia esquecer minha gestão que reclamar de algo mais relacionado a ela. Desde essa época até 1831, não possuí um centavo, não tomei cem soldos da bolsa comum sem pedi-los ao meu marido, e, quando roguei a ele que pagasse minhas dívidas pessoais no fim de nove anos de casamento, elas perfaziam um total de apenas 500 francos.

Não narro essas pequenas coisas para queixar-me por ter sofrido algum constrangimento nem por ter sido submetida a avarezas. Meu marido não era avarento e não me recusava nada; mas eu não fazia exigências, e não desejava nada além das despesas correntes estabelecidas por ele na casa. Contente por não ter mais nenhuma responsabilidade, entregava a ele uma autoridade sem limites sem pedir satisfação dos seus atos na administração das contas. Portanto, naturalmente ele logo adquiriu o hábito de considerar-me como uma criança sob sua tutela, e não tinha motivos para se irritar contra uma criança tão mansa.

Se entrei nesses detalhes é porque tenho que contar como, em meio a essa vida de religiosa que levava de fato em Nohant – na qual não faltava nem a cela, nem os votos de obediência, de silêncio e de pobreza –, a necessidade de ganhar a vida por mim mesma finalmente se fez sentir. Sofria ao me perceber inútil. Não podendo dar assistência aos pobres de outra forma, tornei-me médica do campo; minha clientela, tratada gratuitamente, aumentara a tal ponto que me vi arrebentada de tanta fadiga. Por economia, também me tornara um pouco farmacêutica, e, quando voltava de minhas visitas, chegava à exaustão ao entregar-me ao preparo de unguentos e xaropes. Não me enfastiava com esse ofício; que me importava sonhar ali ou em outro lugar qualquer? Mas conjecturava que, com um pouco de dinheiro conquistado por mim mesma, meus doentes receberiam melhores cuidados, e pensava que minha prática poderia favorecer-se de alguns conhecimentos.

De resto, a escravidão é algo anti-humano que não aceitamos, a não ser sob a condição de insistirmos no sonho de liberdade. Eu não era escrava do meu marido, ele me deixava à vontade com minhas leituras e meus julepos; mas estava subjugada a uma dada situação cuja alforria não dependia dele. Se tivesse lhe pedido a lua, ele teria me dito, sorrindo: "Se você tem como pagar, eu a compro agora mesmo"; e se houvesse me dado na telha dizer que

História da minha vida

adoraria visitar a China, ele teria me respondido: "Se você tem dinheiro e fizer com que Nohant renda o bastante, você vai à China".

Mais de uma vez me atormentara com o problema de conseguir recursos, modestos que fossem, mas dos quais pudesse dispor sem remorso e sem controle, para dar condições à carreira de artista, para poder dar uma esmola, para um belo livro, para uma semana de viagem, para um presentinho a um amigo pobre, para sabe-se lá mais o quê, para todas essas ninharias das quais podemos nos privar, sem as quais, no entanto, não nos sentimos homem ou mulher, mas rapidamente podemos nos tornar anjos ou animais. Em nossa sociedade completamente factícia, a total ausência de numerário representa uma situação impossível, a horrenda miséria ou a impotência absoluta. Não ter ou não exercer alguma responsabilidade perante os outros é um estado de servidão; trata-se de algo que leva à vergonha por se estar subjugado à interdição de bens e direitos.

Também pensava comigo mesma que chegaria um momento em que eu não poderia mais permanecer em Nohant. Até então isso ainda tinha a ver com causas passageiras, mas que por vezes eu via se agravar de uma maneira ameaçadora. Era preciso expulsar meu irmão, que, falido por causa de uma péssima gestão dos seus próprios bens, viera morar conosco para economizar, e também teria que mandar para a rua outro amigo da casa pelo qual eu tinha, apesar de sua paixão báquica pela bebida, uma imensa amizade; um homem que, como meu irmão, era espirituoso e dono de uma bondade para dar e vender durante três, quatro ou cinco dias, conforme o apricho *dos ventos favoráveis*, diziam eles. Ora, tratava-se de *ventos espirituosos* que os levavam a aprontar loucas extravagâncias muito engraçadas, eram dessas *figuras espirituosas* com quem não conseguimos estar em companhia sem ter vontade de beber, e quando se bebia, ocorria que, entre outras coisas, os bêbados tornavam-se ainda mais espirituosos. Não há nada pior que bêbados espirituosos e bons; não conseguimos nos zangar com eles. Meu irmão tornava-se o típico bêbado sentimental, e eu era obrigada a trancar-me em minha cela para que ele não viesse chorar a noite inteira em meus ombros, isso quando não ultrapassava certa dose que lhe dava ganas de estrangular seus melhores amigos. Pobre Hippolyte! Como era encantador em seus melhores dias e insuportável em suas piores horas! Fosse como fosse, e apesar dos resultados indiretos do seu vício, mais graves que os seus disparates, suas lágrimas e seus acessos de cólera, eu preferia recolher-me em meu exílio a mandá-lo embora. Além de tudo, sua mulher também morava conosco, sua pobre boníssima esposa, que não tinha outra felicidade no mundo a não ser a de possuir uma saúde tão frágil que a obrigava a passar mais tempo em sua cama que de pé, dormindo um sono tão profundo que a eximia de perceber aquilo que se passava ao nosso redor.

A fim de livrar-me e de preservar meus filhos de influências deploráveis, certa de que deixariam que eu me afastasse durante alguns poucos dias, com a condição de não pedir a parte, mesmo que bem irrisória, de minha renda, tentara criar para mim uma pequena ocupação. Tentara fazer traduções, mas eram muito demoradas, pois eu trabalhava nisso com excessivo escrúpulo e consciência. Cheguei a fazer retratos em *crayon* ou em aquarela: captava com muita fidelidade e não desenhava mal o rosto dos meus clientes, mas faltava originalidade em minhas obras. Resolvi envolver-me com costura: trabalhava rápido, mas não via muito resultado, e percebi que essa atividade não renderia mais que dez soldos por dia. Pensei em montar uma loja de moda, mas me lembrei de que minha mãe não pôde realizar esse sonho por falta de um pequeno capital disponível. Durante quatro anos, fui tateando aqui e ali e trabalhando como uma escrava sem fazer nada que valesse a pena, procurando descobrir em mim uma capacidade qualquer. Por um instante achei que havia encontrado meu talento para conseguir levantar algum dinheiro. Pintei flores e pássaros ornamentais, em composições microscópicas, em caixas de rapé e em tabaqueiras da cidade belga de Spa. O trabalho ficou tão lindo que, quando levei alguns deles para serem envernizados, em uma das minhas pequenas viagens a Paris, o dono da loja ficou bastante admirado. Perguntou-me se aquela era minha profissão e respondi que sim para ver o que ele teria a me dizer. Explicou-me que punha esses pequenos objetos à mostra em sua loja para negociá-los. Depois de alguns dias, informou-me que recusara 80 francos pela tabaqueira; eu lhe dissera, sem nenhuma noção do valor daquela peça, que queria 100 francos por ela, pensando que não me ofereceriam mais que 100 soldos.

Saía para encontrar os empregados da Casa Giroux a fim de mostrar-lhes minhas peças. Eles me aconselharam a experimentar minha arte em vários

História da minha vida

objetos diferentes, como leques, caixas de chá, estojos de costura, e assegu-
raram-me que teria venda garantida na loja deles. Encomendei, pois, uma
provisão de materiais, e gastei meus olhos, meu tempo e minha paciência
para pesquisar diversas técnicas e matérias-primas. Determinadas madei-
ras reagiam muito bem, como que por milagre, ao receber minhas pinturas,
outras não eram boas para fixar a tinta ou deixavam estragar tudo logo na
primeira camada de verniz que recebiam. Acidentes durante o processo re-
tardavam a minha produção, e, além de tudo, os materiais de primeira linha
custavam tão caro que, com o tempo perdido e o estrago de alguns objetos,
não via, supondo uma boa venda assegurada, o que comer além de pão seco.
No entanto, obstinei-me nessa ocupação, mas a moda desses objetos passou
a tempo de impedir-me de prosseguir tendo prejuízos com eles.

De resto, sem me dar conta, sentia-me uma pintora, sem nunca ter sonhado em confessar a mim mesma que poderia sê-lo. Em uma de minhas
curtas estadas em Paris, entrara certo dia em um museu de pintura. Com
certeza essa não fora minha primeira visita, mas sempre olhara tudo sem
ver nada, persuadida de que não conseguia compreender nada daquilo e ig-
norando tudo o que podemos sentir mesmo sem compreender. Comecei a
comover-me como nunca. Retornei ao museu no dia seguinte e também no
outro dia. Em minha viagem seguinte a Paris, almejando conhecer uma a
uma todas as obras-primas e a fim de obter a capacidade de perceber as diferenças de escolas para além de simplesmente me dar conta da natureza dos
modelos e dos motivos dos quadros, visitava em segredo, em total solidão, o
museu, e lá permanecia desde quando ele abria até a hora do seu fechamen-
to. Ficava inebriada, estática diante dos Ticiano, dos Tintoretto, dos Ru-
bens. A princípio, foi a escola flamenga que me conquistou pela poesia na
realidade, e pouco a pouco cheguei a sentir por que a escola italiana era tão
apreciada. Como não havia ninguém para explicar-me onde residia o motivo da qualidade daquelas obras, minha crescente admiração tinha todos os
atrativos de uma descoberta, e fiquei inteiramente surpresa e arrebatada por
encontrar diante da pintura deleite semelhante àqueles que eu experimentara na música. Estava longe de ter um grande discernimento, nunca tivera
uma noção mais séria daquela arte que, num grau a mais que as outras, não
se revelava aos sentidos sem o auxílio de aptidões e de educação especiais.

Sabia muito bem que dizer diante de um quadro "Julgo porque vejo, e vejo porque tenho olhos" é uma impertinência digna de um merceeiro pedante. Portanto, não dizia nada, nem mesmo perguntava a mim mesma o que havia de resistências e de afinidades entre mim e as criações do gênio. Contemplava, estava dominada, era transportada a um mundo novo. À noite, via passar diante de mim todas as grandes figuras que, sob a mão dos mestres, recebiam uma marca original de potência moral, mesmo aquelas que só exprimiam a força ou a saúde física. Nas belas pinturas sentimos o que é a vida: é como um resumo esplêndido da forma e da expressão dos seres e das coisas, muito amiúde encobertos ou oscilantes no movimento da realidade e na apreciação daquele que as contempla; é o espetáculo da natureza e da humanidade visto através do sentimento do gênio que o compôs e o representou. Que boa fortuna para um espírito ingênuo que não se arma, diante de tais obras, nem de opiniões críticas antecipadas nem de preconceitos advindos de aptidões pessoais! O universo se revelava a mim. Via ao mesmo tempo com os olhos do presente e do passado, tornava-me clássica e romântica, sem saber o sentido das querelas agitadas no mundo das artes da pintura. Via o mundo real surgir através de todos os fantasmas de minha fantasia e de todas as hesitações de minha contemplação. Tive a impressão de ter conquistado não sei que tesouro infinito cuja existência eu ignorava. Não teria conseguido dizer do que se tratava, não sabia nomear o que sentia imprimir-se em meu espírito reanimado e como que dilatado; mas estava tomada pela febre, e saía do museu perdendo-me pelas ruas, não sabendo aonde ir, esquecendo de comer e de repente dando-me conta de que já estava na hora de ir à ópera ouvir *Der Freischütz*, de Carl Maria von Weber, ou *Guilherme Tell*, de Gioachino Rossini. Então entrava em uma confeitaria, comia um brioche, dizendo a mim mesma com satisfação, diante da bolsinha com a qual eu saía, que o corte do meu repasto me dava o direito e os meios de assistir ao espetáculo.

Vê-se que, em meio aos meus projetos e às minhas emoções, eu não aprendera nada. Lera história e romances; fizera a leitura de partituras; dera uma espiada distraída nos jornais e fizera-me de surda de propósito com relação às discussões políticas do momento. Meu amigo Néraud, um verdadeiro sábio, artista até a ponta das unhas em diversas áreas da ciên-

História da minha vida

cia, tentara ensinar-me botânica; mas, ao caminhar com ele no campo, ele levando sua caixa em folha de flandres, eu carregando Maurice em minhas costas, não conseguia achar naquilo tudo nada além de um amontoado de informações enfadonhas; ainda nem bem estudara a mostarda e para mim já era suficiente saber tratar-se de uma planta da família das crucíferas. Perdia o fio da meada das classificações e dos detalhes de indivíduos de cada espécie ao distrair-me com os raios dourados o sol penetrando entre a cerração, com as borboletas voando no meio das flores e com Maurice correndo atrás delas.

Ademais, queria ver e saber de tudo ao mesmo tempo. Fazia milhares de perguntas ao meu professor, e ele discorria de modo interessante e com enorme brilhantismo sobre todas as coisas; mas dos seus ensinamentos interessava-me apenas pelas belezas dos detalhes, e o lado exato da ciência me parecia árido demais para uma memória recalcitrante. Eu cometia um grande erro; meu malgaxe, era assim que eu chamava Néraud, era um mentor admirável, e eu ainda estava na idade em que se tem maior facilidade de aprender. Ele não me forçava a entrar a fundo em determinados assuntos, instruindo-me de maneira geral, o que me permitira seguir sozinha no aprimoramento dos meus estudos. Limitei-me a compreender um conjunto de coisas que ele resumiu em cartas deslumbrantes a respeito da história natural e em descrições de suas longínquas viagens, que me revelavam um pouco do mundo dos trópicos. Encontrei a visão que ele me expusera da Ilha de França quando escrevi o romance *Indiana* e, para não copiar os cadernos que ele reunira para mim, não soube fazer outra coisa a não ser estragar suas descrições adaptando-as em cenas do meu livro.

Indiana é tão simples que, não sugerindo nem talento comprovado, nem estudos especializados, nem lembranças de uma vida agitada trazidas à tona, nem conhecimento aprofundado do mundo dos fatos, não tinha nenhuma espécie de ambição. Esta se apoia na confiança em si mesmo, e eu não era tão estúpida para contar com ela em meu gênio imaturo. Sentia-me rica com recursos restritíssimos; a análise dos sentimentos, a pintura de um certo número de traços humanos, o amor à natureza, a familiarização, se posso expressar-me assim, com as cenas e os costumes do campo: isso era o bastante para começar. Dizia a mim mesma: "À medida que for vivendo, verei mais pessoas e coisas, estenderei meu círculo de tipos humanos singulares, alargarei os limites das cenas, e, além de tudo, se for preciso ganhar solidez no romance indutivo, que denominam como romance histórico, estudarei os detalhes da história e interpretarei pelo pensamento as ideias dos homens que não existem mais".

Quando amadurecera minha resolução de ir tentar fortuna, isto é, os mil escudos de renda com os quais eu sempre sonhara, declarar e seguir tal decisão foi coisa de três dias. Meu marido me devia uma pensão de 1,5 mil francos. Pedi a ele a guarda de minha filha e a permissão de passar em Paris dois trimestres por ano, recebendo 250 francos por mês de ausência. Isso não representou nenhuma dificuldade. Ele pensou que era um capricho do qual eu logo me cansaria.

Meu irmão, que pensara a mesma coisa, me disse: "Você imagina viver em Paris com uma criança mediante 250 francos por mês! É por demais risível vindo de você, que não sabe nem quanto custa um frango! Antes de quinze dias voltará de mãos vazias, pois seu marido está bastante decidido a mostrar-se surdo a qualquer pedido de um novo subsídio". Respondi: "Que seja, mas, de toda forma, tentarei assim mesmo. Empreste-me por oito dias o aposento que você ocupa em sua casa em Paris, e cuide de Solange para mim até que eu consiga um lugar para morar. Voltarei logo, efetivamente, para buscá-la".

Meu irmão foi o único que tentou opor-se à minha decisão. Ele se sentia um pouco culpado dos aborrecimentos que me causara em minha casa. Não queria confessar isso a si mesmo e confessava a mim sem perceber. Sua mulher compreendia melhor minha firmeza de propósito e me aprovava. Confiava em minha coragem e em meu destino. Sentia que eu tomava a única medida possível para evitar ou adiar uma determinação mais penosa.

Minha filha ainda não entendia nada; Maurice também não teria sabido se meu irmão tivesse tomado o cuidado de não lhe dizer que eu ia embora por um longo tempo e talvez não voltasse. Agira dessa forma na esperança de que a tristeza do meu pobre filho me impedisse de deixar a casa. Fiquei de coração partido com suas lágrimas, mas com muito esforço consegui tranquilizá-lo e demonstrar confiança a ele por meio das minhas palavras.

Cheguei a Paris pouco tempo depois das cenas de Luxemburgo e do processo dos ministros.[29]

Capítulo 13

À guisa de prefácio a uma nova fase da minha narrativa.
– Por que não falo de todas as pessoas que tiveram influência em minha vida, seja pela persuasão, seja pela perseguição.
– Algumas linhas de J.-J. Rousseau acerca do mesmo tema.
– Meu sentimento é totalmente oposto ao de Rousseau.
– Não sei atentar contra a vida dos outros e, por causa do cristianismo inveterado, não pude lançar-me na política de personalidades. – Retomo minha história.
– A mansarda do cais Saint-Michel e a vida excêntrica que levei durante alguns meses antes de instalar-me. – Disfarce que deu certo de um modo extraordinário. – Equívocos singulares.
– *Monsieur* Pinson. – Émile Paultre. – O buquê de *mademoiselle* Leverd. – *Monsieur* Rollinat pai. – Sua família.
– François Rollinat. – Digressão bastante longa. – Meu capítulo da amizade, menos belo, mas tão sentido quanto aquele de Montaigne.

Estabeleçamos um fato antes de irmos mais longe.

Como não pretendo enganar sobre o que quer que seja ao narrar o que concerne a mim, devo começar por dizer claramente que quero *calar* e não *dispor de maneira conveniente* nem *mascarar* diversas circunstâncias de minha vida. Nunca achei que deveria ter segredos a guardar a meu respeito diante dos meus amigos. Agi, em relação a isso, com uma sinceridade que devia à franqueza de minhas relações e ao respeito do qual sempre estive cercada dentro do grupo de pessoas de minha intimidade. Mas, diante do público,

---

29 Em dezembro de 1830, quatro ministros vinculados a Carlos X foram levados a julgamento, e o resultado desse processo gerou um conflito nos arredores do Palais de Luxemburgo, justamente no começo de janeiro de 1831, quando a autora se instalava em Paris. (N.T.)

não me atribuo o direito de dispor o passado de todas as pessoas cuja existência correu lado a lado à minha.

Meu silêncio será por indulgência ou respeito, esquecimento ou deferência, não tenho que me explicar sobre essas causas. Estas serão, provavelmente, de diversas naturezas, e declaro que não se deve fazer um julgamento antecipado a favor ou contra as pessoas das quais falarei pouco ou nada.

Todas as minhas ligações afetivas foram sérias, e, contudo, rompi com várias delas de modo ciente e por vontade própria. Aos olhos das pessoas do meu convívio, em alguns casos agi muito cedo e, em outros, muito tarde; por vezes fui errada, em outras, estava com a razão, segundo aqueles que mais ou menos conheceram as causas de minhas resoluções. Além de essas polêmicas íntimas oferecerem pouco interesse ao leitor, só o fato de apresentá-las à sua apreciação seria contrário a toda delicadeza, pois às vezes seria obrigada a sacrificar a personalidade de outrem em favor da minha própria. Poderia eu, entretanto, levar essa delicadeza até o ponto de dizer que fui injusta em certas ocasiões só pelo prazer de sê-lo? Aí já começaria a mentira, e quem, pois, seria pateta de acreditar nisso? Todo mundo sabe, de resto, que em toda querela, seja ela de família ou de opinião, de interesse ou sincera, de sentimentos ou de princípios, de amor ou de amizade, há injustiças recíprocas que não podem ser explicadas por alegados bons motivos tanto de uma parte quanto da outra envolvidas. Trata-se de pessoas que vi através de um prisma de entusiasmo e para as quais cometi o grande erro de recuperar a lucidez do meu julgamento. Tudo o que elas esperavam de mim eram bons procedimentos, e desafio quem quer que seja a dizer que falhei nesse quesito. No entanto, elas foram tomadas por uma viva irritação, e compreendo-as muito bem. Ficamos dispostos, no primeiro momento de uma ruptura, a tomar o desencantamento por um ultraje. Quando nos acalmamos, nos tornamos mais justos. De qualquer maneira, não quero pintar essas pessoas; não tenho direito de revelar seus traços à curiosidade ou à indiferença dos passantes. Se elas vivem na obscuridade, deixemos que gozem desse doce privilégio. Se são célebres, deixemos que elas próprias se pintem, se julgam conveniente, e não façamos o triste trabalho do biógrafo dos vivos.

Os vivos! Devemos, penso, deixá-los viver, e há muito tempo disseram que o ridículo é uma arma mortal. Se assim é, o é ainda mais quando fa-

História da minha vida

zemos a censura desta ou daquela ação, ou somente a revelação de alguma falha! Em situações mais graves que aquelas às quais faço alusão aqui, vi a perversidade nascer e crescer de hora em hora; eu a conheço, eu a observei, e, em geral, nem mesmo lancei mão dela para compor os tipos que habitam meus romances. Criticaram em mim essa benevolência da imaginação. Se é uma fraqueza da mente, podem bem acreditar que é também do meu coração e que não sei por vontade própria constatar o feio na vida real. Eis por que não o exibirei em uma história verídica. Provaram-me a utilidade em se mostrar o feio; não deixaria de ser menos certo para mim que o pelourinho é um método funesto de castigo, e que aquele que perdeu a esperança de se reabilitar diante dos homens não tentará reconciliar-se consigo próprio.

Além do mais, eu, eu perdoo, e se as almas culpabilíssimas diante de mim reabilitam-se mediante outras influências, estou pronta a louvar essa atitude. O público não age dessa forma; ele condena e apedreja. Não quero, pois, entregar meus inimigos (se é que posso servir-me de uma palavra que não tem muito sentido para mim) aos juízes cegos ou sem coração e às sentenças de uma opinião que não se conduz pelo menor pensamento religioso, que não reconhece o menor princípio de caridade.

Não sou uma santa: devo ter tido, eu o repito, e certamente tive minha parte de culpas, graves também, na luta que foi travada entre mim e muitos indivíduos. Devo ter sido injusta, violenta em minhas resoluções, como são aqueles lentos a tomar decisões e propensos a sofrer prejuízos cruéis, como a imaginação criada em meio a sensibilidades superexcitadas. O espírito de mansidão que trago aqui nem sempre dominou minhas emoções no momento em que elas vêm à tona. Posso ter me queixado contra os meus sofrimentos e me lastimado das fatalidades no segredo da amizade; mas jamais a sangue-frio, com premeditação e sob o império de um frouxo sentimento de rancor ou de ódio, expus alguém ao tribunal da opinião. Não quis fazê-lo ali onde as pessoas mais puras e sérias se atribuem esse direito: na política. Não nasci para cumprir o ofício de executor, e, se recusei-me obstinadamente a entrar nesse estado de guerra generalizada, por escrúpulo de consciência, pela generosidade e benevolência de caráter, com mais forte razão não me contradirei quando tratar-se de minha causa isolada.

E que não se diga que é fácil escrever sobre a sua própria vida quando se cerceia a exposição de certos cumprimentos essenciais da vontade. Não, isso não é fácil, pois é preciso, com franqueza, escolher deixar correr relatos absurdos e calúnias disparatadas, e escolhi exatamente isso ao começar esta obra. Não a intitulei minhas *Memórias*, e é de propósito que sirvo-me do título *História da minha vida* para deixar claro que não tenho a intenção de narrar minha vida sem ter o cuidado de impor a mim mesma restrições quanto à narrativa da vida dos outros. Ora, de todas as circunstâncias em que a vida de qualquer um dos meus semelhantes teve o poder de desviar a minha própria da linha traçada por sua lógica natural, não tenho nada a dizer, não querendo instaurar um processo público que tem como objeto as influências que sofri ou repeli, os caracteres que, por persuasão ou perseguição, inspiraram-me a agir em um sentido ou em outro. Se hesitei ou errei, tenho, pelo menos, o grande consolo de hoje estar certa de jamais ter agido, depois de muita reflexão, a não ser com a convicção de cumprir um dever ou de empregar um direito legítimo, o que, no fundo, trata-se da mesma coisa.[30]

Faz pouco tempo, recebi um pequeno volume, publicado[31] recentemente, de fragmentos inéditos de Jean-Jacques Rousseau, e fiquei bastante surpresa com a passagem que faz parte de um plano de prefácio ou introdução às *Confissões*: "As ligações que tive com várias pessoas forçam-me a falar delas tão livremente quanto falo de mim mesmo. Não posso fazer-me conhecer a não ser tornando-as igualmente conhecidas; e não se deve esperar que, dissimulando nessa ocasião o que não pode ser dito sem causar danos às verdades que devo revelar, terei pelos outros a delicadeza no tato que não tenho nem por mim mesmo".

---

30 Sim, é a mesma coisa. Às vezes as pessoas recuam diante do dever de defender o seu direito por experimentar um impulso de generosidade irrefletida. Comportei-me dessa forma muitas vezes, por fraqueza, talvez, e o resultado nunca foi positivo para os outros. A impunidade agravou seu malquerer e tornou-os mais culpados, portanto mais infelizes. A sabedoria consistiria em assegurar-se bem friamente da legitimidade do direito em litígio, e em encontrar o meio de se poder dizer: "Ao ser generoso, sou apenas justo". (N.A.)

31 Por *monsieur* Alfred de Bougy. (N.A.)

História da minha vida

Não sei se, mesmo tratando-se de Jean-Jacques Rousseau, tem-se o direito de expor assim seus contemporâneos perante os outros por uma causa pessoal. Há nisso algo que revolta a consciência pública. Quem não gostaria que Rousseau se deixasse acusar de leviandade e ingratidão para com madame de Warens, antes de saber por ele mesmo os detalhes que mancham a imagem de sua benfeitora? Poderiam pressentir que havia motivos para sua inconstância, desculpas para o seu esquecimento, e julgá-lo com tanto mais generosidade quanto ele pareceu digno pela sua própria generosidade.

Há sete anos, nas primeiras páginas desta narrativa, escrevi: "Como somos solidários uns com os outros, não há culpa isolada. Não existe erro em que ninguém seja a causa ou o cúmplice, e é impossível acusar-se sem acusar o próximo, e não somente o inimigo que nos ataca, mas, além deste, por vezes, o amigo que nos defende. Isso foi o que aconteceu a Rousseau, e isso é ruim".

Sim, isso é ruim. Depois de sete anos de um trabalho interrompido centenas de vezes pelas preocupações gerais e particulares que têm proporcionado ao meu espírito todo o tempo necessário para novas reflexões e todo o benefício de um novo exame, encontro-me diante de mim mesma e de minha obra com a mesma convicção, com a mesma certeza. Determinadas confidências pessoais, tenham elas um caráter de confissão ou de justificativa, tornam-se, nas condições de natureza pública própria do literário, um atentado à consciência, à reputação de outrem, a menos que não sejam completas, e por isso não são verídicas.

Posto tudo isso, continuo. Retiro de minhas memórias uma porção do seu interesse, mas elas ainda restarão úteis o suficiente, sob mais de um aspecto, para que eu tome a pluma a fim de botá-las no papel.

A partir daqui, minha vida torna-se mais ativa, mais cheia de detalhes e de incidentes. Seria impossível para mim fornecer a esses acontecimentos uma ordem correta de datas precisas. Prefiro distribuí-los por meio de uma ordem progressiva determinada por sua importância.

Procurei um alojamento e logo me estabeleci no cais Saint-Michel, em uma das mansardas do grande edifício que faz esquina com a praça, no final da ponte, defronte ao necrotério. Tinha ali, à minha disposição, três pequenos cômodos bem arejados dando em uma varanda de onde eu dominava uma grande extensão do rio Sena, e de onde contemplava face a face os monumentos gigantescos de Notre-Dame, Saint-Jacques-la-Boucherrie, a Sainte-Chapelle etc. Podia desfrutar do céu, das águas, do ar, das andorinhas, da vegetação que cresce nos telhados. Não me sentia muito residente na Paris da civilização, que não convinha nem ao meu gosto nem aos meus recursos, mas, antes, na Paris pitoresca e poética de Victor Hugo, na cidade do passado.

Se não me engano, pagava 300 francos por ano. Os cinco lances de escada me deixavam esgotadíssima, nunca cheguei a me acostumar a subi-los; mas era preciso, e muitas vezes com o peso da minha filha no colo. Eu não tinha empregada; minha zeladora, fidelíssima, boníssima e bastante cuidadosa com a limpeza, ajudou-me com os serviços de casa por 15 francos por mês. Mediante dois francos por dia, tinha a refeição garantida em um restaurante com um cozinheiro muito honesto e asseado. Eu mesma passava e lavava a minha roupa miúda. Consegui então tornar minha existência possível no limite da minha pensão.

O mais difícil foi comprar os móveis. Não me preocupei com o luxo, como podem imaginar. Venderam-me a crédito, então consegui pagar; mas montar esse aposento, por mais modesto que fosse, não pôde se dar de uma hora para outra; alguns meses se passaram, tanto em Paris como em Nohant, antes que eu pudesse levar Solange do seu *palácio* de Nohant (relativamente falando) a essa pobre residência sem que ela sofresse, sem que ela percebesse a diferença de condições. Pouco a pouco tudo se arranjou, e, depois que consegui tê-la perto de mim, com a vida e o trabalho assegurados, pude tornar-me sedentária, só saindo para levá-la a passeios no jardim de Luxemburgo, e passando a escrever em todos os meus entardeceres ao lado dela. A Providência veio em meu auxílio. Ao cultivar um vaso de resedá em minha varanda, fiz amizade com minha vizinha, que, mais luxuosa, cultivava uma laranjeira na sua. Tratava-se de madame Badoureau, que morava lá com seu marido, professor primário, e com uma filha encantadora de quinze anos, doce e recatada loura de olhar cabisbaixo, que caiu de paixão por Solange. Quando minha filha começou a aborrecer-se com o pequeno espaço de minha mansarda e com a continuidade dos mesmos passatempos, essa família excelente ofereceu-se para levá-la para brincar com as outras

História da minha vida

crianças que recebiam aulas particulares. Isso tornou a vida da menina não apenas possível, como também agradável, e não havia cuidados e ternuras que essa gente maravilhosa não lhe prodigalizasse, sem jamais permitir que lhes desse algo em troca, embora a profissão que exerciam tornasse essa retribuição natural e bem merecida.

Até aí, ou seja, até o dia em que minha filha foi morar comigo em Paris, eu vivera com muitas dificuldades e até mesmo de um modo bastante inusitado, mas que ia, no entanto, diretamente ao encontro dos meus objetivos.

Não queria ultrapassar meu orçamento, não queria pedir nada emprestado; minha dívida de 500 francos, a única de minha vida, me atormentara tanto! E se *monsieur* Dudevant tivesse se recusado a pagá-la? Ele a pagou de bom grado; mas eu apenas ousara declarar a ele que tinha aquela dívida por encontrar-me muito doente e temendo morrer *insolvente*. Vinha procurando trabalho e não encontrara nada. Direi daqui a pouco em que pé estavam minhas chances literárias. Havia *exibido* um pequeno retrato no café do cais Saint-Michel, e até no edifício onde morava, mas os clientes não apareciam. Errara feio no retrato que tentara fazer de minha zeladora: com isso, corria o risco de ganhar má fama no bairro.

Queria ler, mas não tinha como comprar livros. Além do mais, estávamos no inverno, e não há como permanecer em casa quando se é obrigado a economizar lenha. Experimentei instalar-me na Biblioteca Mazarine,[32] embora tivesse valido mais a pena, creio, ir estudar nas torres de Notre-Dame, de tanto frio que fazia ali. Não pude permanecer na biblioteca, eu, que sou a criatura mais friorenta da face da Terra. Havia ali velhos assíduos, que se instalavam em uma mesa, imóveis, satisfeitos, mumificados, e pareciam não perceber que seus narizes azuis congelavam. Invejava aquele estado de petrificação: observava-os se sentar e se levantar como que acionados por uma mola, e procurava certificar-me de que eles não eram feitos de madeira.

E, depois, outra coisa: estava ávida por desfazer-me do provincianismo e colocar-me a par das novidades que estavam ocorrendo, no que diz respeito

---

32 Biblioteca Mazarine, construída no século XVII, é a mais antiga biblioteca pública da França. Foi criada a partir da biblioteca particular do Cardeal Mazarine (1602-1661), conhecido como um grande bibliófilo. (N.T.)

às ideias e às artes do meu tempo. Sentia necessidade disso, estava curiosa; com exceção das obras mais famosas, não conhecia nada das artes modernas; tinha, sobretudo, sede de teatro.

Sabia muito bem que era impossível a uma mulher pobre permitir-se esses sonhos. Balzac dizia: "Não é possível ser mulher em Paris a menos que se disponha de 25 mil francos de renda". E esse elegante paradoxo tornava-se uma verdade para uma mulher que almejava ser artista.

Contudo, via meus jovens amigos da província de Berry, meus companheiros de infância, viver em Paris com tão pouco quanto eu, e conseguindo colocar-se a par de tudo o que interessa à juventude inteligente. Os eventos literários e políticos, as agitações dos teatros e dos museus, dos clubes e das ruas, assistiam a tudo, estavam presentes em todos os lugares. Era dona de tão boas pernas quanto eles e tinha aqueles pezinhos tão comuns da região de Berry acostumados a andar pelos caminhos mais tortuosos, equilibrando-se em rudes tamancos. Mas, nas calçadas de Paris, eu era como um bote tropicando nas geleiras. Os calçados delicados ficavam em petição de miséria em dois dias, os tamancos me faziam cair, eu não sabia erguer o meu vestido. Ficava enlameada, fatigada, constipada, e via sapatos e roupas, sem contar os chapeuzinhos de veludo molhados pelas goteiras, acabarem em farrapos com uma rapidez assustadora.

Já notara e considerara essas experiências antes de pensar em estabelecer-me em Paris, e colocara o problema à minha mãe, que vivia ali com toda elegância e comodidade dispondo de apenas 3,5 mil francos de renda: como ser suficiente ao mais modesto guarda-roupa naquele clima horrível sem viver trancada no quarto a semana inteira? Ela me respondera: "Isso é totalmente possível na minha idade e com meus hábitos; mas quando eu era jovem e faltava dinheiro ao seu pai, ele teve a ideia de vestir-me como um rapaz. Minha irmã fez o mesmo, e íamos a pé para todo canto com nossos maridos, ao teatro, a todas as praças. Isso fez com que caíssem pela metade as despesas de nossas casas". A princípio essa ideia me pareceu engraçada, depois me dei conta de que era extremamente engenhosa. Vestiram-me como um mocinho quando eu era criança, mais tarde ia caçar com Deschartres usando camisa e polainas; dessa forma, não via problema algum em adquirir um costume que não era novo para mim. Naquela época, a moda proporcionava uma excepcional ajuda no que diz respeito aos disfarces. Os homens trajavam redingotes quadrados, chamados *à la propriétaire*, que chegavam até os pés e que realçavam tão pouco o talhe da pessoa que, em Nohant, o meu irmão, ao jogar o seu nos ombros, saiu desfilando e comentou comigo fazendo graça: "É lindíssimo, você não acha? É a moda, e é muito confortável, não incomoda nada. O alfaiate toma a medida em uma guarita, e isso irá encantar a todos no regimento".

Então mandei fazer para mim um *redingote-guarita* em tecido grosso e cinza, calças e colete combinando. Com um chapéu cinza e uma imensa gravata de lã, transformei-me em um perfeito estudantezinho do primeiro ano. Não tenho palavras para expressar o prazer que senti ao calçar minhas botas novas: tinha vontade de dormir com elas, como fizera meu irmão quando era garoto ao calçar o seu primeiro par. Com esses pequenos talões ferrados, ganhei uma firme passada ao caminhar. Eu rodopiava de um extremo a outro de Paris. Tinha a impressão de ter dado a volta ao mundo. Além de tudo, com aquelas roupas não receava nada. Podia andar pelas ruas em todos os climas, voltava para casa a qualquer hora, frequentava a plateia de todos os teatros. Ninguém prestava atenção em mim nem suspeitavam do meu disfarce. Ainda por cima, eu o trajava sem preocupação; a ausência de coquetismo dos trajes sociais e da fisionomia afastavam todas as suspeitas. Eu me vestia muito mal e tinha um ar muito simplório (minha aparência habitual, distraída e propositalmente avoada) para atrair ou prender os olhares. As mulheres não sabem disfarçar-se muito bem, mesmo no teatro. Não querem sacrificar a elegância do seu talhe, a delicadeza dos seus pezinhos, o charme dos seus movimentos, o brilho dos seus olhos; e é por tudo isso, no entanto, é pelo olhar, sobretudo, que elas não podem conseguir passar desapercebidas com facilidade. Há uma maneira de se esgueirar por todo canto sem que ninguém note a sua presença, e de falar em um tom baixo e surdo que não soe em falsete aos ouvidos que podem escutá-lo. De resto, para não ser notada como *homem*, é preciso já ter o hábito de não se fazer notar como *mulher*.

Jamais comparecia à plateia sozinha, não porque vira ali pessoas mais ou menos conhecidas de outros lugares, mas por causa da claque remunerada e não remunerada, que naquela época era muito disputada. Acotovelavam-se bastante nas primeiras apresentações, e eu não tinha força para lutar contra a multidão. Sempre me acomodava no centro do pequeno batalhão formado pelos meus amigos do Berry, que me protegiam da melhor forma possível. Um dia, contudo, em que estávamos próximos do lustre e tive vontade de bocejar sem afetação, mas ingênua e sinceramente, os aplaudidores quiseram encrencar comigo. Eles me chamaram de barbeirinho. Então me dei conta de que ficava furiosa e perdia a cabeça quando me chamavam para a briga, e, se meus amigos não estivessem em grande número para impor respeito à claque, creio que teria sido moída de pancadas.

[...]

Exponho aqui um tempo muito passageiro e acidental em minha vida, embora tenham dito que eu passara muitos anos assim e que, dez anos mais tarde, meu filho ainda imberbe tenha sido frequentemente confundido comigo. Ele se divertia com esses quiproquós.

[...]

Capítulo 14
Última visita ao convento. – Vida excêntrica. – Debureau. – Jane e Aimée. – A baronesa Dudevant me proíbe de comprometer seu nome nas artes. – Meu pseudônimo. – Jules Sand e George Sand. – Karl Sand. – O cólera. – O claustro Saint-Merry. – Minha mudança de mansarda.

Para mim talvez não existam tantos contrastes, quanto se poderia imaginar, em descer das alturas do sentimento para voltar à vida de aprendiz de literato que eu estava prestes a contar. Naquela época, cruamente chamava isso de minha vida de gaiata, e havia um resto de hábitos aristocráticos na maneira trocista com que eu a encarava; pois, no fundo, meu caráter estava em formação, e a vida real se revelava a mim sob aquele traje, aquele disfarce que me permitia ser homem suficiente para frequentar um meio sempre fechado à acanhada campônia que eu fora até então. Naquele tempo, examinava as artes e a política não mais apenas por indução ou dedução, como teria feito em relação a um dado histórico qualquer, mas através da história e do romance da sociedade e da humanidade vivente. Contemplava esse espetáculo de todos os pontos de vista em que eu pudesse me colocar, nos bastidores e em cena, nos camarotes ou na plateia. Passei por todos os espaços: do clube ao ateliê, do café à mansarda. Só nos salões não sabia o que fazer, como me portar. Conhecia o mundo intermediário entre o artesão e o artista. Entretanto, os frequentara pouco nas reuniões desses salões, e resguardara-me o máximo possível dessas festas, que me aborreciam para além de minhas forças; conhecia bastante sua vida íntima, ela não tinha mais nada a me revelar.

Pessoas caridosas, sempre prontas a aviltar a missão do artista em seus sórdidos pensamentos, comentaram que, naquela época e mais tarde, eu tivera curiosidade pelo vício. A esse respeito mentiram à vontade; eis tudo o que tenho a lhes responder. Todo aquele que é poeta sabe que o poeta não profana de modo voluntário seu ser, seu pensamento, nem mesmo seu olhar, sobretudo quando esse poeta o é em dobro por sua qualidade feminina.

Embora essa existência insólita não tivesse nada que eu pretendesse esconder mais tarde, não a adotei sem saber quais efeitos imediatos ela poderia ter sobre a conveniência e a ordem da minha vida. Meu marido a conhecia e não levava a ela nenhuma crítica nem obstáculo. Da mesma forma agiam minha mãe e minha tia. Estava, pois, andando na linha aos olhos das autoridades constituídas do meu destino. Mas, diante de todo o resto do meio em que eu vivia, deveria encontrar provavelmente mais de uma crítica severa. Vivo da maneira como bem entendo e procuro saber quais amizades serão fiéis a mim e quais outras ficarão escandalizadas com meu modo de vida. Logo em uma primeira batida de olho, selecionei um bom número de conhecidos cuja opinião para mim chegava quase a ser indiferente, e comecei a não dar mais nenhum sinal de vida a essa gente. Quanto às pessoas de que eu realmente gostava e das quais devia esperar alguma reprimenda, decidi romper com elas sem lhes dizer nada. "Se elas gostam de mim", pensei, "irão procurar-me, e, se não o fizerem, esquecerei que elas existem, mas poderei sempre ter carinho por elas pelas coisas que vivemos no passado; não terá havido desagravos entre nós; nada terá estragado a lembrança pura de nosso afeto."

A propósito, por que haveria de lhes querer mal? Que poderiam elas saber dos meus objetivos, do meu futuro, da minha vontade? Saberiam elas, saberia eu mesma, ao dar um passo desse, se eu tinha algum talento, alguma perseverança? Jamais dissera a ninguém a chave do enigma do meu plano, não a encontrara ainda de uma maneira segura; e, quando falava em escrever, fazia isso rindo e zombando da ideia e de mim mesma.

[...]

Quanto à baronesa Dudevant, minha opção foi colocar tudo em pratos limpos, como dizíamos no *Quartier Latin*. Ela me perguntou por que eu permanecia tanto tempo em Paris sem o meu marido. Respondi que para o meu marido estava tudo bem com essa minha escolha. "Mas é verdade mesmo", retorquiu, "que você tem intenção de *imprimir* livros?" Respondi que sim.

— *Tê!* — Exclamou (era uma interjeição gascoa que significa *Tiens!*[33] pela qual ela tomara hábito) — Eis uma ideia estapafúrdia!

— Sim, madame.

— Tudo isso é muito lindo e bom, mas espero que você não meta meu sobrenome de família nas *capas dos livros impressos*.

— Ah, não, certamente não, madame, fique tranquila. Não há perigo algum quanto a isso.

Não houve maiores explicações. Ela partiu pouco tempo depois para o Midi, para o sul da França, e nunca mais a vi.

O sobrenome que deveria colocar nas *capas impressas* não me causava a menor preocupação. Em todo caso, eu resolvera guardar o anonimato. Uma primeira obra foi esboçada por mim, e em seguida foi completamente reescrita por Jules Sandeau,[34] a quem Delatouche[35] passou a chamar pelo codinome Jules Sand. Essa obra chegou a outro editor que pediu outro romance assinado com o mesmo pseudônimo. Em Nohant eu já escrevera *Indiana*, e

---

33 Uma interjeição aproximada ou equivalente no Brasil encontrada no *Dicionário Houaiss Eletrônico* seria "chê", que exprime espanto, admiração, surpresa. (N.T.)

34 Jules Sandeau (1811-1883), romancista francês, dividiu a autoria com a escritora do livro *Rose et Blanche* em 1831. Depois disso, seguiu carreira como escritor de romances independente dela; entre os seus títulos, *Marianna,* lançado em 1839, sugere contar a sua história com a escritora Sand, no período em que ela saiu de Nohant para se tornar escritora em Paris. (N.T.)

35 H.-J. Alexandre Thabaud de Latouche, ou Henri de Latouche, ou ainda Delatouche (1785-1851), poeta e escritor francês, mais conhecido como editor, a partir de 1830, do jornal *Le Figaro*, criado em 1826. Uma figura bastante importante e presente na carreira da escritora, sobretudo no seu início. (N.T.)

História da minha vida

quis oferecê-lo para ser publicado sob o pseudônimo solicitado pelo novo editor; porém Jules Sandeau, por modéstia, não quis aceitar a autoria de um livro que era totalmente estranho a ele. Essa recusa não era esperada pelo editor. O nome é tudo para a venda, e o pequeno pseudônimo vendera tão bem que era fundamental que o conservassem. Ao ser consultado, Delatouche encerrou o problema sob a condição de se honrar um compromisso: *Sand* permaneceria intacto, não se mexeria nisso, e eu escolheria um prenome que serviria apenas a mim. De imediato e sem hesitar escolhi George, que me parecia sinônimo de berrichão, a gente da região do Berry. Jules e George, desconhecidos do público, passariam por irmãos ou primos.

O nome, pois, me caiu bem, e Jules Sandeau, conservando-se proprietário legítimo de *Rose e Blanche*, quis retomar seu nome por inteiro, a fim, dizia ele, de não se enfeitar com as minhas penas. Naquela época, ele era muito jovem e fora muito elegante ao mostrar-se modesto. Depois, por sua conta, dera provas de bastante talento e fez fama com seu verdadeiro nome. Eu, por minha vez, mantive o nome do assassino de Kotzebue, que fora ideia de Delatouche e dera início à minha reputação na Alemanha, a ponto de eu ter recebido várias cartas daquele país que me rogavam para que eu estabelecesse meu parentesco com Karl Sand, com a finalidade de ter uma chance a mais de sucesso. Apesar da veneração da juventude alemã pelo jovem fanático cuja morte foi tão bela, confesso que não tinha pensado em escolher por pseudônimo esse símbolo do punhal do iluminismo. As sociedades secretas visitaram a minha imaginação no passado, mas não passavam do limite do punhal, e as pessoas que acreditaram ver um tipo de protesto a favor do assassino político em minha persistência em assinar meus textos como Sand, e no hábito que adquiriram de chamar-me assim, enganaram-se redondamente. Isso não faz parte nem dos meus princípios religiosos nem dos meus instintos revolucionários. Os métodos das sociedades secretas nunca me pareceram uma boa prática em nosso tempo e em nosso país; jamais acreditei que pudesse sair daí outra coisa para o futuro de nosso povo além de uma ditadura, e em nenhuma circunstância ou tempo aceitei o princípio ditatorial em relação a mim mesma.

É provável, portanto, que eu tivesse mudado esse pseudônimo se o achasse destinado a adquirir qualquer celebridade; mas até o momento em que a crítica arrojou-se com grande fúria contra mim a propósito do romance *Lélia*, deleitei-me por passar desapercebida em meio à multidão dos letrados da classe mais humilde. Vendo que, bem contra a minha vontade, as coisas já não eram mais assim, e que atacavam violentamente tudo em minha obra, até o nome com o qual ela era assinada, sustentei o nome e, por conseguinte, a obra. O contrário teria sido uma covardia.

Ainda hoje trago esse nome comigo, embora seja, há quem diga isso, a metade do nome de outro escritor. Que seja. Esse escritor tem, eu o repito, talento suficiente para que quatro letras do seu nome não estraguem nenhuma *capa impressa*, e não soem mal aos meus ouvidos na boca dos meus amigos. Foi o acaso da imaginação de Delatouche que o concedeu a mim. Outra coisa ainda: fico honrada por ter tido esse poeta, esse amigo, como padrinho. Uma família, que achara muito bom para mim o nome que escolhi para assinar minha obra, julgou o nome Dudevant (que a baronesa supracitada insistia em escrever com um apóstrofo[36]) muito ilustre e honrado demais para comprometê-lo na república das artes. Batizaram-me, sem nenhum alarde e com indiferença, entre o manuscrito de *Indiana*, que na ocasião era todo o meu futuro, e uma cédula de mil francos, que naquele momento representava toda a minha fortuna. Tratava-se de um contrato, um novo casamento entre o pobre poeta aprendiz que eu era e a humilde musa que me consolara em meus momentos de dificuldades e aflições. Deus me livre e guarde de desfazer aquilo que deixei ser feito pelo destino. O que é um nome em nosso mundo revolucionado e revolucionário? Uma cifra para os que não fazem nada, uma insígnia ou uma divisa para aqueles que trabalham ou combatem. Aquilo que me deram, eu o consegui por mim mesma e sozinha, por meio do meu labor. Jamais explorei o trabalho de outra pessoa, jamais tomei, comprei ou roubei uma página, uma linha que seja. Dos 700 ou 800 mil francos que ganhei depois de vinte anos, não me restou nada, e hoje, como há vinte anos, vivo, dia a dia, desse nome que protege o meu trabalho e desse trabalho do qual não reservei para mim sequer um óbolo. Não acho que alguém tenha alguma censura a fazer-me e, sem ser orgulhosa do que quer que seja (não fiz mais que cumprir meu dever), mi-

---

36 Ela afirmava que o nome original era *O'Wen*. (N.A.)

História da minha vida

nha consciência tranquila não vê necessidade de alterar nada no nome que a designa e a personifica.

Mas, antes de entrar no assunto de minhas aventuras literárias, quero ainda resumir diversas circunstâncias que as precederam.

Meu marido vinha visitar-me em Paris. Não ficávamos hospedados no mesmo lugar, mas ele vinha jantar na minha casa e me levava para assistir aos espetáculos. Ele me parecia satisfeito com o arranjo que nos tornara, sem disputas nem arestas a serem aparadas, independentes um do outro.

Tinha a impressão de que minhas idas à minha casa em Nohant não lhe eram tão agradáveis. No entanto, soube tornar minha presença suportável sem fazer uma crítica e sem atrapalhar qualquer arranjo feito em minha ausência. Com efeito, para mim não se tratava mais de estar em minha casa. Não considerava mais Nohant como uma propriedade que me pertencia. O quarto dos meus filhos e a minha alcova ao lado eram um terreno neutro onde eu podia instalar-me, e, se várias coisas me desagradavam em algum outro lugar, eu não tinha nada a dizer e não dizia nada. Eu não podia atacar ninguém por estar atuando no posto do qual me demitira por vontade própria. Alguns amigos pensaram que eu não devia ter me demitido, mas sim ter lutado contra as causas primeiras dessa resolução. Em teoria, eles tinham razão, mas a prática não se põe tão à vontade às ordens da teoria como imaginam. Não sei lutar por um interesse puramente pessoal. Todas as minhas faculdades e todas as minhas forças podem se colocar a serviço de um sentimento ou de uma ideia; mas, quando se trata exclusivamente de mim, abandono a partida com uma fraqueza aparente que, em suma, é apenas o resultado de um raciocínio bem simples: Poderei eu compensar a alguém as boas ou más satisfações que eu lhe faria sacrificar? Se sim, estou no meu direito; se não, meu direito lhe pareceria sempre iníquo e jamais soaria legítimo a mim mesma.

É preciso, para contrariar e perseguir alguém no exercício dos seus gostos, ter motivos mais graves que o exercício dos nossos próprios. Parecia que nada se passava em minha casa que pudesse fazer meus filhos sofrerem. Solange iria comigo para Paris, Maurice vivia, em minha ausência, com Jules Boncoiran, seu querido e jovem preceptor. Nada me fazia duvidar de que aquele estado de coisas não pudesse durar, e não foi devido a mim que ele não durou.

George Sand

Quando vim a estabelecer-me no cais Saint-Michel com Solange, além de ter necessidade de retomar meus hábitos naturais, que são sedentários, a vida como um todo logo tornou-se tão trágica e tão sombria que pude sentir nisso um revés. O cólera atingiu primeiro os bairros que nos cercavam. Ele chegou rapidamente, tomou conta, andar por andar, do edifício onde morávamos. Levou à morte seis pessoas dali e deteve-se à porta de nossa mansarda, como se desdenhasse de presa tão frágil.

Entre o grupo de amigos compatriotas que se formara em torno de mim, nenhum se deixou surpreender por aquele funesto terror que parecia convocar o mal e geralmente o entregava sem remédio. Ficávamos preocupados uns com os outros, e nunca com nós mesmos. Assim, a fim de evitar angústias inúteis, combinamos de nos encontrar todos os dias no jardim de Luxemburgo, nem que fosse só por um instante, e, quando um de nós faltava ao encontro, corríamos à sua casa. Nenhum de nós foi atingido pela moléstia, mesmo de modo leve. No entanto, ninguém mudou nada do seu regime e não se pôs em proteção contra o contágio.

Era um espetáculo horrível de se ver aquele comboio incansável passando embaixo da minha janela e atravessando a ponte Saint-Michel. Em determinados dias, grandes carroças de mudança, transformadas em carros fúnebres dos pobres, sucediam-se sem interrupção, e o que havia de mais pavoroso não eram os mortos amontoados de qualquer maneira como fardos jogados ao léu, mas a ausência de parentes e amigos atrás dos carros fúnebres; eram os condutores dobrando o passo, blasfemando e açoitando os cavalos; eram os passantes se esquivando com medo do hediondo cortejo; era a fúria dos trabalhadores que acreditavam numa fantástica escala de contaminação e que erguiam seus punhos fechados contra o céu; eram, quando os grupos ameaçadores haviam passado, o abatimento e a indiferença que tornavam todas as fisionomias irritantes ou estúpidas.

Passei o outono em Nohant. Foi lá que escrevi *Valentine*, com o nariz colado no armarinho que me servia de escrivaninha e onde eu já havia escrito *Indiana*.[37]

---

37 *Indiana* e *Valentine*: ambas da autora, foram lançadas em 1832. No Brasil, a edição mais antiga de *Indiana* que encontramos foi publicada pela Editora José Olympio,

História da minha vida

[...]

Fez tanto frio em minha mansarda no inverno que constatei a impossibilidade de escrever ali sem queimar mais lenha que minhas finanças me permitiam. Delatouche deixou a sua, que também se localizava no cais, mas no terceiro andar, apenas, com a face voltada para o Midi, sobre os jardins. Ela era muito mais espaçosa, arranjada de uma maneira confortável, e há muito tempo eu vinha nutrindo o doce sonho de uma lareira *à la* prussiana. Ele passou para mim o contrato do aluguel, e instalei-me no cais Malaquais, onde logo vi chegar Maurice, que seu pai trouxera para matriculá-lo no colégio.

Eis-me já na época dos meus primeiros passos no mundo das letras e, na pressa de estabelecer o quadro da minha vida exterior, ainda não disse nada a respeito das pequenas tentativas que havia feito para alcançar o objetivo de efetivar-me escritora. Portanto, esse é o momento de falar das relações que vinha iniciando e das esperanças que me haviam sustentado.

Capítulo 15
Quatro berrichões no mundo das letras. – *Monsieur* Delatouche e *monsieur* Duris-Dufresne. – Minha visita a *monsieur* de Kératry. – O sonho de 500 francos de renda. – *Figaro*. – Um passeio no Quartier Latin. – Balzac. – Emmanuel Arago. – Primeiro luxo de Balzac. – Seus contrastes. – Aversão que lhe causava Delatouche. – Jantar e *soirée* fantástica na casa de Balzac. – Jules Janin. – Delatouche me encoraja e me paralisa. – *Indiana*. – Enganaram--se os que disseram que se tratava de minha pessoa e de minha história. – A teoria do belo. – A teoria do verdadeiro. – O que Balzac pensava disso. – O que a crítica

---

Coleção "Fogos Cruzados", sem registro de data. Quanto à *Valentine*, esta também sem data, chegou a ser publicada pela Editora Casa Marino, Coleção "Rosa". As demais obras da autora traduzidas pelos editores no país podem ser conferidas ao final desta edição. (N.T.)

e o público pensam disso. – *Corambé*. – O fantasma se esvanece. – O trabalho me entristece. – Supostas manias dos artistas.

Éramos então três berrichões em Paris, Félix Pyat, Jules Sandeau e eu, literatos aprendizes, sob a orientação de um quarto berrichão, *monsieur* Delatouche. Esse mestre devia, e sem dúvida queria, ter um lugar entre nós, e nos unimos em uma só família na poesia, da qual ele era o pai. Mas seu caráter azedo, suscetível e sinistro traía as intenções e os anseios do seu coração, que era bom, generoso e meigo. Conseguiu entrar em discórdia com um após o outro de nós três; mais tarde, todos acabamos ficando um pouco brigados entre nós.

Descrevi, em um necrológio bem detalhado a respeito de *monsieur* Delatouche, todo o bem e todo o mal que residiam nele, e pude falar sobre o mal sem deixar de demonstrar o meu profundo reconhecimento que lhe devia e a viva amizade que lhe devotara muitos anos antes de sua morte. Para mostrar o quanto esse mal, isto é, essa dor inquieta, essa suscetibilidade doentia, em uma palavra, essa misantropia era fatal e involuntária, não fiz mais do que citar fragmentos de suas cartas, em que ele mesmo, em algumas palavras plenas de graça e de força, representava-se com apuro em sua grandiosidade e em seus tormentos. Eu já escrevera sobre ele, enquanto era vivo, com o mesmo sentimento de respeito e afeto. Jamais tive nada a recriminar-me em relação a ele, nem mesmo a sombra de uma ofensa, e nunca teria tomado conhecimento de como e por que fui capaz de lhe desagradar, se não tivesse visto com meus próprios olhos, no rápido declínio de sua vida, o quanto ele estava profundamente acometido por uma hipocondria sem cura.

Ele reconheceu minha dignidade ao ver que eu era justa com ele, isto é, estava sempre pronta a correr a ele desde que me abrisse seus braços paternais, sem guardar rancor dos seus acessos de cólera e de suas injustiças mil vezes reparadas, a meu ver, por um elã, por um arrependimento, por uma lágrima do seu coração.

Não poderia resumir aqui o conjunto do seu caráter e de suas relações pessoais comigo – como já o fiz em um opúsculo especial – sem sair da

História da minha vida

ordem da minha narrativa, falta que já cometi muitas vezes e que com frequência me pareceu inevitável; as pessoas e as coisas têm a necessidade de se completar na memória daquele que fala delas para serem, em última instância, bem apreciadas e julgadas de um modo imparcial.[38]

Mas, para não me demorar muito a cada passo em minha narrativa, apenas comentarei quais relações se estabeleceram entre nós quando publiquei *Indiana* e *Valentine*.

Meu bom e velho amigo Duris-Dufresne, um dos primeiros a quem confiei meu projeto de escrever, quisera pôr-me em contato com Lafayette, garantindo-me que prontamente faríamos amizade, que simpatizaria muito comigo e que me lançaria no mundo das artes, no qual ele conquistara numerosas relações. Recusei-me a aceitar esse encontro, embora também tivesse muita simpatia por Lafayette, a quem algumas vezes ia escutar na tribuna, conduzida por meu *papai* (era assim que os meirinhos da câmara chamavam meu velho deputado quando nos procurávamos nos corredores depois da sessão); eu me achava tão insignificante que não consegui tomar coragem de ocupar o patriarca do liberalismo com minha medíocre personalidade.

E depois, se eu tinha necessidade de um patrono literário, era muito mais para obter conselhos do que apoio. Desejava saber, antes de tudo, se eu tinha algum talento, e receava que alguma opinião sobre mim nascesse muito mais de um apreço pessoal que da consideração pela minha própria capacidade. *Monsieur* Duris-Dufresne, de quem eu lera em Nohant, em total segredo, algumas páginas sobre a emigração dos nobres em 1789, me considerara, ingenuamente, um grande espírito; mas eu me resguardava bastante de sua parcialidade e de sua galanteria. Além de tudo, ele só se interessava pelas coisas políticas, e era justamente por esse tema que eu me sentia menos inclinada.

Observei-lhe que os amigos, sem querer, demonstram excessivo deslumbre em suas apreciações, e que me era necessário um julgamento imparcial: "Mas, veja bem, não vamos procurar um apoio de tão alto escalão", disse a

---

38 Mais uma razão para não falar dos vivos, a não ser com reservas. (N.A.)

ele; "as pessoas muito célebres não têm tempo para se ocupar com assuntos tão secundários".

Então propôs apresentar-me a um dos seus colegas da Câmara, *monsieur* de Kératry,[39] que era romancista e que ele garantia ser um juiz fino e severo. Dele eu lera *Le dernier des Beaumanoir*, obra muito mal realizada, construída em cima de um dado revoltante, mas na qual o gosto licencioso do romantismo atuava em favor da audácia. Havia nessa obra, entretanto, páginas belíssimas e muito tocantes, uma mescla estranha de devoção bretã e de aberrações romanescas, de frescor na ideia, de velhice nos detalhes. "Seu ilustre colega é um destrambelhado", disse ao meu papai, "e quanto ao seu livro, até eu poderia fazer algo tão ruim. Entretanto, é possível ser um bom crítico e um mau escritor. A obra dele também não está repleta de imbecilidades o tempo todo, alguma coisa até que passa. Vamos ver *monsieur* de Kératry. Mas eu moro em uma mansarda, e você me disse que ele é velho e casado. Pergunte a ele qual a melhor hora para esse nosso encontro. Irei à casa dele."

No dia seguinte, fui à casa de *monsieur* de Kératry às oito horas da manhã. Era bem cedo. Eu tinha os olhos inchados de sono como se tivesse levado um murro, e estava completamente abobalhada.

Monsieur de Kératry me pareceu mais velho do que era de fato. Sua fisionomia, emoldurada por basta cabeleira branca, tornava-o muito respeitável. Convidou-me a entrar em um cômodo onde vi, deitada em uma colcha de seda cor-de-rosa delicadíssima, uma mulher jovem e atraente que lançou um olhar de piedade lânguida sobre o meu vestido de flanela e sobre os meus sapatos sujos de lama, e não se deu conta de que deveria me convidar para sentar-me.

Passei por cima da permissão, sentando-me sem cerimônias, e perguntei ao meu novo patrono, aconchegando-me à lareira, se *mademoiselle* sua filha estava doente. De saída, já comecei nossa relação com uma insigne asneira. O velho respondeu-me, com um ar todo insuflado de orgulho armórico, que aquela era madame de Kératry, sua mulher. "Ah, sim, muito bem", disse

---

39 Trata-se de Auguste Hilarion de Kératry (1769-1859), poeta e crítico literário francês. Escreveu outros títulos, além do citado por George Sand. (N.T.)

História da minha vida

eu, "meus cumprimentos; mas ela está doente, e eu a importuno. Portanto, só me aqueço um pouco e já vou indo." O protetor respondeu de imediato:

— Um instante! *Monsieur* Duris-Dufresne me falou sobre a sua vontade de ser escritora, e prometi a ele que conversaria com você a respeito desse projeto; mas preste atenção, em duas palavras, serei franco: uma mulher não deve escrever.

— Se essa é sua opinião, não temos mais nada a conversar — retruquei. — Não valeu a pena acordarmos tão cedo, madame de Kératry e eu, para ouvir esse preceito.

Levantei-me e saí impassível, pois tinha mais vontade de rir do que de me zangar. *Monsieur* de Kératry seguiu-me até a antessala e me deteve por alguns momentos para desenvolver sua teoria acerca da inferioridade das mulheres, sobre a impossibilidade que reside na mais inteligente entre elas de escrever uma boa obra (*Le dernier des Beaumanoir*, aparentemente); e, como eu continuasse andando sem discutir e sem dizer-lhe nada de mordaz, terminou seu lenga-lenga com uma tirada napoleônica que devia me esmagar. Sentenciou, de modo grave, no momento em que eu abria a última porta para sair do seu santuário:

— Creia-me, não faça livros, faça filhos.

— Pelo amor de Deus, *monsieur* — respondi estourando em uma gargalhada antes de fechar sua porta bem no seu nariz —, guarde esse preceito para o senhor mesmo, se o acha tão bom.

Delatouche fez modificações em minha resposta mais tarde ao narrar essa bela entrevista. Ele colocou a seguinte frase em minha boca: "Faça-os o senhor mesmo, se puder". Não fui nem tão malévola nem tão espirituosa, ainda mais porque a jovem esposa de *monsieur* de Kératry apresentava ares de um anjo de candura. Voltei para casa rindo à beça da originalidade daquele Chrysale[40] romântico e totalmente segura de que jamais me elevaria à altura

---

40 Personagem da peça *Les Femmes savantes*, de Molière. De modo bastante sucinto, e não levando em consideração a complexidade dessa comédia, trata-se de um pai de família defensor da ideia de que as mulheres não têm que se preocupar com mais nada além das tarefas domésticas. Contudo, é fortemente contestado e desafiado por sua esposa, Philaminte, e por uma de suas filhas, Armande, que valorizam a erudição acima de qualquer outra matéria. (N.T.)

de suas invenções literárias. Sabe-se que o tema de *Le dernier des Beaumanoir* é a violação de uma mulher que todos acreditam ter sido morta pelo padre encarregado de sepultá-la. Acrescentemos, entretanto, para sermos justos, que o livro contém belas páginas.

Fiz Duris-Dufresne chorar de tanto rir ao lhe contar a aventura. Ao mesmo tempo, estava furioso e queria rachar ao meio seu fanático bretão. Acalmei-o, dizendo-lhe que não trocaria aquela minha divertida *matinée* nem mesmo por... um editor!

Desde então, não foi mais contrário ao meu plano de ir ver Delatouche, contra quem, até aquele momento, me prevenira para que eu tomasse fortes precauções. Só precisava escreve-lhe uma palavra; meu nome era suficiente para assegurar-me uma boa acolhida do meu compatrício. Era intimamente ligada à sua família. Ele era primo dos Duvernet, e seu pai tivera ligações com o meu.

Delatouche mandou me chamar e me recebeu paternalmente. Como já sabia, por meio de Félix Pyat, do meu colóquio com *monsieur* de Kératry, despejou toda a faceirice do seu espírito, que era de uma fina têmpera e de um brilhantismo notável, ao sustentar a tese contrária. "Mas não alimente ilusões", preveniu-me. "A literatura é um meio de sobrevivência ilusório, e eu que o diga; apesar de toda superioridade da minha barba, definitivamente não chego a tirar 1,5 mil francos por ano."

— Mil e quinhentos francos! — exclamei. — Mas se eu juntar 1,5 mil francos à minha parca pensão, ficarei riquíssima, e não pedirei mais nada aos céus nem aos homens, nem mesmo uma barba!

— Oh! — respondeu rindo. — Se você não tem maiores ambições que isso, a questão fica mais simples. Mesmo que não se trate de ganhar 1,5 mil francos, ainda assim não será a coisa mais fácil do mundo, mas é possível, se você não se desencorajar dessa atividade logo no começo.

Então leu um romance que eu escrevera, de cujo título não me lembro mais, nem mesmo do tema, pois queimei-o pouco tempo depois. Ele o achou, com razão, detestável. Entretanto, disse que eu tinha potencial para escrever um melhor e que talvez um dia eu conseguisse produzir uma boa obra. Acrescentou ainda: "Mas é preciso viver para conhecer a vida. O romance é a vida narrada com arte. Você possui uma natureza de artista, con-

História da minha vida

tudo ignora a realidade; tem os dois pés fincados no sonho. Paciência com o tempo e com a experiência, e fique tranquila: esses dois tristes *conselheiros* virão bem rápido. Deixe-se ensinar pelo destino e mantenha-se firme na condição de poeta. Não há outra coisa a fazer".

Todavia, como me viu enfrentando tantas dificuldades para manter minha vida material, ofereceu-me pagar 40 ou 50 francos por mês se eu pudesse trabalhar na redação do seu pequeno jornal. Pyat e Sandeau já trabalhavam para ele. Juntei-me à equipe, feliz com a proposta um pouco além do que eu imaginava.

Delatouche comprara o *Figaro*, e ele mesmo, ao lado de sua lareira, cuidava de quase tudo, ora conversando com seus redatores, ora com as numerosas visitas que recebia. Essas visitas, às vezes encantadoras, outras vezes risíveis, sem perceber faziam um pouco de pose para o respeitável secretariado que, entrincheirado em cantinhos do apartamento, não se privava de escutá-las em segredo e de criticá-las mais tarde.

Eu tinha uma mesinha e meu tapetinho posicionados bem próximos da lareira; porém, não era muito assídua ao trabalho, do qual não entendia nada. Delatouche me pegava pelo colarinho para fazer-me sentar; lançava-me um tema e me dava uma pequena tira de papel na qual era preciso caber o assunto. Garatujava dez páginas onde não dizia uma palavra do assunto que precisava ser tratado, e eu mesma atirava tudo ao fogo. Os outros tinham espírito, verve, facilidade de escrever. Conversavam e riam. Delatouche era brilhante em sua causticidade. Eu escutava, me divertia muito, mas não produzia nada que valesse a pena, e no fim do mês ele me pagava 12,5 francos ou 15 francos, no máximo, pela minha parte de colaboração, e essa quantia, ainda por cima, era muito bem paga.

Delatouche era adorável em sua graça paternal, e rejuvenescia conosco a ponto de permitir-se aprontar molecagens. Lembro-me de um jantar que lhe oferecemos no restaurante Pinson e de um fantástico passeio ao luar que o obrigamos a fazer conosco pelo Quartier Latin. Fomos acompanhados por uma carruagem de aluguel que ele contratara fazendo um acerto por hora para ir não sei aonde, e que ele conservara aos seus serviços até o último minuto sem conseguir se desvencilhar de nossa desvairada companhia. Ele subiu na carruagem umas vinte vezes só para descer novamente, ao ser persuadido por nossas razões para que não nos privasse de sua presença. Andávamos sem destino e queríamos provar a ele que essa era a maneira mais agradável de passear. Sem dúvida estava adorando, visto que se deixava levar por nós sem opor nenhuma resistência. O cocheiro do fiacre, vítima de nossas traquinagens, transformara seu aborrecimento em paciência, e lembro que ao chegar, não sei por que nem como, ao monte Sainte-Geneviève, como conduzia o cavalo muito lentamente pela rua deserta, tivemos a ideia de atravessar por dentro do carro, formando uma fila, deixando as portinholas abertas e os estribos abaixados, e cantando não lembro mais qual canção engraçada num tom lúgubre: já nem sei mais por que isso nos pareceu tão divertido e por que Delatouche ria com tanto gosto. Creio que isso se devia à alegria de sentir-se um bobalhão pela primeira vez em sua vida. Pyat pretendia atingir um objetivo, que consistia em oferecer uma serenata a todos os merceeiros do bairro, e ele ia de mercearia a mercearia cantando a plenos pulmões: *Um merceeiro é uma rosa*.

Essa foi a única vez que vi Delatouche de fato alegre, pois seu espírito, habitualmente satírico, tinha um fundo de melancolia que muitas vezes tornava seu bom humor mortalmente triste. "Como são felizes", me dizia ao enlaçar meu braço caminhando lado a lado comigo atrás do grupo, enquanto o resto da turma corria adiante fazendo algazarra; "beberam apenas água tingida de vermelho e estão embriagados! Que bom vinho que é a juventude! E como é bom rir sem motivo algum! Ah! Se pudéssemos nos divertir assim dois dias seguidos! Mas, tão logo sabemos do que e às custas de quem nos divertimos, deixamos de nos divertir, temos vontade de chorar."

O imenso desgosto de Delatouche tinha tudo a ver com o envelhecimento. Não conseguia conformar-se com isso, e ele mesmo dizia: "Nunca completamos 50 anos, temos duas vezes 25". Apesar dessa revolta do seu espírito, aparentava ser mais velho do que era. Já doente, e tendo seu mal agravado pela impaciência com a qual ele o suportava, com frequência, de manhã, era tomado por um humor irascível perante o qual eu me esquivava sem dizer uma palavra. Depois ele me chamava ou ia me procurar, nunca reconhecendo sua culpa, mas tentando apagar, por meio de mil gracinhas e mimos de papai, a mágoa que havia me causado.

História da minha vida

Quando mais tarde procurei saber a causa de sua súbita aversão por minha pessoa, disseram-me que estava apaixonado por mim, que morria de ciúmes sem o confessar, e que sentia-se ferido por jamais eu ter adivinhado seus sentimentos. Nada disso é verdade. Desconfiei dele no começo, pois *monsieur* Duris-Dufresne pusera-me de sobreaviso dando como exemplo suas próprias precauções com relação a ele. Portanto, aos seus olhos, eu teria para com ele a sagacidade que muitas vezes não tive em determinados momentos, em outras circunstâncias, por falta de suficiente coquetismo. Mas naquele instante tinha de verificar se minha confiança recaía sobre um coração desinteressado, e logo constatei que o ciúme do nosso patrão, como o chamávamos, se dava por motivos puramente intelectuais e se exercia sobre todos aqueles que o cercavam, sem levar em consideração idade nem sexo.

Era um amigo, e sobretudo um mestre ciumento por natureza, como o velho Porpora que descrevi em um dos meus romances. Quando ele descobria uma inteligência, desenvolvia um talento, não pretendia mais admitir que uma outra inspiração ou que um outro auxílio além do seu ousassem aproximar-se do novo objeto de suas atenções.

Um dos meus amigos que conheciam um pouco Balzac me apresentara a este, não como uma notável poeta de povoado, mas como uma boa pessoa de província maravilhadíssima com o seu talento. Isso era verdade. Embora Balzac ainda não tivesse produzido suas obras-primas naquela época, eu estava vivamente impressionada com seu estilo novo e original, e já o considerava um mestre a ser estudado. Balzac fora, para mim, não encantador à maneira de Delatouche, mas do mesmo modo extraordinário, com mais franqueza e igualdade de caráter. Todo mundo conhece a satisfação que ele tem por si próprio, satisfação tão bem fundada que todos o perdoavam por isso; como adorava falar de suas obras, narrá-las antecipadamente, criando-as no próprio ato da conversa, lendo-as em rascunho ou ainda em provas. Simples e *bom garoto* ao extremo, pedia conselho às crianças, não escutava a resposta ou servia-se delas para lutar com obstinação contra sua superioridade. Não ensinava jamais; falava de si mesmo, só de si. Uma única vez esqueceu de si próprio para falar de Rabelais, que eu ainda não conhecia. Foi tão maravilhoso, tão fascinante, tão lúcido em sua explanação, que não ousávamos dizer nada, deixando-o discorrer sobre tudo:

"Sim, sim, decididamente, ele terá todo o futuro com que sonha; ele compreende muito bem o que ele não é, por isso faz de si mesmo uma grande personalidade".

Naquele tempo, Balzac residia na rua de Cassini, em um pequeno entressolho muito alegre, ao lado do Observatório. Foi através dele ou na casa dele, creio, que conheci Emmanuel Arago,[41] um homem que mais tarde se tornaria um irmão para mim, e que naquela época era apenas uma criança. Logo ficamos amigos, e pude lidar com ele como se fosse sua avó, pois era ainda tão jovem que seus braços cresceram naquele ano mais que o tamanho das mangas de suas camisas. No entanto, já produzira um certo volume de versos e escrevera uma peça de teatro muito espirituosa.

Numa bela manhã, Balzac, após vender por um bom dinheiro seu romance *La Peau de Chagrin* (*A pele de onagro*), desprezou seu entressolho e quis deixá-lo; porém, depois de refletir bastante, contentou-se em transformar seus pequenos aposentos de poeta em um conjunto de budoar de marquesa e, um belo dia, convidou-nos para tomar sorvete em sua residência reformada, que agora tinha as paredes cobertas de seda e de bordados de renda. Ri muito daquilo tudo; não pensei que levasse a sério as exigências de um *luxo fútil*, e imaginei que aquilo fosse para ele nada mais que uma fantasia passageira. Enganei-me; essas exigências da imaginação coquete tornaram-se as tiranas de sua vida, e para satisfazê-las muitas vezes sacrificou o bem-estar mais elementar. Desde então, passou a viver um pouco dessa forma, faltando de tudo em meio ao seu supérfluo, e privando-se mais de sopa e de café do que de prataria e de porcelana da China.

Rapidamente reduzido a expedientes fabulosos para não se separar das quinquilharias que agradavam sua vista; artista fantasista, isto é, criança diante de sonhos dourados, vivia, por intermédio de sua imaginação, no palácio das fadas; homem opinioso entretanto, aceitava, de bom grado, todas as inquietudes e todos os sofrimentos, contanto que forçassem a realidade a conservar alguma coisa do seu sonho.

Pueril e poderoso, sempre desejoso de um bibelô e jamais tendo inveja de uma glória, sincero até as raias da modéstia, presunçoso até chegar aos

---

41 Emmanuel Arago, político francês (1812-1896). (N.T.)

História da minha vida

limites da jactância, confiante em si mesmo e nos outros, expansivo ao extremo, boníssimo e louquíssimo, dono de um santuário de razão dentro de si, onde se recolhia para dominar completamente sua obra, cínico na castidade, ébrio embora só bebesse água, intemperante no que diz respeito ao trabalho e sóbrio em outras paixões, positivo e romanesco com igual excesso, crédulo e cético, pleno de contrastes e de mistérios, tal era Balzac ainda moço, já inexplicável para qualquer um que se extenuasse no mais contínuo estudo de sua pessoa, estudo ao qual ele próprio condenava seus amigos, e que ainda não parecia a todos tão interessante quanto o era de fato.

Com efeito, naquela época, muitos críticos, competentes, aliás, negavam o gênio de Balzac, ou pelo menos não acreditavam que era destinado a uma carreira tão potente em desenvolvimento. Delatouche era dos mais recalcitrantes quanto a isso. Falava dele com um ódio espantoso. Balzac fora seu discípulo, e sua ruptura, cujo motivo o último jamais soube, era muito recente e ainda sangrava. Delatouche não dava nenhuma boa razão ao seu ressentimento, e Balzac me dizia com frequência: "Proteja-se! Você verá que, numa bela manhã, sem suspeitar, sem saber por quê, você encontrará nele um inimigo mortal".

Aos meus olhos, Delatouche evidentemente agia muito mal ao denegrir Balzac, que só falava dele com saudade e doçura; porém, Balzac estava errado ao acreditar em uma inimizade irreconciliável. Delatouche poderia voltar atrás com o tempo.

Era muito cedo ainda. Tentei várias vezes, em vão, dizer a Delatouche o que poderia reaproximá-los. Na primeira vez, ele deu saltos até o teto: "Então você o tem visto?", gritou. "Você o vê, pois? Era só o que faltava!" Pensei que ele fosse me jogar pela janela. Ele se acalmou, ficou amuado, voltou a si e terminou por *deixar passar o meu Balzac*, vendo que aquela simpatia entre nós não tirava nada daquilo que ele exigia de mim. Mas, a cada nova relação literária que eu viesse a estabelecer ou assumir, Delatouche voltava a entrar nos mesmos acessos de cólera, e até os indiferentes lhe pareciam inimigos se não tivessem sido apresentados por ele.

Falei muito pouco com Balzac a respeito dos meus projetos literários. Ele não dava crédito a nada ou nem mesmo pensava em examinar se eu era capaz de produzir algo que prestasse. Não lhe pedi conselhos, dissera-me que os guardava para si mesmo; e dizia isso tanto por sinceridade de modéstia quanto por sinceridade de egoísmo; pois ele tinha sua maneira de ser modesto sob a aparência de presunção, e eu reconheceria isso mais tarde, com uma agradável surpresa; quanto ao seu egoísmo, eu não levava tão a mal, pois ele tinha também suas reações de dedicação e de generosidade.

Seu diálogo era muito agradável, mas de uma eloquência um pouco fatigante para mim, que, menos expansiva, tinha dificuldades para variar os temas da conversa; mas sua alma era de uma grande serenidade, e em nenhum momento a convivência com ele tornava-se enfadonha. Com sua barriga imensa, subia todos os lances de escada do prédio onde eu morava no cais Saint-Michel e chegava todo esbaforido, rindo e relatando qualquer coisa que lhe viesse à cabeça sem nem mesmo recuperar o fôlego. Apanhava uns papéis sobre a minha mesa e dava uma espiada neles com a intenção de ter uma leve ideia do que se tratava; mas, imediatamente, pensando na obra na qual vinha trabalhando, punha-se a falar sobre ela, e, enfim, na verdade eu achava isso muito mais instrutivo que todos os obstáculos que Delatouche, desesperador em seus questionamentos, levava à minha fantasia.

Numa noite em que jantávamos na casa de Balzac de uma maneira estranha — se bem me lembro, o cardápio era composto por carne cozida, um melão e champanhe gelado —, de repente foi até o seu quarto e saiu de lá desfilando um lindo roupão novo em folha para exibi-lo a nós com uma alegria de mocinha, e quis mesmo sair vestido assim, com um castiçal à mão, para nos levar até as grades do jardim de Luxemburgo. Já era tarde, o local estava deserto e lhe fiz observar que poderia ser assassinado ao voltar para casa. Balzac respondeu: "Que nada! Se me encontrar com ladrões, eles acharão que sou louco e terão medo de mim, ou pensarão que sou um príncipe e vão me respeitar". Fazia uma linda noite tranquila. Ele nos acompanhou assim, carregando seu castiçal iluminado por um magnífico círio vermelho cinzelado, falando dos quatro cavalos árabes que ele ainda não tinha, que logo os compraria, que ele jamais teve nenhum, e que durante algum tempo acreditou com toda convicção que já fora dono deles. Balzac teria nos levado até o outro extremo de Paris se o tivéssemos deixado fazê-lo.

Eu não conhecia outras celebridades nem desejava conhecê-las. Encontrava uma tal oposição de ideias, de sentimentos e de sistemas entre Balzac

História da minha vida

e Delatouche que temia ver minha pobre cabecinha se perder em um caos de contradições se desse ouvidos a um terceiro mestre. Visitei, naquela época, uma segunda vez, Jules Janin, para lhe pedir um favor. Foi a única solicitação que fiz junto à crítica, e, como não era para mim, não tive escrúpulo algum. Encontrei nele um bom moço sem afetação e sem ostentação de qualquer vaidade, tendo o bom gosto de não expor sua inteligência sem necessidade, e falando dos seus cães com mais amor que dos seus escritos. Como também sou amante dos cães, fiquei bastante à vontade em nosso encontro; uma conversa literária com um desconhecido sempre me deixava extremamente intimidada.

Disse a ele que Delatouche estava desesperador. Estava assim com ele mesmo e se empenhava em não dar o mínimo valor a tudo que empreendia. Delatouche, de tempos em tempos, permitia-se narrar seus romances antecipadamente, com mais discrição e intimidade que Balzac, porém com mais deleite ainda quando se via cercado por bons ouvintes. Por exemplo, não se furtava em advertir, nesses momentos, qualquer um que arrastasse um móvel, que atiçasse o fogo da lareira ou que desse um espirro: quando algo assim acontecia, ele se interrompia logo para perguntar, com polida solicitude, se alguém na sala estaria constipado ou se teria algo incomodando suas pernas e por isso não conseguia deixá-las quietas; e, fingindo ter se esquecido do seu romance, fazia-se de difícil para que pedíssemos com insistência que recuperasse o fio da meada. Delatouche tinha mil vezes menos talento que Balzac para escrever; mas, como tinha mil vezes mais talento para expor suas ideias ao falar delas, aquilo que em uma conversa narrava admiravelmente parecia admirável, enquanto aquilo que Balzac contava de uma maneira muitas vezes impossível com frequência tratava-se apenas de uma obra impossível. Entretanto, quando a obra de Delatouche era impressa, nela procurávamos em vão o encanto e a beleza daquilo que havíamos escutado, e, ao contrário, ficávamos surpresos e admirados ao ler Balzac. Este tinha plena consciência de que expunha mal as suas narrativas quando falava delas, não sem fervor e sem espírito, porém sem ordem e sem clareza. Dessa forma, ele preferia ler quando possuía seus manuscritos nas mãos, e Delatouche, que criava cem romances sem botar nenhum no papel, quase não tinha nada para ler; ou possuía algumas páginas que

441

não eram capazes de traduzir o seu projeto e que visivelmente o entristeciam. Ele era desprovido de facilidade para escrever; assim, tinha horror à fecundidade literária (menos à de Walter Scott, autor que ele adorava) e despejava contra a fecundidade de Balzac as invectivas mais histriônicas e fazia as comparações mais infantis.

Sempre pensei que Delatouche desperdiçava muito de talento legítimo em suas falas. Balzac, em sua exposição oral, só gastava suas loucuras saídas do seu imaginário. Ele as lançava a mancheias aos seus ouvintes e guardava sua profunda sabedoria para sua obra. Delatouche se exauria em excelentes demonstrações e, ainda que rico em ideias, não o era tanto para que conseguisse mostrar-se tão generoso ao nos oferecê-las.

Além de tudo, sua saúde precária paralisava seu voo no momento em que ele estendia suas asas. Produzira belos versos, fáceis e plenos, entremeados a versos atirados a esmo e um tanto quanto vazios; criara romances notabilíssimos, de extrema originalidade, e outros muito fracos, com enredos mal amarrados; escrevera artigos de grande mordacidade, dotados de muito engenho, e outros tão pessoais que tornavam-se incompreensíveis e, portanto, sem interesse para o público. Esses altos e baixos de uma inteligência elevada se explicam pelo cruel vaivém da doença.

Delatouche também possuía a infelicidade de ocupar-se com a produção dos outros. Naquela época, ele lia tudo de todos. Recebia, como jornalista, tudo o que aparecia, fingia não ter dado nem uma espiada e entregava o exemplar ao primeiro dos seus redatores que via ao chegar à redação, dizendo-lhe: "Engula a pílula; você é jovem, ela não lhe matará. Diga da obra o que quiser, não quero saber do que se trata". Mas, quando lhe entregavam a análise que pedira, criticava a crítica com uma precisão que provava que ele fora o primeiro a engolir a pílula, e até mesmo degustara o acre sabor ao qual sua tentação fora submetida.

Fui bem tola por não escutar tudo o que Delatouche me dizia; mas aquela perpétua análise de todas as coisas, aquela dissecação dos outros e dele mesmo, toda aquela crítica brilhante e quase sempre justa, que ia dar na negação dele mesmo e dos outros, entristecia meu espírito de um modo singular, e tantos limites começaram a me dar cãibras. Aprendia tudo o que não devia fazer, nada do que era preciso fazer, e perdia toda a confiança em mim.

História da minha vida

Reconhecia, e ainda reconheço, que Delatouche prestou-me um grande serviço ao me provocar hesitações. Naquela época, criavam-se as coisas mais estranhas na literatura. As excentricidades do gênio de Victor Hugo, moço, inebriaram a juventude, cansada das velhas lenga-lengas da restauração. Não achavam mais Chateaubriand tão romântico; quando muito, o mais recente mestre era tido como romântico se o fosse o suficiente para satisfazer os apetites ferozes que ele mesmo havia excitado. Os fedelhos de sua própria escola, aqueles que ele jamais aceitara como discípulos, e que sentiram muito essa recusa, queriam, ultrapassando-o, *enterrá-lo*. Inventavam títulos impossíveis, temas ignóbeis, e, nessa corrida desenfreada aos anúncios estapafúrdios, até mesmo pessoas de talento submeteram-se à moda e, cobertas de esquisitos ouropéis, precipitaram-se na confusão vulgar.

Fiquei bastante tentada a proceder como os outros iniciantes na literatura, visto que os mestres davam o mau exemplo, e imaginava bizarrices que nunca teria conseguido executar. Entre os críticos do momento que resistiam a esse cataclismo, Delatouche fora um que mantivera discernimento e gosto no que dizia respeito ao belo e ao bom nas duas escolas. Ele me conteve, por meio de cômicas zombarias e de sérios avisos, para que eu não me precipitasse nesse declive escorregadio. Mas logo em seguida ele me atirava em dificuldades inextricáveis. Aconselhava: "Fuja do pastiche. Sirva-se do seu próprio conteúdo íntimo; faça as leituras do mundo a partir de sua própria vida, do seu próprio coração; exponha suas próprias impressões". E, quando havíamos conversado a respeito de não sei qual assunto, ele dizia: "Você é muito independente em seu sentimento, seu caráter é muito particular; você não conhece nem o mundo nem os indivíduos. Não tem vivido nem pensado como todas as pessoas. Você tem um cérebro vazio". Pensava comigo mesma que ele tinha razão, e voltava a Nohant, decidida a pintar caixas de chá e tabaqueiras de Spa.

Afinal comecei a escrever *Indiana*, sem projeto e sem esperança, sem nenhum plano, metendo resolutamente porta afora de minha lembrança tudo o que me fora colocado em termos de preceitos ou de exemplos e negando-me a pesquisar no estilo dos outros ou em minha própria personalidade o tema e os tipos do meu romance. Não faltou quem dissesse que *Indiana* retratava minha pessoa e minha história. Enganaram-se. Nela representei vários tipos de mulheres, e creio que, quando tiverem lido esta exposição de impressões e de reflexões de minha vida, perceberão muito bem que nunca retratei minha pessoa em meus romances sob traços femininos. Sou romanesca demais para ter visto uma heroína de romance em meu espelho. Nunca me achei tão bela nem tão amável ou tão coerente no conjunto do meu caráter e das minhas ações para ter algum valor digno da poesia ou do interesse do público leitor, e tivesse eu tentado embelezar minha pessoa e dramatizar minha vida, não chegaria a concretizar esse objetivo. Meu *eu*, encarando-me face a face, invariavelmente teria me arrefecido.

Estou longe de dizer que um artista não tem o direito de pintar seu próprio retrato ou de descrever-se, e, quanto mais ele se coroar das flores da poesia para mostrar-se ao público, melhor ele fará se tiver habilidade suficiente para que não o reconheçam muito sob esse adorno, ou, se ele já é bonito o bastante, para que o enfeite não o torne ridículo. Mas, em se tratando de mim, eu era de uma natureza muito variegada para prestar-me a qualquer idealização. Se tivesse desejado mostrar minha intimidade a sério, teria narrado uma vida que até então se assemelhara mais àquela do monge Alexis (do romance pouco recreativo *Spiridion*) do que a de Indiana, a crioula apaixonada. Ou então, se abordasse a outra face da minha vida, minhas necessidades de infantilidade, de gaiatice, de absoluta tontice, eu teria criado um tipo tão inverossímil que não teria encontrado nenhuma palavra para colocar em sua boca nem conseguiria fazer com que ele agisse em determinada situação de modo que condissesse com o senso comum.

Era desprovida de qualquer teoria quando comecei a escrever, e acho que jamais fui atrás de uma quando a vontade de compor um romance levou a pena à minha mão. Isso não impede que meus instintos tenham criado, sem eu o saber, a teoria que eu viria a estabelecer para mim, que geralmente segui sem me dar conta e que, nesse mesmo instante em que escrevo, ainda está sendo discutida.

Segundo essa teoria, o romance seria tanto uma obra de poesia quanto de análise. Deveria constituir-se de situações e tipos verídicos, reais mesmo, agrupando-se em torno de um protagonista destinado a resumir o sentimento ou a ideia principal do livro. Esse protagonista geralmente representa a paixão do amor, visto que quase todos os romances são histórias

História da minha vida

de amor. De acordo com a teoria anunciada (e é aqui que ela começa a ser desenvolvida), é preciso idealizar esse amor, por conseguinte, esse protagonista, e não se deve recear de lhe dar todas as potências a que aspiramos em nós mesmos, ou todas as dores cuja ferida vimos ou sentimos. Porém, de modo algum deve-se aviltá-lo ao acaso dos acontecimentos; é preciso que ele morra ou triunfe, e não se deve temer dar-lhe uma importância excepcional na vida, forças além do vulgar, encantos ou sofrimentos que ultrapassem completamente o habitual da natureza humana, e nesse caso pode-se ir até um pouco além do verossímil admitido pela maioria das inteligências.

Em resumo, temos a idealização do sentimento que forma o tema, deixando à arte do narrador o cuidado de arranjar esse tema nas condições e em um quadro de realidade sensível o suficiente para fazê-lo sobressair-se, isso se, todavia, é de fato um romance que o narrador almeja compor.

Essa teoria é válida? Creio que sim; mas não é e não deve ser absoluta. Balzac me fez compreender com o tempo, por meio da variedade e força de suas concepções, que podemos sacrificar a idealização do tema à fidelidade da pintura, à crítica da sociedade e da própria humanidade.

Balzac resumia completamente isso quando me dizia na sequência: "Você se esforça por revelar o homem tal como ele deveria ser; eu, eu o tomo tal como ele é. Creia-me, nós dois estamos certos. Ambos os caminhos conduzem ao mesmo fim. Eu também amo os seres excepcionais; eu mesmo sou *um* deles. Aliás, preciso deles para fazer ressaltar meus seres vulgares, e jamais os sacrifico sem necessidade. Mas essas criaturas vulgares me interessam mais do que interessam a você. Eu as exagero, eu as idealizo, em sentido inverso, em sua fealdade ou em sua estupidez. Dou às suas deformidades proporções assustadoras ou grotescas. Você, você não saberia proceder desse modo; faz bem em não querer enxergar criaturas e coisas que lhe dão pesadelos. Idealize na alegria e no belo, é uma obra feminina".

Balzac me falava dessa forma sem dissimulado menosprezo e sem causticidade disfarçada. Era sincero em seu sentimento fraternal, e idealizou a mulher o bastante para que jamais possamos supor que tenha sido partidário da teoria de *monsieur* de Kératry.

Balzac, espírito vasto, não ilimitado e sem defeitos, mas o mais desenvolvido e o mais provido de qualidades diversas que já se produziu em nosso tempo na arte do romance, Balzac, mestre sem igual na arte de retratar a sociedade moderna e a humanidade atual, tinha mil vezes razão em não admitir um sistema absoluto. Não me revelou nada daquilo que então eu buscava, nem eu insisti com ele nisso, ele mesmo não o sabia; ele também o procurava e tateava por sua conta. Experimentou de tudo. Percebeu e provou que todo estilo é bom e todo tema é fecundo para um espírito flexível como o seu. Desenvolveu mais aquilo em que sentiu a maior potência, e zombou daquele erro da crítica que deseja impor uma moldura de temas e de procedimentos aos artistas, erro no qual o público ainda insiste, sem perceber que essa teoria arbitrária, sendo sempre a expressão de uma individualidade, é a primeira a furtar-se ao seu próprio princípio e faz ato de independência ao contradizer o ponto de vista de uma teoria vizinha ou oposta. Somos surpreendidos por essas contradições quando lemos uma dezena de artigos de crítica sobre uma mesma obra de arte; vemos então que cada crítico tem seu critério, sua paixão, seu gosto particular, e que, se dois ou três dentre eles se encontram de acordo para preconizar uma lei qualquer nas artes, a aplicação que fazem dessa lei revela apreciações bem diversas e precauções que não obedecem a nenhuma regra fixa.

É bom, de resto, que seja assim. Se só houvesse uma escola e uma doutrina na arte, a arte pereceria rápido por falta de audácia e de novos experimentos. O homem sempre procurou com sofrimento a verdade absoluta, que ele sente, mas nunca chegou a encontrar em si mesmo na condição de indivíduo. A verdade é o objetivo de uma busca pela qual todas as forças coletivas de nossa espécie não são o suficiente; e, entretanto, erro estranho e fatal, desde o momento em que um homem de alguma capacidade empreende essa investigação, ele deseja interditá-la aos outros e dar como única verdadeira aquela descoberta que ele acredita ter alcançado. A própria busca pela lei da liberdade serve de alimento ao despotismo e à intolerância do orgulho humano. Triste loucura! Se as sociedades não puderam ainda livrar-se disso, que ao menos as artes se libertem de tal despropósito e encontrem a vida na independência absoluta da inspiração.

A inspiração, eis algo bem difícil de definir e tão importante que nos leva a consagrá-la como um fenômeno sobre-humano, como uma intervenção quase divina. A inspiração é para os artistas o que a graça é para os cristãos,

História da minha vida

e ainda não se imaginou impedir os crentes de receber a graça quando ela toca suas almas. Há, no entanto, uma pretensa crítica que proibiria de bom grado aos artistas receber a inspiração e segui-la.

E não me refiro aqui a críticos profissionais, não restrinjo minha acusação aos limites de uma ou de várias panelinhas. Combato um preconceito público, universal. Querem que a arte siga um caminho batido, e, quando um estilo agrada, um século inteiro brada: "Queremos o mesmo de sempre, só isso é que é bom!". Miséria então dos inovadores! Deverão sucumbir ou sustentar uma luta terrível, até que o seu protesto, seu grito de revolta no início, torne-se, por sua vez, uma tirania que esmagará ou atacará outras inovações igualmente legítimas e desejáveis.

Sempre achei a palavra *inspiração* muito ambiciosa e que só deve ser aplicada aos gênios de primeira ordem. Jamais ousaria utilizá-la por minha própria conta sem protestar um pouco contra a ênfase de um termo que só encontra sua confirmação em um sucesso incontestável. Portanto, seria preciso achar uma palavra que não fizesse corar pessoas modestas e elevadas, e que exprimisse aquele tipo de *graça* que desce mais ou menos viva, mais ou menos fecunda em todas as cabeças apaixonadas por sua arte. Não existe trabalhador, por mais humilde que seja, que não tenha sua hora de inspiração, e talvez o licor celeste seja tão precioso na caneca de argila quanto no cálice de ouro: só o que acontece é que neste se conserva puro, e naquela se altera ou a quebra. A graça dos cristãos não age por si só e de modo fatal. É preciso que a alma a acolha, como a semente sagrada é acolhida pela boa terra. A inspiração não é de outra natureza. Tomemos, pois, a palavra tal como ela é, e que ela não implique nada de presunçoso sob a minha pena.

Ao começar a escrever *Indiana*, senti uma emoção vivíssima e bastante particular, nada semelhante à qual havia experimentado em minhas tentativas precedentes. Mas tal emoção foi mais penosa que agradável. Escrevi tudo num jorro só, sem plano, como já disse, e literalmente sem saber aonde chegaria, e sem mesmo nem me dar conta do problema social que abordava. Eu não era sansimoniana, jamais fora, embora nutrisse verdadeira simpatia por algumas ideias e pessoas dessa seita; mas não as conhecia naquela época e não fui influenciada por elas.

Só trazia em mim, como um sentimento nítido e intenso, o horror da escravidão brutal e cruel. Não fui vítima dela, ela nunca me atingira, como se vê pela liberdade que eu desfrutava sem sofrer qualquer ameaça de perdê-la. Portanto, *Indiana* não era a revelação de minha própria história, como especularam. Não se tratava de uma queixa formulada contra um senhor em especial. Tratava-se de um protesto contra a tirania em geral, e, se personifiquei essa tirania em um homem, se delimitei a luta na moldura de uma vida doméstica, é porque não tinha ambição de produzir outra coisa a não ser um romance de costumes. Eis por que, em um prefácio a esse livro escrito posteriormente, impedi-me de querer atacar as instituições. Fui muito sincera e não pretendia ir além dos meus conhecimentos naquilo que tinha a dizer. A crítica instruiu-me mais e obrigou-me a examinar melhor a questão.

Dessa forma, escrevi esse livro sob o império de uma emoção e não de um sistema. Tal emoção, lentamente acumulada no curso de uma vida de reflexões, transbordou de modo bastante impetuoso quando o quadro de uma situação qualquer se abriu para acolhê-la; porém, esse quadro achou-se estreito demais, e essa espécie de luta entre a emoção e a execução sustentou-me durante seis semanas em um estado de disposição totalmente nova para mim.

Mas meu pobre Corambé esvaneceu-se para sempre, desde que comecei a me sentir tomada por essa veia poética de perseverança relacionada a um dado tema. Ele era de uma essência sutil demais para curvar-se às exigências da forma. Mal terminei meu livro, quis recobrar a habitual vagueza dos meus devaneios. Impossível! Os personagens do meu manuscrito, trancados em uma gaveta, quiseram permanecer ali tranquilos; em vão esperei que Corambé ressurgisse, e com ele as milhares de criaturas que me embalaram em todos os dias de suas agradáveis divagações, essas figuras quase nítidas, essas vozes quase indistintas que flutuavam em torno de mim como um quadro animado atrás de um véu transparente. Essas visões tão caras a mim eram apenas precursoras da inspiração. Elas se ocultavam cruelmente no fundo do tinteiro para não sair mais, a não ser quando me atrevesse a ir procurá-las ali.

Teria muito a contar a respeito desse fenômeno da semialucinação que se produziu em mim durante toda a minha vida e que dissipou-se por inteiro

História da minha vida

e de repente. Mas recearia retomar, nesta obra, um capítulo muito longo e muito cheio de detalhes; limito-me a relembrar que iniciara, em uma idade tão tenra que não tenho nem condições de indicá-la com precisão, um romance composto de milhares de romances que se encadeavam uns aos outros pela intervenção de um personagem principal fantástico chamado Corambé (nome sem significado algum, cujas sílabas foram reunidas ao acaso em um sonho qualquer), e que esse personagem fora, durante alguns anos de minha infância, uma espécie de deus criado por mim, um deus no qual, em alguns momentos, estive bem próxima de acreditar e de render-lhe culto.

O catolicismo ardoroso que se apoderara de mim no convento fizera-me esquecê-lo, mas não bani-lo da minha vida com horror, como se se tratasse de uma crença idólatra; pois essa criação do meu imaginário não fizera nada além de me preparar, por intermédio de uma poesia angélica, ao meu entusiasmo pelo modelo divino de Jesus. Guardara meu entusiasmo para esse último modelo, e, quanto a Corambé, não hesito em acreditar que ele tenha sido para mim, na minha infância, uma interpretação mais humana e mais admissível do que aquela que a Igreja dos nossos dias pretende nos dar do Nosso Senhor divino. Corambé, se estivesse envolvido na política, não teria permitido que a Polônia convulsa fosse devorada pela Rússia sanguinária; ele não teria, se estivesse metido no socialismo, abandonado a causa do fraco em favor da causa do forte, a vida moral e física do pobre em proveito dos caprichos do rico. Corambé teria sido mais cristão que a dignidade do papa.

Quando atingi a idade em que rimos de nossa própria ingenuidade, remeti Corambé ao seu verdadeiro lugar; isto é, reintegrei-o, em minha imaginação, ao mundo dos sonhos; mas aí ele sempre ocupou o centro, e todas as ficções que continuaram a se formar em torno dele emanaram dessa ficção principal.

O plano irregular que seguia compondo por mim mesma, sob o golpe dessas alucinações, uma multidão de romances que voltavam ao nada sem serem concluídos, tinham, pois, sua lógica particular, aquela em que um personagem misterioso não onipotente, mas dotado de faculdades sobrenaturais, intervinha em todos e os interrompia ou os fazia ir adiante conforme a sua vontade. Isso era bem cômodo, como se vê. Tratava-se de uma ideia que achei sublime para o meu uso pessoal, mas que sabia ser bem inadmissível para todas as outras pessoas, e, consequentemente, para o público. Era preciso, doravante, narrar não importa que questões humanas, deixando a condução e a solução delas ao acaso ou à fatalidade das noções humanas. Submeti-me a isso, mas de modo tão triste que durante vários anos nutri uma profunda amargura contra a publicidade, amargura que ousei confessar ingenuamente a algumas pessoas em meio ao meu sucesso, mas que bem rápido guardei só para mim ao perceber que tomavam essa ingenuidade dolorosa por uma afetação.

E, agora que conto isso da maneira mais seca possível, quem me dará crédito ou quem me compreenderá se disser que os verdadeiros poemas habitam o santuário da alma e que de lá não saem jamais? Com certeza, algumas almas da mesma natureza que a minha; mas só essas, e para não causar nenhum tédio nas outras, falo aqui de Corambé e da consistência dos meus devaneios em imagens sensíveis para mim apenas como um fenômeno psíquico, do qual não me furto, porque ele tem um encanto inexprimível, uma pureza celestial, e nunca me fez recear pelo prejuízo da minha razão.

Com efeito, nunca cheguei a querer persuadir-me, a não ser na minha infância, de que essas aparições tivessem uma existência fora do meu cérebro. Compreendia perfeitamente que estava sob o império de uma espécie de visão, evocada por mim mesma não ao bel-prazer de minha vontade imediata, porém como um reflexo caprichoso das minhas preocupações íntimas. Não achei, portanto, estar curada de uma doença intelectual, mas, pelo contrário, privada de uma faculdade. Ignoro se tal pretensa faculdade não teria se tornado perniciosa. Talvez não fosse necessário mais que um pequeno desarranjo do equilíbrio físico para que essas ridentes visões de paisagens e de jardins paradisíacos, habitadas por seres imaginários, se tornassem sombrias e terrificantes; nesse caso, é possível que eu terminasse por achá-las reais. Não me parece que isso tenha ocorrido comigo, mas, quem sabe? A fadiga de uma tal angústia pode, a longo prazo, consumir a resistência do raciocínio.

Eis o que dizia a mim mesma para consolar-me, quando o esforço que devia fazer para evocar de modo deliberado seres fixados na lógica de um livro paralisou em mim a faculdade de ver chegar por si mesmos seres inesperados. Não me foi mais permitido abandonar aqueles que eu havia evo-

História da minha vida

cado e passar a um outro grupo, nem deixar o lugar para onde eu os havia atraído por um outro sítio do meu infinito fantástico. Contudo, não pude impedir-me de fazer com que Indiana e Ralph viajassem de um extremo ao outro do mundo, e de talvez ter cometido alguns erros de geografia no que diz respeito ao oásis que encontraram no final. Não tive culpa: estava tão mal acomodada na realidade que abordava!

No entanto, a necessidade de parecer um pouco razoável, necessidade que eu constatava sem compreender muito bem, ofereceu-me mais tarde, quando passei a aceitá-la por inteiro, prazeres de um outro gênero. Meus personagens rogaram por outra maneira de se manifestar. Não mais os vi pairar em um canto qualquer do meu quarto nem passar em meu jardim por entre as árvores: mas, ao fechar os olhos, pude vê-los mais nitidamente definidos, e suas palavras, não chegando mais aos meus ouvidos por meio de misteriosos murmúrios, gravaram-se de modo mais claro em meu espírito. Quando visitavam-me no meu sono, não faziam mais que me importunar; mas, quando eu estava diante da minha mesa de trabalho (aquela escrivaninha que eu montava em meu gabinete), eles me falavam e agiam sobre o meu papel em branco, bem ou mal, porém de uma maneira brusca e imperiosa que também tinha seu encanto: encanto menos doce, menos durável, visto que tudo se esvanecia tão logo eu largava a pena, contudo, mais enérgico e mais apreciável ao meu julgamento.

Outro fenômeno se produziu ainda, embora não consiga explicá-lo: é que mal terminei meu primeiro manuscrito e ele se apagou da minha memória, talvez não de modo tão absoluto quanto os numerosos romances que nunca escrevi, mas a tal ponto de não surgir em minha memória a não ser de uma maneira mais ou menos vaga. Tinha julgado que o hábito de tornar os seres, as paixões e as situações mais definidas conseguiria fixar pouco a pouco as minhas lembranças. Mas enganei-me completamente, e esse esquecimento em que meu cérebro sepulta imediatamente as produções do seu trabalho só fez crescer e ficar cada vez mais evidente. Se não guardasse minhas obras nas prateleiras de uma estante, esqueceria até do seu título. Podem ler para mim meio volume de certos romances cujas provas eu não tenha revisto há algumas semanas, sem que, com exceção de dois ou três nomes principais, eu adivinhe que são meus. Sou capaz de lembrar-me mais das circunstân-

451

cias, mesmo que insignificantes, em meio às quais escrevi algo do que das próprias coisas que escrevi, e, conforme a lembrança das situações em que então me encontrava, posso dizer se o livro teve maior ou menor êxito, se teve maior ou menor fracasso. Mas, se me colocassem de improviso exercendo o papel de crítica diante de minhas próprias obras e pedissem minha opinião, poderia responder com a maior boa-fé que não as conheço, e que seria preciso relê-las com atenção para pensar em algo a dizer a respeito delas.

Considero portanto que, dito isso, não esperem que eu me demore em comentários sobre os meus livros em si. Precisaria de muita leitura e atenção para fundamentar meu julgamento a respeito deles. Há cerca de quinze anos, desde a época em que constatei que minhas obras eram lidas e discutidas, venho me empenhando, com maior consciência, em entregá-las ao leitor do modo mais acabado quanto me é possível. Mas, exceto uma ou duas delas, nunca pude revê-las para efetuar possíveis alterações. Exaurido o *calor do momento*, não me resta a menor certeza sobre o valor da forma que o livro tomou, e seria capaz de mudar tudo se me fosse necessário mudar alguma coisa. Quando retomo um tema dos meus romances a fim de adaptá-lo para o teatro, não consigo conservar uma palavra do diálogo, e transformo ou faço modificações nos personagens, tanto por causa da impossibilidade de reavê-los em outro tipo de linguagem quanto em vista das exigências da cena.

Não tenho muita certeza se tudo isso vale a pena ser dito. Não gosto de falar de mim, em se tratando de aspectos individuais e sem relação de solidariedade moral com um certo número de individualidades. A quantidade de artistas é bastante considerável para que seja interessante a eles ver uma natureza artística prestar contas de si mesma; mas receio ter algumas vezes que expor coisas excepcionais, mesmo como indivíduo de um determinado grupo. Em momentos anteriores desta obra, com menos embaraço, senti-me mais à vontade para contar os sonhos da minha infância, porque todas as crianças são artistas e as pessoas mais autênticas se recordam de ter sido poetas durante mais ou menos tempo antes do exercício da vida objetiva. Fui criança por tanto tempo, desenvolvi-me tão tarde para conseguir elaborar e exercer um raciocínio pessoal, ou, antes, levei tanto tempo para descobrir minha própria razão, enfim, conservei, a despeito do tempo e da

História da minha vida

experiência, tal anseio de apreciar secretamente todas as coisas através de um ideal provavelmente de excessiva ingenuidade, que me sinto embaraçada e como que intimidada diante da tarefa de analisar as fibras da medíocre inteligência da qual vim a servir-me.

As pessoas comuns – entendo por isso aquelas que não são artistas por inclinação – em geral possuem imensa curiosidade de saber sob quais influências exteriores e em quais condições locais os artistas produzem suas obras. Tal curiosidade é um tanto quanto pueril, e, de minha parte, jamais pude satisfazer por completo as pessoas que me procuraram para serem esclarecidas nesses pontos, por mais boa vontade que tive, com polidez e sem enganar ninguém, em livrar-me de suas questões. Confesso que as questões algumas vezes eram tão complicadas ou colocadas de modo tão singular que, nessas circunstâncias, achava todas elas absurdas, e minha primeira reação era responder de boa-fé: "Não sei!". Por exemplo, uma inglesa, que se dizia maravilhada com meus romances, perguntou-me uma vez, mirando-me com seus olhos de coruja: "Em que a senhora pensa quando escreve um romance?" Respondi:

– Madame, esforço-me por pensar em meu romance.

– Oh, então a senhora não pode pensar enquanto escreve? Isso deve ser terrível!

De resto, trata-se de algo tão variado em seu mecanismo isso que chamam de inspiração nas artes, que, quanto mais se investigam as particularidades externas, menos se tem êxito em se encontrar uma síntese que dê conta das operações realizadas pelo cérebro. Muitos artistas célebres adquirem estranhas manias em suas horas de trabalho. Balzac mais as atribuía a si do que as possuía de fato, e ainda lhe concederam várias outras. Eu o surpreendi mais de uma vez trabalhando como a maioria das pessoas comuns, em pleno dia, sem estimulantes, sem vestir-se com roupas próprias a um pretenso ritual de labor criativo, sem nenhum sinal de parto doloroso, rindo antes de mais nada, com os olhos límpidos e a face corada.

Dizem que há artistas que precisam ingerir, sem nenhuma moderação, café, bebidas alcoólicas ou ópio. Não dou muito crédito a essa acusação, e, se por vezes alguns artistas se divertem ao produzir sob o efeito de um outro inebriante fora aquele oferecido pelo seu próprio pensamento, duvido que tenham conservado ou mostrado a alguém tais elucubrações. A atividade da imaginação é bem mais excitante por si só, e confesso que jamais consegui regá-la a não ser com leite ou limonada, o que é um verdadeiro pecado para um byroniano. Em verdade, não acredito em Byron bêbado criando belos versos. A inspiração pode transpassar a alma tanto no meio de uma orgia quanto no silêncio dos bosques; mas, quando se trata de dar uma forma ao pensamento, seja na solidão do gabinete ou sobre o palco de um teatro, é preciso ter inteiro controle de si mesmo.

Figura 23. Maurice Sand, s.d. Franz Liszt ao piano e George Sand.

Figura 24. Lorentz, s.d., *Le Miroir drolatique: George Sand.*

Figura 25. Maurice Sand, 1839. George Sand, Maurice, Solange e Chopin em visita ao vigário de Valdemosa.

Figura 26. Maurice Sand, 1837. Balzac visita os Sand, em Nohant, e George observa as crianças brincarem com bonecas.

Figura 27. Alfred de Musset, s.d. George Sand e Alfred de Musset em viagem de barco de Marselha à Genova.

Figura 28. George Sand, s.d. Autorretrato com dois personagens (talvez Delacroix e Chopin).

Quinta parte

Capítulo I
**Delatouche passa bruscamente do sarcasmo ao entusiasmo.
– Surge *Valentine*. – Impossibilidade da colaboração projetada.
– A *Revue des Deux Mondes*. – Buloz. – Gustave Planche.
– Delatouche me ofende e rompe comigo.**
– Resumo de nossas relações em seguida. – Maurice entra no
colégio. – Seu desgosto e o meu. – Tristeza e dureza do regime
nos liceus. – Uma execução no Henrique IV. – A ternura não
raciocina. – Maurice faz sua primeira comunhão.

Ainda morava no cais Saint-Michel com minha filha quando *Indiana* foi
publicado.[1] No intervalo entre a encomenda e a publicação, escrevi *Valentine* e comecei *Lélia*. *Valentine* surgiu, portanto, dois ou três meses depois de
Indiana, e foi escrito tanto em Paris quanto em Nohant, onde, sempre com
regularidade, passava três meses por semestre.

Delatouche subiu à minha mansarda e encontrou o primeiro exemplar
de *Indiana*, que o editor Ernest Dupuy acabara de me enviar; na folha de
rosto, eu vinha preparando uma dedicatória em nome de Delatouche. Ele
pegou o livro, cheirou-o, virou-o e revirou-o, curioso, inquieto, especial-

---

1 Creio que em maio de 1832. (N.A.)

mente sarcástico nesse dia. Eu estava na varanda; tentei atraí-lo para lá, procurei puxar assunto sobre outras coisas a fim de distraí-lo, mas não havia como, ele queria ler, lia, e a cada página sentenciava: "Ora, ora, vamos lá! É um pastiche; escola de Balzac! O que me interessam pastiches? O que me interessa Balzac?".

Foi até a varanda, o volume à mão, e criticou-me palavra por palavra, demonstrando-me por *a* mais *b* que eu copiara o estilo de Balzac, e que não ganhara nada com isso, pois não chegava a ser nem Balzac nem eu mesma.

Eu nem buscara nem evitara a imitação de estilo ressaltada por Delatouche, e não me parecia que tal censura tivesse fundamento. Aguardei, para condenar a mim mesma, que o meu juiz, que levava o seu exemplar, o tivesse folheado por inteiro. Na manhã seguinte, ao levantar-me, recebi o seguinte bilhete: "George, venho, por meio desta, pedir-lhe perdão de joelhos. Esqueça minhas rudezas de ontem à noite, esqueça todas as rudezas que lhe disse durante esses seis meses. Passei a noite lendo seu livro. Oh, minha filha, estou tão contente por você!".

Achava que todo meu sucesso iria limitar-se àquele bilhete paternal, e não esperava de modo algum o imediato retorno do meu editor, que me implorava para publicar *Valentine*. Todos os jornais falaram de *monsieur G. Sand* tecendo elogios, insinuando que a mão de uma mulher devia ter se metido aqui e ali para revelar ao autor certas delicadezas do coração e do espírito, porém afirmavam que o estilo e as apreciações apresentavam suficiente virilidade para se tratar de obra escrita por um homem. Essas opiniões lembravam um pouco as de Kératry.

Isso não me aborreceu, mas afligiu Jules Sandeau em sua modéstia. Já disse antes que o sucesso determinou-o a retomar seu nome integralmente e a renunciar aos projetos de colaboração que nós mesmos julgáramos inexecutáveis. A colaboração é uma arte que não pede apenas, como acreditam, uma confiança mútua e boas relações, mas uma habilidade particular e um hábito de procedimentos *ad hoc*. Ora, tanto um quanto o outro éramos muito inexperientes para compartilhar o trabalho. Quando havíamos tentado, ocorrera que cada um de nós refazia por inteiro o trabalho do outro, e esse sucessivo remanejamento transformava nossa obra em um bordado de Penélope.

História da minha vida

Com os quatro volumes de *Indiana* e *Valentine* vendidos, via-me de repente com 3 mil francos nas mãos que me permitiam quitar minha pequena dívida, ter uma empregada e me proporcionar um pouco mais de comodidade. A *Revue des Deux Mondes*[2] fora recentemente comprada por *monsieur* Buloz, que encomendou-me algumas *novelas*. Para essa coleção fiz *Marquesa*, *Lavínia* e outras mais das quais não me recordo.

A *Revue des Deux Mondes* tinha a colaboração da elite dos escritores da época. Exceto talvez dois ou três, todos os que conservaram a reputação de seus nomes, seja como publicista, poeta, romancista, historiador, filósofo, crítico, viajante etc., passaram pelas mãos de Buloz, homem inteligente que não sabe se exprimir, mas que é dono de grande fineza sob sua rude aparência. É facílimo, muito fácil mesmo zombar desse genovês teimoso e brutal. Ele próprio se deixa zombar com bonomia quando não está de muito mau humor; mas o que não é fácil é não deixar-se persuadir e dominar por ele. Por dez anos ele controlou os cordões da minha bolsa e, em nossa vida de artista, esses cordões, que só se desatam para nos dar algumas horas de liberdade em troca de tantas outras de escravidão, são os fios de nossa própria existência. Nessa longa associação de interesses, bem que mandei dez mil vezes meu Buloz ao diabo, mas também já o infernizei tanto que estamos quites. Além do mais, a despeito de suas exigências, de sua severidade, e de suas dissimulações, o déspota Buloz tem seus momentos de sinceridade e de verdadeira sensibilidade, como todos os bruscos. No trato, ele era um pouco parecido com meu pobre Deschartres, eis por que suportei por tanto tempo suas grosserias entremeadas por movimentos de cândida amizade. Brigamos e entramos em disputa no tribunal. Reconquistei minha liberdade sem prejuízos recíprocos, resultado ao qual teríamos chegado sem processo

---

2 A *Revue des Deux Mondes* chegava ao Brasil regularmente e era considerada o suprassumo da intelectualidade brasileira do século XIX e começo do XX, uma espécie de fonte de atualização das ideias que circulavam no ambiente francês, sobretudo. Fundada em 1829 por Prosper Mauroy e Pierre de Ségur-Dupeyron, foi editada por François Buloz. Este, ao se tornar seu redator-chefe, a partir de 1831, acolheu em sua revista autores bem importantes da literatura, como George Sand, Alexandre Dumas, Balzac, Chateubriand, Sainte-Beuve, Alfred de Musset, Baudelaire, entre outros. (N.T.)

se ele conseguisse despojar-se de sua teimosia. Faz pouco tempo o revi, chorando seu filho mais velho, que veio a falecer em seus braços. Sua mulher, que é uma pessoa distinta, *mademoiselle* Blaze, me chamara nesse momento de dor suprema. Estendi-lhe as mãos apagando da memória as recentes rixas, e nunca mais lembrei-me delas. Em toda amizade, por mais perturbadora e incompleta que possa ser, há laços mais fortes e mais duráveis que nossas disputas de interesse material e que nossos rancores de um dia. Muitas vezes pensamos detestar algumas pessoas que no entanto amamos. Montanhas de brigas nos separam delas; por vezes, uma palavra é suficiente para nos fazer transpor essas montanhas. As palavras de Buloz, "Ah, George, como sou infeliz!", fizeram-me esquecer de todos os embates envolvendo cifras e processos. Ele também, em outros tempos, me vira chorar, e não fizera pouco caso de mim. Solicitada mais tarde, várias vezes, para entrar em cruzadas contra Buloz, recusei terminantemente, sem disso vangloriar-me a ele, ainda que a crítica da *Revue des Deux Mondes* continuasse a pronunciar que eu tivera bastante talento enquanto trabalhara na revista, mas que depois de minha ruptura, ai de mim!... Ingênuo Buloz! Como isso me é indiferente!

O que não me pareceu indiferente foi a súbita ira de Delatouche contra mim. A crise anunciada por Balzac eclodiu numa bela manhã sem nenhum motivo aparente. Particularmente ele detestava Gustave Planche, que fora visitar-me levando um extenso artigo contendo elogios a mim, recentemente publicado na *Revue des Deux Mondes*. Como ainda não trabalhava para essa revista, a reverência era desinteressada, e só pude acolhê-la com gratidão. Será que foi esse o motivo da ira de Delatouche? Ele não deixou transparecer nada. Naquela época, ele vivia retirado em Aulnay e não ia a Paris com muita frequência. Portanto, não me apercebi, de imediato, do seu mau humor e preparei-me para ir visitá-lo, quando *monsieur* de la Rochefoucauld, que Delatouche me apresentara e que era seu vizinho no campo, me fez saber que ele não falava mais de mim a não ser para execrar-me, que acusava-me de estar inebriada pela *glória*, de sacrificar meus verdadeiros amigos, de desdenhá-los, de só conviver com pessoas das letras, de ter desprezado seus conselhos etc. Como não havia nada de verdade nessas críticas, pensei

História da minha vida

tratar-se de um dos seus costumeiros rompantes, e, para fazê-lo voltar ao estado de afeto entre nós de um modo mais delicado do que por meio de uma carta, dediquei-lhe *Lélia*, que estava prestes a ser lançado. Delatouche *levou a mal*, como dizemos em Berry, e declarou que esse gesto significava uma vingança contra ele. Vingança do quê? Então pensei que ele não me perdoava por encontrar-me com Gustave Planche e implorei a este que fizesse um esforço para visitar Delatouche a fim de desculpar-se de um artigo seu bastante cruel, no qual o outro fora trucidado. Se bem me recordo, tratava--se de uma resposta a violentos ataques contra o cenáculo dos românticos do qual Planche fora o defensor em alguns momentos. Seja como for, Gustave Planche, tocado pelas boas coisas que eu disse a ele a respeito de Delatouche, escreveu a este uma carta muito simpática e até respeitosa, como convinha a um moço diante de um homem com mais idade. Delatouche, cada vez mais irritado, não se dignou a responder. Continuou a falar com violência de mim e a insultar-me às pessoas a quem eu era ligada. Terminou por me fazer perder dois ou três amigos dos cinco ou seis que tínhamos em comum intimidade. Mais tarde, um deles veio pedir-me perdão. O outro, tive que defendê-lo depois do próprio Delatouche, que espezinhou-o sem piedade. Mas então eu conhecia muito bem meu pobre Delatouche; sabia o que devia admitir e rejeitar em suas indignações, violentas e amargas em excesso para não serem em sua maioria injustas.

Menos de dois anos depois desse furor contra mim, Delatouche veio ao Berry, à casa de sua prima, madame Duvernet, a mãe, e, restaurando a verdade na presença dela e do filho, meu amigo Charles, manifestou grande vontade de ir visitar-me. Não conseguiu se decidir a fazer essa visita. Dedicou-me amabilidades em um dos seus romances. Ele não se lembrava de ter dito contra mim coisas tão fortes que não pudessem ser reparadas por meio de oportunidades literárias. Não eram elogios e louvores que deveriam fechar as feridas que minavam nossa amizade. Louvores e elogios, não me deixava levar por isso; nunca precisei deles. Jamais solicitei às minhas amizades que me considerem um espírito elevado, mas sim que me tratem como um coração leal. Só me rendi a uma investida direta de reconciliação quando me pediu um favor em 1844. Tal passo é a demonstração de arrependimento mais honrosa que se possa exigir, e não hesitei um segundo em aceitá-la. Dei um forte abraço no meu velho amigo, criança terrível e meiga, que, daquele momento em diante, empenhou um grande apreço de coração para me fazer esquecer o passado.

[...]

Capítulo 2

O que ganhei ao tornar-me artista. — A mendicância organizada. — Os gatunos de Paris. — A mendicância de empregos e da glória. — As cartas anônimas e aquelas que deveriam sê-lo. — As visitas. — Os ingleses, os curiosos, os vadios, os doadores de conselhos. — Reflexões sobre a esmola, sobre o emprego de bens. — O dever religioso e o dever social em flagrante oposição. — Os problemas do futuro e a lei do tempo. — A herança material e intelectual. — Os deveres da família, da justiça, da probidade opondo-se à imolação evangélica na sociedade atual. — Contradição inevitável consigo mesmo. — O que julguei dever concluir para meu governo particular. — Dúvida e dor. — Reflexões sobre o destino humano e sobre a ação da Providência. — *Lélia.* — A crítica. — Os desgostos que passam e aqueles que permanecem. — O mal geral. — Balzac. — Partida para a Itália.

O ano de 1833 abriu para mim a série de desgostos reais e profundos que eu pensava ter se esgotado, mas que na verdade só começava. Almejara ser artista, e finalmente o era. Imaginei ter chegado ao meu objetivo perseguido há muito tempo, à visível independência e à posse de minha própria existência: mas viria a ter preso aos meus pés um grilhão que não previra.

Ser artista! Sim, era o que desejara, não apenas para sair do cárcere material em que a propriedade, grande ou pequena, encerra-nos em um círculo de odiosas pequenas preocupações; ou para isolar-me do controle da opinião naquilo que ela tem de mesquinho, de violento, de egoísta, de vil, de provinciano; ou para viver à parte dos preconceitos da sociedade, no que eles têm de falso, de retrógrado, de orgulhoso, de cruel, de ímpio e de estúpido; mas também, e antes de tudo, para reconciliar-me comigo mesma, que não podia suportar, ociosa e inútil, a condição de *senhora de terras*, pesando sobre os ombros dos trabalhadores. Se tivesse podido trabalhar a terra com minhas próprias mãos, teria me juntado a eles logo que ouvisse as palavras que, em minha infância, sussurravam em torno de mim quando Deschartres virava as costas: "Ele quer que a gente se *esfole*, ele, que tem a barriga cheia e fica com as mãos atrás das costas!". Via muito bem que as pessoas ao meu serviço eram muitas vezes mais preguiçosas que fatigadas, mas a sua apatia não justificava para mim a minha inação. Não me parecia que eu tivesse direito de exigir delas o menor labor, eu que não fazia nada de nada, visto que ocupar-se apenas com o que nos dá prazer é o mesmo que não fazer nada.

Por gosto, eu não teria escolhido a profissão de escritora, e ainda menos a posição de celebridade. Teria preferido viver do trabalho realizado por minhas mãos, de modo frutuoso o bastante para poder fazer consagrar meu direito ao trabalho por um pequeno resultado sensível, e minha renda patrimonial era muito medíocre para permitir-me viver em qualquer outro lugar que não sob o teto conjugal, onde reinavam condições inaceitáveis. Como o único obstáculo à liberdade que me impedia de sair era a falta de um pouco de dinheiro conquistado por mim mesma, precisei correr atrás desse dinheirinho. Por fim, eu o conseguira. Não havia mais recriminações nem dissabores por esse lado.

Teria cobiçado viver obscura, e como, desde a publicação de *Indiana* até a de *Valentine*, tivera êxito em guardar-me tão bem incógnita para que os jornais ainda concedessem tratar-me por *monsieur*, esperava que esse pequeno sucesso não mudaria em nada meus hábitos sedentários e uma intimidade composta por pessoas tão desconhecidas quanto eu mesma. Depois que me instalara no cais Saint-Michel com minha filha, vivi tão retirada e tranquila que não desejava outras condições melhores à minha sorte a não ser um pouco menos de lances de escada para subir e um pouco mais de lenha para colocar no fogo.

George Sand

Ao estabelecer-me na mansarda de Delatouche no cais Malaquais, pensei que habitava um palácio, tanto no que diz respeito ao seu conforto quanto ao preço do aluguel que pagava. Ela era um tanto escura mesmo quando estávamos em pleno meio-dia; ainda não havia construção ao alcance da vista, e as árvores imensas dos jardins circunvizinhos formavam uma densa cortina de verdor onde cantavam melros e tagarelavam pardais tão à vontade quanto se estivessem em pleno campo. Imaginei-me, pois, em posse de um retiro e de uma vida conforme meus gostos e minhas necessidades. Ai de mim! Muito cedo deveria suspirar, ali como em qualquer lugar, atrás de algum repouso, e logo correr em vão, como Jean-Jacques Rousseau, à procura de solidão.

Não soube preservar minha liberdade, proibir a porta de minha casa aos curiosos, aos desocupados, aos mendicantes de toda espécie, e logo percebi que nem meu tempo nem meu dinheiro conseguido durante um ano resistiriam um dia sequer a esse assédio. Então tranquei-me, mas foi uma luta incessante, abominável, entre os toques da campainha, os tratos com a empregada e o trabalho dez vezes interrompido.

[...]

Assim, nem bem acabava de chegar a um resultado que perseguira, uma dupla decepção apresentava-se a mim. Independência sob estas duas condições, o emprego do tempo e o emprego dos recursos, eis o que acreditava ter conquistado, eis o que se transformou em uma escravidão irritante e contínua. Ao ver o quanto meu ganho estava longe de bastar às exigências da miséria que me cercava, dobrei, tripliquei, quadrupliquei a dose de trabalho. Houve momentos em que essa dose foi excessiva e em que censurei as horas de repouso e de distrações necessárias como uma moleza da alma, como uma satisfação do egoísmo. Naturalmente absoluta em minhas convicções, durante muito tempo fui governada pela lei do trabalho forçado e da esmola sem limites, assim como o fora pelo ideal católico, no tempo em que me proibia as brincadeiras e a alegria da adolescência para absorver-me na prece e na contemplação.

Só ao abrir minha mente ao sonho de uma grande reforma social foi que me consolei, por consequência, da estreiteza e da impotência da minha ab-

História da minha vida

negação. Dissera a mim mesma, como tantos outros já haviam dito, que certas bases sociais eram indestrutíveis, e que o único remédio contra os excessos da desigualdade estava no sacrifício individual, voluntário.

[*A autora finaliza o capítulo falando das pessoas que começaram a procurá-la, em busca de ajuda financeira principalmente — artistas sem trabalho, poetas sem editor, senhoras em campanha de arrecadação de donativos, mães desesperadas por filhos doentes, pessoas vadias etc. O problema era que nem todas as histórias ouvidas procediam.*

Na continuidade do tema, a autora escreve sobre miséria e esmola, assinalando que, na altura dos acontecimentos, depois de uma República tão sonhada se resumir em massacres, saltava-lhe aos olhos um enorme desânimo. Foi assim que passou a escrever Lélia, *um romance iniciado com o simples propósito de reunir suas impressões ante o sofrimento humano, bem como ante o desencorajamento de muitos intelectuais diante do ocorrido na então Revolução de 1830.*

Um dia, ao ler fragmentos desse livro ao amigo Saint-Beuve, este a aconselhou a mostrá-los ao editor Buloz para uma publicação. George Sand lembrou-se, na mesma sequência, da confusão que tal obra causou, por causa de interpretações equivocadas a respeito das suas personagens, chegando a ter que organizar dois prefácios para explicar aos leitores as suas reais motivações.

Ao final do capítulo, a autora se recorda de um episódio com o escritor Balzac. Ele insistia em ler para ela trechos da obra Contes Drolatiques (1832-1837), *recém-lançada na mesma ocasião, e ela, tratada por Balzac de "puritana" e "besta", chamava-o de "grandessíssimo indecente": um acontecimento que em nada abalou a amizade entre eles.*]

Capítulo 3
Monsieur Beyle (Stendhal). — A catedral de Avignon. — Passagem por Gênova, Pisa e Florença. — Chegada a Veneza pelos Apeninos, Bolonha e Ferrara. — Alfred de Musset, Géraldy, Léopold Robert em Veneza. — Trabalho e solidão em Veneza. — Adversidades financeiras. — Belo gesto de um oficial austríaco. — Catulo pai. — Vexame. — Polichinelo. — Encontro singular. — Partida para a França. — *Carlone.* — Os salteadores. — Antonino. — Encontro de três ingleses. — Os teatros em Veneza. — Pasta, Mercadante, Zacometto. — Os costumes da igualdade em Veneza. — Chegada a Paris. — Retorno a Nohant.

George Sand

— Julie. — Meus amigos de Berry. — Meus amigos da mansarda.
— Prosper Bressant. — *O Príncipe.*

No barco a vapor que me conduzia de Lyon a Avignon, encontrei um dos escritores mais notáveis dos nossos tempos, Beyle, cujo pseudônimo era Stendhal. Na ocasião, ele era cônsul em Civita-Vecchia e retornava ao seu posto depois de uma curta estada em Paris. Tratava-se de uma inteligência brilhante e sua conversa lembrava a de Delatouche, com menos delicadeza e graça, mas com mais profundidade. À primeira vista, tinha também um pouco a mesma aparência, gordo e de uma fisionomia refinadíssima sob a máscara de sua obesidade. Porém, Delatouche tornava-se mais belo, em algumas ocasiões, por causa de sua melancolia repentina, e Beyle permanecia satírico e zombador em qualquer momento que olhássemos para ele. Conversamos durante uma parte da viagem e achei-o muito amável. Caçoou de minhas ilusões a respeito da Itália, garantindo que muito em breve eu compreenderia o que ele queria dizer, e disse ainda que os artistas à procura do belo nesse país eram verdadeiros basbaques. Não acreditei em nada do que disse, percebendo que ele estava cansado do seu exílio e retornava a ele contra a sua vontade. Ridicularizou, de modo divertidíssimo, o típico italiano, quê ele não conseguia suportar e com o qual foi muito injusto. Sobretudo, previu-me um sofrimento que eu nunca deveria provar; a privação de conversas agradáveis e de tudo o que, segundo ele, formava a vida intelectual, os livros, os jornais, as novidades, em suma, a atualidade. Compreendi bem o que devia faltar a um espírito tão encantador, tão original e tão presunçoso, longe das relações capazes de apreciá-lo e de excitá-lo. Afetava, sobretudo, o desdém a toda vaidade e tentava descobrir em cada interlocutor alguma pretensão a ser abatida sob o fogo cruzado de sua zombaria. Mas não creio que se tratava de uma má pessoa, embora se esforçasse muito para dar essa impressão.

Tudo o que me predisse do tédio e da vida intelectual na Itália aliciou-me em vez de deixar-me alarmada, visto que ia para lá, como para todos os lugares que visitei, a fim de fugir da intelectualidade da qual ele me achava ávida.

Jantamos com alguns outros colegas de viagem em uma péssima hospedaria de aldeia, pois o piloto do barco a vapor não ousara ultrapassar a

História da minha vida

ponte Saint-Esprit antes do amanhecer. Ali Beyle mostrou-se de uma alegria louca, embebedou-se razoavelmente e, dançando em torno da mesa com suas pesadas botas forradas, tornou-se um pouco grotesco e nada divertido.

Em Avignon, levou-nos para ver a grande catedral, muito bem situada, onde, em um nicho, um antigo Cristo em madeira pintada, de tamanho natural e realmente horrendo, foi para ele matéria das mais inacreditáveis apóstrofes. Ele tinha horror à bárbara feiura, à cínica nudez desses repugnantes simulacros pelos quais os meridionais, segundo ele, nutrem profunda adoração. Sua vontade era de atacar aquela imagem aos murros.

De minha parte, não foi com desgosto que vi Beyle tomar o caminho por terra para chegar a Gênova. Ele temia o mar, e meu objetivo era chegar logo a Roma. Separamo-nos, pois, depois de alguns dias de divertida companhia; porém, como o fundo do seu espírito denunciava o gosto, o hábito ou o sonho pela obscenidade, confesso que a convivência com ele foi demais para mim, e, se ele tivesse optado por seguir pelo mar, talvez eu tivesse escolhido ir pela montanha. Era, de resto, um homem eminente, de uma sagacidade mais engenhosa que justa em todas as coisas às quais endereçava alguma apreciação, de um talento original e autêntico, escrevendo mal, e, no entanto, expressando com um estilo capaz de tocar e interessar vivamente seus leitores.

A febre me atacou em Gênova, circunstância que atribuí ao frio rigoroso do trajeto pelo rio Ródano, mas que se dera de modo independente, visto que, em seguida, durante o clima bom, novamente fui vítima dessa febre ma mesma cidade sem outra causa a não ser o ar da Itália, cuja aclimatação é difícil para mim.

Entretanto, prossegui minha viagem, não sofrendo, mas pouco a pouco tão entorpecida pelos calafrios, pelos desfalecimentos e pela sonolência que vi Pisa e o Campo-Santo com grande apatia. Era até mesmo indiferente para mim seguir uma direção ou outra; ir para Roma ou Veneza foi uma decisão tomada na base do cara ou coroa. *Veneza cara* caiu dez vezes no chão. Tomei por aí um destino, e parti para Veneza via Florença.

Novo acesso de febre em Florença. Vi todas as belas coisas que precisava ver, e as vi através de uma espécie de devaneio que as fazia parecer um pouco fantásticas. O tempo estava magnífico, mas a temperatura estava gelada, e, ao admirar o *Perseu com a cabeça de Medusa*, de Benvenuto Cellini, e a Capela quadrada, de Michelangelo, tinha a impressão, em alguns momentos, de que eu mesma era uma das estátuas. À noite, sonhava que me transformava em mosaico e contava atentamente minhas pequenas pastilhas de lápis-lazúli e de jaspe.

Atravessei os Apeninos em uma noite fria e clara de janeiro, na caleche bem confortável que, acompanhada de dois gendarmes em uniforme amarelo-canário, servia de transporte do correio. Jamais vira estrada mais deserta e gendarmes mais inúteis, pois estavam sempre a uma légua adiante ou atrás de nós, e pareciam não se importar nem um pouco de servir de alvo fácil aos salteadores. Porém, a despeito dos alarmes do condutor do correio, não tivemos nenhum outro encontro a não ser com um pequeno vulcão que tomei por uma lanterna acesa próxima da estrada, e que esse homem chamava, com ênfase, de *il monte fuoco*.

Não consegui ver nada em Ferrara e em Bolonha; estava completamente abatida. Permaneci um pouco desperta na passagem pelo Pó, cuja extensão, através de vastas planícies arenosas, revela grandes características de tristeza e de desolação. Em seguida, voltei a dormir até Veneza, muito pouco admirada ao sentir-me deslizar em uma gôndola, e contemplando, como em uma miragem, as luzes da Praça de São Marcos refletidas na água, e os grandes recortes da arquitetura bizantina destacados na imensa lua cheia, ela mesma muito mais fantástica naquele instante que todo o resto.

Veneza era a cidade perfeita dos meus sonhos, e tudo aquilo que fantasiara acerca de sua perfeição mostrou-se ainda assim inferior quando ela me surgiu, com suas manhãs e seu cair da tarde, com a serenidade dos lindos dias e com o sombrio reflexo das tempestades. Adorei essa cidade por ela mesma, e é a única do mundo que consigo amar assim, pois a cidade sempre tem o efeito sobre mim de uma prisão que suporto por causa dos meus companheiros de cativeiro. Em Veneza vivem-se extensos períodos completamente só, e conseguimos compreender por que, no tempo do seu esplendor e de sua liberdade, seus filhos quase tenham chegado a personificá-la em seu amor e a tenham amado não como uma coisa, mas como um ser.

História da minha vida

À minha febre seguiram-se um grande mal-estar e atrozes dores de cabeça que eu desconhecia, e que desde então instalaram-se em meu cérebro manifestando-se em frequentes enxaquecas muitas vezes insuportáveis. Calculara permanecer em Veneza apenas poucos dias, e, na Itália, algumas semanas, mas acontecimentos imprevistos obrigaram-me a ficar mais.

Alfred de Musset[3] sucumbiu de modo bem mais sério que eu aos efeitos do clima de Veneza, que fulmina a maioria dos estrangeiros desavisados.[4] Foi acometido por uma doença grave; uma febre tifoide deixou-o a um passo da morte. Não foi apenas o respeito devido a um gênio admirável que inspirou-me a empenhar uma grande solicitude a ele e que me deu, tão doente que estava também, forças inesperadas; foram também os aspectos encantadores do seu caráter, e os sofrimentos morais que certas lutas entre o seu coração e sua imaginação ocasionavam sem cessar a essa compleição de poeta. Passei 17 dias na cabeceira de sua cama sem conseguir mais que uma hora de repouso em 24 horas. Sua convalescença durou mais ou menos o mesmo período, e, quando ele foi embora, lembro-me de que a fadi-

---

3 Alfred de Musset (1810-1857), poeta, novelista e dramaturgo francês; um dos mais expressivos do romantismo no país. (N.T.)

4 Géraldy, o cantor, estava em Veneza na mesma época e foi atacado, ao mesmo tempo que Alfred de Musset, por uma doença não menos grave. Quanto a Léopold Robert, que fixara residência ali e estourou os miolos pouco tempo depois da minha partida, não duvido que a atmosfera de Veneza, estimulante em excesso para certas estruturas, tenha contribuído muito para desenvolver a trágica melancolia que apoderou-se dele. Durante um período, morei em frente à casa que ele ocupava e o via passar todos os dias em um barco que ele mesmo remava. Vestido com uma blusa preta de veludo e com uma toca da mesma cor na cabeça, lembrava os pintores da renascença. Seu rosto era pálido e triste, sua voz, áspera e estridente. Eu tinha muita vontade de ver seu quadro *Pêcheurs chioggiotes*, ao qual se referiam como uma misteriosa maravilha, visto que ele o escondia com um tipo de ciúme colérico e estranho. Poderia ter me aproveitado do seu passeio, do qual conhecia o horário de costume, para introduzir-me furtivamente em seu ateliê; mas disseram-me que, se ele percebesse a infidelidade do seu hospedeiro, ficaria louco. Assim, deixei de permitir-me tal curiosidade a fim de não causar um único prejuízo em seu humor. Isso levou-me a saber, por meio das pessoas que o viam a todo instante, que ele já era considerado como um maníaco dos mais raivosos. (N.A.)

ga produziu em mim um fenômeno singular. Eu o acompanhara de manhã bem cedo, em uma gôndola, até a região de Mestre, e retornei à minha casa pelos pequenos canais do centro da cidade. Todos os canais estreitos, que serviam de ruas, são atravessados por pequenas pontes de um só arco para a passagem dos pedestres. Minha vista estava tão cansada pelas vigílias que enxergava todos os objetos de modo invertido, e em particular a série de pontes que se apresentavam diante de mim como arcos de cabeça para baixo.

Mas a primavera estava chegando, a primavera do norte da Itália, talvez a mais bela do universo. Grandes passeios aos Alpes tiroleses e em seguida ao arquipélago veneziano, semeado de charmosas ilhotas, restabeleceram logo minhas forças, devolvendo meu ânimo para escrever. Eu precisava disso, minhas minguadas finanças esgotaram-se, e não tinha mais nada para voltar a Paris. Instalei-me em um pequeno alojamento mais que modesto no centro da cidade. Ali, a tarde inteira sozinha, saindo apenas ao anoitecer para tomar ar, retornando para trabalhar mais à noite ao canto dos mansos rouxinóis que povoavam todas as varandas de Veneza, escrevi *André*, *Jacques*, *Mattea* e as primeiras *Lettres d'un voyageur*.

Enviei vários trabalhos a Buloz que deviam prontamente permitir-me pagar minhas contas (pois, em parte, vivia de crédito) e voltar para meus filhos, cuja ausência martirizava dia a dia meu coração cada vez com maior intensidade. Mas um particular azar me perseguia naquela adorável Veneza; o dinheiro não chegava. As semanas sucederam-se e a cada dia minha existência tornava-se mais problemática.

[*No final do capítulo, a autora se recorda de alguns episódios ocorridos em Veneza — entre eles, o de ter passado um apuro sem nenhum níquel para as despesas básicas de sobrevivência diante de um problema havido com o correio da cidade. Relatou também as viagens a outras regiões da Itália ao longo de quase um ano inteiro. Veneza, segundo ela, era um lugar de grande beleza e baixo custo, que contava com a vizinhança das montanhas e do mar, além de oferecer um clima bastante favorável para viver. Especialmente nessa cidade, a autora escreveu vários de seus livros, que foram sendo enviados, aos poucos, com regularidade ao editor Buloz. Segundo George Sand, se não fosse a ausência dos seus filhos, Maurice e Solange, ela poderia ter ficado em Veneza para sempre. Em 1834, ao rever as crianças, foi tomada por um forte interesse em se atualizar dos acontecimentos políticos, sociais e culturais da França.*]

História da minha vida

Capítulo 4
Madame Dorval.

[...]

Capítulo 5
Eugène Delacroix. — David Richard e Gaubert. — A frenologia e o magnetismo. — Os santos e os anjos.

Eugène Delacroix[5] foi um dos meus primeiros amigos no mundo dos artistas, e tenho a felicidade de nunca ter deixado de contar com ele entre os meus velhos amigos. Velho, notem, é uma palavra que utilizo aqui para referir-me à antiguidade das relações, não à pessoa. Delacroix não tem e nunca terá nada de velhice. É um gênio e um moço. Embora, por uma contradição original e picante, seu espírito critique sem cessar o presente e zombe do futuro, ainda que se satisfaça em conhecer, em apreciar, em interpretar, em valorizar exclusivamente as obras e, amiúde, as ideias do passado, ele é, em sua arte, o inovador e o audaz por excelência. Para mim, é o primeiro mestre da atualidade, e, em relação aos do passado, permanecerá na história da pintura. Em geral, essa arte não tem progredido desde a renascença, e dando a impressão de ser relativamente menos apreciada e menos conhecida pelas massas, é natural que um tipo de artista como Delacroix, muito tempo abafado ou combatido por essa decadência da arte e por essa perversão do gosto geral, reaja com todas as forças do seu instinto contra o mundo moderno. Ele procurou, em todos os obstáculos que o cercaram, monstros a vencer, e acreditou encontrá-los muitas vezes nas ideias de progresso do qual não percebeu ou não quis perceber a não ser o lado incompleto ou excessivo. Uma vontade tão exclusivista e tão ardorosa como a sua não consegue conformar-se com as coisas no estado de abstração. Nisso ele é, na apreciação das concepções sociais, como era Marie Dorval naquela das ideias religiosas. É necessário a imaginações poderosas como essas um terreno sólido para edificar o mundo dos seus pensamentos. Não é preciso dizer-lhes para aguardar que a luz

---

5 Eugène Delacroix (1798-1863), pintor francês de enorme destaque no movimento romântico do século XIX. (N.T.)

se faça. Elas têm horror ao vago, desejam a luz intensa do meio-dia. É tudo muito simples: elas próprias são a luz e o dia.

Não se deve, portanto, ter esperanças de acalmá-los ao lhes dizer que a certeza está e sempre estará fora dos fatos do mundo onde vivemos, e que a fé no futuro não deve perturbar-se com o espetáculo das coisas presentes. Esses olhos agudos veem amiúde os homens do futuro fatalmente realizarem movimentos retrógrados, e daí julgam que a filosofia do século caminha para trás.

Convém dizer aqui que nossa filosofia deveria proporcionar, a nós outros que nos aplicamos em ser progressistas, o progresso de uma certa tolerância. Na arte, na política e, em geral, em tudo aquilo que não é ciência exata, desejamos que haja apenas uma verdade, e existe aí uma verdade, com efeito; mas, tão logo a formulamos a nós mesmos, imaginamos ter encontrado a verdadeira fórmula, nos persuadimos de que não há outra a não ser essa única, e tomamos, desse momento em diante, essa fórmula pela coisa. Aí começa o erro, o conflito, a injustiça e o caos das vãs discussões.

Existe apenas uma verdade na arte, o belo; uma só verdade na moral, o bem; não mais que uma verdade na política, o justo. Mas, quando almejamos colocar cada um no quadro de onde pretendemos excluir tudo aquilo que, segundo nosso ponto de vista, não é justo, foge ao bem e ao belo, estreitamos ou deformamos a tal ponto a imagem do ideal que nos encontramos fatal e felizmente quase sozinhos em nossa opinião. O quadro da verdade é mais vasto, sempre mais vasto que qualquer um de nós pode imaginar.

A noção do infinito só pode aumentar um pouco o ser finito que somos, e essa noção é a que mais dificilmente penetra em nosso espírito. A discussão, a delimitação, o *expurgo* e a *crítica malévola* tornaram-se, sobretudo nos dias de hoje, verdadeiras doenças; é nesse ponto que muitos jovens artistas são mortos pela arte, tendo esquecido, por muito provocar, que trata-se de provar a verdade pelas obras e não pelo discurso. Não se demonstra o infinito, procura-se por ele, e o belo é sentido mais na alma na qual ele não se estabelece pelas regras. Todos esses catequismos da arte e da política que nos enfiam goela abaixo revelam a infância da política e da arte. Não nos importemos, portanto, que discutam, já que é um exercício penoso, irritante e pueril, porém sem dúvida ainda necessário em nossa época: mas que aqueles dentre nós que sentem no interior de si próprios um entusiasmo

História da minha vida

verdadeiro não se preocupem com o estardalhaço da escola e realizem sua tarefa tapando um pouco os ouvidos.

Depois, quando nossa tarefa do dia estiver cumprida, examinemos a dos outros, e não nos precipitemos em dizer que ela não é boa, porque é diferente. Aproveitar vale mais que contradizer, e muitas vezes não aproveitamos nada, porque queremos criticar tudo.

Exigimos muita coerência nos outros, e por isso mostramos que não possuímos dela o bastante para nós mesmos. Queremos que vejam todas as coisas através dos nossos olhos, e, quanto mais um indivíduo nos impressiona e nos atrai por meio do emprego de elevadas faculdades, mais queremos assimilá-lo em nossas próprias faculdades que, ao supor que não sejam tão inferiores, são pelo menos bem diferentes. Filósofos, gostaríamos que um músico se deliciasse com Espinoza; músicos, gostaríamos que um filósofo nos oferecesse a ópera *Guilherme Tell*; e quando o artista, ousado inovador em sua área, rejeita a inovação em um outro campo de atividade, do mesmo modo que, quando o pensador, ardendo ao lançar-se no desconhecido de suas crenças, recua diante da novidade de um experimento da arte, bradamos até à inconsequência e diríamos de bom grado: "Você, artista, condeno suas obras de arte, porque você não é do meu grupo nem da minha escola. Você, filósofo, nego sua ciência, porque você não entende nada da minha".

É assim que julgamos com muita frequência, e com muita frequência a crítica escrita sobrevém para dar o apoio definitivo a esse sistema de intolerância tão perfeitamente despropositado. Isso era especialmente sensível há alguns anos, quando grande parte dos jornais e revistas representavam muitas nuances de opiniões. Podíamos dizer, então: "Diga-me em qual jornal você escreve, e lhe direi qual artista você vai elogiar ou atacar".

Muitas vezes me puseram a seguinte questão: "Como você pode conviver e conversar com esse ou aquele seu amigo que pensa de modo completamente contrário ao seu? Quais concessões ele faz a você, ou quais concessões você se vê obrigada a fazer a ele?".

Jamais fiz nem pedi a menor concessão, e, se algumas vezes entrei em discussões, foi para instruir-me ao ouvir o que o outro tem a dizer de determinado assunto ou questão; instruir-me, não no sentido de que sempre aceitava as soluções do meu interlocutor, mas de que, examinando o mecanismo do seu pensamento e procurando aí a origem de suas convicções, chegava a compreender o que o ser humano, o mais organizado deles, encerra de contradições de fatos em sua lógica aparente, e, por consequência, de lógica verdadeira em suas aparentes contradições.

A partir do momento em que a inteligência nos revela suas forças, seus anseios, seu objetivo, e até mesmo suas imperfeições ao lado das suas grandezas, não compreendo que não a aceitem por inteiro, mesmo com suas manchas, as quais, como as do sol, não podem ser percebidas a olho nu sem que apertemos bem as pálpebras.

Tenho, portanto, além da amizade terna que me liga a certas criaturas da elite, um grande respeito pelo que não admitiria em mim mesma na condição de crença definitiva, mas que nelas me parece o acidente inevitável, necessário, talvez, para que se dê a reação intempestiva íntima do seu desenvolvimento. Um grande artista pode negar diante de mim uma parte daquilo que dá vida à minha alma, pouco me importa; sei muito bem que pelas fendas de minha alma que lhe são abertas ele reacenderá minha vida com sua chama. Do mesmo modo, um grande filósofo que me criticasse por ser artista me tornaria mais artista ao reanimar minha fé nas verdades superiores, desde que me explicasse essas verdades com a eloquência da convicção.

Nosso espírito é uma caixa com compartimentos que se comunicam uns com os outros por meio de um admirável mecanismo. Um grande espírito que se entrega a nós oferece ao nosso olfato como que um buquê de flores em que certos perfumes, que nos seriam nocivos quando isolados, nos encantam e nos revigoram através da mescla com os outros perfumes que os modificam.

Essas reflexões chegam até mim a propósito de Eugène Delacroix. Eu poderia aplicá-las a muitas outras naturezas eminentes que tive a felicidade de apreciar sem que elas tenham me provocado nenhuma inquietação ao me contradizer e mesmo ao zombar de mim em alguma ocasião. Tenho sido persistente em minha resistência a algumas de suas afirmações, mas também firme em minha afeição por elas e em meu reconhecimento pelo bem que elas me têm feito ao excitarem em mim a sensibilidade de mim mesma. Elas me consideram uma sonhadora incorrigível, mas sabem que sou uma amiga fiel.

O grande mestre do qual falo é, pois, melancólico e severo em sua teoria, divertido, encantador, *bom menino* ao máximo em sua convivência. Ele demole

História da minha vida

sem furor e ridiculariza sem fel, para a felicidade daqueles que ele critica, pois tem tanto espírito quanto gênio, coisa que não esperamos contemplar em sua pintura, na qual a graça cede lugar à grandiosidade, e na qual a maestria não admite a gentileza e o coquetismo. Seus tipos são austeros; as pessoas amam contemplá-los bem de frente: eles nos convidam a uma região mais alta que essa onde vivemos. Deuses, guerreiros, poetas ou sábios, essas grandes figuras da alegoria ou da história que ele tem retratado nos prendem por exibirem uma postura formidável ou por expressarem uma calma olímpica. Ao contemplá-las, não há meio de pensar nos pobres modelos profissionais de ateliê, que encontramos em quase todas as pinturas modernas, vestidos com figurinos emprestados com os quais tentam em vão transfigurá-los. Parece que, se Delacroix lançou mão de homens e mulheres para posar a ele, apertou os olhos a fim de não vê-los em traços excessivamente reais.

Seus tipos, entretanto, são verídicos, ainda que idealizados no sentido do movimento dramático ou da majestade imaginada. Eles são tão verossímeis quanto as imagens que carregamos em nós mesmos quando representamos os deuses da poesia ou os heróis da Antiguidade. Sem dúvida são homens, mas não homens vulgares como agrada ao vulgo vê-los para compreendê-los. São bem vivos, mas daquela vida grandiosa, sublime ou terrível, cujo sopro só o gênio consegue encontrar.

Não falo da cor de Delacroix. Talvez só ele tenha a ciência e o direito de fazer a demonstração desse aspecto de sua arte, viés do seu trabalho no qual nem mesmo seus adversários mais obstinados encontram meios para criticar seu talento; mas falar da cor em pintura é a mesma coisa que pretender fazer sentir e adivinhar a música através das palavras. Quem terá a capacidade de descrever o *Réquiem* de Mozart? Poderiam escrever um belo poema ao escutar essa composição musical, mas o resultado dessa tentativa não iria além de um poema, incapaz de ser a tradução da música; as artes não se traduzem umas pelas outras. O vínculo entre elas está intimamente guardado nas profundezas da alma, mas, não falando a mesma língua, elas só se explicam mutuamente por misteriosas analogias. Elas se procuram, se esposam e se fecundam nos êxtases em que cada uma delas exprime apenas a si própria.

George Sand

"O que faz a beleza dessa indústria [da pintura]", dizia para mim o próprio Delacroix, cheio de alegria em uma de suas cartas, "consiste em coisas que a palavra não está apta a exprimir." "Você me compreende, aliás", acrescentou, "e uma frase de sua carta me diz bastante do quanto você tem consciência dos limites necessários a cada uma das artes, limites que senhores seus confrades ultrapassam às vezes com uma liberdade admirável."

Não há meio algum de analisar o pensamento em qualquer arte se não for através de um pensamento da mesma ordem. Desde o momento em que pretendemos diminuir ao nosso próprio tamanho, quando somos pequenos, os grandes pensamentos dos mestres, erramos e divagamos sem penetrar em nada da obra-prima: empregamos um esforço inútil com tal atitude.

Quanto a dissecar os procedimentos do mestre, seja para louvá-los, seja para criticá-los, a exposição de termos técnicos que a crítica emprega com maior ou menor habilidade em suas argumentações sobre a pintura e a música não é mais que um grande esforço executado com êxito ou fracasso. O fracasso ocorre muitas vezes àqueles que falam do *métier* sem compreender seus termos e empregando-os a torto e a direito, esforço que faz rir os mais humildes dentre os iniciados. O êxito não instrui em nada o público que se importa com o sentir, e nada ensina aos alunos iniciantes ávidos por agarrar para si os segredos da mestria. Dessa forma, em vão serão informados os procedimentos do artista, e, diante desses jovens alunos ainda ingênuos, que se extasiam com um pequeno detalhe da tela perguntando-se com estupor "como será que se faz isso", inutilmente serão expostas as sábias teorias a respeito dos métodos empregados na obra. Ainda que revelados pela própria boca do mestre, seriam perfeitamente inúteis àquele que não sabe pô-los em prática. Se não há gênio, nenhum método lhe será útil; se há gênio, ele encontrará seus próprios meios sozinho, ou se servirá à sua maneira daqueles dos outros, que ele terá compreendido ou descoberto sem a ajuda de ninguém. As únicas obras de arte sobre a arte que têm importância e podem ser úteis são aquelas que se empenham em desenvolver as qualidades do sentimento das coisas superiores e que por isso elevam e ampliam a sensibilidade dos leitores. Sob esse ponto de vista, Diderot foi um grande crítico, e, nos dias de hoje, mais de um crítico ainda é capaz de

História da minha vida

escrever belas e excelentes páginas. Fora isso, não há nada além de esforços perdidos e pedantismo pueril.

[...]

Capítulo 6

Sainte-Beuve. — Luigi Calamatta. — Gustave Planche. — Charles Didier. — Por que não falo de alguns outros.

[...]

Capítulo 7

Retomo minha narrativa. — Chego a falar de coisas muito delicadas, e as digo de modo claro e sem delicadeza, acreditando que dessa maneira trato desses assuntos do modo mais casto possível. — Opinião do meu amigo Dutheil a respeito do casamento. — Minha opinião sobre o amor. — Marion de Lorme. — Duas mulheres de Balzac. — O orgulho da mulher. — As *Lettres d'un voyageur*: meu plano inicial. — De como o viajante era eu, e de como não era eu. — Enfermidades físicas e morais agem uma sobre a outra. — Egoísmo da juventude. — Desprendimento na idade madura. — O orgulho religioso. — Minha ignorância ainda me deixa desolada. — Se eu pudesse descansar e instruir-me! — Amo, logo creio. — O orgulho católico, a humildade cristã. — Mais uma vez Leibniz. — Por que meus livros possuem passagens enfadonhas. — Novo horizonte. — Idas e vindas. — Solange e Maurice. — Planet. — Projetos de partida e disposições testamentárias. — *Monsieur* de Persigny. — Michel (de Bourges).

Depois do meu retorno da Itália, em 1834, senti uma grande felicidade ao reencontrar meus filhos, meus amigos, minha casa; mas essa felicidade durou pouco. Meus filhos e minha casa já não me pertenciam, moralmente falando. Meu marido e eu discordávamos quanto ao governo desses humildes tesouros. Maurice não recebia, no colégio, a educação conforme seus instintos, suas faculdades, sua saúde. Nosso lar sofria influências totalmente anormais e perigosas. A culpa era minha, já confessei isso, mas minha culpa por uma fatalidade, e sem que eu pudesse encontrar em minha vontade, inimiga das lutas cotidianas e das querelas domésticas, a força de dominar a situação.

Um dos meus amigos, Dutheil, que quisera tornar aceitável a duração dessa situação, dizia-me que eu podia recuperar meu papel de dona da casa ao tornar-me amante do meu marido. Tal estratégia de modo algum era conveniente a mim. As reaproximações sem amor são qualquer coisa de ig-nóbil a se encarar. Uma mulher que procura seu marido com a finalidade de apoderar-se da sua vontade age de modo análogo àquelas que se pros-tituem para ganhar o pão de cada dia, e da mesma maneira que as cortesãs para obter luxo. São tais reconciliações que fazem de um esposo um jogue-te desprezível e um tolo ridículo.

Dutheil, ao defender seu ponto de vista, elevava a questão o máximo possível, e, embora fosse muitas vezes cínico em suas palavras, era inteli-gente o bastante para saber que comigo devia idealizar o objetivo de modo convincente. Apelava, pois, ao meu amor pelos meus filhos e ao meu inte-resse pelo futuro deles.

A essa consideração sagrada, eu só podia contrapor um instinto de re-pugnância, mas um instinto tão profundo, tão absoluto, que precisei re-fletir, para me dar conta do valor que eu deveria lhe outorgar em minha consciência.

Uma repugnância física seria comumente aceita como uma escusa sufi-ciente — eu não a acharia suficiente. O dever faz sobrepujar esse tipo de re-pugnância. Tocamos em chagas infectadas para aliviar um doente, mesmo que sejam as chagas de um doente que não amamos ou que não conhecemos.

Além do mais, meu marido não me inspirava nenhum asco instintivo, tampouco uma aversão moral. Eu apenas procurava amá-lo de modo frater-nal, da mesma forma como estava disposta a fazê-lo ao receber a primeira oferta de nossa união.

Porém, quando uma mocinha casta decide se casar, ela não sabe, em ab-soluto, em que consiste o casamento, e pode tomar o amor por tudo o que não é amor. Aos trinta anos, uma mulher não pode mais criar para si vagas ilusões, e, por mais que lhe faltem coração e inteligência, sabe o preço, não

História da minha vida

digo de sua pessoa, pois a pessoa poderia resignar-se a ser humilde se pudesse entregar-se de modo isolado, como uma coisa, mas do seu ser completo e indivisível.

Eis o que eu não teria conseguido fazer meu marido compreender, pois suas ideias eram outras, mas o que fiz Dutheil entender, ele, cujo cérebro chegava facilmente à compreensão do que ele qualificava, na prática, de refinamento e de sutilezas romanescas.

"O amor não é um cálculo da pura vontade", disse a ele. "Os casamentos de conveniência são um erro em que caímos, ou uma mentira que se cria a si mesmo. Não somos apenas corpo, ou somente espírito; somos corpo e espírito em união. Em todos os casos em que um desses agentes da vida não participa, não há amor verdadeiro. Se o corpo tem funções em que a alma não se envolve, como comer e digerir,[6] a união de duas criaturas no amor pode se comparar a essas funções? Só pensar nisso já é revoltante. Deus, que colocou o prazer e a volúpia no ato de abraçar de todas as criaturas, até mesmo no abraço entre as plantas, será que não deu discernimento a essas criaturas na proporção do seu grau de perfeição na escala evolutiva dos seres? O homem, ocupando a posição mais elevada, sendo o mais completo de todos, será que não tem a percepção ou o anseio dessa união necessária entre a sensibilidade física e a apreciação intelectual e moral, na posse ou na aspiração das suas satisfações?"

Com isso expunha, espero, um lugar comum dos mais corriqueiros. E, no entanto, essa verdade incontestável é tão pouco observada na prática que as criaturas humanas se aproximam e os filhos dos homens nascem aos milhares sem que o amor, o genuíno amor, tenha presidido uma vez em mil aos atos sagrados da reprodução.

Mesmo assim o gênero humano se perpetua, e, se nunca houvesse sido incitado a isso pelo verdadeiro amor, talvez ele precisasse, para deter a despovoação do mundo, voltar às estranhas ideias do Marechal da Saxônia referentes ao casamento. Mas não é menos verdade que a vontade da Providência, diria mesmo a lei divina, é transgredida cada vez que um homem e

---

6 E ainda assim os autênticos *gourmands*, aqueles que apreciam uma boa cozinha, deliciam-se mais pela imaginação que pelos sentidos, dizem. (N.A.)

uma mulher unem seus lábios sem unir seus corações e suas inteligências. Se a espécie humana ainda está tão longe da meta a que a beleza de suas faculdades pode aspirar, uma das causas mais comuns e mais funestas disso é essa transgressão à lei divina.

Dizem, com um sorriso no rosto, que não é tão difícil procriar; só é preciso a presença de dois indivíduos. Pois bem, digo que é preciso a presença de três: um homem, uma mulher e Deus neles. Se a ideia de Deus for estranha em seu êxtase, sem dúvida gerarão um filho, mas não um homem. O homem completo só sairá do amor completo. Dois corpos podem se unir para produzir um corpo, mas só o pensamento pode dar vida ao pensamento. Assim, o que somos nós? Homens que aspiram a ser homens, e nada além disso até agora; seres passivos, incapazes e indignos da liberdade e da igualdade, porque, na maioria, nascemos de um ato passivo e cego da vontade.

Ainda assim, empenho nesse ponto demasiada dignidade a esse ato, denominando-o de ato de vontade. Onde o coração e o espírito não se manifestam, não há vontade legítima. Nesse caso, o amor é um ato de servidão a que se submetem dois seres escravos da matéria. "*Felizmente*", respondia Dutheil, "o gênero humano não tem necessidade de sublimes aspirações para achar agradáveis e fáceis suas funções geradoras"; eu, de minha parte, dizia *infelizmente*.

E, seja como for — acrescentava eu —, quando uma criatura humana, homem ou mulher, eleva-se à compreensão do amor completo, não lhe é mais possível, ou melhor dizendo, não lhe é mais permitido voltar atrás e realizar o ato em estado de pura animalidade. Seja qual for a intenção, qualquer que seja a meta, sua consciência deve dizer não, ainda que seu apetite diga sim. E, se a consciência e o apetite se encontram perfeitamente de acordo em todas as ocasiões para dizer juntos sim ou não, como duvidar da força religiosa desse protesto íntimo?

Se fazemos intervir as considerações de pura utilidade, esses interesses da família em que o egoísmo se paramenta algumas vezes com o nome da moral, daremos voltas e mais voltas em torno da verdade sem penetrá-la. Poderemos bem dizer que nos sacrificamos, não a uma tentação da carne, mas a um princípio da virtude, mas não faremos a lei de Deus curvar-se a esse princípio puramente humano. O homem comete a toda hora, sobre a Terra, um sacrilégio que não compreende, e do qual a divina sabedoria pode absolvê-lo,

História da minha vida

tendo em vista sua ignorância: mas ela não absolverá da mesma forma aquele que compreendeu o ideal e que o espezinha. Não há, em poder do homem, razão pessoal ou social forte o bastante para autorizá-lo a transgredir uma lei divina, quando essa lei foi claramente revelada à sua razão, ao seu sentimento, até mesmo aos seus sentidos.

Quando, na peça teatral de Victor Hugo, a personagem Marion Delorme se entrega a Laffemas, a quem ela abomina, para salvar a vida do seu amante, a sublimidade da sua dedicação não é mais que uma sublimidade relativa. O poeta compreendeu muito bem que só uma cortesã, isto é, uma mulher habituada, no passado, a vender-se barato, poderia aceitar, em nome do amor, a última das máculas. Mas, quando Balzac, em *Cousine Bette* (A prima Bette), nos mostra uma mulher pura e respeitável oferecer-se, trêmula, a um ignóbil sedutor para salvar sua família da ruína, o autor traça com arte infinita uma situação possível; porém, essa não é uma situação menos odiosa, em que a heroína perde todas as nossas simpatias. Mas, então, por que Marion Delorme conserva nossa simpatia por ela, a despeito do seu rebaixamento? É porque ela não compreende o que faz, é porque ela não tem, como a esposa legítima e a mãe de família, a consciência do crime que comete.

Balzac, que experimentava e ousava tudo, foi mais longe: expôs a nós, em outro dos seus romances, uma mulher provocando e seduzindo seu marido, a quem ela não ama, só para preservá-lo das armadilhas de uma outra mulher. Balzac se vê forçado a revelar a vergonha dessa ação ao dar a essa heroína uma filha para quem ela almeja conservar a fortuna. Assim, é o amor materno, sobretudo, que a leva a iludir seu marido por meio de algo talvez ainda pior que uma infidelidade, ou seja, através de uma mentira da boca, do coração e dos sentidos.

Não escondi de Balzac que essa história, cujo fundo real ele expunha, me revoltava a ponto de me tornar insensível ao talento que ele empregara ao narrá-la. Não me constrangi em achá-la imoral, eu, a quem reprovavam por ter escrito livros imorais.

E, à medida que interroguei meu coração, minha consciência e minha religião, tornei-me ainda mais rígida em minha maneira de ver o assunto. Não somente considero um pecado mortal (e me agrada servir-me dessa palavra, que exprime bem meu pensamento, porque sugere que certos erros matam nossa alma); considero como um pecado mortal não apenas a mentira dos sentidos no amor, mas ainda a ilusão que os sentidos procurariam produzir a si próprios nos amores incompletos. Digo e acredito que é preciso amar com todo nosso ser, ou viver, custe o que custar, em completa castidade. Os homens não farão nada em relação a isso, eu sei; mas as mulheres, que são auxiliadas pelo pudor e pela opinião, podem muito bem, qualquer que seja sua situação na vida, aceitar essa doutrina quando sentirem que vale a pena observá-la.

Para aquelas que não possuem o menor orgulho, não saberia dizer-lhes nada.

A palavra orgulho, da qual me servi bastante no decorrer da minha carreira de escritora, surgiu-me agora com seu verdadeiro significado. Esqueço tão completamente tudo o que escrevo, e reluto tanto em reler meus livros e escritos, que foi preciso que eu recebesse uma carta, ainda por esses dias, em que alguém se deu ao trabalho de transcrever-me uma multidão de aforismos de minha lavra, recolhidos das *Lettres d'un voyageur*,[7] dirigindo-me, a respeito desse material, um mundo de questões, e foi só assim, foi só quando me vi instigada desse modo que me decidi a tomar conhecimento do meu livro já totalmente apagado da minha memória, como me é de costume.

Resolvi, pois, reler as *Lettres d'un voyageur* de setembro de 1834 e de janeiro de 1835, e nelas reencontrei o plano de uma obra que havia prometido a mim mesma dar continuidade no decorrer de toda a minha vida. Lamento muito não ter dado sequência a esse projeto. Eis qual era o plano, seguido no início da série, mas do qual me afastei ao continuá-la, e que tenho a impressão de ter perdido de vista no final. A impressão de que o plano foi abandonado surge, sobretudo, da reunião, sob um mesmo título, *Lettres d'un voyageur*, de diversas cartas ou séries de cartas que não se encaixam na intenção e no estilo das primeiras.

Em minha ideia inicial, tal intenção e tal estilo consistiam em dar conta das sucessivas disposições do meu espírito de um modo simples e elaborado

---

7 A primeira edição de *Lettres d'un voyageur* foi publicada em 1837. (N.T.)

História da minha vida

ao mesmo tempo. Explico-me para aqueles que não se lembram dessas cartas ou que não as conhecem, pois para quem as conhece a explicação é inútil.

Sentia ter muitas coisas a dizer, e queria expô-las a mim e aos outros. Minha personalidade estava em plena formação; acreditava que já estava completa, embora ela nem bem houvesse começado a desenhar-se aos meus próprios olhos, e, apesar dessa lassidão que ela já me inspirava, estava preocupada de modo tão intenso em apresentá-la ao mundo que tinha necessidade de examiná-la e de martirizá-la, por assim dizer, como um metal em fusão jogado por mim mesma em um molde.

Porém, como percebia logo que uma personalidade isolada não tem o direito de manifestar-se sem ter ao seu serviço qualquer bom ensinamento útil aos outros, e que eu não tinha, em absoluto, esse ensinamento para oferecer, pretendia disseminar minha própria personagem nela promovendo algumas modificações. Eu, que ainda não completara trinta anos, e que não vivera nada além de uma vida reservada; eu, que não fizera nada mais que lançar um olhar amedrontado sobre os abismos das paixões e sobre os problemas da vida; eu, enfim, que ainda estava apenas entrevendo a vertigem das primeiras descobertas, não me sentia realmente madura para falar de mim mesma com verdadeiro preparo. Essa ainda insípida experiência de vida teria oferecido muito pouco aporte às minhas reflexões a respeito das ideias gerais e valorizaria além da conta minhas queixas particulares. Nada me impedia de filosofar à minha maneira sobre as dores da vida, nem de falar delas como se eu tivesse bebido até a última gota do seu copo, mas não podia expor-me, eu, mulher, ainda moça, e até mesmo criança demais em muitos aspectos, como um pensador experiente ou como uma vítima particular do destino. Descrever meu *eu* real teria sido, além de tudo, uma ocupação muito fria para o meu espírito exaltado. Criei, pois, ao acaso da pena, e me deixando levar por toda e qualquer fantasia, um *eu* fantástico velhíssimo, cheio de experiência e, portanto, desesperadíssimo.

Dessas três condições do meu *eu* inventado, o desespero era o único estado que experimentava em minha vida real, e assim eu podia, ao me deixar levar pelas minhas ideias obscuras, colocar-me na situação do velho tio, do velho viajante a quem eu dava voz. Quanto ao espaço em que o fazia mover-se, não poderia ter encontrado nenhum melhor que o ambiente em que eu vivia, já que era a impressão desse ambiente produzida em mim o que eu pretendia narrar e descrever.

Em uma palavra, almejava criar um romance adaptado da minha vida e sem fazer parte dele como um personagem real, mas como um personagem que manifesta sua presença pensando e analisando. E também, ao colocar--me totalmente na pele desse personagem, queria entender seu ponto de vista em uma experiência de infortúnio que eu não tinha, que não podia ter.

Previ que a ficção não impediria o público de procurar definir meu *eu* real através da máscara do ancião. Alguns leitores agiram exatamente assim; um advogado, *por demais inteligente*, quis, em meu processo de separação, tornar--me responsável, na medida em que era considerada como a *parte contrária*, por tudo o que eu fizera o viajante dizer. A partir do momento em que eu narrava em primeira pessoa, isso lhe foi suficiente para acusar-me de tudo o que o pobre viajante confessa como sendo sua culpa em um ponto de vista poético e metafórico. Dessa forma, segundo essa leitura, eu tinha vícios, cometera crimes; isso não era evidente? O viajante, o velho tio, não expunha seu passado como uma voragem de paixões, e seu presente como um oceano de remorsos? Na verdade, se pudera, em tão pouco tempo, em menos de quatro anos – pois havia quatro anos que deixara o aprisco familiar, em que a rigidez de minha vida facilmente poderia ser constatada –, adquirir toda a experiência do bem e do mal que meu viajante atribuía a si próprio, eu seria uma criatura das mais extraordinárias, e, nesse caso, não teria vivido enfurnada em uma mansarda como fizera, cercada de cinco ou seis pessoas de temperamento austero ou poético como o meu.

Pouco importa, porém, o que me foi imputado como pessoal e real nas *Lettres d'un oncle* (Cartas de um tio), pois foi sob esse título que surgiram, de início, o quarto e o quinto fascículo das *Lettres d'un voyageur*, e foi sob esse título que eu me prometera dar continuidade a essa mesma publicação. Teria sido, creio, um bom livro, não digo belo, mas intenso e interessante, mais útil, por consequência, que os romances em que a nossa personalidade, à força de se disseminar nos tipos diversos e de se perder nas situações fictícias, acaba por desaparecer para nós mesmos.

Voltarei mais tarde às outras cartas dessa coletânea; por ora, ocupo--me apenas dos dois números que acabo de citar, e devo dizer que por trás

História da minha vida

dessa ficção havia uma realidade bem profunda para mim, o desgosto pela vida. Já viram que este era um antigo mal crônico, sentido e enfrentado por mim desde a minha primeira juventude, esquecido e reencontrado como um desagradável companheiro de viagem que pensamos ter deixado para trás e que, de repente, retoma nosso encalço. Procurava desvendar o segredo daquela tristeza, que não me dera folga em Veneza e que só se tornara mais amarga em meu retorno, nos fatos externos, nas causas imediatas, mas na verdade ela não estava nisso. Eu dramatizava de boa-fé essas causas, e exagerava-lhes, não o sentimento, pois este era pungente em meu coração, mas a importância cabal. Por ter ficado decepcionada com algumas ilusões, condenava todas as minhas crenças; por ter perdido a serenidade e a confiança em minhas convicções de outrora, convencia-me de que não poderia mais viver.

A verdadeira causa, hoje a vejo de modo claríssimo. Era física e moral, como todas as causas do sofrimento humano, em que a alma não permanece doente por muito tempo sem que o corpo não se ressinta disso, e vice-versa. O corpo sofria de um princípio de hepatite que mais tarde manifestou-se claramente e que, dessa forma, pôde ser combatida a tempo. Ainda hoje sou obrigada a lutar contra ela, pois o inimigo vive em mim e se faz sentir no momento em que acredito que esteja adormecido. Creio que tal enfermidade tenha tudo a ver com o *spleen* dos ingleses, causado por um inchaço do fígado. Trazia dentro de mim o germe ou a predisposição a esse mal sem saber; minha mãe o tinha e morreu por causa dele. Devo morrer como ela, e todos nós devemos morrer de algum mal que carregamos em nós mesmos, em estado de latência, desde o dia do nosso nascimento. Todo organismo, por mais excelente que seja, traz dentro de si a causa de sua destruição: seja física, devendo agir sobre o sistema moral e intelectual, seja moral, devendo agir sobre as funções do organismo.

Quer tenha sido a bile que me tornara melancólica, ou a melancolia que me tornara biliosa (isso resolveria um grande problema metafísico e fisiológico; mas não cabe a mim), o certo é que as intensas dores no fígado têm por sintomas, em todos aqueles sujeitos a elas, uma profunda tristeza e o desejo de morrer. Depois dessa primeira irrupção do meu mal, desfrutei de anos felizes, e, quando ele voltava a apoderar-se de mim, embora me encontrasse em condições favoráveis ao amor pela vida, sentia-me de repente tomada pelo desejo do eterno repouso.

Porém, se o mal físico é falacioso em seus efeitos sobre a alma, a alma reage, não diria por sua vontade imediata, que amiúde está paralisada por esse mesmo mal, mas pela sua disposição geral e pelas suas crenças adquiridas. Depois de me livrar das dúvidas amargas em que a perigosa ideia do nada chega a tornar-se uma volúpia irresistível, depois que o eterno repouso do qual falava toda hora demonstrou-se ilusório, depois, por fim, que passei a acreditar em uma eterna atividade para além desta vida, a ideia de suicídio tornou-se apenas passageira e começou a ser vencida com facilidade pela reflexão. E, quanto às sombrias ilusões das desgraças nesse mundo, produzidas pela hepatite, não saberia mais levá-las a sério como no tempo em que ignorava que a causa dessas ilusões habitava em mim mesma. Ainda padeço delas, mas não de uma maneira tão absoluta quanto no passado. Luto comigo mesma para afastar esses véus que caem como pesadas tempestades sobre a imaginação. Vivemos, nessas ocasiões, na singular disposição em que os sonhos algumas vezes nos lançam, quando dizemos a nós mesmos, em meio a desagradáveis aparições, que sabemos muito bem estar dormindo, e começamos a nos agitar em nossa cama a fim de despertarmos.

Quanto à causa moral independente da causa física, já fiz alguns comentários a seu respeito, e voltarei a falar disso, pois escrevo para aqueles que sofrem como eu sofro e nunca saberei explicar-me o bastante acerca desse ponto.

Vivia muito ensimesmada, por mim mesma e para mim mesma. Não me achava egoísta, não acreditava sê-lo, e, se não o era no sentido estreito, mesquinho e covarde da palavra, eu o era em minhas ideias, em minha filosofia. Isso é bem visível nas *Lettres d'un voyageur*. É possível sentir nesses escritos a personalidade ardente da juventude, inquieta, tenaz, desconfiada, *orgulhosa*, em uma palavra.

Sim, orgulhosa, eu era e fui ainda por muito tempo. Tinha razão de sê-lo em algumas ocasiões, pois essa estima por mim mesma não provinha da vaidade. Possuo algum bom senso, e a vaidade é uma insensatez que sempre me atemoriza. Não era a mim mesma, no estado de *persona*, que queria amar e respeitar. Era a mim mesma na condição de criatura humana, isto é, de

História da minha vida

obra divina, semelhante aos outros, mas não querendo me deixar deteriorar moralmente por aqueles que negam e zombam de sua própria divindade.

Tal orgulho trago comigo ainda. Não quero ser aconselhada nem persuadida acerca do que acredito ser nocivo e indigno à dignidade humana. Resisto com uma obstinação que vem apenas da minha crença, pois meu caráter não tem energia alguma. Portanto, a crença é boa para qualquer coisa. Por vezes remedia o que falta à compleição física e moral.

Porém, há um orgulho insensato que alimentamos dentro de nós mesmos e que emana do homem a Deus. À medida que sentimos que nos tornamos mais inteligentes, cremos estar mais próximos Dele, o que não deixa de ser verdade, mas verdade de uma maneira tão relativa à nossa miséria, que nossa ambição não se contenta só com isso. Pretendemos compreender Deus, e com avidez Lhe pedimos que releve Seus segredos. Desde que as cegas crenças das religiões transmitidas e ensinadas não são mais suficientes a nós e que então desejamos chegar à fé pelas próprias forças do nosso entendimento, o que é, eu o sustento, de direito e de dever, corremos mais depressa nessa direção. Sobretudo nós franceses, ardorosos e apressados para atacar o céu como se fôssemos atacar um reduto, não sabemos planar lentamente e nos elevar pouco a pouco nas asas de uma filosofia paciente e de lento estudo. Pedimos a graça sem humildade, ou seja, a luz, a serenidade, uma certeza cristalina sem nenhuma opacidade; e, quando nossa fraqueza encontra obstáculos imprevistos em uma questão minúscula qualquer, eis--nos irritados e como que desesperados.

Essa é a história da minha vida, minha verdadeira história. Todo o resto não é nada mais que acontecimentos fortuitos e aparência. Uma mulher muito superior,[8] da qual falarei mais tarde, recentemente escreveu-me falando de Sainte-Beuve: "Ele sempre foi atormentado pelas coisas divinas". A frase é linda e apropriada, e conseguiu resumir meu próprio tormento. Ai de mim, sim, trata-se de um calvário essa busca pela verdade abstrata; mas ela foi um tormento menor para Sainte-Beuve que para mim, e posso explicar tal afirmação – ele foi um sábio, o que jamais consegui tornar-me por causa da falta de tempo, de memória e por não ter facilidade em compreender

---

8 Madame Hortense Allart. (N.A.)

a obra dos outros. Ora, essa ciência das obras humanas não é a luz divina, e desta só recebe reflexos fugidios; mas ela é um fio condutor que me faltou e me faltará enquanto, obrigada a viver do meu trabalho diário, não puder consagrar ao menos alguns anos à reflexão e à leitura.

Isso não será possível a mim: morrerei na nuvem densa que me envolve e me oprime. Não fui capaz de dispersá-la a não ser em alguns momentos; e, nas horas de inspiração, mais que de estudo, captei o ideal divino como os astrônomos captam o corpo do sol através dos fluidos abrasadores que o encobrem com sua ação impetuosa e que se dissipam apenas para se concentrar novamente. Porém, isso talvez seja o suficiente, não para a verdade geral, mas para a verdade ao meu serviço, para o contentamento do meu pobre coração; é o bastante para que eu ame esse Deus que sinto ali, por trás dos ofuscamentos do desconhecido, e para que eu lance ao acaso, em Seu infinito misterioso, a aspiração ao infinito que Ele introduziu em mim e que é uma emanação Dele próprio. Qualquer que seja o caminho do meu pensamento, clarevidência, razão, poesia ou sentimento, ela chegará a ele, e meu pensamento falando ao meu pensamento é ainda com alguma coisa Dele que se comunica.

Que direi a vocês, caros amigos que me interrogam? Amo, portanto, creio. Sinto que amo Deus com o amor *desinteressado* que Leibniz nos disse ser o único verdadeiro e que não pode ser saciado na Terra, visto que amamos as criaturas de nossa predileção pela necessidade de sermos felizes, e amamos nossos semelhantes como amamos nossos filhos, pela necessidade de torná-los felizes, o que no fundo trata-se da mesma coisa; a felicidade do outro é necessária à nossa. Sinto que minhas dores e minhas fadigas não podem alterar a ordem imutável, a serenidade do Autor de todas as coisas; sinto que ele não age com a intenção de abandonar-me quando modifica os acontecimentos exteriores em torno de mim; mas sinto que, quando aniquilo em mim a personalidade que aspira aos prazeres terrenos, o regozijo celeste penetra em mim, e a confiança absoluta, deliciosa, inunda meu coração de um bem-estar impossível de descrever. Como faria, portanto, para não acreditar, já que sinto?

Mas não senti de fato essas alegrias misteriosas, a não ser em duas épocas de minha vida: na adolescência, através do prisma da fé católica, e na

História da minha vida

idade madura, sob a influência de um desprendimento sincero de minha personalidade diante de Deus. Isso não me impede, afirmo, de procurar, sem cessar, compreendê-Lo, porém me preserva de negá-Lo nas horas em que não O compreendo.

Ainda que o meu ser tenha sofrido modificações e passado por fases de ação e reação, como todas as criaturas pensantes, no fundo ele permanece sempre o mesmo; necessidade de crer, sede de conhecimento, prazer de amar.

Os católicos, e conheci alguns deles bastante sinceros, proclamaram que entre esses três termos há um que mata os outros dois. A sede de conhecimento é, segundo eles, inimiga e destruidora impiedosa da necessidade de crer e do prazer de amar.

Eles têm alguma razão, esses bons católicos. Desde que abrimos a porta às curiosidades do espírito, as alegrias do coração são amargamente perturbadas e correm o risco de serem arrastadas pela tormenta durante muito tempo. Mas também diria a respeito disso que a sede de conhecimento é inerente à inteligência humana, que é uma faculdade divina entregue a nós, e recusar o exercício dessa faculdade, esforçar-se por destruí-la em nós mesmos, é transgredir uma lei divina. Agem dessa maneira os crentes ingênuos que não sentem os tremores de sua inteligência e que amam a Deus somente com o coração, assim como os amantes que amam apenas com seus sentidos. Eles só conhecem um amor incompleto. Ainda não se encontram no estado de humanos perfeitos. Ignoram sua imperfeição, não são culpados; mas, desde que a sentem ou a adivinham, tornam-se culpados se se obstinam em sua incapacidade.

Os católicos chamarão ainda o que acabo de dizer de sugestões do demônio do orgulho. Eu lhes responderei: "Sim, há um demônio do orgulho; consinto em falar em vossa linguagem poética. Ele existe em vós e em mim. Em vós, para persuadir-vos de que o vosso sentimento é tão grande e tão belo que Deus o aceita sem se importar com o culto de vossa razão. Vós sois tão preguiçosos que não quereis sofrer ao correr o risco de encontrar a dúvida em uma busca aprofundada, e possuís a vaidade de acreditar que Deus vos dispensa de sofrer, contanto que vós O adorais como a um fetiche. Isso é ter muita estima por si próprio. Deus gostaria de muito mais e, entretanto, estais contentes com vós mesmos. O demônio do orgulho! Ele também existe em mim cada vez que me irrito contra os sofrimentos que aceitei ao sair da cômoda cegueira dos *mistérios*. Esteve em mim sobretudo no início dessa busca, e ele me tornou cética durante alguns anos de minha vida. Nasceu de vós, meu demônio do orgulho; ele chegou a mim a partir do preceito católico; ele menosprezava a minha razão no momento em que eu queria fazer uso dela; ele me dizia: 'Só o seu coração vale alguma coisa, por que o deixou esmorecer?' E assim, embotando a arma da qual eu mais necessitava, cada vez que eu a tomava nas mãos, ele me lançava de novo na confusão e queria me persuadir a só acreditar no meu sentimento. Dessa forma, aqueles que chamais de espíritos terríveis, ó católicos, nem sempre são tão confiantes em sua razão, enquanto vós, a toda hora, vos mostrais excessivamente orgulhosos do vosso sentimento."

Mas o sentimento que carece de razão faz o mal com tanta facilidade quanto faz o bem. O sentimento desprovido de razão é exigente, imperioso, egoísta. Foi pelo sentimento carente de razão que há quinze anos eu censurava a Deus, com uma espécie de revolta ímpia, as horas de fadiga e de languidez em que parecia privar-me de Sua graça. Foi ainda pelo sentimento destituído de razão que há trinta anos eu desejava a morte, dizendo: "Deus não me ama e não se importa comigo, visto que me abandona fraca, ignorante e infeliz aqui na Terra".

Continuo ignorante e fraca; mas não sou mais infeliz, porque tornei-me menos orgulhosa que naquela época. Reconheci que eu era pouca coisa: razão, sentimento, instinto, reunidos, ainda fazem uma criatura tão finita e uma ação tão restrita que é preciso retornar à humildade cristã até o ponto de dizer: "Sinto intensamente, compreendo muito pouco e amo bastante". Mas é preciso abandonar a ortodoxia católica quando ela diz: "Pretendo sentir e amar sem compreender nada". Isso é possível, sem dúvida, mas não é suficiente para cumprir a vontade de Deus, que deseja que o homem compreenda tanto quanto lhe é dado a compreender.

Em resumo, esforçar-se para amar a Deus compreendendo-O, e esforçar-se para compreendê-Lo amando-O; esforçar-se para crer no que não compreendemos, mas esforçar-se em compreender para melhor crer, eis Leibniz de cabo a rabo, e Leibniz é o maior teólogo do Século das Luzes. Jamais abri seus livros, desde os meus dez anos, sem encontrar, em suas pá-

História da minha vida

ginas em que ele se coloca ao alcance de todos, a regra saudável do espírito humano, aquela que me sinto cada vez mais capaz de seguir.

Peço perdão por este capítulo àqueles que nunca são *atormentados pelas coisas divinas*. Trata-se, acredito, da grande maioria; minha insistência sobre as ideias religiosas entediará, portanto, muitas pessoas; mas creio já tê-las entediado o bastante, desde o começo desta obra, para que tenham há muito tempo abandonado sua leitura.

O que, de resto, tem me deixado à vontade durante toda a minha vida escrevendo livros é a consciência da pouca popularidade que eles alcançariam. Ao referir-me à popularidade, não quis dizer que eles deveriam, por sua natureza, permanecer na esfera aristocrática das inteligências. Eles têm recebido melhores leituras e foram mais bem compreendidos por aqueles homens do povo que carregam o sentimento do ideal em sua aspiração, do que por muitos artistas que só se importam com o mundo objetivo. Porém, seja no povo, seja na aristocracia, não devo agradar, seguramente, mais que um restritíssimo número de leitores. Meus editores se queixavam: "Por Deus", Buloz me escrevia amiúde, "chega de tanto misticismo!". O querido Buloz me dava a honra de enxergar misticismo em minhas preocupações! De resto, todo seu mundo de leitores pensava como ele, que eu me tornava cada vez mais enfadonha e que saía do domínio da arte ao comunicar a minhas personagens a contenda dominante do meu próprio cérebro. É bem possível, mas não vejo muito como poderia ter realizado minhas obras sem escrever com o próprio sangue do meu coração e com a própria chama do meu pensamento.

Muitas vezes zombaram de mim ao meu redor. Para mim era indiferente, não esperava nada melhor que isso. Que importa? Também adoro rir de vez em quando, e não há nada que repouse mais a alma empenhada no espetáculo das coisas abstratas como zombar de si mesma nos intervalos. Convivi mais frequentemente com pessoas alegres que com pessoas graves, sobretudo desde quando atingi a idade madura, e adoro as naturezas artísticas, as inteligências de instinto. Seu trato habitual é muito mais doce que o dos pensadores obstinados. Quando se é, como eu, metade *mística* (aceito o termo empregado por Buloz), metade artista, não é possível conviver com os apóstolos do raciocínio puro sem correr o risco de tornar-se louco;

mas, da mesma forma, depois de se passar dias no delicioso esquecimento das coisas dogmáticas, tem-se necessidade de um período para escutá-las ou para lê-las.

Eis por que fatalmente criei romances dentre os quais uma parte agrada a uns e desagrada a outros; eis sobretudo o que, fora toda influência dos indiscutíveis desgostos, explica a tristeza e a alegria das *Lettres d'un voyageur*.

Aproximo-me do momento em que minha vida se abriu a uma perspectiva nova: a política. Fui conduzida a ela do único modo possível à minha pessoa, por uma influência do sentimento. Trata-se, portanto, de uma história de sentimento, trata-se de três anos de minha vida que passo a narrar.

Tendo voltado a Nohant em setembro, retornei a Paris no fim das férias com meus filhos, e em janeiro de 1835 passei novamente alguns dias em minha casa em Nohant. Foi aí que escrevi o segundo número das *Lettres d'un voyageur* com uma disposição um pouco menos sombria, mas ainda muito triste. Por fim, passei fevereiro e março em Paris, e em abril estava de novo em Nohant.

Essas idas e vindas me deixavam fatigada de corpo e alma. Não estava bem em parte alguma. Havia, no entanto, algo de bom em minha alma, e essas cartas desoladas hoje bem o comprovam a mim; mas, sempre me debatendo para retornar às doçuras de minha vida em Nohant, encontrava ali tais aborrecimentos, e, por outro lado, meu coração vivia tão perturbado, tão dilacerado por secretos desgostos, que de repente senti necessidade de ir embora. Para onde? Não sabia, não queria saber. Precisava ir para longe, o mais longe possível, fazendo-me esquecer ao esquecer-me de mim mesma. Sentia-me doente, mortalmente enferma. Perdi o sono por completo e, algumas vezes, parecia que minha razão estava prestes a me deixar. Acalentara uma alegre esperança de ter minha filha comigo; mas deveria renunciar, naquele momento, ao prazer de criá-la. Tratava-se de uma natureza totalmente diferente da de seu irmão, aborrecendo-se com minha vida sedentária tanto quanto Maurice se comprazia com esta, e já sentindo a necessidade de uma série de distrações apropriadas à sua idade e necessárias à energia bastante pronunciada de sua disposição. Eu a levava a Nohant para que pudesse liberar suas energias e desenvolver-se sem crise; mas, quando era obrigada a voltar à mansarda e não podia mais contar com meia dúzia de crianças al-

História da minha vida

deãs como companheiras dos seus divertimentos desenfreados, seu vigor físico refreado transformava-se em revolta aberta. Era uma criança terrível, tão manhosa que meus amigos a mimavam em excesso, e mesmo eu, incapaz de uma severidade mais firme, vencida por uma ternura cega pela primeira infância, não sabia, não conseguia dominá-la.

Tive esperanças de que ela ficaria mais calma e mais feliz na companhia de outras crianças, e se fosse educada nas condições em que a disciplina a ser seguida em comum parece menos dura às naturezas independentes. Experimentei colocá-la em um pensionato num dos pequenos colégios encantadores do bairro Beaujon, em meio a esses tranquilos e alegres jardins que parecem destinados a serem povoados por lindas meninas. *Mesdemoiselles* Martin eram duas irmãs inglesas muito bondosas com verdadeiro traquejo maternal oferecido às suas jovens alunas. A quantidade de alunas sob a sua guarda não passava de oito, condição essencial para que elas fossem tratadas e vigiadas com todo cuidado.

Minha filha gordinha se deu muito bem nesse novo regime. Começou a se soltar e a se civilizar com suas companheiras. Mas por muito tempo continuou selvagem no trato com as pessoas de fora, sobretudo com meus amigos, que se deleitavam muito ao se fazerem de escravos dela. A matreira possuía um modo de ser tão original e tão cômico quando se relacionava com eles, que, sabendo muito bem que ao fazê-los rir os desarmava, usava e abusava desse expediente. Emmanuel Arago, especialmente, esse querido irmão mais velho, a quem ela tratava com ainda mais liberdade que Maurice, e que ainda era uma verdadeira criança quando o negócio era se divertir com ela, foi sua vítima predileta. Num certo dia em que ela se mostrara extremamente amável com ele, a ponto de acompanhá-lo até a porta do jardim do pensionato a fim de despedir-se, ele lhe disse: "Solange, o que quer que eu traga para você quando vier visitá-la outro dia?". "Nada", ela respondeu, "mas pode me dar um grande prazer se gosta mesmo de mim.". "Qual? Pode dizer!". "Pois bem, meu amigo, gostaria muito se nunca mais viesse me ver."

Numa outra oportunidade em que estava comigo em casa, um pouco adoentada, e o médico lhe recomendara dar um passeio, seguiu o conselho de bom grado e partiu em um fiacre, acompanhada por Emmanuel, para o jardim de Luxemburgo; porém, durante o trajeto, deu na veneta da menina declarar ao seu amigo que não gostaria de passear a pé. Emmanuel, a quem eu recomendara ser inflexível, manteve-se firme e, por sua vez, disse a ela que não era costume passear em um fiacre no jardim de Luxemburgo, e que andariam a pé quer ela gostasse ou não. Ela pareceu submeter-se a tal desígnio, mas, ao chegar às grades, quando ele a tomou em seus braços para ajudá-la a descer do fiacre, viu que ela estava sem sapatos. Com destreza, ela os havia tirado e jogado na rua antes de chegarem à entrada do jardim. E desafiou-o: "Agora veja se quer mesmo que eu caminhe de pés descalços".

Várias vezes, quando eu saía com ela, dava-lhe na telha parar de repente, não querendo mais caminhar nem tomar um carro para chegar ao nosso destino, o que revoltava os passantes em torno de nós. Ela tinha sete ou oito anos quando ainda me aprontava dessas, obrigando-me a carregá-la no colo subindo as escadas desde o andar térreo até a mansarda, o que não era pouca coisa. E o pior é que essa estranha oscilação de humor não tinha nenhuma causa cujas consequências eu pudesse prever ou adivinhar. Ela mesma, hoje em dia, não compreende o que se passava com sua disposição de espírito naquela época; era como que uma impossibilidade natural de se curvar à influência alheia, e eu não conseguia habituar-me a romper pelo rigor essa incompreensível resistência.

Decidi, portanto, separar-me da minha filha por algum tempo; mas tão logo ficou provado que ela aceitava de bom grado a disciplina a ser observada por todos em detrimento da disciplina exigida dela em particular, e que estava feliz no pensionato, tive um grande desgosto ao perceber que sua felicidade infantil não provinha de mim. Consequentemente, fiquei muito mais propensa, apesar de minhas boas resoluções, a estragá-la com mimos.

Por seu lado, Maurice agia de modo todo contrário. Não queria e não sabia viver a não ser comigo. Minha mansarda era o paraíso dos seus sonhos. Assim, quando tínhamos que nos separar no fim do dia, as lágrimas recomeçavam, e me sentia tão covarde quanto ele.

Meus amigos reprovavam minha fraqueza em relação aos meus filhos, e eu percebia que de fato ela era extrema. Não a nutria por gosto, visto que ela me dilacerava a alma. Mas o que poderia fazer para vencê-la? Era opri-

História da minha vida

mida e torturada pelas minhas entranhas de mãe, assim como, em outras preocupações da vida, por meu coração e meu cérebro.

Planet aconselhou-me a tomar uma grande decisão: deixar a França por pelo menos um ano. "Sua permanência em Veneza foi boa para os seus filhos", dizia ele. "Maurice só estuda e estudará no colégio ao saber que você está longe dele. Ele ainda está fraco. Solange, mais vigorosa, suporta uma crise de desenvolvimento físico com a qual você vem se atormentando demais. Fazendo de você a sua vítima, ela habituou-se a vê-la sofrer, e isso não é nada bom para a menina. Você não está feliz, isso é óbvio; seu lar em Nohant não existe mais, a não ser quando encontra-se ali como visita. Seu marido agora fica azedo com sua presença, e se aproxima o dia em que ficará irritado. Você se deixa afetar pelos desgostos que lhe chegam de mil lugares diferentes a ponto de criar outros imaginários. Você escreve provando que se volta contra si própria, e que isso se deve à sua própria natureza, ao seu próprio destino, por causa de um encontro de circunstâncias deploráveis, é verdade, mas não tão excepcionais que sua vontade não seja capaz de superá-las ou fazê-las diminuir. Um momento virá em que terá êxito nisso; mas antes é preciso que recobre a saúde moral e física que está prestes a perder. É preciso que se afaste do espetáculo e das causas dos seus sofrimentos. É preciso sair desse círculo de aborrecimentos e de dissabores. Vá fazer poesia em algum belo país onde não é conhecida por ninguém. Você adora a solidão, e estará sempre privada dela por aqui: não se iluda de que é possível viver como eremita em sua mansarda. Nela você será sempre importunada. A solidão é nociva se durar muito tempo; mas, em alguns momentos, é necessária. Você se encontra em um desses momentos. Obedeça ao instinto que lhe impele a isso; fuja! Conheço você, não precisa mais que alguns dias sozinha com seus pensamentos para retornar acreditando, e, enquanto estiver fora, respondo por você."

Planet sempre foi um excelente médico moral para seus amigos, convincente pela atenção com a qual pesava seus conselhos e nos convidava a reconhecer nossa verdadeira situação. Muitos amigos cometem o erro de julgar-nos tomando eles mesmos como exemplo, equivocam-se ao nos oferecer uma opinião pronta, que não modifica nenhuma objeção de nossa parte, e que nos faz sentir que não fomos compreendidos. Planet, engenhoso na arte de reconfortar, examinava tudo minuciosamente, não se obrigava a tomar nenhum partido enquanto não tivesse êxito em se colocar no lugar da pessoa que o procurasse para um conselho, e só então se pronunciava com grande firmeza e extrema clareza. Para as pessoas que o conheciam apenas de modo superficial, Planet era um modelo de simplicidade, e até mesmo era tomado como um néscio; mas, para nós que o conhecíamos a fundo, possuía o gênio do coração e da vontade. Não há nenhum entre nós – refiro-me ao grupo de camaradas do Berry, que nunca se separou e do qual eu fazia parte – que não tenha sofrido diversas vezes em sua vida a extraordinária influência de Planet, o único entre nós que, à primeira vista, dava a impressão de que seria levado pela influência de todos os outros.

Fui, pois, persuadida, e numa bela manhã, depois de ter arranjado mais ou menos meus negócios de modo a garantir-me alguns recursos, deixei Paris sem dizer adeus a ninguém e sem expor meu plano a Maurice. Fui a Nohant para despedir-me dos meus amigos e pedir a eles que cuidassem dos meus filhos, caso algum acidente me levasse à morte na viagem, pois queria ir para muito longe ao tomar a rota do Oriente.

Tinha plena consciência de que meus amigos não teriam nenhuma autoridade sobre os meus filhos enquanto fossem crianças. Mas poderiam, quando saíssem daquela primeira idade em que se encontravam, exercer doces influências sobre eles. Esperava de fato que madame Decerfz pudesse ser uma verdadeira mãe para minha filha, e almejava vender meus direitos autorais para gerar uma pequena renda a ela a fim de permitir-lhe cuidar da educação de Solange, caso meu marido viesse a consentir. Quando minha filha viesse a se casar, essa renda lhe seria restituída: tratava-se naquela época de pouca coisa, mas correspondia ao custo da educação de uma menina nos melhores pensionatos possíveis. Parti então para Nohant com o intuito de tentar estabelecer esse arranjo – que não deveria ser posto em prática, a não ser na eventualidade de minha morte –, e, em todo caso, para conversar com meus amigos a respeito do dever que legava a eles de cercar Maurice e Solange de uma rede de solicitudes paternais e de relações constantes.

[…]

História da minha vida

Fazia alguns dias que estava em Nohant quando Fleury, partindo para Bourges, onde Planet se estabelecera (ali ele colaborava em um jornal de oposição), me propôs acompanhá-lo nessa viagem para uma conversa séria a respeito da minha situação e dos meus planos, não apenas com o fiel amigo Planet, mas também com o célebre advogado Michel, nosso amigo em comum.

É chegado, pois, o momento em que falo desse homem julgado de formas tão diversas e que creio ter conhecido muito bem, embora isso não fosse algo tão fácil. Foi nessa época que comecei a sofrer influência de um gênero absolutamente excepcional na vida comum das mulheres, influência que durante muito tempo foi preciosa para mim, e que no entanto extinguiu-se de repente e por completo, sem que isso implicasse o rompimento da minha amizade.

Capítulo 8

Éverard. — Sua cabeça, sua fisionomia, seus modos,
seus hábitos. — Patriotas inimigos da propriedade.
— Conversação noturna e deambulatória. — Sublimidades e
contradições. — Fleury e eu temos o mesmo sonho, na mesma
hora. — De Bourges a Nohant. — As cartas de Éverard.
— Processo de abril. — Lyon e Paris. — Os advogados. — Plêiade
filosófica e política. — Planet *expõe a questão social.* — A ponte
de Saints-Péres. — Festa no castelo. — Fantasmagoria
babouvista. — Minha situação moral. — Sainte-Beuve zomba.
— Um jantar excêntrico. — Uma página de Louis Blanc.
— Éverard doente e alucinado. — Quero partir; conversação
decisiva; Éverard sábio e verdadeiro. — Mais uma página de
Louis Blanc. — Dois pontos de vista diferentes na defesa; dou
razão a *monsieur* Jules Favre.

A primeira coisa que me impressionou ao ver Michel pela primeira vez, novata que eu era em meus estudos de frenologia, foi o formato extraordinário de sua cabeça. Ele parecia ter dois crânios soldados um ao outro, e sinais de elevadas faculdades da alma eram tão proeminentes à proa desse possante navio quanto os dois generosos instintos o eram à popa. Inteligência, veneração, entusiasmo, sutileza e vastidão de espírito eram equilibrados pelo amor à família, à amizade, à terna domesticidade, à coragem física. Éverard[9] tinha uma compleição admirável. Porém, Éverard estava doente, Éverard não devia, não podia viver. O peito, o estômago, o fígado estavam condenados. Apesar de uma vida sóbria e austera, ele estava acabado, e a essa reunião de faculdades e de qualidades fora de série, na qual cada uma delas possuía sua lógica particular, faltava de modo fatal a lógica geral, o elemento essencial das mais sábias máquinas humanas, a saúde.

Foi exatamente essa ausência de vitalidade física que me tocou profundamente. É impossível não sentir um terno interesse por uma linda alma presa a causas de uma inevitável destruição quando essa alma intensa e corajosa domina a cada instante o seu mal e dá a impressão de dominá-lo sempre. Éverard tinha apenas 37 anos, e à primeira vista seu aspecto era o de um velhinho, franzino, calvo e arqueado; houve um tempo em que quisera rejuvenescer, usar uma peruca, vestir-se dentro da moda e frequentar a sociedade. Jamais o vi assim: essa fase de transformação da qual despojou-se de repente, da mesma forma como se envolvera nela, não se dera perante os meus olhos. Não o lamento; prefiro conservar sua imagem severa e simples como ela sempre se apresentou a mim.

Éverard parecia, portanto, à primeira vista, ter 60 anos, e de fato tinha 60 anos; mas, ao mesmo tempo, não passava dos 40 quando prestávamos mais atenção em sua bela fisionomia pálida, em seus dentes magníficos e em seus olhos míopes de uma doçura e de um candor admiráveis atrás dos seus óculos medonhos. Oferecia, pois, essa particularidade de parecer e de realmente ser jovem e velho ao mesmo tempo.

Esse estado problemático devia ser e foi a causa de grandes imprevistos e contradições em seu ser moral. Tal como ele era, não se assemelhava a nada

---

9 Conservo aqui neste relato o pseudônimo que dei a ele nas *Lettres d'un voyageur*. Sempre gostei de batizar meus amigos com um nome escolhido por mim, mas nem sempre me lembro do pseudônimo original que criei no passado. (N.A.). Éverard é o pseudônimo de Michel de Bourges (1797-1853), político francês e advogado da escritora no período de sua separação matrimonial. (N.T.)

nem a ninguém. Morrendo minuto a minuto, a vida, entretanto, transbordava dele a toda hora, e por vezes com uma intensidade de expansão fatigante até mesmo para o espírito mais maravilhado e encantado por ele, quero dizer, para o meu próprio espírito.

Sua maneira de ser exterior correspondia a esse contraste com um contraste não menos impressionante. Nascido camponês, conservara a necessidade de conforto e de solidez em suas vestes. Tanto em sua casa como na cidade, trajava um sobretudo espesso e tosco, além de calçar pesados tamancos. Sentia frio em todas as estações do ano e em qualquer lugar que estivesse, porém, muito polido, não se permitia permanecer de boné ou de chapéu nas residências. Apenas pedia permissão para cobrir a cabeça com *um lenço* e tirava do bolso três ou quatro lenços de seda que amarrava uns aos outros ao acaso, deixando-os cair quando gesticulava muito, apanhando-os do chão e cobrindo-se novamente com distração, ajeitando-os na cabeça, assim, sem ter consciência do aspecto que ganhava diante dos outros, ora tomando uma aparência mais fantástica, ora mais pitoresca.

Sob esses trajes ridículos notava-se uma camisa fina, sempre branca e fresca, que revelava o secreto requinte desse campônio do Danúbio. Certos democratas de província condenavam esse sibaritismo e essa preocupação excessiva com a aparência. Cometiam um grande erro. O asseio é um índice e uma prova de sociabilidade e de deferência com nossos semelhantes, e não se deve menosprezar o asseio refinado, já que não existe meio-termo no que diz respeito a isso. O desleixo consigo mesmo, o mau cheiro, os dentes que causam repugnância à vista dos outros, os cabelos sujos, são hábitos contrários à decência que não combinam em nada com o que se espera ver nos cuidados observados por sábios, artistas e patriotas. Deveríamos repreendê-los cada vez mais ao flagrarmos qualquer desmazelo em seus costumes, e eles deveriam permitir-se cada vez menos tais descuidos, assim, sem dúvida ficaríamos mais atraídos pelo encanto do seu trato ou pela excelência de suas ideias, visto que não há palavra tão bela que não perca completamente seu valor quando sai de uma boca capaz de nos causar náuseas. Enfim, estou convencida de que a negligência com relação ao corpo deve ter algum ponto de correspondência com a falta de cuidado com o espírito, detalhe que os observadores deveriam levar em consideração.

As maneiras bruscas, o desprezo pelas convenções sociais, a franqueza acerba de Éverard, não passavam de aparência, e, reconheçamos, de uma pose que ele ostentava diante de pessoas hostis, ou que ele supunha hostis à primeira vista. Ele era, por natureza, a doçura, a cortesia e a própria bondade em pessoa: mostrava-se sempre atento ao menor desejo, à menor dificuldade daqueles que amava, e em suas conversas e debates era tirânico em palavras mas transbordante em ternura quando não se opunham às suas teorias acerca da autoridade absoluta.

Esse amor pela autoridade não era, contudo, forçado. Tratava-se do fundamento, das próprias entranhas do seu caráter, o que, no entanto, não diminuía em nada sua generosidade e condescendência paternais. Queria escravos, mas para torná-los felizes, o que se mostraria uma vontade admirável e legítima se fosse ter sob seu domínio e sua responsabilidade apenas criaturas fracas. Porém, sem dúvida Éverard desejaria empenhar-se na tarefa de torná-las fortes; tão logo ele obtivesse êxito em seu propósito e, por conseguinte, elas ganhassem consciência da sua potência revelada pelo seu senhor, deixariam de ser felizes ao continuarem escravas.

Esse raciocínio tão simples nunca entrou em sua cabeça, o que corrobora com uma verdade espalhada por aí que defende que as mais belas inteligências podem muitas vezes ser ofuscadas por alguma paixão que lhes subtrai, em determinados pontos, a mais simples clareza.

Chegando à hospedaria de Bourges, a primeira coisa que fiz foi jantar, depois disso pedi a Planet que fosse avisar a Éverard que eu o estava esperando ali; Planet foi atrás dele no mesmo instante. Éverard acabara de ler *Lélia* e estava *tocado* por essa obra. Contei-lhe todos os meus tormentos, todas as minhas tristezas, e pedi seu conselho muito mais sobre as coisas que giravam em torno das minhas ideias e meus pensamentos do que sobre as preocupações envolvendo meus negócios pessoais. Ele mostrou-se disposto à expansividade, e das sete horas da tarde até as quatro da manhã ficamos, Planet, Fleury e eu, totalmente deslumbrados com o entusiasmo de Éverard. Por volta da meia-noite havíamos nos despedido; mas, como fazia um luar dos mais resplandecentes, e uma noite de primavera magnífica, ele nos propôs um passeio por aquela linda cidade austera e silenciosa, que parece manter essa atmosfera a fim de ser apreciada exatamente por tal

História da minha vida

singularidade. Levamos Éverard até a porta da sua casa; porém, tão logo paramos diante dela, não quis se separar de nós e resolveu nos conduzir até a nossa, tomando um caminho que nos obriga a passar em frente ao palácio Jacques Coeur, um admirável edifício da Renascença, onde, toda vez que por ali andávamos, fazíamos uma longa pausa. Em seguida, pediu-nos que o levássemos de volta à sua casa mais uma vez, e, ao chegar lá, de novo quis nos acompanhar, e só resolveu deixar que nos recolhêssemos ao raiar do dia. Fizemos aquele percurso nove vezes e, como sabem, nada é mais fatigante que caminhar conversando e parando a cada passo; mas só sentimos o efeito dessa fadiga quando Éverard por fim nos deixou e foi embora.

O que ele nos dissera durante essa longa vigília? Tudo e nada. Éverard se entregava às nossas *falas*, que só ganhavam lugar na conversa para fornecer-lhe a réplica, a tal ponto estávamos curiosos a princípio e logo em seguida ávidos por escutá-lo. Elevara-se de ideia em ideia até as mais sublimes expansividades em direção à Divindade, e, depois de ter franqueado todos esses espaços, mostrava-se verdadeiramente transfigurado. Nunca palavras mais eloquentes saíram, creio, da boca de um ser humano, e essas palavras grandiosas eram sempre simples. Pelo menos elas se empenhavam em tornar-se naturais e familiares quando se livravam, sorridentes, do arrebatamento do entusiasmo. Era como uma música plena de ideias que nos eleva a alma até as contemplações celestiais, e que nos reconduz, sem esforço e sem contraste, por meio de um encadeamento lógico e através de suave modulação, às coisas terrenas e às inspirações da natureza.

Não tentarei lembrar-me aqui do teor de nossa conversa. Minhas *Lettres à Éverard* (Cartas a Éverard, sexto número das *Lettres d'un voyageur*), que são como que respostas ponderadas a esses apelos espontâneos de sua predicação, podem apenas dar uma ideia do que foi dito. Eu era o tema um tanto quanto passivo de sua eloquência ingênua e apaixonada. Planet e Freury haviam citado a minha pessoa diante do seu tribunal para que eu fosse obrigada a confessar meu ceticismo acerca das coisas terrenas, e meu orgulho que pretendia loucamente elevar-se à adoração de uma perfeição abstrata, esquecendo dos pobres humanos meus semelhantes. Como trazia comigo uma teoria construída mais com base em sentimentos do que apoiada em convicções provenientes do raciocínio, não fui bem sólida em minha defesa, e quase não opus resistência aos argumentos de Éverard contra minhas ideias, pois estava fascinada e rendida à sua verve, convencida de que deveria entregar-me à sua desenvoltura com as palavras a fim de me fazer melhor doutrinar. Entretanto percebi, nesse admirável ensinamento, profundas contradições que eu poderia ter apanhado no ar e teria sem dúvida considerado com mais vigor. Porém, é agradável e natural deixar-se levar pelo exame minucioso das coisas quando são bem pensadas e expostas com tanta excelência, e é inimigo de si próprio quem interrompe a conclusão de tais brilhantes exposições por meio de chicanas. Não tive coragem de agir dessa forma; tampouco meus amigos, embora um deles, Planet, fosse dono do perfeito e sólido bom senso que pode fazer frente ao gênio, e ainda que o outro, Fleury, tivesse secretas desconfianças instintivas contra a poesia nos argumentos.

Todos os três nos demos por vencidos, e, qualquer que fosse o grau de convicção do homem que falara conosco, nos sentimos, ao nos separarmos dele, de tal modo acima de nós mesmos que não podíamos e não devíamos nos subtrair, por meio da dúvida, à admiração e ao reconhecimento.

Planet comentou: "Jamais o vi desse jeito. Faz um ano que convivo com ele todos os dias, e foi só nesta noite que vim a conhecê-lo. Pois é, entregou-se a você sem reservas; falou por todos nós, sem economizar nada da sua inteligência e sensibilidade. Ou acaba de revelar-se a si próprio pela primeira vez em sua vida, ou tem vivido entre nós recolhido em si mesmo e não se dando o direito de soltar-se por completo".

Desse momento em diante, o apego de Planet por Éverard transformou-se numa espécie de fetichismo, e isso aconteceu da mesma forma a muitos outros que até então haviam duvidado da sua sensibilidade e que passaram a acreditar nela ao vê-lo abrir seu coração diante de mim. Sem saber, fui responsável por uma transformação notável na existência moral de Éverard e em suas relações com alguns dos seus amigos. Isso propiciou uma real brandura em sua vida, mas teria representado um bem real? Não é bom para ninguém ser amado cegamente em excesso.

Depois de algumas horas de sono, encontrei meu *gaulês* (Fleury) atormentado de modo singular. Tivera um sonho assustador, e eu mesma qua-

História da minha vida

se fui tomada de pavor ao ouvi-lo narrar, pois, havia poucos instantes, fora visitada pelo mesmo sonho. Este tinha a ver com uma palavra que Éverard, rindo, pronunciara e se alojara — nunca saberemos como isso se deu — em algum lugar do nosso cérebro, e tal palavra era a que menos nos impressionara no momento em que ele a dissera.

Não havia nada de mais natural e explicável que o fato de uma palavra despertar o mesmo pensamento e de uma mesma causa produzir na imaginação do meu amigo e na minha os mesmos efeitos. No entanto, essa coincidência de imagens produzidas simultaneamente no decorrer das mesmas horas do nosso sono deixou-nos, Fleury e eu, intrigados por alguns instantes, e faltou pouco para que considerássemos tal coincidência de visões um presságio ou um aviso muito próprio das crenças antigas.

Mas não fomos tão longe nesse nosso delírio, e logo nos pusemos a rir de nossa preocupação em comum, e sobretudo da agitação ingênua que eu provocara em Éverard por causa da minha divertida resistência aos argumentos humanitários da guilhotina. Ele não acreditava em uma palavra sequer do que dissera; tinha horror à pena de morte em matéria de política; quisera exercer sua lógica até as raias do absurdo, mas teria rido de sua própria veemência se, depois dos universos que a sequência da discussão nos fizera transpor, tivéssemos pensado em fazer algumas cabeças mudar mais ou menos de ideia em relação a essa *miséria* através de nossas opiniões!

Estávamos com a razão ao afirmarmos que Éverard não teria prazer algum em matar sequer uma única mosca a fim de realizar sua utopia. Mesmo assim, Fleury não ficou menos impressionado com a tendência ditatorial do espírito de Éverard, que só lhe fora revelada pela primeira vez ao ouvi-lo sendo enfrentado pelas minhas teorias de liberdade individual.

De mais a mais, não sei se foi o impacto do sonho alegórico que visitara a ambos, ou a solicitude de uma amizade delicada e o medo de ter me lançado sob uma influência funesta ao pretender apresentar-me a uma influência curativa, mas o certo é que o *gaulês* de repente sentiu pressa em partir. Ao subirmos no carro, prometera não demorar-se muito em Bourges, porém arrependera-se dessa promessa nem bem havíamos entrado nessa cidade. Agora achava que demoravam demais para atrelar os cavalos. Ele temia que Éverard aparecesse e nos impedisse de ir embora.

503

Éverard, por sua vez, pensou que iria nos encontrar lá, e foi surpreendido por nossa fuga. Eu, sem pressa e despreocupada, mas decidida a partir logo de manhã, de fato cumpria tal resolução, conversando a respeito de Éverard e da república ao percorrer a longa estrada com meu *gaulês* e não lhe escondendo que, considerando muito pelo alto, aceitava só alguns pontos daquele ideal, mas que precisava refletir a respeito daquilo tudo e descansar daquelas torrentes de eloquência, pois não era da minha natureza suportá-las por muito tempo sem a oportunidade de respirar um pouco.

Porém, com efeito, não dependia só de mim aspirar o ar da manhã e o aroma das macieiras em flor. A beatitude dos meus devaneios não era do gosto do meu companheiro de viagem. Nascera para o combate e não para a contemplação. Queria encontrar sua certeza nas lutas e nas sucessivas soluções da humanidade. Não tentava doutrinar-me depois de Éverard, mas pretendia doutrinar-se, comentar cada uma das palavras do mestre, aceitar ou refutar o que lhe parecera justo ou falso, e, como ele próprio era dono de um espírito brilhante e de um coração sincero, não consegui abster-me de falar de Éverard, de política e de filosofia durante dezoito léguas.

Éverard não me deixou mais respirar. Nem bem descansara da minha viagem de volta, ao despertar recebi uma carta inflamada, escrita com a mesma inspiração de proselitismo que ele parecia ter esgotado em nossa vigília deambulatória por entre os imensos edifícios banhados pelo luar e pelas calçadas que percutiam nossos passos na velha cidade adormecida. De início, tratava-se de uma escrita indecifrável e como que torturada pela febre da impaciência de se exprimir; mas, depois de conseguir ler a primeira palavra, todo o resto corria sem esforço do leitor. O estilo de Éverard era tão conciso quanto sua fala tinha de loquacidade, e, como ele me escrevia cartas longuíssimas, elas continham tantos temas e ideias não desenvolvidas que havia nelas material para meditar durante um dia inteiro depois de tê-las lido.

Ele me mandava essas cartas uma atrás da outra sem nem mesmo esperar respostas. Aquele espírito intenso resolvera apossar-se do meu; todas as suas faculdades estavam empenhadas para esse fim. A decisão brusca e o delicado tom persuasivo, dois elementos do seu extraordinário talento, auxiliavam-se um ao outro para transpor os obstáculos da desconfiança, lançando mão de calorosos impulsos e estranhas deferências. Embora essa maneira

História da minha vida

imperiosa e inusitada de atropelar os hábitos do decoro, de assumir-se no papel de dominador da alma e de apóstolo inspirado por uma crença, não deixava nenhuma brecha à zombaria, nem caía um só instante no ridículo, tanto havia de modéstia pessoal, de humildade religiosa e de respeitosa ternura tanto em seus brados de cólera como em seus gritos de dor.

"Sei muito bem", ele dizia, depois de ímpetos de lirismo em que chegava a tratar-me com intimidade cheia de elegância natural, "que o mal da sua inteligência provém de um imenso pesar do coração. O amor é uma paixão egoísta. Estenda esse amor ardente e devotado, que jamais receberá sua recompensa nesse mundo, a toda essa humanidade que não observa as leis e sofre. Basta de tanta solicitude dirigida a uma única criatura! Ninguém a merece, mas todos coletivamente a exigem em nome do eterno Autor da criação!".

Tal foi, em resumo, o tema que ele desenvolveu nessa série de cartas, às quais respondi sob o império de um sentimento modificado, depois de uma certa desconfiança no início até chegar à fé quase absoluta no final. Poderíamos chamar essas *Lettres à Éverard* (Cartas a Éverard) — que, de suas mãos, passaram quase que de imediato às mãos do público — de análise rápida de uma conversão rápida. Essa conversão foi absoluta em um sentido e bastante incompleta em outro. A continuidade da minha narrativa mostrará o que quero dizer com isso.

Naquela época, uma grande agitação reinava na França. A monarquia e a república estavam decididas a dar as cartas, apostando e se arriscando num *tudo ou nada* dentro do grande processo que denominaram, com razão, como "processo monstro", embora, por meio de uma sequência brutal de denegações da justiça e da violação da legalidade, o poder tenha sabido impedi-lo de chegar a proporções e a consequências que seriam de se esperar.

Quase não era mais possível permanecer neutro nesse amplo debate, que não tinha mais o caráter de conspirações e de golpes de Estado, mas o de um protesto geral em que todos os espíritos despertavam para tomar partido de um lado ou do outro. A causa desse processo — os acontecimentos de Lyon — teve um caráter mais socialista e um objetivo sentido de um modo mais geral que aqueles de Paris que o precederam. Aqui se tratava apenas, pelo menos aparentemente, de mudar a forma do governo. Lá o problema da organização do trabalho fora levantado com a questão do salário e plenamente compreendido. O povo, solicitado e de certo modo arrastado a outros lugares pelos chefes políticos, tinha, em Lyon, arrastado esses mesmos chefes a uma luta mais profunda e mais terrível.

Depois dos massacres de Lyon, a guerra civil há muito tempo não podia mais levar uma solução favorável à democracia. O poder dispunha da força dos canhões e das baionetas. Só o desespero podia, doravante, buscar nos combates o fim do sofrimento e da miséria. A consciência e a razão aconselhavam outras lutas: as do raciocínio e do confronto de opiniões. A repercussão do discurso público deveria sacudir a opinião pública. Somente sob a opinião da França inteira poderia cair o pérfido poder, o sistema de provocação inaugurado pela política de Luís Felipe.

Tratava-se de uma bela partida a ser jogada. Uma simples, porém importante questão de procedimento jurídico poderia terminar em uma revolução. Ela poderia, pelo menos, imprimir à aristocracia um movimento de recuo e lhe impor uma barreira difícil de transpor. A partida foi mal jogada pelos democratas. Foi a eles que o movimento de recuo foi aplicado, e foi diante deles que a barreira foi colocada.

À primeira vista, parecia, no entanto, que essa reunião de talentos convocados de todos os cantos do país e representativos de todos os tipos de inteligência das províncias conseguiria produzir uma vigorosa resistência. Essa reunião de notáveis representava, nos sonhos de início, a formação de um corpo de elite, de um pequeno batalhão sagrado impossível de rachar, porque mostrava-se como uma massa perfeitamente homogênea. Sua ação consistia em discursar e protestar, e quase todos os combatentes da democracia convocados à liça eram brilhantes oradores ou hábeis argumentadores.

Porém, esqueceram que os advogados mais sérios são, antes de tudo, artistas, e que os artistas só vivem com a condição de se entenderem a respeito de certas regras formais, e de diferirem essencialmente uns dos outros quanto às ideias, à iluminação interior, à inspiração.

Acreditavam estar de acordo no início a respeito da conclusão política, mas cada um fazia suas conjecturas utilizando seus próprios meios; dificilmente os artistas se curvam à disciplina, à ordem de ataque no tempo certo.

Começava a despontar o momento em que as ideias puramente políticas e as ideias puramente socialistas deviam cavar abismos entre os parti-

História da minha vida

dários da democracia. Entretanto, em Paris ainda havia quem se entendesse a respeito do inimigo comum a ser enfrentado. Entendiam-se até mesmo melhor naquela atual relação entre eles que há muito tempo já não cultivavam. A falange dos advogados de província acabava de organizar-se em pé de igualdade, mas com uma sensível veneração, em torno de uma plêiade de celebridades escolhida por inspiração e entusiasmo entre os mais notáveis nomes democráticos do magistrado, da política e da filosofia, da ciência e da arte literária: Dupont Marie, Garnier-Pagès, Ledru-Rollin, Armand Carrel, Buonarotto, Voyer d'Argenson, Pierre Leroux, Jean Reynaud, Raspail, Carnot e tantos outros cuja vida dali em diante seguiu brilhante pela dedicação ou pelo talento.[10] Ao lado desses nomes já ilustres, um nome ainda

---

10 As figuras citadas neste trecho foram bem próximas da autora, e entraram para a história pela força de suas atuações no período; é o caso, por exemplo, de Ledru-Rollin (1807-1874), Armand Carrel (1800-1836), Pierre Leroux (1797-1871), Jean Reynaud (1806-1863), Armand Barbès (1809-1870) e Hugues Félicité Robert de Lamennais (1782-1854). Especialmente aos amigos Leroux e Barbès, Sand dedicou livros seus: a Leroux, *Spiridium*; e, a Barbès, *La petite Fadette*. Em *Spiridium*, a trama do romance é marcada pelo ideal do sentimento religioso intensificado na experiência do personagem principal, chamado "Samuel Hebronius, um judeu convertido ao protestantismo e depois ao catolicismo", que depois será rebatizado com o nome de Espiridião. Conta-nos Milton Hatoum, numa tradução que fez de um de seus episódios, em versão brasileira, que: "Na Itália do século XVII, ele [o personagem] fundou um monastério, meditou e escreveu sobre uma religiosidade fora do dogma cristão e dos cânones da Igreja convencional. Antes de morrer, confiou seus escritos ao discípulo Fulgêncio, que, por sua vez, legou-o ao monge Aléxis". Ver "Esperidião" (Episódio). In: Manguel, Alberto (org.) *Contos de horror do século XIX*. São Paulo: Companhia das Letras, 2005. Em *La petite Fadette*, com várias traduções no país, configura-se um dos mais importantes romances campestres da autora, que começa a escrevê-lo em 1848. Eis um momento bem singular retratado em um dos últimos parágrafos do seu prefácio na edição inaugural francesa: "Dedicaremos esta coleção aos nossos amigos prisioneiros; visto que nos é proibido falar-lhes de política, comporemos contos para os distrair ou para os adormecer. Dedicarei este em particular a Armando..." E continua: "— Não vale a pena nomeá-lo — interveio meu amigo —; encontrarão algum sentido oculto no teu apólogo e acabarão por suspeitar de alguma conspiração abominável. Sei perfeitamente a quem te referes, e *ele* também o saberá, ainda que não menciones sequer a primeira letra do seu nome". E, adiante, conclui: "O cordoeiro, tendo ceado bem e vendo à sua direita um grosso pichel de vinho bran-

obscuro, Barbès, contribuiu para que a reunião desses notáveis escolhidos a dedo ganhasse um caráter ainda mais sagrado diante da história, assim como Lamennais, Jean Reynaud e Pierre Leroux. Grande entre os maiores, Barbès teve o brilho da virtude, na falta do brilho da ciência.

Já disse que se achavam de acordo no ponto de partida do movimento. No que me diz respeito, achava-me de acordo com Éverard e supunha que seus amigos também concordassem com ele. Quase todos aqueles que ele trouxera da província eram, no máximo, girondinos, e alguns se achavam montanheses.

Mas Éverard ainda não confiara a ninguém, nem a mim nem aos outros, sua doutrina esotérica. Sua expansividade não anulava uma grande prudência que, no que diz respeito às ideias, chegava às vezes a configurar-se em dissimulação. Ele acreditava ter nas mãos uma certeza, e, sentindo que ela estava fora do alcance revolucionário dos seus adeptos, insinuava sem alarde o espírito dessa certeza sem revelar-lhe a letra.

Contudo, certas reticências, certas contradições tinham me chamado a atenção, e senti nele lacunas, ou coisas reservadas que escapavam aos outros e me perturbavam. Falei a respeito disso com Planet, que estava tão por fora quanto eu acerca do que vinha se passando e que, por sua vez, ingenuamente também perturbado, tinha o costume de dizer, a propósito de tudo, e muitas vezes até mesmo sem propósito algum: *Meus amigos, já é tempo de tratarmos da questão social!*.

Ele dizia isso de modo tão engraçado, esse bom Planet, que sua proposta sempre era acolhida com risadas, e essa fala passou a ser proverbial entre nós. Dizíamos: "Vamos tratar da questão social", querendo dizer, "Vamos jantar!", e, quando algum mexeriqueiro vinha nos importunar, propúnhamos tratar da questão social para afugentá-lo.

Planet, entretanto, tinha razão; mesmo em suas gaiatices excêntricas, seu bom senso nunca se afastava dos fatos.

---

co, e à sua esquerda um pote de tabaco para encher o cachimbo à vontade durante toda a noite, contou-nos a história que se segue". Ver *Os gêmeos*. Coleção Saraiva, n. 65, Tradução de Augusto Souza (do original francês *La petite Fadette*), s/d. (N.T.)

História da minha vida

Por fim, numa noite em que tínhamos ido ao Teatro Francês, e que, por estar uma noite magnífica, levávamos Éverard à sua casa, vizinha à minha (ele se instalara no Quai Voltaire), a questão social foi seriamente discutida. Eu sempre admitira o que chamavam naquela época de igualdade de bens, e até mesmo a *partilha de bens*, na falta de se ter adotado comumente a palavra tão simples "socialização", que em seguida veio a se popularizar. As palavras apropriadas sempre chegam tarde demais às massas. Foi necessário que o socialismo fosse acusado de querer o retorno da lei agrária, com todas as suas brutais consequências, para que encontrasse fórmulas mais adequadas de exprimir suas aspirações.

De minha parte, eu entendia a partilha de bens da terra de um modo todo metafórico; com efeito, via nisso apenas a participação na felicidade, direito de todos os homens, e não podia imaginar uma divisão da propriedade que só pudesse tornar os homens felizes com a condição de fazê-los bárbaros. Qual não foi minha estupefação quando Éverard, acuado por minhas questões e pelas questões ainda mais diretas e mais insistentes de Planet, nos expôs finalmente seu sistema!

Estávamos parados na ponte Saints-Pères. Havia um baile, ou um concerto, no castelo; víamos as luzes refletindo nas árvores do jardim das Tulherias. Era possível ouvir o som dos instrumentos que passava em lufadas na atmosfera carregada de perfumes primaveris, e que cobria, a cada instante, o barulho das rodas das carruagens que trafegavam na Praça do Carrossel. O cais deserto às margens do rio, o silêncio e a imobilidade que reinavam sobre a ponte contrastavam com aqueles rumores confusos, com aquela invisível movimentação. Eu caíra em um profundo devaneio, não escutava mais o diálogo encetado, não queria mais saber de discutir a questão social, desfrutava daquela noite encantadora, daquelas vagas melodias, dos suaves reflexos da lua mesclados aos reflexos das luzes da festa real.

Fui arrancada de minha contemplação pela voz de Planet, que dizia bem ao meu lado: "Desse modo, meu bom amigo, devo acreditar que o senhor se inspira no velho Buonarotti e pretende chegar ao babouvismo?". Totalmente pasma, ao ouvir essas palavras entrei na conversa de chofre:

— O quê? Como é que é? Vocês querem ressuscitar essa velharia? Vocês deixaram a obra de Buonarotti na minha casa, eu a li, é bonita; porém, esses métodos empíricos podiam penetrar no coração desesperado dos homens daquela época, no dia seguinte à queda de Robespierre. Hoje eles seriam insensatos, e não é por esses caminhos que uma época civilizada pode pretender caminhar.

— A civilização! — berrou Éverard, enfurecido, dando sonoras bengaladas na balaustrada da ponte. — Sim! Eis a grande palavra dos artistas! A civilização! Eu, eu digo a vocês que para rejuvenescer e reformar sua sociedade corrompida é preciso que esse lindo rio fique vermelho de sangue, que esse maldito palácio seja reduzido a cinzas, e que esta vasta cidade pela qual vagueiam seus olhares se transforme num extenso campo nu, onde a família do pobre possa cultivar com seu arado e erguer sua choupana!

E por aí continuava meu advogado num fôlego só, sem parar, e, como meu riso de incredulidade inflamasse sua verve, em alto e bom som fez um discurso horrível e magnífico contra a perversidade das cortes, a corrupção das grandes cidades, a ação dissoluta e enervante das artes, do luxo, da indústria, em uma palavra, da civilização. Foi um apelo ao punhal e à tocha, foi uma maldição lançada à Jerusalém impura seguida por prédicas apocalípticas, visto que, com essas imagens fúnebres, evocou o mundo do futuro como ele sonhava naquele momento, o ideal da vida campestre, os costumes da idade de ouro, o paraíso terrestre florescendo sobre as ruínas fumegantes do velho mundo por intermédio da virtude de uma fada qualquer.

Como eu o escutava sem contradizê-lo, deteve-se para interrogar-me. O relógio do castelo soava duas horas. Respondi: "Faz duas extensas horas que você defende a causa da morte; achei que estava ouvindo o velho Dante voltando do inferno. Agora que me deleito com sua sinfonia pastoral, por que interrompê-la tão cedo?"

— Ah, então é assim — exclamou indignado —, está ocupada em admirar minha pobre eloquência! Você se delicia com as frases, com as palavras, com as imagens! Está me escutando como se ouvisse um poema ou uma orquestra, nada além disso! Não a convenci mais do que isso!

Por minha vez, defendi, mas sem nenhuma arte, a causa da civilização, sobretudo a causa da arte; e depois, compelida pelo seu injusto desdém, também quis defender a causa da humanidade, apelar à inteligência do meu indômito pedagogo, à doçura dos seus instintos, à ternura do seu coração,

História da minha vida

que eu já conhecia tão afetuoso e tão impressionável. Foi tudo inútil. Ele montara em sua ideia fixa, que era, na verdade, o pálido cavalo da alucinação. Éverard estava fora de si: desceu pelo cais discursando, arrebentou sua bengala nos muros do velho Louvre, lançou exclamações *sediciosas* de forma tão intensa que não sei como não foi nem notado, nem ouvido, nem apanhado pela polícia. Só ele no mundo podia dar-se a semelhantes excentricidades sem parecer louco e sem ser ridículo.

Contudo, fiquei triste e, dando-lhe as costas, deixei-o discursando sozinho; na companhia de Planet, tomei o caminho de volta para casa.

Na ponte, Éverard nos alcançou e voltou a juntar-se a nós. Ao mesmo tempo, estava furioso e desolado por não ter me persuadido. Seguiu-me até a porta da minha casa, querendo impedir-me de entrar, suplicando para que eu continuasse ouvindo o que dizia, ameaçando-me de nunca mais voltar a ver-me se o deixasse daquele jeito. Quem presenciasse aquela agitação toda diria tratar-se de uma querela de amor, no entanto não passava da doutrina de Gracchus Babeuf.[11]

Não era nada mais que isso! No entanto, isso já era alguma coisa! Agora que as ideias ultrapassaram essa feroz doutrina, ela já é motivo de risos dos homens mais avançados; mas teve seu tempo no mundo, sublevou a Boêmia em nome de Jan Hus, muitas vezes dominou o ideal de Jean-Jacques Rousseau, transtornou as imaginações através das tempestades da revolução do século XVIII e, mesmo ainda hoje, por meio das agitações intelectuais de 1848, fundiu-se, em parte, nos espíritos de certos clubes dessa época, com as teorias de certas ditaduras. Em suma, tornou-se seita, e, como em toda doutrina de renovação há grandes lampejos de verdade e de tocantes aspirações ao ideal, ela mereceu ser considerada, exerceu sua parcela de sedução ao se formular aos pés do cadafalso onde subiram, já feridos pelas próprias mãos, o entusiasta Gracchus Babeuf e o estoico Augustin Darthé.

---

11 François Noël Babeuf (1760-1797), conhecido como Gracchus Babeuf, foi um jornalista que participou da Revolução Francesa e foi executado por seu papel na Conspiração dos Iguais, proposta de uma "comunidade igualitária dos bens e do trabalho" que levaria à igualdade efetiva entre os homens. Embora os termos anarquismo, socialismo e comunismo não existissem na época em que viveu, eles foram usados posteriormente para descrever suas ideias. (N.T.)

Emmanuel Arago, defendendo Barbès em 1839, disse: "Barbès é babou-vista". Mais tarde, ao conversar com Barbès, não me pareceu que um dia ele tenha sido babouvista no sentido em que Éverard fora em 1835. Enganam--se facilmente quando, para expor a crença de um homem, recapitulando-a e definindo-a, obrigam-se a assimilar a crença de um homem que o prece-deu. Quem quer que proceda dessa maneira não pode chegar à verdade exa-ta. Qualquer doutrina se transforma rapidamente no espírito dos adeptos, e isso se dá com mais evidência quando os adeptos são ou tornam-se mais fortes que o mestre.

Não quero analisar e criticar aqui a doutrina de Babeuf. Só quero de-monstrá-la em seus resultados possíveis, e, como Éverard, o mais ilógico dos homens de gênio no conjunto de sua vida, era o mais implacável lógico do universo em cada partícula de sua ciência e em cada estágio de sua con-vicção, não podemos deixar de constatar que ela o lançava, nessa época que acabei de narrar, em aberrações secretas e num sonho de destruição colossal.

Eu passara o mês anterior lendo as cartas de Éverard e escrevendo a ele. Nesse intervalo, voltara a vê-lo, atormentara-o com questões e, para apro-veitar melhor o pouco tempo de que dispúnhamos, não entrara a fundo em nenhuma discussão. Esforçara-me para construir em mim o edifício de sua crença, a fim de ver se conseguiria assimilá-lo com proveito. De resto, hoje sabem que, de modo antecipado, já estava convertida ao sentimento republi-cano e às novas ideias. Ouvindo esse homem realmente inspirado em certos momentos, ganhara muito ao sentir vivas emoções que a política parecera jamais poder oferecer a mim. Sempre pensara friamente nas coisas factuais: observara correr em torno de mim, como um rio de correnteza violenta e de águas turvas, os mil acidentes da história geral contemporânea, e disse-ra: "Não beberei dessas águas". É provável que eu tivesse continuado a não querer misturar minha vida interior com as agitações dessa caudalosa tor-rente amarga. Sainte-Beuve, que ainda me influenciava um pouco naquela época por causa de suas astutas ironias e razoáveis advertências, examinava as coisas positivas como amador e crítico. A crítica em sua boca oferecia grande sedução ao lado mais razoável e mais sereno do espírito. De ma-neira agradável, ridicularizava aquela súbita fusão que se operava entre os espíritos mais diversos vindos de todos os pontos do horizonte, e que se

História da minha vida

mesclavam, dizia ele, como todos os círculos de Dante comprimidos repentinamente em um só.

Um jantar em que o compositor Franz Liszt[12] reunira os filósofos e escritores *monsieur* Hugues Félicité Robert de Lamennais, *monsieur* Pierre-Simon Ballanche, o cantor Adolphe Nourrit[13] e eu, parecia a Éverard a coisa mais fantástica que se podia imaginar. Perguntava-me o que pudera ser dito entre essas cinco pessoas. Respondia-lhe que não fazia a mínima ideia, que *monsieur* Lamennais devia ter conversado com *monsieur* Ballanche, Listz com Nourrit, e eu com o gato da casa.

No entanto, voltemos a ler hoje essa admirável página de Louis Blanc:[14]

"E como pintar agora o efeito que produziam sobre os espíritos tão surpreendentes complicações? O nome dos acusados corria de boca em boca; todos se interessavam pelos riscos que corriam; glorificavam sua constância; perguntavam com ansiedade até onde eles levariam a audácia das resoluções tomadas. Mesmo nos salões onde suas doutrinas não eram admitidas, sua intrepidez tocava o coração das mulheres; prisioneiros, eles governavam de forma irresistível a opinião; ausentes, viviam em todos os pensamentos. Por que se surpreender com isso? Eles tinham a seu favor, em uma nação generosa, todas as espécies de forças: a coragem, a derrota, o infortúnio. Época tempestuosa e, todavia, quantas saudades nos deixou! Como o sangue fervia então em nossas veias! Como nos sentíamos vivos! Como ia bem, como Deus a fez, essa nação francesa que perecerá sem dúvida no dia em que lhe faltarem por completo as emoções elevadas! Os políticos de visão curta ficaram alarmados com o ardor das sociedades; tinham razão; é preciso ser forte para dirigir a força. E eis por que os homens de Estado medíocres uniram-se para tornar o povo frouxo. Eles o moldam à sua imagem, porque

---

12 Franz Liszt (1811-1886), compositor, pianista, maestro, professor e terciário franciscano húngaro do século XIX. (N.T.)

13 Hugues Félicité Robert de Lamennais, filósofo, escritor e político francês (1782-1854); Pierre-Simon Ballanche, escritor e filósofo francês (1776-1847); Adolphe Nourrit, tenor francês que viveu importantes papéis na ópera francesa (1802-1839). (N.T.)

14 Louis Jean Joseph Charles Blanc (1811-1882), socialista francês, teve papel importante na Revolução de 1848. (N.T.)

de outro modo não poderiam conduzi-lo. Não é dessa forma que agem os homens de gênio. Estes não procuram extinguir as paixões de um grande povo, já que pretendem fecundá-las, e sabem que o entorpecimento é o último mal de uma sociedade prestes a desaparecer."

Essa página parece ter sido escrita para minha pessoa, de tanto que resume o que se passava comigo e à minha volta. Eu era, em meu insignificante ser, a expressão daquela sociedade que estava em vias de desaparecer, e o homem de gênio que, em lugar de me mostrar o repouso e a felicidade atenuando a angústia das preocupações imediatas, empenhava-se em me comover para dirigir-me era Éverard, ele próprio a expressão da generosa tormenta das paixões, das ideias e dos erros do momento.

Alguns dias depois que ele e eu havíamos nos reencontrado em Paris, toda minha vida já mudara de figura. Não sei se a agitação que reinava na atmosfera que todos nós respirávamos teria, sem ele, penetrado muito em minha mansarda; mas, com a presença dele, ela entrara às lufadas. Éverard me apresentara seu amigo íntimo, Girerd (de Nevers), e os outros defensores dos acusados de abril, escolhidos nas províncias vizinhas à nossa. Um dos seus outros amigos, Degeorges (d'Arras), que tornou-se meu também; Planet, Emmanuel Arago e dois ou três outros amigos comuns completavam a escola. Durante o dia, eu recebia meus outros amigos. Poucos dentre eles conheciam Éverard; nenhum partilhava de suas ideias. Mesmo assim, essas horas ainda eram agitadas pela discussão das coisas exteriores, e quase não havia como não se esquecer de si mesmo por completo ao se viver envolvido naqueles acessos de febre que os acontecimentos causavam em todo mundo.

Éverard vinha me buscar às seis da tarde para jantar em um pequeno restaurante tranquilo na companhia de nossos *habitués*; essas reuniões pareciam verdadeiros piqueniques. Já à noite, perambulávamos todos juntos, algumas vezes em um barco pelo Sena, e em outras nos bulevares até a Bastilha, ouvindo os murmúrios, examinando os movimentos da multidão, agitada e preocupada também, mas não tanto quanto Éverard esperava encontrá-la ao deixar a província.

Para não ser notada como a única mulher entre todos aqueles homens, em certas ocasiões voltava a vestir minhas roupas de rapazinho, que me

História da minha vida

permitiram penetrar, sem ser percebida, na famosa sessão de 20 de maio em Luxemburgo.

Nesses passeios, Éverard caminhava e falava com uma animação febril, sem que fosse possível a nenhum de nós acalmá-lo e obrigá-lo a se poupar. Ao voltar, ele passava mal, e muitas vezes gastávamos uma parte da noite, Planet e eu, ajudando-o a lutar contra uma espécie de agonia realmente assustadora. Nessas ocasiões, ele era assediado por visões lúgubres; corajoso contra o seu mal, fraco diante das imagens que o atormentavam, suplicava para que não o deixássemos sozinho com os espectros. Tal situação me causava um pouco de medo. Planet, habituado a vê-lo assim, não se inquietava; e, quando percebia que Éverard estava mais calmo, quase adormecido, levava-o para a cama, retornava para conversar comigo no quarto ao lado, bem baixinho para não despertá-lo do seu primeiro sono, e me levava de volta para minha casa quando sentia que ele já estava num sono pesado. Depois de dormir três ou quatro horas, Éverard despertava mais ativo, mais vivaz, mais inflamado a cada dia, mais imprudente, sobretudo, com relação ao mal que o arruinava, e o qual achava que não voltaria mais a atacá-lo cada vez que o vencia com grande esforço para manter-se vivo. Tão logo saía da cama, corria às intensas reuniões onde se tratava da questão da defesa dos acusados, e, após discussões apaixonadas, voltava a desfalecer em sua casa antes do jantar, isso quando não o carregavam já completamente esmorecido no carro. Mas nesses casos só se davam alguns instantes de lívida palidez e de surdos gemidos. Reanimava-se como que por um milagre da natureza ou da vontade, e voltava a falar e a rir conosco, pois, em meio a essa excitação e a esse abatimento sucessivos, lançava-se na gaiatice com o desembaraço e a candura de uma criança.

Tantos contrastes me sensibilizavam e me deixavam dividida. Era pelo coração que me mantinha apegada a essa natureza tão singular, mas que demonstrava, pelos menores cuidados, pela menor solicitude, tesouros de gratidão. O encanto de sua fala me prendia por horas e horas, a mim, que fico completamente extenuada diante de intermináveis palavras, e também era dominada por um vivo desejo de partilhar daquela paixão política, daquela fé na salvação coletiva, das vivificantes esperanças numa próxima renovação

515

social, que pareciam determinadas a transformar em apóstolos até mesmo os mais humildes dentre nós.

Mas confesso que, depois daquela conversa na ponte Saints-Pères e daquele discurso antissocial e anti-humano que Éverard me havia oferecido, senti-me desabar do céu à Terra, e, encolhendo os ombros logo ao despertar, retomei minha decisão de ir em busca de flores e borboletas no Egito ou na Pérsia.

Sem muito refletir nem me comover, obedeci ao instinto que me conduzia à solidão, e prontamente fui retirar meu passaporte para o estrangeiro. Ao voltar, quando entrei em casa, lá estava Éverard, que me aguardava. "O que é que há com você?", perguntou de cara. "Esse não é o rosto sereno que conheço tão bem!"

— É um rosto de viajante — respondi. — E o que há é que, decididamente, estou indo embora. Não se zangue; você não é daqueles com quem se é polido por hipocrisia só para seguir as convenções. Já estou cheia das repúblicas de vocês. Todos vocês têm uma que nada tem a ver com a minha, e a de cada um não tem nada a ver com a dos outros. Vocês não vão fazer nada dessa vez. Voltarei para aplaudi-los e coroá-los em uma ocasião melhor, quando tiverem gastado suas utopias e incorporado ideias sãs.

A explicação foi tempestuosa. Éverard acusou-me de leviandade de espírito e de frieza do coração. Enfurecida por suas críticas, fui curta e grossa.

O que significava aquela vontade absurda de dominar minhas convicções e de impor-me as de outros? Como pudera ele tomar ao pé da letra com tanto rigor a reverência que minha inteligência prestara à sua ao ouvi-lo sem discussão e admirando-o sem reservas? Essa reverência fora completa e sincera, porém não significava que sua possível consequência fosse o abandono absoluto das ideias, dos instintos e das faculdades do meu ser. No fim das contas, não nos conhecíamos por completo um ao outro, e talvez não estivéssemos destinados a nos compreender, tendo vindo de tão longe, um ao encontro do outro, para discutir alguns artigos de fé cuja solução ele acreditava possuir. Tal solução ele não me oferecera, ele não a tinha. Eu não podia criticá-lo no que diz respeito a esse ponto; mas ele, de onde tirava a fantasia tirânica de irritar-se com minha resistência às suas teorias como se ela fosse uma injustiça cometida contra ele?

História da minha vida

Em minha indignação, prossegui dizendo: "Ao ouvir-me falar com você como se fosse uma aluna atenta às lições de um mestre, você achou que fosse meu pai, me chamou de sua filha bem-amada e de sua benjamim, utilizando-se da poesia e da eloquência bíblica. Escutei-o como em um sonho cuja grandeza e pureza celestial sempre encantarão minhas recordações. Mas nem sempre é possível sonhar. A vida real clama por conclusões sem as quais cantamos como uma lira, sem alcançar o reino de Deus e a felicidade dos homens. De minha parte, deposito tal felicidade mais na sabedoria do que na ação. Não desejo nada, não procuro nada em minha vida além de crer em Deus e amar meus semelhantes. Eu estava doente, tomada pela misantropia; você mostrou-se forte para me curar e abrandou meu ser e minha alma, eu o reconheço. Você combateu com vigor meu orgulho nocivo e permitiu-me entrever um ideal de fraternidade que derreteu o gelo do meu coração. Nisso, você foi um verdadeiro cristão, e converteu-me por meio do sentimento. Você me fez derramar copiosas lágrimas, como no tempo em que me tornava devota por causa de um súbito e inesperado enternecimento dos meus devaneios. Não teria reencontrado em mim mesma, depois de tantas incertezas e fadigas de espírito, a fonte dessas lágrimas vivificantes. Sua eloquência e persuasão fizeram o milagre que eu pedia a você; bendito seja por isso, e deixe-me partir sem pesar. Deixe-me agora ir pensar sobre as coisas que vocês procuram aqui, sobre os princípios que podem ser formulados e aplicados às necessidades do coração e do espírito de todos os homens. E não venha me dizer que vocês os encontraram, que os têm em suas mãos; isso não é verdade. Vocês não têm nada, vocês estão em busca! Você é melhor que eu, mas não sabe tanto quanto eu".

E como parecia ofendido por minha franqueza, ainda disse a ele:

"Você é um verdadeiro artista. Só vive através do coração e da imaginação. Seu magnífico uso da palavra é um dom que fatalmente lhe arrasta à discussão. Seu espírito tem necessidade de impor, àqueles que o escutam em êxtase, as crenças que a razão ainda não amadureceu. É nesse ponto que a realidade me agarra e me leva para longe de você. Vejo toda essa poesia do coração, todas essas aspirações da alma terminarem em sofismas, e eis justamente o que eu não queria ouvir, o que me deixou contrariada por ter ouvido. Escute, meu pobre pai, somos loucos. As pessoas do mundo oficial, do mundo prático, que só veem em nós excentricidades de conduta e de opinião, tratam-nos como sonhadores. Eles têm razão, não nos ofendamos por isso. Aceitemos esse desdém. Não compreendem que vivemos de um desejo e de uma esperança cujo objetivo não nos é pessoal. Essas pessoas são loucas à sua maneira; são completamente insanos aos nossos olhos aqueles que perseguem bens e prazeres que não gostaríamos de tocar nem com pinças. Enquanto existir o mundo, haverá loucos ocupados em admirar as coisas terrenas sem suspeitar que há um céu sobre suas cabeças, e loucos que, contemplando demais o céu, não levarão em conta aqueles que não veem mais que seus próprios pés. Há, portanto, uma sabedoria da qual todos os homens carecem, uma sabedoria que deve abarcar a visão do infinito e do mundo finito no qual vivemos. Não a busquemos nos loucos do positivismo, mas não pretendamos oferecê-la a eles antes de tê-la encontrado.

"Tal sabedoria é aquela da qual a política não pode prescindir. De outro modo, vocês baterão cabeça e agirão de modo precipitado, terminando em quimeras ou em catástrofes. Sinto que ao falar assim com você, em meio à sua febre de ação, não posso convencê-lo; de toda forma, só falo tudo isso para lhe provar meu direito de me retirar dessa confusão à qual não posso levar nenhuma luz, e na qual não posso seguir a sua, que está envolta em nuvens impenetráveis".

Quando terminei de falar, Éverard, que a duras penas manteve-se calmo para ouvir tudo, recuperou sua energia e sua convicção. Ofereceu-me razões diante das quais me senti vencida, as quais resumo a seguir:

"Ninguém é capaz de encontrar a luz ao ficar em total isolamento. A verdade não se revela em maior quantidade aos pensadores retirados na montanha. Nem tampouco se revela em grau superior nos cenáculos isolados, como claustros, nos diversos cumes do pensamento. Aí ela se elucubra, e nada mais. Para encontrar, na hora certa, a verdade aplicável às sociedades em trabalho de parto, é preciso reunir-se, devemos pesar todas as opiniões, é necessário que nos comuniquemos uns com os outros, que discutamos e nos consultemos entre nós, a fim de chegar, tanto para o bem quanto para o mal, a uma fórmula que nunca será a verdade absoluta, só Deus a possui, mas que seja a melhor expressão possível da aspiração dos homens à verdade. Eis por que tenho febre, eis por que assimilo com ardor todas as ideias

História da minha vida

que me tocam, eis por que falo até me exaurir, até divagar, pois falar é pensar em voz alta, e ao falar assim em voz alta chego mais rápido que ao falar em voz baixa e sozinho. Vocês que me escutam, e você, principalmente, que ouve de modo mais atento que qualquer um, vocês dão demasiada importância aos lampejos fugidios que atravessam meu cérebro. Vocês não se agarram o bastante à necessidade de me seguir do jeito como se segue um guia dedicado e arrojado em um caminho do qual nem ele mesmo conhece todos os desvios, mas do qual sua visão aguda e coragem apaixonada sabem perceber o fim longínquo. Cabe a vocês advertir-me dos obstáculos, reconduzir-me à trilha quando a imaginação e a curiosidade me tiram do rumo. E isso feito, se ficarem impacientes com meus desvios, se se cansarem de seguir um piloto incerto de sua rota, procurem outro melhor, mas não menosprezem o anterior por não ter sido um deus, e não o maldigam por ter mostrado a vocês regiões novas que, mais ou menos, conduzem àquela que vocês querem alcançar.

"Quanto a você, acho que está sendo exigente e injusta, uma escolar sem miolos! Não sabe de nada, você mesma o confessa, e não queria aprender nada, foi o que declarou. Depois, de repente, a febre de saber tendo se apoderado de você, procurou do dia para a noite a ciência infusa, a verdade absoluta. *Vamos lá, rápido, rápido, revelem o segredo de Deus a* monsieur *Georges Sand, que tem pressa e não pode esperar mais!*".

E Éverard acrescentou, depois de um tiroteio de gracejos sem aspereza que adorava pegar no ar como se fossem moscas apanhadas em pleno voo: "Pois bem, fiz uma descoberta; as almas têm um sexo, e a sua é feminina. Acredita que eu ainda não havia pensado nisso? Ao ler *Lélia* e suas *primeiras Lettres d'un voyageur*, sempre via você sob o aspecto de um jovem rapaz, de um poeta bem novinho que eu tinha como meu filho, eu, cuja profunda dor é não ter filhos e que crio aqueles do primeiro casamento da minha mulher com uma ternura mesclada a desespero. Quando a vi de fato pela primeira vez, fiquei surpreso como se não me tivessem dito que você se veste com trajes femininos e que na vida real atende por nome de mulher. Quis conservar meu sonho, chamando-a apenas George, tratando-a por 'você' como se fazia sob as sombras virgilianas, e a contemplava à luz da claridade da nossa manhã só o tempo necessário para saber a cada dia como se comporta a sua moral. E, na verdade, de você não conheço nada além do som da voz, que é surdo e não me faz lembrar a flauta melodiosa de uma voz feminina. Portanto, sempre falei com você como se estivesse conversando com um rapaz que fez filosofia e que leu história. Agora vejo bem, e você acabou de reforçar isso, que você tem a ambição e a exigência dos espíritos incultos, das criaturas de puro sentimento e de pura imaginação, das mulheres, em uma palavra. Sua sensibilidade é, confesso, um lógico impaciente que deseja que a ciência filosófica responda com rapidez a todas as suas fibras e satisfaça todas as suas delicadezas; mas a lógica do sentimento puro não é suficiente em política, e você pede um impossível acordo perfeito entre as necessidades da ação e os impulsos da sensibilidade. Temos aí um ideal, mas ele ainda é irrealizável sobre a Terra, e você concluiu que é preciso cruzar os braços, aguardando que ele chegue por si mesmo.

"Cruze, pois, os braços e vá! Por certo, você é livre de fato; mas sua consciência não o seria se ela se conhecesse bem a si própria. Não tenho direito de pedir seu afeto. Quis lhe oferecer o meu. Tanto pior para mim; você não o pediu a mim, não ansiou por ele. Portanto, não falarei de mim, mas de você, e de algo mais importante que você mesma, que é o dever.

"Você sonha com uma liberdade do indivíduo que não pode conciliar-se com o dever coletivo. Trabalhou muito a fim de conquistar essa liberdade para si mesma. Perdeu-a na entrega do coração às afeições terrenas, que não a satisfizeram, e agora você encontrou a si mesma em uma vida de austeridade que aprovo e admiro, mas cuja aplicação a todos os atos da sua vontade e da sua inteligência você interpreta de modo equivocado. Diz a si mesma que sua pessoa lhe pertence, assim como sua alma. Muito bem, eis um sofisma pior e mais perigoso que todos aqueles que censura em mim, visto que você é mestre em fazer dele a lei de sua própria vida, enquanto os meus não podem realizar-se sem milagres. Considere que, se todos os amantes da verdade absoluta dissessem, como você, adeus ao seu país, aos seus irmãos, à sua tarefa, não apenas a verdade absoluta, mas também a verdade relativa não teriam mais nenhum adepto. Pois a verdade não monta na garupa de fugitivos e não cavalga com eles. Ela não reside na solidão, querida sonhadora! Ela não fala através das plantas e dos pássaros, nem está em uma voz tão misteriosa que os homens não são capazes de compreender.

História da minha vida

O divino filósofo que você ama sabia disso muito bem quando dizia aos seus apóstolos: 'Sempre que três de vós estiverem reunidos em meu nome, meu espírito estará convosco'.

"É, portanto, na companhia de outros que é preciso buscar e orar. O pouco que se descobre na companhia de outras pessoas já é alguma coisa de real, e aquilo que acreditamos encontrar sozinhos existe só para nós mesmos — consequentemente, não existe. Vá, portanto, à procura, à perseguição do nada; eu, do meu lado, irei consolar-me de sua partida com a certeza de estar, a despeito dos erros alheios e dos meus próprios, em busca e em perseguição de algo bom e verdadeiro".

Tendo dito tudo, ele saiu, sem que eu tivesse percebido muito bem sua retirada, pois estava absorta em minhas próprias reflexões sobre as coisas que dissera, com termos dos quais a tinta de minha pena só pode dar uma vaga ideia.

Quando quis responder-lhe, pensando que estivesse na sala ao lado, para onde se retirava às vezes a fim de fazer uma sesta de cinco minutos para recuperar-se de um súbito cansaço, percebi que havia partido e que me deixara trancada. Procurei a chave por todo canto, mas ele a colocara em seu bolso, e eu dera o resto do dia de folga à mulher que trabalhava para mim e que possuía a chave reserva do apartamento. Atribuí meu cativeiro a uma distração de Éverard e entreguei-me às reflexões com tranquilidade. Ao cabo de três horas, ele voltou para libertar-me, e, como chamei sua atenção sobre a sua distração, respondeu-me, dando risada: "Nada disso, minha cara, fiz de propósito. Estava aguardando uma reunião e, vendo que ainda não a havia convencido, tranquei-a em segredo, a fim de dar tempo para que você refletisse. Tive medo de que tomasse uma decisão irrefletida e de não mais encontrá-la em Paris essa noite. Agora que teve bastante tempo para pensar, eis sua chave, a chave da liberdade! Devo despedir-me e ir jantar sem você!"

— Não — respondi —, eu estava errada; vou ficar. Vamos jantar e procurar alguma coisa melhor que Babeuf para o nosso alimento intelectual.

Reproduzi essa longa conversa porque ela ilustra minha vida e a de um certo número de revolucionários naquele exato momento. Durante essa fase do processo de abril, o trabalho de elucubração estava em andamento em todas as nossas fileiras, às vezes desenvolvendo-se com sabedoria e profundidade, às vezes de modo ingênuo e selvagem. Quando transportados pela lembrança, ficamos admirados com o progresso realizado pelas ideias em tão pouco tempo, e, por conseguinte, menos espantados com o enorme progresso que restava a ser feito.

O verdadeiro foco dessa elucubração social e filosófica estava nas prisões do Estado. Louis Blanc, esse admirável historiador de nossas próprias emoções que não podemos deixar de citar, diz o seguinte:

"Pois então, vimos aqueles homens sobre os quais pesava a ameaça de uma sentença terrível elevarem-se de imediato acima do perigo e de suas paixões para se entregarem ao estudo dos mais áridos problemas. O comitê de defesa parisiense começara por distribuir, entre os membros mais capazes do partido, os principais ramos da ciência de governar, atribuindo a um a parte filosófica e religiosa, a outro a parte administrativa, a esse a economia política, àquele as artes. Para todos eles, isso foi tema das mais corajosas meditações, das investigações mais apaixonadas. Porém nem todos, nesse curso intelectual, estavam destinados a seguir a mesma carreira. Dissidentes teóricos se manifestaram, discussões inflamadas foram levantadas. No que diz respeito ao corpo, os prisioneiros pertenciam ao carcereiro; mas, por um voo indomável e livre, seus espíritos percorriam o domínio sem limites do pensamento. Do fundo dos seus calabouços inquietavam-se com o futuro dos povos, conversavam com Deus; e, colocados no caminho do cadafalso, exaltavam-se, inebriavam-se de esperança, como se estivessem marchando em direção à conquista do mundo. Espetáculo tocante e singular, do qual convém conservarmos a lembrança para sempre!

"Que preocupações sem grandeza estejam mescladas a esse movimento, que a emulação tenha algumas vezes dado lugar a rivalidades frívolas ou rancorosas, que espíritos muito fracos para se elevar impunemente estejam perdidos na região dos sonhos, não podemos negar; mas essas consequências tão inevitáveis das imperfeições da natureza humana não são suficientes para subtrair ao fato geral que acabamos de assinalar o que ele apresenta de solene e de majestoso."[15]

---

15 *Histoire de dix ans*, volume IV. (N.A.)

História da minha vida

Se almejamos julgar o processo de abril e todos os fatos ligados a ele de uma maneira justa, digna e verdadeiramente filosófica, é preciso reler esse capítulo inteiro tão curto e tão pleno da *Histoire de dix ans*. Os homens e as coisas são ali julgados não apenas com o conhecimento exato de um passado que o historiador jamais tem o direito de arranjar e de atenuar, mas também com a alta equidade de um grande e generoso espírito que fixa e dá precisão à verdade moral, ou seja, à suprema verdade da história em meio às aparentes contradições dos acontecimentos e dos homens que os vivem.

Não narrarei tais acontecimentos. Isso seria totalmente inútil; estão registrados na obra de Louis Blanc de um modo tão conforme ao meu sentimento, à minha memória, à minha consciência e à minha própria experiência, que não teria nada a acrescentar.

Ator perdido e ignorado, porém vivo e palpitante nesse drama, aqui sou apenas o biógrafo de um homem que desempenhou um papel ativo nele, e — será que é preciso dizer? — problemático em aparência, porque o homem era hesitante, impressionável e menos político do que artista.

Sabe-se que um grande debate fora levantado entre os *defensores*; debate ardente, insolúvel sob a pressão dos atos precipitados do pariato. Uma parte dos acusados combinara com seus *defensores* para não serem *defendidos*. Não se tratava de ganhar o processo judiciário e de fazer-se absolvido pelo poder; tratava-se de fazer triunfar a causa comum na opinião ao pleitear com energia o direito sagrado do povo perante o poder de fato, perante o direito do mais forte. Outra categoria de acusados, aquela de Lyon, queria ser defendida, não para proclamar sua não participação no fato do qual eram acusados, mas para informar à França o que estava se passando naquela cidade, para mostrar de que modo a autoridade provocara o povo, de que maneira ela tratara os vencidos, de que forma os acusados, eles próprios, haviam feito o que era humanamente possível para prevenir a guerra civil e para enobrecer e suavizar seus cruéis resultados. Tratava-se de saber se a autoridade tivera o direito de tomar algumas provocações isoladas, dizia-se até mesmo que pagas, por uma rebelião a ser reprimida, e de lançar uma armada sobre uma população indefesa. Tínhamos as provas, queríamos expô-las, e, a meu ver, o verdadeiro problema residia no seguinte: éramos fortes o suficiente para pleitear a causa do povo traído e mutilado, mas não o bastante para proclamar aquela do gênero humano liberto.

Eu estava de acordo, portanto, com as ideias de *monsieur* Jules Favre,[16] que, nos conciliábulos, se colocara como adversário de Éverard, um adversário digno dele. Eu não conhecia Jules Favre, jamais o vira, nunca o escutara; mas, quando Éverard, depois de ter enfrentado seus argumentos com veemência, vinha relatá-los a mim, eu dava razão a Jules. Éverard sabia bem que minha posição não tinha intenção de contradizê-lo e de irritá-lo; porém, afligia-se com ela, e adivinhando que eu receava a exposição pública de suas utopias, berrava: "Ah! Malditas sejam a ponte Saints-Pères e a questão social!".

Capítulo 9
Carta incriminada ao processo monstro. — Minha redação rejeitada. — Defecção da bancada dos advogados republicanos. — Trélat. — Discurso de Éverard. — Sua condenação. — Retorno a Nohant. — Projetos de instalação. — A casa deserta em Paris. — Charles d'Aragon. — Caso Fieschi. — As opiniões políticas de Maurice. — *Monsieur* Lamennais. — *Monsieur* Pierre Leroux. — A nostalgia me ataca. — A casa deserta em Bourges. — Contradição de Éverard. — Volto a Paris.

Tratava-se sobretudo de sustentar a coragem de certos acusados, em pequeno número, felizmente, que ameaçavam fraquejar. Eu estava de acordo com Éverard sobre o seguinte ponto: qualquer que fosse o resultado de uma divergência nos motivos e nas ideias dos defensores, era preciso que o temor e o abatimento não ficassem visíveis nem mesmo em alguns acusados. Ele me fez redigir a carta, a famosa carta que devia dar ao processo monstro uma nova extensão. O objetivo de Éverard era tornar o sistema de acusação inextricável. A ideia, em alguns momentos, sorria a Armand Carrel; em outros, alarmava sua prudência. Mas Éverard rapidamente colocou-a em andamento, e ele, que podíamos supor às vezes tão desconfia-

---

16 Jules Favre (1809-1880), político, advogado e diplomata francês. (N.T.)

História da minha vida

do do futuro, agiu sem refletir. Achou minha redação muito sentimental e fez alterações: "Não se trata de sustentar a fé vacilante por meio de homilias", explicou-me; "os homens não dão tanta importância ao ideal. É pela indignação e furor que conseguimos reanimá-los. Quero atacar violentamente o pariato para tornar os acusados exaltados; almejo, além de tudo, chamar a atenção de toda a bancada de advogados republicanos". Observei-lhe que os advogados republicanos subscreveriam a minha redação e recuariam diante da sua. "Será preciso que todos subscrevam", respondeu, "e, se não o fizerem, teremos que prescindir deles."

Prescindimos da maioria deles, com efeito, e isso foi um erro enorme por provocar defecções. Todas elas não eram tão culpáveis quanto pareciam a Éverard. Alguns homens participavam do processo sem almejar uma revolução de fato, esperando contribuir com uma revolução apenas nas ideias, não pensando em vantagens nem em glórias, mas sim no cumprimento de um dever cuja totalidade das consequências não lhes havia sido submetida a um exame. Como conheço vários deles, foi-me impossível condená-los quando me explicaram seus motivos de abstenção.

Sabe-se quais consequências teve a carta. Ela foi fatal ao partido, visto que instalou nele a desordem; foi fatal a Éverard, uma vez que ela deu lugar a um discurso extremamente controverso nas fileiras do seu partido. Por meio de um ato generoso, ele assumira para si toda a responsabilidade por aquela peça incriminada pela corte dos pares. Teria agido da mesma forma mesmo se Trélat não tivesse dado a ele o exemplo do sacrifício. Porém, Trélat realizou, perante a corte, um ato de hostilidade heroica, ao passo que Éverard semeou de contrastes sua profissão de fé diante do mesmo tribunal. Deixemos Louis Blanc falar: "...Em seguida, *monsieur* Michel (de Bourges) avança. Já conheciam o arrebatamento de sua palavra, e todos aguardavam em meio a um silêncio solene. Ele começou com uma voz breve e profunda; meio curvado sobre a balaustrada que lhe servia de apoio, ora a fazia tremer sob a pressão convulsiva de suas mãos, ora, com um movimento impetuoso, percorria toda a sua extensão, parecendo Caius Gracchus que, enquanto falava, precisava de um flautista moderando sua eloquência excessivamente violenta. *Monsieur* Michel (de Bourges), entretanto, não foi nem tão audacioso nem tão terrível quanto *monsieur* Trélat. Ele se defendeu, coisa que *monsieur* Trélat não se dignou a fazer, e os ataques que dirigiu contra o pariato não foram de todo isentos de deferência. Embora mantendo o espírito da carta, pareceu disposto a fazer pouco caso da forma, e reconheceu que, a julgar pelo que vira há três dias, os pares valiam mais que a sua instituição. De resto, e no que dizia respeito à própria essência do processo, ele foi inflexível".

Não me permitirei refutar mais que uma palavra dessa excelente apreciação. Ao meu ver, Éverard não se *defendeu*, e ainda sofro ao imaginar que, se ele fez pouco caso da forma de sua própria provocação, isso talvez tenha ocorrido sob a impressão da crítica que eu lhe fizera a essa mesma forma. Achava, de minha parte, e me permitia dizer a ele, que a principal inabilidade do seu partido era a rudeza da linguagem e o tom acerbo das discussões. Retomavam de modo excessivo o vocabulário dos tempos mais ásperos da revolução; afetavam ao fazê-lo, sem cogitar que uma escolha de expressões fortes do estilo próprio daquele passado pareceria violenta, por conseguinte frágil, quarenta anos depois. Eu admirava a originalidade da palavra de Éverard, justamente porque ela dava uma cor, uma fisionomia nova às coisas do passado. Ele não tinha dúvidas de que nela residia sua potência, e ria à beça das velhas fórmulas e declamações banais. Porém, ao escrever, sem se dar conta caía algumas vezes nos mesmos defeitos dos quais se ria, e, quando eu lhe chamava a atenção a esse fato, concordava com modéstia. Todavia, não entramos em acordo nesse ponto ao redigir a carta. Ele defendera e mantivera sua versão; mas depois, ao ouvir a carta sendo criticada por outros, ficara descontente com ela, e então o artista irrompera dominando, de modo explosivo, o homem de partido, e ele pretendera que uma peça destinada a produzir tão grande alvoroço fosse uma obra-prima de gosto e eloquência. É verdade que, se tivesse sido assim, não a teriam incriminado, e a sua meta não teria sido atingida.

Como não a atingira por causa da situação isolada em que ficara, não se via mais obrigado rigorosamente a defender cada expressão da tal carta. A partir do momento em que ela não fora subscrita por um partido inteiro, ela se tornara sua obra pessoal, e talvez tenha pensado que era de bom gosto não se valer dela cegamente.

História da minha vida

Não ouvi esse discurso, só estive presente na sessão de 20 de maio. Nada é mais fugidio que um discurso; e a estenografia, que conserva suas palavras, nem sempre é capaz de conservar seu espírito. Para isso seria necessário poder estenografar a entonação e fotografar a fisionomia do orador para melhor se compreender todas as nuances do seu pensamento a cada crise de sua improvisação. Éverard nunca preparava nada em matéria de discursos políticos; inspirava-se no momento e, sob o golpe da exaltação nervosa que dominava seu talento ao mesmo tempo que o alimentava, nem sempre era senhor de suas palavras. Essa não foi a única vez que reprovaram o improviso do seu pensamento, e que julgaram-no mais significativo e mais concludente do que na verdade era em seu próprio espírito.

Seja como for, esse discurso, no fim do qual ele foi levado para casa acometido por uma bronquite aguda, angariou-lhe muitos detratores entre os seus correligionários. Éverard ferira crenças e amores-próprios nas discussões tempestuosas no seio do partido. Atraiu para si amargos rancores e até mesmo severidades imparciais. Diziam: "Teria, pois, valido a pena ter combatido com tanta aspereza a opinião daqueles que desejavam adotar o sistema da defesa, só para chegar a defender-se a si mesmo, sozinho, de um ato cuja intenção era coletiva?"

Não era, porém, precisamente porque aquela causa não tinha mais sentido coletivo que Éverard era fatalmente conduzido a não lhe dar maior importância? Não havia em sua atitude algo de ingênuo e de grandioso na modéstia, que lhe fazia confessar não sentir nenhum ressentimento, nenhum ódio pessoal? E foi tímida sua peroração quando bradou: "Se for condenado a uma pena pecuniária, colocarei minha fortuna à disposição do fisco, feliz ainda por consagrar à defesa dos acusados o que pude ganhar no exercício da minha profissão. Quanto à prisão, recordo as palavras daquele outro republicano que soube morrer em Útica: *Prefiro estar na prisão que sentar-me aqui, ao lado de ti, César!*".

A sentença que condenava Trélat a três anos de prisão e Michel (Éverard) a apenas um mês serviu de pretexto a comentários hostis. Michel teve inveja da prisão de Trélat e não da honra que veio com ela. Ele prezava esse nobre caráter, e o paralelo que foi estabelecido entre eles, em prejuízo de um dos dois, não diminuiu em nada o carinho e a veneração de Éverard para com o outro. "Trélat é um santo", dizia Éverard, "e eu não tenho essa pretensão." Isso era verdade; mas, para dizer isso com sinceridade em semelhante circunstância, era preciso ser muito superior a si mesmo.

Éverard ficou gravemente doente. A prova de que ele não fora tão agradável ao pariato quanto alguns adversários pretendiam está no fato de que o pariato procedeu com extrema brutalidade em relação a ele ao ordenar sua prisão vivo ou morto. Eu intervim a seu favor, sem ele o saber, junto a *monsieur* Pasquier, que concordou em enviar um médico oficial concedido nesses tipos de verificações em que se avalia o estado de um condenado à prisão.

Esse médico procedeu ao exame de Éverard de uma maneira ofensiva, de má vontade, a ponto de tomar a enfermidade por um fingimento, e de declarar que minha demora em solicitar a sua presença tornara a situação um perigo. Quase Éverard pôs a perder o objetivo da minha diligência, pois, ao ver a chegada do médico do poder sustentando um ar arrogante, declarou bruscamente que não estava doente e recusou-se a deixar-se examinar. No entanto, consegui convencê-lo a deixar que lhe tomasse o pulso, e a febre era tão real e tão violenta, que o esculápio monárquico tornou-se mais brando em seu trato, talvez envergonhado por um insulto todo gratuito e estúpido; pois qual condenado a um mês de prisão preferiria a fuga? Por meio desse pequeno fato, vi como os republicanos eram provocados, mesmo em circunstâncias frívolas, e tive uma ideia do sistema adotado nas prisões para excitar a cólera e as revoltas que o poder parecia ávido por fazer nascer a fim de ter o prazer de puni-las.

Depois que Éverard já estava curado, parti para Nohant com minha filha. Não lembro mais por qual motivo, a pena pronunciada contra ele deveria ser cumprida só no mês de novembro seguinte. Talvez tenha sido no interesse dos seus clientes que esse adiamento foi consentido.

Dessa vez, minha estada em minha casa de Nohant foi desagradável e até difícil. Precisei munir-me de muita vontade para não azedar a situação. Minha presença era claramente incômoda. Meus amigos sofreram ao constatá-lo, e mesmo aqueles que contribuíam para corromper o meu lar, meu irmão e um outro, sentiram que a condição não era sustentável para mim. Pensaram, pois, em aconselhar meu marido a fazer um arranjo comigo.

História da minha vida

Eu recebia 3 mil francos de pensão destinados à minha filha e a mim. Esse dinheiro era curto, se levarmos em consideração que meu trabalho ainda se apresentava pouco lucrativo e, além de tudo, sujeito às eventualidades humanas, sem contar o estado da minha saúde. No entanto, era possível manter-me com a condição de passar em minha casa um semestre, conseguindo assim economizar 1,5 mil francos para pagar a educação da menina. Se me fechassem as portas da minha própria casa, minha vida se tornaria precária, e a consciência do meu marido não podia, não devia ficar muito tranquila com isso.

Ele reconhecia tal situação. Meu irmão o pressionava para me conceder 6 mil francos por ano. Restariam a ele quase 10 mil, contando seus próprios haveres. Isso era o suficiente para viver em Nohant, ainda mais para viver sozinho, já que este era o seu desejo. *Monsieur* Dudevant rendeu-se a esse conselho; prometera, portanto, dobrar minha pensão; mas, quando chegara o momento de cumprir a promessa, declarara a impossibilidade de viver em Nohant com aquilo que lhe restava. Teve de dar em algumas explicações e pedir minha assinatura para sair dos embaraços financeiros em que se metera. Empregara mal uma parte de sua pequena herança, e já não tinha mais nada dela. Adquirira terras que não tinha condições de pagar; estava inquieto, aflito. Depois de eu ter assinado, as coisas ainda não andavam bem, segundo ele. Não resolvera o problema que me incumbira de resolver alguns anos antes; suas despesas excediam nossas rendas. Só a adega levara uma grande quantia e, quanto ao resto, os empregados embolsaram mais do que estavam autorizados a fazê-lo. Constatei várias canalhices em flagrante, pensando que prestava um serviço tanto a ele quanto a mim mesma. Ele não aprovou nem um pouco minha atitude. Como Frederico, o Grande, queria ser servido pelos gatunos. Proibiu-me de me meter em seus negócios, de criticar sua gestão e de comandar sua gente. Parecia-me que de tudo aquilo um pouco pertencia a mim, visto que dizia não ter mais nada em sua posse. Resignei-me a guardar silêncio e esperar que abrisse os olhos.

Isso não tardou a acontecer. Num dia em que sentiu-se desgostoso com a gente que o cercava, disse-me que Nohant o arruinava, que ali experimentava mágoas pessoais, que ali se aborrecia em meio aos seus lazeres e que estava pronto a deixar tudo aquilo em meu usufruto e aos meus cuidados.

George Sand

Pretendia ir viver em Paris ou no sul da França com o restante de nossa renda, que então avaliava em 7 mil francos. Aceitei. Redigiu nossos acertos, que assinei sem discussão alguma; mas, do dia seguinte em diante, demonstrou-me tanto arrependimento e descontentamento que voltei a Paris, deixando-lhe nosso trato rasgado e entregando minha sorte à providência dos artistas, ao trabalho.

Isso se passou no mês de abril. Minha viagem a Nohant em junho não melhorou a situação. *Monsieur* Dudevant persistia em deixar Nohant. Tal ideia tomava mais consistência cada vez que eu retornava para lá; mas, como ela era acompanhada de despeito, eu partia de novo sem exigir nada.

Éverard retornara a Bourges. Vivi em Paris totalmente escondida durante algum tempo. Tinha um romance por fazer e, como morria de calor em minha mansarda no cais Malaquais, encontrei um meio de instalar-me em um ateliê bem singular para conseguir dar andamento ao meu trabalho. O apartamento no térreo estava em reforma, e os reparos encontravam-se suspensos, não sei mais por qual motivo. Os amplos cômodos daquele belo local estavam abarrotados de pedras e de madeira de construção; as portas que davam para o jardim haviam sido arrancadas, e o próprio jardim, fechado, deserto e abandonado, aguardava uma metamorfose. Ali gozava, pois, de uma completa solidão, da sombra, do ar puro e do frescor. Fiz da bancada de um marceneiro uma escrivaninha suficiente para meus poucos apetrechos, e passei ali os dias mais tranquilos que talvez nunca pudera aproveitar até aquele momento, pois ninguém no mundo sabia que eu estava lá, a não ser o porteiro, que me confiara a chave, e minha camareira, que levava minhas cartas e meu desjejum. Só saía da minha toca para ir visitar meus filhos em seus respectivos pensionatos. Enviara novamente Solange ao estabelecimento de ensino das irmãs Martin.

Penso que todo mundo é, assim como eu, ávido por esses raros e breves instantes em que as coisas exteriores se dignam a arranjar-se de maneira a nos deixar em calma absoluta com relação a elas. O mínimo cantinho transforma-se então em uma prisão voluntária para nós, e, qualquer que seja ele, enfeita-se aos nossos olhos com não sei quais delícias que se tornam como que o sentimento da conquista e da posse do tempo, do silêncio e de nós mesmos. Tudo me pertencia entre aquelas paredes vazias e devastadas, que

História da minha vida

logo seriam cobertas de dourado e de seda, mas das quais ninguém jamais viria a desfrutar à minha maneira. Pelo menos dizia a mim mesma que os futuros ocupantes nunca encontrariam, talvez, um momento de lazer garantido e de completo devaneio que eu degustava todos os dias, de manhã até a noite. Tudo era meu naquele lugar: as pilhas de tábuas que me serviam de assento e de leitos de descanso; as aranhas diligentes que teciam suas enormes teias com tanta ciência e previsão de uma cornija a outra; os ratos misteriosamente ocupados com não sei quais buscas ativas e minuciosas entre os cavacos; os melros do jardim que, pousando de modo insolente na soleira da porta, observavam-me, imóveis e desconfiados de qualquer movimento brusco, e terminavam seu canto indiferente e zombador em uma estranha modulação, encurtada pelo susto. Às vezes descia até ali ao cair da noite, não mais para escrever, mas para respirar e sonhar sentada nos degraus da escada externa do jardim. O cardo e o verbasco tinham se esparramado nas pedras desconjuntadas; os pardais, despertados pela minha presença, roçavam a folhagem dos arbustos em um silêncio agitado, e o barulho das carruagens, os gritos de fora chegavam a mim, me fazendo sentir cada vez mais o valor da minha liberdade e a doçura do meu repouso.

Quando terminei de escrever meu romance, voltei a abrir as portas de minha casa ao meu pequeno grupo de amigos. Foi nessa época, creio, que liguei-me a Charles d'Aragon, um ser humano excelente e do caráter mais nobre, depois a *monsieur* Artaud, um homem de extrema sabedoria e perfeitamente amável. Meus outros amigos eram republicanos; e, apesar das agitações do momento, jamais nenhuma discussão política perturbou a harmonia e as doces relações da mansarda.

Um dia, uma mulher de grande coração, muito querida para mim, madame Julie Beaune, foi encontrar-se comigo. Informou-me: "Há muitas agitações em Paris. Acabaram de atirar em Luís Felipe". Tratava-se da máquina Fieschi.[17] Fiquei preocupadíssima; Maurice saíra com Charles d'Aragon,

---

17 Referência ao conspirador Giuseppe Fieschi, responsável por um atentado ao rei Luís Felipe, quando utilizou sua invenção conhecida como "máquina infernal", uma arma composta por 25 fuzis que podiam ser disparados ao mesmo tempo. Seu plano não teve êxito e foi condenado à morte, porém tornou-se célebre nos anais da história francesa. (N.T.)

que justamente o levara para ver, da casa da condessa Montijo, o rei que, rodeado pelo seu Estado-maior, passava em revista as tropas da guarnição e a guarda nacional. Eu temia que na volta fossem surpreendidos por algum tumulto. Já ia aprontar-me para correr atrás deles, quando d'Aragon retornava com o meu colegial são e salvo. Enquanto eu pedia ao primeiro informações sobre o acontecimento, o outro me falava de uma garota encantadora com a qual pretendia ter falado de política. A menina viria a ser a futura imperatriz dos franceses. Essa conversa de criança recordou-me de outra. Maurice, um ano mais tarde, escrevia-me: "Montpensier (o jovem príncipe estudava no colégio Henri IV) convidou-me para o seu baile, *apesar das minhas opiniões políticas*. Foi muito divertido. Fez todos nós escarrarmos com ele na cabeça dos guardas nacionais".[18]

Foi no decorrer daquele ano que, com muita humildade, aproximei-me de duas das maiores inteligências do nosso século: *monsieur* Lamennais e *monsieur* Pierre Leroux. Eu planejara consagrar um longo capítulo desta obra a cada um desses homens ilustres; mas os limites dela não podem ser estendidos conforme a minha vontade, e não gostaria de encurtar dois temas tão vastos quanto aqueles de sua filosofia na história e de sua missão no mundo das ideias. Esta obra é o prefácio estendido e completo de um livro que sairá mais tarde, e onde, não precisando mais narrar minha própria história em seu desenvolvimento minucioso e lento, poderei abordar personalidades mais importantes e mais interessantes que a minha.

Limitar-me-ei, portanto, a esboçar alguns traços das imponentes figuras com as quais me encontrei no período de minha vida contido neste livro e a expor a impressão que elas geraram em mim.

Continuava, então, buscando a verdade religiosa e a verdade social em uma única e mesma verdade. Graças a Éverard, eu compreendera que essas duas verdades são inseparáveis e devem complementar-se uma à outra; porém, ainda não enxergava nada mais que uma espessa névoa levemente dourada pela luz que velava meus olhos. Um dia, em meio às peripécias do

---

18 Ao se entregar a essas diversões, o pequeno príncipe e seus jovens convidados estavam em uma galeria. Embaixo dela passavam as barretinas felpudas, ou seja, o chapéu que fazia parte do traje da guarda nacional naquela festa. (N.A.)

História da minha vida

processo monstro, Listz, que era recebido com fineza por *monsieur* Lamennais, o fez concordar em subir até a minha modesta mansarda de poeta. O garoto israelita Puzzi, aluno de Listz, mais tarde um músico que ficou conhecido pelo seu verdadeiro nome, Herman, atualmente carmelita descalço sob o nome de irmão Agostinho, acompanhava-os.

Monsieur Lamennais, de baixa estatura, magro e doentio, não tinha mais que um fraco sopro de vida em seus pulmões. Mas que lucidez impressionante oferecia aquela mente! Seu nariz era muito proeminente para a sua pequena estatura e para o seu rosto macilento. Se não fosse aquele nariz desproporcional, sua fisionomia seria linda. Os olhos claros flamejantes; a fronte reta e enrugada por causa de grandes dobras verticais, sinal de ardor na vontade; os lábios sorridentes e a máscara cambiante sob uma aparência de contração austera: tratava-se de uma cabeça fortemente caracterizada pela vida de renúncia, contemplação e pregação.

Toda a sua pessoa, suas maneiras simples, seus movimentos bruscos, suas atitudes canhestras, sua franca alegria, suas obstinações coléricas, sua súbita bonomia, tudo nele, até suas enormes casacas asseadas, embora modestas, e suas meias azuis, recendia ao *cloarek* bretão.

Não era preciso muito tempo para que fôssemos tomados de respeito e afeição por aquela alma cândida e corajosa. Ele se revelava de imediato e por inteiro, brilhante como o ouro e simples como a natureza.

Nesses primeiros dias em que o vi, ele acabara de chegar a Paris e, apesar de tantas vicissitudes passadas, apesar de mais da metade de um século de dores, ele reingressava no mundo político com todas as ilusões de uma criança em relação ao futuro da França. Depois de uma vida de estudos, de polêmicas e de discussões, deixaria definitivamente a sua Bretanha para morrer na trincheira, no tumulto dos acontecimentos, e iniciava sua campanha de gloriosa miséria com a aceitação do título de defensor dos acusados de abril.

Era nobre e valente. Pleno de fé, expunha sua fé com clareza, com brilho, com ardor; sua fala era bela, sua dedução, viva, suas imagens, radiantes, e cada vez que se detinha em um dos horizontes que sucessivamente percorreu, entregava-se ali por inteiro, passado, presente e futuro, cabeça e coração, corpo e bens, com um candor e uma bravura admiráveis. Ele recapitulava então sua vida, na intimidade, com um brilho que temperava um fundo enorme de jovialidade natural. Aqueles que, tendo-o flagrado perdido em seus devaneios, só repararam em seus olhos verdes, algumas vezes ferozes, e em seu grande nariz acerado como um gládio, tiveram medo dele e espalharam por todos os cantos seu aspecto diabólico. Se eles o tivessem contemplado por apenas três minutos, se tivessem trocado não mais que três palavras com ele, teriam compreendido que era preciso prezar aquela bondade toda, estremecendo diante daquela potência, e que dele tudo era vertido em grandes doses: a cólera e a doçura, a dor e a alegria, a indignação e a mansuetude.

Isso foi dito, e muito bem dito[19] e compreendido, quando no dia seguinte à sua morte os espíritos retos e justos abarcaram, em um único golpe de vista, essa ilustre carreira de trabalhos e de sofrimentos; a posteridade o dirá para sempre, e será uma glória tê-lo reconhecido e proclamado sobre o túmulo ainda tépido de Lamennais. Esse grande pensador foi, senão com perfeição, pelo menos admiravelmente coerente consigo mesmo em todas as suas fases de desenvolvimento. Aquilo que, em horas de surpresa, outros críticos, sérios, aliás, mas colocados momentaneamente em um ponto de vista muito estreito, chamaram de evoluções do gênio, não foi nele mais que o progresso divino de uma inteligência aflorada nos liames das crenças do passado e condenada pela Providência a ampliá-los e rompê-los, às cus-

---

19 Esse grande homem tão depreciado, tão caluniado durante a sua vida, insultado até em seu leito de morte pelos panfletários, conduzido à fossa comum sob a vigilância dos agentes de polícia, como se as lágrimas do povo ameaçassem despertar o seu cadáver, esse padre do verdadeiro Deus, crucificado durante sessenta anos, foi, contudo, sepultado com honra e veneração pelos escritores da imprensa séria. Quando eu tiver a honra de lhe prestar um tributo mais completo que este realizado em poucas páginas, por certo não o farei melhor que a homenagem prestada por *monsieur* Paulin Limayrac, e, antes dele, algum tempo antes da morte do mestre, por Alexandre Dumas. Esse capítulo das memórias do autor de *Antony* é ao mesmo tempo excelente e magnífico; prova que o gênio tem a capacidade de tratar de qualquer assunto, e que o romancista fecundo, o poeta dramático e lírico, o crítico bem-humorado, o artista pleno de fantasias e de imprevistos, todos os homens que estão contidos em Alexandre Dumas, não impediram que o escritor filosófico fosse desenvolvido nele, e fosse posto à prova, na ocasião, com igual pujança. (N.A.)

História da minha vida

tas de mil angústias, sob a pressão de uma lógica mais poderosa que a das escolas, ou seja, a lógica do sentimento.

Eis o que me impressionou e me penetrou, sobretudo quando pude ouvi-lo fazer um resumo de sua vida em vinte minutos de uma conversa simples e sublime. Foi em vão que Sainte-Beuve tentara precaver-me, em suas encantadoras cartas e em suas prédicas espirituais, contra a incoerência do autor do *Essai sur l'indifférence* (Ensaio sobre a indiferença). Sainte-Beuve aparentemente não possuía, então, no espírito, a síntese do seu século. Seguira-lhe, no entanto, a marcha, e admirara o voo de Lamennais até os protestos de *Avenir* (Futuro). Ao vê-lo pôr os pés na política de ação, ficou chocado ao testemunhar esse augusto nome misturado a tantos outros que pareciam protestar contra a sua fé e as suas doutrinas.

Sainte-Beuve demonstrava e acusava, com seu talento de sempre, o lado contraditório daquela marcha; mas, para perceber que essa crítica baseava-se apenas em aparências, era suficiente olhar face a face, com os olhos da alma, e escutar com o coração o eremita de La Chenaie. Sentia-se naturalmente tudo o que havia de espontaneidade naquela alma sincera, naquele coração enamorado pela justiça e pela verdade até a paixão. Munido do seu dogmatismo absoluto aliado à sua sensibilidade impetuosa, *monsieur* Lamennais jamais saía dos mundos que explorava pela porta do orgulho, do capricho ou da curiosidade. Não! Ele era expulso deles por um impulso supremo de ternura magoada, de piedade ardente, de caridade indignada. Nessas ocasiões, provavelmente seu coração dizia à sua razão: "Você pensou ter encontrado a verdade. Tinha descoberto esse santuário, acreditava que permaneceria nele para sempre. Não pressentia nada além dele, fizera dele sua sede, encerrara as cortinas e fechara a porta. Você era sincero, e para fortificar-se nisso que achava bom e definitivo, como se se resguardasse em uma cidadela, amontoou sobre a sua soleira os argumentos da sua ciência e de sua dialética. Muito bem, estava enganado, pois eis que as serpentes moravam contigo, sem que você se desse conta. Elas haviam deslizado, frias e silenciosas, sob o seu altar, e eis que, reanimadas, sibilam e erguem a cabeça. Fujamos, esse lugar é maldito, e a verdade aqui será profanada. Levemos nossos lares, nossos trabalhos, nossas descobertas, nossas crenças; mas sigamos para mais longe, subamos mais alto, acompanhemos esses espíritos que se elevam ao arrebentar seus grilhões; vamos atrás deles para edificar-lhes um novo altar, para conservar-lhes um ideal divino, ajudando-os a se desembaraçarem das cadeias que arrastam atrás de si e a se curarem do veneno que os corrompeu em meio aos horrores dessa prisão".

E lá se iam de mãos dadas, aquele coração imenso e aquela generosa razão que sempre cediam um ao outro. Juntos, construíam uma nova igreja, linda, sábia, sustentada conforme todas as regras da filosofia. E era maravilhoso ver como o arquiteto inspirado fazia a palavra das suas antigas crenças curvar-se ao espírito de sua nova revelação. O que mudara ali? Nada, segundo ele. Ouvi-o dizer, ingenuamente, em diversas épocas de sua vida: "Desafio qualquer um a provar-me que não sou católico tão ortodoxo hoje quanto eu o era ao escrever o *Essai sur l'indifférence*". E ele tinha razão. Na época em que escrevera esse livro, não vira o *papa de pé ao lado do czar abençoando as vítimas*. Se ele o tivesse visto, teria protestado contra a fraqueza do papa, contra a indiferença da Igreja em matéria de religião. O que mudara nas entranhas e na consciência do crente? Na realidade, nada. Ele jamais abandonava seus princípios, mas sim as consequências fatais ou forçadas desse princípio.

Diríamos hoje que havia nele uma real incoerência em suas relações cotidianas, em seus entusiasmos, em sua credulidade, em suas súbitas desconfianças, em seus recuos imprevistos? Não, embora algumas vezes tenhamos sofrido com sua facilidade em submeter-se à influência passageira de certas pessoas que abusavam do seu afeto em proveito da própria vaidade ou dos próprios rancores, não diremos que essas incoerências foram reais. Elas não partiam das entranhas do seu sentimento. Estavam na superfície do seu caráter, acompanhando o grau do termômetro de sua frágil saúde. Nervoso e irascível, amiúde zangava-se antes de refletir, e seu único defeito era acreditar com precipitação nos erros que ele não levava o tempo necessário para apurar. Mas confesso que, de minha parte, apesar de ter me atribuído alguns desses erros de modo gratuito, jamais fui capaz de sentir a menor irritação contra ele. É preciso dizer tudo! Tive como que uma fraqueza maternal por esse velho que eu reconhecia ser, ao mesmo tempo, um dos padres da minha igreja e uma das venerações da minha alma. Pelo gênio e virtude que irradiavam dele, habitava o meu céu, orientava minhas ideias. Pelas enfermidades do seu débil temperamento, pelos seus despei-

História da minha vida

tos, pelo seu mau humor repentino, pelas suas suscetibilidades, aos meus olhos ele era como uma criança generosa, mas uma criança a quem devemos dizer de tempos em tempos: "Cuidado, você vai ser injusto. Então abra os olhos!"

E, quando aplico a tal homem a palavra "criança", não é das alturas da minha pobre razão que a pronuncio, é do fundo do meu coração enternecido, fiel e pleno de amizade para com ele no além-túmulo. O que há de mais tocante, com efeito, do que ver um homem desse gênio, dessa virtude e dessa ciência não poder entrar na maturidade do caráter graças a uma modéstia incomparável? Como não ficar comovido quando vemos o leão de Atlas dominado e persuadido pelo cãozinho companheiro do seu cativeiro? Lamennais parecia ignorar sua força, e creio que não fazia ideia alguma daquilo que ele significava para os seus contemporâneos e para a posteridade. Tanto tinha noção do seu dever, da sua missão, do seu ideal, quanto se enganava a respeito da importância de sua vida interior e individual. Não dava valor a ela e a ia entregando ao acaso das influências e das pessoas do momento. O menor dos pedantes teria conseguido comovê-lo, irritá-lo, perturbá-lo e, se fosse preciso, persuadi-lo a agir ou a abster-se de fazê-lo na esfera dos seus gostos mais puros e dos seus hábitos mais modestos. Dignava-se a responder a todos, a consultar os últimos dos últimos, a discutir com eles, e, às vezes, a escutá-los com a ingênua admiração de um aluno diante do mestre.

Essa tocante fraqueza, essa humildade extrema, resultou em alguns mal-entendidos que fizeram sofrer seus verdadeiros amigos. Quanto a mim, não foi com minha personalidade que a notável personalidade de Lamennais inúmeras vezes entrou em choque, mas sim com minhas tendências socialistas. Depois de impelir-me a seguir adiante, achou que eu caminhava muito rápido. De minha parte, achei que ele por vezes caminhava de modo muito lento para o meu gosto. Nós dois tínhamos razão dentro de nossos pontos de vista; eu, em minha pequena nuvem, assim como ele em seu sol imenso, pois, ouso dizer, éramos iguais em candura e em boa vontade. Nesse terreno, Deus admite todos os homens na mesma comunhão.

Em outro lugar reproduzirei a história dos meus dissabores com ele, não mais com a intenção de narrar a história de minha vida, mas para mostrá-lo sob um dos aspectos de sua rudeza apostólica, subitamente temperada por sua suprema equidade e encantadora bondade. Basta por ora dizer que no início consentiu, em algumas conversas brevíssimas, porém bem intensas, revelar-me um método de filosofia religiosa que causou-me enorme impressão e me fez um grande bem, ao mesmo tempo que seus escritos admiráveis restituíram à minha esperança a chama prestes a se extinguir.

Falarei agora de *monsieur* Pierre Leroux com a mesma concisão que falei de *monsieur* Lamennais pelo mesmo motivo, ou seja, para não mencionar só a metade do que gostaria de dizer; portanto, falarei muito pouco dele aqui, e apenas o que diz respeito à relação que tivemos na época que relato.

Foi algumas semanas antes ou depois do processo de abril. Planet estava em Paris e, preocupado com a questão social, como de costume, em meio a risadas que sua frase favorita provocava à sua volta, puxou-me de lado e pediu-me, com a seriedade do seu espírito e sinceridade de sua alma, para *resolver-lhe aquela questão*. Ele pretendia julgar a época, os acontecimentos, os homens, o próprio Éverard, seu mestre querido; desejava julgar sua própria ação, seus próprios instintos, queria saber, em suma, *para onde estava indo*.

Num dia em que conversáramos durante um longo tempo, eu procurando entender o que precisamente ele me perguntava, e os dois reconhecendo que não discerníamos muito bem a ligação da revolução feita com aquela que gostaríamos de fazer, chegou em minha mente uma ideia iluminada. Disse a ele: "Ouvi Sainte-Beuve dizer que dois homens de inteligência superior aprofundaram e esclareceram particularmente esse problema de um modo que responde às minhas aspirações e apazigua minhas dúvidas e inquietudes. Eles se encontram, pela força dos acontecimentos e pela lei do tempo, mais avançados que *monsieur* Lamennais, porque não foram refreados em suas ideias como ele pelos impedimentos do catolicismo. Estão de acordo sobre os pontos essenciais de sua crença, e têm em torno deles uma turma de simpatizantes que os mantêm no ardor dos seus trabalhos. Esses dois homens são Pierre Leroux e Jean Reynaud. Quando Sainte-Beuve me via atormentada com as desesperanças de *Lélia*, dizia-me para buscar neles a luz, e me propôs levar-me a esses sábios médicos da inteligência. Mas eu, eu não quis, porque não tenho ousadia: sou muito ignorante para compreendê-los, bastante limitada para julgá-los e muito tímida para expor-lhes minhas dúvidas interiores. Entretanto, ocorre que Pierre Leroux também é

História da minha vida

tímido, eu o vi, e seria capaz de ser mais ousada com ele; mas como abordá-lo, como tomar algumas horas do seu tempo? Será que não rirá em nossa cara como os outros se lhe *pusermos a questão social?"*

— Deixe comigo, eu me encarrego disso — entusiasmou-se Planet. — Serei bem ousado, e, se o fizer rir, pouco me importa, contanto que me instrua. Escreva a ele e peça que explique para mim, mas diga que é para um moleiro que é seu amigo, um bom campônio, peça que explique o catequismo do republicano em duas ou três horas de conversa. Espero que eu mesmo não fique intimidado na presença dele, e você, ainda por cima, ficará escutando como quem não quer nada.

Escrevi como Planet me sugeriu, e Pierre Leroux aceitou jantar conosco em minha mansarda. De início, mostrou-se pouco à vontade; era astuto demais para não ter adivinhado a inocente armadilha que havíamos armado para ele, e, antes de conseguir exprimir-se sem timidez, ficou balbuciando durante algum tempo. *Monsieur* Leroux não é mais modesto que *monsieur* Lamennais, porém é tímido, coisa que *monsieur* Lamennais não era. Mas a bonomia de Planet, suas perguntas sem rodeios, sua atenção em escutar e sua facilidade em compreender deixaram o interlocutor à vontade, e depois de dar algumas voltas em torno da questão, como quase sempre tem o hábito de fazer quando fala, *monsieur* Leroux chegou finalmente à grande clareza, às vivas percepções e à verdadeira eloquência que fulguram dele como potentes relâmpagos de uma majestosa nuvem. Nenhum ensino é mais precioso que o seu quando não o atormentam em demasia para formular o que não acredita ter tornado claro de modo suficiente para si mesmo. Ele tem o rosto belo e doce, os olhos penetrantes e puros, o sorriso afetuoso, a voz simpática e essa capacidade de expressar-se explorando a cadência das falas e o magnetismo da fisionomia, esse conjunto de castidade e de bondade legítimas que se apropriam tanto da persuasão quanto da força do raciocínio. Era, já desde aquela época, o maior dentre todos os críticos na filosofia da história, e, se não conseguia deixar que entrevíssemos de modo bem claro o objetivo de sua filosofia pessoal, pelo menos fazia o passado desfilar bem diante dos nossos olhos, com uma luz extremamente viva, e nos levava a um passeio tão belo por todos os caminhos do futuro que sentíamos ser arrancada a venda de nossos olhos como que por suas próprias mãos.

George Sand

Não senti ter sido elucidada quando nos falou da *propriedade dos instrumentos de trabalho*, questão que ele ruminava em seu espírito elevando-a à condição de problema, e que esclareceu mais tarde em seus escritos. A linguagem filosófica tinha muito de arcanos para mim, e não me sentia capaz de capturar a extensão das questões que as palavras podem abarcar; mas em seus discursos pude enxergar a lógica da Providência, e isso já era o bastante: tratava-se de um alicerce lançado ao campo das minhas reflexões. Prometi a mim mesma estudar a história dos homens, mas não cumpri minha promessa, e só mais tarde, graças a esse nobre e elevado espírito, pude enfim chegar a algumas certezas.

Nesse primeiro encontro com ele, estava muito atrapalhada com a vida exterior. Precisava produzir sem descanso, tirar de mim mesma, sem nenhum auxílio da filosofia, histórias do coração, e isso a fim de conseguir sustentar a educação da minha filha, e para cumprir com meus deveres para com os outros e para comigo mesma. Senti então temor por aquela vida de trabalho da qual eu aceitara todas as responsabilidades. Não me era mais permitido parar nem um só instante, não podia revisar minha obra, aguardar a chegada da inspiração, e, quando meu cérebro experimentava a necessidade de entregar-se a meditações salutares, tinha acessos de arrependimento ao pensar em todo aquele tempo consagrado a um trabalho frívolo. As pessoas que não têm nada para fazer e veem os artistas produzir com facilidade ficam surpresas ao perceber, por si mesmas, as poucas horas, os poucos momentos que um artista consegue reservar a si próprio. Essas pessoas não sabem que essa ginástica da imaginação, quando não altera a saúde, acarreta pelo menos uma excitação dos nervos, uma obsessão de imagens e um langor da alma que não permitem que nos dediquemos à execução de um outro gênero de trabalho.

Ao ouvir falar de importantes obras que desejava ter lido, ou de coisas que gostaria de ter visto com meus próprios olhos, era tomada, dez vezes por dia, de modo repentino, por uma aversão à minha profissão. Além disso, quando estava com meus filhos, era acometida pelo desejo de existir só para eles e de conviver na companhia deles. E, quando meus amigos vinham me visitar, censurava-me por não recebê-los tão bem como queria, e por, às vezes, não conseguir desligar-me de várias preocupações mesmo estando

História da minha vida

entre eles. Tinha a impressão de que tudo o que existe de verdadeiro na vida passava bem diante de mim como um sonho, e que esse mundo imaginário do romance pesava sobre mim como uma pungente realidade.

Foi então que comecei a sentir saudades de Nohant, de onde bania a mim mesma por fraqueza e que fechava suas portas na minha cara por minha própria culpa. Por que eu rasgara o contrato que me garantia a metade da minha renda? Teria conseguido ao menos alugar uma casinha em Nohant, não muito distante da minha, e para lá poderia retirar-me com minha filha durante metade do ano, no período de férias de Maurice; ali eu teria repousado, tendo bem diante de mim os horizontes que meus primeiros olhares haviam contemplado em meio aos meus amigos de infância; teria visto a fumaça das chaminés de Nohant pairando acima das árvores plantadas por minha avó, longe o suficiente para não importunar o que se passava sob as suas sombras, próxima o bastante para imaginar que ainda poderia ir até lá para ler ou sonhar em liberdade.

Éverard, a quem eu confessava minha nostalgia e a repulsa que eu sentia de Paris, me aconselhava a instalar-me em Bourges ou em suas cercanias. Fiz uma pequena viagem até lá. Um de seus amigos, que se ausentara, emprestou-me sua casa, onde passei alguns dias sozinha, na companhia de Johann Kaspar Lavater, cuja obra encontrei na biblioteca e sobre quem escrevi, com amor, um pequeno trabalho. Essa solidão em meio a uma cidade morta, em uma casa deserta repleta de poesia, pareceu-me deliciosa. Éverad, Planet e a dona da casa, mulher excelente e muito atenciosa, visitavam-me uma hora ou duas ao anoitecer; depois passava metade das noites sozinha, em um pequeno pátio repleto de flores, sob o brilho da lua, apreciando os agradáveis perfumes do verão e aquela serenidade salutar que precisava conquistar com muita luta. De um restaurante vizinho, um homem, que não sabia o meu nome, entregava minhas refeições em um cesto que eu recebia pelo postigo do pátio. Mais uma vez encontrava-me esquecida do mundo inteiro e mergulhada no esquecimento de minha própria vida real.

Porém, esse doce retiro não podia durar. Não podia tomar posse dessa casa encantadora, talvez a única que me convinha em toda a cidade, justamente por causa do seu isolamento em um bairro silencioso, e por seu caráter de abandono unido a um modesto conforto. Além do mais, precisava ter meus filhos ali comigo, e essa reclusão não teria sido boa para eles. A partir do instante em que tivesse colocado os pés em uma rua qualquer de Bourges, logo teria sido notada por toda a cidade, e eu não aceitava a ideia de uma vida de relações sociais em um ambiente de província. Mal suspeitava que um dia me encontraria em uma situação como essa e me adaptaria muito bem.

Apesar das insistências de Éverard, abandonei a ideia de estabelecer-me nessa vizinhança. A região me parecia detestável; uma planície nua, semeada de pântanos e desprovida de árvores, estendendo-se ao redor da cidade como os campos de Roma. É preciso ir bem longe para encontrar florestas e água corrente. E depois – será que devo dizer isso? – Éverard, acompanhado de Planet ou de um ou dois amigos, era uma companhia deliciosa; já no *tête-à-tête*, era de um brilhantismo excessivo e me fatigava. Ele precisava de um interlocutor que entrasse na conversa todo animado para trocar ideias. Os outros se encarregavam dessa tarefa; eu só sabia escutar. Quando ficávamos sozinhos, meu silêncio o irritava, e ele via nisso um sinal de desconfiança ou de indiferença pelas suas ideias e paixões políticas. Seu espírito dominador o deixava estranhamente atormentado comigo, cujo espírito facilmente cede ao entusiasmo, mas foge à dominação. Sobretudo na companhia dele, minha consciência se recolhia instintivamente em um santuário inabalável, santuário este que oferece o isolamento das coisas desse mundo no que elas têm de vazio e de tumultuoso. Quando ele me envolvia em uma rede de argumentos a serviço dos homens de ação, ora para traçar-me excelentes regras de conduta, ora para provar-me necessidades políticas que me pareciam condenáveis ou pueris, era obrigada a responder-lhe, e como a discussão não faz parte da minha natureza e custa-me muito discordar daqueles que amo, nem bem acabava de responder em alto e bom som, coisa que me espantava e me deixava moída de cansaço, como se tivesse falado em um sonho agitado, via com receio o efeito das minhas palavras sobre ele. Elas o impressionavam por demais, lançavam-no num profundo desgosto por sua própria existência, numa falta de confiança no futuro e nas irresoluções da consciência.

Isso teria sido bom a uma natureza forte e, por conseguinte, moderada: era péssimo para uma natureza apenas fervorosa, que passava rapidamente

História da minha vida

de um excesso a outro. Então ele bradava que a inexorável verdade estava comigo, que eu era mais filósofa e mais esclarecida que ele, que ele era um miserável poeta sempre iludido pelas quimeras. Que sei eu? Aquela mente impressionável, aquele espírito ingênuo na modéstia tanto quanto sofístico e imperioso no orgulho, não conhecia o meio-termo de coisa alguma. Falava em deixar sua carreira política, sua profissão, seus negócios, e manifestava forte vontade de retirar-se em sua pequena propriedade para poder ler os poetas e filósofos à sombra dos salgueiros e junto ao murmúrio das águas.

Precisava então levantar sua moral, dizer-lhe que levava minha lógica até o absurdo, lembrar-lhe as belas e excelentes razões que ele me dera para arrancar-me da minha própria apatia, razões que haviam me persuadido e depois das quais eu não falava mais nada sem exprimir respeito à missão revolucionária e à obra democrática.

Não tínhamos mais desavenças acerca do babouvismo. Ele deixara esse sistema para aprofundar-se em outro. Relia Montesquieu. Em matéria de política, tornara-se moderado por um momento, pois sempre o conheci sob a influência de uma pessoa ou de um livro. Um pouco mais tarde, leu *Oberman*, de Étienne Pivert de Senancour, e falou durante três meses em retirar-se no deserto. Depois foi tomado por ideias religiosas e sonhou em iniciar-se na vida monástica. Tornou-se, em seguida, platônico, depois aristotélico; por fim, na época em que perdi a pista dos suas predileções, retornara a Montesquieu.

Em todas essas fases de entusiasmo ou de convicção, mostrava-se um grande poeta, grande argumentador ou grande artista. Seu espírito abarcava e ultrapassava todas as coisas. Exagerado na ação, assim como no abatimento, viveu um período de estoicismo em que nos pregava a moderação com uma energia tocante e cômica ao mesmo tempo.

Não conseguíamos nos cansar de ouvi-lo quando se empenhava no ensinamento das ideias gerais; porém, quando levava as discussões dessas ideias para o terreno pessoal, a intimidade com ele transformava-se em uma tormenta: uma bela tormenta, sem dúvida, plena de grandeza, de generosidade e de sinceridade, mas que não estava ao alcance de minhas faculdades suportar por muito tempo sem ficar completamente fatigada. Tal agitação era sua vida; a exemplo da águia, ele planava em meio à tempestade. Para mim teria sido a morte acompanhar esse voo desvairado; eu era um pássaro de menor envergadura.

Nele havia sobretudo alguma coisa com a qual não conseguia identificar-me: o imprevisto. À noite nos separávamos e ele ia embora com as ideias calmas e convictas, reaparecia no dia seguinte completamente transformado e como que furioso por ter sido tranquilizado no dia anterior. Então difamava-se, declarava-se ambicioso na acepção mais estreita da palavra, zombava das minhas restrições e de meu caso de consciência, falava de vingança política, atribuía-se ódios, rancores, revestindo-se de todo tipo de extravagâncias e até mesmo de vícios do coração que ele não tinha e aos quais jamais seria capaz de entregar-se. Eu sorria e o deixava seguir falando. Considerava aquilo como um acesso de febre e de divagação que me aborrecia um pouco, mas que em algum momento chegaria ao fim. Era o que sempre acontecia, e eu ficava pasma ao notar uma evolução súbita e completa em suas ideias, acompanhada de um absoluto esquecimento daquilo que acabara de pensar em voz alta. De fato isso era inquietante, e era obrigada a constatar o que já constatara em outros casos, ou seja, que os mais admiráveis gênios tocam às vezes, e como que de modo inevitável, a loucura. Se Éverard não fosse um abstêmio, devoto inveterado da água com açúcar, mesmo durante as refeições, muitas vezes eu o teria julgado bêbado.

Já era apegada a ele o suficiente para suportar tudo aquilo com bom humor e para ampará-lo em suas crises. A amizade feminina é, em geral, extremamente maternal, e esse sentimento dominou minha vida mais do que eu gostaria. Eu cuidara de Éverard em Paris durante uma doença grave que o acometera. Ele sofrera muito, e, em todos os instantes em que fiquei ao seu lado, reparei em sua admirável doçura, em sua paciência e seu reconhecimento pelos menores cuidados recebidos. Eis aí um laço que de repente confirma e estreita as grandes amizades. Ele tinha por mim a mais comovente gratidão, e eu, eu estava habituada a cobrir-lhe de mimos para apaziguar-lhe os sofrimentos morais. Passara, na companhia de Planet, noites e noites à cabeceira de sua cama, lutando contra a febre que o atormentava, animando-o com mil palavras amigas, que faziam mais efeito nessa constituição toda intelectual do que as poções da medicina. Discuti com seus delírios, tranquilizei suas inquietudes, escrevi suas cartas, levei seus amigos

544

História da minha vida

para visitá-lo, afastei as contrariedades que podiam prejudicá-lo. Maurice, nos dias em que tinha permissão para sair do colégio, tratara dele e o cercara de atenções como a um avô. Éverard adorava meus filhos, e, por instinto, meus filhos o queriam muito bem.

Formaram-se doces elos entre nós, e a pureza de nossa afeição tornava esses elos ainda mais preciosos para mim. A mim pouco importava que pudessem fazer um juízo completamente equivocado da nossa relação; nossos amigos a conheciam, e a presença contínua deles a santificava ainda mais. Porém, eu afagara em vão a ideia de que um pacto todo fraternal garantiria uma condição de tranquilidade angelical. Éverard não tinha a placidez de Rollinat. Embora castos, os sentimentos de Éverard não eram nada calmos. Ele queria possuir a alma dos seus mais chegados com toda exclusividade, e era tão ciumento dessa posse quanto o são os amantes e os cônjuges que visam a possuir uma pessoa. Isso constituía uma espécie de tirania da qual era inútil rir; era preciso submeter-se a ela ou dela defender-se.

Passei três anos fazendo, alternadamente, uma coisa e outra. Minha razão sempre preservou-se de sua influência quando esta mostrava-se insensata, mas meu coração suportava o peso e submetia-se ao encanto de sua amizade, ora com amargura, ora com alegria. Seu coração oferecia tesouros de bondade e nos sentíamos felizes e satisfeitos por sermos objeto de sua atenção; seu caráter sempre foi generoso e incapaz de descer à mesquinhez de ninharias, mas seu cérebro era envolvido por borrascas com as quais sofríamos cruelmente ao vê-lo sofrer e ao reconhecermos a impossibilidade de atenuar-lhe a dor.

Para não ter que repisar em uma situação que se repetiu com frequência durante esses três anos, e até mais além, embora cada vez com menor intensidade, pretendo resumir em poucas palavras o tema de nossas dissidências. Éverard, em meio a suas tumultuosas hesitações e a suas cataratas de ideias antagônicas, nutria o verme da ambição que corrói. Disseram que ele adorava o dinheiro e a influência. Nunca flagrei estreiteza nem torpeza em seus instintos. Quando ficava atormentado por causa da perda de algum dinheiro, ou quando regozijava-se de um sucesso que representava um ganho econômico, manifestava-se dessa forma com a legítima emoção de um corajoso enfermo que teme a perda das próprias forças, do seu trabalho, que receia tornar-se incapaz de cumprir seus deveres. Pobre e endividado, casara-se com uma mulher rica. Se isso não representasse um erro, tratar-se-ia de uma infelicidade. Quando casou-se com essa mulher, ela já tinha filhos, e ele não suportava nem pensar em espoliá-los em benefício de suas necessidades pessoais; tal ideia era odiosa a Éverard. Ele tinha sede de fazer fortuna, não apenas com a finalidade de não tornar-se um peso às crianças, mas também por um sentimento de ternura e de orgulho bastante compreensível, a fim de deixá-las mais ricas do que quando as encontrara ao adotá-las.

Seu rigor no trabalho, suas preocupações perante uma dívida, sua diligência no emprego do seu dinheiro adquirido com o suor do seu rosto tinham, portanto, um motivo sério e urgente. Isso não poderia, em absoluto, justificar que lhe acusassem de ambição: mas, quando um homem se dedica a desempenhar um papel político, é necessário que ele possa sacrificar sua fortuna, e aquele que não é capaz de fazê-lo sempre é acusado de não querê-lo.

A cobiça de Éverard era de uma natureza mais elevada. Tinha sede de poder. Por quê? Isso seria impossível dizer. Tratava-se de um apetite de sua índole, nada mais. Não era pródigo, vaidoso, nem vingativo, e no poder via apenas o anseio de agir e o prazer de comandar. Jamais teria sabido servir-se dele. Logo que conseguia uma carreira de atividade livre de obstáculos, sentia-se vencido pelo desânimo e deixava de ter prazer em sua tarefa. Logo que era obedecido cegamente, tratava seus sectários com piedade. Enfim, em todas as áreas em que se inseria, assim que atingia o objetivo perseguido com ardor, achava-o aquém de suas aspirações.

Deleitava-se, porém, nas preocupações do homem de Estado. Hábil no mais alto grau na ciência dos negócios, forte na intuição do que não havia estudado, pronto a assimilar as mais diversas noções, dotado de uma memória tão extraordinária quanto a de Pierre Leroux, invencível na dedução e no raciocínio das coisas factuais, sentia suas brilhantes faculdades violentadas e sufocadas por não serem exigidas. A monotonia de sua profissão o exasperava, ao mesmo tempo que a sujeição a essa fadiga acabava de arruinar sua saúde. Sonhava, pois, com uma revolução da mesma forma que os beatos sonham com o céu, e não reconhecia para si próprio que, ao deixar-se devorar por essa aspiração, desgastava sua alma e tornava-a incapaz de orientar a si mesma nos menores perigos e nos menores labores.

História da minha vida

Foi essa ambição fatal que tentei, em vão, adormecer e acalmar. Ela tinha seu lado bom, sem dúvida, e se o destino a tivesse secundado, ela teria sido depurada no crisol da experiência e na fornalha da inspiração; mas ela voltou-se para si mesma, sem encontrar o alimento que lhe convinha na hora certa, e Éverard foi devorado por ela sem grandes benefícios para a causa revolucionária.

Éverard passou pela Terra como uma alma perdida, expulsa de algum mundo superior, inutilmente ávida de qualquer grande existência apropriada ao seu grande desígnio. Ele desdenhou a parte da glória que lhe cabia, glória que teria inebriado muitas outras pessoas. O uso limitado de um talento imenso não bastou ao seu vasto sonho. Isso é bem perdoável, e todos nós o perdoamos; mas não podemos nos impedir de lamentar a impotência de nossos esforços para mantê-lo por mais tempo entre nós.

Aliás, não era somente do ponto de vista do seu repouso e de sua saúde que empenhava-me em lhe fazer cultivar a paciência. Era em vista do seu próprio ideal de justiça e de sabedoria, que me parecia prejudicado na luta entre os seus instintos e os seus princípios. Ao mesmo tempo que Éverard concebia um mundo renovado pelo progresso moral do gênero humano, aceitava, em teoria, o que chamava de necessidades da política pura: os ardis, o charlatanismo, a própria mentira, as concessões desprovidas de sinceridade, as alianças sem fidelidade, as promessas vazias. Era também daqueles que dizem que o fim justifica os meios. Penso que sua conduta pessoal nunca foi pautada por esses deploráveis trâmites do espírito de partido, porém eu ficava aflita ao vê-lo admiti-los como perdoáveis, ou apenas inevitáveis.

Mais tarde, a divergência entre nós aprofundou-se, e atingiu o próprio ideal. Eu me tornara socialista, Éverard deixara de sê-lo.

Suas ideias sofreram mais modificações depois da revolução de fevereiro, que, de modo intempestivo, o surpreendera em uma fase de moderação um pouco ditatorial. Mas esse não é o momento de chegar ao fim da sua história, interrompida muito cedo por conta de uma morte prematura. Torna-se necessário que retorne à narrativa das minhas próprias vicissitudes.

Parti, pois, de Bourges, entristecida com as agitações de Éverard, dividida entre a necessidade de fugir delas e o remorso de deixá-lo na tormenta; mas meu dever me chamava a outros lugares, e ele reconhecia isso.

George Sand

Capítulo 10

Irresolução. — Não vou a La Chenaie. — Carta do meu irmão.
— Vou a Nohant. — Grande resolução. — O bosque de Vavray.
— Excursão a Châteauroux e a Bourges. — A prisão de Bourges.
— A brecha. — Vinte minutos no calabouço. — Consulta,
determinação e regresso. — Raptemos Hermione! — A família
Duteil. — A hospedaria de *La Boutaille* e os boêmios.
— Primeiro julgamento. — A casa deserta em Nohant.
— Segundo julgamento. — Reflexões sobre a separação de
corpos. — A casa deserta em La Châtre. — Bourges. — A família
Tourangin. — Arrazoados. — Transação. — Regresso definitivo
e tomada de posse de Nohant.

Não sabia muito o que fazer. Voltar a Paris era odioso para mim, permanecer longe dos meus filhos tornara-se impossível. Depois de ter renunciado ao projeto de separar-me deles para iniciar uma grande viagem, coisa estranha, não tive mais vontade de deixá-los um só dia. Minhas entranhas de mãe, adormecidas pela tristeza, haviam despertado no mesmo instante em que o meu espírito se abrira aos ideais sociais. Sentia recobrar minha saúde moral, e ganhava a percepção das verdadeiras necessidades do meu coração.

Mas não podia mais trabalhar em Paris; estava doente. Os pedreiros e carpinteiros haviam retomado as obras do andar térreo; em minha mansarda, os importunos e os curiosos vinham disputar minhas horas com meus amigos e com minhas obrigações. A política, novamente tensa por causa do atentado Fieschi, tornava-se uma fonte amarga para a reflexão. Exploravam o assassinato, prenderam Armand Carrel, um dos homens mais puros da nossa época; marchavam a passos largos em direção às leis de setembro. O povo não tomava iniciativa alguma.

Eu não acalentara grandes esperanças durante o processo de abril, mas, por mais razoáveis ou pessimistas que fôssemos, naquele momento havia no ar não sei qual sopro de vida que, de repente, tornava-se gelado ao receber o sopro da morte. A república fugia no horizonte por um novo período de anos.

Monsieur Lamennais me convidara a passar alguns dias em La Chenaie; parti e desisti no meio do caminho, ao me perguntar o que faria por lá, eu, tão insegura, tão calada, tão sem graça! Ousar pedir-lhe uma hora do seu tempo precioso, isso já era muita coisa, e em Paris concedera-me algumas delas; mas tomar-lhe dias inteiros do seu tempo, isso não me atrevi a aceitar. Estava errada a esse respeito, não o conhecia em toda a sua bondade, em toda sua bonomia, como vim a conhecê-lo mais tarde. Temia a tensão contínua de um espírito elevado que eu não teria condições de acompanhar, e o mais modesto dos seus discípulos teria sido mais competente do que eu para sustentar um sério diálogo com ele. Não sabia que ele adorava repousar na intimidade dos árduos trabalhos da inteligência. Ninguém conversava com tanto desembaraço e tanta animação sobre todo e qualquer assunto corriqueiro do dia a dia de todos. Aliás, o trato e a conversa desse excelente homem imprimiam grande leveza no espírito dos seus interlocutores. Era possível diverti-lo e entretê-lo com um nada. Qualquer besteira, qualquer criancice eram suficientes para fazê-lo cair na risada. E como ria! Ria como Éverard, até passar mal, porém com mais frequência e mais facilmente que este. Ele escreveu, em algum lugar, que as lágrimas são destinadas aos anjos e o riso é destinado a Satã. A ideia é linda no contexto em que ele a emprega, mas, na vida do ser humano, o riso de um homem de bem é como o canto de sua consciência. As pessoas alegres de verdade são boas o tempo todo, e ele era justamente a prova disso.

Acabei, portanto, não indo a La Chenaie. Voltei pelo mesmo caminho, entrei de novo em Paris, e ali recebi uma carta do meu irmão na qual pedia que eu fosse a Nohant. Nesse momento ele tomava o meu partido, e empenhava-se com firmeza para convencer meu marido a deixar para mim, sem nenhum arrependimento, a casa e a renda das minhas terras. "Casimir", dizia ele na carta, "está desgostoso com os aborrecimentos que a propriedade causa a ele e com as despesas que ela exige. Não faz a mínima ideia de como lidar com a situação. Você, com o seu trabalho, poderia resolver tudo isso na maior facilidade. Ele quer ir viver em Paris ou na casa da própria madrasta no sul da França; acha que ficará muito mais tranquilo, de dinheiro e de cabeça, com a metade do que recebe de renda hoje e ao voltar à vida de solteiro. Todo dia ele repete que não está feliz morando em seu castelo..." etc.

Meu irmão, que mais tarde tomou o partido do meu marido contra mim, exprimia-se na carta com bastante consciência e severidade a respeito da situação de Nohant em minha ausência. Acrescentava: "Você não deve abandonar seus interesses assim, é um erro para com seus filhos..." etc.

Naquela época, meu irmão não morava mais em Nohant, porém frequentemente visitava a região.

Achei melhor seguir seu conselho, e de fato encontrei *monsieur* Dudevant disposto a ir embora de Berry e a entregar-me os encargos e benefícios da residência. Ao mesmo tempo que tomava aquela resolução, demonstrava-me tanto despeito que não insisti e fui-me embora de Nohant mais uma vez, não tendo coragem de começar uma briga por causa de dinheiro. Algumas semanas mais tarde, essa briga tornou-se necessária, inevitável; ela teve motivos mais sérios. No início, entrar nessa luta tornou-se um dever para com meus filhos, em seguida, em relação a meus amigos e pessoas da minha convivência diária, e talvez também à memória de minha avó, cuja eterna preocupação e últimos desejos estavam sendo abertamente violados nas próprias terras que ela me relegara para garantir e proteger minha vida.

Em 19 de outubro de 1835, fui passar o fim das férias de Maurice em Nohant. Em consequência de uma tempestade que não fora provocada por nada, absolutamente nada, nem mesmo por uma palavra ou por um sorriso dissimulado de minha parte, corri para trancar-me no meu quartinho. Maurice me seguiu em prantos. Acalmei-o, dizendo que isso não voltaria a se repetir. Ficou contente e mais tranquilo com o que lhe disse, assim como ficam as crianças diante de palavras vazias; mas, para mim, aquelas minhas palavras significavam, de fato, uma decisão definitiva. Não queria que meus filhos voltassem a ver as brigas e desavenças que até então nunca tinham presenciado. Não queria que discussões tão feias em nossa casa fizessem que eles se esquecessem de que deviam respeito ao seu pai e a mim.

Alguns dias antes, meu marido assinara um documento sem reconhecer firma no cartório. O documento ganharia validade na data de 11 de novembro seguinte, e nele constava que eu deixava ao meu marido mais da metade das minhas rendas. Tal documento, que me assegurava a casa de Nohant e a guarda da minha filha, não me dava nenhuma garantia de que não voltariam a ocorrer mais mudanças em sua vontade. Sua maneira de ser e suas

História da minha vida

palavras sem rodeios me provavam que ele considerava nulas as promessas duas vezes feitas e duas vezes assinadas. Estava em seu direito, é o que estabelece o casamento; em nossa legislação, o esposo é sempre o senhor da situação. Ora, o senhor nunca se mostra comprometido com aquele que não é senhor de nada.

Quando Maurice já estava deitado e dormindo, Duteil foi me ver no meu quarto para saber se eu estava bem, para verificar como andava minha disposição de espírito. Condenava abertamente aquilo que constatava como uma traição por parte do meu marido. Queria tentar promover uma reconciliação entre nós, mas ambos recusamos. Agradeci sua intervenção, mas não cedi em nada na resolução que acabara de tomar. Precisava da opinião de Rollinat.

Passei a noite inteira pensando e fazendo considerações. No exato momento em que sentia a plenitude dos meus direitos, meus deveres apresentavam-se a mim com todo seu rigor. Demorara muito tempo para agir, mostrara-me muito fraca e fizera pouco caso do meu próprio destino. Enquanto o problema que vinha enfrentando não ia além de uma questão pessoal, coisa que não podia prejudicar a educação moral dos meus filhos, eu havia julgado que seria capaz de sacrificar-me e de permitir-me gozar do meu lar ao não perturbar um homem a quem eu não nascera para tornar feliz conforme seus gostos e vontades. Durante treze anos, ele desfrutara do bem-estar e conforto que pertenciam a mim e dos quais me abstivera só para agradá-lo. Teria tido a maior satisfação em deixá-lo aproveitar daquele conforto pelo resto de sua vida; ele poderia tê-lo mantido sem nenhum esforço ou perturbação. Ainda na véspera da nossa forte discussão, vendo que estava pensativo e melancólico, disse a ele: "Você se arrepende de deixar Nohant, vejo isso muito bem, apesar dos aborrecimentos e do desgosto que tomou pela administração da propriedade e dos negócios. Pois bem, será que essa decisão que está tomando não o deixará mais leve, mais sossegado, mais satisfeito, visto que vou livrá-lo desses aborrecimentos? Você pensa que a porta dessa casa nunca mais estará aberta para você?". Respondeu: "Jamais colocaria os pés numa casa na qual não sou o único senhor". E, no dia seguinte, resolvera ser para sempre o único senhor da casa.

Ele não podia, não devia mais inspirar-me confiança. Sem ressentimento contra ele, via-o dominado por uma fatalidade orgânica, precisava separar meu destino do seu, ou sacrificar mais do que já sacrificara, isto é, minha dignidade perante meus filhos, ou minha vida, da qual já perdera o controle, mas que, igualmente, não deveria entregar a ele.

De manhã bem cedo, *monsieur* Dudevant foi até La Châtre. Já não era mais sedentário como fora durante muito tempo. Ausentava-se dias, semanas inteiras. Não deveria achar ruim que, pelo menos durante as férias de Maurice, eu fosse até Nohant para cuidar da casa e dos nossos filhos. Soube, pelos empregados da casa, que não mudara em nada seus planos; ele deveria partir no dia seguinte, 21, para Paris, a fim de levar Maurice de volta ao colégio e Solange ao pensionato. Esse fora o nosso combinado; eu devia juntar-me a eles depois de alguns dias; porém, as novas circunstâncias me fizeram mudar de resolução. Decidi que não voltaria a ver meu marido nem em Paris nem em Nohant, e que nem mesmo me despediria dele antes de sua partida. Se não fosse a minha vontade de passar os últimos dias das férias de Maurice na companhia do menino, teria deixado a casa imediatamente. Preparei um cavalinho e um cabriolé em péssimo estado — não havia empregados da casa disponíveis para mim —, coloquei meus dois filhos nesse modesto transporte e levei-os para um passeio ao bosque de Vavray, um lugar encantador na época. Sentada na grama, à sombra de velhos carvalhos, era possível percorrer com os olhos todos os horizontes melancólicos e profundos do vale Noire.

Fazia um tempo maravilhoso. Maurice me ajudara a desatrelar o cavalinho, que ficou pastando ao nosso lado. Um sol ameno de outono resplandecia nas urzes. Munidos de facas e cestos, fizemos uma colheita de musgos e de jungermânnias que o meu amigo malgaxe pedira que apanhássemos por ali, ao acaso. Ele queria aumentar a sua coleção, já que não tinha, como escrevera a mim, tempo de ir tão longe para explorar a região.

Apanhamos, pois, tudo o que achávamos pela frente sem escolher, e meus filhos, a menina que não vira passar a tempestade doméstica da véspera, o garoto que, graças à indiferença de sua idade, já esquecera a que assistira, corriam, gritando e rindo por entre as moitas. Era uma alegria tão grande, estávamos nos divertindo tanto naquela ardorosa exploração pelo bosque que acabei me lembrando de tempos felizes em que também corri ao lado da minha mãe à procura de pedras, seixos e conchas a fim de enfeitar nos-

História da minha vida

sas pequenas grutas. Ai de mim! Vinte anos mais tarde, tive à minha volta outra criança radiante de força, de felicidade e de beleza, saltando de lá para cá sobre o musgo que se espalhava pelo bosque, catando um pouco aqui, mais um bocado ali, juntando tudo nas pregas do seu vestido como fizera sua mãe, como eu mesma fizera, nos mesmos lugares, se divertindo da mesma forma, desfrutando dos mesmos sonhos dourados e de fadas! E essa criança[20] agora repousa entre minha avó e meu pai! Assim, sofro ao escrever nesse instante, e a lembrança desse triplo passado sem amanhã me oprime e me sufoca![21]

Havíamos levado um cestinho com guloseimas para degustar embaixo da sombra. Só voltamos para casa à noite. No dia seguinte, as crianças partiram com *monsieur* Dudevant, que passara a noite em La Châtre e não me procurou para despedir-se.

Estava decidida a não ter mais nenhuma discussão com ele; mas ainda não sabia por qual meio conseguiria contornar essa inevitável urgência doméstica. Meu amigo de infância, Gustave Papet, veio visitar-me; contei a ele a aventura, e juntos fomos para Châteauroux.

Lá encontramos Rollinat, que me disse: "Não vejo nenhum remédio para esse caso, a não ser uma separação em juízo. Esse expediente me parece o mais eficaz para resolver o problema; resta saber se você terá coragem de levá-lo até o fim. As formalidades judiciárias são brutais e, frágil como a conheço, você recuará diante da necessidade de atacar e de ofender seu adversário". Perguntei a ele se era possível arranjar um meio de evitar o escândalo dos debates; pedi a ele que me explicasse os trâmites a serem seguidos, e, depois de me dar detalhes a esse respeito, reconhecemos que, se meu marido deixasse correr um julgamento sem a sua presença, sem pleito e sem publicidade, a posição que ele próprio fixara, por contrato voluntário, permaneceria a mesma para ele, visto que tal era minha intenção, com a vantagem essencial para mim de tornar a convenção legal, isto é, real.

---

20 Trata-se da filha de Solange, neta de George Sand, que falecera ainda bem criança, alguns anos antes de a autora narrar este trecho da história de sua própria vida. (N.T.)

21 Junho de 1855. (N.A.)

Mas Rollinat preferia consultar Éverard sobre isso tudo. Regressamos com ele a Nohant no mesmo dia e, só nos demorando o tempo de um rápido jantar, partimos de novo no mesmo cabriolé, trocando de cavalo em posta para chegar a Bourges.

Éverard pagava sua dívida ao pariato. Estava na prisão. A prisão da cidade fica no antigo castelo dos duques de Borgonha. Envolta na escuridão da noite, ela ganhava um aspecto colossal de força e desolação. Subornamos um dos carcereiros, que nos fez passar por uma brecha e conduziu-nos pelas trevas, através de galerias e escadas fantásticas. Houve um momento em que, ouvindo os passos de um vigia, empurrou-me para dentro de um espaço qualquer que tinha a porta aberta e trancou-me, enquanto escondia Rollinat não sei onde, e, ficando sozinho no corredor, apresentou-se ao seu superior, que estava de passagem.

Tirei do bolso um dos fósforos que usava para acender meus cigarros e examinei onde estava. Encontrava-me em um calabouço extremamente lúgubre, situado ao pé de uma torrinha. A dois passos de mim, uma escada subterrânea à flor da terra descia às profundezas dos cárceres. Apaguei rápido meu fósforo, que podia revelar minha presença, e permaneci imóvel, sabendo do perigo de fazer um percurso às cegas naquele refúgio de péssima aparência.

Fiquei ali bem uns vinte minutos, que me pareceram longuíssimos. Por fim, meu homem voltou para libertar-me, e nos pusemos a caminho da cela em que Éverard, avisado por Gustave, aguardava-nos para dar-me uma consulta lá pelas duas horas da madrugada.

Aprovou-nos por termos tomado aquela providência com rapidez e em segredo. Aqueles dentre os meus amigos que mantinham boas relações com *monsieur* Dudevant não deviam ficar sabendo do nosso empenho em ir procurá-lo, caso não tivéssemos êxito. Ouviu com atenção o histórico completo da minha vida conjugal e, informado de todas as mudanças de decisão que eu tivera que suportar, pronunciou-se, assim como Rollinat, a favor da separação judiciária. Meu plano de conduta foi traçado após cuidadosa deliberação. Devia surpreender meu adversário por meio de uma petição ao presidente do tribunal, a fim de que, feito isso, ele pudesse aceitar as consequências em um momento em que deveria sentir com

História da minha vida

mais evidência a necessidade delas. Não colocávamos em dúvida que ele as aceitaria sem discussão para evitar que fossem propaladas as causas da minha determinação. Contávamos com isso, mas não com os maus conselhos que *monsieur* Dudevant achou que devia escutar na sequência do processo.

Para conservar meus direitos de queixosa, não devia voltar ao domicílio conjugal, e até que o presidente do tribunal tivesse estatuído meu domicílio temporário, tinha de morar na casa de um dos meus amigos de La Châtre. O mais velho deles era Duteil; porém, será que Duteil, amigo do meu marido, ficaria contrariado em me receber nessas circunstâncias? Quanto à sua mulher e à sua irmã, isso não constituía uma dúvida para mim; quanto a ele, era algo a se tentar.

O carcereiro apareceu para nos avisar de que o dia estava prestes a raiar e que precisávamos sair como havíamos entrado, sem sermos vistos, pois o regulamento da prisão se opunha a essas consultas noturnas. Nossa saída se passou sem incidentes. Retomamos o cabriolé na posta e seguimos a La Châtre para surpreender Duteil. Em 30 horas, tínhamos feito 54 léguas em um cabriolé destroçado, caindo em ruínas, e não tínhamos nos dado um momento sequer de descanso moral. Logo que chegamos, disse a Duteil:

— Eis-me aqui, vim pedir para morar com você, a menos que me expulse. Não peço conselhos nem busco informações que eu possa usar contra *monsieur* Dudevant, que é seu amigo. Não vou chamá-lo como testemunha contra ele. Dou minha autorização a você, assim que eu obtenha uma sentença, para tornar-se o conciliador entre nós, isto é, garantindo a ele, de minha parte, as melhores condições de vida possíveis, aquelas que ele havia estabelecido. Seu papel, que você já pode levar ao conhecimento dele, é, portanto, honroso e fácil.

— Você fica na minha casa — disse Duteil, com aquela espontaneidade de coração que o caracterizava nas grandes ocasiões. — Fico tão grato pela preferência que você me concede sobre seus outros amigos que sempre poderá contar comigo, aconteça o que acontecer. Quanto ao processo ao qual quer dar início, deixe-me conversar com você a respeito.

— Primeiro sirva-me o jantar, pois estou morta de fome — respondi a ele —, depois vou a Nohant buscar minhas pantufas e minha papelada.

555

— Acompanho você até lá, e vamos conversando no caminho — determinou Duteil.

Ao recompor-me um pouco com o jantar, tomei com ele o venerável cabriolé, e duas horas depois já havíamos retornado à sua casa. Durante a viagem, ouvira-me em silêncio, limitando-se a fazer perguntas de ordem mais elevada que aquelas feitas ao acaso quando se procede a um interrogatório dessa natureza, e não emitindo muito sua opinião a respeito do que escutava. Por fim, no corredor de choupos que estende-se até a chegada da cidadezinha, resumiu o que achava da seguinte forma: "Fui o alegre companheiro e hóspede do seu marido e do seu irmão, mas nunca esqueci, quando você estava lá, que eu estava em sua casa e que devia, à sua qualidade de mãe de família, um respeito sem limites. Entretanto, algumas vezes incomodei-a com minha tagarelice antes do jantar e com minha algazarra nas horas do seu trabalho. Você sabe bem que eu não fazia isso de propósito e que uma só palavra de reprimenda de sua parte teria acabado com minha embriaguez no mesmo instante como que por milagre. Seu erro foi ter me estragado por tratar-me com muita doçura. Então, o que aconteceu? É que, enquanto sentia-me companheiro do seu marido durante 12 horas de alegria, tinha, a cada noite, uma 13ª hora de tristeza em que me sentia seu amigo. Depois da minha mulher e dos meus filhos, você é a pessoa que mais amo na face da Terra, e, se após duas horas hesito em lhe dar razão, é que temo que sofra pelas fadigas e mágoas decorrentes da luta que está prestes a iniciar. No entanto, creio que ela possa ser tranquila e ficar confinada no pequeno horizonte de nossa cidadezinha, isso se Casimir ouvir meus conselhos. Tenho em vista aqueles que preciso dar a ele em seu próprio interesse, e agora penso poder juntar forças para convencê-lo. É isso". E, como subíamos a pequena ponte em arco que dá entrada à cidade, desferiu uma chicotada no cavalo, bradando, com sua alegria reanimada: "Vamos! *Raptemos Hermione!*".

Instalei-me, portanto, na casa de Duteil durante algumas semanas, sentindo que precisava viver ali como em uma casa de vidro, no coração dos boatos de La Châtre, e fazer cair por terra todas as histórias que erigiam ali, desde quando me entendo por gente, sobre a excentricidade do meu caráter. Essas histórias fantásticas tinham alçado um voo bem maior desde quando fui tentar realizar meu destino de artista em Paris. Como não tinha abso-

História da minha vida

lutamente nada a esconder, e como nunca dei muita trela a nada, era bem mais fácil dar-me a conhecer. Alguns rancores a propósito da famosa canção persistiram um pouco, alguns fanáticos da autoridade marital endureceram ainda mais contra a minha causa; mas, em geral, vi desabarem todas as prevenções, e, se tivesse meus pobres filhos comigo, o tempo que passei em La Châtre teria sido um dos mais agradáveis da minha vida. Era por eles que lutava, portanto mantive a paciência. A família de Duteil rapidamente tornou-se a minha. Sua mulher, a bela e encantadora Agasta, sua cunhada, a formidável Félice, ambas plenas de inteligência e de coração, fizeram-se como que minhas irmãs, gentileza que retribuí com todo o gosto. *Monsieur* e madame Desages (esta última era irmã do próprio Duteil) moravam na mesma casa, no andar térreo. Todas as noites reuníamos um grupo de quatorze pessoas, das quais sete eram crianças.[22] Charles e Eugénie Duvernet, Alphonse e Laure Fleury, Planet — que dali em diante fixou residência em La Châtre —, Gustave Papet, quando vinha de Paris, e algumas outras pessoas da família Duteil juntavam-se a nós com bastante frequência; nessas ocasiões, organizávamos para as crianças charadas em ação, festas à fantasia, danças e jogos apropriadamente inocentes, que deixavam suas almas em alegria e êxtase. É tão bom o riso inextinguível dessas felizes criaturas! Elas empregam tanto ardor e sinceridade nas emoções dos jogos! Eu mesma voltava a ser criança uma vez mais na vida, *atraindo todos os corações infantis para perto de mim*. Ah, sim, esse era o meu império e minha vocação; deveria ter sido babá ou professora.

Às dez horas a criançada ia para a cama, às onze horas o resto da família se separava. Félice, boa para mim como um anjo, preparava minha mesa de trabalho e minha pequena ceia; ela dormia com sua irmã, Agasta, que era acometida por um mal dos nervos muito grave e que, depois de reanimada pela alegria das crianças, muitas vezes tinha uma recaída e ficava acabada como se estivesse morrendo. Conversávamos um pouco com ela para que conseguisse adormecer ou, quando conseguia dormir sozinha, ficávamos com Duteil e Planet, que adoravam parolar, e precisávamos mandá-los

---

22 Uma dessas crianças, Luc Desages, tornou-se discípulo e genro de Pierre Leroux. (N.A.)

embora a fim de impedi-los de atrapalhar minha vigília. À meia-noite, finalmente me punha a escrever até de manhã, algumas vezes embalada por estranhos rugidos.

De frente para minhas janelas, do outro lado da rua estreita, acidentada e imunda, balançava, de tempos imemoriais, a clássica tabuleta: *A La Boutaille*. Duteil, que garantia ter aprendido a ler nessa tabuleta, dizia que, no dia em que aquele erro de ortografia – aquela troca do primeiro "e" da palavra *bouteille* pelo "a" – fosse corrigido, não teria mais nada a fazer a não ser morrer, porque toda a fisionomia de Berry estaria mudada.

A hospedaria La Boutaille era mantida por uma velha sibila que alugava quartos para pernoite, e esse pardieiro estava infestado principalmente de charlatões ambulantes, de mascates e de exibidores de animais amestrados. As marmotas, os cães dançarinos, os macacos pelados e sobretudo o urso domado dirigiam a corte plenária nos porões cujos respiradouros davam para a rua. Esses pobres animais, extenuados pela fadiga da viagem e moídos pelos golpes inseparáveis de toda educação clássica, viviam ali em harmonia uma parte da noite; mas, ao se aproximar o dia, a fome ou o tédio se faziam sentir e começavam a agitar-se, a injuriar-se e a trepar nas barras do respiradouro para gemer, fazer caretas ou grunhir da maneira mais lúgubre.

Tratava-se do prelúdio de cenas curiosíssimas com as quais amiúde me divertia ao espiar através da fresta de minhas gelosias. A dona da estalagem La Boutaille, madame Gaudron, sabendo muito bem com que tipo de gente tinha negócios, era a primeira a levantar-se de modo bastante misterioso para vigiar a saída dos seus hóspedes. Estes, por sua vez, arquitetando partir sem pagar, faziam seus preparativos no escuro, às cegas, e um deles, descendo aos porões onde estavam os animais, excitava-os para fazê-los soltar rugidos e grunhidos, a fim de cobrir o barulho furtivo da fuga dos camaradas.

A destreza e a astúcia desses boêmios eram fascinantes; não sei por quais buracos da fechadura eles se evadiam, mas, apesar dos olhos atentos e do ouvido fino da velha, várias vezes ela se encontrava na presença de um gaiato choramingão que se dizia abandonado com os animais pelos seus companheiros desnaturados e sem possibilidade de pagar as despesas. Que fazer? Confiscar essa bicharada e alimentá-la até que a polícia apanhasse os delinquentes? Isso era um péssimo negócio, sendo mais sensato deixar partir

História da minha vida

a vítima dissimulada com os quadrúpedes esfomeados e ameaçadores, que pareciam pouco dispostos a se deixarem confinar no cativeiro.

Quando o bando pagava honestamente sua despesa, a velha tinha uma outra preocupação. Temia, sobretudo, aqueles que se conduziam como gentis-homens e desdenhavam pechinchar. Punha-se então a vasculhar seus pacotes com angústia, contava e recontava seus talheres de estanho e seus trapos. A albarda do asno, quando havia um asno, era especialmente o objeto de sua aflição. Ela achava mil pretextos para deter esse asno, e, no último instante, habilmente passava suas mãos embaixo da albarda para palpar-lhe o lombo. Porém, a despeito de todas essas precauções e de todos esses cuidados, só se passavam poucos dias sem que a ouvíssemos se lamuriar sobre suas perdas e maldizer sua clientela.

Quantos belos Decamps,[23] quantos fantásticos Callot[24] vi ali, à claridade esbranquiçada da lua ou sob a pálida luz difusa da alvorada de inverno, quando o vento seco e frio do norte fazia matracar a tabuleta secular, e os boêmios, lívidos como espectros, punham-se em marcha na calçada coberta de neve! [...]

Em 16 de fevereiro de 1836, o tribunal atestou uma sentença de separação a meu favor. *Monsieur* Dudevant ausentou-se, o que nos levou a acreditar que aceitava aquela solução. Pude então tomar posse do meu domicílio legal em Nohant. A sentença confiava-me a guarda e a educação do meu filho e da minha filha.

Pensei que estava dispensada de levar as coisas mais longe. Meu marido escrevia a Duteil dando a entender que me avisasse para que eu o esperasse.

---

23 Alexandre-Gabriel Decamps (1803-1860). Pintor de técnica apuradíssima, figurou entre os grandes pintores de seu tempo, como Eugène Delacroix e Joseph Vernet, tornando-se um dos ícones da pintura francesa. Produziu grande número de pinturas de gênero, em sua maioria cenas da vida francesa e algeriana. Em vários de seus quadros e esboços, retratou animais, como cachorros, cavalos, macacos, com esplêndido humor. (N.T.)

24 Jacques Callot (1592-1635). Pintor e gravurista francês, nasceu e morreu em Nancy. Trabalhou em Florença e Paris. Impressionado com a devastação produzida pela Guerra dos Trinta Anos e pela epidemia de praga que a seguiu, pintou vários quadros retratando a miséria desses acontecimentos. Neles figuram numerosos mendigos, muitos deles cegos, aleijados ou caolhos. (N.T.)

Passei algumas semanas em Nohant no aguardo da sua chegada para a liquidação dos nossos negócios e dos nossos arranjos. Duteil se encarregava de fazer, em meu nome, todas as concessões possíveis, e eu devia, para evitar qualquer encontro desagradável, retornar a Paris quando *monsieur* Dudevant viesse a La Châtre.

Desfrutei, portanto, em Nohant, de alguns lindos dias de inverno, durante os quais saboreei, pela primeira vez desde a morte da minha avó, as doçuras de um recolhimento não perturbado por mais nenhuma nota dissonante. Fiz, tanto por economia como por justiça, uma limpa de todos os empregados habituados a comandar no meu lugar. Mantive apenas o velho jardineiro da minha avó, estabelecido, com sua mulher, em um pavilhão no fundo do pátio. Fiquei, portanto, absolutamente só naquela enorme casa silenciosa. Não recebia nem mesmo meus amigos de La Châtre, a fim de não dar lugar a nenhuma amargura. Não me parecera de bom gosto oferecer tão cedo um banquete para comemorar minha nova residência e dar a impressão de festejar com espalhafato minha vitória.

Fiquei, portanto, em solidão absoluta, e, pelo menos uma vez na vida, morei em Nohant na condição de *casa deserta*. A casa deserta foi durante muito tempo um dos meus sonhos. Até o dia em que pude gozar sem preocupação das doçuras da vida de família, acalentei a esperança de possuir, em algum lugar ignorado, uma casa, fosse uma casa em ruínas ou uma choupana, onde pudesse de tempos em tempos desaparecer e trabalhar sem ser distraída pelo som da voz humana.

Nohant foi, portanto, nessa época, ou melhor, nesse momento – pois foi um curto peíodo, como todos os parcos e ínfimos repousos de minha vida –, um ideal para a minha fantasia. Distraí-me arrumando, isto é, desarrumando eu mesma a casa. Desaparecia com tudo o que me fazia recordar de lembranças penosas, e arranjei os velhos móveis como os vira dispostos em minha infância. A esposa do jardineiro só entrava na casa para arrumar o meu quarto e para levar-me o jantar. Quando era hora de ela ir para a cama, eu fechava todas as portas que davam para fora e abria todas aquelas do interior da casa. Acendia várias velas e passeava por todas as imensas salas do andar térreo, desde o pequeno budoar, onde sempre deitava para dormir ou descansar, até o enorme salão ainda mais iluminado pela grande lareira.

História da minha vida

Depois apagava tudo e, caminhando até a única luz já fraquinha do fogo se extinguindo na lareira, saboreava a emoção daquela obscuridade misteriosa e plena dos pensamentos melancólicos, após ter recuperado as ridentes e doces lembranças dos meus anos de infância. Era divertido quando causava um pouco de medo a mim mesma ao passar, como um fantasma, diante dos espelhos manchados pelo tempo, e o barulho dos meus passos nas salas vazias e sonoras algumas vezes me faziam estremecer, como se a sombra de Deschartres deslizasse atrás de mim.

Pelo que me lembro, fui a Paris no mês de maio. *Monsieur* Dudevant foi a La Châtre e aceitou uma transação que lhe oferecia condições infinitamente melhores que a sentença pronunciada contra ele. Mas, nem bem assinou, achou que devia não levá-la em consideração e opor-se a ela. Agiu muito mal nesse sentido, estava envenenado pelos conselhos do meu pobre irmão, que, volúvel como as ondas, ou antes, como o vinho, voltara-se contra minha vitória depois de ter me oferecido todas as armas possíveis para o combate. A madrasta do meu marido, madame Dudevant, decidira, por assim dizer, que era imprescindível prosseguir a luta. Com certeza, ela me detestava com todas as forças sem que eu nunca tenha sabido o porquê. Talvez ela experimentasse, na iminência de sua morte, a necessidade de detestar alguém que, no dia do seu falecimento, tornou-se uma necessidade de odiar todo mundo, meu marido em primeiro lugar. Seja como for, disseram-me que pouco antes de morrer ela impôs ao seu enteado, como condição para que recebesse sua herança, a resistência a qualquer conciliação comigo.

Meu marido, repito, agiu mal. Querendo rejeitar a separação, cogitou apresentar ao tribunal uma petição ditada – poderíamos dizer redigida – por dois empregados da casa que eu havia dispensado, e que um célebre advogado não o dissuadiu de tomar como auxiliares. Os conselhos desse advogado algumas vezes são funestos. Um fato recente, que difamou minha alma para sempre, sem nenhum benefício à sua glória, cruelmente provou o que acabei de mencionar a respeito dele.

Quanto à sua intervenção em minhas negociações conjugais, só serviu para tornar amarga uma solução que poderia ter sido tranquila. Ela esclareceu a consciência dos juízes até mais do que era necessário. Eles não compreenderam por que, ao acusar-me de faltas tão censuráveis para com ele e para comigo mesma, meu marido queria reatar nossa união. Acharam a injúria suficiente e, anulando os motivos da sua primeira sentença por vício de forma no processo, renovaram-no ao 11 de maio de 1836, absolutamente nos mesmos termos.

Lá estava eu de novo em La Châtre, na casa de Duteil; fizera a noite inteira planos e preparativos para partir. Garantira, por empréstimo, uma soma de 10 mil francos, com os quais estava resolvida a pegar meus filhos e fugir para a América se a deplorável petição fosse levada em consideração. Confesso agora, sem escrúpulos, essa intenção formal que eu tinha de resistir ao efeito da lei, e ouso dizer muito abertamente que a lei que rege as separações judiciárias é uma lei contra a qual a consciência dos dias de hoje protesta, e uma das primeiras que a sabedoria do futuro revisará.

O principal vício dessa lei é a publicidade que ela dá aos debates. Ela obriga um dos esposos, o mais insatisfeito, o mais lesado entre os dois, a suportar uma existência impossível, ou a expor, à luz do dia, as chagas de sua alma. Não seria suficiente revelar essas chagas somente aos íntegros magistrados, que as guardariam em segredo, sem serem obrigados a tornar públicos os erros e desvarios daquele que os produziu? Exigem testemunhas, realizam uma enquete. Redigem e afixam as faltas assinaladas. Para poupar as crianças das influências, que talvez sejam funestas apenas de modo passageiro, é preciso que um dos esposos deixe nos anais de um cartório um monumento de acusação contra o outro. E, ainda por cima, essa é apenas a parte mais suave e velada de semelhantes confrontos. Se o adversário opõe resistência, é preciso chegar ao estardalhaço da exposição das razões do processo e ao escândalo dos jornais. Assim, uma mulher tímida ou generosa deverá renunciar a respeitar seu marido ou abdicar de preservar seus filhos. Um dos seus deveres estará em oposição ao outro. Será que poderíamos dizer que, se o amor materno não prevalece, ela terá sacrificado o futuro das crianças à moral pública, à santidade da família? Esse será um sofisma difícil de se admitir, e, se pretendemos que o dever da mãe não é mais imperioso que o da esposa, concordemos pelo menos que ele o é na mesma medida.

E, se é o esposo que demanda a separação, seu dever não é mais terrível ainda? Uma mulher pode articular causas suficientes de incompatibilidade para romper a união conjugal, sem que essas causas sejam desonrosas para o homem cujo nome ela porta. Da mesma forma, sem dúvida, é exigir muito dela que alegue a vida tumultuosa, o furor incontrolável e a presença de amantes do seu marido no domicílio conjugal para a libertarem das infelicidades causadas por essas infrações à regra; mas, enfim, nada disso constitui manchas que um homem não conseguiria limpar diante da opinião alheia. Digo mais: em nossa sociedade, conforme nossos preconceitos e costumes, quanto mais um homem é apontado por ter sorte no galanteio com as mulheres, mais o sorriso do público o felicita. Sobretudo na província, todo aquele que se refestela bastante à mesa e no amor é tido como um *folgazão*, e tudo está dito. Censuram-no um pouco por não ter poupado a dignidade de sua mulher legítima, concordam que tem agido mal por enfurecer-se contra ela, mas, enfim, demonstrar autoridade absoluta na casa é direito do marido, e, por mais que tenha desrespeitado as formalidades do casamento, todos do seu sexo lhe darão maior ou menor razão; e, de toda forma, na realidade, ele pode ter sucumbido às seduções de certas intemperanças e, mesmo assim, continuar sendo um homem de bem em relação a todas as outras coisas.

Tal não é a posição da mulher acusada de adultério. À mulher não atribuem mais que um único gênero de honra. Infiel ao seu marido, ela é difamada e aviltada, é desonrada aos olhos dos seus filhos, é passível de uma pena infamante, a prisão. Eis o que um marido ultrajado, que quer poupar seus filhos dos maus exemplos, é forçado a fazer quando pede a separação judicial. Ele não pode se queixar nem de ter sofrido injúrias nem de maus tratos. Ele é o mais forte, tem os seus direitos, ririam na sua cara se se queixasse por ter levado uns tapas. É preciso, portanto, que invoque o adultério e que trucide moralmente a mulher que carrega o seu nome. É talvez para evitar a exigência dessa morte moral que a lei lhe concede o direito à morte real da esposa que o desonrou.

Que solução para os infortúnios domésticos! Isso é selvagem, isso pode matar a alma do filho condenado a contemplar a duração dos desacordos entre os seus pais ou a conhecer-lhe o resultado.

Mas isso não é nada ainda; o homem é investido de muitos outros direitos. Ele pode desonrar sua mulher, *mandar prendê-la* e condená-la em seguida a voltar a ficar sob a sua dependência, a resignar-se ao seu perdão e às suas carícias! Se ele poupar-lhe desse último ultraje, o pior de todos, pode proporcionar-lhe uma vida de ódio e de amargura, censurar-lhe sua culpa em todas as horas de sua vida, mantê-la eternamente sob humilhante servidão, sob o terror das ameaças.

Imagine o papel de uma mãe de família submetida ao ataque ultrajante de semelhante misericórdia. Veja a atitude dos seus filhos condenados a corar de vergonha por causa dela, ou a absolvê-la, abominando o autor do seu castigo! Veja as atitudes e reações dos seus parentes, dos seus amigos, dos seus empregados! Suponha um esposo implacável, uma mulher vingativa: temos então a receita exata de um lar trágico. Suponha um marido ora inconsequente, ora complacente, uma mulher sem memória e sem dignidade, e estamos diante de um lar ridículo. Mas nunca suponha um esposo realmente generoso e moral, capaz de punir em nome da honra e de perdoar em nome da religião. Tal homem pode exercer seu rigor e sua clemência no segredo da vida em família, mas jamais invocará o benefício da lei para publicamente infligir uma vergonha que não está em seu poder apagar.

Essa doutrina judiciária foi no entanto admitida pelos conselheiros do meu marido, e defendida mais tarde por um homem íntegro, advogado de província, que talvez não fosse desprovido de talento, mas que foi forçado a agir de modo absurdo sob o peso de um sistema imoral e revoltante. Lembro-me de que, advogando em nome da religião, da autoridade, da ortodoxia dos princípios, e pretendendo invocar o exemplo máximo da caridade evangélica na imagem do Cristo, qualificou-o como filósofo e profeta, incapaz de elevar seu ímpeto oratório a ponto de fazer dele um Deus. Eu o compreendo bem: apelar à sanção de um Deus para a *vingança antecipada ao perdão* seria um sacrilégio.

Acrescentemos que essa vingança pretensamente legítima possa apoiar-se em atrozes calúnias, aceitas em um momento de irritação doentia; o ressentimento de certa criadagem sabe ornamentar de fatos monstruosos uma culpa presumida. Um esposo autorizado a admitir infâmias até o ponto de tentar fornecer provas delas arriscaria nisso sua honra e seu bom senso.

Não, o laço conjugal desfeito nos corações não pode ser reatado pela mão dos homens. O amor e a fé, a estima e o perdão são coisas muito íntimas e muito santas para que não as confiemos somente a Deus como testemu-

História da minha vida

nha e as entreguemos em caução ao segredo. A aliança conjugal é rompida a partir do momento em que torna-se odiosa a um dos esposos. Seria preciso que um conselho de família e de magistratura fosse convocado a conhecer, não digo os motivos do pleito, mas a realidade, a força e a persistência do descontentamento entre as partes envolvidas. Ainda que provações de tempo fossem impostas, que uma sábia lentidão fosse observada contra os caprichos culpáveis ou os despeitos passageiros, certamente não seria demais que usássemos de bastante prudência ao nos pronunciarmos sobre os destinos da família; mas seria necessário que a sentença só fosse motivada por incompatibilidades manifestas no espírito dos juízes, vagas na fórmula judiciária, desconhecidas do público. Não haveria mais disputas judiciais em favor do ódio ou da vingança, e a procura pelo pleito diminuiria bastante.

Quanto mais aplainarmos as vias da libertação, mais os náufragos do casamento farão esforços para salvar o navio antes de abandoná-lo. Se esse navio é uma arca sagrada, como o proclama o espírito da lei, tomemos todos os cuidados para que ela não soçobre nas tempestades, cuidemos para que os seus condutores fatigados não a deixem sucumbir na lama; criemos condições para que dois esposos forçados a separar-se – que fique bem claro, por um dever de dignidade – possam respeitar a união que eles rompem e ensinar seus filhos a respeitar tanto a mãe quanto o pai.

Eis as reflexões que se amontoavam em meu espírito às vésperas do dia que deveria decidir minha sorte. Meu marido, irritado pelos motivos enunciados na sentença, e culpando a mim e aos meus conselheiros judiciários por tudo aquilo que as formas legais tinham de duro e de indelicado, não tinha outra coisa em mente além da vingança. Cego, não fazia ideia que nesse caso a sociedade era a sua única inimiga. Não admitia a si mesmo que eu havia articulado apenas os fatos absolutamente necessários, e fornecido as provas estritamente exigidas pela lei. No entanto, conhecia o Código melhor que eu, pois formara-se advogado; mas jamais seu pensamento, preso à imobilidade da autoridade, pretendera elevar-se à crítica moral das leis, e, por conseguinte, prever suas funestas consequências.

Respondia, portanto, a um inquérito em que era denunciado apenas pelos fatos dos quais adorava vangloriar-se pelas imputações frente às quais eu teria estremecido se merecesse um milésimo delas. Seu advogado recusou-se a ler um libelo. Os juízes teriam se recusado a ouvi-lo.

Ele ia, portanto, além do espírito da lei, que permite ao esposo ofendido pelas recriminações justificar os procedimentos acerbos dos quais o acusam por meio de violentos objetos de queixa. Mas a lei que admite esse meio de defesa, em um processo em que o esposo demanda a separação em seu benefício, não teria possibilidade de admiti-lo como ato de vingança em uma disputa em que o esposo rejeita a separação. Ela se pronuncia tanto mais a favor da mulher que declarou-se ofendida quanto esse meio de defesa mostra-se a pior das ofensas: foi o que ocorreu.

Contudo, não estava tranquila quanto ao resultado final desse caso. De minha parte, teria preferido, em um primeiro momento de indignação, que o meu marido fosse autorizado a provar as queixas que articulava contra mim. Éverard, que devia defender-me no pleito, rechaçava a ideia de um semelhante debate. Tinha razão, mas meu orgulho sofria, confesso, com a possibilidade de uma suspeita no espírito dos juízes. E revelava meu receio a ele: "Essa suspeita talvez ganhe tanta consistência na cabeça deles que, ao concederem a separação, podem retirar-me a responsabilidade de criar meu filho".

No entanto, depois de pensar melhor, reconheci a ausência de perigo em minha situação, independentemente do que viesse a acontecer. A suspeita não podia mesmo aflorar no espírito dos meus juízes: as acusações levavam com muita evidência o sinete da demência.

Então dormi profundamente. Estava fatigada pelos meus próprios pensamentos, que pela primeira vez haviam abarcado a questão do casamento de um modo geral com bastante lucidez. Jamais, juro, sentira de forma tão viva a santidade do pacto conjugal e as causas de sua fragilidade em nossos costumes do que nessa crise em que via a mim mesma como uma das partes principais. Finalmente experimentava uma calma soberana, estava segura da retidão da minha consciência e da pureza do meu ideal. Agradeci a Deus por, em meio aos meus sofrimentos pessoais, ter me permitido conservar, sem alterações, a noção da verdade e o amor por ela.

À uma hora da tarde, Félice entrou em meu quarto. Foi logo dizendo: "Como você pode estar dormindo ainda? Acabou de sair o resultado da au-

História da minha vida

diência, você ganhou o processo, Maurice e Solange estão sob a sua guarda. Rápido, levante para agradecer a Éverard, que chegou agora e fez a cidade inteira cair em prantos".

Ainda havia a transação com *monsieur* Dudevant que tentaram realizar em meu nome quando retornei a Paris; mas seus conselheiros não lhe permitiam uma folga sequer para que desse ouvidos à razão. Ele entrou com apelo na corte de Bourges. Voltei a morar em La Châtre.

Ainda que fosse cercada de atenções e, na medida do possível, me sentisse feliz ao ser acolhida pela família de Duteil, sofria um pouco com o barulho das crianças, que acordavam bem na hora em que eu começava a pegar no sono. O calor também me incomodava muito, já que a estreiteza da rua e a pequenez da casa o tornavam insuportável. Passar o verão na cidade é, para mim, a coisa mais cruel. Não tinha sequer um pobre raminho verde para contemplar. Rozane Bourgoing ofereceu-me um quarto na casa dela, e ficou combinado que as duas famílias se reuniriam todas as noites.

Monsieur e madame Bourgoing, com uma irmã mais nova de Rozane que o casal tratava como se fosse sua filha, e que era quase tão bela quanto Rozane, ocupavam uma linda casa com um jardinzinho suspenso, em forma de terraço, à beira de um precipício. Tratava-se da antiga muralha da cidade, e dali era possível ver o campo, estávamos no campo. O rio Indre corria, sombrio e tranquilo, sob as cortinas de árvores magníficas e, ao longo de um vale encantador, perdia-se no verdor da abundante vegetação. Diante de mim, na outra margem do rio, elevava-se a Rochaille, uma colina formada de blocos diluvianos e sombreada por nogueiras seculares. Também era possível avistar a casinha branca e as choças de palha do meu amigo malgaxe um pouco mais longe, e, ao nosso lado, a grande torre quadrangular do antigo castelo dos Lombault dominava a paisagem.

Nosso jardinzinho, repleto de flores, regalava-nos com aromas deliciosos; o barulho da cidade não chegava muito até nós. Fazíamos nossas refeições fora, ao longo de uma grande empena coberta de madressilva, com os pés sobre as lajes de um pequeno peristilo onde as violetas encontravam meios de penetrar. Nossos amigos vinham tomar café apoiados na balaustrada do terraço, ao canto dos rouxinóis e ao ruído dos moinhos do rio. Minhas noites eram deliciosas. Ocupava um quarto enorme no andar térreo, mobiliado com uma caminha de ferro, uma cadeira e uma mesa. Quando os amigos já tinham ido embora e as portas eram fechadas, eu podia, sem perturbar o sono de ninguém, passear pelo jardim escarpado como se fosse uma cidadela, trabalhar uma hora, sair e entrar novamente, contar as estrelas que se recolhem, saudar o sol que se ergue, abraçar, ao mesmo tempo, um largo horizonte e um vasto campo, ouvindo apenas o canto dos pássaros ou o pio da coruja, achando-me, por fim, na casa deserta dos meus sonhos. Foi aí que refiz a última parte de *Lélia* e que lhe acrescentei um volume. Foi talvez o lugar onde me senti, com ou sem razão, mais poeta.

De tempos em tempos ia até Bourges, ou Éverard vinha de vez em quando a La Chatrê. Os encontros tinham sempre o intuito de nos consultarmos a respeito do processo, mas este era o assunto do qual menos conseguíamos falar. Eu tinha a cabeça completamente tomada pela arte, Éverard trazia a mente repleta de política, Planet estava com o pensamento todo inclinado ao socialismo. Duteil e o malgaxe faziam de tudo isso um *pot-pourri* de imaginação, de espírito, de divagação e de alegria. Fleury discutia com essa mistura do bom senso e do entusiasmo que disputam seu cérebro às vezes positivo e romanesco. Nós nos prezávamos mutuamente o bastante para não discutir com violência. Que boas violências entrecortadas de ternos impulsos do coração e de risos homéricos! Não conseguíamos nos separar, esquecíamos de dormir, e esses pretensos dias de descanso nos deixavam moídos pela fadiga, mas livres do excesso de imaginação e do fervor republicano que se acumulavam em nós nas horas de solidão.

Finalmente meu insuportável processo foi confiado a Bourges. Fui para lá, no começo de julho, depois de ter buscado Solange em Paris. Queria estar uma vez mais preparada para levá-la embora comigo caso acontecesse algum revés. Quanto a Maurice, minhas precauções foram tomadas para raptá-lo um pouco mais tarde. Em segredo mantinha uma revolta contra a lei que invocava abertamente. Isso era bastante ilógico, mas a lei era mais desprovida de lógica que eu, ela que, para suprimir ou entregar meus direitos de mãe, forçava-me a eliminar toda lembrança da amizade conjugal ou a ver essa lembrança ultrajada e desprezada no coração do meu marido. Esses direitos maternais a sociedade pode anular, e, em tese geral, essa mesma sociedade pode dar primazia aos direitos do marido. A natureza não

História da minha vida

aceita tais sentenças, e jamais convencerão uma mãe de que seus filhos não pertencem a ela tanto quanto ao seu pai. Os filhos tampouco se enganam a respeito disso.

Eu sabia que os juízes de Bourges estavam prevenidos contra mim e habilmente iludidos por um sistema de maledicências fantásticas que recaía sobre a minha pessoa. Assim, no dia em que me mostrei vestida com os trajes comuns usados por todas as pessoas na cidade, aqueles burgueses que não me reconheceram, ao apresentar-me desse modo, perguntavam aos outros se era verdade que eu vestia calças vermelhas e carregava pistolas na cintura.

Monsieur Dudevant percebia muito bem que, com sua petição, dera um passo em falso. Aconselharam-no a posar de marido desvairado pelo amor e pelos ciúmes. Era um pouco tarde, e penso que desempenhou muito mal um papel que desmentia sua lealdade natural. Convenceram-no a ir de noite sob as minhas janelas e até minha porta, como que para solicitar uma misteriosa entrevista; mas minha consciência revoltou-se contra semelhante comédia, e, depois de caminhar de lá para cá durante alguns instantes na rua, vi que ia embora rindo e encolhendo os ombros. Ele tinha razão para reagir dessa maneira.

Fui recebida com hospitalidade pela família Tourangin, uma das mais honradas da cidade. Félix Tourangin, rico industrial e parente próximo da família Duteil, tinha duas filhas, sendo uma casada e a outra já maior de idade, e quatro filhos, dos quais os mais novos ainda eram crianças. Agasta e o seu marido haviam me acompanhado. Rollinat, Planet e Papet haviam nos seguido. Os outros logo reuniram-se a nós; eu tinha, portanto, toda minha querida região do Berry em torno de mim, visto que a partir desse momento liguei-me à família Tourangin como se houvesse passado toda a minha vida com ela. O pai Félix me chamava de sua filha; Elisa, um anjo de bondade e uma mulher do maior mérito e da mais adorável virtude, chamava-me de irmã. Com ela, fazia o papel de mãe dos seus irmãozinhos. Seus outros parentes vinham nos ver com frequência e me demonstravam o mais afetuoso interesse, até mesmo *monsieur* Mater, o primeiro presidente, quando meu processo foi concluído. Também vi chegar, no dia dos debates, Émile Regnault, natural de Sancerrois, a quem eu amara como a um irmão e que

George Sand

tomara partido contra mim não sei mais por causa de qual desagradável querela. Viera pedir-me perdão honrosamente por injustiças que cometera contra mim e que eu já esquecera.

O advogado do meu marido, dentro do sistema adotado, defendeu, como já disse antes, o amor deste e, enquanto oferecia com altivez a prova dos meus crimes, ofertava-me generosamente o perdão após o ultraje. Éverard ressaltou, com maravilhosa eloquência, a odiosa incongruência de seme-lhante filosofia conjugal. Se eu era culpada, seria preciso que começassem por repudiar-me, e, se não era, não havia necessidade de fazer-se de gene-roso. Em todo caso, era difícil aceitar a generosidade depois da vingança. Além do mais, diante das provas, todo o edifício do amor desabou. Então Éverard leu uma carta de 1831 na qual *monsieur* Dudevant me dizia: "Irei a Paris; não me hospedarei aí em sua casa porque não quero incomodá-la, não mais do que não quero ser incomodado por você". O promotor-geral leu outras em que a satisfação causada por minha ausência era expressa tão claramente que não havia muito como levar em consideração aquela ternu-ra póstuma que acabara de ofertar-me. E qual a razão de *monsieur* Dudevant defender-se por não ter me amado? Quanto mais falava mal de mim, mais todos os presentes eram conduzidos ao absurdo. Mas proclamar ao mesmo tempo aquela afeição e as pretensas causas que tornavam-me indigna dela era lançar nos espíritos a suspeita de um interesse calculado que sem dúvi-da ele não desejava merecer.

Ele sentiu a situação em que se colocara, pois, sem esperar a sentença, desistiu de sua apelação, e, como a corte registrou em ata essa desistência, o julgamento de La Châtre a meu favor teve pleno efeito para o resto da minha vida.

Retomamos, então, o antigo trato que me ofertara em Nohant e que suas infelizes irresoluções tinham me obrigado a tornar válido durante um ano de disputas amargas, inúteis se ele tivesse consentido em não mudar de ideia tantas vezes.

Esse antigo acordo, que serviu de base para o novo, lhe atribuía o dever de pagar e zelar pela educação de Maurice no colégio. Sobre esse ponto, a partir do momento em que voltamos a nos acertar, não temia mais que me separassem do meu filho. Mas a aversão de Maurice pelo colégio podia

História da minha vida

retornar, e não foi sem esforço que decidi-me a não fazer restrições. Éverard, Duteil e Rollinat me demonstraram que todo pacto devia implicar reconciliação de coração e de espírito; que nisso estava envolvida a honra do meu marido de empregar uma parte da renda que eu lhe concedia no custeio da educação do nosso filho; que Maurice estava bem de saúde, estudava com regularidade e parecia habituado ao regime do colégio; que ele já tinha doze anos, e que em bem poucos anos o comando de suas ideias e a escolha de sua carreira caberiam muito pouco aos seus pais e bastante a ele próprio; que, em todo caso, sua paixão por mim quase não devia inspirar-me inquietação, e que madame Dudevant, a baronesa, não teria forças suficientes para triunfar com facilidade ao querer arrebatar de mim seu coração e sua confiança. Eram ótimas razões, às quais cedi, no entanto, a contragosto. Tinha o pressentimento de uma nova luta. Diziam-me em vão que a educação em companhia de colegas de colégio era necessária, estimulante para o corpo e o espírito; não me parecia que esse tipo de educação convinha a Maurice, e não estava enganada. Cedi, temendo tomar pela ciência do instinto materno uma fraqueza de emoções próprias do coração, perigosa ao objeto de minha solicitude. *Monsieur* Dudevant parecia não levantar qualquer contestação a respeito da programação das férias do menino. Prometeu enviar-me Maurice assim que elas começassem, e cumpriu sua palavra.

Abracei a excelente Élisa e sua família, que logo de cara haviam me dedicado tanto amor e carinho; a Agasta, que, na manhã do meu processo, fora assistir à missa em minha intenção; às belas crianças da casa e aos admiráveis amigos que haviam me cercado de uma solicitude fraternal. Parti para Nohant, onde entrei definitivamente com Solange no dia de Sainte-Anne, padroeira da aldeia. Dançavam sob os imensos olmos, e o som rouco e estridente da gaita de foles, tão querido aos ouvidos embalados por ela desde a infância, deviam ter me parecido de um feliz augúrio.

Capítulo 11
Viagem à Suíça. — Madame d'Agoult. — Seu salão no hotel de France. — Maurice adoece. — Brigas e desgostos. — Levo-o comigo a Nohant. — Carta de Pierret. — Vou a Paris. — Minha mãe doente. — Retrospecto sobre minhas relações com ela

George Sand

depois do meu casamento. – Seus últimos momentos. – Pierret. – Corro para junto de Maurice. – Corro para junto de Solange. – A subprefeitura de Nérac. – Regresso a Nohant. – Novas discussões. – Duas lindas crianças por 50 mil francos. – Trabalho, fadiga e vontade. – Pai e mãe.

Não havia conquistado recursos financeiros suficientes para sobreviver. Entrava, ao contrário, e não podia iludir-me quanto a isso, em grandes apuros, consequência de um modo de gestão que, em vários aspectos, precisaria ser mudado, e de dívidas que foram deixadas ao meu encargo sem compensação imediata. Mas possuía a casa das minhas lembranças para abrigar as futuras lembranças dos meus filhos. Será que temos boas razões para apegar-nos a essas moradas cheias de imagens doces e cruéis, história de nossa própria vida, escrita em todas as paredes em caracteres misteriosos e indeléveis, que, a cada estremecimento da alma, nos cercam de profundas emoções ou de superstições pueris? Não sei; mas somos todos assim. A vida é tão curta que temos necessidade de, para tomá-la a sério, triplicar a consciência dela em nós mesmos, isto é, reunir nossa existência, por meio do pensamento, à existência dos parentes que nos precederam e à existência dos filhos que nos sepultarão.

De resto, não entrava em Nohant com a ilusão de viver em um oásis definitivo. Sentia bem que trazia meu coração agitado e minha inteligência em intensa atividade.

Listz estava na Suíça, e aventurei-me a ir passar algum tempo junto de uma pessoa com a qual ele me colocara em contato e que ele via com frequência em Genebra, onde ela estava passando uma temporada. Tratava-se da condessa Agoult, linda, graciosa, espirituosa, e, além de todas essas vantagens, dotada de uma inteligência superior. Ela também, de forma muito amável, me chamara para juntar-me a eles, e considerei essa viagem como uma distração útil ao meu espírito depois dos desgostos da vida objetiva na qual acabara de mergulhar. Era uma excelente oportunidade de proporcionar um passeio aos meus filhos, além de aproveitá-lo como meio de subtraí-los da estranheza de sua nova situação, afastando-os de buchichos e de comentários que, nesse primeiro momento de revoluções realizadas no lar,

História da minha vida

poderiam alcançar seus ouvidos. Tão logo as férias devolveram-me Maurice, parti, pois, para Genebra com ele, com sua irmã e com Ursula.

Depois de dois meses de interessantes excursões e de encantadoras relações com meus amigos de Genebra, todos nós retornamos a Paris. Passei algum tempo ali num quarto de hotel, pois minha mansarda do cais Malaquais estava bem próxima de cair em ruínas, e o proprietário havia expulsado seus locatários por causa de reparações urgentes a serem realizadas. Deixara minha querida mansarda, já toda povoada dos meus sonhos frustrados e das minhas profundas tristezas, com muito mais pesar porque o andar térreo, meu ateliê solitário, livre dos seus escombros e transformado num rico apartamento, estava ocupado por uma excelente mulher, a bela duquesa de Caylus, casada em segundas núpcias com *monsieur* Louis de Rochemur. Eles tinham dois netinhos adoráveis, e, sendo assim, já que não resisto à companhia de crianças, fui completamente atraída a esse lar. Vi-me docemente presa à casa deles, apesar da minha selvageria, por uma simpatia genuína inspirada e compartilhada. Portanto, visitava-os com muita frequência, esses vizinhos que contribuíam com meus hábitos sedentários por estarem tão próximos de onde eu morava. Só precisava descer as escadas. Foi na casa deles que vi pela primeira vez o escritor *monsieur* Alphonse de Lamartine. Foi lá também que voltei a encontrar o advogado e político *monsieur* Pierre-Antoine Berryer.

No hotel de France, onde madame d'Agoult fizera questão que eu fosse passar algum tempo em sua companhia, as condições de vida eram maravilhosas. Ela recebia muita gente do mundo literário, artistas e alguns homens inteligentes da alta sociedade. Foi em sua casa ou por seu intermédio que travei conhecimento com o escritor Eugène Sue, com o barão d'Ekstein, com Chopin, com o poeta e escritor polonês Adam Mickiewicz, com o cantor Adolphe Nourrit, com o abolicionista Victor Schoëlcher etc.[25] Meus ami-

---

25 Nesse trecho, vale ressaltar as várias pessoas com as quais a escritora diz ter se encontrado, entre elas a condessa Agoult (1805-1876), o poeta Alphonse de Lamartine (1790-1869), o escritor Eugène Sue (1804-1857), o autor polonês Adam Mickiewicz (1798-1855), o escritor francês Victor Schoëlcher (1804-1893), o poeta alemão Henri Heine (1797-1856) e ainda Frédéric Chopin, que mais tarde

gos também se tornaram seus amigos. Por seu lado, ela conhecia *monsieur* Lamennais, Pierre Leroux, o poeta Henri Heine etc. Seu salão improvisado em um albergue era, portanto, uma reunião de elite presidida por ela com elegante graça; nessas reuniões, ela se encontrava à altura de todos os especialistas eminentes, quer pela extensão da sua inteligência, quer pela variedade dos seus talentos ao mesmo tempo poéticos e científicos.

Ali nos deleitávamos com admiráveis músicas compostas e tocadas pelos convidados e, no intervalo, era possível instruir-se ouvindo as conversas. Ela também visitava o salão de madame Charlotte Marliani, nossa amiga em comum, mente apaixonada, coração materno, destino infeliz porque almejou a todo custo fazer a vida real dobrar-se ao ideal da sua imaginação e às exigências de sua sensibilidade.

Aqui não é lugar para uma apreciação detalhada das diversas sumidades intelectuais com as quais, a partir daquela época, tive mais ou menos contato. Precisaria abarcar cada uma delas em uma síntese que faria com que me desviasse demais desse momento que estou relatando de minha própria história. Tratar da vida e das ideias dessas pessoas seguramente seria muito mais interessante, tanto para mim quanto para os outros; mas me aproximo do limite fixado a mim para a conclusão desta obra e vejo que ainda terei, se Deus me mantiver viva, assuntos ricos o bastante para um trabalho futuro, e talvez para um livro melhor.

Não possuía nem meios para viver em Paris nem gosto por uma vida tão animada, mas fui obrigada a passar o inverno ali; Maurice adoeceu. O regime do colégio, o qual durante um ano parecia estar disposto a seguir, redundou em um completo golpe mortal para ele, e, após pequenas indisposições que pareciam sem gravidade, os médicos perceberam um começo de hipertrofia do coração. Apressei-me em trazê-lo para casa; queria levá-lo a Nohant – *monsieur* Dudevant, então em Paris, opôs-se a essa minha vontade. Não quis lutar contra a autoridade paterna, ainda que dispondo de alguns direitos concedidos a mim. Antes de tudo, não deveria demonstrar ao meu

---

se tornaria seu companheiro durante oito anos. Adiante, a autora ainda menciona os poetas Charles Didier (1805-1864) e Pierre-François Bocage (1799-1863), entre outros. (N.T.)

História da minha vida

filho sinais de revolta. Tinha esperanças de vencer seu pai pela gentileza e tocar sua sensibilidade pela evidência dos fatos.

Isso foi dificílimo para ele e horrivelmente doloroso para mim. As pessoas que têm a felicidade de gozar de uma excelente saúde não acreditam facilmente nos males que desconhecem. Escrevi a *monsieur* Dudevant, recebi-o em minha casa, fui à casa dele, confiei-lhe Maurice de tempos em tempos para que não tivesse mais dúvidas a respeito de sua doença: ele não queria tomar consciência de nada; acreditava em uma conspiração da ternura materna excessiva alimentando a fraqueza e a moleza da infância. Enganava-se cruelmente. Eu havia feito todos os esforços possíveis para não valorizar demais as lamúrias de Maurice e os meus próprios temores. Via muito bem que, ao submeter-se a essa minha atitude, o menino definhava. Além de tudo, o reitor recusava-se a assumir a responsabilidade de tê-lo novamente no colégio. A desconfiança do seu pai exasperava a doença de Maurice. O que mais lhe deixava sensível, a ele, que jamais mentira, era poder estar sob suspeita. Cada reprimenda direcionada à sua pusilanimidade, cada dúvida a respeito da realidade do seu mal, cravava um aguilhão no pobre coração enfermo. Era visível a sua piora, perdera o sono completamente; às vezes ficava tão fraco que precisava carregá-lo em meus braços para deitá-lo em sua cama. Uma consulta assinada por Levrault, médico do colégio Henrique IV, por Gaubert, por Marjolin e por Gursant (esses dois últimos me eram desconhecidos, e não podiam ser colocados sob suspeita de complacência) não convenceu *monsieur* Dudevant. Por fim, depois de algumas semanas de pavor e de lágrimas, estávamos unidos um ao outro para sempre, meu filho e eu. *Monsieur* Dudevant queria vigiá-lo uma noite inteira em sua casa para convencer-se de que o garoto de fato tinha delírios e ardia em febre. Dessa vez convenceu-se tanto que me escreveu logo de manhã bem cedo para ir buscá-lo o mais rápido possível. Corri para sua casa. Maurice, ao ver-me, deu um grito, saltou da cama com os pés descalços no chão frio e correu para agarrar-se a mim. Queria ir embora logo de lá sem nem mesmo vestir-se.

Partimos para Nohant depois que a febre serenou um pouco. Estava temerosa de afastá-lo dos cuidados de Gaubert, que ia visitá-lo três vezes ao dia; mas Gaubert insistiu para que eu o levasse. O menino sofria de nostalgia. Em seus sonhos agitados, ele gritava, *Nohant, Nohant!*, com uma voz dilacerante. Tratava-se de uma ideia fixa; achava que, enquanto não estivesse em Nohant, seu pai voltaria a tomá-lo sob a sua guarda. "Esse garoto não respira a não ser com o seu alento", dizia-me Gaubert. "Você é a *sua árvore da vida*; você é o remédio do qual ele necessita."

Fizemos a viagem em partes, em curtas jornadas, levando Solange conosco. Maurice recobrou logo um pouco do sono e do apetite; mas um reumatismo agudo em todos os membros e violentas dores de cabeça amiúde voltavam a derrubá-lo. Ele passou o resto do inverno em minha cama, e durante seis meses não o deixávamos sozinho nem mesmo por uma hora. Sua educação clássica teve de ser interrompida; não havia nenhum meio de mandá-lo de volta aos estudos do colégio sem destruir-lhe o cérebro.

Madame d'Agoult veio passar uma parte do ano em minha casa. Listz, o escritor Charles Didier, Alexandre Rey, jornalista na época, e o ator Pierre-François Bocage também vieram. Fomos agraciados por um verão magnífico, e o piano do grande artista fez nossas delícias. Mas àquela temporada de sol esplêndido, consagrada a um trabalho sossegado e a doces lazeres, sucederam-se dias bem dolorosos.

Um dia recebi, em meio ao jantar, uma carta de Pierret que me dizia: "Sua mãe acaba de ser acometida subitamente por uma doença gravíssima. Ela sente, e o temor da morte piora a sua enfermidade. Espere alguns dias para vir aqui. Precisamos de tempo a fim de prepará-la para a sua chegada, como se fosse uma visita que não tem nada a ver com a sua doença. Escreva para ela como se não soubesse de nada e invente um pretexto para vir a Paris". No dia seguinte, escrevia-me: "Aguarde um pouco mais, ela desconfia. Temos esperança de salvá-la".

Madame d'Agoult partia para a Itália. Confiei Maurice a Gustave Papet, que morava a meia légua de Nohant; deixei Solange com *mademoiselle* Rollinat, que cuidava da sua educação em Nohant, e corri para a casa da minha mãe.

Depois do meu casamento, não tive mais motivos imediatos de desentendimentos com ela, porém seu caráter agitado não cessara de fazer-me sofrer. Ela viera a Nohant e entregara-se às suas involuntárias injustiças, às suas inexplicáveis suscetibilidades contra as pessoas mais inofensivas.

História da minha vida

E, no entanto, desde aquela época, depois de sérias conversas, finalmente eu conquistara autoridade sobre ela. Ademais, continuava a amá-la com tamanha paixão instintiva, que nem mesmo meus mais que justos motivos de recriminações contra ela puderam destruir esse amor. Meu renome literário provocava nela as mais estranhas alternâncias de humor entre alegria e cólera. Ela começava por ler as críticas hostis de certos jornais, que continham pérfidas insinuações sobre os meus princípios e costumes. Tão logo persuadida de que tudo o que diziam era merecido, escrevia para mim ou corria para minha casa a fim de destruir-me com suas reprovações, enviando-me ou trazendo-me pessoalmente uma enorme gama de injúrias que, se não fosse por ela, jamais teria chegado a mim. Perguntava-lhe então se havia lido a obra que fora incriminada daquela maneira pelos críticos. Ela nunca a lera antes de condená-la. Punha-se a ler logo depois de fazer um escarcéu, dizendo que jamais a abriria. Então, imediatamente, apaixonava-se por minha obra com a cegueira que só uma mãe pode ter perante o trabalho do seu filho, e declarava que o meu livro era a coisa mais sublime, e que as críticas eram infames; e todo esse processo recomeçava a cada nova obra.

Foi assim em tudo e em todos os momentos da minha vida. Qualquer viagem que eu fizesse, ou qualquer visita em que me demorasse por alguns dias, qualquer pessoa, velha ou jovem, homem ou mulher, que ela encontrasse em minha casa, qualquer chapéu que eu tivesse na cabeça, ou qualquer calçado que visse em meus pés, era uma crítica, era uma amolação incessante, que degenerava em sérias querelas e em censuras veementes se não me apressasse, para satisfazê-la, em prometer-lhe que mudaria meus planos, meus conhecidos e meus trajes por outros que fossem mais do seu agrado. Não me arriscava em nada nessas discussões, visto que no dia seguinte ela esquecia o motivo do seu despeito. Mas precisava de muita paciência para enfrentar, a cada encontro, uma nova borrasca impossível de se prever. Eu tinha paciência, porém ficava mortalmente entristecida por só conseguir reencontrar seu espírito encantador e suas expansividades de ternura através de perpétuas tormentas.

Havia vários anos ela morava no bulevar Poissonnière, n. 6, em um edifício que já não existe mais, pois deu lugar à casa da ponte de ferro. Vivia ali quase sempre sozinha, não conseguindo segurar uma empregada nem por uma semana. Seu pequeno apartamento estava sempre arrumado por ela mesma, limpo com um cuidado minucioso, enfeitado de flores e iluminado pela claridade do dia ou do sol. Permanecia em casa em pleno meio-dia e mantinha sua janela aberta no verão, deixando os aposentos expostos ao calor, à poeira e ao barulho do bulevar, como se quisesse ter Paris inteira em seu quarto. "Sou parisiense na alma", dizia. "Tudo o que de Paris causa repulsa aos outros me agrada e é indispensável para mim. Aqui jamais sinto muito frio ou muito calor. Prefiro as árvores poeirentas do bulevar e os regatos escuros que as regam do que todas as florestas onde vivemos com medo, e do que todos os rios onde corremos o risco de nos afogar. Os jardins não me distraem mais; lembram-me muito os cemitérios. O silêncio do campo me amedronta e me entedia. Paris me causa a impressão de sempre estar em festa, e essa agitação, que vejo como uma constante alegria, arranca-me de mim mesma. Você sabe bem que, no dia em que for obrigada a refletir, morrerei." Pobre mamãe, refletiu bastante em seus últimos dias!

Embora vários dos meus amigos, testemunhas dos seus arrebatamentos ou de suas malícias contra mim, me reprovassem por mostrar-me compadecida para com ela, não conseguia preservar-me de uma viva emoção cada vez que ia visitá-la. Às vezes passava embaixo de sua janela e me incendiava, cheia de vontade de subir até o seu apartamento; logo em seguida me segurava, temendo o ataque surpresa que talvez me aguardasse por ali; mas quase sempre sucumbia, e quando conseguia manter a firmeza de ficar uma semana sem vê-la, ia ao seu encontro com uma secreta impaciência de chegar logo em sua casa. Observava em mim a força desse instinto da natureza na estranha opressão que experimentava ao ver a porta de sua casa. Tratava-se de um portãozinho de grades dando numa escada que era preciso descer. Embaixo morava um vendedor de chafarizes, que exercia, creio eu, as funções de porteiro, pois, da loja, sempre ouvia uma voz que gritava para mim: "Ela está em casa, pode subir!". Atravessava-se um pequeno pátio e subia-se um lance de escada, depois era preciso seguir um corredor e subir mais três lances. Esse trajeto dava tempo para reflexões, e era sempre tomada por elas no corredor escuro, onde dizia a mim mesma: "Vejamos, que cara me

História da minha vida

aguarda lá em cima? Boa ou má? Um rosto sorridente ou transtornado? O que será que ela poderia inventar hoje para se zangar?".

Lembrava-me, porém, da boa acolhida que ela sabia oferecer-me quando a surpreendia com boa disposição. Que doce exclamação de alegria, que brilho nos olhos, que beijo maternal mais afetuoso! Por essa exclamação, por esse olhar e por esse beijo, com certeza podia enfrentar duas horas de amargura. Então era tomada pela impaciência, achava a escada interminável, e a subia rapidamente; chegava muito mais emocionada que esfalfada, e meu coração saltava-me pela boca quando tocava a campainha. Ficava escutando através da porta e já sabia minha sorte, pois quando estava de bom humor reconhecia minha maneira de tocar a campainha, e conseguia ouvi-la soltar gritos ao virar a chave na fechadura: "Ah, é minha Aurore!". Mas, se estava com ideias sombrias, não reconhecia meu toque particular, ou, não querendo revelar que o reconhecera, gritava: "Quem está aí?".

Esse "Quem está aí?" caía como uma pedra em meu peito, e às vezes demorava um bom tempo até que ela quisesse explicar seu mau humor, ou até que conseguisse acalmar-se. Por fim, quando arrancava-lhe um sorriso, ou quando Pierret chegava bem disposto para defender-me, a explicação violenta transformava-se em risadas, e eu a levava para jantar no restaurante e para assistir a algum espetáculo. Ela chamava aquilo de uma patuscada daquelas, e divertia-se como em sua juventude. Nessas horas era tão encantadora que não havia mais nada a fazer a não ser esquecer tudo.

Em certos dias, porém, era impossível nos entendermos. E isso ocorria justamente em algumas oportunidades em que a acolhida fora a mais alegre, em que o toque da campainha despertara o tom mais afetuoso. Passava-lhe pela cabeça segurar-me para implicar comigo, e como eu percebia que estava chegando a tormenta, esquivava-me, chateada ou magoada, descendo todos os lances de escada com tanta impaciência quanto os subira.

Para dar uma ideia dessas estranhas altercações provocadas por ela, é suficiente essa que relato logo a seguir, o que prova, entre todas as outras, o quanto seu coração era pouco cúmplice das viagens da sua imaginação.

Eu trazia no braço um bracelete feito da madeixa de Maurice, loira, matizada, sedosa, enfim, de uma tonalidade e composta por cabelos tão fininhos que não deixava dúvidas de que pertencera à cabeça de uma criancinha.

Alibaud[26] acabara de ser executado, e minha mãe ouvira dizer que ele tinha longos cabelos. Jamais vi Alibaud, só ouvi dizer que ele era bem moreno; mas não é que minha pobre mãe, que tinha a cabeça completamente tomada por esse drama, imaginou que o bracelete era feito da cabeleira de Alibaud? "A prova", disse ela, "é que o seu amigo Charles Ledru defendeu a causa do assassino." Naquela época eu não conhecia Charles Ledru, nem mesmo de vista; mas não havia meio de dissuadi-la. Ela queria que eu atirasse no fogo o querido bracelete, que representava o tosão dourado da primeira infância de Maurice, e que ela já vira pelo menos umas dez vezes no meu braço sem nunca ter notado. Fui obrigada a fugir de suas investidas para impedi-la de arrancá-lo de mim. Muitas vezes me salvava dos seus ataques dando risadas; mas, embora risse, sentia grossas lágrimas rolarem em minha face. Não conseguia habituar-me a vê-la irritada e infeliz nesses momentos em que levava a ela todo o meu coração; meu coração amiúde dilacerado por alguma amargura secreta, que ela provavelmente não saberia compreender, mas que uma hora do seu amor era capaz de dissipar.

A primeira carta que escrevi tomando a resolução de lutar judicialmente contra o meu marido foi para ela. Seu movimento afetuoso e de apoio foi então espontâneo, total, e não deixou mais de se manifestar. Nas viagens que fiz a Paris durante essa luta, sempre achei-a irrepreensível. Havia, portanto, quase dois anos que minha querida mamãezinha voltara a ser para mim o que fora em minha infância. Um pouco de suas implicâncias agora era endereçada a Maurice; pretendia governá-lo à sua maneira, e ele resistia

---

26 Referência a um jovem soldado de 25 anos que, em 25 de junho de 1836, cometeu atentado contra o rei Luís Felipe, dando um tiro em sua carruagem quando voltava das Tulherias. O rapaz foi condenado à morte como um fanático político. Segundo a *Revista Estrangeira*, Alibaud confessou a tentativa de homicídio, dizendo que agira só e por livre e espontânea vontade a fim de defender a república e o povo, afirmando que considerava o rei inimigo deste. Cf. *Revista Estrangeira*. Segundo ano, v. 1, Porto, 1838, 0. 228. Disponível em: <https://books.google.com.br/books?id=JUAuAAAAYAAJ&pg=PA228&lpg=PA228&dq=execu%C3%A7%C3%A3o+de+Alibaud&source=bl&ots=AqHblu15u8&sig=0fZU4-ZnHfiovWDgjV-ZQDMSxfQ&hl=pt-BR&sa=X&ved=0ahUKEwiJpNmojcTMAhWIj5AKHflUCxgQ6AEIJTAB#v=onepage&q=execu%C3%A7%C3%A3o%20de%20Alibaud&f=false>. Acesso em: 5 mai. 2016. (N.T.)

História da minha vida

à sua autoridade um pouco mais do que eu gostaria. Mas mesmo assim ela o adorava, e me apetecia vê-la entregar-se a essas pequenas rabugices para não inquietar-me e desconfiar da doce transformação sobrevinda nela com relação a mim. Havia momentos em que eu dizia a Pierret: "Atualmente minha mãe é um amor de pessoa, mas vejo que está menos viva e menos alegre. Tem certeza de que ela não está doente?". Ele me respondia, sem pestanejar: "Não, que nada; muito pelo contrário, ela está com uma saúde de ferro. Transpôs finalmente a idade em que todos ainda se ressentem de uma grande crise, e agora eis aí sua mãe do mesmo jeitinho que era na mocidade, tão amável e quase tão bela quanto naquela época". Ele tinha razão. Quando enfeitava-se um pouco e vestia-se maravilhosamente, ainda contemplavam, admirados, sua passagem pelo bulevar, demonstrando dúvidas quanto à sua idade e impressionados com a perfeição dos seus traços.

Nem bem fora mobilizada por aquela terrível notícia de que o seu fim estava próximo, já chegava a Paris, no fim de julho; as últimas informações tinham me deixado, no entanto, com grandes esperanças. Correndo, desço as escadas do bulevar e, de repente, sou detida pelo vendedor de chafarizes, que me diz: "Mas madame Dupin não está aqui!". Achei que aquela abordagem fosse uma maneira de anunciar-me a sua morte, e a janela aberta, que eu tomara por um bom augúrio, passou a representar ao meu espírito o sinal de uma partida eterna. "Senhora, fique tranquila", disse logo o negociante. "Ela não está mais passando mal. Quis tratar-se em uma casa de saúde, para que ficasse menos exposta ao barulho e pudesse desfrutar de um jardim. *Monsieur* Pierret deve ter escrito à senhora sobre isso."

A carta de Pierret não chegara a mim antes de eu ter partido a Paris, por isso não a recebi. Corri ao endereço indicado, imaginando encontrar minha mãe em convalescença, visto que se preocupara em escolher um lugar que tivesse um jardim para o seu deleite.

Encontrei-a em um quartinho horrível todo abafado, deitada em um pequeno leito miserável e tão mudada que mal a reconheci. Aparentava ter cem anos. Agarrou-se a mim, dizendo-me: "Ah, estou salva. Você me trouxe vida!". Minha irmã, que estava ao lado dela, explicou-me, bem baixinho, que a escolha daquele lugar era uma fantasia provocada pela doença, e não uma necessidade. Nos momentos de febre, imaginando-se rodeada de ladrões, nossa pobre mãe escondia um saco de dinheiro embaixo do seu travesseiro, e não queria acomodar-se em um quarto melhor temendo revelar seus recursos financeiros aos bandidos imaginários.

Foi preciso entrar em sua fantasia por um instante; mas pouco a pouco triunfei com essa estratégia. A casa de saúde era linda e vasta. Aluguei o melhor apartamento com face para o jardim, e, no dia seguinte, consentiu em ser transportada para lá. Levei até ela meu caro amigo Gaubert, cuja doce e simpática figura agradou-lhe e teve êxito em persuadi-la a seguir suas prescrições. Porém, em seguida ele conduziu-me ao jardim para dizer-me: "Não alimente esperanças, ela não pode ser curada, o fígado está terrivelmente inchado. A crise de dores atrozes passou. Ela morrerá sem sofrer. Você só pode retardar um pouco o momento fatal por meio de cuidados espirituais. Quanto aos cuidados físicos, atenda absolutamente tudo o que ela desejar. Ela não tem forças para querer nada que lhe seja muito nocivo. De minha parte, meu papel é prescrever-lhe coisas insignificantes e fingir a importância de sua eficácia. Ela é impressionável como uma criança. Ocupe o espírito dela com a esperança de um pronto restabelecimento. Que ela parta suavemente e sem ter consciência disso". Depois acrescentou, com sua serenidade habitual, ele que também estava ferido de morte, e sabia disso bem, por mais que seus amigos escondessem dele piedosamente: "Morrer não é um mal!"

Preveni minha irmã, e tivemos um só pensamento: distrair e mitigar os pressentimentos de nossa pobre enferma. Ela queria levantar-se e sair. "Isso é perigoso", sugeriu Gaubert. "Ela pode expirar em seus braços; mas manter seu corpo em uma inação que seu espírito não pode aceitar é mais perigoso ainda. Faça o que ela desejar."

Vestimos nossa pobre mãe e a levamos para passear em um coche. Ela queria ir à Champs-Élysées. Ali, foi reanimada por um instante pelo sentimento da vida que se agitava em torno dela. "Que lindo", dizia a nós, "essas carruagens que fazem tanto barulho, esses cavalos que correm, essas mulheres tão bem vestidas, esse sol, essa poeira dourada! Não se pode morrer em meio a tudo isso, não! Em Paris não se morre!". Seus olhos estavam ainda mais brilhantes, e sua voz, plena. Mas, ao nos aproximarmos do Arco do Triunfo, disse a nós, voltando a ficar pálida como a morte: "Não vou até lá.

Já basta". Ficamos apavoradas, ela parecia pronta a exalar seu último sopro. Mandei o coche parar. A enferma voltou a reanimar-se. "Vamos voltar", ela me pediu. "Um outro dia iremos ao Bosque de Bolonha."

Ela ainda saiu várias vezes. Era visível que se debilitava a cada dia, mas o temor da morte dissipava-se. As noites eram penosas e perturbadas pela febre e pelos delírios; mas de dia parecia renascer. Tinha vontade de comer de tudo; minha irmã inquietava-se com seus caprichos e me repreendia por trazer tudo o que ela pedia. Eu, por minha vez, censurava minha irmã por só pensar em contradizê-la, e ela ficava mais sossegada, com efeito, ao ver nossa pobre enferma, cercada de frutas e de guloseimas, regalar-se ao contemplá-las, tocando-as e dizendo: "Vou me deliciar com tudo isso daqui a pouco". Não chegava a fazê-lo. Desfrutava das delícias com os olhos.

Descíamos com ela ao jardim, e ali, em uma espreguiçadeira, ao sol, caía em devaneios, e até mesmo entregava-se à meditação. Esperava ficar sozinha comigo para revelar-me o que pensava: "Sua irmã é religiosa, mas eu já não sou mais, perdi toda minha fé desde quando comecei a sentir que a morte se aproxima. Não quero ver a cara de nenhum padre por aqui, ouviu bem? Quero, já que vou partir, que tudo esteja alegre em torno de mim. Afinal, por que eu deveria temer encontrar-me diante de Deus? Sempre o amei". E acrescentava, com uma vivacidade ingênua: "Ele poderá censurar-me por tudo que quiser, mas, por não tê-Lo amado, isso eu o desafio!".

Cuidar de minha mãe moribunda e consolá-la não foi algo que o destino que me perseguia tenha concedido sem luta e sem obstáculos. Meu irmão, que agia da maneira mais estranha e mais contraditória do mundo, escreveu-me: "Mando esta carta, sem o seu marido saber, para avisar que ele vai a Nohant com a intenção de tirar Maurice de você. Não me traia, isso me deixará mal com ele. Mas creio que devo deixá-la de sobreaviso contra os seus planos. Cabe a você saber se o seu filho está realmente fraco demais ou não para retornar ao colégio".

Sem dúvida, Maurice não tinha condições de voltar ao colégio, e eu temia o que poderia acontecer aos seus nervos abalados se tivesse uma surpresa dolorosa e uma intensa altercação com seu pai.

Não podia deixar minha mãe. Um dos meus amigos tomou uma condução na posta, correu a Ars e levou Maurice a Fontainebleu, onde fui instalá-lo em uma hospedaria, registrando-o com um nome falso. O amigo que se encarregara de acompanhar Maurice no meu lugar demonstrou muito interesse e gentileza em ajudar-me, dizendo que poderia permanecer ao lado dele enquanto eu voltasse para junto da minha mãe doente.

Cheguei à casa de saúde às sete da manhã. Viajara à noite para ganhar tempo. Ao chegar, vi a janela aberta. Lembrei-me da janela aberta do seu apartamento no bulevar, e pressenti que tudo estava acabado. Abraçara minha mãe na antevéspera pela última vez, e ela me dissera: "Estou me sentindo muito bem, e agora venho tendo os pensamentos mais agradáveis de toda minha vida. Dei para amar o campo, coisa que não podia suportar. Essa mudança ocorreu-me nos últimos tempos, ao colorir litografias para distrair-me. Tratava-se de uma bela paisagem da Suíça, com árvores, montanhas, chalés, vacas e cascatas. Essa imagem não me sai da cabeça, e posso vê-la em minha mente muito mais linda do que é de fato. Consigo até mesmo visualizá-la muito mais bonita do que ela é na realidade, na natureza. Quando fecho os olhos, vejo paisagens de que você não faz ideia, e as quais você não conseguiria descrever; é tão lindo, tão grandioso! E essas imagens a cada minuto tornam-se mais belas. Vou ter que ir a Nohant construir grutas e cascatas no bosquezinho. Agora que Nohant pertence só a você, eu teria a maior satisfação de ir para lá. Daqui a quinze dias você vai para lá, não é mesmo? Pois bem, quero ir com você".

Nesse dia fazia um calor escaldante, e Gaubert nos recomendara: "Cuidem para que ela não queira passear de coche, a menos que chova". Com o calor cada vez mais forte, fingi que tinha ido procurar um coche e voltei dizendo que estava impossível encontrar algum disponível. Então ela me disse:

— Quer saber, não tem problema nenhum. Para mim, tanto faz. Sinto-me tão bem que não estou mais com vontade de passar mal e ter incômodo com tamanho calor. Vá ver Maurice. Quando voltar, estou segura de que me encontrará curada.

No dia seguinte, ela estava perfeitamente tranquila. Às cinco da tarde, pediu à minha irmã: "Penteie-me, quero ficar com um lindo penteado". Enquanto admirava-se no espelho, mantinha um sorriso. De repente, mamãe deixara o espelho cair, e sua alma alçou voo e evadiu-se. Gaubert me escrevera imediatamente, mas devo ter cruzado com sua carta no caminho. Cheguei para encontrá-la *curada* de fato, curada da horrível fadiga e da tarefa cruel de viver neste mundo.

Pierret não chorou. Como Deschartres ao lado do leito de morte da minha avó, parecia incapaz de compreender que fosse possível estarem separados para sempre. Acompanhou-a, no dia seguinte, ao cemitério, e retornou com acessos de riso. Depois, bruscamente parou de rir e fundiu-se em lágrimas.

Pobre e excelente Pierret! Jamais consolou-se dessa perda! Voltou à taverna Cheval Blanc, à sua cerveja e ao seu cachimbo. Nunca deixou de ser alegre, rude, doido, barulhento. Veio visitar-me em Nohant no ano seguinte. Parecia o mesmo Pierret de sempre. Mas, do nada, sugeria-me: "Vamos falar um pouco de sua mãe! Você sabia que...", e então relembrava todos os detalhes da vida dela, todas as singularidades do seu caráter, todas as vivacidades das quais ele fora vítima voluntária, e citava suas palavras, relembrava de suas inflexões de voz, ria com todo o coração; e em seguida pegava seu chapéu e ia embora, brincando e fazendo gracejos até a porta. Eu o seguia de perto, percebendo bem a excitação nervosa que o arrebatava, e encontrava-o soluçando em algum canto do jardim.

Logo depois da morte da minha mãe, voltei a Fontainebleu, onde passei alguns dias com Maurice. Ele se sentia bem; o calor dissipara os reumatismos. Contudo, Gaubert, que fora vê-lo, disse, ao examiná-lo, que não estava de todo curado. O coração ainda apresentava batimentos irregulares. Era preciso que continuasse a seguir o regime prescrito, os exercícios e não se expor à menor fadiga do espírito. Levantávamos ao raiar do dia e não voltávamos antes do anoitecer; montados em cavalinhos alugados, saíamos só nós dois, explorando a admirável floresta da região, cheia de sítios imprevistos, de cultivos variados, de esplêndidas flores e de maravilhosas borboletas disponíveis ao meu jovem naturalista, que podia entregar-se à observação e à captura de espécies várias com o intuito de estudá-las. Ele já demonstrava gosto por essa ciência e pela arte do desenho desde quando veio ao mundo. Desfrutar da natureza não era nenhuma novidade para ele, que sabia apreciá-la com todos os sentidos; naquele momento, utilizou-se disso como um recurso para preservar-se do tédio de uma inação forçada.

Mas, nem bem me restabelecera da crise que acabara de abalar-me, um novo alerta chegou para surpreender-me. *Monsieur* Dudevant fora a Berry, e, não encontrando Maurice, levara Solange consigo.

Como ele pudera imaginar que, para dar-lhe uma lição, eu subtraíra Maurice de sua decisão insensata de retomá-lo sob os seus cuidados? Não pretendia esconder Maurice mais que o tempo necessário para deixar passar o impulso dessa péssima determinação de *monsieur* Dudevant apontada por meu irmão em sua carta. Sempre acalentava a esperança de chegar ao que cheguei mais tarde; ou seja, entender-me com ele a respeito do que era benéfico, necessário à educação e à saúde do nosso filho. Se, no lugar de buscar Maurice em Berry, secretamente e em minha ausência, *monsieur* Dudevant tivesse me reivindicado abertamente novos exames, eu teria submetido Maurice, diante dele, ao exame de médicos de sua escolha, e ele ficaria convencido da impossibilidade de mandar o menino de volta ao colégio.

Seja como for, ele pensou em vingar-se legitimamente de algo que para mim não passava de uma preocupação irresistível com meu filho, de algo que, aos seus olhos, era um desejo que eu tinha de ofendê-lo e puni-lo. Quando a alma está azeda, ela se acredita no direito de fazer o mal que supõe presente nos outros.

Nunca *monsieur* Dudevant demonstrara o menor desejo de ter Solange junto dele. Tinha o costume de dizer: "Não me meto na educação das meninas, não entendo nada disso". Por acaso entenderia mais da educação dos garotos? Com certeza não, pois apresentava enorme falta de jogo de cintura para suportar as inúmeras inconsequências, os langores e os caprichos da infância. Jamais gostou da contradição, e o que é uma criança senão a contradição em pessoa de todas as previsões e intenções paternas? Além do mais, seus instintos militares estavam longe de fazer com que tivesse algum interesse em perder tempo com o que a infância oferece de aborrecimentos e de perturbações para qualquer outra indulgência que não a de uma mãe.

Ele não tinha, portanto, nenhum outro plano em relação a Maurice a não ser aquele de fazê-lo completar o colegial e, mais tarde, torná-lo um militar, e, ao levar Solange, não tinha outra intenção, ele próprio me disse depois, a não ser a de obrigar-me a ir procurá-la.

História da minha vida

Eu deveria ter entendido isso por mim mesma e, assim, tranquilizar-me: mas as circunstâncias desse rapto apresentaram-se ao meu espírito de uma maneira pungente e, na realidade, foram mais dramáticas do que o necessário. A governanta fora agredida, e minha pobre pequerrucha, apavorada, fora levada à força, dando gritos que deixaram todas as pessoas da casa consternadas. Solange, no entanto, não fora prevenida por mim contra o seu pai, como ele imaginava. Durante a luta com Marie-Louise Rollinat e com a mãe desta, madame Rollinat, que estava ali, a menina agarrou-se aos joelhos do pai, berrando: "Amo você, papai, amo você, não me leve!". A pobre criança, não sabendo de nada, não compreendia o que estava ocorrendo.

As cartas que me informavam essa nova aventura me deixaram ardendo em febre. Corri a Paris, confiando Maurice ao meu amigo *monsieur* Louis Viardot; estava disposta a encontrar o ministro e fazer valer a lei que estava ao meu favor. Fiz-me acompanhar de outro amigo e do escrevente do meu advogado, *monsieur* Vincent, um excelente rapaz, cheio de coração e zelo, hoje advogado. Parti em posta, correndo sem parar, dia e noite, em direção a Guillery. No decorrer daqueles dois dias de preparativos, o ministro, *monsieur* Barthe, tivera o obséquio de acionar o telégrafo; finalmente eu sabia onde estava minha filha.

Madame Dudevant falecera um mês antes do ocorrido. Não conseguira impedir meu marido de receber a herança do seu pai. Ela deixou-lhe alguns encargos que lhe valeram uma dúzia de processos e as terras de Guillery, das quais ele já tomara posse. Que Deus a tenha em paz, essa mulher infeliz! Ela fora extremamente infame para comigo, muito mais do que tenho a intenção de revelar. Demos graças aos mortos! Tornam-se melhores, espero, em um mundo melhor. Se os justos ressentimentos daqui da terra podem retardar o seu acesso aos céus, há muito tempo venho bradando: "Abra as portas do seu reino a eles, meu Deus".

E o que sabemos nós do ato de arrepender-se no dia seguinte à morte? Os ortodoxos dizem que um instante de contrição perfeita pode lavar a alma de todas as suas máculas, mesmo no umbral da eternidade. Compartilho dessa crença com eles; mas por que esses mesmos ortodoxos pretendem que, logo depois da separação entre a alma e o corpo, essa dor do pecado, essa expiação suprema, deixa de ser possível? Será que é porque a alma perde, segundo eles, a sua luz e a sua vida ao subir ao tribunal no qual Deus a convoca para julgá-la? Não são nada coerentes, esses católicos que julgam a miserável provação desta vida como definitiva, visto que admitem um purgatório onde as almas choram, onde elas se arrependem, onde rogam.

Ao chegar em Nérac, corri à casa do subprefeito, *monsieur* Haussman, hoje prefeito do Sena. Não me recordo se na ocasião ele já era cunhado do meu digno amigo *monsieur* Artaud. Este casou-se com a irmã do outro. Só o que me lembro é que fui pedir-lhe auxílio e proteção, e que imediatamente subiu em meu coche alugado para, sem perda de tempo, irmos a Guillery, e assim permitiu que eu recuperasse a minha filha sem estardalhaço e sem contendas, reconduzindo-nos à subprefeitura com meus companheiros de viagem, não querendo deixar que retornássemos à estalagem nem partíssemos antes que desfrutássemos de dois dias de descanso, de tranquilos passeios pelas lindas correntezas de Beïse e ao longo de suas margens, onde a tradição situa os amores juvenis de Florette e Henrique IV. Proporcionou-me um jantar com velhos amigos que fiquei contente de reencontrar, e lembro-me de que falamos muito de filosofia, terreno neutro em comparação ao da política, no qual o jovem funcionário não se permitiu entrar em acordo conosco. Tratava-se de um espírito grave, ávido por examinar a fundo o problema geral; mas uma fina civilidade o impedia de levantar qualquer questão delicada.

Também me lembro que, naquela época, era tão pouco versada na filosofia moderna que ouvia tudo sem ser capaz de dizer uma palavra, e, na volta, comentava com meu companheiro de estrada: "Você discutiu com *monsieur* Haussman a respeito de matérias das quais não entendo nada de nada. Só tenho, com relação às coisas da atualidade, sentimentos e intuições. O conhecimento das novas ideias apresenta formulações que são estranhas a mim e que provavelmente jamais apreenderei. É muito tarde. Meu espírito pertence a uma geração que já teve o seu tempo". Garantiu-me que estava enganada, e que, depois de ter colocado os pés em determinado círculo de discussões, não poderia mais sair dele. Ele também se iludia um pouco a respeito disso, porém, sem dúvida não tardaria a interessar-me vivamente pelas novidades.

Mais oito meses se passaram antes que conseguisse a tranquilidade necessária para dedicar-me a esse gênero de estudos.

História da minha vida

Tendo *monsieur* Dudevant herdado uma renda avaliada em 1,2 mil francos, e que logo deveria dobrar de valor, não me parecia justo que ele continuasse a usufruir da metade da minha. Seu julgamento em relação a isso era outro, e seríamos obrigados a discutir novamente. Não teria gasto tanto tempo e esforços por uma questão de dinheiro se tivesse certeza de ter uma renda suficiente para custear a educação dos meus dois filhos. Porém, o trabalho literário é tão eventual que não queria submeter o futuro deles ao acaso do meu *métier*, ou seja, à possibilidade sempre presente da bancarrota dos editores, do declínio do meu sucesso ou da minha saúde. Pretendia convencer meu marido a não mais se ocupar de Maurice, e ele parecia disposto a isso. Já que tinha grandes receios de não ter recursos para pagar suas despesas sem a minha ajuda, propus a ele encarregar-me disso sozinha, e por fim aceitou essa solução por meio de um contrato definitivo, em 1838. Isso exigiu-me uma soma de 50 mil francos mediante a qual entregava-me o usufruto do palacete de Narbonne, patrimônio do meu pai, e o direito muito mais precioso de ter a guarda e administrar a vida dos meus filhos como eu bem entendesse. Vendi o cupom de renda que constituíra parte da pensão de minha mãe; assinamos essa permuta, ambos contentíssimos com nossa partilha.[27]

Quanto ao dinheiro, o meu não valia grande coisa, em comparação ao presente. O palacete de Narbonne, edifício histórico muito antigo, fora tão pouco conservado e reparado que precisei gastar cerca de 100 mil francos para deixá-lo em bom estado. Trabalhei dez anos para pagar essa soma e fazer desse prédio o dote da minha filha.

Porém, em meio a grandes apertos que me suscitaram minhas pequenas propriedades, não perdi a coragem. Tornara-me ao mesmo tempo pai e mãe de família. Isso representa bastante fadiga e preocupação quando a herança não é suficiente e quando é necessário exercer uma arte tão absorvente como a de escrever para o público. Não sei o que teria sido de mim se não possuísse, acrescido à capacidade de passar noites e noites sem dormir, um grande amor pela minha arte que me reanima a toda hora. Comecei a amá-la no dia em que se tornou para mim não mais uma necessidade pessoal, mas

---

27 Dessa época em diante só cultivamos boas relações. Ele veio a Nohant para o casamento da minha filha. (N.A.)

um dever austero. Ela tem, não me consolado, mas me distraído de muitas penas, e vem extirpando muitas das minhas preocupações.

Mas quantas preocupações diversas, para uma cabeça sem grande variedade de recursos, representam esses extremos da vida dos quais preciso ocupar-me simultaneamente em minha pequena esfera — o respeito da arte, as obrigações de honra, o cuidado moral e físico dos filhos que vêm sempre antes do resto, as minúcias do lar, os deveres da amizade, da assistência e do obséquio! Como são curtas as jornadas diárias quando somos obrigados a lutar para que a desordem não se apodere da família, da casa, dos negócios ou do cérebro! Até aqui dei o melhor de mim, e não fiz mais do que é possível à vontade e à fé. Não era favorecida por uma dessas maravilhosas estruturas físicas, mentais e emocionais que abarcam tudo sem esforços e que passam, sem fadiga, dos cuidados de uma criança doente em seu leito a uma consulta judiciária, e de um capítulo de um livro a um registro de contabilidade. Portanto, esforçava-me dez vezes, cem vezes mais do que parecia. Durante vários anos, não me concedia mais do que quatro horas de sono; no decorrer de muitos outros anos, lutei contra enxaquecas atrozes até cair desfalecida sobre o meu trabalho, e mesmo assim nem sempre as coisas ocorriam de acordo com o meu zelo e minha dedicação.

Daí concluo que o casamento deve ser tornado tão indissolúvel quanto possível, visto que, para conduzir um barco tão frágil quanto o da segurança de uma família sobre as ondas revoltas de nossa sociedade, não são demais um homem e uma mulher, um pai e uma mãe que partilhem essa tarefa, cada qual conforme a sua capacidade.

Mas a indissolubilidade do casamento só é possível com a condição de ser voluntária, e, para torná-la voluntária, é preciso torná-la possível.

Se, para sair desse círculo vicioso, vocês, leitores, encontrarem outra coisa além do culto da igualdade dos direitos entre o homem e a mulher, terão feito uma bela descoberta.

Capítulo 12
Morte de Armand Carrel. — *Monsieur* Émile de Girardin. — Resumo sobre Éverard. — Partida para Maiorca. — Frédéric Chopin. — A Cartuxa de Valdemosa.

História da minha vida

— Os prelúdios. — Dia de chuva. — Marselha. — O doutor Cauvières. — Excursão pelo mar até Gênova. — Regresso a Nohant. — Maurice doente e curado. — O 12 de maio de 1839. — Armand Barbès. — Seu erro e sua sublimidade.

Duas circunstâncias conduzem meu pensamento, nesse momento da minha narrativa, a dois dos homens mais notáveis do nosso tempo. Essas duas ocasiões são a morte de Carrel, que ocorreu quase no mesmo dia do meu processo em Bourges, em 1836, e a questão do casamento, em que acabo de tocar, de leve, a propósito de minha própria história. É de *monsieur* Émile de Girardin que desejo tratar. Mas devo referir-me a *monsieur* de Girardin jornalista, a *monsieur* de Girardin legislador, ou também poderia dizer tratar-se de *monsieur* de Girardin político e filósofo? O título de jornalista talvez abarque todos os outros.

Até o dia de hoje, o século XIX teve dois grandes jornalistas: Armand Carrel e Émile de Girardin. Por uma misteriosa e pungente fatalidade, Girardin matou Carrel e, coisa mais impressionante ainda, o vencedor desse deplorável combate, moço na ocasião e aparentemente inferior ao vencido em relação à extensão do talento, conseguiu ultrapassá-lo em toda a extensão do progresso que se deu nas ideias gerais e que se realizou nele mesmo. Se Carrel tivesse sobrevivido, teria ele se submetido à lei desse progresso? Consideremos que sim; mas deixemos de lado as ideias preconcebidas e confessemos que, permanecesse o que era à véspera de sua morte, ele nos pareceria — falo àqueles que compartilham da mesma visão que a minha — singularmente retrógrado.

Émile de Girardin não se deteve em sua marcha, embora tenha dado essa impressão quando fora talvez levado pelas correntes contrárias a certos impulsos de sua linha ascendente.

Se bem que, sem dizer uma barbaridade, nem procurar um paradoxo, poderíamos entrever um incompreensível desígnio da Providência, não nesse fato doloroso e eternamente lamentável da morte de Carrel, mas nessa herança do seu gênio adquirida exatamente por seu adversário consternado.

Qual teria sido o papel de Carrel em 1848? Tal questão com frequência é colocada em nossos espíritos nessa época. Minhas lembranças apresentavam-me esse homem como um inimigo nato do socialismo. As lembranças dos meus amigos divergiam da minha, e a conclusão dos nossos comentários convergiam para a concordância de que, tendo um enorme coração, ele podia ter sido iluminado por alguma grande luz.

Mas não há dúvida de que, em 1847, Émile de Girardin era – em relação ao movimento operado nos espíritos e no seu próprio depois de dez anos – o que fora Armand Carrel dez anos antes.

Mais tarde ele ultrapassou-o, relativamente e de fato – ultrapassou-o muitíssimo.

Não se trata de um paralelo vazio que pretendo estabelecer aqui entre dois caracteres extremamente opostos em seus instintos e dois talentos totalmente diferentes em suas maneiras. Trata-se de uma comparação que me impressiona, que muitas vezes impressionou-me, e que me parece ocasionada pela fatalidade das situações.

Carrel, sob a república, se pronunciaria pela presidência, a menos que estivesse bem mudado! Talvez Carrel tivesse sido presidente da república. *Monsieur* de Girardin provavelmente teria apoiado outro candidato; mas não é essa a questão institucional que os teria dividido.

Até então, sem se dar conta, *monsieur* de Girardin não fora, portanto, mais longe que Carrel; mas ninguém em nossas fileiras percebia que Carrel não fora mais longe que *monsieur* de Girardin.

Particularmente, não conheci Carrel. Jamais falei com ele, embora o encontrasse com frequência; porém, viria a lembrar-me pelo resto da minha vida de uma hora de conversa entre Éverard e ele, à qual assisti sem que ele me visse. Estava lendo debruçada no parapeito de uma janela, e de repente a cortina desabou sozinha em cima de mim bem no momento em que ele entrou. Eles falaram do povo. Fiquei aturdida. Carrel não tinha qualquer noção a respeito do progresso! Não chegaram a nenhum acordo. Éverard influenciou-o e, mais tarde, foi influenciado por Carrel. O mais fraco seduz o mais forte; isso se vê muitas vezes.

Após ter percorrido muitos horizontes depois desse dia, Éverard, em 1847, voltara a encerrar-se no limitado horizonte de Carrel.

Ao ver essas flutuações de espíritos elevados, os partidários se alarmam, se assombram ou se indignam. Os mais impacientes clamam contra a de-

História da minha vida

fecção, contra a traição. Os últimos dias de Carrel foram envenenados por essas injustiças. Éverard reagiu e lutou até sua morte contra suposições amargas. *Monsieur* de Girardin, mais acusado, mais insultado, mais execrado ainda por todas as diferentes vertentes de partidos, permaneceu de pé sozinho. Hoje em dia ele é, na França, o campeão das mais audaciosas e generosas teorias sobre a liberdade. Assim queria o destino ao dotá-lo de uma força superior à dos seus adversários.

Seria preciso cercear a prevenção, a impaciência e a cólera de nossos costumes políticos. As ideias que perseguimos só encontrarão seu triunfo nas consciências equitativas e generosas. Que um homem como Carrel tenha sido ultrajado e assolado pelas cartas de condenações e de ímpias ameaças, que tantos outros, igualmente puros, tenham sido acusados de cupidez ou de caráter indigno, isso representa, dizem, a inevitável espuma que desliza sobre a torrente transbordante das paixões. Acrescentemos que devemos tomar partido, e que toda revolução tem esse preço amargo.

Pois bem, não, não tomemos mais partido. Desculpemos esses descaminhos inevitáveis no passado, não os aceitemos mais para o futuro. Empenhemo-nos de boa-fé para que nenhum partido, mesmo o nosso, venha a governar durante um longo tempo por meio do ódio, da violência e do insulto. Não admitamos mais que as repúblicas sejam irascíveis e as ditaduras, vingativas. Não sonhemos mais o progresso sob a condição de avançar até ele lançando suspeitas entre nós, flagelando-nos uns aos outros. Deixemos ao passado suas trevas, seus arrebatamentos, suas grosserias. Admitamos que os homens que realizaram grandes coisas, ou que tiveram somente grandes ideias ou sentimentos elevados, não devem ser acusados levianamente, mas devem sempre sê-lo com comedimento. Sejamos inteligentes o bastante para apreciar esses homens do ponto de vista do conjunto da história; observemos sua força e seus limites naturais, fatais. Exigir que a todo instante de sua vida um homem superior responda ao ideal que ele próprio nos fez entrever é julgar o próprio Deus, que criou o homem instável e limitado. Que nossos sufrágios, em um estado livre, não relevem aqueles cujo espírito em dado momento falha, hesita ou se desencaminha é nosso direito. Mas, afastando-os por um instante da nossa rota, rendemos-lhes homenagem ainda ao pensar que talvez amanhã nossos destinos terão necessidade do homem que dormiu, mostrou descuido no escrúpulo e na prudência.[28]

Quando nossos costumes políticos tiverem feito esse progresso, quando as lutas da popularidade não tiverem mais por armas a injúria, a ingratidão e a calúnia, não veremos mais defecções importantes, estejam certos disso. As defecções são quase sempre reações do orgulho ferido, de atos de despeito. Ah, presenciei isso mais de cem vezes! Fulano, que, respeitado e poupado em seu caráter, teria avançado no caminho correto, separou-se violentamente dos seus correligionários por causa de uma palavra ofensiva, e os caracteres mais elevados não estão ao abrigo da pungente injúria de um ataque contra a honra, ou apenas de uma crítica brutal contra a sua sabedoria. Não posso citar os exemplos mais próximos a nós, mas certamente vocês mesmos têm testemunhado com seus próprios olhos esses casos, qualquer que seja o meio em que vivam. Funestas determinações devem ter sido tomadas diante de vocês, que tramaram um fio bem delineado!

E isso não faz parte da natureza humana? Tornamo-nos insensivelmente inimigos do homem que se declarou nosso inimigo. Se ele se encarniça, qualquer que seja o tamanho de nossa paciência, pouco a pouco chegamos a acreditar que ele é cego e injusto em todas as coisas a partir do momento em que se mostra cego e injusto para conosco. Mesmo suas ideias tornam-se antipáticas a nós, tanto quanto a sua linguagem. Diferimos em alguns pontos no começo, e eis que as próprias crenças que eram comuns entre nós nos parecem duvidosas a partir do instante em que ele nos ofereceu as fórmulas que parecem ser a crítica ou a negação das nossas. Partimos de um jogo de palavras e terminamos em uma contenda de sangue. Os duelos amiúde não se dão por outra causa, e há duelos entre partidos que banham de sangue a praça pública.

Qual é o maior culpado nessas funestas conflagrações da história? O primeiro que diz ao seu irmão: *"Raca"*. Se Abel tivesse sido o primeiro a dizer essa palavra a Caim, seria ele quem Deus teria punido como o primeiro assassino da raça humana.

---

28 É assim que devemos julgar *monsieur* de Lamartine. (N.A.)

História da minha vida

Tais reflexões, pelas quais me deixo levar, não são fora de propósito quando me lembro da morte de Carrel, da dor de Éverard e do ódio do nosso partido contra *monsieur* de Girardin. Se tivéssemos sido justos, se tivéssemos reconhecido que *monsieur* de Girardin não podia recusar um sério embate com Carrel, como, no entanto, era bem fácil de se convencer disso ao examinar os fatos; se, após ter tratado Carrel como espírito frouxo e poltrão, não tivessem tratado seu adversário como valentão e assassino, não teríamos precisado de vinte anos para nos apropriar do nosso bem legítimo, isto é, do auxílio dessa grande potência e dessa grande luz que Émile de Girardin trazia nele e que devia carregar completamente sozinho no caminho que conduz ao nosso objetivo comum.

Quantas desconfianças e prevenções contra ele! Eu também me submeti a elas; não por causa do duelo em si, do qual, ele próprio saindo perigosamente ferido, obteve a ferida mais profunda ainda de uma dor irreparável. Quando vozes ardentes se elevavam em torno de mim para bradar, "Haja o que houver, não se mata Carrel! Não se deve matar Carrel!", lembrava que *monsieur* de Girardin, tendo sofrido a afronta de *monsieur* Degouve-Dennuques, recusara-se a visá-lo, e que esse ato, digno de Carrel pelo que tinha de cavalheiresco, fora considerado uma injúria porque partia de um inimigo político. Quanto ao motivo do duelo, é impossível que as testemunhas tivessem achado suficiente se Carrel não as tivesse constrangido a isso por meio de sua obstinação. Sem dúvida alguma, Carrel estava furioso e queria impor mais humilhação que reparação. Ainda assim, se buscasse uma reparação, tratava-se da reparação de um erro talvez imaginário. Quanto às consequências do duelo, elas foram pungentes e honrosas para *monsieur* de Girardin. Ele foi insultado pelos amigos de Carrel, e sua única vingança foi carregar o luto de Carrel.

Esse não era, portanto, o motivo de nossa antipatia, e o próprio Éverard, chorando Carrel, a quem prezava, depois de recuperar o sangue-frio, foi justo e reconheceu a lealdade do adversário. Mas tínhamos a impressão de ver, nesse gênio prático que começava a revelar-se, o inimigo nato de nossas utopias. Não nos enganávamos. Um abismo nos separava então. Será que ainda nos separa? Sim, em relação às questões do sentimento, no que se refere aos sonhos idealistas; e, quanto a mim, sobre o problema do casamento, após madura reflexão, não hesito em dizer: *monsieur* de Girardin socialista, isto é, tocando em questões vitais da família, num livro admirável no que diz respeito à política e ao espírito das legislações, deixou na sombra ou lançou em temerárias percepções esse grande dogma do amor e da maternidade. Ele não admite senão a mãe e os filhos na constituição da família. Eu, por minha vez, digo mais alto, e direi ainda em várias ocasiões, sempre e em todos os lugares, que para compor uma família é indispensável que haja um pai e uma mãe.

Mas uma discussão mais profunda das coisas ditas anteriormente nos levaria longe demais, e tudo isso é apenas uma digressão em minha história. Não a lamento, e não a suprimo; porém, é preciso que, deixando para uma outra obra a apreciação dessa nova figura histórica surgida por um instante em minha narrativa, eu resuma estas poucas páginas.

Carrel desapareceu, levado pelo destino, e não imolado por um inimigo. Um grande jornalista, isto é, um desses homens de síntese que retrata, dia a dia, a história de sua época, conectando-a ao passado e ao futuro, em meio às inspirações ou lassitudes do gênio, deixou cair o archote que carregava no sangue do seu adversário e no seu próprio. O adversário lavou esse sangue com suas próprias lágrimas e reergueu o archote. Mantê-lo erguido não era tarefa fácil após tal catástrofe. A luz vacilou um longo tempo em suas mãos trêmulas. O sopro das paixões pode tê-la obnubilado ou a desviado; mas ela tinha que continuar acesa, e deveríamos tê-la saudado mais cedo. Não o fizemos e, mesmo assim, ela se manteve acesa. A missão do herdeiro de Carrel enobreceu-se na tempestade. Em meio ao cotidiano de catástrofes, essa missão foi cavalheiresca e generosa. Houve um momento em que ele foi o único a demonstrar, na França, a coragem e a fé que Carrel sem dúvida teria sido forçado a recalcar no fundo do seu coração, visto que Carrel não poderia preservar-se do dever de assumir, em um dado momento, o poder por sua própria conta. *Monsieur* Girardin teve a rara felicidade de não ser constrangido a isso. Algumas vezes também trata-se de uma grande honra.[29]

---

29 No momento em que corrijo estas provas, uma dolorosa notícia acaba de chegar a mim. Madame de Girardin faleceu, ela que visitei há um mês e fui embora quando ainda não se recuperara de uma doença, mas continuava radiante de beleza, de inteligência, de graça e de bondade, pois era uma pessoa boa, de fato muito boa!

História da minha vida

Retornemos a Éverard. Três anos haviam se escoado desde que Éverard conseguira solidificar uma grande influência moral sobre o meu espírito. Perdeu-a pelas causas que não esperei até o dia de hoje para esquecer. Esquecer é a palavra perfeita nesse caso, pois a nitidez das lembranças às vezes condiz com a do ressentimento. Não tenho dúvidas de que essas causas tiveram naturezas diversas; de uma parte, suas veleidades por *ambição*, palavra da qual ele sempre se servia a fim de exprimir seus violentos e fugazes anseios por atividade; de outra, os arrebatamentos excessivamente reiterados do seu caráter, amiúde agastado pela inação ou pelas decepções.

Quanto à inocente ambição de ocupar uma cadeira na Câmara dos Deputados e ganhar influência nesse espaço político, eu não a desaprovava em absoluto; mas confesso que, aos meus olhos, ela estragava um pouco meu velho Éverard. Sim, velho, pois essa era sua aparência nas horas em que sua face alterada indicava alguém de sessenta anos, quando eu o admirava com uma afeição quase filial, porque, nesses momentos, ele era doce, verdadeiro, simples, cândido e repleto de ideal divino. Será que nessas ocasiões ele revelava sua verdadeira natureza? Isso jamais pude saber. Certamente era sincero em todos os seus aspectos; mas qual teria sido sua verdadeira natureza se sua saúde física e emocional mantivesse uma regularidade, ou seja, se um mal crônico não o tivesse feito passar por contínuas alternâncias entre febre e langor? A exaltação doentia o tornava, não direi antipático, mas como que uma pessoa estranha para mim. Justamente quando ele voltava a ser juvenil, ativo, ardente no mesquinho combate da política da atualidade, eu perdia muito do meu interesse por ele.

Eis aí a indiferença da qual ele me acusava, e que só perdoava depois que sua frustração chegava ao fim e após ter me aplicado fragorosa reprimen-

---

Todo mundo sabia que ela era talentosa; mas aquela ternura delicada, aquela fibra de refinado sentimento maternal que suas obras dramáticas acabavam de revelar, só seus amigos já conheciam. De minha parte, pude apreciá-la profundamente. Ela chorou conosco a mais dolorosa das perdas, a de uma criança adorada, e chorada com tanta sinceridade, tão ardentemente. No entanto, nunca fora mãe, e isso comprova que não é apenas a inteligência que revela a uma mulher o quanto as mães devem sofrer. É o coração, é o dom da ternura, e madame de Girardin possuía esse dom para a coroação de uma admirável natureza. (N.A.)

da por não demonstrar interesse algum pelo que ele então considerava ser o interesse mais preeminente de sua vida. Para evitar o retorno dessas desavenças, não o instigava a escrever-me nem o encorajava a visitar-me; as duas coisas tornaram-se cada vez mais raras. Por fim foi nomeado deputado. Sua estreia na Câmara marcou-o, em uma questão de propriedade particular da qual não me lembro bem, mais como hábil argumentador do que como orador político. Ao meu ver, seu papel como deputado foi bastante apagado. Eu não queria atormentá-lo. Não se podia esperar, de um homem como ele, um despertar sem inquietude. Ficamos meses inteiros sem nos ver e sem nos escrever. Já estava fixada em Nohant. Muito de vez em quando ele aparecia para visitar-me, até chegar a revolução de fevereiro. Em nossos últimos encontros, discordávamos completamente no que diz respeito ao fundamento das questões e dos interesses públicos dos cidadãos. Eu estudara e meditara para aprofundar-me um pouco mais em meu ideal; ele parecia ter descartado o seu para retroceder a um século antes da revolução de fevereiro. De nada adiantaria lembrar-lhe da cena na ponte Saints-Pères. Ele teria afirmado, jurando de pés juntos e de boa-fé, que aquela cena fora um delírio meu, assim como de Planet. Irritava-se quando queria provar-lhe que eu conservara e até melhorara meus sentimentos, enquanto ele deixara os seus se tornarem retrógrados e obscuros. Ridicularizava meu socialismo com um pouco de amargura, e, entretanto, sem dificuldade alguma, logo voltava a ser afetuoso e paternal. Então eu lhe revelava minhas previsões de que um dia ele voltaria a tornar-se socialista e que, excedendo os propósitos desse ideal, reprovaria minha moderação. Certamente era isso mesmo que teria acontecido se ele não tivesse morrido.

Nem a ausência, nem a morte destroem as grandes amizades; a minha por ele permaneceu e permanece a despeito de tudo. Jamais me indispus com ele, e ele, no entanto, se indispôs comigo nos últimos anos de sua vida. Digo por quê.

Ele almejava ser comissário em Bourges sob o governo provisório. Não conseguiu esse posto, e atribuiu a mim a culpa do seu desejo frustrado. Supunha que, por ser próxima do ministro do interior, eu exercesse uma influência sobre este que eu estava longe de ter. *Monsieur* Ledru-Rollin não tinha o costume de consultar-me acerca de suas decisões políticas. Algumas pessoas diziam a ele o contrário: tratava-se de uma piada de mau gosto. Éverard teve a ingenuidade de acreditar nesses comentários provincianos.

Mas, para revelar a verdade e demonstrar sinceridade absoluta a respeito do que eu pensava sobre o assunto, não lhe escondi o fato de que, se eu possuísse essa influência e se tivesse sido consultada, ou melhor dizendo, se eu fosse o próprio ministro em pessoa, não teria considerado nem agido de modo diferente do ministro de fato. Demonstrei minha lealdade para com Éverard a ponto de escrever-lhe dizendo que, tendo *monsieur* Ledru-Rollin chegado a essa determinação e declarando-a mais tarde em uma conversa na qual encontrava-me presente, eu achara sérios e justos os motivos expostos por ele. Éverard, já o disse antes, e disse a ele próprio, fora surpreendido pela república em uma fase de antipatia marcada pelas ideias que deviam, que teriam dado vida à república. Ele poderia voltar a ser o homem do amanhã; inconstante e sincero como era, não deviam ficar muito preocupados com sua volta, e, em todo caso, podiam muito bem esperá-la, sem comprometer o futuro de uma potência como a sua. Mas, seguramente, ele não era o homem do dia, do momento em que estávamos, momento de total fé e de aspiração ilimitada pelos princípios rejeitados por Éverard na véspera.

Não me enganara. Sob a pressão das circunstâncias, Éverard encontrava-se num dos cumes da montanha quando a violência dos acontecimentos fizeram-no descê-la sem esperança de algum dia voltar a escalá-la: a morte cruel o aguardava. Disseram-me que jamais perdoara minha sinceridade. Pois bem, penso o contrário. Acredito que, em um dado momento que só ele saberia dizer qual foi, seu coração foi justo e sua razão fez-se lúcida, reconhecendo em seu íntimo minha lealdade a ele. Hoje que contemplo sua alma face a face, sinto-me bem tranquila.

Há uma outra alma – não menos bela e pura em sua essência, nem menos doente e perturbada neste mundo – que reencontro com igual placidez em minhas conversas com os mortos e em minha expectativa desse mundo melhor em que todos deveremos nos rever cercados pelo raio de uma luz mais viva e mais divina que a da terra.

Falo de Frédéric Chopin, que foi o hóspede dos oito últimos anos de minha vida de recolhimento em Nohant sob a monarquia.

Em 1838, logo que Maurice foi definitivamente confiado a mim, decidi procurar para ele um inverno mais suave que o nosso. Esperava preservá-lo, dessa forma, do retorno dos reumatismos cruéis do ano anterior. Ao mesmo tempo, almejava encontrar um lugar tranquilo onde pudesse fazer com que ele e sua irmã estudassem um pouco, um lugar onde eu mesma conseguisse trabalhar sossegada sem cometer excessos. É possível ganhar bastante tempo quando não precisamos nos interromper para receber visitas, e assim não somos obrigados a varar as madrugadas a fim de recuperar o tempo perdido durante o dia.

Como fazia meus planos e preparativos de partida, Chopin, a quem eu via todos os dias, e cujo gênio e caráter eu admirava com toda a ternura, disse a mim repetidas vezes que, se ele estivesse no lugar de Maurice, prontamente ficaria curado só com o bem que lhe faria uma viagem dessas. Acreditei em seu argumento, e enganei-me redondamente. Não o levei na viagem no lugar de Maurice, mas ao lado de Maurice. Seus amigos o pressionavam há muito para que fosse passar algum tempo no sul da Europa. Achavam que estava acometido pela tísica. Gaubert examinou-o e jurou-me que desse mal ele não sofria. "Você o salvará, com efeito", disse Gaubert, "se propiciar-lhe ar puro, passeios e bastante repouso." Os outros, sabendo muito bem que jamais Chopin iria decidir-se a deixar o convívio com a sociedade e a vida de Paris sem que uma pessoa amada por ele e que lhe era dedicada o arrastasse dali, pressionaram-me com insistência a não rechaçar o desejo que ele manifestava tão a propósito e de um modo todo inesperado.

Cometi o erro, com efeito, de ceder à sua esperança e à minha própria solicitude. Era um trabalhão ir ao estrangeiro sozinha levando meus dois filhos, sendo que um estava doente e a outra gozava de exuberante saúde e turbulência; como se isso não bastasse, o que dizer então de carregar ainda um tormento do coração e uma responsabilidade de desempenhar o papel de médica?

Chopin, porém, atravessava, naquele momento, um período de saúde que inspirava tranquilidade em todo mundo. Com exceção do seu grande amigo, o polonês Albert Grzymala, que não se deixava iludir muito pelo estado de Chopin, todos nós estávamos confiantes na estabilidade da sua saúde. Entretanto, roguei a Chopin que, com seriedade, consultasse suas

História da minha vida

forças morais, pois já havia vários anos que não conseguia encarar sem pavor a ideia de deixar Paris, o seu médico, as suas relações, o seu próprio apartamento e o seu piano. Tratava-se de um homem de hábitos imperiosos, e qualquer mudança, por menor que fosse, representava um acontecimento terrível em sua vida.

Parti com meus filhos, dizendo-lhe que passaria alguns dias em Perpinhã, isso se não o encontrássemos lá; acrescentei que, se ele não chegasse a Perpinhã até determinado dia, iria com as crianças para a Espanha. Havia escolhido visitar e passar uma temporada em Maiorca, confiando nas recomendações de algumas pessoas que pensavam conhecer bastante o clima e os recursos da região, mas que na verdade não tinham a mínima ideia do que estavam falando.

Nosso amigo em comum, o político espanhol Juan Mendizábal, homem tão extraordinário quanto célebre, devia ir a Madri e acompanhar Chopin até a fronteira, caso este não desistisse do seu sonho de viajar.

Parti, pois, com meus filhos e uma camareira em meados de novembro. Minha primeira parada deu-se à noite, em Plessis, onde abracei com alegria minha mãe Angèle e toda sua bondosa e querida família que, quinze anos antes, me recebera de braços abertos. Encontrei as pequeninas filhas do casal já adultas, belas e casadas. Tonine, minha preferida, tornara-se ao mesmo tempo sublime e encantadora. Meu pobre pai James encontrava-se atacado pela gota e andava de muletas, com muita dificuldade. Abracei o pai e a filha pela derradeira vez! Tonine viria a morrer em consequência do seu primeiro parto, e seu pai faleceu logo em seguida, na mesma época.

Demos uma grande volta, viajando a esmo. Em Lyon, revimos nossa amiga, a eminente artista madame Montgolfier, além de Théodore de Seynes e outros, e descemos o rio Ródano até Avignon, de onde fomos a Vaucluse, uma das mais lindas maravilhas do mundo, que de fato merece o amor de Petrarca e a imortalidade dos seus versos. De lá, atravessando o sul, saudando a ponte do Gard, permanecendo alguns dias em Nimes para abraçar nosso caro preceptor e amigo, Boucoiran, e para conhecer e trocar ideias sobre diversos assuntos com madame d'Oribeau, uma mulher encantadora que se tornou minha amiga, finalmente chegamos a Perpinhã, onde, no dia seguinte, vimos Chopin chegar ao nosso encontro. Ele suportara muito bem a viagem. Não sofreu muito ao navegar até Barcelona, nem de Barcelona até Palma. O tempo estava bom, o mar, excelente; sentíamos o calor aumentar de hora em hora. Maurice suportava o mar quase tão bem quanto eu, já Solange nem tanto; mas, ao avistar as costas escarpadas da ilha, ornada ao sol matutino por aloés e palmeiras, ela pôs-se a correr no convés, toda alegre e fresca como a própria manhã.

Pouco tenho a dizer aqui sobre Maiorca, tendo escrito um grosso volume a respeito dessa viagem. Nele narrei minhas angústias com relação ao doente que acompanhava. Desde o começo do inverno, e este anunciou-se de súbito por meio de chuvas torrenciais, Chopin apresentou, também de modo súbito, todas as características da afecção pulmonar. Não sei o que teria sido de mim se os reumatismos tivessem atacado Maurice; não havia nenhum médico que nos inspirasse confiança, e os mais simples e comuns dos remédios eram quase impossíveis de serem achados. Até mesmo o açúcar muitas vezes era de má qualidade e fazia mal.

Graças aos céus, afrontando de manhã até o anoitecer a chuva e o vento na companhia de sua irmã, Maurice recobrou uma saúde perfeita. Nem Solange nem eu temíamos os caminhos inundados e os aguaceiros. Havíamos encontrado, em uma cartuxa abandonada e parcialmente em ruínas, um alojamento em bom estado e dos mais pitorescos. Na parte da manhã, eu dava lições às crianças. Durante o resto do dia, elas corriam e brincavam enquanto eu trabalhava. De noite, à luz da lua, passeávamos juntos pelos claustros ou líamos nas celas. Nossa existência teria sido muitíssimo agradável nessa solidão romântica, apesar da selvageria da região e da rapacidade dos habitantes, se o triste espetáculo de sofrimentos do nosso companheiro e certos dias de sérias preocupações com sua vida não me tivessem tirado forçosamente todo o prazer e todo o benefício da viagem.

O pobre grande artista era um doente detestável. O que eu receara, infelizmente não o bastante, aconteceu. Ele ficou totalmente deprimido. Suportando as dores com bastante coragem, não conseguia vencer a perturbação da sua imaginação. Para ele, o claustro estava repleto de terrores e de fantasmas, mesmo quando se sentia bem. Ele não o confessava, precisei adivinhar. Ao voltar das minhas explorações noturnas pelas ruínas com meus filhos, encontrava-o, às dez horas da noite, pálido diante do seu piano, com um

História da minha vida

olhar aterrorizado e os cabelos bagunçados e arrepiados. Ele levava alguns instantes até nos reconhecer.

Em seguida, fazia um esforço para sorrir e tocava peças sublimes que tinha acabado de compor, ou, melhor dizendo, interpretava ao piano ideias terríveis ou dilacerantes que haviam se apoderado dele sem que se desse conta naquela hora de solidão, de tristeza e de medo.

Foi lá que compôs as mais belas de suas breves páginas que ele intitulava modestamente como prelúdios. São verdadeiras obras-primas. Vários desses prelúdios nos oferecem à imaginação visões de monges mortos e a audição de cantos fúnebres que o assediavam; outros são melancólicos e suaves. Estes últimos chegavam até ele nas horas de sol e de saúde, ao alvoroço das risadas das crianças sob a janela, ao som longínquo de violões, ao canto dos pássaros sob as folhagens úmidas, à vista de pequeninas rosas pálidas desabrochadas sobre a neve.

Outros ainda são de uma tristeza profunda e, ao nos encantar os ouvidos, pungem nosso coração. Um desses prelúdios surgiu-lhe em um anoitecer de chuva lúgubre, que desfere na alma um desalento horroroso. Nós o havíamos deixado bem nesse dia, Maurice e eu, para irmos a Palma comprar algumas coisas necessárias ao nosso acampamento. A chuva chegou e as torrentes transbordaram; tínhamos andado três léguas em seis horas para retornar em meio à inundação, e chegamos em plena noite, sem sapatos, abandonados pelo condutor da nossa charrete, depois de passar por perigos inauditos.[30]

Nós nos apressáramos tendo em vista o nervosismo do nosso doente, que de fato fora intenso, mas como que se concentrara em um tipo de desesperança tranquila. Chopin, tomado por essas emoções, tocava seu admirável prelúdio aos prantos. Vendo-nos entrar, levantou-se e deu um grito, e logo nos disse, com um tom estranho e ostentando um ar alucinado: "Ah! Bem que eu sabia que vocês estavam mortos!".

Quando recobrou a lucidez e viu o estado em que estávamos, ficou mal ao pensar nos perigos espetaculares pelos quais havíamos passado; mas em

---

30 Ver *Un Hiver dans le midi de l'Europe*. (N.A.)

Obra de George Sand, sem tradução no Brasil. (N.T.)

seguida confessou-me que, enquanto nos aguardava, vira tudo aquilo em sonho, e que, não distinguindo mais o sonho da realidade, se acalmara e como que adormecera tocando piano, persuadido de que ele próprio estava morto. Via-se afogado em um lago; pesadas e gélidas gotas d'água caíam-lhe ritmadas sobre o seu peito, e, quando lhe chamei a atenção para que escutasse o barulho dessas gotas d'água, que na verdade caíam ritmadas sobre o telhado, negou tê-las escutado. Chegou até mesmo a zangar-se por eu ter traduzido aquela sua experiência como uma harmonia imitativa. Protestava com todas as forças, e tinha razão, contra a puerilidade dessas imitações auditivas. Seu gênio era pleno de misteriosas harmonias da natureza, traduzidas pelos equivalentes sublimes em seu pensamento musical, e não por meio de uma repetição servil de sons exteriores.[31] Sua composição daquela noite era de fato repleta das gotas da chuva que ressoavam nos telhados sonoros da Cartuxa, porém elas foram traduzidas em sua imaginação e em sua melodia como lágrimas caindo do céu sobre o seu coração.

O gênio de Chopin é o mais profundo e o mais pleno de sentimentos e de emoções que já existiu. Em um único instrumento, deu voz à linguagem do infinito; amiúde conseguiu resumir, em dez linhas, que até mesmo uma criança teria a capacidade de tocar, poemas de uma imensa elevação, dramas de uma energia sem igual. Jamais teve necessidade de grandes recursos materiais para dar palavra ao seu gênio. Não lhe foram precisos saxofones nem oficleides para inundar a alma de terror; nem órgãos de igreja, ou vozes humanas para preenchê-la de fé e de entusiasmo. Não foi conhecido das multidões e não o é ainda hoje. Grandes progressos são necessários no gosto e na inteligência sobre as artes para que suas obras se tornem populares. Virá um dia em que orquestrarão sua música sem alterar em nada a sua partitura de piano, quando todo mundo saberá que esse gênio tão vasto, tão completo, tão cultivado quanto os maiores mestres assimilados por ele, conservou uma personalidade ainda mais extraordinária que a de Johann Sebastian Bach, ainda mais potente que a de Ludwig van Beethoven, ainda mais dramática que a de Carl Maria von Weber. Chopin contém em si todos

---

31 Em *Consuelo*, dei uma definição dessa distinção musical que o deixou plenamente satisfeito e que, por conseguinte, deve ser clara. (N.A.)

os três, e ainda por cima não deixa de ser ele próprio, isto é, mais perspicaz no gosto, mais austero na grandiosidade, mais dilacerante na dor. Só Mozart é superior a ele, porque Mozart possui, além de tudo, paz em relação à saúde e, por consequência, a plenitude da vida.

Chopin sentia sua força e sua fraqueza. Sua fraqueza residia no próprio excesso dessa força que ele não podia controlar. Era incapaz de compor como Mozart (de resto, só Mozart conseguiu compor dessa forma) uma obra-prima que tivesse uma cor sólida. Sua música era cheia de nuances e de imprevistos. Algumas vezes, raramente, sua música era estranha, misteriosa e atormentada. Ainda que tivesse horror à possibilidade de não ser compreendido, suas excessivas emoções transportavam-no, à sua revelia, a regiões conhecidas somente por ele próprio. Talvez eu tenha sido para ele um mau árbitro (visto que ele me consultava, assim como Molière consultava sua servente), porque, à força de conhecê-lo, chegara ao ponto de poder identificar-me com todas as fibras de sua natureza. Durante oito anos, ao iniciar-me a cada dia no segredo de sua inspiração ou de sua meditação musical, seu piano revelava-me os arrebatamentos, os obstáculos, as vitórias ou as torturas do seu pensamento. Eu o compreendia, portanto, assim como ele próprio se compreendia, e um juiz que mantivesse um afastamento maior de sua pessoa talvez conseguisse fazer um julgamento mais interessante de sua obra em processo, e o teria forçado a ser mais inteligível para todos.

Por vezes tivera ideias ridentes, e todas envolvendo sua mocidade. Compôs canções polonesas e romanças inéditas de uma encantadora bonomia ou de uma adorável doçura. Algumas de suas composições ulteriores são, ainda, como que fontes cristalinas, onde se é possível contemplar uma claridade solar. Ah, mas como são raros e breves, esses tranquilos êxtases de sua contemplação! O canto da calhandra no céu e o suave singrar do cisne pelas águas calmas são para ele como que centelhas da beleza na serenidade. O grito da águia plangente e esfaimada sobre os rochedos de Maiorca, o silvo triste do vento norte e a morna desolação dos teixos cobertos de neve o entristeciam por muito mais tempo e muito mais intensamente do que o regozijavam o aroma das laranjeiras, a graça dos pâmpanos e a cantilena mourisca dos lavradores.

Seu caráter manifestava-se dessa forma em todas as coisas. Sensível por um instante às doçuras da afeição e aos sorrisos do destino, ficava magoado durante dias, semanas inteiras pelo descaso de alguém insensível ou pelas mínimas contrariedades da vida real. E, coisa estranha, uma verdadeira dor não o abatia tanto quanto algo de menor importância. Dava a impressão de que não tinha força de compreendê-la primeiro e de ressenti-la em seguida. A profundidade de suas emoções não tinha, portanto, nada a ver com suas causas. Quanto à sua saúde deplorável, ele a aceitava heroicamente diante dos perigos reais, e atormentava-se miseravelmente com ela perante alterações insignificantes. Eis a história e o destino de todos os seres nos quais o sistema nervoso é desenvolvido em excesso.

Sendo exageradamente sensível aos detalhes, tendo horror à miséria e sempre ansioso pelo conforto refinado, naturalmente achou Maiorca horrível ao cabo de poucos dias de doença. Porém, não estava em condições de tomar o caminho de volta; encontrava-se muito debilitado. Quando melhorou, os ventos contrários dominaram a costa, e durante três semanas o barco a vapor não pôde sair do porto. Era a única embarcação possível, e mesmo assim não podíamos contar com ela.

Nossa estadia na Cartuxa de Valdemosa foi, portanto, um suplício para ele e uma tormenta para nós. Meigo, alegre, encantador nas rodas sociais, Chopin doente era desesperador na intimidade exclusiva. Não havia alma mais nobre, mais delicada, mais desinteressada; não existia companhia mais fiel e mais leal; nenhum espírito era mais brilhante na alegria, nenhuma inteligência mostrava-se mais séria e mais completa naquilo que era do seu domínio. Mas, em compensação, ai de mim, não havia humor mais desequilibrado, nenhuma imaginação mais tempestuosa e mais delirante, nenhuma suscetibilidade mais fácil de se irritar, nenhuma exigência do coração mais impossível de se satisfazer. E, a seu ver, não tinha culpa de nada disso. Colocava a responsabilidade de tudo em seu mal. Seu espírito era escorchado vivo; a ruga de uma pétala de rosa, a sombra de uma mosca o faziam sangrar. Exceto meus filhos e eu, tudo lhe era antipático e revoltante sob o céu da Espanha. Morria de impaciência para partir, bem mais do que pelos inconvenientes da estadia.

Conseguimos, finalmente, viajar a Barcelona e, de lá, ainda pelo mar, chegamos a Marselha no fim do inverno. Deixei a Cartuxa com um misto de alegria e de dor. Bem que teria passado dois ou três anos ali, sozinha, apenas na companhia dos meus filhos. Possuíamos uma mala cheia de bons livros de ensino elementar que eu poderia ter utilizado para instruí-los. O céu tornava-se magnífico, e a ilha, um lugar encantado. Nossa romântica instalação nos fascinava; Maurice ficava cada dia mais forte a olhos vistos, e nossas privações só nos faziam rir. Teria conseguido boas horas de trabalho sem ser interrompida por distrações; lia belas obras de filosofia e de história nos momentos em que me via livre de cumprir o papel de enfermeira, e até mesmo o próprio doente teria sido uma companhia boa e adorável se tivesse conseguido curar-se. De que poesia sua música preenchia aquele santuário, mesmo em meio a suas dolorosas agitações! E a Cartuxa era tão linda sob seus festões de hera, a floração tão esplêndida no vale, o ar tão puro sobre as montanhas, o mar tão azul no horizonte! Esse foi o recanto mais delicioso em que fiquei recolhida por um longo tempo, e um dos mais belos que vi. E, contudo, tive grandes dificuldades para desfrutá-lo! Não ousando afastar-me muito do doente, podia sair com meus filhos só alguns instantes por dia, e mesmo assim nem sempre isso era possível. Eu mesma me sentia muito doente com a fadiga e o isolamento forçado.

Tivemos que permanecer em Marselha. Submeti Chopin a um exame do cérebro realizado pelo doutor Cauvères, que a princípio achou-o gravemente comprometido, e que, contudo, voltou a ter boas expectativas ao vê-lo restabelecer-se rapidamente. Seus prognósticos indicavam que Chopin podia ter uma vida bem longa se fossem observados grandes cuidados, e ofereceu-lhe os seus sem reservas. Esse homem digno e amável, um dos melhores médicos da França, o mais encantador, o mais sólido e dedicado dos amigos, é, em Marselha, a providência dos felizes e dos infelizes. Homem de convicção e adepto do progresso, conservou, em uma idade bastante avançada, a beleza da alma e da aparência. Sua fisionomia suave e viva ao mesmo tempo, sempre iluminada por um meigo sorriso e por um brilho no olhar, inspirava respeito e amizade em doses iguais. Trata-se também de uma das mais extraordinárias compleições que existem, isento de enfermidades, cheio de ardor, jovem de coração e de espírito, tão bom quanto brilhante, e sempre em posse das altas faculdades de uma inteligência apurada.

Foi como que um pai para nós. Não medindo esforços para tornar nossa existência agradável, tratava do doente, passeava e estragava as crianças com excesso de mimos, preenchia novamente minhas horas senão de repouso, pelo menos de esperanças, de confiança e de serenidade intelectual. Este ano[32] reencontrei-o em Marselha, isto é, quinze anos depois, e pareceu-me mais jovial e mais amável ainda, se isso é possível, do que quando o deixáramos; acabara de atravessar e de vencer os perigos do cólera como se fosse um garoto, amava os eleitos do seu coração com o mesmo entusiasmo que no primeiro dia em que devotara todo seu afeto a eles, continuava acreditando na França, no futuro e na verdade, como as crianças desse século já não são capazes de acreditar: admirável velhice, digna de uma vida admirável.

Vendo Chopin renascer com a primavera e reagindo bem com uma medicação mais suave, o doutor Cauvères aprovou nosso plano de passarmos alguns dias em Gênova. Para mim foi mais que um prazer rever, acompanhada de Maurice, todos os belos edifícios e todos os lindos quadros e cenas que fazem parte dessa encantadora cidade.

Na volta, fomos castigados por uma forte ventania. Chopin passou muito mal com isso, e resolvemos ficar alguns dias de repouso em Marselha, hospedados na casa do excelente doutor.

Marselha é uma cidade magnífica que choca e desagrada à primeira vista por causa da rudeza do seu clima e dos seus habitantes. No entanto, essa impressão logo se dissipa, pois, no fundo, a pureza do seu clima é saudável, e a essência dos seus habitantes é boa. Passamos a compreender que é possível nos habituar à brutalidade do mistral, às iras do mar e ao ardido de um sol implacável, quando encontramos ali, em uma cidade opulenta, qualquer recurso da civilização em todas as variedades imagináveis, e quando percorremos, no raio de alguma extensão, essa Provença, visitando diversas regiões tão singulares e tão belas quanto muitos lugares da Itália incensados de modo exagerado.

Consegui retornar a Nohant, sem incidentes, com Maurice curado e Chopin em vias de sê-lo. Ao cabo de alguns dias, foi a vez de Maurice tornar-se o mais doente entre os dois. Seu coração voltou a trabalhar em excesso.

---

32 1855. (N.A.)

História da minha vida

Meu amigo Papet, excelente médico que, em razão de sua fortuna, exerce a medicina sem cobrar nada dos seus amigos e dos pobres, recomendou uma mudança radical no regime do menino. Havia dois anos que o alimentávamos com carne branca e água com vinho. Papet julgou que um rápido crescimento exigia tônicos, e, depois de tê-lo submetido a sangrias, fez com que ele recuperasse a força por meio de um regime totalmente oposto. Sorte a minha ter confiado nele, pois a partir desse momento Maurice ficou curado radicalmente e ganhou uma saúde sólida e forte.

Quanto a Chopin, Papet não encontrou nele mais nenhum sintoma de afecção pulmonar; constatou apenas uma pequena afecção crônica da laringe que não tinha esperanças de curar, mas na qual não viu motivos para sérios alarmes.[33]

Antes de ir mais adiante, devo falar de um acontecimento político que ocorrera na França em 12 de maio de 1839, no exato momento em que eu estava em Gênova, e de um dos homens que coloco nas primeiras fileiras entre os meus contemporâneos, embora só fosse conhecê-lo mais tarde: Armand Barbès.

Seus primeiros impulsos foram, no entanto, os de um heroísmo irrefletido, e não hesito em condenar, com Louis Blanc, a tentativa do 12 de maio. Ousarei acrescentar que este triste ditado, *o sucesso justifica tudo*, encerra algo de mais sério do que parece comportar um aforismo fatalista. Contém mesmo um sentido muito verdadeiro, se consideramos que a vida de um certo número de homens pode ser sacrificada a um princípio benfa-

---

33 Foi nessa época que perdi meu angélico amigo Gaubert. Já havia perdido, em 1837, meu nobre e meigo *papai*, *monsieur* Duris-Dufresne, de uma maneira trágica e dolorosa. Na véspera de sua morte, ele jantara com meu marido. "Ele foi encontrado no dia 29 de outubro, às onze horas da manhã, por uma pessoa de Châteauroux. Estava muito feliz, iria tornar-se avô, acabara de comprar amêndoas cobertas de açúcar. Daí em diante não o viram mais. Seu corpo foi achado no rio Sena. Teria sido assassinado? Não há provas disso; não o roubaram; seus brincos de ouro estavam intactos." (*Carta do Magauxe*, 1837)

Esse fim deplorável permaneceu sob mistério. Meu irmão, que se encontrara com ele dois dias antes, ouvira de sua boca, ao falar da marcha dos acontecimentos políticos: "É o fim de tudo, está tudo acabado!". Parecia afetadíssimo. Mas, inconstante, enérgico e entusiasta, recuperara sua alegria no mesmo instante. (N.A.)

zejo para a humanidade, mas sob a condição de promover realmente o reino desse princípio no mundo. Se o esforço do denodo e da dedicação deve permanecer estéril; se ainda, em certas condições e sob o império de determinadas circunstâncias, ele deve, malogrando, retardar a hora da salvação, mesmo se foi puro na intenção, tornar-se-á culpável de fato. Ele dá forças ao partido vencedor, abala a fé entre os vencidos. Verte o sangue inocente e o próprio sangue dos conjurados, que é precioso, em proveito da má causa. Espalha a desconfiança entre o vulgo, ou o aflige com um terror estúpido, o que o torna quase impossível de ser reconduzido e convertido aos seus ideais.

Sei bem que o sucesso é o segredo de Deus, e que se agíssemos como os antigos, só depois de ter consultado oráculos reputados infalíveis, não teríamos mérito em arriscar nossa fortuna, nossa liberdade e nossa vida. Por outro lado, o oráculo dos tempos modernos é o povo: *Vox populi, vox Dei*; e é um oráculo misterioso e enganador, que amiúde ele próprio ignora de onde vem seus transportes e suas revelações. Mas, por mais difícil que seja de ser penetrado, o gênio do conspirador consiste em assegurar-se desse oráculo.

O conspirador não está, portanto, à altura de sua missão quando é desprovido de sagacidade, de perspicácia e desse gênio particular que adivinha o resultado inevitável dos acontecimentos. É algo tão grave lançar um povo, e até mesmo uma pequena parcela do povo, na arena sangrenta das revoluções, que não nos é permitido ceder ao instinto do sacrifício, ao entusiasmo do mártir, às ilusões da fé mais pura e mais sublime. A fé atua no domínio da fé; os milagres que ela produz estão restritos a esse domínio e, quando o homem pretende levá-la ao território dos fatos, ela não tem eficiência alguma se permanece na condição da fé mística. É preciso que ela seja iluminada por intensas luzes, luzes especiais que exigem o conhecimento e a apreciação do próprio fato; é preciso que ela se torne ciência, e uma ciência tão exata quanto a que Napoleão portava no destino das batalhas.

Tal foi o erro dos líderes da Sociedade das Estações. Contaram com o milagre da fé, sem se darem conta do dobro de luz necessário nesses tipos de empresas. Menosprezaram o estado dos espíritos, os meios de resistência; precipitaram-se no abismo, como Curtius, sem imaginar que o povo encontrava-se em um desses momentos de lassidão e de incredulidade em

História da minha vida

que, *por amor a ele*, por respeito ao seu futuro, ao seu amanhã talvez, não se deve expô-lo a provas de ateísmo e de covardia.

O sucesso não justifica tudo, mas sanciona as grandes causas e impõe, até certo ponto, as más causas à razão humana, sendo a adesão de um povo, nesse caso, um obstáculo contra o qual é preciso saber manter-se de pé e aguardar. A generosa febre de nobres almas indignadas deve saber conter-se em certos momentos da história, e guardar-se para a hora em que ela poderá fazer da centelha sagrada um vasto incêndio. Quando um partido se arrisca com um povo e até mesmo à frente de um povo para mudar-lhe o destino, se ele fracassa a despeito das mais sensatas previsões e dos mais sábios esforços, se ele está em condições de pelo menos transformar sua derrota num desastre ao inimigo, se, em suma, ele exprime por seus atos um imenso e ardente protesto, seus esforços não estão perdidos, e aqueles que sobreviveram colherão o fruto do seu exemplo mais tarde. É nesse caso que louvamos ainda os vencidos da boa causa; é então que os absolvemos das infelicidades ligadas à crise, reconhecendo que não agiram ao acaso, e a fé que sobrevive ao desastre é proporcional às chances de sucesso que eles souberam colocar em seu plano. É assim que perdoamos a um hábil general vencido em uma batalha o fato de ter perdido colunas inteiras visando uma vitória provável, enquanto condenamos o herói isolado que vem a perder uma pequena escolta sem nenhuma possibilidade de proveito.

Não é do agrado de Deus que eu acuse Barbès, Martin Bernard e os outros generosos mártires dessa série de terem cegamente sacrificado sua audácia natural, seu desprezo pela vida em prol de uma necessidade egoísta de glória! Não! Eram espíritos sensatos, estudiosos, modestos; mas eram jovens, estavam exaltados pela crença no dever, esperavam que sua morte desse frutos. Acreditavam em excesso na excelência elevada da natureza humana; julgavam-na a partir de si mesmos. Ah, meus amigos, como a vida de vocês é admirável, visto que, para nela encontrar um erro, é preciso fazer, em nome da fria razão, justiça aos mais nobres sentimentos de que a alma do homem é capaz!

A verdadeira grandeza de Barbès, porém, manifestou-se em sua atitude perante os seus juízes, e completou-se no longo martírio da prisão. Foi aí que sua alma elevou-se à santidade. Foi do silêncio dessa alma profundamente humilde e piedosamente resignada que surgiu o mais eloquente e mais puro ensinamento à virtude que foi dado a esse século compreender. Nisso não há nenhum erro, nenhum fraquejo nessa abnegação absoluta, nessa coragem serena e doce, nessas ternas consolações oferecidas por ele mesmo aos corações alquebrados pelo sofrimento. As cartas de Barbès a seus amigos são dignas dos mais belos tempos da fé. Amadurecido pela reflexão, elevou-se à apreciação das mais altas filosofias; porém, superior à maioria daqueles que instruem e pregam, assimilou a força do estoico unida à humilde doçura do genuíno cristão. É por isso que, sem ser criador na esfera das ideias, igualou-se, sem se dar conta, aos maiores pensadores de sua época. Nele, a palavra e o pensamento dos outros foram fecundos; germinaram e cresceram em um coração tão puro e tão fervoroso que esse coração tornou-se um espelho da verdade, uma pedra de toque para as consciências delicadas, um raro e legítimo motivo de consolo para todos aqueles que se aterrorizam com a corrupção dos tempos, com a injustiça dos partidos e com o abatimento dos espíritos nos dias de provação e de perseguição.

Capítulo 13
Tento ser professora e fracasso. – Irresolução. – Regresso do meu irmão. – Os pavilhões da rua Pigale. – Minha filha no pensionato. – O jardim d'Orléans e minhas relações. – Uma grande meditação no bosquezinho de Nohant. – Descrição do caráter de Chopin. – O príncipe Karol. – Causas de sofrimento. – Meu filho me consola de tudo. – Meu coração perdoa tudo. – Morte do meu irmão. – Algumas palavras sobre os ausentes. – O céu. – As dores que não revelamos. – O futuro do século. – Conclusão.

Depois da viagem a Maiorca, pensei em dar um jeito na minha vida resolvendo o difícil problema de fazer Maurice estudar sem privá-lo de ar puro e de exercícios físicos. Em Nohant, isso era possível, e nossas leituras podiam ser suficientes para substituir, por meio das noções de história, de filosofia e de literatura, o grego e o latim do colégio.

Mas Maurice amava a pintura, e eu não tinha condições de ensinar-lhe essa arte. Aliás, não me fiava o bastante em mim mesma quanto a outras

História da minha vida

matérias para levar um pouco mais longe os estudos que fazíamos juntos; esforçava-me apreendendo e preparando na véspera o conteúdo das lições que iria passar a ele no dia seguinte, pois não tinha nenhuma experiência com métodos de ensino, e era obrigada a inventar um que fosse propício a Maurice, ao mesmo tempo que me iniciava nos conhecimentos que esse método deveria expor. Precisei, ainda na mesma ocasião, encontrar um outro método para Solange, cujo espírito necessitava de outro procedimento de ensino totalmente diferente no que diz respeito aos estudos apropriados a sua idade.

Isso estava além das minhas forças, a menos que renunciasse a escrever. Pensei seriamente nisso. Ao confinar-me no campo o ano inteiro, esperava viver de Nohant, e viver com bastante satisfação, consagrando o que eu podia ter de esclarecimentos na alma à instrução dos meus filhos; porém percebi logo que o magistério não me convinha em nada, ou, melhor dizendo, reparei que eu não era conveniente à tarefa especialíssima do magistério. Deus não me concedeu o dom da palavra; não me exprimia de uma maneira clara e precisa o suficiente, além do que a voz me faltava após vinte minutos de fala. De mais a mais, não tinha muita paciência com meus filhos; teria conseguido melhores resultados ensinando aos filhos dos outros. Talvez não seja conveniente ao professor interessar-se apaixonadamente pelos seus alunos. Consumia-me em esforços de boa vontade, e muitas vezes encontrava uma tal resistência na vontade deles que me desesperava. Uma mãe ainda jovem não tem tanta experiência com os langores e as preocupações da infância. Entretanto, lembrava-me dos meus próprios langores e preocupações de menina, e, no rasto dessa memória, também recordava que, se as pessoas que cuidaram de mim e instruíram-me não tivessem vencido contra a minha vontade essas qualidades inconvenientes e bastante comuns na criança, teria permanecido inerte ou me tornado alienada; daí então me matava para vencer a resistência dos meus filhos, não sabendo como destruí-la.

Mais tarde ensinei minha neta a ler, e tive a paciência necessária para isso, ainda que eu a amasse apaixonadamente também; mas eu já estava em uma idade bem mais avançada!

Na irresolução em que fiquei algum tempo com relação aos arranjos em minha vida para colocá-la em ordem, visando o melhor possível para os meus queridos filhos, uma questão séria foi debatida em minha consciência. Perguntava-me se devia aceitar a ideia que Chopin acalentara de viver ao meu lado. Não teria hesitado em dizer não ao seu plano se, naquela época, tivesse conseguido prever quão pouco tempo sua saúde moral e física aguentariam a vida retirada e a solenidade do campo. Eu continuava a atribuir seu desespero e horror por Maiorca à exaltação da febre e ao *excesso de especificidades* tão distintas do seu costume apresentadas por essa residência. Nohant oferecia condições mais suaves, um retrato menos austero, uma roda de amigos e de conhecidos simpática e recursos próprios em caso de doença. Papet era para ele um médico esclarecido e afetuoso. Fleury, Duteil, Duvernet e suas respectivas famílias, Planet e Rollinat, sobretudo, lhe foram muito prezados logo de início. Todos também gostaram muito dele e sentiram-se dispostos a estragá-lo com mimos, da mesma forma que eu fazia.

Meu irmão voltara a morar no Berry. Fixara residência nas terras de Montgivray herdadas por sua mulher e distantes meia légua de nós. Meu pobre irmão Hippolyte comportara-se comigo de modo tão estranho e absurdo que não teria sido muito severo tratá-lo com descaso e sem nenhum entusiasmo; mas não podia tratar sua mulher da mesma forma, que, para mim, sempre fora admirável, nem sua filha, a quem eu queria muito bem como se fosse minha, tendo-a criado durante algum tempo com os mesmos cuidados que tivera com Maurice. Por outro lado, meu irmão, quando reconhecia seus erros, arrependia-se de modo tão completo, tão cômico e tão enérgico, dizendo mil ingenuidades espirituosas, praguejando e chorando com efusão, que meu ressentimento desaparecia ao cabo de uma hora. Se isso tivesse a ver com outra pessoa que não ele, o passado teria sido inescusável, e, ao mesmo tempo, por ter a ver com ele, o futuro não tardaria a voltar a ser intolerável; mas fazer o quê? Esse era ele! Tratava-se do companheiro dos meus primeiros anos; tratava-se do filho bastardo nascido feliz, isto é, da criança mimada da nossa casa. Hippolyte fizera muito mal ao colocar-se no papel do protagonista de *Antony*.[34] Antony é real com relação aos pre-

---

34 Drama escrito por Alexandre Dumas Filho em 1831, a peça *Antony* tem como problema central a questão da bastardia e o lugar do homem do povo na sociedade burguesa. Nas palavras da pesquisadora Silvia Pereira Santos: "O grande mérito de

História da minha vida

conceitos de certas famílias; por outro lado, o que é bom sempre é bastante verdadeiro; mas seria bem possível criar a contraparte de *Antony*, e o autor desse poema trágico poderia ele próprio compô-la igualmente verdadeira e bela. Em certos meios, a criança bastarda inspira tal interesse que chega a ser, senão o rei da família, pelo menos o membro mais empreendedor e mais independente dela, aquele que ousa tudo e a quem tudo perdoam, porque os que cultivam ternura por ele têm necessidade de compensá-lo do abandono da sociedade. Com efeito, não sendo nada oficialmente, e não podendo pretender nada legalmente em meu lar, Hippolyte ali sempre fizera predominar seu caráter turbulento, seu coração bom e sua cabeça desmiolada. Havia me expulsado da minha própria casa, pela única razão de que eu não queria expulsá-lo de lá; ele azedara e prolongara a luta que me reconduzira ao meu lar, e ele próprio voltava a entrar ali, perdoado e acolhido por causa de algumas lágrimas que vertia na soleira da porta da casa paterna. Seu retorno agora não se tratava de outra coisa a não ser da repetição de uma nova série de arrependimentos de sua parte e de absolvições da minha.

Seu jeitão comunicativo, sua alegria inesgotável, a originalidade de suas tiradas, suas efusões entusiastas e ingênuas direcionadas ao gênio de Chopin, sua deferência sempre respeitosa só para com ele, mesmo na inevitável e terrível *ressaca*, ganharam a estima por parte do artista eminentemente aristocrático. Portanto, tudo correu muito bem no começo, e admiti eventualmente a ideia de que Chopin poderia repousar e restabelecer sua saúde entre nós durante alguns verões, seu trabalho devendo necessariamente convocá-lo a Paris no inverno.

Dumas é expor um personagem que força a sociedade da época a reconhecer-se hipócrita e contraditória: o protagonista Antony, agressivo e provocador, faz grande sucesso entre o público, refletindo as contradições de uma sociedade que produz uma imagem negativa do filho ilegítimo ao mesmo tempo que o aplaude em cena. [...] Ao desvelar a sociedade contemporânea, Antony também mostra uma sociedade responsável pela criação do mal que ela reprime: 'é ela que, marginalizando o bastardo, lhe dá o gosto desenfreado da revanche [...]'.". Ver o artigo "Caminhos do drama burguês: de Diderot a Alexandre Dumas Filho", Revista eletrônica *Darandina*, Programa de Pós-Graduação em Letras/UFJF, v.2 – n.1, fev. 2010, p.8. Disponível em: <http://www.ufjf.br/darandina/files/2010/02/artigo20a.pdf>. Acesso em: 29 maio 2016. (N.T.)

George Sand

Entretanto, a perspectiva dessa espécie de aliança de família com um novo amigo em minha vida deu-me o que pensar. Tive receio da tarefa que ia aceitar e que acreditara dever limitar-se à viagem à Espanha. Se Maurice viesse a recair no estado de langor que havia me absorvido tanto, adeus à fadiga das lições, é verdade, mas adeus também ao regozijo do meu trabalho; e que horas serenas e vivificantes da minha vida eu poderia consagrar a um segundo doente, muito mais difícil de cuidar e de consolar que Maurice?

Um tipo de temor apoderou-se, pois, do meu coração diante de uma nova obrigação a contrair. Não estava iludida por uma paixão. Tinha, pelo artista, uma espécie de adoração maternal vivíssima, muito verdadeira, mas que não tinha a menor possibilidade de disputar, nem por um instante, com o amor criado no ventre materno, o único sentimento casto que pode ser apaixonado.

Era ainda muito jovem para ter talvez que lutar contra o amor, contra a paixão propriamente dita. Essa circunstância da minha idade, da minha situação e do destino das artistas mulheres, sobretudo quando elas têm horror das distrações passageiras, me assustava bastante e, decidida a jamais submeter-me a influências que pudessem desviar minha atenção dos meus filhos, eu via um perigo diminuto, mas ainda assim possível, até mesmo na terna amizade que Chopin me inspirava.

Pois bem, depois de muita reflexão, esse perigo desapareceu aos meus olhos e até mesmo tomou um caráter oposto, o de um preservativo contra as emoções que eu não queria mais conhecer. Um dever a mais em minha vida, já tão saturada e tão acabada pela fadiga, pareceu-me uma chance a mais para a austeridade pela qual sentia-me atraída com um tipo de entusiasmo religioso.

Se tivesse dado sequência ao meu projeto de recolher-me em Nohant durante o ano inteiro, de renunciar às artes e de atuar no papel de professora dos meus filhos, Chopin teria sido salvo do perigo que o ameaçava sem que eu tivesse consciência de nada: o de apegar-se a mim de uma maneira por demais absoluta. Ainda não me amava a ponto de não poder afastar-se de mim; sua afeição ainda não era exclusiva. Conversava comigo a respeito de um amor romanesco que tivera na Polônia, de doces êxtases que experimentara em seguida em Paris e que podia reencontrar ali, e sobretudo

História da minha vida

falava de sua mãe, que era a única paixão de sua vida, longe da qual, no entanto, estava habituado a viver. Forçado a deixar-me pela sua profissão, que era sua própria honra, visto que só vivia para o seu trabalho, seis meses de Paris bastariam para que retornasse, após alguns dias de tormentos e de lágrimas, aos seus hábitos de elegância, de ilustre sucesso e de coquetismo intelectual. Eu não podia duvidar disso, não duvidava disso.

Mas o destino nos conduzia aos laços de uma longa união, e chegamos a isso sem nos darmos conta.

Obrigada a abortar minha carreira de magistério, tomei a iniciativa de entregar essa tarefa em melhores mãos em Paris, onde permaneceríamos boa parte do ano para esse fim. Aluguei, na rua Pigale, um apartamento composto de dois pavilhões no fundo de um jardim. Chopin instalou-se na rua Tronchet; mas seu aposento era úmido e frio. Ele voltou a tossir de modo muito grave, e vi-me forçada a pedir demissão do meu cargo de enfermeira particular, ou teria que passar minha vida entre idas e vindas impossíveis. Por sua vez, a fim de poupar-me disso, todos os dias ia me ver e me dizia, com um semblante descomposto e uma voz fraca, que sua saúde andava a mil maravilhas. Pedia para jantar conosco e ia embora ao anoitecer, tiritando em seu fiacre. Vendo o quanto estava afetado pelo desmanche de nossa vida de família, propus a ele que alugasse um dos pavilhões do qual eu podia abrir mão de uma parte. Aceitou com muita alegria. Montou ali seu apartamento, onde recebia seus amigos e dava suas lições sem incomodar-me. Maurice ocupava o apartamento logo acima do dele; eu ocupava o outro pavilhão com minha filha. O jardim era lindo e amplo o bastante para grandes brincadeiras e belas diversões. Para meus filhos, consegui professores dos dois sexos, que davam o seu melhor às crianças. De minha parte, escolhi ver a menor quantidade de pessoas possível, agarrando-me sempre à presença dos amigos mais próximos: minha jovem e encantadora parenta Augustine, Oscar, filho da minha irmã, de cuja educação eu fora encarregada de cuidar e o qual eu colocara num pensionato, os dois belos filhos de madame d'Oribeau, que acabara de fixar residência em Paris com o mesmo objetivo que eu; eis então uma gente jovem bem-amada que reunia-se de tempos em tempos aos meus filhos, colocando, para minha grande satisfação, a casa de cabeça para baixo.

Passamos assim cerca de um ano, experimentando esse modo de educação a domicílio. Maurice encontrava-se muito bem nessa nova vida. Assim como meu pai, jamais foi muito fã dos estudos clássicos; porém, com *monsieur* Eugène Pelletan, *monsieur* Loyson e *monsieur* Zirardini, tomou gosto pela leitura e compreensão das coisas, e logo ficou em situação de instruir-se a si mesmo e de descobrir sozinho os horizontes para os quais sua natureza de espírito o conduzia. Ele também pôde começar a receber noções de desenho, as quais não tivera até aquele momento, a não ser do seu próprio instinto.

Nisso ele portou-se de modo diferente da minha filha. Apesar dos excelentes ensinamentos que lhe foram oferecidos em minha casa por *mademoiselle* Suez, uma genovesa de grande instrução e de uma admirável brandura, o espírito impaciente de Solange não conseguia fixar sua atenção em nada; e isso era desesperador, pois a inteligência, a memória e a compreensão eram magníficas em sua natureza. Foi preciso restituí-la à educação comum, que lhe oferecia maiores estímulos, e à vida no pensionato, que, restringindo as oportunidades de distração, tornou essas parcas oportunidades mais fáceis de serem vencidas. Todavia, Solange não gostou do primeiro pensionato que arrumei para ela. Tirei-a logo dali para levá-la a Chaillot, na instituição de ensino de madame Bascans, onde ela concordou que de fato tinha mais condições de instruir-se que em minha casa. Instalada em uma casa encantadora e em um lugar magnífico, alvo dos mais doces cuidados e favorecida por lições particulares de *monsieur* Bascans, um homem de verdadeiro mérito, dignou-se por fim a perceber que o cultivo da inteligência bem podia ser algo bastante diferente de uma vexação gratuita. Pois era assim que ela encarava os estudos antes dessa virada de opinião, dizendo que haviam *inventado* os conhecimentos humanos com o único propósito de contrariar as meninas.

Tomada essa decisão de separar-me dela novamente (com mais dificuldade e tristeza que gostaria de ter-lhe demonstrado), passei a viver alternadamente em Nohant no verão, e em Paris no inverno, sem separar-me de Maurice, que sabia ocupar-se em qualquer parte e o tempo todo. Todos os anos Chopin vinha passar três ou quatro meses em Nohant. Prolongava minha estadia em Nohant avançando bastante no inverno, e em Paris reencontrava meu *doente habitual*, como ele mesmo se intitulava, ansiando por meu retorno, mas não sentindo saudades do campo, onde não gostava de perma-

História da minha vida

necer além de duas semanas, e onde só suportava ficar mais tempo que isso por causa do grande apego e da afeição que tinha por mim. Deixáramos os pavilhões da rua Pigale, que não eram do seu agrado, para estabelecer-nos no jardim d'Orléans, onde a bondosa e ativa Marliani nos preparara uma vida de família. Ela ocupava um lindo apartamento entre o de Chopin e o meu. Tínhamos apenas um grande pátio arborizado e coberto de areia, sempre limpo, a ser transposto para nos reunirmos, ora na casa dela, ora na minha, ora na de Chopin, quando este mostrava-se disposto a nos regalar com suas músicas. Jantávamos na casa dela dividindo as despesas. Tratava-se de uma reunião entre amigos vantajosa para todos em termos econômicos, além de oferecer-me a oportunidade de encontrar várias pessoas interessantes na casa de madame Marliani, de rever meus amigos com mais intimidade na minha, e de dedicar-me ao meu trabalho na hora em que me convinha retirar-me. Chopin também regozijava-se por ter um belo salão isolado, para onde podia retirar-se para compor ou entrar em devaneios. Mas ele adorava a vida em sociedade e não aproveitava quase nada do seu santuário, a não ser para dar suas lições. Apenas em Nohant dedicava-se com mais afinco a criar e a escrever. Maurice mantinha seu apartamento, com seu ateliê, acima do meu. Solange tinha, próximo ao meu quarto, um lindo quartinho onde adorava fazer o papel de *dona de casa* diante de Augustine nos dias em que tinha permissão para sair do pensionato. Levando a sério esse papel, expulsava, de maneira imperiosa, seu irmão e Oscar do seu aposento, alegando que os rapazotes não sabiam se comportar e recendiam a charuto; isso não a impedia de pouco depois subir ao ateliê do seu irmão para atormentá-lo, de modo que passavam seu tempo visitando-se um ao outro em seus respectivos domicílios, desferindo ultrajes entre si o tempo todo, e sempre voltando a bater na porta um do outro para recomeçar a azucrinação de ambas as partes. Uma outra criança, no início tímida e vítima de caçoadas, não demorando a tornar-se da pá virada e zombadora, surgiu para juntar-se aos rebuliços, às algazarras e às gargalhadas que desesperavam a vizinhança. Tratava-se de Eugène Lambert, camarada de Maurice no ateliê de pintura de Delacroix, um rapaz cheio de espírito, de coração e de disposição, que se tornou meu filho quase tanto quanto meus próprios rebentos e que, convidado a passar um mês em Nohant, até hoje aparece por ali já completando uma dúzia de verões, sem contar vários invernos.

Mais tarde, convidei Augustine para viver conosco em definitivo, pois a vida de família e a intimidade do lar tornaram-se cada dia mais preciosas e necessárias para mim.[35]

Se tivesse de falar aqui com detalhes dos ilustres e queridos amigos que me cercaram durante esses oito anos, precisaria começar a escrever mais um volume. Mas não será demais citar, além daqueles dos quais já falei, Louis Blanc, Godefroy Cavaignac, Henri Martin, e o mais belo gênio feminino de nossa época, unido a um nobre coração, Pauline Garcia,[36] filha de um artista genial, irmã de Maria Malibran e esposa do meu amigo Louis Viardot, sábio modesto, homem de gosto e, sobretudo, homem de bem!

Entre aqueles que conheci e pelos quais tive grande estima, porém desfrutei de menor intimidade, citarei Mickiewicz, Luigi Lablache, Charles-Valentin Alkan, Carlo Evasio Soliva, Edgar Quinet, o general Guglielmo Pepe e outros. E, sem fazer distinção de categorias de talento ou de celebridade, adoro recordar-me da fiel amizade do ator Pierre-François Bocage, um grande artista, e da tocante amizade de Agricol Perdiguier, o nobre artesão. Também lembro com afeto da amizade de Ferdinand François, alma estoica e pura, e da de Gilland, escritor proletário de grande talento e imensa fé; da amizade de Étienne Arago, tão verdadeira e tão encantadora, e da de Anselme Pététin, tão melancólica e tão sincera; recordo ainda de *monsieur*

---

35 Essa criança, linda e doce, sempre foi um anjo de conforto para minha pessoa. Mas, apesar de suas virtudes e de sua ternura, foi para mim a causa de grandes desgostos. Seus tutores disputavam comigo sua guarda, e eu tinha fortes razões para aceitar o dever de protegê-la com exclusividade. Ao atingir a maioridade, ela não queria afastar-se de mim. Esse foi o motivo de uma luta ignóbil e de uma chantagem infame da parte de pessoas cujos nomes não darei. Ameaçaram-me de distribuir libelos atrozes se eu não desse a eles 40 mil francos. Deixei que aparecessem os tais libelos, imundo punhado de mentiras ridículas que a polícia encarregou-se de apreender. Não foi nesse ponto que residiu o doloroso martírio que sofri por essa criança nobre e pura: em represália, a calúnia encarniçou-se depois contra ela e, para protegê-la contra todos, mais de uma vez tive que dilacerar meu próprio coração e romper com queridas pessoas a quem dedicava muita afeição. (N.A.)

36 Pauline Viardot-García (1821-1910) foi uma *mezzo soprano* e compositora franco-espanhola, irmã treze anos mais jovem da lendária *mezzo soprano* Maria Malibran. Seu pai, o tenor espanhol Manuel del Pópulo Vicente García, foi seu primeiro professor de piano. (N.T.)

História da minha vida

Bonnechose, o melhor dentre os homens e o mais amável, amigo inestimável de madame Marliani; e de *monsieur* de Rancogne, encantador poeta inédito, velho sensível e alegre, que sempre carregava rosas no espírito e nunca espinhos no coração; de Mendizabal, o pai divertido e afetuoso de toda nossa querida mocidade, e de Dessauer, eminente artista, caráter puro e digno;[37] por fim, gosto de lembrar da amizade de Hetzel, que, apesar de ter chegado ao entardecer da minha vida, não me é menos preciosa, e da do doutor Varennes, uma das mais antigas e saudosas.

Ai de mim! A morte ou a ausência terminou com a maioria dessas relações, sem arrefecer minhas recordações e minhas simpatias. Entre aqueles que não posso perder de vista, gosto de evocar o capitão d'Arpentigny, um dos espíritos mais puros, mais originais e mais vastos que existem, e madame Hortense Allart, escritora de uma sensibilidade elevadíssima e de um estilo extremamente poético, mulher sábia, muito linda e cheia de saúde, dizia Delatouche; espírito arrojado, independente; mulher brilhante e séria, vivendo à sombra com tanto recolhimento e serenidade quanto sabia portar graça e notabilidade nos meios sociais; mãe meiga e forte, ternura feminina, firmeza masculina.

Também fui bastante próxima dessa mente exaltada e generosa, dessa mulher que possuía as ilusões de uma criança e o caráter de um herói, essa louca, essa mártir, essa santa, Pauline Roland.[38]

Já citei Mickiewicz, gênio comparável ao de Byron, alma levada às vertigens do êxtase pelo entusiasmo da pátria e pela santidade dos costumes. Citei Lablache, o maior ator cômico e o mais completo cantor de nossa época: na vida privada, trata-se de um espírito adorável e de um respeitável pai de família. Citei Soliva, compositor lírico de verdadeiro talento, profes-

---

37 Henri Heine atribuiu-me contra ele sentimentos inauditos. O gênio tem seus sonhos doentios. (N.A.)

38 Marie Désirée Pauline Roland (1805-1852), jornalista francesa e ferrenha militante feminista e socialista. Começou sua carreira escrevendo para os primeiros jornais feministas da época, em Paris. Em seguida, tornou-se ativa em agitações feministas e socialistas. Com Jeanne Deroin e Gustave Lefrançais, estabeleceu a Associação de Professores Socialistas, salientando a importância da igualdade entre sexos. (N.T.)

sor admirável, caráter nobre e digno, artista jovial, entusiasta, sério. Citei Alkan, célebre pianista, cheio de ideias inovadoras e originais, músico erudito, homem de coração. Quanto a Edgar Quinet, todos passam a conhecê-lo quando leem sua obra: um grande coração aliado a uma vasta inteligência; seus amigos conhecem muito mais sua cândida modéstia e a doçura do seu trato. Por fim, citei o general Pepe, alma heroica e pura, um desses caracteres que nos fazem lembrar dos homens de Plutarco. Não citei Mazzini,[39] nem os outros amigos que conquistei no mundo político e na vida íntima, só os tendo conhecido de fato mais tarde.

Já naquela época estava em contato, por meio das minhas diversas relações, com os extremos da sociedade, indo da opulência à miséria, das crenças mais absolutistas aos princípios mais revolucionários. Achava bom conhecer e compreender as várias forças que fazem mover a humanidade e que decidem suas vicissitudes. Observava com atenção, com frequência me enganava, às vezes enxergava com clareza.

Após as desesperanças de minha mocidade, deixei-me levar por muitas ilusões. Ao ceticismo doentio, sucedeu-se um excesso de benevolência e de ingenuidade. Mil vezes fui lograda por um sonho de fusão arcangélica nas forças opostas do grande combate das ideias. Por vezes ainda sou capaz de recair nessa simplicidade, resultado de uma plenitude de coração; no entanto, devia estar bem curada dessa inocência, pois meu coração já sangrou demais.

A vida que narro aqui era tão boa quanto possível só em aparência. Para mim havia um lindo sol brilhando sobre os meus filhos, sobre os meus amigos, sobre o meu trabalho; mas a vida que deixo de narrar era encoberta por horríveis amarguras.

Lembro-me de um dia em que, revoltada pelas injustiças inomináveis que, em minha vida íntima, chegavam-me de súbito de vários lugares ao mesmo tempo, corri ao bosquezinho do meu jardim de Nohant para chorar

---

39 Giuseppe Mazzini (1805-1872) foi um político, maçom e revolucionário com importante participação no célebre movimento da história italiana, conhecido como *Risorgimento* (Ressurgimento), que buscou, entre 1815 e 1870, unificar a Itália, na época um conjunto de pequenos Estados submetidos a potências estrangeiras. (N.T.)

História da minha vida

no local onde outrora minha mãe, comigo, construía suas lindas e pequenas rocalhas. Nessa época já estava chegando à casa dos quarenta anos e, ainda que sujeita a terríveis nevralgias, me sentia fisicamente muito mais forte que em minha juventude. Meu espírito foi tomado por uma fantasia, não sei em meio a quais ideias sombrias, de erguer uma pedra enorme, talvez uma daquelas que eu vira minha robusta mamãezinha carregar no passado. Eu a ergui sem esforço, e deixei-a cair com desespero, dizendo a mim mesma: "Ah, meu Deus, talvez eu ainda tenha que viver mais quarenta anos!"

O horror pela vida, a sede de repouso, que havia muito tempo eu rechaçava, dessa vez voltaram a assediar-me de uma maneira terrível. Sentei-me naquela pedra e me consumi em torrentes de lágrimas. Porém, naquele exato instante deu-se em mim uma grande revolução: àquelas duas horas de aniquilamento sucederam-se duas ou três horas de meditação e de serenamento cuja lembrança permaneceu nítida em mim como algo decisivo em minha vida.

A resignação não faz parte da minha natureza. Trata-se de uma tristeza morna, mesclada a longínquas esperanças, que desconheço. Vi essa disposição em outras pessoas, porém nunca pude experimentá-la. Aparentemente meu temperamento se recusa a isso. É necessário que eu fique totalmente desesperada para ganhar coragem. É preciso que eu seja levada a dizer a mim mesma: "Está tudo perdido!", para que eu decida aceitar tudo. Vou mais longe e confesso que essa palavra, "resignação", me irrita. A ideia que faço dela, com ou sem razão, é de que se trata de uma estúpida preguiça que pretende subtrair-se à inexorável lógica do infortúnio; trata-se de uma moleza da alma que nos impele a conseguir nossa salvação de forma egoísta, a estender um dorso endurecido aos golpes da iniquidade, a nos tornarmos inertes, desprovidos de horror ao mal que sofremos, sem piedade, por conseguinte, por aqueles que nos infligem esse mal. Tenho a impressão de que os completamente resignados são cheios de repulsa e de desprezo pela raça humana. Não se esforçam mais para erguer as rochas que os esmagam, estão convencidos de que tudo é rocha, e de que só eles são filhos de Deus.[40]

---

40 Essa também era a apreciação de *monsieur* Lamennais. Para ele, Silvio Pellico era o exemplo maior da resignação, e esse tipo de resignação o indignava. (N.A.)

George Sand

Uma outra solução revelou-se diante de mim. Suportar tudo sem ódio ou ressentimento, mas combater tudo pela fé; nenhuma ambição, nenhum sonho de felicidade pessoal para mim mesma nesse mundo, mas empenhar toda a esperança e não medir esforços pela felicidade dos outros.

Esta me pareceu ser uma conclusão soberana da lógica aplicada à minha natureza. Eu podia viver sem felicidade pessoal, não tendo paixões pessoais.

Mas era dona de uma natureza terna e tinha a necessidade imperiosa de exercer esse instinto. Era preciso amar ou morrer. Amar sendo pouco ou mal amado é ser infeliz; mas pode-se viver infeliz. O que nos impede de viver é não vivermos nossa própria vida, ou vivê-la de modo contrário às condições dela própria.

Em face dessa resolução, perguntei-me se teria forças de segui-la; não tinha um conceito tão alto a respeito de mim mesma para elevar-me ao sonho da virtude. Além do mais, vocês bem sabem, no tempo de ceticismo em que vivemos, algo tornou-se bem claro: é que a virtude não é senão uma luz nela mesma, uma luz que se faz na alma. De minha parte, acrescento a isso, em minha crença, a ajuda de Deus. Porém, quer aceitem ou rejeitem o auxílio divino, a razão nos demonstra que a virtude é um resultado evidente do surgimento da verdade na consciência, uma certeza, por conseguinte, que se impõe ao coração e à vontade.

Descartando, portanto, do meu vocabulário pessoal o termo "virtude" — termo orgulhoso, a meu ver —, que me parecia envolto em vestes antigas demais, e contentando-me em contemplar uma certeza em mim mesma, pude dizer-me, com bastante sabedoria, creio, que não se volta atrás a respeito de uma certeza adquirida, e que, para perseverar em uma escolha feita com vistas a essa certeza, trata-se apenas de prestar atenção em si próprio cada vez que o egoísmo esforça-se por extinguir a chama.

Que eu pudesse ser atormentada, perturbada e dilacerada por esse imbecil personalismo humano, não havia dúvida, pois a alma não permanece sempre desperta — ela dorme e sonha; mas que, conhecendo a realidade, isto é, a impossibilidade de ser feliz por meio do egoísmo, eu não tivesse a capacidade de sacudir e acordar minha alma, isso me pareceu igualmente fora de dúvida.

História da minha vida

Depois de ter calculado assim minhas possibilidades, munida de grande ardor religioso e de um verdadeiro impulso do coração direcionado a Deus, me senti muito tranquila, e conservei essa tranquilidade interior pelo resto da minha vida; conservei-a não sem oscilação, sem interrupção e sem desfalecimento, com meu equilíbrio físico por vezes sucumbindo a esse rigor da minha vontade; mas sempre a reencontrei, sem incerteza e sem contestação, no fundo do meu pensamento e na minha maneira de viver.

Recuperei-a sobretudo pela prece. Não entendo a prece como uma escolha e um arranjo de palavras lançadas em direção ao céu, mas como uma conversa entre o pensamento e o ideal de luz e de perfeições infinitas.

De todas as amarguras que eu tinha, não mais de suportar, mas de combater, os sofrimentos do meu *doente habitual* não eram das menores.

Chopin manifestava o tempo inteiro vontade de estar em Nohant e não suportava Nohant nem por um minuto. Era o homem da sociedade por excelência, não da sociedade muito tradicional e vulgarizada, mas da sociedade íntima, dos salões de vinte pessoas, da hora em que a multidão vai embora e em que os frequentadores mais habituais se espremem em torno do artista para extrair-lhe, por meio de amáveis solicitações intempestivas, o mais puro de sua inspiração. Só então ele oferecia todo o seu gênio e todo o seu talento. Era também nessas ocasiões que, depois de ter mergulhado seu público em um recolhimento profundo ou em uma dolorosa tristeza — visto que sua música às vezes introduzia desalentos atrozes em nossas almas, sobretudo quando ele improvisava —, eis que, de repente, como que para eliminar a impressão e a lembrança de sua dor que ele mesmo instaurara nos outros e em si mesmo, voltava-se para um espelho, de modo furtivo, arrumava seus cabelos e sua gravata, e de súbito mostrava-se transformado em um inglês fleumático, em um velho impertinente, em uma inglesa sentimental e ridícula, em judeu sórdido. Eram sempre tipos tristes, por mais cômicos que fossem, mas perfeitamente representados e tão delicadamente interpretados que não podíamos deixar de admirá-los.

Todas essas coisas sublimes, maravilhosas ou excêntricas que ele sabia tirar de si mesmo faziam dele a alma dos grupos escolhidos, e se literalmente arrancavam isso de sua pessoa, seu caráter nobre, seu desinteresse, sua altivez, seu orgulho natural — inimigo de toda vaidade de mau gosto e de toda autopromoção desavergonhada –, a segurança do seu trato e as refinadas delicadezas do seu traquejo social faziam dele um amigo tão sério quanto agradável.

Apartar Chopin de tantas atenções especiais, inseri-lo em uma vida simples, monótona e de estudos constantes, ele que fora criado no colo de princesas, era privá-lo daquilo que o impulsionava a viver; significava retirá-lo de uma vida fictícia, é verdade, pois, assim como uma mulher enfeitada de joias e toda maquiada, à noite ele desmanchava a pintura e se despia de todos os adornos logo que punha os pés em casa, e então deixava de lado sua verve e sua energia para dar lugar à febre e à insônia durante a madrugada inteira; mas também significava subtraí-lo de uma vida que teria sido mais curta e mais animada que aquela do recolhimento e da intimidade restrita ao círculo uniforme de uma única família. Em Paris, todo dia ele frequentava vários grupos, ou escolhia pelo menos um a cada noite para reunir-se. Tinha assim, alternadamente, vinte ou trinta salões para inebriar ou encantar com sua presença.

Chopin, por natureza, não era restrito em suas ligações afetivas; só o era em relação àquelas que ele exigia. Sua alma, impressionável perante toda beleza, toda graça, todo sorriso, entregava-se com uma facilidade e espontaneidade inauditas. É verdade que ela se retraía da mesma forma diante de uma palavra descabida, de um sorriso equivocado que o desagradasse ao extremo. Era capaz de ficar perdidamente apaixonado por três mulheres em uma mesma *soirée* festiva, e ia embora sozinho, esquecendo-se de todas elas por completo, deixando as três convencidas de tê-lo encantado de forma exclusiva.

Portava-se do mesmo modo com relação às amizades, entusiasmando-se à primeira vista por alguém que acabara de conhecer, de repente perdendo o gosto por essa pessoa, voltando continuamente a entusiasmar-se, nutrindo extraordinária admiração, plena de encantos, por aqueles que eram alvo de sua simpatia e alimentando secretos descontentamentos que envenenavam suas mais caras afeições.

Um episódio que ele mesmo me contou comprova o quão pouco ele mensurava o que concedia do seu coração em relação ao que exigia do coração dos outros.

História da minha vida

Em uma ocasião, ficou vivamente apaixonado pela neta de um célebre mestre e considerou pedi-la em casamento, na mesma época em que pensava em casar-se com outro amor que havia na Polônia. No entanto, viu-se impossibilitado de empenhar sua lealdade a qualquer uma das partes, e permaneceu com sua alma inconstante hesitando entre uma paixão e a outra. A jovem parisiense lhe dava boa acolhida, e tudo ia às mil maravilhas até o dia em que Chopin entrou na casa dela com um outro músico mais célebre que ele em Paris naquele momento, e a moça ofereceu uma cadeira ao músico de maior fama antes de pensar em convidar Chopin a se sentar. Ele nunca mais a viu e esqueceu-se dela por completo, sem pestanejar.

Não é que sua alma fosse incapaz e fria. Longe disso, ela era ardente e dedicada, mas não de modo exclusivo e contínuo para com essa ou aquela pessoa. Entregava-se alternadamente a cinco ou seis afeições, que se digladiavam para conseguir toda a sua atenção, cuja primazia era oferecida sucessivamente a uma de cada vez em detrimento das outras.

Certamente, esse tipo extremo de artista não foi feito para viver muito tempo nesse mundo. Ele era devorado por um sonho de ideal que se negava a combater servindo-se de qualquer que fosse a tolerância filosófica ou de misericórdia para uso desse mundo. Jamais quis transigir com a natureza humana. Não aceitava nada da realidade. Aí residia seu vício e sua virtude, sua grandeza e sua miséria. Implacável em relação à menor mancha, demonstrava imenso entusiasmo pela mais diminuta luz, na qual sua imaginação exaltada empenhava os esforços possíveis para ver um sol.

Era, pois, ao mesmo tempo delicioso e cruel ser o alvo de sua preferência, pois ele nos valorizava com exagero pela menor demonstração de brilhantismo, e nos arruinava com seu desapontamento, ao ver uma mínima sombra que inexoravelmente interpretava como um eclipse total do brilho antes exaltado.

Cismaram que, em um dos meus romances, eu retratara o caráter de Chopin com uma grande exatidão de análise. Enganaram-se, porque acharam ter reconhecido alguns traços dele em um dos personagens; e, procedendo por esse mesmo sistema, muito cômodo para oferecer alguma margem de certeza, o próprio Listz, em sua obra *Vida de Chopin*, um tanto quanto exuberante no que diz respeito ao estilo, porém repleta de coisas boníssimas e de páginas de extrema beleza, desviou-se da verdade, mesmo agindo de boa-fé.

Tracei, em meu livro *Príncipe Karol*, o caráter de um homem determinado por natureza, exclusivista em seus sentimentos e em suas exigências.

Chopin não era assim. A natureza não desenha como a arte, por mais realista que esta pretenda ser. A natureza tem caprichos, apresenta incoerências, não reais provavelmente, mas misteriosíssimas. A arte só corrige tais incoerências porque é extremamente limitada para reproduzi-las.

Chopin era uma condensação dessas incoerências magníficas que só Deus pode permitir-se criar e que possuem sua lógica particular. Era modesto por princípios e doce por hábito, mas era imperioso por instinto e cheio de um orgulho legítimo que se ignorava a si próprio. Daí os sofrimentos que ele não sabia de onde vinham e que não se fixavam em um determinado objeto.

Além disso, o príncipe Karol não é artista. Trata-se de um sonhador, e nada mais; não sendo gênio, não tem os direitos do gênio. Portanto, é um personagem mais verídico que amável, e representa tão pouco o retrato de um artista, que Chopin, ao ler todos os dias o manuscrito em meu escritório, nunca tivera a menor veleidade de enganar-se a esse respeito, ele que, no entanto, era tão desconfiado.

Entretanto, mais tarde, disseram-me que, por reação, ele deu asas a essa hipótese. Inimigos (eu tinha alguns próximos dele que se diziam seus amigos, como se não fosse um crime azedar um coração já tão sofrido) fizeram-lhe acreditar que esse romance era uma revelação do seu caráter. Sem dúvida, no momento em que agiram desse modo, sua memória estava debilitada; ele esquecera-se de já ter lido o livro, que não se deram ao trabalho de reler para ele.

Essa obra tinha tão pouco a ver com nossa história! Ela retratava o inverso de tudo o que passamos juntos. Não havia entre nós os mesmos enlevos, nem os mesmos sofrimentos. Nossa história não se parecia em nada com um romance de ficção; a essência de nossa relação era simples e séria demais para que algum dia tivéssemos vivido alguma ocasião de entabularmos uma discussão mais ríspida a propósito de rancores recíprocos. Eu aceitava tudo o que se passava na vida de Chopin tal como ela se conduzia em paralelo à minha. Mesmo não compartilhando dos seus gostos, nem de suas ideias fora da arte, nem dos seus princípios políticos, nem de sua apreciação em relação às coisas objetivas, não empreendia nenhuma modificação em seu ser. Respeitava a sua individualidade, assim como respeitava a de Delacroix e a dos meus outros amigos engajados em um caminho diferente do meu.

Por outro lado, Chopin me concedia, e até mesmo posso dizer que me honrava com um tipo de amizade que representava uma exceção em sua vida. Não se alterava comigo. Sem dúvida tinha poucas ilusões a meu respeito, visto que ele nunca me sujeitava às alternâncias entre rebaixamento e ascensão em sua estima. Isso foi o que permitiu durar tanto tempo nossa boa harmonia.

Alheio aos meus estudos, às minhas buscas, e, por conseguinte, às minhas convicções, confinado como era no dogma católico, dizia de mim, como madre Alicie nos últimos dias de sua vida:[41] "Ara, ara! Estou bem segura de que ela ama a Deus!".

Portanto, jamais trocamos reprimendas, a não ser uma vez que foi, ai de mim, a primeira e a última. Uma afeição tão elevada devia romper-se, e não se desgastar em brigas indignas dela.

Mas se comigo Chopin era a dedicação, a amabilidade, a graça, a gentileza e a deferência em pessoa, nem por isso abjurara as asperezas do seu caráter direcionadas àqueles que me cercavam. Com estes, a inconstância de sua alma, alternadamente generosa e difícil, corria a rédeas soltas, passando sempre da admiração à aversão, e vice-versa. Nada transparecia, nada jamais transpareceu de sua vida interior, da qual suas obras-primas eram a expressão misteriosa e vaga, mas cujos sofrimentos seus lábios nunca traíram. Pelo menos, tamanho foi esse recalque durante sete anos que fui a única que pôde adivinhá-lo, suavizá-lo e retardar-lhe a explosão.

Ainda me pergunto por que uma combinação de acontecimentos ao nosso redor não foi capaz de nos distanciar um do outro antes do oitavo ano de nossa relação!

---

41 Essa alma bem-amada retomou seu lugar ao lado de Deus em 20 de janeiro de 1855. (N.A.)

Minha afeição por ele não pudera realizar o milagre de torná-lo mais calmo e feliz a não ser porque Deus consentira em conservar-lhe um pouco de saúde. Entretanto, ele definhava visivelmente, e eu não sabia mais quais remédios empregar para combater a irritação crescente dos nervos. A morte do seu amigo, o doutor Mathuzinski, e em seguida a do seu próprio pai impuseram-lhe dois golpes terríveis. O dogma católico semeou terrores atrozes. Chopin, em vez de sonhar um mundo melhor para essas almas puras, foi completamente tomado por visões pavorosas, e fui obrigada a passar noites inteiras em um quarto vizinho ao seu, sempre pronta a interromper cem vezes meu trabalho para expulsar os espectros do seu sono e da sua insônia. A ideia de sua própria morte chegava a ele escoltada por todo imaginário supersticioso da poesia eslava. Polonês, ele vivia no pesadelo das lendas. Os fantasmas chamavam-no, enlaçavam-no, e, no lugar de ver seu pai e seu amigo sorrindo-lhe envoltos na luminosidade da fé, ele repelia as faces descarnadas desses mortos da sua e se debatia, tentando fugir das garras fantasmagóricas de mãos geladas.

Nohant tornara-se antipática a ele. Seu retorno à região, na primavera, ainda lhe causava enlevo em alguns momentos. Mas tão logo se metia a trabalhar, tudo desaparecia ao seu redor. Sua criação era espontânea, miraculosa. Ela chegava até ele sem que ele a procurasse, sem que a previse. Surgia em seu piano de repente, acabada, sublime, ou entregava-se em melodia em sua cabeça durante um passeio, fazendo com que tivesse pressa de tocá-la no instrumento a fim de conseguir ouvi-la e avaliá-la. Mas então começava o labor mais angustiante que já vi na minha vida. Tratava-se de uma sequência de esforços, de irresoluções e de ansiedades para buscar a perfeição de certos detalhes do tema de sua audição: o que ele concebera como uma peça completa, analisava com cuidado, procurando escrevê-la com a mais alta excelência, e sua decepção por não conseguir recuperá-la com suficiente fidelidade na partitura, segundo sua rigorosa exigência sobre si mesmo, atirava-o em uma espécie de desespero. Trancava-se em seu quarto durante dias e dias, chorando, caminhando de um lado para o outro, quebrando penas e mais penas na tentativa de botar sua composição no papel, repetindo e alterando cem vezes um ritmo, um andamento, escrevendo-o e apagando-o tantas e tantas vezes, e recomeçando tudo de novo no dia seguinte com uma

História da minha vida

perseverança minuciosa e desesperada. Passava seis semanas em uma página de partitura, só para voltar a escrevê-la tal e qual a havia traçado na pauta logo no primeiro dia em que começara seu martírio em busca da tradução perfeita do que ouvira suas próprias mãos tocarem de um só jato ao piano.

Havia tempo que eu vinha tentando convencê-lo a confiar no primeiro impulso da inspiração. Porém, como não estava mais disposto a crer em minhas opiniões, reprovava-me com delicadeza por tê-lo mimado demais e por não ter sido severa o bastante para com ele. Tentava distraí-lo com passeios. Algumas vezes, juntando toda minha criançada num coche para uma pequena excursão pelo campo, arranquei-o, contra a sua vontade, dessa agonia; levava-o às margens do Creuse, e, depois de dois ou três dias de viagem, errando embaixo de sol e chuva por caminhos horrorosos, parávamos, rindo e esfomeados, em algum lugar magnífico onde ele parecia renascer. Essas fadigas deixavam-no acabado no primeiro dia, mas conseguia dormir um sono profundo! No último dia, voltando a Nohant, mostrava-se totalmente reanimado e rejuvenescido, e encontrava a solução que perseguia em seu trabalho sem despender muitos esforços; porém nem sempre era possível convencê-lo a deixar o piano que a cada dia tornava-se mais um tormento que um deleite para ele, e pouco a pouco demonstrou, todas as vezes que eu o interrompia ou o importunava em seus trabalhos, seu péssimo estado de humor decorrente disso. Não ousava insistir para não perturbá-lo. Chopin zangado era assustador e, como sempre continha-se comigo, dava a impressão de que estava prestes a sufocar e morrer com o esforço que fazia para poupar-me de sua agressividade.

Minha vida, sempre ativa e divertida em aparência, no fundo tornara-se mais dolorosa que nunca. Desesperava-me por não poder oferecer aos outros a felicidade a que eu renunciara por minha conta, pois tinha mais de um motivo de profundo pesar contra o qual esforçava-me para reagir. A amizade de Chopin jamais fora um refúgio para mim na tristeza. Ele já trazia em si uma quantidade enorme dos seus próprios males a serem suportados. Os meus o teriam esmagado, por isso ele só os conhecia de modo muito vago e não os compreendia em absoluto. Ele teria dado sua apreciação em relação a todas as coisas relacionadas a mim de um ponto de vista muito diferente do meu. Minha verdadeira força provinha do meu filho, que estava na

George Sand

idade de compartilhar comigo os interesses mais sérios da vida, e que me confortava por meio de sua alma equilibrada, por meio do seu entendimento precoce e através do seu bom humor inalterado. Não tínhamos, ele e eu, as mesmas ideias acerca de tudo, porém possuíamos grandes semelhanças de temperamento, partilhávamos muito dos mesmos gostos e dos mesmos anseios; além do mais, um laço de afeição natural tão estreito não permitia que qualquer desentendimento entre nós pudesse durar um dia sequer, visto que um momento de explicações entre ambas as partes, olho no olho, já era o bastante para pôr um ponto final em possíveis maiores desavenças. Se não habitamos o mesmo santuário de ideias e de sentimentos, há, pelo menos, uma enorme porta sempre aberta em nossa comum parede-meia, uma porta aberta por uma afeição imensa e absoluta confiança.

Depois das últimas recaídas do doente, seu espírito tornou-se extremamente sombrio, e Maurice, que até então o amara com toda a ternura, zangou-se com ele de repente e de maneira imprevista por causa de um motivo fútil. Abraçaram-se logo depois, mas o grão de areia caíra no lago tranquilo de nossa convivência, e pouco a pouco pedras cada vez maiores caíram uma a uma perturbando nossa relação e transbordando os limites de nossa paciência. Chopin amiúde ficava irritado sem nenhum motivo e às vezes irritava-se injustamente contra boas intenções. Vi o mal agravar-se e estender-se a minhas outras crianças: raramente a Solange, que era a predileta de Chopin só porque era a única que não o cobrira de mimos; Augustine, porém, foi vítima de um rancor espantoso, e mesmo Lambert sofreu com os ataques do doente, sem jamais poder adivinhar por quê. Augustine, seguramente a mais doce, a mais inofensiva entre todos nós, estava consternada com a situação. No início ele fora tão bom com ela! Suportamos tudo isso; mas um dia, por fim, Maurice, cansado das alfinetadas, falou em ir embora. Isso era inadmissível, e não devia ocorrer de modo algum. Chopin não tolerou minha legítima e necessária intervenção. Baixou a cabeça e declarou que eu já não o amava.

Que blasfêmia depois de oito anos de dedicação maternal! Mas o pobre coração magoado não tinha consciência do seu delírio. Pensei que alguns meses de afastamento e de silêncio curariam essa ferida e recuperariam nossa tranquila amizade, nossa íntegra memória. Mas a revolução de fevereiro eclodiu e Paris tornou-se, por um momento, odiosa a esse espírito incapaz de curvar-se a um abalo qualquer nas estruturas sociais. Livre para retornar à Polônia, ou tendo a certeza de que lá seria tolerado, Chopin preferira padecer lentamente dez anos longe de sua família que tanto adorava a suportar a dor de ver seu país transformado e desfigurado. Ele fugira da tirania, como agora fugia da liberdade!

Revi Chopin por um instante em março de 1848. Apertei sua mão trêmula e gelada. Queria falar-lhe, mas esquivou-se. Era minha vez de dizer que ele não me amava mais. Poupei-lhe essa dor e entreguei tudo nas mãos da Providência e do futuro.

Jamais voltei a vê-lo. Havia corações perversos entre nós. Houve bons também, que não souberam como portar-se diante do nosso caso. E frívolos, que preferiram não misturar-se a assuntos tão delicados; Gutmann não estava entre nós nessa época.[42]

Disseram-me que ele havia chamado por mim, lamentado minha ausência, me amado até o fim de sua vida. Acharam que era melhor poupá-lo de minha presença até sua morte. Também preferiram esconder de Chopin que eu estava pronta a correr para junto dele. Fizeram bem, se essa emoção de rever-me pudesse ter abreviado sua vida em um dia ou apenas em uma hora. Não sou daqueles que acreditam que as coisas se resolvem nesse mundo. Aqui, talvez elas apenas comecem, mas seguramente não terminam. Esta vida terrena é um véu que os sofrimentos e a doença tornam mais espesso em determinadas almas, que se ergue apenas por instantes para as compleições mais sólidas, e que a morte rasga para todos.

Enfermeira, já que tal foi minha missão durante considerável parcela da minha vida, devia ter aceitado sem muito espanto e, sobretudo, sem muita aspereza os transportes e as fraquezas da alma tomada pela febre. Aprendi, à cabeceira dos doentes, a respeitar o que é verdadeiramente de sua vontade livre e sadia, e a perdoar o que faz parte das perturbações e delírios de sua fatalidade.

---

42 Gutmann, seu aluno mais excepcional, hoje um verdadeiro mestre, nobre coração desde sempre. Ele foi obrigado a ausentar-se durante os últimos ataques da doença de Chopin, e só retornou para receber seu último suspiro. (N.A.)

Tenho sido recompensada dos meus anos de vigília, de angústia e de absorção, por anos de ternura, de confiança e de gratidão que uma hora de injustiça ou de extravio do bom caminho não anulou diante de Deus. Deus não puniu, Deus nem sequer prestou atenção a essa péssima hora cujo sofrimento não quero relembrar. Suportei-o, não com frio estoicismo, mas com lágrimas de dor e de entusiasmo, no segredo de minhas preces. E é por ter dito aos ausentes, na vida e na morte, "Benditos sejam!", que espero encontrar no coração daqueles que me fecharem os olhos a mesma bênção em minha derradeira hora.

Mais ou menos na mesma época em que perdi Chopin, perdi também meu irmão de forma mais triste ainda: sua razão se extinguira já havia algum tempo; a embriaguez devastara e destruíra aquele belo organismo e o fizera, dali em diante, oscilar entre o idiotismo e a loucura. Ele passara seus últimos anos a indispor-se e a reconciliar-se sucessivamente comigo, com meus filhos, com sua própria família e com todos os seus amigos. Enquanto vinha visitar-me, eu prolongava sua vida colocando, sem que ele soubesse, água no vinho que lhe servíamos. Estava com o paladar tão corrompido que nem se apercebia da minha artimanha, e, se ele substituía a qualidade pela quantidade, pelo menos sua embriaguez era menos pesada ou menos agressiva. Mas eu não fazia mais que retardar o instante fatal em que, a natureza não tendo mais forças para reagir, meu irmão já não conseguia recobrar a lucidez mesmo estando sóbrio. Passou seus últimos dias a aborrecer-me e a escrever-me cartas inimagináveis. A revolução de fevereiro, que ele não tinha mais condições de compreender em qualquer ponto de vista no qual se colocasse, encarregara-se do derradeiro golpe em suas faculdades vacilantes. Antes de tudo republicano apaixonado, agiu como tantos outros que não tinham, como ele tinha, acessos de alienação como desculpa para suas posições; foi tomado pelo medo e pôs na cabeça que o povo exigia sua vida. O povo! O mesmo povo do qual ele provinha, como eu, por parte de sua mãe, e com o qual ele vivia no cabaré mais do que o necessário para confraternizarem com ele, transformou-se em seu espantalho, e ele me escreveu para dizer que sabia de *fonte segura que meus amigos políticos queriam assassiná-lo*. Pobre mano! Passada essa alucinação, outras sucederam-se sem interrupção, até que a imaginação descontrolada por sua vez extinguiu-se,

História da minha vida

e deu lugar ao estupor de uma agonia que não tinha mais consciência de si mesma. Seu genro morreu pouco depois dele. Sua filha, mãe de três lindas crianças, ainda jovem e bonita, vive em La Châtre próximo de mim. É uma alma doce e corajosa, que já sofreu demais e não falhou em seus deveres. Minha cunhada Émille vive ainda mais perto de mim, no campo. Durante muito tempo vítima dos desregramentos de um ser amado, descansa de suas fadigas acumuladas por anos e anos. É uma amiga extraordinária e exemplar, uma alma honesta e um espírito nutrido por boas leituras.

Minha bondosa Ursula também permanece aqui nesta pequena cidade onde cultivei por muito tempo afetos tão doces e duradouros. Mas, ai de mim, a morte ou o exílio foram impiedosos ao empregar sua foice à nossa volta! Duteil, Planet e Néraud não estão mais entre nós. Fleury foi expulso como tantos outros por causa de suas opiniões, embora não estivesse em situação de agir contra o governo atual. Não falo de todos os meus amigos de Paris e do resto da França. Geraram, até certo ponto, a solidão ao meu redor, e aqueles que escaparam, por acaso ou por milagre, desse sistema de proscrições decretadas com frequência pela reação apaixonada e pelos rancores pessoais das províncias vivem, como eu, de saudades e de aspirações.

Para estabelecer, já indo para o final desta narrativa, a situação dos meus amigos de infância que figuraram aqui, direi que a família Duvernet continua morando na encantadora casa de campo onde desde a minha infância visitei-os. Minha extraordinária mãezinha madame Decerfz também permanece em La Châtre, chorando pelos seus filhos exilados. Rollinat continua em Châteauroux, correndo à nossa casa sempre que tem a oportunidade de um dia de folga.

É muito natural que, depois de ter vivido meio século, nos vejamos privados de uma parte daqueles com os quais compartilhamos nosso coração; mas atravessamos um tempo em que violentos abalos morais causaram estragos em todo o mundo e deixaram de luto todas as famílias. Sobretudo depois de alguns anos para cá, as revoluções, que trazem consigo horríveis dias de guerra civil, que agitam os interesses e excitam as paixões, que parecem fatalmente atrair as grandes doenças endêmicas depois das crises de ira e de dor, depois das proscrições de alguns, das lágrimas ou do terror de outros; as revoluções — que conduzem às grandes guerras iminentes e que, sucedendo-se uma às outras, destroem a alma destes e ceifam a vida daqueles — colocaram metade da França em luto pela outra metade.

De minha parte, não é mais em dezenas, mas em centenas que calculo as perdas amargas que tive nesses últimos anos. Meu coração tornou-se um cemitério, e se não me sinto arrastada, por uma espécie de vertigem contagiante, à sepultura que tragou metade da minha vida, é porque a outra vida está para mim povoada de tantas criaturas amadas que às vezes ela se confunde com minha existência atual, a ponto de iludir-me. Essa ilusão não se dá sem um certo encanto austero, e, sendo assim, meu pensamento doravante conversa com frequência tanto com os mortos quanto com os vivos.

Santas promessas dos céus, onde nos reencontramos e nos reconhecemos, vós não sois um sonho vazio! Se não devemos aspirar à beatitude dos espíritos puros da região das quimeras, se devemos sempre entrever além dessa vida um trabalho, um dever, provações e um organismo limitado em suas faculdades face a face com o infinito, pelo menos nos é permitido, por meio da razão, e nos é orientado, pelo coração, contarmos com uma sequência de existências progressivas proporcionais às nossas boas intenções. Os santos de todas as religiões que nos clamam, desde a mais longínqua antiguidade, a nos desprender da matéria para nos elevarmos na hierarquia celeste dos espíritos não nos enganaram quanto à base da crença admissível à maneira da razão moderna. Hoje pensamos que, se somos imortais, isso só é possível sob a condição de ganharmos continuamente novos órgãos pará completar nosso ser que provavelmente não tem o direito de tornar-se um espírito puro; mas podemos considerar esta terra como um lugar de passagem e contar com um despertar mais doce no berço que nos aguarda alhures. De mundos em mundos, podemos, livrando-nos da animalidade que aqui na terra combate nosso espiritualismo, nos tornar aptos a vestir um corpo mais puro, mais apropriado às necessidades da alma, menos atacado e menos estorvado pelas enfermidades da vida humana à qual estamos submetidos aqui. E, com certeza, a primeira de nossas aspirações legítimas, visto que é nobre, é de encontrar nessa vida futura a capacidade de recordar até certo ponto nossas existências precedentes. Não seria tão agradável rememorarmos todos os detalhes, todos os desgostos, todas as dores. A lembrança desta nossa existência atual quase sempre é um pesadelo; mas

História da minha vida

os pontos luminosos e culminantes de salutares provações em que triunfamos seriam uma recompensa, e a coroação celestial dessa nova vida seria o abraço em nossos amigos que deveremos reconhecer e que, por sua vez, sem dúvida nos reconhecerão. Oh, que momentos de suprema alegria e de inefáveis emoções quando a mãe voltará a encontrar seu filho e os amigos poderão rever os dignos objetos do seu amor! Amemo-nos nesse mundo em que vivemos agora, nós que ainda estamos aqui, amemo-nos com santidade suficiente para que nos seja permitido nos reencontrarmos em todas as praias da eternidade, com o êxtase de uma família reunida depois de longas peregrinações.

Durante os anos em que ocorreram as principais emoções que acabo de esboçar, encerrei em meu peito outras dores ainda mais pungentes cuja revelação, supondo que eu pudesse falar delas, não teria nenhuma utilidade neste livro. Trata-se de infortúnios, por assim dizer, alheios à minha vida, visto que nenhuma influência da minha parte pôde afastá-los, e que não entraram em meu destino atraídos pelo magnetismo da minha personalidade. Fazemos nossa própria vida em certos sentidos; em outros, suportamos aquela que os outros fazem para nós. Contei ou dei uma ideia de tudo aquilo que permiti fazer parte da minha existência, ou de tudo aquilo que se viu atraído pelos meus instintos. Expus como atravessei e saí de diversas fatalidades da minha natureza. É tudo o que queria e devia dizer. Quanto às mágoas mortais que a fatalidade das outras naturezas fizeram pesar sobre mim, trata-se da história do secreto martírio que todos nós suportamos, seja na vida pública, seja na vida privada, e que devemos suportar em silêncio.

As coisas que não revelei são, portanto, as que não posso escusar, porque ainda não posso explicá-las a mim mesma. Em toda afeição em que cometi alguns erros, tão leves quanto possam parecer ao meu amor-próprio, eles me são suficientes para compreender e perdoar aqueles dos quais fui vítima. Mas nas relações em que minha dedicação oferecida sem limites e sem medir esforços recebeu em troca, de forma brusca, ingratidão e aversão, ali onde minhas mais ternas solicitudes são aniquiladas por serem impotentes diante de uma fatalidade implacável, não sendo capaz de compreender nada desses temíveis acidentes da vida, não querendo culpar a Deus disso tudo e sentindo que as perversões do século e o ceticismo social são suas primeiras causas, entrego-me de novo à submissão às sentenças dos céus, sem a qual teríamos de desprezá-las e maldizê-las.

Eis que mais uma vez surge aqui a terrível questão de sempre: Por que Deus, criando o homem perfectível e capaz de compreender o belo e o bem, o fez tão lentamente suscetível de ser aperfeiçoado, tão dificilmente atraído pelo bem e pelo belo?

O decreto supremo da sapiência nos responde através da boca de todos os filósofos: "Essa lentidão da qual sofreis não é perceptível na imensa duração das leis do conjunto. Aquêle que vive na eternidade não calcula o tempo, e vós que tendes uma fraca noção da eternidade, vós vos deixais esmagar pela sensação pungente do tempo".

Sim, sem dúvida, a sucessão de nossos dias amargos e variáveis nos oprime e desvia, sem que percebamos, nosso espírito da contemplação serena da eternidade. Não nos envergonhemos demais dessa fraqueza. Sua fonte reside nas entranhas de nossa sensibilidade. O estado sofrido de nossas sociedades conturbadas e de nossa civilização em dores de parto faz com que essa sensibilidade, essa fraqueza, seja talvez a melhor de nossas forças. Ela é o dilaceramento de nossos corações e a moral de nossa vida. Aquele que, totalmente calmo e forte, recebesse sem sofrer os golpes que o fere, na verdade não seria sábio, pois ele não teria razão para não encarar com o mesmo estoicismo brutal e cruel as feridas que fazem seus semelhantes gritar e sangrar. Soframos, portanto, e nos queixemos quando nossa queixa possa ser útil; quando ela não o for, guardemos silêncio, mas choremos em segredo. Deus, que vê nossas lágrimas sem que nos demos conta, e que, em sua imutável serenidade, parece não levá-las em consideração, Ele próprio transmitiu-nos essa faculdade de sofrer para ensinar-nos a não desejar os sofrimentos dos outros.

Assim como o mundo físico que habitamos é formado e fertilizado, sob as influências dos vulcões e das chuvas, até tornar-se apropriado às necessidades físicas do homem, o mundo moral em que sofremos se forma e se fertiliza, sob as influências de aspirações abrasadoras e de lágrimas santas, até merecer tornar-se apropriado às necessidades do homem moral. Nossos dias se consomem e se esvaem no seio dessas tormentas. Privados de esperança e de confiança, eles se tornam horríveis e estéreis; mas iluminados pela fé em Deus e reaquecidos pelo amor da humanidade, eles são humildemente aceitáveis e, por assim dizer, docemente amargos.

Amparada por essas noções tão simples e, no entanto, tão lentamente obtidas como convicção, de tanto que o excesso da minha sensibilidade interior na juventude obscurecia o esforço da minha justiça, atravessei o fim desse período da minha narrativa sem muito afastar-me da imolação que eu fizera da minha personalidade. Se a percebia rabugenta em mim mesma, inquieta com pequenas coisas e ávida demais por repouso, pelo menos sabia sacrificá-la sem grandes esforços desde que uma ocasião explícita para sacrificá-la de maneira útil oferecia-me o emprego lúcido das minhas forças interiores. Se não possuía a virtude, pelo menos estava, e ainda estou, espero, no caminho que leva a ela. Não tendo uma natureza lapidar, não escrevo para os santos. Mas aqueles que, fracos como eu, e como eu animados por um doce ideal, querem atravessar os espinheiros da vida sem neles deixar toda a sua pele, se apoiarão em minha humilde experiência e encontrarão algum conforto ao ver que suas aflições são as de qualquer um que as sente, que as resume, que as relata e que lhes grita: "Ajudemo-nos uns aos outros a não nos desesperar".

E contudo esse século, esse triste e grande século em que vivemos, caminha, isso é o que nos parece, à deriva; ele escorrega no declive do abismo, e não entendo quando me dizem: "Para onde estamos indo, diga-nos você, que amiúde contempla o horizonte, que o descortina? Estamos a montante ou a jusante? Vamos encalhar na terra prometida, ou chegaremos às profundezas do caos?"

Não posso responder a esses gritos de aflição. Não sou iluminada pela claridade profética, e os mais hábeis raciocínios, aqueles apoiados matematicamente nas probabilidades políticas, econômicas e comerciais, sempre se veem frustrados pelo imprevisto, porque o imprevisto é o gênio benfazejo ou destruidor da humanidade, que ora sacrifica seus interesses materiais à sua grandiosa moral, ora sacrifica sua grandiosa moral em favor dos seus interesses materiais.

É bem verdade que o cuidado extremamente zeloso e preocupado com os interesses materiais domina a situação atual. Depois das grandes crises, essas preocupações são naturais, e esse *salve-se quem puder* da individualidade ameaçada é, senão gloriosa, pelo menos legítima. Não nos irritemos muito, pois tudo o que não tem por finalidade um sentimento de providência coletiva retorna, apesar de si mesmo, aos desígnios dessa providência. É evidente que o trabalhador que diz "O trabalho antes de tudo e apesar de tudo" sofre as necessidades do momento e só enxerga o momento em que vive; mas por meio da aspereza do trabalho ele avança à noção da dignidade e da conquista da independência. É assim que se dá com todos os trabalhadores situados em todos os degraus da sociedade. O industrialismo tende a livrar-se de toda espécie de servidão e a constituir-se em potência ativa, sob a condição de moralizar-se mais tarde e de constituir-se em potência legítima por meio da associação fraternal.

É nesse momento que nossas previsões nos aguardam e que nos perguntamos se, depois do esplendor efêmero dos últimos tronos, as civilizações da Europa irão constituir-se em repúblicas aristocráticas ou democráticas. Aí aparece o abismo..., uma conflagração geral ou de lutas parciais em todos os pontos. Quando respiramos apenas uma hora a atmosfera de Roma, vemos a estrutura da abóboda central do grande edifício do Velho Mundo tão prestes a desabar que acreditamos sentir tremer a terra dos vulcões, a terra dos homens!

Mas qual será a saída? Sobre quais lavas ardentes ou sobre qual lodaçal teremos de passar? Por que nos atormentarmos com isso? A humanidade tende a nivelar-se, ela o deseja, ela deve fazê-lo e o fará. Deus a auxilia e a auxiliará sempre por meio de uma ação invisível resultante de propriedades inerentes da força humana e do ideal divino que lhe é permitido entrever. Que acidentes formidáveis atrapalham seus esforços, ai de mim, é algo fácil de prever e de aceitar antecipadamente. Por que não encarar a vida coletiva como encaramos nossa vida individual? Muitas fadigas e dores, um pouco de esperança e de bem: a vida de um século não resume a vida de um homem? Qual dentre nós conseguiu entregar-se, de uma vez por todas, à realização dos seus bons ou maus desejos?

Não busquemos, como áugures incapazes, a chave dos destinos humanos em uma ordem de fatos qualquer. Essas inquietudes são vãs, nossos comentários são inúteis. Não penso que a adivinhação seja o objetivo do homem sábio de nossa época. O que ele deve procurar é esclarecer sua razão, estudar o problema social e estimular-se através desse estudo, fazendo-o reinar por meio de um sentimento piedoso e sublime. Oh, Louis Blanc, é o trabalho da vossa vida que deveríamos com frequência ter em vista! Em meio

História da minha vida

aos dias de crise que fazem de vós um proscrito e um mártir, procurais, na história dos homens da nossa época, o espírito e a vontade da Providência. Entre todos o mais capaz para explicar as causas das revoluções, sois mais hábil ainda para apreendê-las e indicar suas finalidades. Aí reside o segredo de vossa eloquência, o fogo sagrado de vossa arte. Vossos escritos são daqueles que lemos para saber dos fatos, e que nos obrigam a dominar esses fatos através da inspiração da justiça e do entusiasmo da verdade eterna.

E vocês também, Henri Martin, Edgard Quinet, Michelet,[43] vocês elevam nossos corações, desde que dispõem os fatos da história bem diante dos nossos olhos. Vocês não tocam no passado sem nos fazer abraçar os pensamentos que devem guiar-nos ao futuro.

Você também, Lamartine, embora, do meu ponto de vista, o senhor esteja preso demais às civilizações que fizeram seu tempo, tem espalhado, através do encanto e abundância do seu gênio, flores de civilização em nosso futuro.

Preparar-se cada qual para o futuro é, portanto, o trabalho dos homens que o presente impede de se prepararem em comum. Sem nenhuma dúvida, essa iniciação da vida pública é mais impetuosa e mais animada sob o regime da liberdade; as acaloradas ou pacíficas discussões nos clubes e a troca inofensiva ou agressiva de emoções no fórum rapidamente esclarecem as massas, exceto quando algumas vezes se extraviam; mas as nações não estão perdidas por se reunirem e meditarem, e a educação das sociedades continua sob qualquer forma de que se revista a política dos tempos.

Em suma, o século é grande, embora esteja doente, e os homens de hoje, se não realizaram as grandes coisas do fim do século passado, concebem-nas, sonham com elas e podem com elas preparar coisas maiores ainda. Eles já sentem profundamente que devem fazê-lo.

E nós também temos nossos momentos de abatimento e de desespero, em que nos parece que o mundo marcha desvairadamente em direção ao culto dos deuses da decadência romana. Mas, se tatearmos nosso coração, veremos que ele se encontra enamorado de inocência e de caridade como nos primeiros dias da nossa infância. Pois bem, façamos todo esse retros-

---

43 Além do poeta já mencionado Alphonse Marie Louis de Prat de Lamartine (1790-1869), são citados aqui os historiadores: Henri Martin (1810-1883), Jules Michelet, (1798-1874) e Edgard Quinet (1803-1875). (N.T.)

pecto de nós mesmos e digamos uns aos outros que nossa tarefa não é a de surpreender os segredos do céu no calendário das eras, mas a de impedi-los de morrerem infecundos em nossas almas.

Conclusão

Eu não possuíra a felicidade em toda essa fase da minha existência. Não há felicidade para ninguém. Esse mundo não é concebido para garantir uma estabilidade de quaisquer satisfações.

Eu tivera *felicidades*, isto é, alegrias, no amor maternal, nas amizades, nas reflexões e em devaneios. Isso era mais que suficiente para agradecer a Deus. Saboreara as únicas doçuras das quais pude ter sede.

Quando comecei a escrever a narrativa que interrompo aqui, acabava de ser absorvida por dores mais profundas ainda que aquelas que pude contar. Entretanto, encontrava-me calma e senhora de minha vontade, porque, mesmo minhas lembranças espremendo-se diante de mim sob mil facetas que podiam ser diferentes à minha apreciação, senti minha consciência sã e minha religião muito bem estruturada em mim mesma para ajudar-me a apreender a verdadeira aurora sob a qual o passado devia iluminar-se aos meus próprios olhos.

Agora que estou prestes a encerrar a história da minha vida nessas últimas páginas, ou seja, mais de sete anos depois de ter traçado a primeira delas, mais uma vez encontro-me sob o golpe de uma terrível dor pessoal.

Minha vida, duas vezes profundamente abalada, em 1847 e em 1855,[44] está, no entanto, livre da atração pela sepultura; e meu coração, duas vezes dilacerado, cem vezes magoado, está protegido do horror da dúvida.

Deveria atribuir essas vitórias da fé à minha própria razão, à minha própria vontade? Não. Não há em mim nada mais forte que o anseio de amar.

Mas recebi auxílio, e não o desprezei, não o rechacei.

Esse auxílio, Deus enviou-me, mas não se manifestou a mim por meio de milagres. Pobres humanos, não somos dignos de milagres, não seríamos

---

44 O ano de 1847 foi marcado pelo rompimento com Chopin; e, 1855, pelo falecimento de sua neta Nini – Jeanne-Gabrielle Clésinger (1849-1855), filha de Solange e Auguste Clésinger. (N.T.)

História da minha vida

capazes de suportá-los, e nossa frágil razão sucumbe uma vez que acreditamos ver aparecer a face dos anjos na auréola resplandecente da Divindade. Mas a graça chegou a mim como chega a todos os homens, como ela pode, como ela deve chegar, através do ensinamento mútuo da verdade. Leibniz primeiro, seguido por Lamennais, pelo escritor, dramaturgo e filósofo alemão Gotthold Ephraim Lessing, depois pelo também escritor e filósofo alemão Johann Gottfried von Herder, explicado por Quinet, mais tarde por Pierre Leroux, Jean Reynaud e mais uma vez Leibniz, eis os principais pontos de referência que me impediram de vacilar muito em minha rota através dos diversos ensaios da filosofia moderna. Dessas luzes superiores, não absorvi tudo em doses iguais, nem mesmo guardei tudo o que delas absorvera em dado momento. Prova disso é a fusão que, a certa distância dessas diversas fases da minha vida interior, pude promover em mim a partir dessas elevadas fontes da verdade, buscando sem cessar, e por vezes imaginando encontrar o laço que as une, a despeito das lacunas que as separam. Uma doutrina toda ideal e repleta de sentimento sublime, a doutrina de Jesus, também as congrega, quanto aos pontos essenciais, acima do abismo dos séculos. Quanto mais examinamos as grandes revelações do gênio, mais a revelação celestial do coração cresce no espírito sob o exame da doutrina dos evangelhos.

Isso talvez não seja uma fórmula muito *avançada*, na opinião do meu século. No momento, o século não caminha para esse lado. Pouco importa, outros tempos virão.

Terra, de Pierre Leroux, *Céu*, de Jean Renaud, *Universo*, de Leibniz, *Caridade*, de Lamennais, juntos nos elevam ao Deus de Jesus; e qualquer um de nós que vier a ler essas obras sem muito se prender às sutilezas da metafísica e sem se armar das couraças da discussão sairá dessas esplêndidas leituras mais lúcido, mais sensível, mais apaixonado e mais sábio.[45] Cada auxílio da

---

45 A autora cita Leibniz (1646-1716), Lamennais (1782-1854), Lessing (1729-1781), Herder (1744-1803), Leroux (1797-1871) e Reynaud (1806-1863) como referências essenciais à sua existência. Vale salientar aqui os escritores Gotthold Ephraim Lessing e Johann Gottfried von Herder, que tiveram grande influência na literatura alemã; o primeiro foi poeta, dramaturgo, filósofo e crítico de arte, tam-

George Sand

sabedoria dos mestres chega no momento preciso neste mundo, em que não há conclusão absoluta e definitiva. Quando, ao lado da juventude da minha época, eu sacudia a abóboda de chumbo dos mistérios, Lamennais veio com propriedade escorar as partes sagradas do templo. Quando, indignados depois das leis de setembro, novamente estávamos prontos a derrubar o santuário conservado, Leroux surgiu, eloquente, engenhoso, sublime, para prometer-nos o reino do céu nesta terra que amaldiçoamos. E, em nossos dias, como de novo nos desesperássemos, Reynaud, já grande, elevou-se mais ainda para nos abrir, em nome da ciência e da fé, em nome de Leibniz e de Jesus, o infinito dos mundos como uma pátria que nos reclama.

Falei do auxílio de Deus, que me sustentou por intermédio dos ensinamentos do gênio; quero falar também, finalizando, do auxílio igualmente divino que me foi enviado por intermédio das afeições do coração.

Bendita seja, amizade filial, que correspondeu a todas as fibras da minha ternura maternal; benditos sejam, corações expostos a sofrimentos comuns, que tornaram a cada dia mais querida a tarefa de viver para vocês e com vocês!

Bendito seja também, pobre anjo arrancado do meu seio e roubado pela morte à minha ternura sem limites! Criança adorada,[46] que foi reunir-se no céu do amor com o George,[47] adorado de Marie Dorval.[48] Marie Dorval não resistiu e morreu de dor, e eu, eu consegui continuar de pé, ai de mim!

---

bém considerado um dos representantes fundamentais do Iluminismo e da causa pelos valores tradicionais; defendeu o livre pensamento e a tolerância religiosa, e foi um crítico do antissemitismo. O segundo, prussiano-alemão, depois de estudar teologia, filosofia e medicina, foi visto como um dos representantes do romantismo alemão, enfatizando a relação estreita entre *génie du peuple*, *génie national* e *génie de la nature*. Conheceu, em viagem à França, Diderot e outros enciclopedistas, e também foi amigo de Goethe. (N.T.)

46 Trata-se de Jeanne Clésinger, a Nini, neta de George Sand e filha de Solange, nascida em 1849 e falecida em 13 de janeiro de 1855. George Sand era extremamente apegada à menina. (N.T.)

47 Neto preferido de Marie Dorval. Recebeu o nome George em homenagem à sua grande amiga, George Sand. A atriz chegava a levar o neto em turnês dos seus espetáculos, tal era o seu amor pelo menino. George, assim como Jeanne Clésinger, morreu ainda bem criança, com a idade de cinco anos. (N.T.)

48 Marie Amélie Thomase Delauney (1798-1848) foi uma atriz francesa com quem George Sand manteve fortes laços de amizade. (N.T.)

História da minha vida

Ai de mim, e grata, meu Deus. Visto que a dor é o crisol em que o amor é depurado, e visto que, verdadeiramente amada por alguns, ainda tenho forças para não cair ao caminhar pela estrada onde a caridade para com todos nos orienta a avançarmos.

14 de junho de 1855

Fim

Louvor Fúnebre de Victor Hugo a George Sand

Eu choro uma morta, e saúdo uma imortal. Eu a amei, a admirei, a venerei; hoje na augusta serenidade da morte, eu a contemplo. Eu a felicito porque o que ela fez é grande, e a agradeço porque o que realizou é bom. Lembro-me do dia em que lhe escrevi: "Eu lhe agradeço por ser uma alma tão grande". Será que a perdemos? Não. Essas altas figuras se vão, mas não desaparecem. Longe disso, podemos mesmo dizer que elas se completam. Tornando-se invisíveis sob uma forma, elas se tornam visíveis de outro modo. Transfiguração sublime. A forma humana é ocultação. Ela mascara a verdadeira face divina que é a ideia. George Sand era uma ideia; ela está desencarnada, porém livre; ela está morta, porém viva. *Patuit dea.* George Sand teve em nosso tempo um lugar único. Outros são os grandes homens; ela é a grande mulher. Neste século que teve, por lei, de encerrar a Revolução Francesa e iniciar a revolução humana, a igualdade dos sexos integrando a igualdade dos homens, uma grande mulher era fundamental. Era preciso que a mulher provasse que podia ter todos os dons viris sem nada perder de seus dons angélicos; ser forte sem cessar de ser doce. George Sand é prova disso. Era preciso que alguém honrasse a França, uma vez que muitos outros a desonraram. George Sand será um dos orgulhos de nosso século e de nosso país. Nada falta a essa mulher plena de glória. Ela foi um grande coração como Barbès, um grande espírito como Balzac, uma grande alma como Lamartine. Tinha em si a lira. Numa época em que Garibaldi fez prodígios, ela fez obras-primas. Essas obras-primas, é inútil enumerá-las. Para que serve fazer-se plagiário da memória pública? O que caracteriza a potência delas é sua bondade. George Sand era bondosa; portanto foi odiada. A admiração tinha um revestimento, o ódio, e o entusiasmo tem um reverso, o desprezo. O ódio e o desprezo provam a favor, em querendo provar contra. A

George Sand

vaia é contada para a posteridade como um som de glória. Quem é coroado é lapidado. Isso é lei, e a baixeza de insultos se mede à altura das aclamações. Os seres como George Sand são benfeitores públicos. Passam, e mal passaram que vemos em seu lugar, que parecia vazio, surgir uma realização nova do progresso. Cada vez que morre uma dessas poderosas criaturas humanas, escutamos um imenso som de asas; alguma coisa se vai, alguma coisa acontece. A terra, como o céu, tem seus eclipses; mas, aqui embaixo como lá em cima, a nova aparição segue o desaparecimento. A tocha que era um homem ou uma mulher, e que se extingue sob tal forma, novamente se ilumina na forma de ideia. Então, percebe-se que aquilo que acreditávamos extinguido é inextinguível. A tocha irradia mais que nunca; é agora parte da civilização; entra na vasta claridade humana; e aí se une a ela; e o vento límpido das revoluções a agita, e a faz crescer; porque os misteriosos sopros que apagam as luzes falsas alimentam as luzes verdadeiras. O trabalhador se foi, mas seu trabalho está feito. Edgard Quinet morre, mas a filosofia soberana sai da sepultura e, do alto da tumba, aconselha os homens. Michelet morre, mas atrás dele se ergue a história, traçando a rota do porvir. George Sand morre, mas ela nos lega o direito da mulher haurindo sua evidência no gênio feminino. É assim que a revolução se completa. Choremos os mortos, mas constatemos os adventos; os feitos definitivos ocorrem graças a esses fiéis espíritos precursores. Todas as verdades e todas as justiças vêm ao nosso encontro, e este é o som das asas que ouvimos. Aceitemos o que nos oferecem nossos ilustres mortos ao nos deixar; e, dirigindo-nos ao porvir, saudemos, calmos e pensativos, as grandes chegadas anunciadas por essas grandes partidas.

Victor Hugo

Discurso lido em 10 de junho de 1876 em Nohant,
durante o funeral de George Sand.

Indicações bibliográficas

Títulos de George Sand publicados no Brasil

O pirata. Rio de Janeiro: Typographia Imperial e Constitucional de J. Villeneuve e Comp., 1841.

Valentina. Trad. A. S. Costa. Rio de Janeiro: Casa Marino, s/d. Coleção Rosa.

Dama de companhia. Rio de Janeiro: Getúlio M. Costa, s/d. Coleção Para Nossas Filhas.

Narciso. Trad. Regina de Carvalho. São Paulo: Anchieta Limitada, 1942. Coleção Romance para Moças, n. 6.

Jeanne. Trad. Edith de Carvalho Negrais. São Paulo: Anchieta Limitada, 1943. Coleção Romance para Moças, n. 12.

Indiana. Trad. Almir de Almeida. Rio de Janeiro: José Olympio, s/d. Grandes Romances da Literatura Universal – Fogos Cruzados, 28.

Mauprat. Rio de Janeiro: José Olympio, 1945. Grandes Romances da Literatura Universal – Fogos Cruzados, 45.

História da minha vida, v.1. Trad. Gulnara Lobato de Morais. Rio de Janeiro; São Paulo: José Olympio, 1945 e 1952. Coleção Memória – Diários – Confissões, n. 5. L.

História da minha vida, v.2. Trad. Gulnara Lobato de Morais. Rio de Janeiro; São Paulo: José Olympio, 1945. Coleção Memória – Diários – Confissões, n. 8. L.

História da minha vida, v.3. Trad. Gulnara Lobato de Morais. Rio de Janeiro; São Paulo: José Olympio, 1946. Coleção Memória – Diários – Confissões, n. 14. L.

História da minha vida, v.4. Trad. Gulnara Lobato de Morais. Rio de Janeiro e São Paulo: José Olympio, 1946. Coleção Memória – Diários – Confissões, n. 17. L.

História da minha vida, v.5. Trad. Gulnara Lobato de Morais. Rio de Janeiro; São Paulo: José Olympio, 1947. Coleção Memória – Diários – Confissões, n. 23. L.

Ela e ele. Trad. Abelardo Romero. 2.ed. Rio de Janeiro: Vecchi, 1946. Coleção Os Grandes Nomes.

Ela e ele. Trad. José Maria Machado. São Paulo: Clube do Livro, 1963.

O último amor. Trad. Alfredo Ferreira. Rio de Janeiro: Vecchi, 1952. Coleção Os Mais Belos Romances. Série Rubi.

O charco do diabo. Trad. José Maria Machado. São Paulo: Clube do Livro, 1952.

O pântano do diabo. Trad. e adap. Maria Tostes Regis. Belo Horizonte: Edição Itatiaia, 1963. Coleção Clássicos da Juventude, n. 4.

Os gêmeos. Trad. Augusto Sousa. São Paulo: Saraiva, 1953. Coleção Saraiva, n. 65. [Título do original francês: *La petite Fadette*]

A pequena Fadette. Trad. José Maria Machado. São Paulo: Clube do Livro, 1957.

A pequena Fadette. Trad. e adap. Jacqueline Castro. São Paulo: Abril Cultural, 1973. Coleção Clássicos da Literatura Juvenil.

A pequena Fadette. Trad. Mônica Cristina Corrêa. São Paulo: Barcarolla, 2006.

Almas inquietas . Trad. José Maria Machado. São Paulo: Clube do Livro, 1959.

História do verdadeiro Simplício. Trad. Cláudio Giordano. São Paulo: Sesi-SP, 2013. Coleção Quem Lê Sabe Por Quê.

O carvalho falante. Trad. Dorothée de Bruchard. Belo Horizonte: Autêntica, 2014.

Fadinha. Adap. Heloísa Prieto. Rio de Janeiro: Bamboozinho, 2016.

SOBRE O LIVRO

Formato: 16 x 23 cm
Mancha: 27,8 x 48 paicas
Tipologia: Venetian 301 BT 12,5/16
Papel: Off-white 80g/m² (miolo)
Cartão Supremo 250 g/m² (capa)
1ª edição Editora Unesp: 2017

EQUIPE DE REALIZAÇÃO

Capa
Moema Cavalcanti

Edição de texto
Alexandre Caroli (Copidesque)
Arlete Sousa (Revisão)

Editoração eletrônica
Eduardo Seiji Seki (Diagramação)

Assistência editorial
Alberto Bononi
Richard Sanches

Impresso por :

gráfica e editora

Tel.:11 2769-9056